Gerd Laux · Hans-Jürgen Möller

MEMO Psychiatrie und Psychotherapie

Unter Mitarbeit von Mirijam Fric

77 Abbildungen · 203 Tabellen

Ferdinand Enke Verlag Stuttgart 1998

Prof. Dr. med. Dipl-Psych. Gerd Laux
Ärztlicher Direktor des Bezirkskrankenhauses Gabersee,
Fachkrankenhaus für Psychiatrie, Psychotherapie und Neurologie
Gabersee 7, D-83512 Wasserburg

Prof. Dr. med. Hans-Jürgen Möller
Direktor der Psychiatrischen Klinik und Poliklinik
der Ludwig-Maximilians-Universität München
Nußbaumstr. 7, D-80336 München

Die Deutsche Bibliothek – CIP-Einheitsaufnahme
Laux, Gerd:
Memo Psychiatrie und Psychotherapie / Gerd Laux ; Hans-Jürgen Möller. Unter Mitarb. von Mirijam Fric. – Stuttgart : Enke, 1998
ISBN 3-432-27921-3

Wichtiger Hinweis

Wie jede Wissenschaft ist die Medizin ständigen Entwicklungen unterworfen. Forschung und klinische Erfahrung erweitern unsere Kenntnisse, insbesondere was Behandlung und medikamentöse Therapie anbelangt. Soweit in diesem Werk eine Dosierung oder eine Applikation erwähnt wird, darf der Leser zwar darauf vertrauen, daß Autoren, Herausgeber und Verlag große Sorgfalt darauf verwandt haben, daß diese Angabe dem **Wissensstand bei Fertigstellung des Werkes** entspricht.
Für Angaben über Dosierungsanweisungen und Applikationsformen kann vom Verlag jedoch keine Gewähr übernommen werden. **Jeder Benutzer ist angehalten**, durch sorgfältige Prüfung der Beipackzettel der verwendeten Präparate und gegebenenfalls nach Konsultation eines Spezialisten festzustellen, ob die dort gegebene Empfehlung für Dosierungen oder die Beachtung von Kontraindikationen gegenüber der Angabe in diesem Buch abweicht. Eine solche Prüfung ist besonders wichtig bei selten verwendeten Präparaten oder solchen, die neu auf den Markt gebracht worden sind. **Jede Dosierung oder Applikation erfolgt auf eigene Gefahr des Benutzers.** Autoren und Verlag appellieren an jeden Benutzer, ihm etwa auffallende Ungenauigkeiten dem Verlag mitzuteilen.
Geschützte Warennamen (Warenzeichen®) werden **nicht immer** besonders kenntlich gemacht. Aus dem Fehlen eines solchen Hinweises kann also nicht geschlossen werden, daß es sich um einen freien Warennamen handelt.

Satz und Druck: C. Maurer, D-73312 Geislingen
Schrift: 8/9' Times, System: QuarkXPress 5 4 3 2 1

Vorwort

Psychische Störungen gehören in unserem Kulturraum zu den häufigsten Erkrankungen: Mehr als ein Drittel der Bevölkerung leidet während seines Lebens zumindest einmal an einer psychischen Erkrankung. Die Lebenszeithäufigkeiten psychischer Störungen betragen für Angststörungen ca. 15 %, für Depressionen und Alkoholismus jeweils ca. 13 %. Psychisch Kranke konsultieren primär überwiegend Allgemeinärzte, ca. ein Viertel der Patienten von allgemeinärztlichen Praxen leidet während eines 4-Wochen-Zeitraume an einer definierten psychischen Erkrankung: ca. 12 % an Angsterkrankungen, jeweils ca. 10 % an Depressionen, Alkoholabhängigkeit oder psychosomatischen Störungen (Wittchen et al 1992, Maier et al 1996).

Aus diesen epidemiologischen Zahlen wird die Bedeutung von Psychiatrie und Psychotherapie unmittelbar evident. Hieraus ergibt sich, daß in Anbetracht der hohen Prävalenz von psychischen Erkrankungen sowie von gleichzeitig vorhandenen psychischen und somatischen Störungen jeder Arzt eine ausreichende Kompetenz hinsichtlich Diagnostik und Therapie von psychischen Störungen besitzen sollte.

Das „Memo Psychiatrie und Psychotherapie“ bietet fundierte Kurzinformationen in Form eines jederzeit rasch verfügbaren „Kittel-Taschenbuches“.

Im ersten Teil werden die Grundlagen der psychiatrischen Untersuchung unter Berücksichtigung moderner Klassifikationen und diagnostischer Möglichkeiten dargestellt.

Im zweiten Teil findet man die Krankheitslehre, in Terminologie und Gliederung orientiert an der ICD-10. Zu jeder Krankheitsgruppe werden die empirischen Fakten zu Epidemiologie, Ätiopathogenese, Einteilung/Klassifikation, Leitsymptomatik, Diagnose-Kriterien, Differentialdiagnose, Verlauf/Prognose und Therapie stichwortartig und mit Merksätzen wiedergegeben.

Das dritte Hauptkapitel umfaßt die Darstellung der therapeutischen Möglichkeiten (insbesondere Psychopharmakotherapie und Psychotherapie-Verfahren) einschließlich der psychiatrischen Notfalltherapie und der Konsiliarpsychiatrie.

Das vierte Kapitel beinhaltet eine Zusammenstellung der für die Psychiatrie wichtigen juristischen Aspekte (Gesetzestexte, Begutachtung).

Darüber hinaus enthält das „Memo" die Wiedergabe der Weiterbildungsordnung zum Facharzt für Psychiatrie und Psychotherapie, eine Zusammenstellung wichtiger Fachzeitschriften, Hinweise auf die weiterführende Literatur sowie ein Verzeichnis der wichtigsten Psychopharmaka.

Für den Praxisbezug sorgen zahlreiche Tabellen, Abbildungen und Schemata, Handlungsanweisungen (z. B. zur apparativen Diagnostik, Schlaflaboruntersuchung) sowie Vorschläge für Vordrucke, Protokolle und Schriftverkehr (u. a. Muster-Arztbrief, -krankengeschichte, Gutachten-Aufbau).

Die Autoren sind insbesondere Frau Dr. med. *M. Fric* für ihre unermüdliche Mithilfe bei der Zusammenstellung der umfangreichen Fakten zu Dank verpflichtet. Frau *R. Riedl* danken wir für ihre zuverlässige Schreibarbeit.

Dem Ferdinand Enke Verlag verdanken wir Idee und Angebot zur Mitwirkung bei dieser Memo-Taschenbuchreihe, wobei Frau Dr. *R. Reutter* besonderer Dank für ihre außergewöhnliche, intensiv-engagierte Lektoratsarbeit gebührt.

Möge das Taschenbuch sich zur raschen Orientierung im Sinne eines Nachschlageleitfadens als hilfreich und wertvoll erweisen.

Wasserburg am Inn und München *G. Laux, H.-J. Möller*

Inhalt

Die Psychiatrische Untersuchung

Krankheitslehre

Therapie

Anhang

Die psychiatrische Untersuchung

1 Anamnese, Biographie

- In Psychiatrie und Psychotherapie steht das **Gespräch** im Zentrum der diagnostischen und therapeutischen Maßnahmen.
- Das Gespräch wird durch eine genaue Verhaltensbeobachtung ergänzt.
- Ebenfalls wichtig sind die Persönlichkeit des Untersuchers und die emotionale Interaktion zwischen Patient und Untersucher.
- **Cave:** subjektive Beobachtungsfehler!
- Prägender Einfluß der Interaktion zwischen Arzt und Patient
- Wenn der Patient nicht spontan über seine Probleme oder Beschwerden berichtet, sollte man mit einer möglichst offenen Frage beginnen.

Aktuelle Beschwerden

Bei der Exploration der jetzigen Beschwerden/Erkrankung sind vor allem folgende Punkte zu eruieren:

- Erstes Auftreten, Auslösesituation
- Hauptproblem, Einstellung zu den Beschwerden, vermutliche Bedeutung der Störung
- Reaktion der Umgebung
- Auswirkungen auf Familie, Beruf
- Bisherige Behandlung
- Medikamente?
- MdE, letzter Arbeitstag?
- Alkohol, Zigaretten, Drogen?
- Vegetativum (Periode, Appetit, Schlaf)

Aktuelle Lebenssituation

Bei der Exploration der aktuellen Lebenssituation geht es neben der orientierenden Erfassung der konkreten äußeren Lebensbedingungen insbesondere um die Analyse krankheitsrelevanter konflikthafter bzw. situativer Faktoren:

- **Aktuelle psychosoziale Situation**

u. a. – beruflicher Status
– familiäre Situation
– finanzielle Lage

- **Zufriedenheit mit der psychosozialen Situation**

u. a. – im beruflichen Bereich
– im familiären Bereich
– im finanziellen Bereich

- **Besondere Probleme/Konflikte**

u. a. – im beruflichen Bereich (z. B. Autoritätskonflikt, überhöhte Leistungsansprüche)
– im familiären Bereich (z. B. Partnerwahl, Bindungsverhalten)

- **Auslöser/Verstärker von Symptomen**

u. a. – situative Bedingungen der Symptomatik
– situative Konsequenzen der Symptomatik

Eigenanamnese

- Zur **Eigenanamnese** gehören frühere körperliche und psychische Erkrankungen (Art, Beginn, Behandlung, Krankheitsverlauf).

Familienanamnese

- Zur Erhebung der **Familienanamnese** hat sich die Erstellung eines Stammbaumes (Abb. 1.1) als praktisch erwiesen:

Fremdanamnese

- Eine Fremdanamnese ist meistens unverzichtbar!

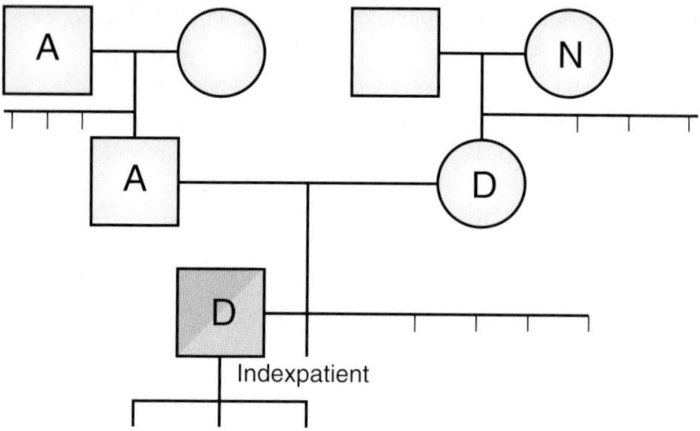

Depression
Zyklothymie
Alkoholismus
Suizid-Versuch
Suizid
Schizophrenie
Neurose
Psychopathie

Abb. 1.1 Familienanamnese: Erstellung eines Stammbaumes

Sozialanamnese

Zur Sozialanamnese gehören die Punkte:

- Schulischer Werdegang
- Beruflicher Werdegang
- Familien- und Sozialsituation (Wohnung, Freunde, Kollegen, Arbeitssituation)
- §§ (Vorstrafen)

Biographische Anamnese

Insbesondere bei nicht-organischen Störungen ist die subtile Erhebung der **biographischen Anamnese** von entscheidender Wichtigkeit. Hauptpunkte sind hier:

- **Familienanamnese**

– Psychosoziale Situation der Eltern
– Familiengröße und Familienmilieu
– Erziehungsstil der Eltern
– Familiäre Belastungsfaktoren
– Psychische Auffälligkeiten/Erkrankungen bei Verwandten 1. und 2. Grades

- **Biographie des Patienten**

– Besonderheiten der Geburt
– Frühkindliche Entwicklung
– Frühneurotische Zeichen
– Beziehung zu Eltern/Geschwistern
– Schulische Entwicklung
– Berufliche Entwicklung
– Sexuelle Entwicklung
– Ehe und Familie
– Lebensgewohnheiten, Werthaltungen, Persönlichkeitszüge
– Aktuelle Lebenssituation

- In der Praxis hat sich hier die Erstellung einer sog. **biographischen Leiter** oder eines **Pathobiogramms** bewährt (Musterbeispiele):

Tabelle 1.1 Beispiel „Biographische Leiter" (nach *Goldberg* et al. 1987)

Alter	Jahr	Lebensereignis	Körperliche Krankheit	Psychische Krankheit
	1960			
1		Tod der Eltern		
?		Pflogooltorn/I Icim		
3			Neurodermitis	
4				Stottern
5				
6		Schulbeginn		
7				
8				
9				
10	1970			
11				
12				
13				Alkoholabusus

Tabelle 1.1 (Fortsetzung)

Alter	Jahr	Lebensereignis	Körperliche Krankheit	Psychische Krankheit
14		Schulabgang		
15		Lehrbeginn		Haschischkonsum
16				LSD-Trips
17				
18				
19				
20	1980			Beginn Opiatkonsum
21		Freundin schwanger	Hepatitis	
22			Spritzenabszeß	
23				
24				
25		Verurteilung (§),		
26		Kündigung,		Suizidversuch
27		arbeitslos		
28				
29				
30	1990			Erster stat. Entzug
31		Geburt Tochter		
32		(drogenabhän-		
33		gige Freundin)		
34				
35	1995		Commotio (Motorradunfall)	Delir (stat. Aufnahme)

Tabelle 1.2 Beispiel für Pathobiogramm

Alter	Jahr	Biographische Situation	Konflikt und Konfliktfolgen	Beschwerden und Krankheiten
Geburt	1950	unerwünschtes Kind		
5 6 7 8 9		Mutter: Berufskarriere Vater: Auslands-aufenthalt	vernachlässigende Erziehung	Enuresis
10	1960	Scheidung der Eltern	ehrgeiziger Schüler	Neurodermitis, Asthma

Alter	Jahr	Biographische Situation	Konflikt und Konfliktfolgen	Beschwerden und Krankheiten
11 12 13 14 15 16 17 18 19		Umzug mit Mutter	Umschulung, selbstunsicherer Schüler, kein Klassenanschluß	Asthmaanfälle Befreiung vom Schulsport
20	1970	Abitur	Sexuelle Zurückweisung	Impotenz
21 22 23 24		Zivildienst Studium	Einzelgänger	„Lernstörung" „Angstanfälle"

Tabelle 1.2 (Fortsetzung)

Äußere Lebensgeschichte

Die äußere Lebensgeschichte umfaßt die den Lebenslauf charakterisierenden „harten Daten" von der Geburt bis zur Gegenwart.

Tabelle 1.3 Äußere Lebensgeschichte (Beispiele)

Lebensumstände/Lebensereignisse
Ausbildung: 1. Schulerfolg 2. Abbruch Lehre/Studium 3. Ausbildungswechsel
Beruf: 1. Beruflicher Aufstieg/Abstieg 2. Berufswechsel 3. Längere Zeit wegen körperlicher Erkrankung arbeitsunfähig gewesen

Tabelle 1.4 (Fortsetzung)	
Soziale Kontakte/Freizeitaktivitäten:	
– Sozialverhalten gegenüber Kindern und Erwachsenen – Reaktionen auf das Verhalten anderer – Vorbilder oder Idole – Hobbies	– Qualität der Beziehung zum Bekanntenkreis – Gründe für Mitgliedschaft/Funktion in Organisationen und Vereinen
Partnerschaft:	
– Partnerwahl – Erwartung an den Partner/die Partnerschaft – Einstellung zu Sexualität und Fortpflanzung	– Gründe für das Alleinleben Zufriedenheit und Zurechtkommen damit – Bewältigung von Trennung oder Tod des Partners
Schwangerschaft/Kinder:	
– Gründe für bzw. gegen Kinder – Erziehungsstil – Verhältnis zu den eigenen Kindern	– Gründe für bzw. gegen Kinder des Partners/Partnerin – Verarbeitung von Schwangerschaftsabbruch/Fehlgeburten/Tod eines Kindes
Wohnen:	
– Allein, mit Partner, in WG oder in Großfamilie	– Gründe dafür (z. B. freiwillig vs. unfreiwillig)

Als **häufige, typische Konfliktkonstellationen** in den verschiedenen Lebensbereichen können gelten (nach Dührssen 1981):

1. Konflikte um Partnerwahl und Bindungsverhalten
2. Konflikte aus der Beziehung zu den eigenen Kindern
3. Konflikte aus Verlust durch Tod oder Trennung
4. Konflikte im Zusammenhang mit der Herkunftsfamilie
5. Konflikte im Arbeitsbereich
6. Konflikte um Besitzerleben und Besitzverhalten
7. Konflikte, die im soziokulturellen Raum wurzeln

- Die eigene innere Einstellung des Patienten zu seinen Beschwerden kann nach Meerwein (1986) durch **zwei *Schlüsselfragen*** erfolgen:
  - „Was, glauben Sie, ist die Ursache Ihrer Beschwerden?“ (persönliche Überzeugung des Patienten bezüglich Ätiologie und Pathogenese seiner Beschwerden)

– „Was, denken Sie, könnte Ihnen zur Behandlung Ihres Leidens am ehesten helfen?“ (eigene Behandlungsvorschläge des Kranken).

- **Weitere wichtige Fragen**

– Vom Patienten einen typischen Tagesablauf schildern lassen
– Eruierung des **Selbstbildes** (Stärken, Schwächen) des Patienten, insbesondere im Rahmen psychotherapeutischer Interventionen
– Frage nach den wichtigsten Personen im Leben des Patienten
– Behandlungsmotivation?
– Änderungspotential? (Leidensdruck, was soll sich ändern, drei Wünsche nennen lassen).
– Erfassung der **prämorbiden Persönlichkeit** (individuelle Persönlichkeitsstruktur vor dem Beginn/Ausbruch einer psychischen Krankheit)

Hauptpunkte der Persönlichkeitsanamnese sind spontane persönlichkeitsrelevante Schilderungen im Rahmen der biographischen Anamnese

- **Spezielle Aspekte der Persönlichkeitsdiagnostik**

– Umgang mit Wünschen/Bedürfnissen
– Umgang mit Gefühlen
– Beziehung zu anderen
– Wesenszüge im partnerschaftlich/familiären Verhalten
– Wesenszüge im schulischen/beruflichen Verhalten

- **Exploration auffälliger Züge der Persönlichkeit**

u. a. – anankastische Züge
– hysterische Züge
– asthenische Züge
– Selbstunsicherheit
– paranoide Züge
– zyklothyme Züge
– schizoide Züge
– fanatische Züge
– antisoziale Tendenzen

- Den besten Zugang zur Persönlichkeit gibt die ***Lebensgeschichte des Patienten.*** Dazu gehören typische Verhaltensmuster, Erlebnisweisen, Einstellungen, Wünsche, überdauernde Motivationen und Wertvorstellungen. Wichtig ist hier nicht nur, **was** der Patient schil-

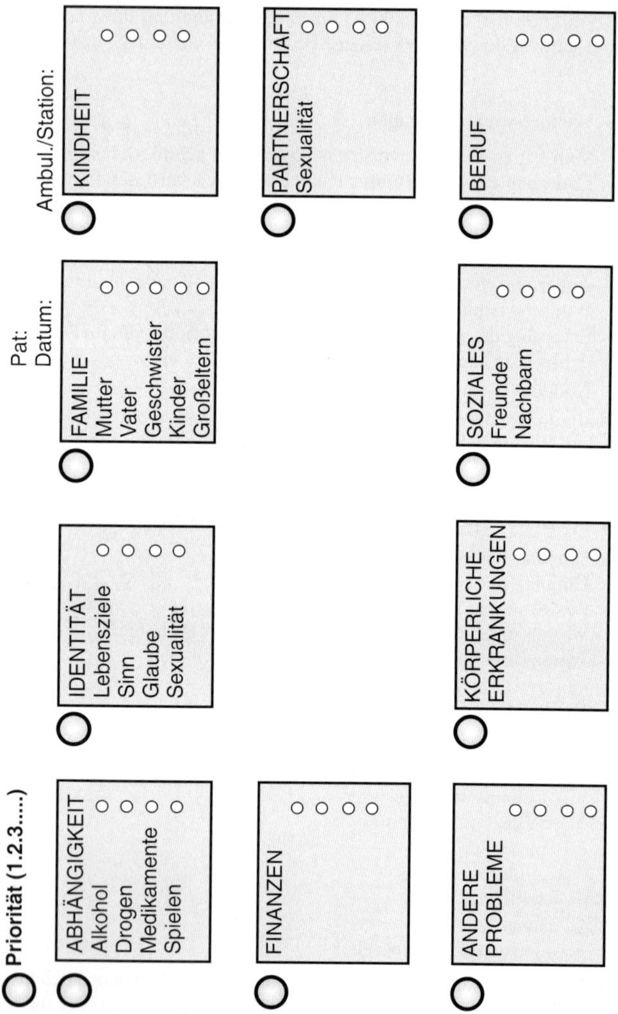

Abb. 1.2 Problem- und Konfliktbereiche

dert, sondern auch was er **nicht** schildert (z. B. Diskrepanzen zwischen Eigen- und Fremdanamnese, Bagatellisierungen) und ***wie*** er es schildert.

- Aus der biographischen Anamnese und der Exploration kristallisieren sich verschiedene **Problem- und Konfliktbereiche** heraus, die zur Überblicksgewinnung sowie zur Prioritätensetzung des therapeutischen Procedere in einem Übersichtsschema zusammengefaßt werden können (Abb. 1.2).

Merke:

- Die **psychiatrische Erstuntersuchung** hat einerseits eine allgemein psychotherapeutische (empathische, kathartische, supportive) Funktion, andererseits einen stärker strukturiert vorgehenden diagnostischen Teil.
- In vielen Fällen muß eine **psychologische Testdiagnostik** durchgeführt werden.
  - Psychodiagnostik, Psychometrische Tests (IQ, Persönlichkeitstests)
  - Apparative Tests (CFF, Wiener Determinationsgerät, Motorische Leistungsserie).
- Zu jeder psychiatrischen Diagnostik gehört eine **körperliche Untersuchung** mit internistisch-neurologischem Schwerpunkt!
  - Körperliche Untersuchung
  - Labordiagnostik
  - Elektrophysiologische Untersuchungen (EEG, Brainmapping, EP)
  - Bildgebende Verfahren (Röntgen, CCT, MRT, SPECT)

2 Psychopathologischer Befund, standardisierte Diagnostik

Bereiche der Symptomexploration

- Bewußtseinsstörungen
- Orientierungsstörungen
- Störungen der Aufmerksamkeit, Konzentration und Auffassung
- Störungen von Merkfähigkeit und Altgedächtnis
- Störung der Intelligenz
- Formale Denkstörungen
- Inhaltliche Denkstörungen (Wahn)
- Wahrnehmungsstörungen (Halluzinationen)
- Störungen von Stimmung und Affekt
- Zwänge, Phobien, Ängste
- Störungen des Antriebs und der Psychomotorik
- Vegetative Störungen
- Suizidalität

2.1 Häufige psychopathologische Symptome

Bewußtseinsstörungen

- **Quantitative Bewußtseinsstörungen** (Minderung der Bewußtseinshelligkeit):
  - **Benommenheit:** Verlangsamung, schwer besinnlich,
  - **Somnolenz:** Schläfrigkeit, leicht weckbar,
  - **Sopor:** nur auf stärkste Reize weckbar,
  - **Koma:** Bewußtlosigkeit, nicht weckbar.

Qualitative Bewußtseinsstörungen

- **Bewußtseinstrübung:** mangelnde Klarheit der Vergegenwärtigung des Erlebens, Verlust des Zusammenhangs des Erlebens.
- **Bewußtseinseinengung:** Fokussierung auf ein bestimmtes Erleben im Eigenbereich oder in der Umwelt, traumähnlicher Zustand.
- **Bewußtseinsverschiebung:** Gefühl der Intensitäts- und Helligkeitssteigerung des Bewußtseins bzw. Gefühl der Bewußtseinsvergrößerung.

Orientierungsstörungen

- **Zeitliche** Desorientierung
- **Örtliche** Desorientierung
- **Situative** Desorientierung
- Desorientierung zur **eigenen Person**

Merke:
Keine direkten Fragen stellen, sondern im Rahmen des Gesprächs eruieren.

Störungen der Aufmerksamkeit und Konzentration

- **Aufmerksamkeitsstörung:** Beeinträchtigung vom Umfang und Intensität der Aufnahme von Wahrnehmungen und Gedanken.
- **Konzentrationsstörungen:** Störung der dauerhaften Zuwendung der Aufmerksamkeit einem bestimmten Thema.
- **Orientierende Prüfung** mit Hilfe einfacher mathematischer und verbaler Testaufgaben: z. B. Rückwärtszählen, Rückwärtsbuchstabieren etc.

Auffassungsstörungen

Beeinträchtigung der Fähigkeit, die Wahrnehmungserlebnisse in ihrer Bedeutung zu begreifen und sie miteinander zu verknüpfen.

- **Orientierende Prüfung:** Nacherzählen einer Fabel oder Prüfung anhand von Bildvorlagen.

Gedächtnisstörungen

- **Störung der Merkfähigkeit (Kurzzeitgedächtnis):** reduzierte oder fehlende Fähigkeit, frische Eindrücke (ca. 10 Minuten alt) zu behalten.
  - **Orientierende Prüfung:** Zahlenvorsprechen (7stellig), Namenvorsprechen (3), Reproduktion sofort und nach 10 Minuten.

Merke:

Das Vorhaben muß dem Patienten vor der Untersuchung erklärt werden.

- **Störung des Altgedächtnisses (Langzeitgedächtnis):** Verminderung bis Aufhebung der Erinnerungsfähigkeit für länger als 10 Minuten zurückliegende Ereignisse.
  - **Orientierende Prüfung:** Abfragen relevanter biographischer Daten (Berufsabschluß, Heirat, Geburt der Kinder etc.).
- **Amnesie:** inhaltlich oder zeitlich begrenzte Erinnerungslücke.
  - Retrograd: für die Zeit vor dem Ereignis (z. B. Hirntrauma),
  - Anterograd: für die Zeit nach dem Ereignis,
  - Totale oder lakunäre (ausgestanzte) Amnesie.
- **Konfabulationen:** Ausfüllen der Erinnerungslücken mit phantasierten Erlebnissen.
- **Paramnesien** (Wahnerinnerungen): déjà-vu- oder jamais-vu-Erlebnisse: Gefühl, bestimmte Situationen schon einmal oder noch nie erlebt zu haben.

Störungen der Intelligenz

- **Oligophrenie:** angeboren.
- **Demenz:** später erworben.
- **Hinweise auf das intellektuelle Niveau** ergeben sich aus der Lebensgeschichte: Schulabschluß, erreichte Stellung im Beruf, Freizeitinteressen, Sprachstil, Denkleistungen etc.
- **Orientierende Prüfung des Allgemeinwissens:** einfache Rechenaufgaben, Fragen zum Grundwissen etc.
- **Orientierende Prüfung von Denkleistungen:** Erklären von Sprichwörtern, Unterscheidung zwischen konkreten und abstrakten Begriffen etc.

Formale Denkstörungen

Störungen des Denkablaufes

- **Denkverlangsamung:** schleppend, verzögert.
- **Umständliches Denken:** Nebensächliches wird nicht vom Wesentlichen unterschieden.
- **Eingeengtes Denken:** Einschränkung auf einige wenige Themen.
- **Perseverationen:** Wiederholungen gleicher Denkinhalte, Haftenbleiben an bestimmten nicht mehr relevanten Angaben.
- **Grübeln:** ständiges Beschäftigtsein mit bestimmten, meist unangenehmen Gedanken mit Inhalten aus der aktuellen Lelbenssituation.
- **Gedankendrängen:** Fülle der Einfälle und wiederkehrender Gedanken.
- **Ideenflucht:** zielloses Denken bei rascher Assoziationsbildung.
- **Vorbeireden:** Antwort und Frage stimmen trotz erhaltenen Sprachverständnisses nicht überein.
- **Sperrung/Gedankenabreißen:** plötzlicher Abbruch des Gedankenganges.
- **Inkohärenz/Zerfahrenheit:** sprunghaft dissoziiertes Denken, Aufeinanderreihen nicht zusammengehöriger Denkinhalte bis zur Unverständlichkeit (Wortsalat).
- **Neologismen:** Wortneubildungen, oft nicht direkt verständlich.

Wahn

- Inhaltlich falsche Beurteilung der Realität mit absoluter Gewißheit, unkorrigierbar.
- **Differentialdiagnostisch** müssen **überwiegende Ideen** abgegrenzt werden: Erlebnisinhalte, die das Denken beherrschen, jedoch nicht absolut unkorrigierbar sind.
- Unterscheidung nach der **Art der Wahnentstehung:**
  - **Wahneinfall:** plötzliche wahnhafte Überzeugungen.
  - **Wahnwahrnehmung:** Eine richtige Wahrnehmung bekommt eine abnorme Bedeutung.
  - **Erklärungswahn:** zur Erklärung psychotischer Erscheinungen (z. B. Halluzinationen).
- **Wahnstimmung:** Stimmung des Unheimlichen, Vieldeutigen.
- **Wahndynamik:** Antrieb und Affekte, die im Wahn wirken.

- **Systematischer Wahn:** Verknüpfungen der Wahnideen zum Wahngebäude (System).
- **Beziehungswahn:** Menschen und Dinge der Umwelt werden auf sich selbst bezogen.
- **Bedeutungswahn:** einem zufälligen Ereignis wird abnorme Bedeutung beigemessen.
- **Eifersuchtswahn:** Überzeugung vom Partner betrogen oder hintergangen zu werden.
- **Hypochondrischer Wahn:** Überzeugung, daß die Gesundheit bedroht oder ruiniert ist.
- **Wahnerinnerung:** wahnhaft verfälschte Erinnerung.
- **Weitere Wahnformen:** Beeinträchtigungs-/Verfolgungswahn, Schuldwahn, Verarmungswahn und Größenwahn.

- **Orientierende Prüfung von Wahnideen**
  - Verhaltensbeobachtung und Fremdanamnese geben oft Hinweise auf wahnhafte Denkinhalte. Gezielte Fragen: Nahrung wie früher vertragen? (Vergiftung), Nachbarn vertrauensvolle Personen? (Verfolgung);
  - Der Verdacht auf wahnhafte Gedanken ergibt sich aus der Begründung, weniger aus der Unrichtigkeit des konkreten Inhaltes.

Halluzinationen (Sinnestäuschungen, Trugwahrnehmungen)

Wahrnehmungen ohne entsprechenden Außenreiz

- **Pseudohalluzinationen:** die Unwirklichkeit der Wahrnehmung wird erkannt.
- **Illusionen:** Mißdeutung von Sinneseindrücken; tatsächlich Wahrgenommenes wird verkannt.
- **Akustische** Halluzinationen: von elementaren akustischen Wahrnehmungen (Akoasmen) bis zum Stimmenhören reichend.
- **Optische** Halluzinationen: Spektrum von elementären Sinnestäuschungen bis zum szenenhaften Erleben.
- **Olfaktorische** Halluzinationen: Geruchshalluzinationen.
- **Gustatorische** Halluzinationen: Geschmackshalluzinationen.
- **Zönästhesien:** Halluzinationen im Bereich der Körperwahrnehmung.
- **Hypnagoge** Halluzinationen: optische und akustische Halluzinationen, die im Halbschlaf, in der Einschlaf- oder Aufwachphase auftreten (auch bei psychisch Gesunden).

- **Orientierende Prüfung:** Halluzinationen werden nur selten spontan berichtet. Hinweise durch Verhaltensbeobachtung (z. B. der Patient wendet sich lauschend ab, ist von der Umwelt abgelenkt) und Fremdanamnese.

Wahrnehmungsveränderungen

Veränderung der Sinneseindrücke hinsichtlich Farbigkeit, Form oder Größe.

- **Veränderungen der Wahrnehmungsintensität:** Sinneseindrücke sind farbiger, lebhafter, farbloser etc.
- **Mikro-/Makropsie:** Gegenstände kommen dem Patienten verkleinert, in die Ferne gerückt oder besonders nah vor.
- **Metamorphopsie (Dysmorphopsie):** Verzerrung, Änderung von Farbe und Größe der Gegenstände.

Ich-Störungen

Die Ichhaftigkeit des Erlebens ist verändert oder die Grenze zwischen Ich und Umwelt ist durchlässiger.

- **Depersonalisation:** Das eigene Ich oder der eigene Körper wird als fremd erlebt.
- **Derealisation:** Die Umgebung erscheint verändert, fremd.
- **Gedankenausbreitung:** Das Gefühl, daß die Gedanken nicht mehr einem selbst gehören.
- **Gedankeneingebung:** Gedanken werden als von außen eingegeben erlebt.
- **Fremdbeeinflussungserlebnisse:** Fühlen, Wollen, Streben und Handeln werden als von anderen gemacht und gesteuert erlebt.
- **Orientierende Prüfung:** Fragen nach einer Selbstveränderung, Veränderung der Umwelt, nach dem Gefühl der Beeinflussung der Gedanken oder Handlungen.

Störungen der Affektivität

Affekt: kurz dauernde Gefühlsregung (z. B. Freude, Zorn, Haß).

Stimmung: anhaltende Affekte (z. B. Depressivität).

- **Affektlabilität/Stimmungslabilität:** rascher Wechsel der Affekte/Stimmungen.
- **Affektinkontinenz:** fehlende Beherrschung der Affekte.
- **Affektarmut:** geringe Affekt- und Gefühlsansprechbarkeit (Gleichgültigkeit, emotionale Verhaltenheit, Interesse- und Lustlosigkeit etc.)
- **Gefühl der Gefühllosigkeit:** qualvoll erlebter Mangel an Gefühlsregungen.
- **Affektstarrheit:** Verminderung der affektiven Modulationsfähigkeit.
- **Innere Unruhe:** seelische Spannung, Aufregung.
- **Dysphorie:** mißmutige Stimmungslage.
- **Gereiztheit:** Bereitschaft zu affektiven Ausbrüchen.
- **Ambivalenz:** Nebeneinander gegensätzlicher Gefühle (z. B. Liebe – Haß).
- **Euphorie:** Zustand des übersteigerten Wohlbefindens, Heiterkeit, Zuversicht etc.
- **Läppischer Affekt:** albern, leere Heiterkeit.
- **Depressivität/Deprimiertheit:** Niedergeschlagenheit, Freud-, Lust- und Hoffnungslosigkeit, Sinnentleerung des Daseins.
- **Angst:** Gefühl der Bedrohung, begleitend vegetative Symptome.
- **Störung der Vitalgefühle:** Reduktion der Leibgefühle von Kraft und Lebendigkeit, seelischer und körperlicher Frische.
- **Insuffizienzgefühle/gesteigerte Selbstwertgefühle:** das Gefühl, nichts wert bzw. besonders viel wert zu sein.
- **Parathymie:** Gefühlsäußerung und Erlebnisinhalt stimmen nicht überein.

Die **Diagnose** wird durch gezielte Exploration gestellt.

Zwang, Phobien, Ängste, hypochondrische Befürchtungen

- **Phobie:** Objekt- und situationsgebundene Angst (z. B. Klaustrophobie, Agoraphobie).
- **Hypochondrische Befürchtungen:** sachlich nicht begründbare, übertriebene Sorgen um die eigene Gesundheit.
- **Zwangsideen:** nicht unterdrückbare Denkinhalte, als sinnlos bzw. unsinnig und quälend empfunden.

- **Zwangshandlungen:** nicht unterdrückbare, als unsinnig erkannte und quälend empfundene Handlungen.
- **Orientierende Prüfung:**
  - Patienten berichten spontan über ihre Ängste.
  - Zwangsgedanken und -handlungen müssen dagegen exploriert werden: Fragen nach besonderen Gewohnheiten, Wasch- und Ordnungsverhalten (Ansteckungsangst), Frage nach aufdrängenden Gedanken, Worten, Zahlen etc.

Störungen des Antriebes und Psychomotorik

Antrieb: Energie, Initiative und Aktivität des Menschen.

Psychomotorik: Gesamtheit der durch psychische Vorgänge geprägten Bewegungsabläufe.

- **Antriebsarmut:** Mangel an Energie und Initiative, reduzierte Spontanmotorik und Aktivität.
- **Stupor:** motorische Bewegungslosigkeit.
- **Antriebshemmung:** vom Patienten werden Antrieb und Initiative als gebremst erlebt (DD: Antriebsarmut).
- **Mutismus:** Wortkargheit bis Nichtsprechen.
- **Logorrhoe:** Rededrang.
- **Antriebssteigerung:** Zunahme der Aktivität und Initiative bei zielgerechten Handlungen.
- **Motorische Unruhe:** ziellose, ungerichtete motorische Aktivität bis zur Tobsucht (Raptus).
- **Automatismen:** Ausführen automatischer Handlungen.
  - **Negativismus:** Gegenteil des Verlangten wird ausgeführt.
  - **Befehlsautomatie:** automatenhaftes Befolgen.
  - **Echolalie/Echopraxie:** Nachmachen des Gehörten oder Gesehenen.
- **Ambitendenz:** gleichzeitig vorkommende entgegengesetzte Willensimpulse, die die Handlung unmöglich machen.
- **Stereotypien:** wiederholte sinnlose sprachliche und motorische Äußerungen.
- **Tic:** rezidivierende, rasche, unwillkürliche Muskelaktionen ggf. mit Ausdruckgehalt.
- **Paramimie:** mimischer Ausdruck und affektiver Erlebnisgehalt stimmen nicht überein.

- **Manierismen:** sonderbare, gekünstelte, posenhafte Züge des Verhaltens.
- **Theatralisches Verhalten:** Eindruck der Darstellung bzw. Dramatisierung der Beschwerden.
- **Aggressivität:** Neigung zu Tätlichkeiten.
- **Sozialer Rückzug:** Verminderung der Sozialkontakte.
- **Soziale Umtriebigkeit:** Erweiterung der Sozialkontakte.

Vegetative Störungen

- **Schlafstörungen:** Hyposomnien (Ein- und Durchschlafstörungen, Früherwachen) oder Hypersomnien (erhöhtes Schlafbedürfnis).
- **Appetitstörungen:** Hypophagie (Appetitmangel) oder Hyperphagie (Appetitsteigerung).
- **Tagesschwankungen:** Morgentief, Abendtief.
- **Schmerzen:** Schmerzzustände oder Mißempfindungen (Parästhesien).
- **Sexuelle Störungen:** Libidominderung, Potenz- oder Orgasmusstörungen.
- Herzsensationen, Tachykardie.
- Hyper-, Hypohidrosis.
- Tachypnoe.
- Gastrointestinale Störungen: Übelkeit, Obstipation, Diarrhoe.
- Blasenentleerungsstörungen oder Harndrang.
- Schwindel, Seh- oder Gleichgewichtsstörungen.
- Juckreiz und andere Hautsensationen.

2.2 Abfassung des psychopathologischen Befundes

Merke:

Die Zusammenfassung psychopathologischer Auffälligkeiten ist die Grundlage der Diagnostik.

Berücksichtigt werden:

- Äußeres Erscheinungsbild, Verhalten und Sprache.
- Veränderungen der Bewußtseinslage, der Aufmerksamkeit, Auffassung, Gedächtnisses, Affektivität, Antrieb und Orientierung.
- Wahrnehmungsstörungen und Denkauffälligkeiten.
- Wichtig ist auch das Erheben des aktuellen psychischen Befindens.

Beispiel für einen möglichen psychischen Befund

47jährige Patientin, in Habitus und Kleidung jünger wirkend. In der Exploration sowohl mimisch-gestisch als auch verbal lebhaftes Kommunikationsverhalten. Den an sie gerichteten Fragen hört sie aufmerksam zu und antwortet dann zwar ausführlich, aber doch themenbezogen.

Bewußtseinswach, zu Ort, Situation, Zeit und Person voll orientiert. Mimik und Gestik sind sehr lebhaft und laufen dem vorherrschenden Affekt parallel. Aufmerksamkeit und Konzentrationsfähigkeit erscheinen ungestört. Des weiteren findet sich kein Hinweis auf eine Störung der Merkfähigkeit oder der Gedächtnisleistungen.

Bei insgesamt überdurchschnittlicher Intelligenz und auch gut differenzieter Primärpersönlichkeit fallen einzelne gröbere verbale Ausbrüche auf: „der alte Schleimi", „Gelaber". Das formale Denken erscheint ungestört, insbesondere findet sich kein Anhalt für Zerfahrenheit. Der Gedankengang wirkt jedoch insgesamt beschleunigt.

Es besteht kein Anhalt für die Annahme einer produktiven psychotischen Störung im Sinne von Wahnphänomenen, halluzinatorischen Erlebnissen oder erstrangigen Ich-Erlebnisstörungen.

Im Bereich der Affektivität macht sich eine über dem Durchschnitt liegende Erregbarkeit bemerkbar. Bei der Besprechung von Themen, die mit einer erhöhten affektiven Beteiligung der Patientin einhergehen, neigt sie dazu, lauter als erforderlich zu sprechen und die oben bereits angedeuteten verbalen Grobheiten häufen sich. Die Kritikfähigkeit erscheint vermindert, es findet sich kein Anhalt für das Vorliegen einer aktuellen Suizidgefährdung.

2.3 Standardisierte Diagnostik

Der psychopathologische Befund kann durch *standardisierte Untersuchungsmethoden* objektiviert werden.

Standardisierte Beurteilungsverfahren

- Fremdbeurteilungsverfahren
- Selbstbeurteilungsverfahren
- **Cave:** Beurteilungsfehler (Halo-Effekt, Antworttendenzen)!

Tabelle 2.1 Übersicht über die klinischen Fremdbeurteilungsverfahren (modif. nach *Stieglitz* u. *Ahrens* in *Stieglitz* u. *Baumann* 1994)

Verfahren	Abk.	Kennzeichen
1. Gesamtpsychopathologie		
Nurses Observation Scale for Inpatient Evaluation*	NOSIE	30 Items, Gesamtwert und 7 Subskalen
Comprehensive Psychiatric Rating Scale	CPRS	65 Items, 4 Subskalen, 2 übergeordnete Skalen
AMDP-System*	AMDP	140 Items, 9 Subskalen, 3 übergeordnete Skalen
Inpatient Multidimensional Psychiatric Scale*	IMPS	90 Items, 12 Subskalen
2. Depressivität		
Hamilton Depressions-Skala*	HAMD	17 bzw. 21 Items, 2 – 6 Subskalen
Montgomery-Asberg Depression Rating Scale*	MADRS	10 Items
Bech-Rafaelsen Depression Scale*	BRMES	11 Items
Depression Status Inventory*	DSI	20 Items, Gesamtwert

Tabelle 2.1 (Fortsetzung)

Verfahren	Abk.	Kennzeichen
3. Manie		
Bech-Rafaelsen Mania Scale*	BRMAS	11 Items, Gesamtwert
Biegel-Murphy Manie-Skala	BMMS	
Manic State Scale	MSS	
Young Manie-Skala	YMS	
4. Schizophrenie		
Brief Psychiatric Rating Scale*	BPRS	18 Symptomkomplexe, Gesamtwert und 5 Subskalen
Positive and Negative Syndrome Scale for Schizophrenia	PANSS	7 Items, Gesamtwert
Scale for the Assessment of Negative Symptoms	SANS	19 Items, 5 Subskalen, 5 Globalratings
5. Angst		
Clinical Anxiety Scale	CLAS	
Covi-Angst-Skala	COAS	3 Items
Clinician Rated Anxiety Scale	CRAS	
Hamilton Angst-Skala	HAMA	14 Items
Liebowitz Sociophobia Rating Scale	LSRS	24 Items
6. Zwang		
Yale-Brown Obsessive-Compulsive Scale	Y-BOCS	10 Items
7. Geriatrie		
Sandoz Clinical Assessment Geriatric Scale*	SCAG	18 Items, 5 Subskalen
Nurses Observation Scale for Geriatric Patients*	NOSGER	30 Items, 6 Subskalen
* in CIPS 1996 enthalten		

Tabelle 2.2 Klinische Selbstbeurteilungsverfahren (modif. nach *Stieglitz* in Stieglitz u. Baumann 1994)

Bereiche	Verfahren	Abk.
Gesamtpsychopathologie	Self-Report Symptom Inventory	SCL-90 SCL-90R
Befindlichkeit/ Stimmung	Befindlichkeits-Skala Profile of Mood States	Bf-S POMS
Diagnostik der prämorbiden Persönlichkeit		
Körperliche Beschwerden	Beschwerden-Liste Freiburger Beschwerden-Liste	BL FBL
Depressivität	Depressivitäts-Skala Beck-Depressions-Inventar	DS BDI
Angst	Self-Rating-Anxiety Scale State-Trait Angst-Inventar	SAS STAI
Zwang	Hamburger Zwangsinventar	HZI
Neurosen (gesamt)	Psychischer und sozialkommunikativer Befund	PSKB-S
Alkoholismus	Münchner Alkoholismustest	MALT
Schizophrenie (Basisstörungen)	Frankfurter Beschwerdefragebogen Frankfurter Befindlichkeitsskala	FBF FBS

Diagnostik in der Psychotherapie

Neuerdings zeigt auch die **psychoanalytisch-tiefenpsychologisch orientierte Psychiatrie/Psychotherapie** Ansätze zur operationalisierten Diagnostik (OPD); mit der OPD werden 4 psychodynamische Achsen unterschieden:

- Krankheitserleben und Behandlungsvoraussetzungen
- Beziehung
- Konflikt
- Struktur

Variablen der psychodynamischen Achsen

- **Krankheitserleben und Behandlungsvoraussetzungen**
  - Art und Schwere der vorliegenden Erkrankung
  - das gesellschaftliche Umfeld,

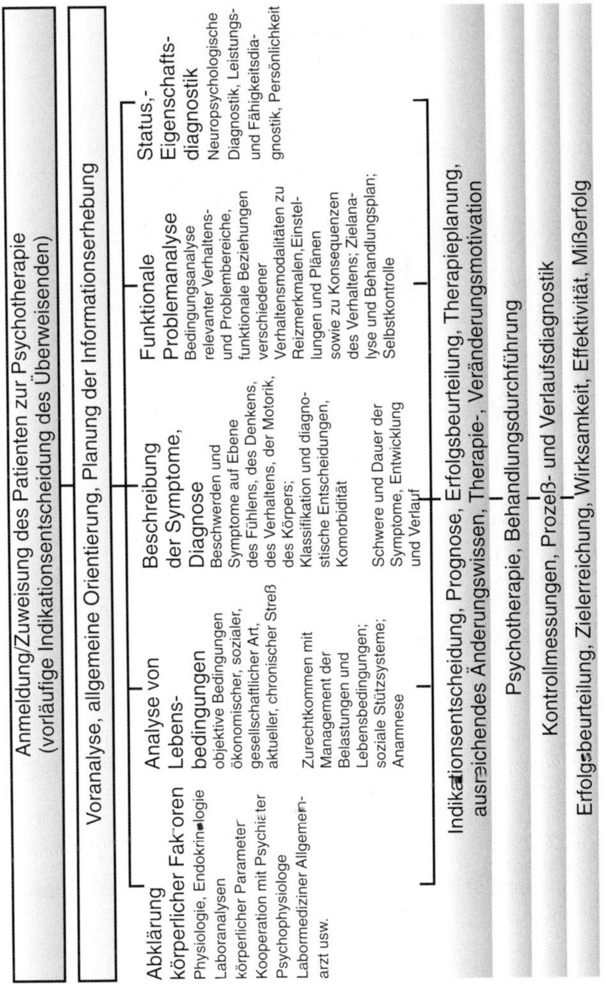

Abb. 2.1 Ablaufschema diagnostischer Aufgaben und Entscheidungen im Rahmen einer Psychotherapie (nach *Hautzinger* in *Stieglitz* u. *Baumann* 1994)

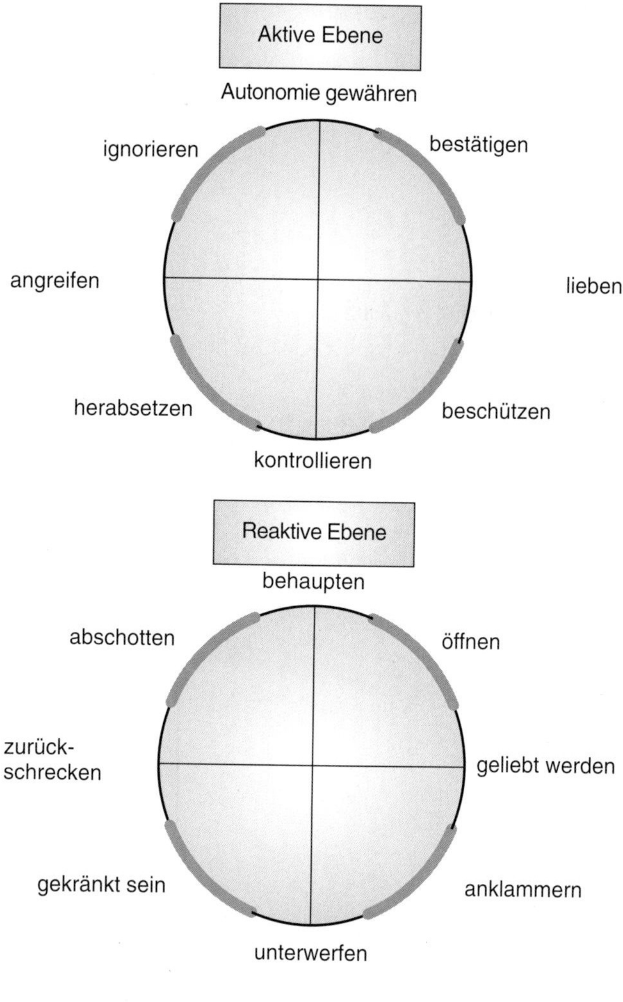

Abb. 2.2 Die aktive und reaktive Ebene des interpersonellen Kreismodells (nach *Benjamin* 1974)

- die Arzt-Patient-Beziehung,
- das psychosoziale Umfeld,
- Persönlichkeitsmerkmale,
- Behandlungsmotivation

- **Beziehung**

Grundlage ist das interpersonelle Kreismodell (Benjamin 1974, s. Abb. 2.2)

- **Konflikt**
  - Zeitlich überdauernde Konflikte, z. B. Abhängigkeit versus Autonomie, Selbstwertkonflikte etc.
  - Fehlende Konflikt- und Gefühlswahrnehmung
  - Konflikthafte äußere Lebensbelastungen
  - Modus der Verarbeitung

- **Struktur**
  - Allgemeine Charakteristik
  - Selbstwahrnehmung
  - Selbststeuerung
  - Abwehr
  - Objektwahrnehmung
  - Kommunikation
  - Bindung

Diagnostik der prämorbiden Persönlichkeit

Tabelle 2.3 Differenzierung zwischen prämorbiden und morbogenen Persönlichkeitszügen

Prämorbide Persönlichkeit	• Normale Persönlichkeit • Akzentuierte Persönlichkeit • Persönlichkeitsstörung
Morbogene Persönlichkeit	• Persönlichkeitsveränderung im Vorfeld einer psychischen Erkrankung • Persönlichkeitsveränderung während einer psychischen Erkrankung
Postmorbide Persönlichkeit	• Krankheitsbedingter Persönlichkeitswandel

Tabelle 2.4 Standardisierte Interviews: Überblick über derzeit gebräuchliche Interviewansätze in der Diagnostik psychopathologischer Syndrome und Störungen (modif. nach *Wittchen* et al. in *Stieglitz/Baumann* 1994)

Kurzbezeichnung	Name	Diagnosebereich (Voraussetzung)	Standardisierung			Gütekriterien
			Fragen	Zeitraum	Auswertung	
PSE	Present State Examination	ICD-9 kompatible Syndromklassen (Kliniker Training)	+	4 Wochen	computerisiert CATEGO	+
SADS-LA	Schedule for Affective Disorders & Schizophrenia-Lifetime	DSM-III, DSM-III-R und RDC	(+)	Lebensspanne	Interviewer Zusatzinfo. strukturiert	(+)
ADIS-R/ DIPS	Diagn. Interv. bei psych. Störungen	DSM-III-R (Kliniker/ 2 Tage Training)	+	Querschnitt, Lebensspanne	strukturiert	+
SKID	Strukt. Klin. Interview für DSM-III-R	DSM-III-R (Kliniker/ 2 Tage Training)	+	Querschnitt Lebensspanne	strukturiert	+

Tabelle 2.4 (Fortsetzung)

Kurzbezeichnung	Name	Diagnosebereich (Voraussetzung)	Standardisierung			Gütekriterien
			Fragen	Zeitraum	Auswertung	
MDCL	Münchner Diagn. Checklisten für DSM-III-R	DSM-III-R ICD-10 unspezifiert	(+)	Querschnitt	strukturiert	(+)
SCAN	Schedules for Clin. Assessment in Neuropsychiatry	PSE-Klassen ICD-10, DSM-III-R (Kliniker/ 1 Woche Training)	+	Querschnitt, Lebensspanne	strukturiert, comput.	(in Vorb.)
CIDI	Composite International Diagnostic Interview	DSM-III-R und ICD-10 (Laien/ 1 Woche Training)	++	Querschnitt, Lebensspanne	comput.	+

Tabelle 2.5 Dimensionen und Kriterien der Diagnose (nach *Helmchen* 1975)

Dimension	Kriterium
1. Symptomatologie	• Art der Symptome • Konfiguration von Symptomgruppen, Syndrome
2. Zeit (Verlauf)	• Erkrankungsalter • Tempo des Erkrankungsbeginns (Akuität) • Verlauf (intermittierend, chronisch) • Dauer • Ausgang
3. „Ätiologie"	• Disposition, genetisch • Disposition, Persönlichkeitsstruktur • Auslösung, psychoreaktiv • Auslösung, somatisch • Auslösung, therapeutisch • Verlaufsbeeinflussung, morbogen • Verlaufsbeeinflussung, psychoreaktiv • Verlaufsbeeinflussung, sozial • Verlaufsbeeinflussung, therapeutisch
4. Intensität	• der meisten Kriterien auf den Dimensionen 1 – 3
5. Sicherheit	• jedes Kriteriums auf den Dimensionen 1 – 3 • der verbalen Diagnose • der codierten Diagnosen-Nr.

3 Psychometrie, Testpsychologie

Entscheidungsbaum zum Einsatz psychologischer Testuntersuchungen

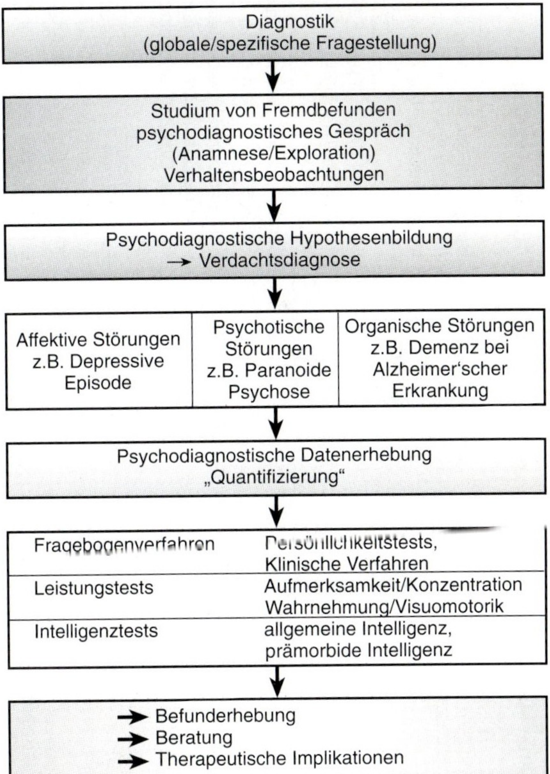

Abb. 3.1 Entscheidung zum Einsatz psychologischer Testuntersuchungen

Wichtige Verfahren zur Intelligenzdiagnostik

(modif. nach *Rist* in *Stieglitz* u. *Baumann* 1994)

Tabelle 3.1 Wichtige Verfahren

Verfahren (Autor)	**Kürzel**	**Zeit (Min.)**	**Charakterisierung**
Hamburg-Wechsler-Intelligenztest für Erwachsene	HAWIE HAWIE-R	60	Beruht auf der Annahme eines Generalfaktors und spezifischer Intelligenzfaktoren. Untertests aufgeteilt in Handlungsteil und Verbalteil.
Intelligenz-Struktur-Test	IST 70	90	Beruht auf der multiplen Faktorentheorie der Intelligenz. 9 Untertests, einschl. Merkfähigkeit.
Leistungsprüfsystem	LPS	90	Beruht auf der multiplen Faktorentheorie der Intelligenz. 14 Untertests.
Progressiver Matrizentest	RAVEN	50	Erfaßt sprachfrei „Allgemeine Intelligenz" im Sinne Spearmans anhand des Erkennens von Gesetzmäßigkeiten der Reihenbildung.
Reduzierter Wechsler-Intelligenztest	WIP	20	Auswahl von 4 Untertests aus dem HAWIE: Allgemeines Wissen, Gemeinsamkeitenfinden, Bilderergänzen, Mosaiktest.
Mehrfachwahl-Wortschatz-test	MWT-B	10	Erfassung der verbalen Intelligenz über Wortschatz-Wiedererkennen.

Ausgewählte Verfahren zur Untersuchung von Aufmerksamkeitsleistungen (nach *Schuri* et al. in *Stieglitz* u. *Baumann* 1994)

Tabelle 3.2 Ausgewählte Verfahren

Leistungsaspekt	Untersuchungsverfahren
Kognitive Verarbeitungsgeschwindigkeit	• Zahlenverbindungstest (ZVT) • Aufmerksamkeits-Belastungstest d2 • Mehrfachwahlreaktionen am Wiener Reaktions- und Determinationsgerät
Selektive Aufmerksamkeit	• Test zur Erfassung des Entscheidungs- und Reaktionsverhaltens DR-2 im Wiener Testsystem d2 (s. o)
Aufmerksamkeitsteilung	• Test zur Erfassung peripherer Wahrnehmungsleistungen bei gleichzeitiger Trackingaufgabe PVT im Wiener Testsystem
Daueraufmerksamkeit	• Continous Performance Test (CPT) • Untertest „Vigilanz", Neuropsychologische Testbatterie zur Erfassung von Aufmerksamkeitsdefiziten

Verfahren zur Untersuchung von Gedächtnisleistungen

- Wechsler Memory Scale (WMS-R)
- Benton-Test
- Recognition Memory Test

Neuropsychologische Testverfahren

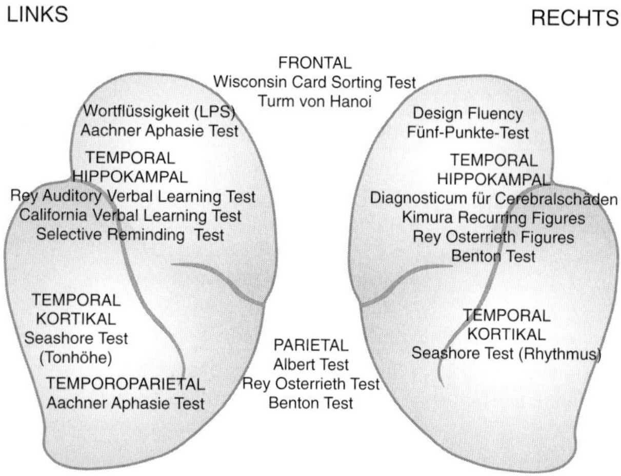

Abb. 3.2 Neuropsychologische Testverfahren (nach *Treig* et al. 1994)

Verfahren zur Persönlichkeitsdiagnostik

- **Minnesota Multiphasic Personality Inventory (MMPI)** 221 Fragen, 10 Skalen
- **Freiburger Persönlichkeits-Inventar (FPI-R)** 138 Fragen, 12 Skalen (s. Abb. 3.3)

Tests zur Beurteilung der Fahrtauglichkeit

- Zur Beurteilung der Fahrtauglichkeit werden vor allem Tests an Geräten zur Erfassung der geistigen (psychisch-funktionalen) Leistungsfähigkeit eingesetzt:
  - visuelle Wahrnehmung
  - Aufmerksamkeit

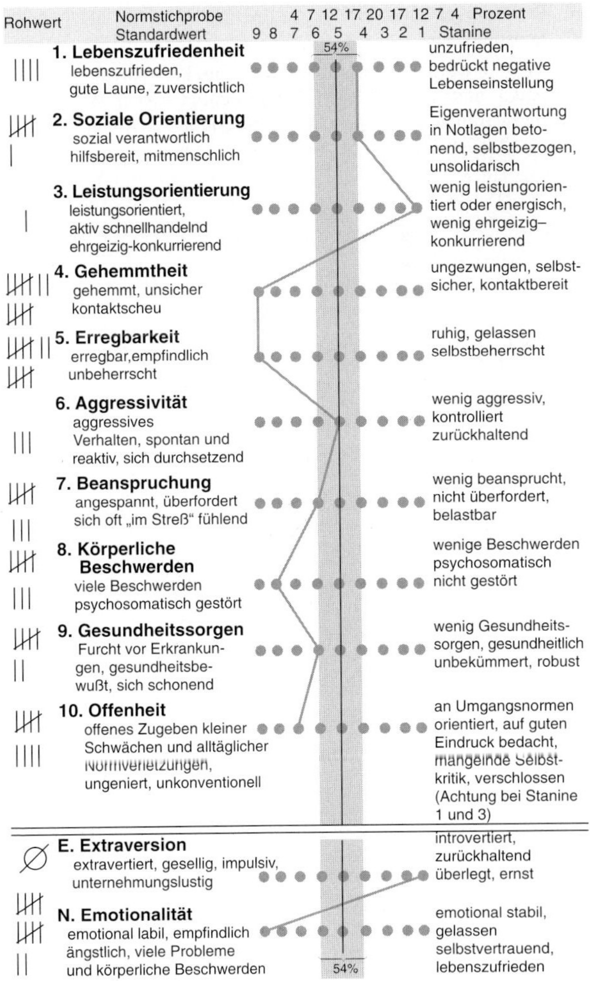

Abb. 3.3 Beispiel FPI-R-Persönlichkeitsprofil einer 25jährigen Patientin mit psychoreaktiver Störung, ängstlich-depressiven Symptomen und multiplen Organbeschwerden (nach *Fahrenberg* et al. 1989)

- Reaktionsverhalten
- Sensomotorik

- Zusätzlich werden fahrverhaltensrelevante Persönlichkeitscharakteristika und Einstellungen berücksichtigt (Risikobereitschaft, Verantwortungsbewußtsein, Anpassungsfähigkeit, Selbstwahrnehmung, Aggressivität).

4 Syndromlehre

Zusammenfassung der Hauptsymptomatik des Patienten

- Wichtigste psychiatrische Syndrome s. Tabelle 4.1.

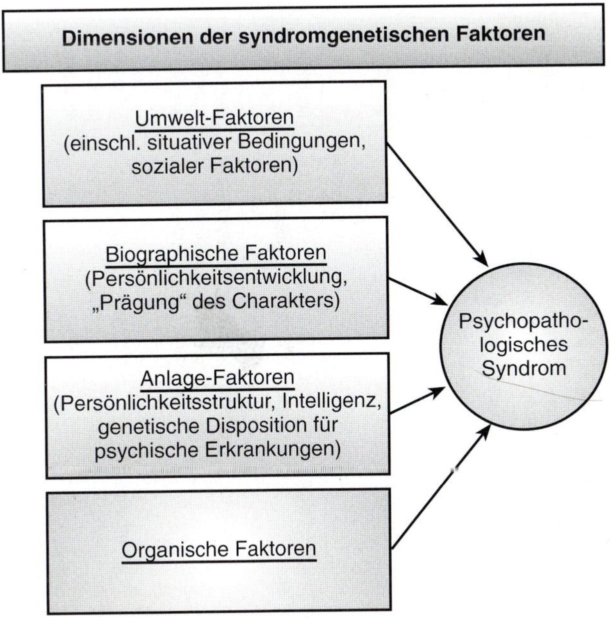

Abb. 4.1 Schema der multifaktoriellen Syndromgenese

Tabelle 4.1 Wichtigste psychiatrische Syndrome (nach *Dilling* & *Reimer* 1990, 1995)

	Bewußtsein	**Gedächtnis**	**Orientierung**	**Wahrnehmung**	**Denken**	**Stimmung**	**Antriebslage**	**Vorkommen**
Manisches Syndrom	klar	erhalten	erhalten	normal	Ideenflucht (Größenideen)	gehoben (heiter)	Erregung	Manie, organische Hirnerkrankungen (z. B. Paralyse), Vergiftungen, Schizophrenie
Depressives Syndrom	klar	erhalten	erhalten	normal	Denkhemmung, depressive Ideen	gedrückt	Hemmung	Depression, Schizophrenie, organische Hirnerkrankungen
Angstsyndrom	mitunter getrübt	erhalten	mitunter gestört	illusionäre Verkennungen	Verfolgungsideen	ängstlich	Erregung	Depression, Schizophrenie, symptomatische und senile Psychosen
Paranoid-halluzinatorisches Syndrom	klar	erhalten	erhalten	akustische Halluzinationen	Beeinträchtigungsideen	mißtrauisch, ängstlich gespannt	oft Erregung	Schizophrenie, organische Hirnerkrankungen, symptomatische und toxische Psychosen
Hyperkinetisches Syndrom (Erregungszustand)	oft getrübt	oft Erinnerungslücke	oft gestört	Sinnestäuschungen	oft gestört, (Zerfahrenheit, Inkohärenz) gehoben	gehoben, (ängstlich oder zornig)	Erregung	Schizophrenie, symptomatische Psychosen, organische Hirnerkrankungen, Vergiftungen

Tabelle 4.1 (Fortsetzung)

	Bewußtsein	**Gedächtnis**	**Orientierung**	**Wahrnehmung**	**Denken**	**Stimmung**	**Antriebslage**	**Vorkommen**
Akinetisches Syndrom (Stupor)	klar	erhalten	erhalten	normal	oft gehemmt	gleichgültig, gedrückt oder gespannt	Sperrung	Schizophrenie, Depression, psychogene Haftreaktion (Haftstupor)
Dämmerzustand	getrübt oder eingeengt	Erinnerungslücke	meist gestört	Sinnestäuschungen	Wahnideen	gespannt, ängstlich, zornig	Erregung	Epilepsie, Hirnverletzungen, pathologischer Rausch, psychogene Reaktion
Delirantes Syndrom	getrübt	Erinnerungslücke	meist gestört	optische Halluzinationen	Wahnideen	meist ängstlich	Erregung	Symptomatische Psychosen, Hirnverletzungen, organische Hirnerkrankungen, Vergiftungen
Amnestisches Syndrom (Korsakow)	(klar)	Merkschwächen, Erinnerungslücken, Konfabulationen	meist gestört	normal	normal	verschieden	oft Antriebsmangel	Alkoholismus, CO-Vergiftungen, organische Hirnerkrankungen, symptomatische Psychosen

5 Klassifikation psychischer Störungen

- **Verschiedene Klassifikationsansätze**
  - **Syndromatologische Betrachtung:** Einordnung nach dem psychopathologischen Erscheinungsbild (z. B. depressives Syndrom).
  - **Nosologische Einteilung:** Mitberücksichtigung der Ätiopathogenese und des Verlaufs (z. B. endogene Depression).

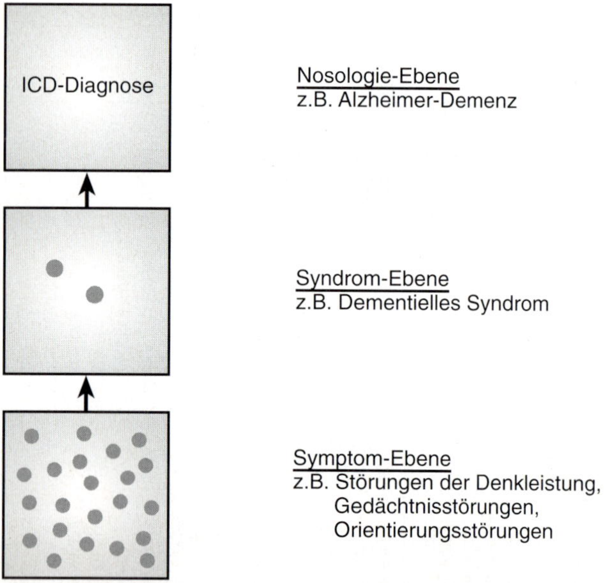

Abb. 5.1 Hierarchie der psychiatrischen Diagnostik

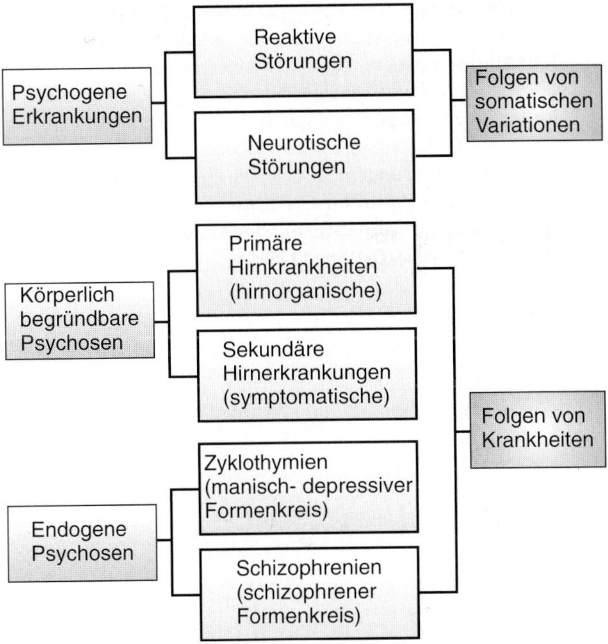

Abb. 5.2 Das triadische System der psychiatrischen Nosologie

- Grundlage der modernen psychiatrischen Klassifikationen ist das **Konzept von Kraepelin:** Vereinigung der „Krankheitseinheiten" in einem System unter gleichzeitiger Berücksichtigung des klinischen Gesamtbildes, seiner therapeutischen Beeinflußbarkeit und Ätiologie.
- Die **derzeitigen Diagnosesysteme** gehen von den Einheiten aus, die zwischen der syndromatischen und nosologischen Einteilung stehen.
- Die **Multikonditionalität** der psychischen Störungen (Zusammenwirken mehrerer relevanter ätiologischer Faktoren) erklärt die Unspezifität psychischer Symptome hinsichtlich ursächlicher Faktoren.

- **Triadisches System** der Psychiatrie: Einteilung in exogene, endogene und psychogene Störungen (pathogenetische Trias).
  - **Exogene Störungen:** Nachweis einer organischen primären (hirneigenen) oder sekundären (hirnbeteiligenden) Erkrankung.
  - **Endogene Störungen:** biologische Faktoren (Erbanlage) haben eine zentrale Bedeutung für die Pathogenese.
  - **Psychogene Störungen:** ursächliche Bedeutung psychodynamischer und erlebnisreaktiver Faktoren.
  - Der **klassische Neurosebegriff** wurde in den neueren Klassifikationssystemen ICD-10 und DSM-IV aufgegeben.

Für das Verständnis ist folgendes Schema dennoch eine Orientierungshilfe.

(Endogene) Psychose	Neurose
Unverständlich	Psychogen entstanden
Eigengesetzlicher Verlauf	Psychodynamische Konflikte
Realitätsverlust	Traumatische Umwelteinflüsse
Desintegration der Persönlichkeit	(erworben)
Formal neu,	Sinngesetzlichkeit
qualitativ abnorm	(Auslösung, Verlauf)
Intensität/Ausmaß der Störung	„Angst“

Systematisierung und Operationalisierung der psychiatrischen Störungen nach ICD und DSM

- **ICD-8** (1970): Schaffung der Basis für eine internationale Vereinheitlichung der psychischen Klassifikation, angelehnt an das nosologische System von Kreaepelin.

- **ICD-9** (1979): im Unterschied zu ICD 8 multikategoriale Diagnostik: dadurch wird ein Patient gleichzeitig durch mehrere Nummern der ICD klassifiziert.

- **DSM-III-System** (USA 1980): ist nach anderen Einteilungskriterien konzipiert. Vorteile: Operationalisierung der Kriterien für die Erstellung einer Diagnose, gedankliche Klarheit und Präzision.

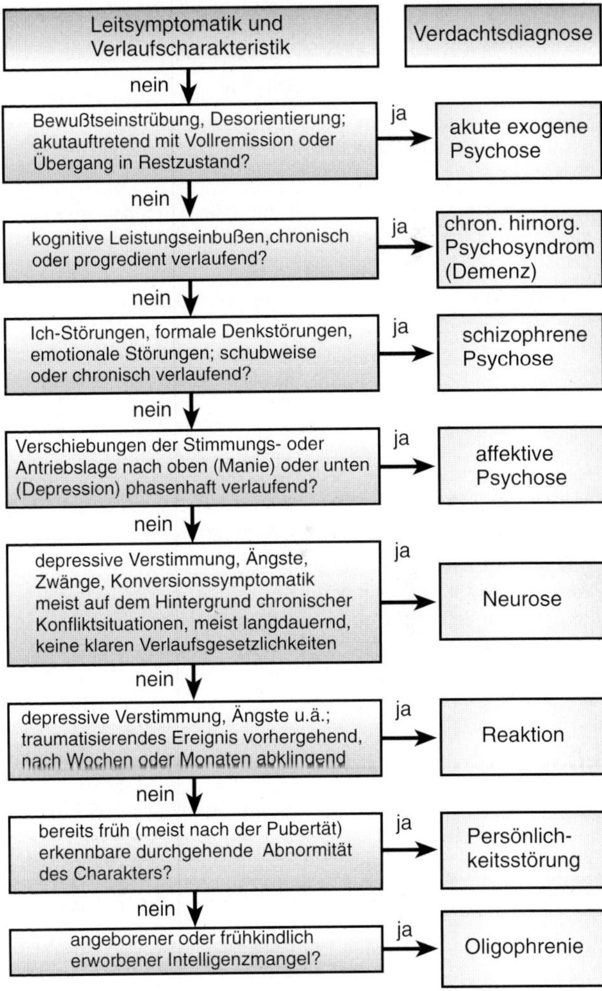

Abb. 5.3 Vereinfachtes Schema des hierarchischen Vorgehens in der psychiatrischen Diagnostik (nach *Möller* et al. 1989)

Tabelle 5.1 Die Klassifikation psychischer Störungen nach ICD-10 und DSM-IV im Vergleich

ICD-10	**DSM-IV**
Organische einschließlich symptomatischer psychischer Störungen (F0)	Organisch bedingte psychische Störungen
Psychische und Verhaltensstörungen durch psychotrope Substanzen (F1)	Störungen durch psychotrope Substanzen
Schizophrenie, schizotype und wahnhafte Störungen (F2)	Schizophrenie Wahnhafte (paranoide) Störung Psychotische Störungen, die nicht andernorts klassifiziert sind
Affektive Störungen (F3)	Affektive Störungen
Neurotische-, Belastungs- und somatoforme Störungen (F4)	Angststörungen, Somatoforme Störungen, Dissoziative Störungen, Anpassungsstörungen
Verhaltensauffälligkeiten mit körperlichen Störungen oder Faktoren (F5)	Sexuelle Störungen, Schlafstörungen, Körperliche Zustände, bei denen psychische Faktoren eine Rolle spielen
Persönlichkeits- und Verhaltensstörungen (F6) Intelligenzminderung (F7) Entwicklungsstörungen (F8)	Persönlichkeitsstörungen, Störungen der Impulskontrolle, die nicht andernorts klassifiziert sind, vorgetäuschte Störungen
Verhaltens- und emotionale Störungen mit Beginn in der Kindheit und Jugend (F9) Nicht näher bezeichnete psychische Störungen (F99)	Störungen mit Beginn typischerweise im Kleinkinderalter, in der Kindheit oder Adoleszenz

- **ICD-10** (1991): hat ebenfalls einen multiaxialen Ansatz. Diese Klassifikation knüpft an die Operationalisierung des DSM-III-Systems an, weicht jedoch inhaltlich bei den Definitionen der Erkrankungen ab. Vorteile: bessere Anknüpfung an bisherige Tradition sowie höherer praktischer Wert (geeignet für die Alltagversorgung).

Multiaxiale Diagnose nach DSM-IV und ICD-10

- 1. Achse: klinisches Syndrom
- 2. Achse: Entwicklungs- und Persönlichkeitsstörungen
- 3. Achse: körperlichen Störungen und Zustände
- 4. Achse: Art und Schwere psychosozialer Belastungsfaktoren
- 5. Achse: psychosoziales Funktionsniveau im letzten Jahr

6 Apparative Diagnostik

Zum Ausschluß bzw. Nachweis organischer Hirnerkrankungen (primär oder sekundär) werden apparative und laborchemische Untersuchungen eingesetzt.

Tabelle 6.1 Apparative Untersuchungen

Obligat:

- Blutdruck, Puls, Temperatur (Hypertonie, Entzündung, Fieber beim malignen neuroleptischen Syndrom und bei der perniziösen Katatonie)
- EKG (Rhythmusstörungen, Herzinfarkt)
- EEG (Screening für organische Störungen und Kontrainidikationen für Psychopharmaka)
- Craniale Computertomographie (CCT, morphologische Hirnveränderungen)

Fakultativ:

- Kernspintomographie des Gehirnes (morphologische Hirnveränderungen, die mit dem CCT nicht diagnostizierbar sind).
- SPECT (Single Photon Emission Computed Tomography, Messung der regionalen Hirndurchblutung)
- PET (Positron Emission Tomography, Diagnose von Stoffwechselstörungen)
- Dopplersonographie (Gefäßstenosen, -verschlüsse)
- Evozierte Potentiale (z. B. Encephalomyelitis disseminata)
- Schlafentzugs-EEG, EEG-Maping

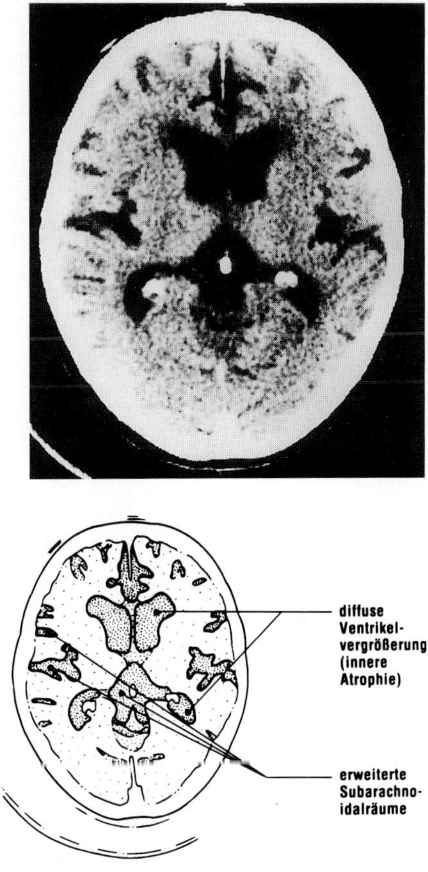

Abb. 6.1 Innere und äußere Hirnatrophie im CCT

Bildgebende Verfahren

Craniale Computertomographie (CCT)

- Prinzip: unterschiedliche Absorption von Röntgenstrahlen durch verschiedene intrakranielle Strukturen (Hirngewebe, Blutgewebe, Liquorräume);

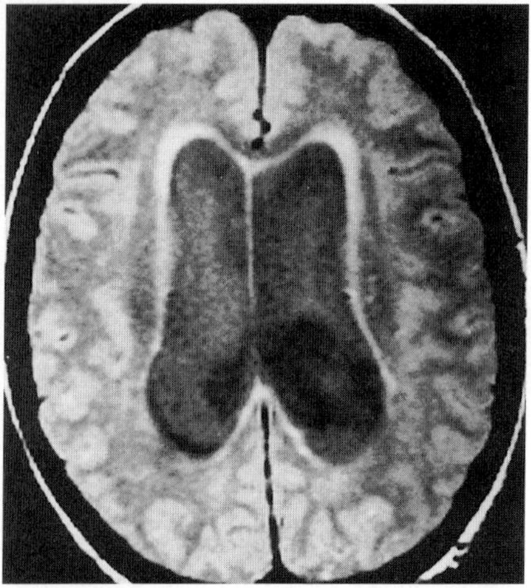

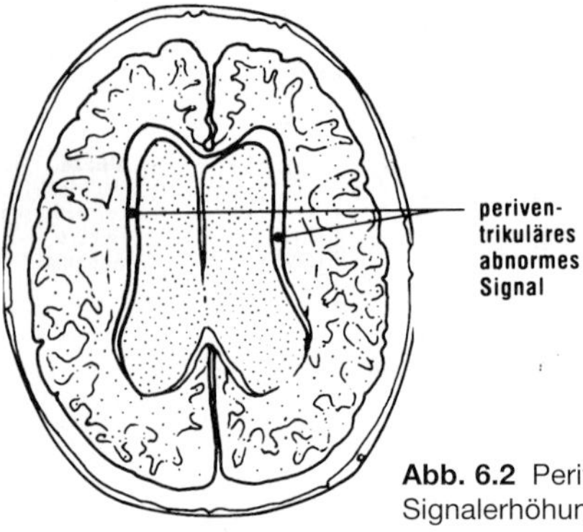

Abb. 6.2 Periventrikuläre Signalerhöhung im MRT

- Möglichkeit der Bildrekonstruktion auf der Grundlage einer Vielzahl von Strahlenbündeln.

Kernspintomographie (MRT):

- Magnetische Dipoleigenschaften von Atomkernen mit ungerader Nukleonenzahl werden genutzt; unterschiedliche Bildkontrastierung infolge der unterschiedlichen Gewichtung der Protonendichte sowie des Protonen-Relaxationsverhaltens entlang zweier zueinander senkrechter Achsen (longitudinale T1- und transversale T2-Relaxationszeit).

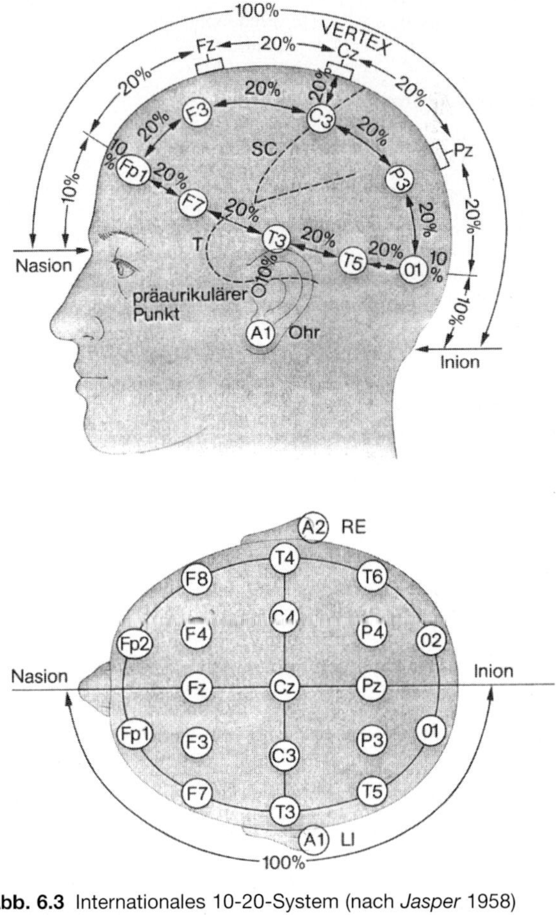

Abb. 6.3 Internationales 10-20-System (nach *Jasper* 1958)

- U. a. Beurteilung der Ventrikelweite (Seiten- und 3. Ventrikel) und Bestimmung der VBR (ventricle brain ratio) möglich.
- Indikationen: morphologische Hirnveränderungen, v. a. Abklärung der Demenz-Syndrome.
- **Funktionelles MRT:**
  - Flußmessung (MR-Angiographie),
  - spektroskopisches MRT (Informationen über Metabolitenverteilung im Gewebe)

Elektroenzephalogramm (EEG)

- Methode, mit derer Hilfe die elektrische Neuronenentladung gemessen und damit die Funktion der Neurone erfaßt werden kann.
- Elektrodenposition: Ableitung nach 10-20-Methode (s. Abb. 6.3).
- Nachteile des konventionellen EEGs:
  - Relativ hohe Subjektivität der Befundung,
  - Mangelnde Quantifizierbarkeit,
  - Schwierigkeiten, Normales von Pathologischem zu unterscheiden,
  - Viel Platz zur Archivierung (Papier-EEG) erforderlich.

Brain-Mapping

- Topographische EEG-Darstellung mittels Frequenzanalyse („Fast Fourier Transformation").

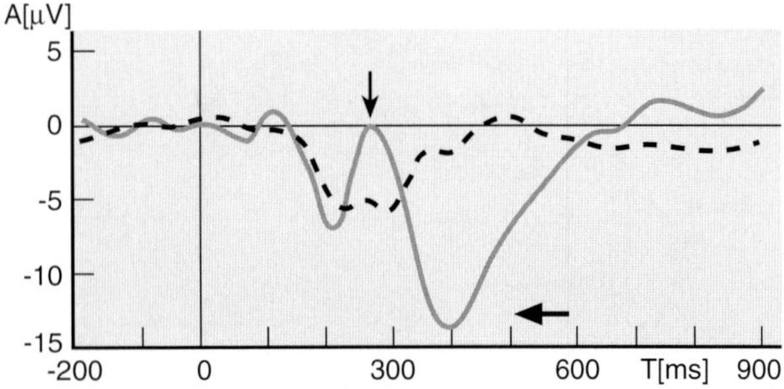

Abb. 6.4 P300 bei einem Patienten mit Temporallappenepilepsie in einem Oddball-Paradigma: visuelle Präsentation von häufigen (240 Mitteilungen; gestrichelte Linie) und seltenen Reizen (60 Mitteilungen, durchgezogene Linie). Pfeil: P300

- Methodik: An verschiedenen Orten gemessene Werte (z. B. die 19 Ableitpunkte des 10-20-Systems) werden in ein Koordinatensystem eingefügt und eine Karte der topographischen Verteilung der Amplituden, die einer bestimmten Frequenz/Frequenzband entsprechen, erstellt.

Evozierte Potentiale (EP)

- Erfassung von funktionellen Störungen des Gehirns bei psychiatrischen Erkrankungen.

- Exogene und endogene EP-Komponenten.
  - Die bekannteste endogene Komponente ist **P300;** dieses Potential spiegelt Teile der kognitiven Funktionen des Gehirns wider und wird wahrscheinlich in Gebieten des medialen Temporallappen generiert (Hippocampus, Amygdala).

Single-Photonen-Emissions-Computer-Tomographie (SPECT)

- Messung des regionalen Blutflusses mit Hilfe einer radioaktiv markierten Substanz (Tracer).

Positronen-Emissions-Tomographie (PET)

- Untersuchung des Hirnstoffwechsels mit Hilfe einer flüchtig radioaktiv markierten Substanz (z. B. F18-Fluordesoxy-Glukose – 18 FDG).
- Beispiele für SPECT und PET-Anwendung: Diagnostik degenerativer Hirnprozesse, Epilepsien, Rezeptor-Bindungs-Studien.

7 Labordiagnostik

Normalwerte

Tabelle 7.1 Laboruntersuchungen in der Psychiatrie
Obligat:
• BSG (Hinweise auf Entzündungen, Malignome) • Differential-Blutbild (Entzündungen, Anämien, durch MCV auch auf Vit.B12- und Folsäure-Mangelanämie und Alkoholabhängigkeit, Medikamentennebenwirkungen (Leukopenie) • Elektrolyte (Störungen des Kalium- und Calzium-Stoffwechsels, Hyponatriämie) • GOT, GPT, Gamma-GT (Leberfunktionsstörungen, Substanzmißbrauch, Medikamentennebenwirkungen) • Blutzucker (Diabetes mellitus, Hypoglykämie) • Kreatinin, Harnstoff (Niereninsuffizienz) • Schilddrüsenhormone (Hypo-/Hyperthyreose) • Cortisol (M. Cushing) • TPHA- und HIV-Test
Fakultativ:
• Liquoruntersuchungen (Eiweiß, Zellen, Immunglobuline, oligoklonale Banden, Erreger – v.a. Borrelien und Lues) • Drogen- und Medikamentenscreening in Blut und Urin • Vitamine (B1, B6 und B12 im Blut; Schilling-Test bei Vit.B12-Resorptionsstörung) • Hormonuntersuchungen mit Basalwerten und Stimulationstets: – Kortisol, ACTH im Serum; Dexamethason-Hemmtest. – Prolaktin (Prolaktinom, Hyperprolaktinämie) – Wachstumshormon basal und 1 bis 2 Stunden nach der Gabe von 100 mg Glucose (Akromegalie) – Noradrenalin, Adrenalin, Dopamin und die Abbauprodukte im 24 h-Urin (Phäochromozytom) – LH, FSH, Östrogene, Testosteron (Sexualhormonstörungen) – Parathormon Hypo-/Hyperparathyreoidismus

Tabelle 7.2 Laborchemie	
1. Serumwerte	
Blutbild	
Hämoglobin (Hb)	♂ 14 – 18 g/dl ♀ 12 – 16 g/dl
MCH (Mittleres zelluläres Hämoglobin	27 – 33 pg
Erythrozyten	♂ 4,3 – 5,9 Mill. ♀ 3,9 – 5,3 Mill.
Retikulozyten	4 – 15 ‰
Leukozyten	4 000 – 8 000
Thrombozyten	150 000 – 350 000
Hämatokrit	♂ 42 – 52 % ♀ 37 – 47 %
Blutkörperchensenkungs-geschwindigkeit (BSG, BKS)	♂ 1. Std.: 3 – 8 mm n. W. 2. Std.: 5 – 18 mm n. W. ♀ 1. Std.: 6 – 11 mm n. W. 2. Std.: 6 – 20 mm n. W.
Differentialblutbild – Myeloblasten – Promyelozyten – Myelozyten – Metamyelozyten	 0 % 0 % 0 % 0 %
– Stabkernige – Segmentkernige – Eosinophile – Basophile – Lymphozyten – Monozyten	3 – 5 % 50 – 70 % 2 – 4 % 0 – 1 % 25 – 40 % 2 – 8 %
Leber- und Nierenwerte	
Bilirubin (gesamt)	bis 1,3 mg/dl
Aldolase	7,6 U/l
GOT	♂ bis 18 U/l ♀ bis 15 U/l
GPT	♂ bis 22 U/l ♀ bis 17 U/l

Tabelle 7.2 (Fortsetzung)	
γGT	♂ 6 – 28 U/l ♀ 4 – 18 U/l
CPK	♂ bis 80 U/l ♀ bis 70 U/l
Alkalische Phosphatase	80 – 170 U/l
Harnstoff	♂ 15 – 48 mg/dl ♀ 10 – 42 mg/dl
Kreatinin	♂ 0,7 – 1,2 mg/dl ♀ 0,5 – 1,0 mg/dl
Elektrolyte	
Natrium	135 – 150 mmol/l
Kalium	3,6 – 5,2 mmol/l
Calcium	2,2 – 2,55 mmol/l
Chlorid (Serum)	94 – 111 mmol/l
Magnesium	0,72 – 1,1 mmol/l
Eisen	9 – 27 µmol/l
Ammoniak	< 55 µmol/l
Glukose und Blutfette	
Blutzucker (nüchtern)	70 – 110 mg/dl
Triglyzeride	74 – 172 mg/dl (erhöht ab > 200 mg/dl)
Cholesterin (gesamt)	bis 220 mg/dl (erhöht ab > 240 mg/dl)
Hormone (7 Uhr-Werte)	
Prolaktin	♂ 1 – 12 µg/l ♀ 7 – 14 µg/l
Cortisol	70 – 250 µg/l
Wachstumshormon (STH, GH)	< 4 µg/l
Trijodthyronin (T_3), freies	1,4 – 4,7 ng/l
Thyroxin (T_4), freies	7 – 20 ng/l
TSH (basal)	0,3 – 2,8 mU/l

Tabelle 7.2 (Fortsetzung)	
Therapeutisches Drug-Monitoring	
	Therapeutischer Bereich
Lithium	0,5 – 1,2 mmol/l
Carbamazepin	4 – 12 µg/l
Trizyklische Antidepressiva	50 – 200 ng/ml
2. Liquorwerte	
Zellen	bis 14/3 (0 – 5/µl)
Gesamteiweiß	0,15 – 0,45 g/l
Glukose	48 – 75 mg/dl (ca. 50% der Blutglukose)
Albumin Liquor/Serum-Quotient	< 0,7

Drogen-Screening im Urin

- **Möglicher Nachweis** von
  - Benzodiazepinen
  - Kokain
  - Cannabinoiden
  - Amphetaminen
  - Barbituraten
  - Methadon
  - Opiaten
- Methode: FPIA
- Kosten pro Probe: ca. 60,– DM
- Abrechnung: jeweils GOÄ Nr. 4468

8 Dokumentation

- Eine exakte und umfassende Befunddokumentation ist auch aus juristischer Sicht von großer Wichtigkeit!
- Anamnese, psychischer Befund und körperliche Untersuchungsergebnisse werden in der Krankengeschichte (Krankenakte) zusammen mit der vorläufigen Diagnose und differential-diagnostischen Erwägungen notiert.
- Zusätzlich sollte möglichst auch eine operationalisierte Diagnostik mittels Rating-Skalen erfolgen.
- Neben einer regelmäßigen *Verlaufs*-Dokumentation (auch anhand von Rating-Skalen) müssen auch die Ergebnisse weiterführender Untersuchungen festgehalten werden.
- Bei der Entlassung des Patienten werden in der Krankenakte die „endgültige Diagnose" und die Epikrise (zusammenfassender kritischer Bericht einschließlich Prognose) vermerkt.

8.1 Leitfaden zur Anfertigung einer Krankengeschichte

Durch einen Leitfaden zur Anfertigung einer Krankengeschichte sollen vorrangig 2 Ziele erreicht werden: Eine gewisse Vereinheitlichung der Krankengeschichten sowie eine bestmögliche Vollständigkeit. Die Krankengeschichten werden dadurch übersichtlich und informativ sowohl für den Anfertigenden selbst als auch denjenigen, der sich später anhand der Krankengeschichte Kenntnisse über den Patienten aneignen will.
Eine gewisse Einheitlichkeit kann bei dem unterschiedlichen Stil und der unterschiedlichen Vorerfahrung der einzelnen Referenten (mit diesem Begriff werden im folgenden diejenigen bezeichnet, die die Krankengeschichte diktieren) nur erreicht werden, wenn bestimmte Themenbereiche immer unter ganz bestimmten Kapitelüberschriften abgehandelt werden und diese Kapitel in einer bestimmten Reihenfolge aufgeführt werden. Ein weiterer, ganz wesentlicher Aspekt einer Krankengeschichte ist, daß bei jeder Information ersichtlich sein muß, woher sie stammt.

Auf diesen Überlegungen basieren folgende **Regeln für den Aufbau einer Krankengeschichte:**

- Jede Krankengeschichte wird in derselben Reihenfolge diktiert. Die Überschriften der einzelnen Kapitel werden mit der entsprechenden Numerierung diktiert.
- Zu jedem der aufgeführten 11 Kapitel ist Stellung zu nehmen. Es sollte jeweils angegeben werden, welche Inhalte abgefragt wurden und welche nicht. Wird ein Aspekt gar nicht aufgeführt, sollte aus dem Text hervorgehen, ob dies geschieht, weil er bei dem Patienten nicht vorhanden war oder ob er aus bestimmten Gründen (welchen?) nicht abgefragt wurde.
- Bei der wiederholten Aufnahme eines Patienten sind ebenso alle 11 Kapitel zu bearbeiten. Für den Fall (nur!), daß sich zu einem bestimmten Aspekt (z. B. in der Familienanamnese) seit der letzten Entlassung nichts verändert hat, kann auf die Voraufnahme verwiesen werden.
- Bei jeder in der Krankengeschichte dokumentierten Aussage sollte aus dem Kontext eindeutig hervorgehen, ob es sich dabei um eine tatsächliche Beobachtung oder eventuell um eine Interpretation oder ähnliches handelt, und ob diese vom Patienten selbst, vom Arzt oder von einer anderen Person getätigt wurde.
- Die Krankengeschichte sollte erst diktiert werden, wenn alle verfügbaren Informationen vorliegen. Zum Entlassungszeitpunkt sollte die Krankengeschichte in jedem Fall vollständig sein. Das Kapitel „Innere Lebensgeschichte“ wird oft erst im Verlauf des stationären Aufenthaltes zu erheben sein. Es ist als letztes Kapitel aufgeführt, so daß in bestimmten Fällen zunächst die übrige Krankengeschichte abgefaßt und die innere Lebensgeschichte später angefügt werden kann.

Im einzelnen werden folgende Aspekte behandelt:

1. Aufnahme

- Zu Beginn wird der Aufnahmemodus beschrieben, insbesondere weshalb der Patient zur Aufnahme kommt, wer ihn einweist, wo er sich vorher aufgehalten hat, wer ihn begleitet, welcher Rechtsgrund der Aufnahme zugrunde liegt, auf welche Station und von welchem Arzt er aufgenommen wird.

- Dem schließt sich eine (kurze!) zusammenfassende Notiz darüber an, welche Problematik bei dem Patienten vorliegt (z. B. „Es handelt sich um die 3. stationäre Aufnahme eines 30jährigen Patienten mit einer bekannten bipolaren affektiven Psychose, jetzt mit einem depressiv-suizidalen Syndrom") sowie eventuell die Beschreibung eines ersten Eindruckes bei Aufnahme.
- Außerdem werden hier die wichtigsten Adressen und Telefonnummern aufgeführt, d. h. vom Patienten selbst, von seinen engsten Angehörigen sowie vom Nervenarzt bzw. Hausarzt.

2. Aktuelle Beschwerden und deren unmittelbare Entwicklung

- In der Regel werden Informationen für dieses Kapitel vom Patienten selbst stammen und sollten z. T. wörtlich (mit Anführungszeichen) oder in Form der indirekten Rede aufgeführt werden. Falls der Patient selbst keine oder nur wenige Angaben machen will oder kann und die meisten Informationen fremdanamnestisch gewonnen werden, sollten diese auch hier (natürlich unter Angabe der auskunftgebenden Person) und nicht im Kapitel „Fremdanamnese" dokumentiert werden.
- Ebenfalls in diesen Abschnitt gehören Angaben des bisher behandelnden Arztes bzw. der bisher behandelnden Klinik über die derzeitige Manifestation.
- Aus den Angaben sollte hervorgehen, wie der Patient selbst seine Erkrankung einschätzt, welche Kausalitäten er vermutet und welche Beschwerden für ihn die größte Bedeutung haben.
- Davon ausgehend bzw. dies einschließend sollte ein vollständiges Bild von der Vorgeschichte des Aufnahmeanlasses und dem jetzigen Befinden des Patienten entstehen, wobei folgende Gesichtspunkte berücksichtigt werden sollten: Stimmung und Antrieb, Intelligenz und Denken, körperliches und vegetatives Befinden. Soziale Beziehungen, Selbsteinschätzung und Krankheitsgefühl, jeweils in dem Sinne, ob, wann und wie (allmählich/plötzlich) eine **Veränderung** stattgefunden hat und ob diese vom Patienten und seiner Umgebung als adäquat oder inadäquat empfunden wurde.

Zu achten ist dabei auf die zeitliche Reihenfolge des Auftretens der Symptomatik, die Frage der Eruierbarkeit einer auslösenden Situation, den Zeitpunkt des ersten Kontaktes zu einem Therapeuten und der weiteren bisherigen Behandlung. Auch sollte die Frage gestreift werden, ob im Rahmen der jetzigen Erkrankung irgendeine Form eines Mißbrauchs erstmals oder zum wiederholten Male aufgetreten ist.

3. Frühere psychiatrische Anamnese

- In diesem Abschnitt wird in der Regel die Vorgeschichte der psychischen Erkrankung ohne die aktuelle Manifestation, die zur jetzigen stationären Aufnahme geführt hat (s. Kap. 2) beschrieben. Wenn im Einzelfall Abweichungen von dieser Regel nötig sind, sollte dies vermerkt werden. Kapitel 3 kann also ganz kurz gefaßt werden, wenn es sich bei der aktuellen Symptomatik um eine Erstmanifestation handelt!
- Insgesamt sollte der bisherige Krankheitsverlauf möglichst präzise geschildert werden. Wann war die Erstmanifestation? Wurde der Patient früher ambulant oder stationär psychiatrisch behandelt? Wurde früher eine Psychotherapie durchgeführt? Welche Methode? Wie lange? Welche Frequenz? Es werden die Art der früheren Beschwerden beschrieben, früher gestellte Diagnosen aufgezählt, ebenso Therapiemaßnahmen, bei denen zusätzlich erwähnt werden sollte, welche erfolgreich waren und welche nicht.
- Wichtig sind jeweils genaue Zeitangaben, der Name und Ort früher behandelnder Ärzte und Kliniken, die Inhalte früherer Arztbriefe oder persönliche Mitteilungen des Nervenarztes, nach Möglichkeit auch der Handelsname und die Dosis früher verabreichter Medikamente. Diese Angaben müssen bezüglich ihrer Herkunft, ihres Datums usw. **identifizierbar** sein.
- Darüber hinaus werden die Auswirkungen der Erkrankung auf die berufliche und private Situation beschrieben (beispielsweise Zeiten der Krankschreibung usw.).
- Zusätzliche Informationen beziehen sich auf frühere suizidale Handlungen (Zeitpunkt, Methode, Auslöser, eventuell Frage der Ernsthaftigkeit), Mißbrauch bzw. Abhängigkeit von Alkohol, Nikotin, Drogen und Medikamenten und eventuelle kriminelle Delikte bzw. Vorstrafen.

4. Somatische Anamnese

- Hier werden alle relevanten **früheren körperlichen Erkrankungen** aufgeführt mit besonderem Augenmerk auf wichtige Kinderkrankheiten, Unfälle und Operationen, Kopf-/Schädel-Hirn-Traumen, Kopfschmerzen, Krampfanfälle und sonstige stets neurologische Vorerkrankungen, Glaukom, endokrine Störungen, Allergien und Unverträglichkeiten (jeweils mit Zeitpunkt, Form und Behandlung).
- Darüber hinaus ist eine **vegetative Anamnese** wichtig: frühere Besonderheiten bei Appetit, Durst, Schlaf, Blasen-/Mastdarmfunktion, Schweißneigung etc. sowie bei Frauen die gynäkologische Anamnese.

5. Familienanamnese

- Es erfolgen Angaben über Beruf, Alter, den sozialen und ökonomischen Status der Eltern, eventuell Todesjahr und -ursache. Falls der Patient Geschwister hat, wird die Stellung in der Geschwisterreihe vermerkt sowie Alter, Geschlecht, Beruf und Familienstand der Geschwister (sog. „harte Daten").
- Außerdem werden in diesem Kapitel psychische und relevante organische Erkrankungen von Familienmitgliedern festgehalten, wobei der Verwandtschaftsgrad und die Art der Erkrankung wichtig sind sowie die Tatsache, ob sich der Angehörige in Behandlung befand/befindet und wenn ja, bei wem (nach Möglichkeit Unterlagen anfordern).

Eventuelle Suizidversuche oder Suizide in der Familie werden mit Jahreszahl und Art der suizidalen Handlung notiert.

6. Äußere Lebensgeschichte

In diesem Kapitel wird eine Art Lebenslauf des Patienten durch Auflistung der sogenannten „harten Daten" von der Geburt bis zur Gegenwart erstellt.

Im einzelnen sollten folgende Gesichtspunkte aufgeführt sein:

- Geburtsname,
- Staatsangehörigkeit,

- Muttersprache, ggf. deutsche Sprachkenntnisse ja/nein.
- Bis zum 18. Lebensjahr vorwiegend aufgewachsen bei: Eltern/Pflegeeltern/Heim/Andere.
- Kindergarten ja/nein; falls ja, Zeitraum und Ort.
- Schulbesuch (Zeitraum Schulart, Schulort) und Schulabschluß (Bezeichnung, Jahr).
- Berufsausbildung (Zeitraum, Art, Ort) und Berufsabschluß/-abschlüsse (Bezeichnung, Jahr).
- Berufslaufbahn (relevante frühere Tätigkeiten inklusive Wehr-/Zivildienst: Zeitraum, Art, Ort; jetzige Tätigkeit: seit wann?, genaue derzeitige Berufsbezeichnung).
- Familienstand, derzeitige Wohngemeinschaft.
- Derzeitige Partnerschaft (seit wann, Art, Ehe/eheähnliche Gemeinschaft/anderes, Name, Alter, Beruf des Partners, ggf. „keine").
- Frühere Partnerschaften (Zeitraum, Art, ggf. weitere relevante Angaben).
- Anzahl der Kinder (falls Kinder vorhanden, jeweils Name, Geburtsjahr, Geschlecht, ggf. Beruf, Familienstand, Wohnort, ggf. Adoptiv-/Pflegekind ja/nein).

7. Fremdanamnese

- Bei jeder befragten Person sollten Name, Adresse und der Grad der Beziehung zum Patienten angegeben werden.
- Ähnlich wie in Kap. 2 sollte die Betonung bei der Fremdanamnese darauf liegen, wann, wodurch und in welcher Form der Umgebung eine Veränderung an dem Patienten aufgefallen ist und ob auslösende Faktoren vorliegen.
- Um die Angaben der Angehörigen bzw. Bekannten später besser einordnen zu können, sollte jeweils unbedingt zusätzlich in möglichst neutraler Form kurz geschildert werden, welchen Allgemeineindruck der Untersucher von der auskunftgebenden Person hat; falls darin subjektive Wertungen mit eingehen, sollten diese als solche erkennbar sein.
- Fremdanamnestisch erhobene Inhalte, die bereits in den vorherigen Kapiteln niedergelegt wurden, brauchen hier nicht wiederholt

zu werden, z. B. Daten der äußeren Lebensgeschichte oder wenn die gesamte Anamnese weitgehend mit Hilfe von Angehörigen erhoben werden mußte, weil der Patient dazu nicht in der Lage war. Auch in diesem Fall sollte in Kap. 7 jedoch ein Allgemeineindruck der interviewten Person wiedergegeben werden.

8. Psychischer Befund

Bei der Abfassung des psychopathologischen Befundes sollten nicht nur die Defizite des Patienten aufgezählt, sondern insbesondere auch die erhaltenen Fähigkeiten betont werden, wobei jeweils das Wichtigste hervorgehoben wird.

- In der Regel beginnt man, da dies am leichtesten faßbar ist, mit dem äußeren Erscheinungsbild (Habitus, äußere Aufmachung, Physiognomie, aber auch Psychomotorik und Antrieb).
- Anschließend wird das konktrete Verhalten in der Untersuchungssituation und das Sprachverhalten (Sprechweise, Stimmklang, Modulation, Spontanität) beschrieben.
- Im weiteren geht man (wenn zutreffend!) auf Veränderungen der Bewußtseinslage, der Aufmerksamkeit, der Auffassung, der Orientierung, des Gedächtnisses, der Affektivität und Dynamik (affektiver Kontakt, Intensität und Modulation affektiver Reaktionen, Grundstimmung, Stimmungsschwankungen, triebhafte Bedürfnisse, Willenssteuerung usw.), auf das Ich-Gefühl und die Realitätskontrolle, Wahrnehmung und Wahrnehmungsstörungen, überwertige Ideen und Wahnvorstellungen sowie formale und inhaltliche Besonderheiten des Denkens und des sprachlichen Ausdrucks ein. Zu beachten ist dabei, daß nicht nur eine Reihe von psychopathologischen Termini aufgezählt wird – jeweils mit Angaben, ob sie gar nicht bzw. in leichter, mittlerer oder starker Form vorliegen – sondern daß in einer zwar abstrahierten, aber dennoch genügend konkreten Weise ein plastisches Bild vom aktuellen psychischen Befinden des Patienten entsteht.
- Dabei sollte über die o. g. Bereiche hinaus noch auf mögliche demonstrative Züge bzw. Simulations-/Dissimulationstendenzen, Krankheitsgefühl und Krankheitseinsicht und besondere Gefährdungen eingegangen werden.

Einträge über **besondere Gefährdungen** müssen grundsätzlich **Handlungskonsequenz** haben. Wird beispielsweise ein Patient als suizidal eingestuft, müssen Maßnahmen wie spezielle Überwachung, zusätzliche Sedierung usw. ergriffen werden, solange, bis keine Suizidalität mehr besteht. Auch das Abklingen der Gefährdung muß dann dokumentiert werden!

9. Somatischer Befund und technische Befunde

In der Regel sollte für den körperlichen Untersuchungsbefund ein Extravordruck verwendet werden. In dieser Rubrik werden dann die pathologischen Befunde zusammenfassend beschrieben.

10. Beurteilung, Diagnose, Procedere

In diesem Kapitel werden Vorgeschichte und Befunde aus der Sicht des Referenten zusammengefaßt und gewürdigt. Es stellt somit den schwierigsten Abschnitt der Krankengeschichte dar und sollte in keinem Fall vernachlässigt werden.

- Zunächst wird („vom Symptom zum Syndrom“) eine **Syndromdiagnose** gestellt. Dabei sollte der weniger Erfahrene vor allem darauf achten, daß die vom Patienten benutzte nicht unbedingt der korrekten psychiatrischen Terminologie entsprechen muß – z. B. werden vom Patienten oft nicht nur eigentlich depressive Zustände, sondern auch Angstsyndrome oder paranoide Bilder mit dem Begriff „Depression“ versehen.
- Ebenso sollte in diesem Kapitel diskutiert werden – falls nicht schon an entsprechender Stelle geschehen – wie die vom Patienten geschilderten Symptome einzustufen sind, z. B. die Angstzustände der Hysterika oder die multiplen körperlichen Beschwerden des Hypochonders.
- Der Syndromdiagnose folgen **differentialdiagnostische Erwägungen,** wobei der zugrundeliegende Gedankengang skizziert und begründet wird.
- Aus diesen Überlegungen resultiert die **Verdachtsdiagnose**. Diese wird nach der 9. Revision der ICD klassifiziert. Gegebenenfalls sollte zusammenfassend eine psychodynamische Konstellation und Konfliktsituation bzw. eine lerntheoretische Modellvorstellung geschildert werden.

- Den Abschluß bilden Überlegungen zu einer möglichen vorläufigen Medikation sowie zu noch durchzuführende Untersuchungen bzw. Konsiliaruntersuchungen.

11. Innere Lebensgeschichte

In diesem Kapitel sollte versucht werden, eine möglichst anschauliche und dem Patienten individuell gerechtwerdende Schilderung seiner persönlichen Entwicklung zu entwerfen.

- Dies kann dadurch geschehen, daß bestimmte Angaben durch Beispiele näher beleuchtet werden oder daß der Patient mit fiktiven Kontrollgruppen (z. B. anderen psychiatrischen Patienten oder psychisch gesunden Personen) aus Sicht des Arztes (dies muß aus den Ausführungen hervorgehen) verglichen wird.
- Oft kann die innere Lebensgeschichte in den ersten Tagen nach der Aufnahme noch nicht am Patienten erhoben werden, bei manchen Patienten gar nicht. Dennoch sollte versucht werden, dieses Kapitel bis spätestens zur Entlassung möglichst vollständig zu bearbeiten. Dies kann zum einen dadurch geschehen, daß zunächst der Rest der Krankengeschichte bearbeitet und die innere Lebensgeschichte später nachgetragen wird, zum anderen dadurch, daß sich der Referent – entsprechend der Vorgehensweise in Kap. 2 – vornehmlich auf fremdanamnestische Angaben stützt.
- Die Angaben, die in Kap. 6 „Äußere Lebensgeschichte" gemacht wurden, können dabei als bekannt vorausgesetzt werden und brauchen nicht noch einmal aufgeführt werden.

11a Elternhaus, Kindheit und Jugend

Beschrieben werden das familiäre Milieu (Beziehung des Patienten zu den Eltern und Geschwistern sowie diese untereinander)

- die Weltanschauung bzw. kulturellen Normen des Elternhauses
- die Erziehung der Eltern (z. B. gleichmäßig?, streng?, verwöhnend?, auch im Vergleich zu den Geschwistern)
- Probleme der Identifikation und der Ablehnung gegenüber den Eltern
- Sauberkeitsentwicklung
- kinderneurotische Symptomatik (z. B. Bettnässen, Nägelbeißen, Angstzustände oder Phobien)

- die körperliche Entwicklung in Kindheit und Jugend (Längenwachstum, Auffälligkeiten im Körpergewicht)
- belastende Erlebnisse in Kindheit und Jugend
- das Verhältnis zu Freunden und Schulkameraden (z. B. wenig oder viele bzw. enge oder lose Freundschaften)
- Leistungs- und Durchsetzungsvermögen oder Lernstörungen in der Schule
- die geistige Entwicklung in Kindheit und Jugend
- Interessen, Hobbies, Lieblingsfächer
- die Ablösung von den Eltern aus Sicht des Patienten (von den Eltern gefördert oder behindert)
- die Berufswahl (Gründe, z. B. Leitbilder).

11b Weitere Entwicklung und derzeitige Situation

- Es folgen die Einstellung des Patienten zu Partnerschaft, Ehe, Familie und Kindern (Konflikte?, Gemeinsamkeiten?, Grad des Harmonisierens?, Familienleben?, Einstellung der Kinder zum Patienten?)
- Lebensstandard und eventuelle finanzielle Probleme
- soziale Bezüge außerhalb der Familie (Mitgliedschaft in Vereinen?)
- Freizeitgestaltung, Lebensgewohnheiten, Hobbies
- weltanschauliche Bindungen/Religion
- Einstellung zu beruflicher Tätigkeit (Verhältnis zu Vorgesetzten und Untergebenen?)
- belastende Ereignisse innerhalb der letzten Zeit
- Hoffnungen, Pläne und Befürchtungen

11c Sexuelle Entwicklung

Nach der Beschreibung der Einstellung des Elternhauses zur Sexualität werden folgende Aspekte berührt: frühkindliche sexuelle Tätigkeiten („Doktorspiele"), Aufklärung (woher?), Beginn der Pubertät, Masturbation (Häufigkeit?, schlechtes Gewissen?, Phantasien?) homoerotische Neigungen, Beziehungen zum anderen Geschlecht, Einstellung zum Geschlechtspartner und zur Sexualität überhaupt, Störungen der Sexualität, eventuell außereheliche Beziehungen. Es sollte nach Möglichkeit jeweils eine Altersangabe des Patienten erfolgen.

11d Persönlichkeit

In diesem Abschnitt werden die hervorstechenden Wesenszüge, die den Charakter prägenden Merkmale beschrieben.

- Dazu gehören beispielsweise typische Verhaltensmuster, Erlebensweisen, Einstellungen, überdauernde Motivationen, Wünsche und Wertvorstellungen. Dabei kommt es nicht nur auf die reine Beschreibung dieser Aspekte an, sondern insbesondere darauf, wie der Patient beispielsweise mit seinen Wünschen umgeht, wie zufrieden er mit seinen Lebensumständen ist, welches Änderungsbedürfnis er hat.
- Es interessiert nicht nur, was der Patient schildert, sondern auch, was er nicht schildert (z. B. Diskrepanzen zwischen Eigen- und Fremdanamnese, Bagatellisierungen) und wie er es schildert. An Fragestellungen empfehlen sich z. B.: „Welche 3 Wünsche hätten Sie?“ oder „Wie läuft bei Ihnen ein typischer Wochentag/Wochenendtag ab?“
- In dieses Kapitel gehört auch, wie der Patient mit seinen Gefühlen, vor allem auch mit der Aggressivität, umgeht, wie kontaktfähig bzw. -freudig er ist, wie durchsetzungsfähig und welche Beziehung er zu Geld, zur Moral und zur Ordnung hat.
- Liegen Hinweise auf besonders definierte auffällige Wesenszüge, z. B. paranoide, zyklothyme, schizoide, anankastische, hysterische, asthenische oder ähnliche Persönlichkeitsmerkmale, vor, sollten diese bezeichnet und eingehender beschrieben werden.

8.2 Leitfaden zur Anfertigung eines Arztbriefes

Grundsätzlich handelt es sich bei einem Arztbrief um einen **Brief**, der von dem Schreibenden an den Adressaten geschickt wird. Daraus läßt sich ableiten, daß der Inhalt des Briefes von der Person des Empfängers abhängig ist, daß beispielsweise ein Arztbrief an einen erfahrenen Psychiater anders aussehen wird als den Hausarzt oder den Stationsarzt einer möglicherweise weiterbehandelnden nicht-psychiatrischen Klinik. Darüber hinaus sollte es selbstverständlich sein, daß ein solcher Brief in ganzen Sätzen und nicht in Form einer Aneinanderreihung von Stichworten oder Satzbruchstücken geschrieben wird. Insgesamt ist der Arztbrief sicherlich die Visitenkarte nicht nur der Klinik, sondern auch des Autors.

Die Gesamtlänge sollte 2 Schreibmaschinenseiten nicht überschreiten.

Folgende **Gliederung** hat sich bewährt:

- **Anrede:** „Sehr verehrte Frau Kollegin, sehr geehrter Herr Kollege, wir berichten über Frau/Herrn N. N., geb. am X. X. 19XX, die/der sich vom Y. Y. bis zum Z. Z. 19ZZ in unserer stationären Behandlung befand."
- Diagnose
- Anamnese
- Psychischer Befund bei der Aufnahme
- Weitere Befunde
- Therapie und Verlauf
- Beurteilung
- Entlassungsmedikation
- Gruß und Unterschriften
  - „Mit freundlichen kollegialen Grüßen"
    (Unterschriften)

Diagnose

- Zusätzlich zur Diagnose wird in Klammern die ICD-Nr. angegeben. Diese Diagnosenummer sollte mit der in der Basisdokumentation aufgeführten identisch sein!
- Nebendiagnosen, vor allem körperlicher Art (z. B. „Mykose" o. ä.) werden besser unter der Überschrift „weitere Befunde" aufgeführt, dort in Zusammenhang mit der jeweiligen therapeutischen Konsequenz.

Anamnese

Dieses Kapitel gliedert sich in 3 Abschnitte:

- Im ersten Absatz werden kurze biographische Angaben aufgeführt, und zwar nur das für die Erkrankung wirklich Wesentliche (z. B. nicht den Geburtsort oder alle bisherigen Arbeitsstellen).

- Im zweiten Absatz folgt eine ebenso kurze Zusammenfassung der früheren psychiatrischen Anamnese. Darüber hinaus sollten hier Angaben zur Familienanamnese und zur prämorbiden Persönlichkeit gemacht werden
  - **Beispiel:** „Der primär eher introvertierte und wenig kontaktfreudige Patient wurde 1983 erstmals unter der Diagnose einer endogenen Depression stationär in unserem Hause behandelt. Dabei konnte eine Vollremission erreicht werden, die bis vor 2 Monaten anhielt. Außer einem massiven Alkoholabusus des Vaters sind in der Familie keine neuropsychiatrischen Auffälligkeiten bekannt."
- Im dritten Absatz wird kurz auf die aktuelle Vorgeschichte und den eigentlichen Aufnahmeanlaß eingegangen.

Psychischer Befund bei der Aufnahme

- In diesem Abschnitt sollte nur das für das bei der Aufnahme bestehende Syndrom Charakteristische erwähnt werden. Das Imperfekt ist dem Präsens vorzuziehen, da es wesentlich sachlicher und weniger reißerisch klingt, wie übrigens auch in allen anderen Kapiteln des Arztbriefes.
  - **Beispiel:** „Ein gehobener Stimmungszustand, ideenflüchtiges Denken und Logorrhoe standen neben einer übersteigerten Selbsteinschätzung im Vordergrund der Symptomatik. Anamnestisch wurde über massive Schlafstörungen, vermehrte Geldausgaben und eine erhöhte Libido berichtet. Im Kontakt war der Patient freundlich und gut lenkbar, wenn auch nur eine unzureichende Krankheitseinsicht bestand."
- Selbstverständlichkeiten (Bewußtseinsklarheit und Orientiertheit bei einer reaktiven Depression) entfallen, Normalbefunde werden nur aufgeführt, wenn sie von Bedeutung sind (Beispiel: „keine Suizidalität bei schwer depressivem Patienten").

Weitere Befunde

- In diesem Abschnitt erfolgt eine kurze Zusammenfassung der somatischen und technischen Befunde sowie eventueller Konsiliaruntersuchungen, wobei in der Regel nur die **pathologischen** Befunde dargestellt werden, die **Konsequenzen** haben.

- Normalbefunde der apparativen Diagnostik oder anderer Fachgebiete müssen nicht im einzelnen beschrieben werden, allerdings sollten aufwendige Untersuchung zumindest mit Namen genannt werden
  – **Beispiel:** „Die internistische und neurologische körperliche Untersuchung, Routinelabor und Röntgenthorax blieben weitgehend ohne pathologischen Befund. EKG, Belastungs-EKG und Langzeit-EKG ergaben paroxysmales Vorhofflimmern, singuläre VES und bis zu 90 SEVS, auch in Salven. Die Patientin wurde daher digitalisiert. Z. T. sehr hohe Blutdruckwerte bis zu 220/110 machten eine medikamentöse hypertensive Therapie notwendig. Echokardiogramm und Oberbauchsonographie waren unauffällig."

Therapie und Verlauf

- Auch in diesem Abschnitt sollte das Wesentliche zusammengefaßt werden.
- Die verwendeten relevanten Medikamente (nicht jede Bedarfsmedikation) sollten mit Namen genannt werden, außerdem die Maximaldosis und Dauer der Verabreichung (nicht jede Dosisänderung).
- Auch evtl. psycho- und soziotherapeutische Maßnahmen sollten kurz erwähnt werden.
- Im Verlauf wird nicht jede einzelne Befundveränderung beschrieben, sondern gestrafft.
  – **Beispiel:** „Nach anfänglich sehr wechselhaftem Verlauf normalisierte sich das Befinden unter der antidepressiven Medikation mit bis zu 150 mg Saroten ab der 6. Woche des stationären Aufenthaltes zusehends. Zum Zeitpunkt der Entlassung war die Patientin, von einer leichten Einschlafstörung abgesehen, nahezu beschwerdefrei."

Beurteilung

- In diesem Kapitel werden dem Adressaten unsere Überlegungen und Empfehlungen zur Diagnose bzw. Differentialdiagnose und zur bestmöglichen Therapie, vielleicht auch zur Prognose, mitgeteilt und erläutert. Dabei ist wieder besonders darauf zu achten, an wen der Brief gerichtet ist. Bei einem erfahrenen Nervenarzt wird man andere Kenntnisse voraussetzen als bei einem Allgemeinmediziner und letzterem vielleicht manches etwas ausführlicher erklären.

- Dieses Kapitel ist sicherlich das wichtigste, allerdings auch das schwierigste des gesamten Briefes. Hierin zeigt sich nämlich, welche Gedanken wir uns über den Patienten gemacht haben und darüber hinaus, welche diagnostische und therapeutische Einstellung die Klinik insgesamt vertritt.

Entlassungsmedikation

- Neben allen **zuletzt verabreichten Medikamenten** mit Dosisangabe werden die jüngsterhobenen Serumspiegel (z. B. bei Lithium oder Carbamazepin) mit Datum aufgeführt.
- Zusätzlich sollte zu jedem einzelnen Medikament angemerkt werden, wie wir uns die **weitere Verordnung** (z. B. eine eventuelle Reduktion) vorstellen. Dem nichtpsychiatrischen Arzt gegenüber wird man gelegentlich sogar Direktiven geben (z. B. „Das Depot-Neuroleptikum sollte unbedingt in unveränderter Dosierung für mindestens 1 Jahr beibehalten werden"), aber auch den Nervenarzt an Wesentliches erinnern (z. B. „Diazepam sollte innerhalb der nächsten 4 Wochen ausschleichend ganz abgesetzt werden").

Musterarztbrief

Sehr geehrte Frau Kollegin / Herr Kollege,

wir berichten Ihnen über Frau A. B., geb. am 1. 1. 1911, aus 53106 Bonn, Helmut-Kohl-Str. 1, die sich vom 1. 1. 1995 bis 31. 3. 1995 in unserer stationären Behandlung befand.

Diagnosen

Schwere depressive Episode ohne psychotische Symptome (ICD-10: F 32.2)

Leichtgradiges organisches Psychosyndrom nach Schädelhirntrauma (ICD-10: F 07.2)

Anamnese

Die jetzt 40jährige, ledige Patientin erlitt im 8. Lebensjahr ein schweres Schädelhirntrauma mit persistierender Hemisymptomatik. Nach einer Berufsausbildung als Schneiderin ist sie derzeit als

Küchenhilfe tätig, sie unterhält nur geringfügige soziale Kontakte. Die Familienanamnese ist neuropsychiatrisch unauffällig, die prämorbide Persönlichkeitsstruktur weist ängstlich-abhängige Züge auf.
Zur stationären Aufnahme führte jetzt ein ausgeprägtes depressives Syndrom mit persistierenden Durchschlafstörungen, Appetitverlust, Interesse- und Freudlosigkeit. Unmittelbar evidente Gründe oder Auslöser für die Symptomatik ließen sich nicht eruieren, eine pharmako- oder psychotherapeutische Behandlung erfolgte bislang nicht.

Psychischer Befund bei Aufnahme
Voll orientierte, in Habitus und Kleidung älter wirkende Patientin. Kognitiv bestanden leichte Gedächtniseinbußen, eine deutliche Beeinträchtigung der Konzentrationsfähigkeit, Grübeln und Ratlosigkeit. Antrieb und Psychomotorik waren erkennbar reduziert. Bei der affektiv deutlich bedrückten Patientin bestanden bei Aufnahme ausgeprägte Insuffizienzgefühle, ein Gefühl der Gefühllosigkeit, eine reduzierte Schwingungsfähigkeit sowie Tagesschwankungen im Sinne eines Morgentiefs. Der formale Gedankengang war gehemmt, Anhaltspunkte für inhaltliche Denkstörungen, Ich-Störungen oder akute Suizidalität bestanden nicht. Deutlicher sozialer Rückzug, bei eingeschränktem Kommunikationsverhalten läßt sich im Gespräch ein positiver Rapport herstellen.

Somatische und sonstige Befunde
Neurologisch imponierte eine bekannte Hemisymptomatik; Zustand nach Appendektomie und Hysterektomie.
EKG: Sinusrhythmus, Indifferenztyp, Normalbefund
EEG: Alpha-EEG ohne Seitendifferenz, keine anfallsspezifische Potentiale.
Kraniale Computertomographie: Altersentsprechender Befund.

Psychometrie/Testpsychologischer Befund
Durchschnittliches Intelligenzniveau (IQ = 105 nach HAWIE).
Hamilton-Depressions-Skala (HAMD-17): 28
Mini Mental Status: 24

Therapie und Verlauf
Wir begannen eine antidepressive Medikation mit Maprotilin in ansteigender Dosis bis 150 mg/die, als Komedikation erhielt die Patientin zur Schlafförderung für 14 Tage Temazepam. Da die Pa-

tientin auf diese Medikation trotz suffizienter Plasmaspiegel nicht ausreichend ansprach und sich anticholinerge Nebenwirkungen störend bemerkbar machten, stellten wir auf die Serotoninselektive Substanz Paroxetin um. Gleichzeitig nahm die Patientin an dem kognitiv-verhaltenstherapeutisch orientierten Gruppenpsychotherapieprogramm für Depressive sowie an physikalischen und ergotherapeutischen Maßnahmen teil. In Einzelgesprächen wurden belastende Lebensereignisse bearbeitet, außerdem ein soziales Kompetenztraining durchgeführt. Unter dieser Behandlung kam es nach 6 Wochen zu einer nahezu vollständigen Remission, nach mehreren Belastungsbeurlaubungen konnten wir die Patientin in ausreichend stabilem Zustand in Ihre ambulante Weiterbehandlung entlassen.

Beurteilung
Bei Frau A. handelt es sich um eine Patientin mit einer schweren depressiven Episode bei Zustand nach kindlichem Schädelhirntrauma mit leichtgradigem Organischen Psychosyndrom. Unter einer kombiniert psychopharmakologisch-kognitiv-verhaltenstherapeutischen Intervention konnte sowohl subjektiv als auch objektiv eine nahezu vollständige Remission des Krankheitsbildes erreicht werden.

Entlassungsmedikation
Paroxetin (Seroxat, Tagonis): 30-0-0-0 mg
Wir empfehlen eine mindestens 6monatige Weiterbehandlung in dieser Dosierung.

Mit freundlichen kollegialen Grüßen

Direktor der Klinik Oberarzt Assistent der Klinik

Krankheitslehre

9 Organische Störungen

Organische Störungen sind psychische Krankheiten mit nachweisbarer Ätiologie, d. h. bedingt durch eine zerebrale oder systemische Krankheit. Ersteres wäre eine primäre, letzteres eine sekundäre („symptomatische") Störung.

Körperlich begründbare psychische Störungen setzen das Vorliegen pathologischer somatischer Befunde voraus, außerdem einen engen zeitlichen Zusammenhang der somatischen Befunde mit der Manifestation der psychischen Symptomatik, evtl. auch eine Parallelität des Verlaufs zwischen somatischen Befunden und der Psychopathologie.

Es lassen sich **zwei große Krankheitsgruppen** unterscheiden:

- **Akute,** typischerweise **reversible** organische Psychosen (Synonyma: Funktionspsychosen, exogene, symptomatische akute körperlich begründbare Psychosen)
- **Chronische** in der Regel **irreversible** hirnorganische Psychosyndrome, „Demenzen"

9.1 Epidemiologie

- **Akute organisch bedingte Psychosen:** im Konsiliardienst (Innere Medizin, Chirurgie, Intensivstation, Urologie, Gynäkologie/Geburtshilfe) bei ca. 10 – 30 % aller stationären Patienten. Häufigste Form: Prä-Delir
- **Chronisches hirnorganisches Psychosyndrom/Demenz:** Die Prävalenz dementieller Syndrome nimmt mit dem Alter exponentiell zu (s. Abb.)

Derzeit gibt es in Deutschland ca. 2 Millionen pflegebedürftige ältere Menschen, bei etwa der Hälfte liegt eine dementielle Erkrankung zugrunde (1 Million!).

- Die Prävalenz der Demenzerkrankung beträgt bei Patienten im Alter zwischen 65 und 75 Jahren ca. 5 %, bei über 80jährigen ca. 30 %.

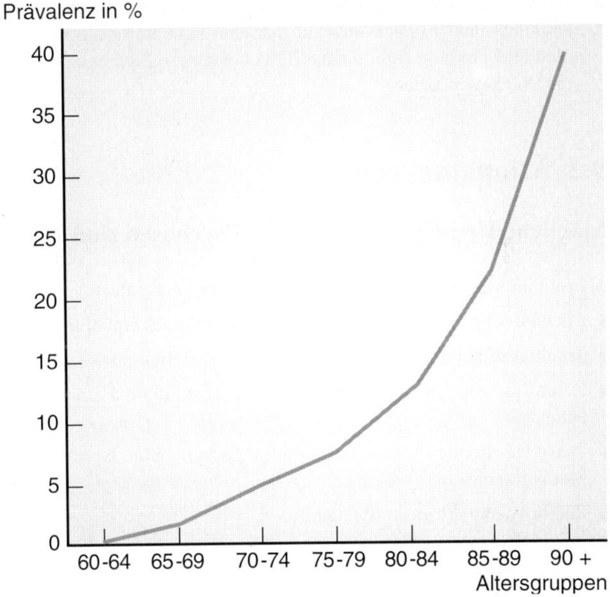

Abb. 9.1 Altersabhängigkeit der Prävalenz von Demenzen. Die altersbezogenen Prävalenzraten der mittleren und schweren Demenz zeigen bei den 60- bis 90jährigen einen exponentiellen Anstieg

- Bei den senilen Demenzen macht die Demenz vom Alzheimer-Typ mehr als 50 % der Fälle aus, in ca. 20 % handelt es sich um vaskuläre Demenzen.
- Etwa jeder 4. Patient mit Demenz vom Alzheimer-Typ leidet gleichzeitig an einer Depression.
- Etwa jeder 4. Patient mit Demenz vom Alzheimer-Typ weist vor Beginn der dementiellen Symptomatik Depressionen auf.
- Da die Zahl der sog. Hochbetagten (über 90jährigen) in Deutschland drastisch ansteigt (1960: 40 000, 1994: 400 000), ist mit einer deutlichen Zunahme dementieller Erkrankungen zu rechnen.

- Immense gesundheits- und volkswirtschaftliche Bedeutung: Behandlungs- und Pflegekosten für demente Patienten ca. 35 Milliarden DM jährlich! (ambulante Pflegekosten pro Patient ca. 9 000 – 33 000 DM jährlich)

9.2 Ätiopathogenese

Mögliche Ursachen organischer Psychosen sind

- Frühkindliche Hirnschädigungen (prä-, peri-, postnatal)
- Entzündliche Hirnerkrankungen (Lues, Meningoenzephalitis, MS)
- Traumatische Hirnschädigungen (Contusio, Hämatome)
- Raumfordernde intrakranielle Prozesse (Hirntumor, Hirnabszeß, Hämatom)
- Toxisch bedingte Psychosen (Alkohol, Drogen, Blei, Aluminium, Medikamente)
- Zerebrovaskuläre Erkrankungen
- Degenerative Hirnerkrankungen („Senile“ Demenz, M. Alzheimer, M. Pick, M. Parkinson, M. Wilson, Chorea Huntington)
- Systemische Erkrankungen (Infektionskrankheiten, endokrine Erkrankungen, postoperativer Vitaminmangel, Stoffwechselstörungen, Leberzirrhose)

Tabelle 9.1 Ursachen von Demenz

Degenerative (atrophische Hirnprozesse)	Alzheimer Demenz Morbus Pick Chorea Huntington Lewy-Körperchen-Demenz Guam-Parkinson-Demenz-Komplex Idiopathisches Parkinson-Syndrom Spinozerebellare, pontozerebellare und zerebellozerebrale Heredoataxien Progressive supranukleäre Ophthalmoplegie (Stelle-Richardson-Olszewski-Syndrom) u. a

Tabelle 9.1 (Fortsetzung)

Gefäßbedingte Hirnerkrankungen	Hypertensive Enzephalopathie Subkortikale arteriosklerotische Enzephalopathie (Morbus Binswanger) Multiinfarkt-Syndrom Andere hämodynamisch/thromboembolisch bedingte vaskuläre Erkrankungen Vaskulitiden u. a.
Stoffwechselerkrankungen, Endokrinopathien	Diabetes mellitus Porphyrie Leber-/Niereninsuffizienz Lipidosen Glykogenosen Mitochondriale Enzephalopathien A-/Hypovitaminosen (vor allem B1, B6, B12, Folsäure, Nikotinsäure) M. Addison M. Cushing Hyper-/Hypothyreose Hyper-/Hypoparathyreoidismus u. a.
Chronische Intoxikationen	Alkohol Medikamente/Drogen Schwermetalle (z. B. Blei) Organische Verbindungen (z. B. Lösungsmittel) u. a.
Entzündliche Erkrankungen, Infektionen	Lues (Progressive Paralyse) Multiple Sklerose AIDS Jakob-Creutzfeld-Erkrankung Meningoenzephalitiden u. a.
Raumforderungen	Intrakraniell: Hirntumoren, Schädelbasistumoren Extrakraniell: karzinomatöse Meningitis, paraneoplastisches Syndrom u. a.
Schädel-Hirn-Traumata	Contusio cerebri Chronisches Subduralhämatom u. a.
Zerebrales Anfallsleiden	Verschiedene Epilepsieformen

Morbus Alzheimer (Demenz vom Alzheimer-Typ)

- Genetische Faktoren (Apolipoprotein-E-Gen (Apo-E): Chromosom 19; Veränderungen auf Chromosom 14 und 21 bei der präsenilen familiären Alzheimer-Demenz), Amyloid-Theorie
- Chronisch progrediente generalisierte, temporo-parietal betonte Atrophie
- Amyloide Plaques, Alzheimer-Fibrillen
- Minderung von Acetylcholin, Serotonin und Noradrenalin
- Autoimmunprozeß
- Toxine (Umweltgifte)

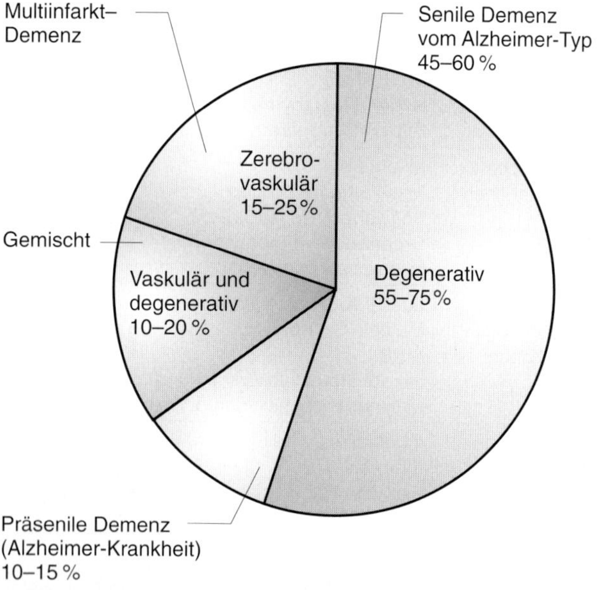

Abb. 9.2 Geschätzter Anteil der verschiedenen altersbedingten Demenzen. Reversible Demenzen aufgrund somatischer oder psychischer Ursachen sind hier nicht berücksichtigt

- Zur Dekompensation führende Auslöser sind z. B. Ortswechsel, Vereinsamung, operative Eingriffe (Narkose) und emotionale Belastungen.

Vaskuläre/Multiinfarkt-Demenz

- Hypertonie
- Hyperlipidämie
- Diabetes mellitus
- Rauchen
- Kardiovaskuläre Erkrankungen
- Blutgerinnungsstörungen

9.3 Einteilung/Klassifikation

Nach ICD-10

1. Demenz F 00 – F 03
   - Demenz bei Alzheimer-Krankheit (früher/später Beginn)
   - Vaskuläre Demenz (Multi-Infarkt-Demenz, subkortikale vaskuläre Demenz)
   - Morbus Pick
   - Creutzfeldt-Jakob-Krankheit
   - Huntington-Krankheit
   - Parkinson-Krankheit
   - HIV
2. Organisches amnestisches Syndrom (Korsakow-Syndrom), nicht durch Alkohol bedingt (F 04)
3. Delir, nicht durch Alkohol oder Drogen bedingt (F 05)
4. Organische Persönlichkeitsstörung (F 07)

Klinische Einteilung

- Kortikale Demenz: Demenz vom Alzheimer-Typ, Morbus Alzheimer, Morbus Pick

- Subkortikale Demenz: Morbus Parkinson, Chorea Huntington, Morbus Wilson
- „Reversible“ Demenz: Schilddrüsenerkrankungen, Folsäuremangel, subdurales Hämatom, Medikamente, Drogen-/Alkoholmißbrauch

9.4 Leitsymptomatik

Akute organische Psychosen/Psychosyndrome (Funktionspsychosen)

Sie werden unterteilt in solche mit und solche ohne Bewußtseinsstörungen. Fließende Übergänge stellen sog. „Durchgangssyndrome“ dar.

- Erstes Symptom ist häufig die zeitliche und örtliche Desorientiertheit
- Verwirrtheitszustand
- Dämmerzustand (charakteristisch: partielle oder totale Amnesie)
- Delir

Chronisches hirnorganisches Psychosyndrom/Demenz

- Gedächtnisstörungen
- Orientierungsstörungen
- Störungen des Auffassungsvermögens, der Konzentrationsfähigkeit
- Einschränkung der Kritik- und Urteilsfähigkeit
- Organische Persönlichkeitsveränderung
- Werkzeugstörungen (Apraxie)
- Weitere Symptome sind u. a.: Psychomotorische Unruhe, Tag-Nacht-Inversion, Depressivität, Affektlabilität und -inkontinenz

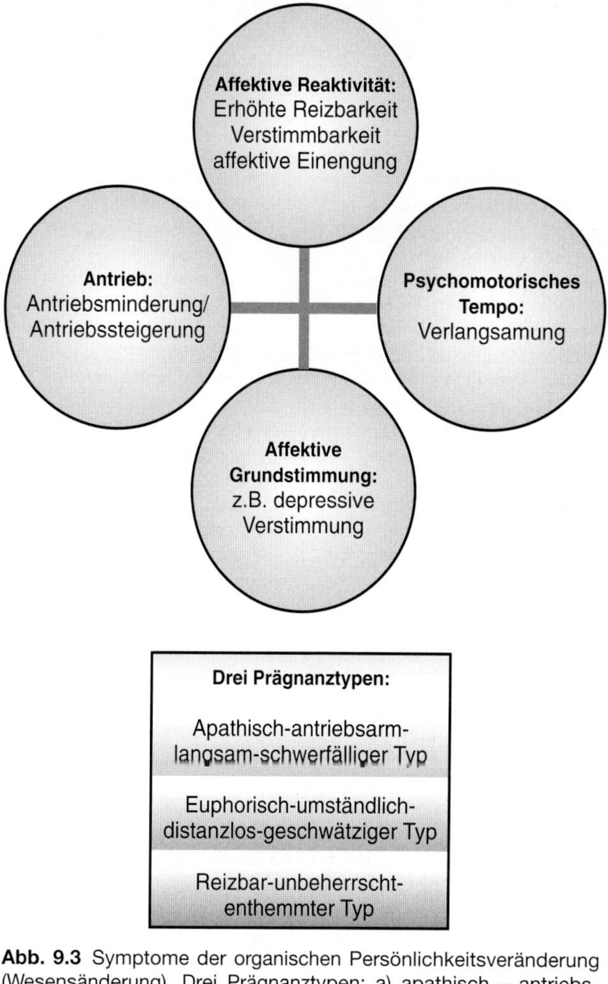

Abb. 9.3 Symptome der organischen Persönlichkeitsveränderung (Wesensänderung). Drei Prägnanztypen: a) apathisch – antriebsarm – langsam – schwerfälliger Typ, b) euphorisch – umständlich – distanzlos – geschwätziger Typ, c) reizbar – unbeherrscht – enthemmter Typ

Tabelle 9.2 Diagnostische Leitlinien der organischen Persönlichkeitsstörung nach ICD-10 und DSM-IV

ICD-10	**DSM-IV**
Symptomatologie:	
– Andauernd reduzierte Fähigkeit, zielgerichtete Aktivitäten über längere Zeiträume durchzuhalten und Bedürfnisse aufzuschieben – Veränderungen des emotionalen Verhaltens im Sinne der emotionalen Labilität, flacher Euphorie und leichten Wechsels zu Reizbarkeit bis zu kurz andauernden Ausbrüchen von Aggression und Wut. Gelegentlich steht Apathie im Vordergrund – Äußerungen von Bedürfnissen und Impulsen meist ohne Berücksichtigung von Konsequenzen oder sozialen Konventionen – Kognitive Störungen in Form von Mißtrauen oder paranoidem Denken und/oder übermäßige Beschäftigung mit einem, meist abstrakten Thema – Veränderung des Sexualverhaltens	– Anhaltende Persönlichkeitsstörung als Ausdruck der veränderten vorherigen charakteristischen Persönlichkeitsmuster – Hinweise (anamnestisch, aufgrund somatischer Befunde, labortechnisch), daß die Störung direkte Folge eines medizinischen Krankheitsfaktors ist – das Störungsbild kann nicht besser durch eine psychische Störung erklärt werden – Ein Delir oder eine Demenz können ausgeschlossen werden – Infolge der Störung entsteht in klinisch bedeutsamer Weise Leidensdruck oder Beeinträchtigungen in sozialen, beruflichen oder anderen wichtigen Funktionsbereichen
Typus:	• **Labiler Typus:** vorherrschendes Merkmal ist affektive Labilität • **Enthemmter Typus:** im Vordergrund steht mangelnde Impulskontrolle • **Agressiver Typus:** vorherrschendes Merkmal ist aggressives Verhalten

Tabelle 9.2 (Fortsetzung)	
	• **Apathischer Typus:** deutliche Apathie und emotionale Indifferenz beherrschen das Bild • **Paranoider Typus:** argwöhnisches Mißtrauen oder paranoide Vorstellungen stehen im Vordergrund • **Anderer Typus:** keiner von o. g. Merkmalen ist vorherrschend, z. B. Persönlichkeitsänderung beim einem Anfallsleiden • **Kombinierter Typus:** mehr als ein Merkmal herrscht im klinischen Bild vor • **Unspezifischer Typus**

9.5 Diagnostik

9.5.1 Akute exogene Psychosen, Delir

- **Definitionen**
  - Delir: alle akuten psychischen Störungen, die eine organische Ursache haben und mit Bewußtseinstrübung einhergehen (s. S. 86).
  - Nach **Bonhoeffer:** exogener Reaktionstypus.
  - **ICD-10:** unter Delir sind der exogene Reaktionstypus, der akute Verwirrtheitszustand und das akute psychoorganische Syndrom zusammengefaßt.
- **Leitsymptomatik:** Bewußtseinsstörung, akuter Beginn und fluktuierender Verlauf.
- Die zugrundeliegende Erkrankung (Ursache) wird durch eine exakte **neurologische und internistische Untersuchung,** incl. **Labor-** und **apparativer Diagnostik,** ermittelt.

Merke:
Unspezifität der psychopathologischen Symptome in bezug auf die Ätiologie / zugrundeliegende Grundkrankheit.

Tabelle 9.3 Diagnostische Kriterien des Delirs nach ICD-10 und DSM-IV

ICD-10	DSM-IV
Symptomatologie:	
– Störung des Bewußtseins und der Aufmerksamkeit – Störung der Kognition und der Wahrnehmung – Beeinträchtigung des abstrakten Denkens und der Auffassung – Kurzzeitgedächtnisstörungen – zeitliche Desorientiertheit, Desorientierung zu Ort und Person – Psychomotorische Störungen – Störungen des Schlaf-Wach-Rhythmus – Affektive Störungen wie Depression, Angst, Reizbarkeit, Euphorie, Apathie, Ratlosigkeit	– Bewußtseinsstörung – Wahrnehmungsstörung (Fehlinterpretationen, Illusionen oder Halluzinationen) – Gedächtnisstörung (v. a. Kurzzeitgedächtnis) – Desorientiertheit zu Zeit oder Ort, seltener zur eigenen Person – Sprachliche Auffälligkeiten (Dysnomie, Dysgraphie) – Störungen der Psychomotorik (Ruhelosigkeit, Hyperaktivität) – Störungen des Schlaf-Wach-Rhythmus – Affektive Störungen: allgemeine Ängstlichkeit, Furcht, Reizbarkeit, Wut, Depression, Apathie, Euphorie
Mindestdauer:	
– Gesamtdauer < 6 Monate	– < 6 Monate
Verlaufstypen:	
– Beginn akut, im Tagesverlauf wechselnd	– Entwicklung innerhalb weniger Stunden bis Tage, fluktuierender Tagesverlauf

- **Besondere Risikofaktoren:** Hirnverletzungen, Alkohol-, Drogen-, Medikamentensucht, höheres Alter, schlechter Allgemeinzustand, vorausgegangene Delirien, postoperative Zustände mit Streß, Flüssigkeits- und Elektrolyt-Dysbalance, Schmerzmedikation u. a.
- Ein **medikamentös induziertes Delir** wird u. a. durch anticholinerg wirksame Pharmaka wie trizyklische Antidepressiva und Phenothiazine (Neuroleptika) besonders häufig im höheren Alter ausgelöst (s. Tab. 9.4).

Tabelle 9.4 Medikamente/Drogen, die ein Delir auslösen können
• Alkohol (Entzug)
• Benzodiazepine (Entzug)
• Barbiturate (Entzug)
• Anticholinerg wirksame Medikamente: z. B. trizyklische Antidepressiva, Phenothiazine, Biperiden, Atropin
• Dopaminerg wirksame Medikamente: z. B. L-DOPA, Bromocriptin
• Antikonvulsiva: z. B. Phenytoin, Valproat
• Antibiotika, Tuberkulostatika, Fungizide, Virostatika: z. B. Gyrase-Hemmer, Nitrofuran, Isoniazid, Rifampicin, Amphotericin B, Acyclovir
• Andere: z. B. Digitalis, Cimetidin, Kortikosteroide, Theophyllin, Lidocain

Merke:

Stets die Medikation eines deliranten Patienten überprüfen.

- Der **akute exogene Reaktionstypus** kann nach der Ausprägung der Symptome in 4 Subsyndrome unterteilt werden:
  - Quantitative Bewußtseinsstörung (Somnolenz bis Koma)
  - Verwirrtheitszustand (amentielles Syndrom)
  - Delirantes Syndrom
  - Dämmerzustand

Tabelle 9.5 Medikamente, die als unerwünschte Wirkung ein organisches Psychosyndrom verursachen können

• Benzodiazepine	• Diuretika
• Neuroleptika (v. a. trizyklische)	• Muskelrelaxanzien
• Antidepressiva (v. a. Trizyklika)	• Beta-Rezeptorenblocker
• Anticholinergika	• Gyrasehemmer
• Reserpin	• Antiarrhythmika
• H_2-Blocker	• Kortison

Tabelle 9.6 Laboruntersuchungen bei Verdacht auf exogene Psychose

Routine- und Zusatzuntersuchungen (in Klammern):	**Hinweis auf:**
• BSG (Eiweiß-Elektrophorese)	• Polyglobulie
• vollständiges Blutbild plus Bilirubin, LDH, Eisen	• Vaskulitis
• Elektrolyte	• Elektrolytstörungen
• Harnstoff, Kreatinin	• Renale Insuffizienz
• Harnsäure	• Hyperurikämie
• Leberfunktionsparameter	• Hepatopathie
• Blutlipide (Lipidelektrophorese)	• Hyperlipidämie
• Blutzucker (Tagesprofil, Belastungstest, HBA_1)	• Diabetes mellitus
• Schilddrüsenhormone	• Hyper-/Hypothyreose
• Kortisol	• NNR-Insuffizienz
• Vitamin B12, Folsäure (Schilling-Test)	• Hypo-/Avitaminose
• TPHA	• Neurolues
• Borrelien	• Meningoenzephalitis
• HIV	• AIDS-Enzephalopathie

9.5.2 Chronische exogene Psychosyndrome, Demenz

Demenzbegriff im Sinne der traditionellen deutschsprachigen Psychiatrie: Klinisches Syndrom intellektuellen Abbaus und geistigen Verfalls.

- **Anamnese,** incl. Fremdanamnese der nächsten Angehörigen mit Informationen über Beschwerden, Defizite sowie Verhaltens- und Persönlichkeitsveränderungen. Wichtig: aktuelle Erkrankungen und Medikation (s. Tab. 9.5)
- **Neuropsychologischer Befund** unter Anwendung standardisierter Leistungstests mit Prüfungen des Gedächtnisses, intellektueller Leistungen sowie höherer kortikalen Funktionen (Aphasie, Alexie, Agraphie, Akalkulie, Agnosie, Apraxie, ...)

Merke:
Demenz ist eine klinische Diagnose.

Tabelle 9.7 Apparative Untersuchungen beim Vorliegen eines Demenzsyndroms

Untersuchung:	**Hinweis auf:**
Nativ-Röntgen des Schädels:	Intrakranielle Druckerhöhung, Frakturen, Verkalkungen . . .
Elektroenzephalogramm (EEG):	Diffuse oder lokale Rhythmusveränderungen
Doppler-/Duplex-Sonographie:	Zerebrale Gefäßstenosen/ Verschlüsse
Evozierte Potentiale (EP):	Zunahme der P300-Latenz
CCT, MRT (Hirnmorphologie):	Intrakranielle Prozesse incl. Hirnatrophie
Zerebrale Angiographie:	Zerebrale Zirkulationsstörungen
SPECT, PET (Hirnfunktion):	Durchblutungs-, Stoffwechselstörungen im Gehirn
Elektrokardiogramm (EKG):	Arrhythmie, Myokardinfarkt

- **Neurologischer und internistischer Befund**
- Zusatzuntersuchungen (Ursachenermittlung):
  - Labordiagnostik (s. Tab. 9.6)
  - Apparative Untersuchungen (s. Tab. 9.7)
- **Screening-Verfahren zur Frühdiagnostik**
  Mini Mental State Examination nach Folstein (MMSE): Hinweise auf eine Demenz bei weniger als 24 von 30 möglichen Punkten (s. Abb. 9.4).

Tabelle 9.8 Diagnostische Kriterien der Demenz nach ICD-10 und DSM-IV

ICD-10	DSM-IV
Symptomatologie:	
– Gedächtnisstörungen (v. a. Aufnahme, Speichern und Wiedergabe neuer Informationen) – Denkstörung Störung der Informationsverarbeitung – Verminderung des Ideenflusses – Beeinträchtigung des Urteilsvermögens – Beeinträchtigung in den Aktivitäten des täglichen Lebens – Bewußtseinsklarheit	– Gedächtnisbeeinträchtigung (Kurz- und Langzeitgedächtnis) – Beeinträchtigung des Urteilsvermögens – Aphasie, Apraxie, Agnosie, Beeinträchtigung der Exekutivfunktionen – Beeinträchtigung der sozialen und beruflichen Leistungsfähigkeit – Die Defizite treten nicht ausschließlich im Verlauf eines Delirs auf
Mindestdauer:	
– > 6 Monate	– > 6 Monate
Verlauf:	
– Chronisch oder fortschreitend	– Chronisch, Reversibilität als Funktion der zugrundeliegenden Erkrankung

Richtige Antwort = 1 Punkt | Total Punkte

Orientierungsvermögen

1. Fragen Sie nach:
   - Jahr? ______ 1
   - Jahreszeit? ______ 1
   - Datum? ______ 1
   - Tag? ______ 1
   - Monat? ______ 1
2. Fragen Sie nach:
   - Staat (Land)? ______ 1
   - Bundesstaat (Kanton)? ______ 1
   - Stadt bzw. Ortschaft? ______ 1
   - Spital, Altersheim ______ 1
   - Stockwerk? ______ 1

Merkfähigkeit

3. Nennen Sie 3 Gegenstände, 1 Sekunde pro Objekt. (1 Punkt für jede korrekte Antwort). Wiederholen Sie die 3 Namen, bis der Patient alle gelernt hat ______ 3

Aufmerksamkeit und Rechnen

4. Beginnend mit 100, jeweils 7 subtrahieren (1 Punkt für jede korrekte Antwort; Stop nach 5 Antworten). Andere Möglichkeit: Lassen Sie ein Wort mit 5 Buchstaben rückwärts buchstabieren ______ 5

Erinnerungsfähigkeit

5. Fragen Sie nach den Namen der unter (3) genannten Gegenstände. (1 Punkt für jede korrekte Antwort) ______ 3

Sprachvermögen und Verständnis

6. Zeigen Sie einen Bleistift und eine Uhr. Der Patient soll sie beim Zeigen benennen (je 1 Punkt pro richtige Antwort) ______ 2

Richtige Antwort = 1 Punkt | Total Punkte

7 Lassen Sie nachsprechen „Bitte keine Wenn und Aber“ ______ 1

8 Lassen Sie einen 3teiligen Befehl ausführen, z.B. „Nehmen Sie das Blatt Papier, falten Sie es in der Mitte und legen Sie es auf den Boden“ (max. 3 Punkte) ______ 3

9 Der Patient soll folgende auf einem Blatt (groß) geschriebene Aufforderung lesen und sie befolgen: „Schließen Sie die Augen“ ______ 1

10. Lassen Sie den Patienten einen Satz eigener Wahl schreiben (mit Subjektiv, Verb und Objekt; soll einen Sinn ergeben. Bei der Bewertung spielen Schreibfehler keine Rolle) ______ 1

11. Vergrößern Sie die untenstehende Zeichnung auf 1–5 cm pro Seite und lassen Sie den Patienten sie nachzeichnen (1 Punkt, wenn alle Seiten und Winkel richtig sind und die Überschneidungen ein Viereck bilden.) ______ 1

Total Punkte 30

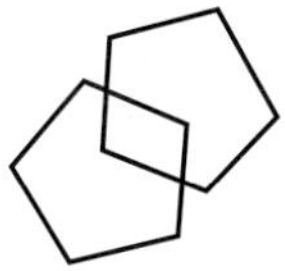

Abb. 9.4 Mini-Mental-Status-Test (nach *Folstein*)

Unterscheidung zwischen der kortikalen, der subkortikalen und der gemischten Demenz

Tabelle 9.9 Differentialdiagnose: kortikale, subkortikale, gemischte Demenz

Klinisches Bild	Kortikal	Subkortikal
Erscheinung	munter, gesund aussehend	kraftlos, fremd, liederlich
Aktivität	normal	verlangsamt
Haltung	aufrecht	gebückt, verkrümmt
Gang	normal	ataktisch, „zappelig"
Bewegungen	normal	Tremor, Dystonie, Chorea
Sprechen	normal	Dysarthrie, Hypophonie oder Aphonie
Sprache	Paraphasie, Anomie	normal
Kognition	Unfähigkeit, das Wissen anzuwenden	anormal: verfallen?
Gedächtnis	Lernstörung	Störung der Wiedergabe, Vergeßlichkeit
Visuell-räumliche Orientierung	Störung der Konstruktivität	beeinträchtigt infolge Bewegungsstörung
Affekt	Defizite unbewußt	apathisch, antriebsgemindert

Gemischte Demenz: kortikale und subkortikale klinische Bilder

Tabelle 9.10 Klassifikation der wichtigsten Demenzursachen, basierend auf kortikaler oder subkortikaler Dysfunktion

Kortikale Demenzen	• Morbus Alzheimer • Morbus Pick
Subkortikale Demenzen	• Extrapyramidale Syndrome • Morbus Parkinson • Chorea Huntington • Progressive supranukleäre Paralyse

Tabelle 9.10 (Fortsetzung)	
	• Morbus Wilson • Spinozerebelläre Degenerationen • Idiopath. Basalganglienverkalkung • Hydrozephalus • Demenz-Syndrom bei Depression • Erkrankungen der weißen Substanz • Multiple Sklerose • HIV-Enzephalopathie • Vaskuläre Demenzen: Status lacunaris • Morbus Binswanger
Gemischte Demenzen	• Slow-virus-Demenz • Toxische und metabolische Enzephalopathien • Systemerkrankungen • Endokrinopathien • Medikamenten-Intoxikationen • Schwermetallvergiftungen • „Industrielle" Demenzen • Posttraumatische, postanoxische, neoplastische Demenzen etc.

9.6 Differentialdiagnostik

1. Delir versus Demenz

- Bei der Demenz: fehlende Bewußtseinsstörung, meist schleichender Beginn und Konstanz der kognitiven Störungen.

Merke:

Delir und Demenz können nebeneinander vorkommen und gleichzeitig diagnostiziert werden. Im Zweifel zuerst die Diagnose Delir stellen und dieses behandeln.

2. Akute paranoid-halluzinatorische oder affektive Störungen

- Unveränderte Bewußtseinslage, meist intakte Orientierung, konstante und „gut organisierte" produktive Symptomatik (Wahn, Halluzinationen) bei diesen Erkrankungen

Tabelle 9.11 Differentialdiagnose des Demenzsyndroms

Pseudodemenzen	Klinische Charakteristika
Allgemein	• Keine Ratlosigkeit oder Neigung, Defizite herunterzuspielen • Keine ausgeprägte äußerliche Vernachlässigung • Keine neuropsychologischen Störungen
Altersbedingte Gedächtniseinbußen („normales Altern")	• Geringgradige Gedächtnisstörungen • Keine alltagsrelevante Minderung intellektueller Fähigkeiten
Kognitive Störungen bei Depressionen („depressive Pseudodemenz")	• Depression in der Vorgeschichte • Relativ plötzlicher Beginn • Dauer meist unter 6 Monaten mit anhaltender, wenig fluktuierender Verstimmung • Keine Orientierungsstörungen im Alltag • Antworten vom „Ich-weiß-nicht!"-Typ (Patient bemüht sich nicht) • Oft lediglich eingeschränktes Gedächtnis bei gut erhaltener Aufmerksamkeit und Konzentration • Subjektive Beschwerden ausgeprägter als objektive Befunde • Typisches Erscheinungsbild mit Tagesschwankungen, Schlafstörungen, depressiven Denkinhalten, Vitalstörungen • Verhalten gehemmt oder agitiert wehklagend • Ansprechen auf Antidepressiva
Minderbegabung	• Lebenslang bestehendes, gleichbleibendes Leistungsdefizit („Der Demente ist ein verarmter Reicher, der Minderbegabte war immer arm") • Keine alltagsrelevanten Gedächtnisstörungen
Hysterische Pseudodemenz	• Mißverhältnis zwischen massiven kognitiven Störungen bei der Untersuchung und gelungener praktischer Lebensbewältigung

Tabelle 9.12 Diagnostisches Programm zur Differentialdiagnose der Demenzen

Unter suchungen	**Klinische Beispiele, Verdachtsdiagnosen**
Eigen- und Fremd-anamnese	• Alkoholmißbrauch, Wernicke-Korsakow-Syndrom • Schädel-Hirn-Trauma, Dementia purgilistica („Boxer-Demenz“) • Medikamenten- und Drogenabhängigkeit, Lösungsmittel-Enzephalopathie • durchgemachte Enzephalitis (z. B. Herpes-Enzephalitis) • Schlaf-Apnoe-Syndrom
Psychiatrische Untersuchung	• depressive „Pseudodemenz“ • dissoziative Störung (z. B. Ganser-Syndrom) • schizophrener Residualzustand
Neurologische Untersuchung *(incl. Neuro-physiologie)*	• Parkinson'sche Krankheit, Parkinson-Plus-Syndrome • Chorea Huntington • Creutzfeld-Jacob-Erkrankung • Hepatolentikuläre Degeneration (M. Wilson) • andere heredodegenerative Erkrankungen • progressive Paralyse
Internistische Untersuchung (incl. EKG und Labor: BSG, BB, Diff.BB, E'lyte, Gamma-GT, Kreatinin, T_4, TSH, Vit.B_{12}, Folsäure)	• chronische zerebrale Hypoxie bei Herzinsuffizienz, Anämie • Leber-, Nierenerkrankungen/-versagen • Endokrinopathien (Diabetes mellitus, Schilddrüsen-, Nebenschilddrüsen-Funktionsstörung • Hypovitaminosen • Autoimmunerkankungen • paraneoplastische Syndrome (z. B. limbische Enzephalitis)
Neuroradiologische Untersuchung (CCT oder MRT)	• vaskuläre Demenzen • raumfordernde Prozesse • Normaldruckhydrozephalus • fokale kortikale Atrophien (z. B. M. Pick) • entzündliche und degenerative Erkrankungen mit Beteiligung des Marklagers • HIV-Enzephalopathie

- Kriterien, die für die Annahme einer körperlich begründbaren und gegen eine endogene Psychose sprechen:
  - Das Vorliegen belangvoller pathologischer somatischer Befunde (obligat).
  - Das Vorliegen psychopathologischer Leitsyndrome der körperlich begründbaren Psychosen (v. a. bei den Durchgangssyndromen nur bedingt brauchbar).
  - Der enge zeitliche Zusammenhang der somatischen Befunde mit der Manifestation der Psychose (nicht immer deutlich).
  - Die Parallelität des Verlaufs des somatischen Befundes und der Psychose (nicht immer gegeben).

9.7 Verlauf / Prognose

9.7.1 Akute exogene Psychose (Funktionspsychose)

- Sie ist bei frühzeitiger Erkennung und Behandlung (Vermeidung der irreparablen morphologischen Schäden) der zugrundeliegenden Ursache **reversibel.**
- Möglicher Ausgang aber auch:
  - letal (z. B. Delir),
  - spontanes Abklingen (z. B. Delir),
  - Übergang in ein chronisches organisches Psychosyndrom bis zur Demenz.

9.7.2 Chronische exogene Psychosen

- Progredienter Verlauf (z. B. Demenz vom Alzheimer Typ),
- Stationärer Verlauf (organische Wesensänderung, pseudoneurasthenisches Syndrom),
- Reversible Erkrankung (behebbare bzw. behandelbare Formen bei früher Erkennung und adäquater Therapie: z. B. Korrektur der Hypo-/Avitaminose B 12, Regulierung des Hirndrucks bei normotensivem Hydrozephalus).

Merke:

Im Vergleich zur altersgleichen Bevölkerung ist die Überlebensdauer Dementer deutlich reduziert: Krankheitsdauer von Altersdemenz ca. 4 – 9 Jahre!

9.8 Therapie

Merke:

Eine Frühdiagnose und eine frühzeitige Therapie tragen wesentlich dazu bei, irreparable Substanzschädigung zu vermeiden

Akute exogene Psychose

- **Internistische Basistherapie** (kausal) und **symptomatische Maßnahmen:** U. a. ausgewogene Ernährung, Ausgleich der Elektrolyt- und Flüssigkeitsdefizite sowie dem Zustand des Erkrankten angepaßte Gestaltung des therapeutischen Milieus (z. B. Abschirmung von zu lauten Geräuschen, Abschwächung des Lichts, Besuchsregelung usw.).

Psychopharmakotherapie:

- Haloperidol (2 – 10 mg/die) bei Agitiertheit, Unruhezuständen oder angstvoller Spannung. Dosierung und Art der Applikation sind vom psychopathologischen Zustand und vom Alter des Patienten abhängig (gut steuerbar: Tropfen), die Hauptdosis wird zur Nacht verabreicht.
- Bei Schlaflosigkeit und Unruhe kann oral mit Clomethiazol (1 – 3 g/die) behandelt werden (Cave: zeitlich begrenzte Gabe, Gewöhnungsgefahr!).

Chronisches organisches Psychosyndrom:

- Im Vordergrund steht die **Behandlung der internistischen Grundkrankheit** als kausale Maßnahme bei den sekundären und als Ergänzung bei den primären Demenzformen.

• Medikamentöse Therapie:

Psychopharmakotherapie zur Behandlung der nicht kognitiven Verhaltensstörungen.

- Eine **Therapie mit Antidementiva (Nootropika)** bei kognitiven Störungen (Tab. 9.13) sollte über mindestens 3 Monate durchgeführt werden, bevor die Entscheidung über die Wirksamkeit (Response) getroffen wird. Beispiel: Tacrin (Cognex), ein Cholinomimetikum (cholinerges Defizit bei DAT) mit guter Wirksamkeit bei leichten und mittelschweren Formen der Erkrankung (120 – 160 mg/die).
- Zusätzlich / bei Bedarf: Haloperidol bei Halluzinationen und Wahn
- Bei Unruhezuständen und Schlafstörungen Pipamperon oder Melperon.
- Bei der Therapie der **begleitenden Depression** ist zu berücksichtigen, daß die meisten tri- und tetrazyklischen Antidepressiva wegen ihrer anticholinergen Begleitwirkungen nicht geeignet sind. Neuere reversible MAO-Hemmer, z. B. Moclobemid (300 mg/die) oder SSRI (z. B. Paroxetin, 20 mg/die), werden von älteren Patienten besser toleriert.

Merke:

Antidepressiva mit deutlichem anticholinergen Effekt können die kognitive Leistung negativ beeinflussen.

• Nichtmedikamentöse Therapie

- **Aktivierende Maßnahmen** wie geistiges Training („Gehirn-Jogging") zur Verbesserung der kognitiven Leistungsfähigkeit und Bewegungstherapie zur Förderung der körperlichen Aktivität. Beim kognitiven Training ist besonders auf die mögliche Überforderung des Patienten durch die Dauerkonfrontation mit den Defiziten zu achten.
- Besonders wichtig: die **psychosoziale Betreuung** des Patienten, unter Einbeziehung der nächsten Angehörigen bzw. Pfleger, mit Vermittlung sozialer Hilfen sowie psychotherapeutischer (verhaltenstherapeutisch ausgerichtet) Beratung und Behandlung.

Merke:

Kognitives Training stets den verbliebenen Fähigkeiten des Betroffenen anpassen.

Tabelle 9.13 Die vom Bundesinstitut für Arzneimittel und Medizinprodukte (BfArM) im Rahmen der Aufbereitung positiv monographierten und nach dem Arzneimittelgesetz zugelassenen Nootropika

Substanz	Tagesdosis (oral)	Wichtige unerwünschte Wirkungen
Chemisch definierte Wirkstoffe		
Dihydroergotoxin (z. B. Hydergin® forte)	4 – 8 mg	Hypotonie, Schwindel
Nicergolin (z. B. Sermion®)	15 – 30 mg	Schwindel, Hypotonie, Sedation
Nimodipin (Nimotop®)	90 mg	Hypotonie
Piracetam (z. B. Nootrop®)	2,4 – 4,8 g	psychomotorische Unruhe, Aggressivität, sexuelle Stimulation
Pyritinol (z. B. Encephabol®)	600 – 800 mg	Appetitlosigkeit, Übelkeit
Tacrin (Cognex®)	160 mg	Leberenzymanstieg (ALAT/SGPT) in 50 % der Fälle, Diarrhoe, Übelkeit, Erbrechen
Phytotherapeutikum		
Ginkgo biloba-Trockenextrakt (1:50)	120 mg	Magenbeschwerden, Kopfschmerzen, allergische Hautreaktionen

9.9 Spezielle Krankheitsbilder

9.9.1 Alzheimersche Krankheit (Morbus Alzheimer)

- Präsenile und senile Demenz = Demenz vom Alzheimer-Typ (DAT).
- Frühe Form (vor dem 65. Lebensjahr), späte Form (nach dem 65. Lebensjahr).

- Auftreten sporadisch (häufiger) oder familiär gehäuft.

Epidemiologie: Erkrankungsrisiko bei über 65jährigen 2 – 6 %, bei über 85jährigen 20 – 30 %.

Ätiologie

- Ungeklärt, wahrscheinlich multifaktoriell. Genetische Faktoren, toxische, infektiöse („slow virus", „Prione") Einflüsse, Neurotransmitterdysbalance werden diskutiert.
- Genetischer Defekt auf Chromosom 21 bei familiären frühen Formen, Hinweise für Mutationen auf Chromosomen 14 (präsenil) und 19 (senil). Apolipoprotein-E (APO-E)-Gen-Polymorphismus: APO-E-Gen auf Chromosom 19, APO-E4-Isoform gehäuft bei familiärer seniler DAT gefunden.
- Neuropathologie: senile (Amyloid-)Plaques und Alzheimer Fibrillen. Hauptbestandteile der Plaques sind abnorm phosphorylierte Amyloid-Precursor-Protein (APP) und Tau-Protein.
- Cholinerges Defizit.

Symptome

- **Nicht-kognitive Frühsymptome:** diskrete Veränderungen des Verhaltens, Passivität, emotionaler Rückzug, Stimmungslabilität, Rückgang von Sorgfalt und Verläßlichkeit, Hilflosigkeit.

Im Frühstadium findet man eine erhebliche Überlappung des klinischen Bildes mit dem Bild einer Depression („depressive Pseudodemenz").

Große differentialdiagnostische Probleme: Beobachtung und probatorische Behandlung mit Antidepressiva.

- Initial schleichende Kurzzeitgedächtnisstörungen, Beeinträchtigung des abstrakten Denkens, Initiative- und Antriebsminderung.
- Später Beeinträchtigung höherer kortikalen Funktionen und neurologische Ausfälle: Amnesie, amnestische Aphasie (Wortfindungsstörungen), Akalkulie, Apraxie, Prosopagnosie (Unfähigkeit, Gesichter wiederzuerkennen usw.).

Tabelle 9.14 Differentialdiagnose Depression – Demenz

Charakteristika	**Depression**	**Demenz**
Langsame Manifestation	Nein	Ja
Leidensdruck, psychische Notlage	Ja	Nein
Häufige Antwort: „Ich weiß es nicht"	Ja	Nein
Defizite höherer kortikaler Funktionen (Aphasie, Apraxie)	Nein	Ja
Altgedächtnis weniger gestört als Neugedächtnis	Nein	Ja
Inkonsistente Ergebnisse der wiederholten mentalen Untersuchungen	Ja	Nein
Affektive Erkrankungen in der Vorgeschichte (auch familiär)	Ja	Nein
Kognitive Defizite bewußt	Ja	Nein
Pathologische Ergebnisse der neuroradiologischen Untersuchungen	Nein	Ja

Diagnostik

- Psychopathologische und neuropsychologische Diagnose eines Demenz-Syndroms (s. o.).
- Laborchemische und bildgebende Diagnostik zum Ausschluß anderer Demenzursachen.
  - **CCT:** generalisierte Atrophie.
  - **Koronares MRT** und **Temporal-CT:** Atrophie (Erweiterung) der Fissura parahippocampalis.
  - **HMPAO-SPECT:** bilaterale temporoparietale Durchblutungsminderung als „pathognomonisches" Alzheimer-Muster.

Merke:

Alzheimer Demenz ist klinisch eine Ausschlußdiagnose. Eine Diagnosesicherung ist erst neuropathologisch möglich.

Tabelle 9.15 NINCDS-ADRDA-Kriterien für die klinische Diagnose der Alzheimer Demenz (AD), modifiziert nach *McKhann* et al. 1984
Klinische Kriterien für die Diagnose einer wahrscheinlichen AD:
• Vorhandensein eines testpsychologisch (z. B. durch Mini-Mental-State-Test) dokumentierten progredienten dementiellen Syndroms mit Defiziten in zwei oder mehreren Bereichen der Kognition
• Kontinuierlich fortschreitende Abnahme des Gedächtnisses und anderer kognitiver Funktionen
• Keine Bewußtseinsstörung
• Schleichender Beginn zwischen dem 40. und 90. Lebensjahr, meist im Alter von über 65
• Ausschluß anderer Erkrankungen (hirneigen oder systemisch), die für die Demenz verantwortlich sein könnten
Diagnose einer wahrscheinlichen AD wird unterstützt durch:
• Fortschreitende Verschlechterung spezifischer kognitiver Funktionen wie Sprache (Aphasie), motorischer Fähigkeiten (Apraxie) und der Wahrnehmung (Agnosie)
• Beeinträchtigtes Zurechtkommen mit den Aktivitäten des Alltagslebens und Verhaltensauffälligkeiten
• Eine positive Familienanamnese ähnlicher Erkrankungen, insbesonders wenn neuropathologisch bestätigt
• Folgende Laborbefunde: normaler Liquor, normales oder unspezifisch verändertes EEG (z. B. Rhythmusverlangsamung), Nachweis einer Hirnatrophie im CCT mit Zunahme bei der Längsschnittuntersuchung
Klinische Diagnose einer möglichen AD:
• Kann gestellt werden auf der Basis eines Demenzsyndroms, in Abwesenheit anderer Erkankungen, die hinreichend wären, um die Demenz zu verursachen und bei erfüllten Bedingungen hinsichtlich Beginn, Erscheinungsbild oder klinischem Verlauf

Tabelle 7.2 (Fortsetzung)
• Kann erfolgen in Gegenwart einer weiteren systemischen oder Hirnerkrankung, die an sich ausreichend wäre, eine Demenz zu verursachen, wird jedoch nicht als alleinige Ursache angesehen
• Sollte in der Forschung verwendet werden, wenn – nach Ausschluß anderer möglicher Ursachen – nur ein einziges, zunehmendes schweres kognitives Defizit erkennbar ist

Differentialdiagnosen

- **Depressive Pseudodemenz:** häufigste und eine der schwierigsten DD.
- **Korsakow-Syndrom:** Amnesie, Konfabulationen, Störung der Okulomotorik und des Gangbildes.
- **Benigne Altersvergeßlichkeit:** hier werden v. a. „Dinge" bzw. „Sachen" vergessen, bei der Alzheimer Demenz v. a. „Ereignisse" bzw. „Begebenheiten" (Friedland 1993).
- **Vaskuläre Demenz:** fluktuierender Verlauf, neurologische Befunde (Herdsymptome) und CCT/MRT: Multiinfarkte.
- **Andere organische Hirnprozesse,** die zur Demenz führen wie Morbus Pick, Morbus Parkinson, Creutzfeld-Jacobsche Krankheit, Chorea Huntington, Progressive Paralyse, u. a.

Therapie

- **Medikamentös:**
  - Antidementiva (Nootropika)
  - Antidepressiva bei Depression
  - Neuroleptika bei Unruhezuständen, Verwirrtheit und Schlafstörungen.
- **Nicht-medikamentös:**
  - Kognitives Training
  - Psychosoziale Betreuung
  - Verhaltenstherapie.

Prognose

- Nach ca. 5 – 10jährigem Verlauf Tod durch interkurrente Erkrankungen.

9.9.2 Morbus Pick

- **Erkrankungsrisiko** ca. 0,1 %
- Beginn: mittleres Lebensalter.
- **Ätiologie:** genetischer Faktor bei ca. 20 % der Fälle, dominanter Erbgang wird diskutiert.

Symptome

- Initial Persönlichkeitsveränderung mit Triebenthemmung, Affektlabilität, Verlust von Initiative und Interesse
- Störungen der sozialen Beziehungen
- Später kognitive Ausfälle.

Diagnose

- Umschriebene Atrophie des Frontal- und Temporallappens.

Differentialdiagnose

- DAT: oft schwierig. Psychopathologische Diagnose im Frühstadium unterstützt durch PET/SPECT, im Spätstadium durch CCT.

Tabelle 9.16 Charakteristika des Frontallappen-Syndroms
• Enthemmung, Taktlosigkeit
• Redseligkeit, kindische Gebärden
• Scherze und Streiche, Distanzlosigkeit, sexuelle Enthemmung, Stimmungssteigerung
• Fehlendes Interesse an Zukunft, fehlende Einschätzung von Konsequenzen des Verhaltens
• Abnahme der Konzentration und Aufmerksamkeit
• Unfähigkeit der Realisierung geplanter Aktivitäten
• Kognitive Funktionen lange intakt
• Fehlende Spontaneität, psychomotorische Verlangsamung
• Steigerung der Muskeleigenreflexe möglich, positiver Greifreflex/Babinski

- Persönlichkeitsstörungen (Psychopathien).
- Blande Schizophrenie.

Therapie:

- Es ist keine spezifische Therapie bekannt, symptomatisch.

Prognose:

- Im Durchschnitt innerhalb von 5 Jahren Tod durch interkurrente Erkrankungen.

9.9.3 Chorea Huntington („Erb-Chorea“)

Epidemiologie: Häufigkeit in Europa ca. 1:15 000.

Ätiologie: autosomal dominant erblich, defektes Gen auf Chromosom 4, selten Neumutationen.

- Beginn, 3. – 4. Lebensjahrzehnt.

Symptome

- Initial oft „Choreopathie“: affektive Störungen und Persönlichkeitsveränderungen, später langsam fortschreitende Demenz.
- Neurologisch: hyperkinetisch-hypotones Syndrom.

Diagnose

- Primär atrophische Erkrankung im Bereich des Striatums und der Frontalhirnrinde.
- Humangenetische Beratung mit molekulargenetischer Untersuchung: präsymptomatische Erkennung mittels indirekter und direkter DNA-Analyse (Genotypdiagnostik).
- Pränatale Diagnostik aus Chorionzotten in der 9. – 12. Schwangerschaftswoche oder Amnionzellen.
- Im Neurostatus: Gordon-Kniephänomen (Bestehenbleiben der Unterschenkelstreckung nach Auslösung des Patellarsehnenreflexes).

Differentialdiagnose

- Chorea minor: Kindesalter, postinfektiös, keine Demenz, Ausheilung.

Tabelle 9.17 Molekulargenetische Diagnostik bei Chorea Huntington: Prinzipien der Durchführung
Bei klinisch Gesunden (prädiktive Testung)
• volljährig • freiwillig • ausführliche humangenetische Beratung • psychotherapeutische Betreuung während und nach der Testung • Bedenkzeit vor der Ergebnismitteilung von mindestens 1 Monat • Ergebnismitteilung mit Humangenetiker, Risikoperson und Psychotherapeut. Das Ergebnis wird nur mitgeteilt, wenn alle 3 Personen damit einverstanden sind
Bei Kranken (differentialdiagnostische Testung):
• solange der Patient einwilligungsfähig ist, informierte und freiwillige Entscheidung • Empfehlung einer humangenetischen Beratung • Ergebnismitteilung durch Nervenarzt

- Symptomatische Chorea: vaskuläre Hirnprozesse, Hirntumoren.
- Psychogene Körperstörungen.

Therapie

- Es ist keine kausale bekannt, symptomatisch.

9.9.4 Idiopathisches Parkinson-Syndrom

- Systematrophie der melatoninhaltigen Zellen in der Substantia nigra, Dopamin-Mangel.

Erkrankungsrisiko: Prävalenz 200/100 000, Inzidenz 20/100 000

- Beginn: Höheres Alter.

Ätiologie: nicht eindeutig geklärt.

Symptome

- Hypokinetisch-hypertones Syndrom (Trias: Rigor, Akinese, Tremor), bei einem Teil der Patienten organische Persönlichkeitsveränderung (auffallend: Bradyphrenie), affektive Störungen.

- „Parkinson plus“ (System-übergreifend): Pyramidenbahnzeichen, Blickparesen, Demenz.

Diagnose

- Klinisches Bild.
- Positiver Apomorphin-Test wichtiges diagnostisches Kriterium für ein idiopathisches Parkinson-Syndrom.

Differentialdiagnose

- Postenzephalitisches Parkinson-Syndrom,
- Parkinson-Syndrom bei akuter CO-Intoxikation, Arteriosklerose der Hirngefäße, Lues, Hirntumoren etc.,
- Pharmakogen: Parkinsonoid (z. B. Neuroleptika),
- Seniler gutartiger Tumor.

Therapie

- **Medikamentös:** Anticholinergika, Amantadin, Levodopa, Dopamin-Agonisten (Bromocriptin, Lisurid), MAO-B-Hemmer (Selegilin).
- **Krankengymnastik** (wichtig!).

Merke:
Mögliche psychische Nebenwirkungen der Antiparkinsonmittel: delirante, affektive und paranoid-halluzinatorische Psychosen.

9.9.5 Multiinfarktdemenz (MID)

- Dementielles Syndrom bei multiplen kleinen Hirninfarkten.

Epidemiologie: Prävalenz ca. 2 – 3 %, 15 – 20 % aller Demenzfälle.

Ätiologie: Ischämische Parenchymnekrosen und kleine Blutungen auf dem Boden der zerebralen Arteriosklerose.

Symptome

- Meist fluktuierende Progredienz, Kopfschmerzen, Schwindel, Müdigkeit, Leistungsminderung.
- Nächtliche Verwirrtheitszustände (RR-Abfall).

Tabelle 9.18 Die wichtigsten vaskulären Risikofaktoren

- Hypertonie
- Hyperlipidämie (insb. Hypercholesterinämie)
- Diabetes mellitus
- Hyperurikämie
- Gerinnungsstörungen
- Kardiale Erkrankungen (insb. KHK, Myokardinfarkt)
- Störungen der zerebralen Perfusion (Hirninfarkte, TIAs)
- Nikotinabusus

Diagnose

- Unterstützung der klinischen Diagnostik durch die Hachinski Ischämie-Skala (HIS, Tab. 9.20).
- Klinische und apparative Diagnostik.

Tabelle 9.19 Diagnostische Kriterien der Multiinfarkt-Demenz nach ICD-10 und DSM-IV

ICD-10	DSM-IV
Symptomatologie:	
• Demenz • Kognitive Beeinträchtigung ist ungleichmäßig • Plötzlicher Beginn • Schrittweise Verschlechterung • Neurologische Herdzeichen und -symptome	– Demenz – Schrittweise Verschlechterung mit „inselförmiger" Verteilung der Ausfälle in frühen Stadien – Neurologische Herdzeichen und -symptome
Zusätzliche Merkmale • Hypertonie • Affektlabilität mit vorübergehender depressiver Stimmung • Weinen oder unbeherrschtes Lachen • Persönlichkeit gut erhalten oder Persönlichkeitsveränderungen in Form von Apathie	Hinweise aus der Anamnese, dem körperlichen Befund und technischen Zusatzuntersuchungen für eine bedeutsame zerebrovaskuläre Erkrankung

Tabelle 9.19 (Fortsetzung)	
oder Enthemmung, Zuspitzung früherer Persönlichkeitszüge • Paranoide Haltungen • Reizbarkeit	
Verlauf:	
Allmählicher Beginn nach mehreren kleineren ischämischen Episoden, die zu einer Häufung von lakunären Defekten im Hirngewebe führen.	

Tabelle 9.20 Hachinskis Ischämie-Skala zur klinischen Differenzierung zwischen Multiinfarkt-Demenz (MID) und primär degenerativer Demenz. Ein Total von ≥ 7 Punkten spricht für eine vaskuläre Form (MID), ≤ 4 für eine degenerative (Alzheimer-Typ), 5 oder 6 für eine gemischte Form (nach *Hachinski* et al. 1975)

Klinische Merkmale	**Hachinski-Wertung**	**Differenzierungswert gegenüber degenerativer Demenz (Alzheimer-Typ)***
Plötzlicher Beginn Schlaganfälle in der Anamnese Fokale neurologische (subjektive) Symptome Fokale neurologische (objektive) Zeichen Hinweis auf gleichzeitige Atherosklerose	2 2 2 2 1	sehr hoch
Hypertonie in der Anamnese	1	hoch
Persönlichkeit relativ gut erhalten Depression	1 1	mittel
Stufenweise Verschlechterung Fluktuierender Verlauf Nächtliche Verwirrtheit Körperliche Beschwerden Emotionale Labilität	1 2 1 1 1	gering
* nach *Loeb* und *Gandolfo* 1983		

Tabelle 9.21 ADDTC-Kriterien für die Diagnose einer ischämischen vaskulären Demenz (IVD), modifiziert nach *Chui* et al. 1992

I. Mögliche IVD
A. **Kriterien für klinische Diagnose einer möglichen IVD:** 1. Demenz 2. 2/mehrere ischämische Infarkte in der Anamnese, neurologische Ausfälle u./o. CCT-/MRT-Befunde (T1) B. **Diagnose unterstützt durch:** 1. Nachweis multipler Hirninfarkte 2. Anamnestisch wiederholte TIAs 3. vaskuläre Risikofaktoren (Hypertonie, Diabetes mellitus) 4. Hoher HIS-Score C. **Klinisches Bild, mit einer zerebrovaskulären Insuffizienz (CVI) vereinbar:** 1. Relativ früh Gangstörung und Harninkontinenz 2. Periventrikuläre und Marklagerveränderungen in T2-MRT 3. Fokale Befunde im EEG, EP, SPECT, MR-Spektroskopie D. **Andere Symptome, nicht mit IVD assoziiert:** 1. Langsam progrediente Symptomatik 2. Wahn, Halluzinationen, Illusionen, Psychose 3. Anfälle E. **Klinische Symptome, die an einer IVD zweifeln lassen** 1. Transkortikale Aphasie ohne Nachweis fokaler Läsionen 2. Kognitive Störungen ohne zus. neurologische Ausfälle
II. Wahrscheinliche IVD:
1. **Demenz** und ein oder mehrere der folgenden Kriterien erfüllt: 2A. **Anamnese oder Nachweis eines Hirninfarktes** mit klarem zeitlichen Zusammenhang mit dem Demenzbeginn oder 2B. **Binswanger-Syndrom** (ohne multiple Hirninfarkte) mit: – (Früh) Harninkontinenz ohne urologische Ursache oder Gangstörung ohne periphere Ursache – Vaskuläre Risikofaktoren – Ausgedehnte Veränderungen in der weißen Substanz

Tabelle 9.21 (Fortsetzung)
III. Sichere IVD
Histopathologische Untersuchung des Gehirns und A. Klinische Diagnose einer Demenz B. Pathologischer Nachweis multipler Hirninfarkte

Therapie

- Beseitigung / Minimierung der vaskulären Risikofaktoren (z. B. Stabilisierung der Herz-Kreislauf-Situation).

Medikamentös

- Thrombozytenaggregationshemmer zur Verbesserung der rheologischen Bluteigenschaften (z. B. Acetylsalicylsäure).
- Nootropika bei kognitiven Störungen.
- Neuroleptika oder Clomethiazol bei Unruhezuständen und Schlafstörungen.

9.9.6 Lewy-Körperchen-Demenz (LKD)

Epidemiologie: In Autopsie-Serien fand man eine Prävalenz von 5 % bis 20 %, zweithäufigste Demenzursache (nach Alzheimer Demenz) bei älteren Menschen. In vivo sind keine zuverlässigen Angaben möglich.

- Männer > Frauen. Das Ersterkrankungsalter ist gleich der Alzheimer Demenz.

Symptomatik

- Milder Beginn des Demenz-Syndroms: auffällig sind frühe visuospatiale Störungen und Aufmerksamkeitsstörung. In > 50 % visuelle Halluzinationen (oft komplex, Bilder von Menschen oder Tieren), Depression oder paranoide Symptome.
- Fluktuierende kognitive Defizite mit Episoden, die an ein Delir oder transitorisch ischämische Attacken erinnern (Bewußtseinsveränderung).
- Parkinson-Symptome: Rigor, Tremor, Bradykinese, Gang- und Haltungsstörung (plötzliche Stürze!); werden als eher leicht beschrieben.

Diagnose

- Klinisch ist keine zuverlässige Abgrenzung von der Alzheimer Demenz (AD) möglich.
- Verdacht auf LKD bei progressiver Demenz mit Symptomfluktuation, visuellen Halluzinationen und extrapyramidal motorischen Störungen, früher als bei der AD.
- EEG: schon in früheren Phasen Rhythmusverlangsamung sowie frontal lokalisierte Anfallsäquivalente.
- Neuropathologisch: Lewy-Körperchen (Zytoplasmaeinschlüsse); diffuse Verteilung in kortikalen (Hippocampus, Temporallappen, Cingulum, Neocortex; DD: M. Parkinson) und subkortikalen (Substantia nigra) Regionen. V. a. im höheren Alter auch histopathologische AD-Läsionen, es wird spekuliert, daß LKD eine Subform der AD sein könnte.

Tabelle 9.22 Differentialdiagnose der Lewy-Körperchen-Demenz (LKD) und Alzheimer Demenz (AD)

Symptomatik	LKD	AD
Kognition zu Beginn	leicht gestört, v. a. Aufmerksamkeit	gestört, v. a. Gedächtnis
Fluktuenz der Kognition	früh im Verlauf	selten
Stabile Kognition	sehr selten	selten
Parkinson-Symptome	v. a. leicht, können jedoch auch vorherrschen und M. Parkinson ähneln	relativ selten, v. a. Rigor, ähnlich M. Parkinson
Psychiatrische Symptome	meistens, optische Halluzinationen	meistens
Myoklonus	rel. selten, leicht	kann vorkommen
Epilepsie	nicht beschreiben	recht oft
Verlauf	variabel	graduell
Dauer	3 – 8 Jahre	4 – 9 Jahre
Geschlechtsverhältnis	Männer häufiger betroffen	Frauen häufiger betroffen

Differentialdiagnose

- Alzheimer Demenz,
- Vaskuläre Demenz,
- Parkinsonsche Erkrankung
- Jacob-Creutzfeldt-Erkrankung

Therapie

- Es gibt **keine** spezifische Therapie.
  - Antiparkinson-Mittel (z. B. L-Dopa oder L-Deprenyl) haben nur mäßigen Erfolg.
  - Gabe von Neuroleptika (z. B. Thioridazin oder Sulpirid) mit großer Vorsicht: dramatische Verschlechterungen der kognitiven und motorischen Funktionen sind möglich, häufig malignes neuroleptisches Syndrom (kleine Dosen!).
  - Tacrin: Verbesserung der Kognition und möglicherweise auch der psychischen Symptomatik.
  - Vorsicht bei den anticholinerg wirksamen Substanzen: Delirien und Eintrübungen sind möglich.
- Bei psychotischer Erregung: Pipamperon, Melperon oder Haloperidol.

9.9.7 Normaldruck-Hydrozephalus

- Liquorzirkulations- und Resorptionsstörung.

Ätiologie: posthämorrhagische oder postentzündliche Meningenverklebung.

Symptome

- **Trias:** Ataxie, Harninkontinenz, Demenz.

Diagnose

- Exakte klinische Untersuchung,
- Morphologische Untersuchung mittels CCT/MRT,
- Dynamische Liquorflußuntersuchungen (Zisternographie, MR-Flußmessung) oder Liquordruckmessung.

Differentialdiagnose

- Hydrocephalus e vacuo bei M. Alzheimer,
- Parkinson-Demenz-Komplex.

Therapie

- **Kausal:** Shuntlegung zur Liquorableitung.

Prognose

- Bei kurzer Dauer der Symptome gut. Ca. 80 % der Patienten mit bekannter Hydrozephalus-Ursache profitieren von der Operation.

9.9.8 Hirntraumatische Folgezustände

- Akute exogene Reaktionstypen oder chronische psychoorganische Syndrome.
- In schweren Fällen: traumatisches Korsakow-Syndrom.

Commotio cerebri (Gehirnerschütterung)

- Funktionelle Störung durch stumpfe Gewalteinwirkung. Vollständig reversibel.

Symptome

- Sofortiger Bewußtseinsverlust durch Hirnstammirritation unterschiedlicher Dauer (bis maximal 1 Stunde).
- Vegetative Störungen.
- Amnesie für die Dauer der Bewußtlosigkeit (retrograd, seltener anterograd).
- Im Rückbildungsstadium gelegentlich **postkommotionelles Syndrom:** innerhalb Wochen bis Monate voll zurückgebildet.

Contusio cerebri

- Hirnsubstanzschädigung nach stumpfer Gewalteinwirkung: Rindenprellung (Coup und Contre-Coup), sekundäre Zirkulationsstörung, diffuses Hirnödem.

Symptome

- Initiale Bewußtlosigkeit für Stunden bis Tage, neurologische Herdsymptomatik.
- Als Komplikation: Früh- oder Spätepilepsie.

- Nach der Bewußtlosigkeit: Restitutio ad integrum oder **Kontusionspsychose** infolge des Hirnödems.
- Selten: apallisches Syndrom.

Therapie

- Behandlung des Hirnödems, ggf. Operation (Druckentlastung)
- Clomethiazol bei starker Erregung
- Nootropika bei Spätfolgen mit kognitiven Defiziten.

Rehabilitationsmaßnahmen.

9.9.9 Neurolues

- Treponema pallidum-Infektion.
- **Sekundärstadium:** Meningitis oder Meningoenzephalitis.
- **Tertiärstadium:** Lues cerebrospinalis (vaskuläre, meningitische, gummöse Form).

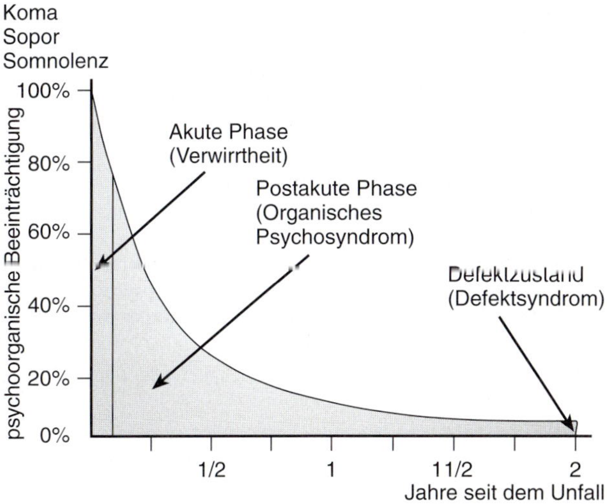

Abb. 9.5 Zeitlicher Verlauf der psychoorganischen Beeinträchtigung nach einer Schädelhirnverletzung

- **Quartärstadium:** ca. 8 – 15 Jahre nach dem Primäraffekt bei ca. 2,5 % der Infizierten progressive Paralyse (Enzephalitis) und/oder Tabes dorsalis.

Symptome

- Initial pseudoneurasthenisches Syndrom.
- Im Verlauf organisches Psychosyndrom mit Enthemmung, Verlust vom Taktgefühl und kritikloser flacher Euphorie.
- Neurologisch: Pupillenstörungen, Sprachstörungen, „mimisches Beben" (Faszikulationen).

Diagnose

- Serumreaktionen auf Lues positiv.
- Im Liquor Pleozytose und Eiweißvermehrung.

Therapie

- i. v. Penicillinkur (Benzyl-Penizillin-Natrium als Kurzinfusion: 3 x 10 Mega IU über 10 Tage).

Prognose

- Bei Therapie Ausheilung oder Defekt.
- Unbehandelt: innerhalb weniger Jahre Demenz und Tod.

9.9.10 Encephalomyelitis disseminata (Multiple Sklerose)

- Schubförmige Entmarkungskrankheit des ZNS mit vordergründigen neurologischen Symptomen und häufigen psychopathologischen Auffälligkeiten: organisches Psychosyndrom mit Reizbarkeit, Dysphorie, Kritiklosigkeit.
- Während akuter Schübe: depressive, euphorische oder delirante Syndrome möglich.

Therapie

- Somatische Therapie durch den Neurologen.
- Psychotherapeutische und psychopharmakologische Behandlung der psychiatrischen Begleitsymptomatik.

9.9.11 Creutzfeld-Jacob-Erkrankung

- Subakute spongiöse Enzephalopathie (verwandt mit Kuru-Krankheit, Scrapie, boviner spongiöser Enzephalopathie = BSE, „Rinderwahnsinn"), „Prionen-Krankheit".
- Epidemiologie: Inzidenz für BRD 0,6 – 0,8 pro Million (1994: 62 Neuerkrankungen auf 82 Millionen Einwohner), Frauen häufiger betroffen.

Ätiologie

- Slow-virus?, Prionen-Theorie: Prion-Gen auf Chromosom 20.
- In ca. 15 % familiäre, in ca. 85 % sporadische Form.
- Iatrogen („infektiöses Eiweiß"): Übertragung instrumentell, durch Transplantation von Dura und Kornea oder Behandlung mit Wachstumshormon.

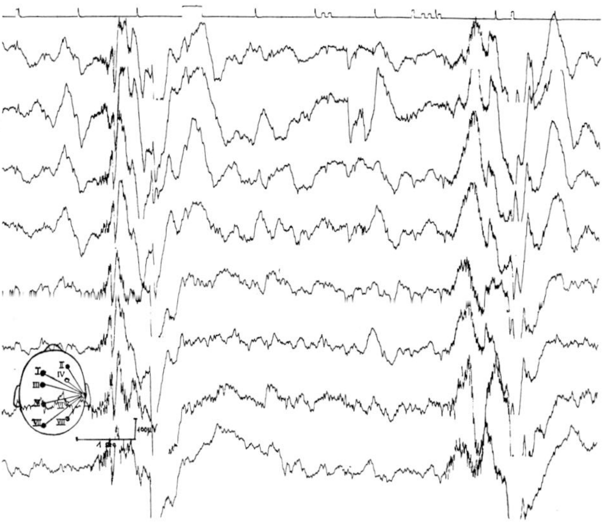

Abb. 9.6 Typische pathologische EEG-Veränderungen bei Creutzfeldt-Jacob-Erkrankung

Diagnose

- Marker: Neuron-spezifische Enolase (NSE) im Liquor, Nachweis der Proteine P 130 und P 131.
- EEG: triphasic-wave-Komplexe.

Therapie

- Symptomatisch.
- **Prognose:** innerhalb kurzer Zeit letal verlaufend.

9.9.12 AIDS-Demenz-Komplex

- Durch Retrovirus HIV (Human Immunodeficiency Virus) verursachte Immunsystem-Erkrankung.
- Direkte Infektion des ZNS: Meningoenzephalitis.
- Organische Psychosyndrome bei klinisch noch asymptomatischen seropositiven Patienten: „AIDS-Lethargie“ (Apathie und Antriebsminderung).

Merke:

Ein organisches Psychosyndrom kann die erste Manifestation der Erkrankung sein.

- Fortschreiten bis zur Demenz möglich (selten).
- Schwierige Abgrenzung von Psychosyndromen durch Infektionen mit opportunistischen Erregern (Toxoplasma gondii, Pneumocystis carinii).

Diagnose

- HIV-Antikörper im Serum.
- Pleozytose, Eiweißerhöhung.
- Nachweis intrathekaler HIV-Antikörper im Liquor.
- EEG- und CCT-Veränderungen.

Therapie

- Symptomatisch:
  - Allgemein internistisch, Virostatika (Zidovudin),
  - Psychopharmakotherapie.

Prognose

- Nach der Manifestation der AIDS-Erkrankung beträgt die durchschnittliche Lebenserwartung noch 1/2 bis 5 Jahre.

9.9.13 Epilepsie

- Iktal, interiktal und postiktal sind alle Arten exogener Psychosyndrome möglich.
- Dämmerzustände (v. a. postiktal): traumartige (qualitative) Bewußtseinsstörung, oft optische Halluzinationen.
- Akute paranoid-halluzinatorische (schizophrenieartige) Psychosen.
- Wahnhafte Reaktionen und Wahnentwicklung als Krankheitsfolgen (s. Tab. 9.24).
- Epileptische Wesensänderung: oft bei Temporallappenepilepsie. Die intellektuelle Leistungsfähigkeit ist meist infolge der Wesensänderung vermindert, selten Demenz.

Merke:
Eine Überdosierung von Antiepileptika kann ein psychoorganisches Syndrom vortäuschen.

Tabelle 9.23 Psychische Störungen bei Epilepsie
• Intelligenzminderung • Persönlichkeitsstörungen • Verhaltensstörungen • Demenz • Psychosen • Depressionen • Angststörungen • Psychogene Anfälle • Antiepileptika-induzierte Syndrome

Tabelle 9.24 Charakteristika von Psychosen bei Epilepsie (modif. nach *Schmitz* 1995)

	Ictuale Psychosen	**Postictuale Psychosen**	**Alternative Psychosen**	**Interictuale Psychosen**
Häufigkeit	Obligate Bewußtseinsstörung, Anfallssymptome (z. B. Myoklonien, Automatismen)	Paranoide Psychosen, fakultativ Bewußtseinsstörung nach freiem Intervall	Verzögert variabel psychotische Symptome bei ungestörtem Bewußtsein	Schizophrenieähnliches Erscheinungsbild mit paranoid-halluzinatorischer Symptomatik
Dauer	Stunden bis Tage	Stunden bis Tage	Wochen	Wochen bis Monate
EEG	St. epilepticus	Verlangsamt, vermehrt epileptiforme Muster	„Normalisiert", keine epileptiformen Muster bei leichter Allgemeinveränderung	unspezifisch
Therapie	Diazepam i. v.	Kurzfristig Neuroleptika (z. B. Haloperidol) u./o. Tranquilizer (z. B. Diazepam)	Medikamentöse Schlafregulation (z. B. Diazepam), Reduktion oder Umstellung der Antiepileptika, Neuroleptika (z. B. Flupentixol, Fluphenazin)	Langfristig Neuroleptika (z. B. Flupentixol, Fluphenazin)
Relative Häufigkeit	4 – 14 %	44 – 57 %	7 – 12 %	10 – 30 %

10 Störungen durch psychotrope Substanzen, Abhängigkeit und Sucht

- **Psychische Abhängigkeit:** Unwiderstehliches Verlangen nach (Wieder-)Einnahme einer psychotropen Substanz.
- **Physische Abhängigkeit:** Toleranzentwicklung (Dosissteigerung), Entzugserscheinungen.
- **Abusus/Mißbrauch:** Einnahme ohne Indikation (z. B. Medikamente), entgegen den gesellschaftlichen Normen (z. B. Alkohol).
- **Polytoxikomanie** = Mehrfachabhängigkeit, polyvalente Sucht.

Epidemiologie

- Anteil der Abhängigen in der Bevölkerung (BRD) ca. 5 – 7 %,
- Alkohol: ca. 3 – 4 Millionen,
- Medikamente: ca. 1 Million,
- Drogen: ca. 150 000,
- Nikotin: ca. 10 Millionen.

Ätiopathogenese

- **Dreifaktorielles Bedingungsgefüge:**
  1. Droge: Angebot, Wirkung, Potenz,
  2. Persönlichkeit: Empfänglichkeit, Vulnerabilität,
  3. Soziales Umfeld: Erziehungsstil, „Broken home“, Ideologie, Vorbilder.
- **Prämorbide Persönlichkeit:** verminderte Frustrationstoleranz.

Merke:
Es gibt keine typische Sucht-Persönlichkeitsstruktur.

- **Biochemisches Modell des Suchtverhaltens:**
  - Verhaltensmotivation: Septohippokampales dopaminerges Belohnungssystem („Reward-System", Wohlbefindlichkeitssystem, Suchtgedächtnis).
  - Aufrechterhalten der Sucht: möglicherweise Beteiligung spezieller Neuromodulatoren (z. B. Beta-Carbolase).

Einteilung / Klassifikation

- **Nichtstoffgebundene Sucht:** abnorme Gewohnheiten und Störungen der Impulskontrolle (z. B. Spielsucht).

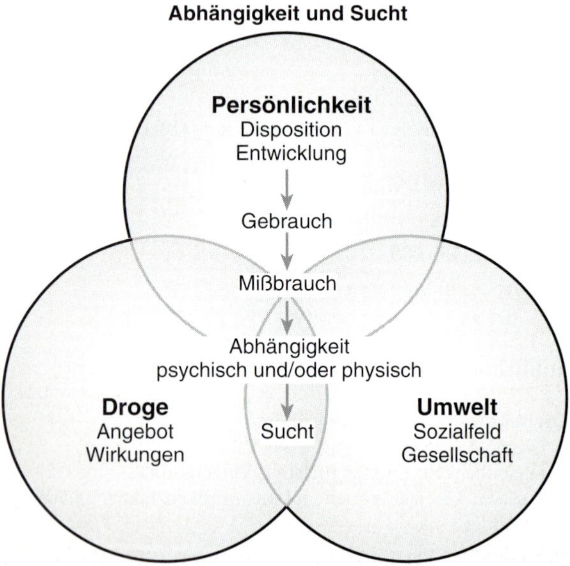

Abb. 10.1 Bedingungsgefüge der Entstehung einer Abhängigkeit

- **Stoffgebundene Sucht:**
  - **Klassische Suchtstoffe:** Opium, Morphin, Kokain, Halluzinogene, Cannabispräparate, Alkohol, Tabak.
  - **Medikamente mit Abhängigkeitspotential:** Opioid-Analgetika, Sedativa/Hypnotika, Psychostimulanzien, Weckamine.
  - **Suchtstoffe der zweiten Generation:** „Designer-Drogen", vollsynthetisch: Amphetamine, Phencyclidine, Fentanyle, Prodine, Tryptamine.

Tabelle 10.1 Arzneimittel mit Suchtpotential und Hauptgruppen der Mißbraucher nach pharmakologisch-medizinischer und WHO-Einteilung

Wirkgruppen Pharmakologisch/ medizinische Einteilung	Vornehmlich mißbraucht von			WHO-Einteilung
	A	M	D	
A. Betäubungsmittel, Narkotika • Opiate, Analgetika/ Antitussiva		X	XX	**1. Opiat-Typ**
B. Andere Schmerzmittel • „Kleine" Analgetika	X	X		
C. Schlafmittel • Sedativa/Hypnotika	X	XX	X	**2. Barbiturat-/ Alkohol-Typ**
D. Lösungsmittel und Alkohole • Äthylalkohol, alkoholhaltige Arzneimittel • Schnüffelstoffe	XX	X	 X	
E. Beruhigungsmittel • Tranquilizer	X	XX	X	
F. Stimulanzien • Psychoanaleptika • Amphetamin-artige • Anorektika • Sympathomimetika	X	XX		**3. Amphetamin-/ Khat-Typ**
G. Lokalanästhetika Tetrahydrocannabinol-(THC-)Derivate			X	**4. Kokain-Typ** **5. Cannabis-Typ**

Tabelle 10.1 (Fortsetzung)

Wirkgruppen Pharmakologisch/ medizinische Einteilung	Vornehmlich mißbraucht von A	M	D	WHO-Einteilung
H. Halluzinogene				**6. Halluzinogen-Typ**
• Halluzinogenoide		X	X	
• Anticholinergika				
• Asthmamittel				
• Anti-Parkinsonmittel				
• Andere Halluzinogene				
I. Verschiedene Wirkgruppen				
• Laxanzien		X		
• Kortikosteroide		X		
• Ätherische Öle, Campher			X	
J. „Genußmittel“				
• Nikotin, Koffein	X	X	X	

A = Alkoholkranke, M = Medikamentenabhängige, D = Drogenabhängige

Tabelle 10.2 Diagnostische Kriterien der Störungen durch psychotrope Substanzen nach ICD-10 und DSM-IV

ICD-10	DSM-IV
Schädlicher Gebrauch: • Schädigung der psychischen und physischen Gesundheit des Konsumenten	• Fehlangepaßtes Muster von wiederholtem Substanzgebrauch, auch in Situationen, in denen es zur körperlichen Gefährdung kommen kann (z. B. beim Autofahren) und trotz ständiger, durch die Auswirkung des Gebrauchs hervorgerufenen sozialen und zwischenmenschlichen Probleme

Tabelle 10.2 (Fortsetzung)	
ICD-10	**DSM-IV**
Abhängigkeit: Mindestens drei der folgenden Kriterien: • Starker Wunsch/Zwang Substanzen oder Alkohol zu konsumieren • Reduzierte Kontrollfähigkeit • Substanzkonsum, um Entzugssymptome zu mildern • Körperliches Entzugssyndrom • Toleranzentwicklung (Dosissteigerung) • Eingeengtes Verhaltensmuster • Vernachlässigung anderer Vergnügen oder Interessen • Fortgesetzter Substanz- oder Alkoholgebrauch trotz Nachweises schädlicher körperlicher, psychischer und sozialer Folgen	Mindestens drei der folgenden Kriterien: • Substanzeinnahme länger und in größeren Mengen als beabsichtigt • Anhaltender Wunsch/erfolglose Versuche, den Substanzgebrauch zu kontrollieren/verringern • Charakteristische Entzugssymptome • Toleranzentwicklung (verminderte Wirkung bei gleichbleibender Dosis, Dosissteigerung) • Viel Zeitaufwand für die Beschaffung der Substanz • Aufgabe/Einschränkung wichtiger sozialer, beruflicher oder Freizeitaktivitäten • Fortgesetzter Substanzmißbrauch trotz Problembewußtsein
Dauer:	> 1 Monat
Entzugssyndrom: • Symptomkomplex bei absolutem oder relativem Entzug einer Substanz, die wiederholt und über einen längeren Zeitraum u./o. in hoher Dosis konsumiert wurde • Erscheinungsbild ist so schwer, daß Konsultation bzw. medizinische Behandlung notwendig sind • Besserung durch erneute Zufuhr der Substanz	• Substanzspezifisches Syndrom nach Beendigung oder Reduktion eines längeren und übermäßigen Substanzmißbrauchs • Subjektives Leiden oder Beeinträchtigung der sozialen Funktionen • Keine andere Verursachung der Beschwerden kann gefunden werden

Therapie

Die Suchttherapie gliedert sich in vier Abschnitte:

- Kontakt- und Motivationsphase,
- Entgiftungsphase (körperlicher Entzug),
- Entwöhnungsphase („Therapie“),
- Rehabilitationsphase (Nachsorge, Rezidivprophylaxe).

> Merke:
> Von entscheidender Bedeutung primäre (Information und Aufklärung der Bevölkerung) und sekundäre Prävention (Früherkennung und Frühbehandlung).

10.1 Alkoholismus

Fünf Definitionskriterien

1. Abnormes/pathologisches Trinkverhalten
2. Somatische Schäden (Alkoholfolgekrankheiten)
3. Psychosoziale Folgen
4. Körperliche Abhängigkeit
5. Psychische Abhängigkeit

10.1.1 Epidemiologie

- Ca. 3 Millionen Alkoholiker (ca. 3 – 5 % der Bevölkerung der BRD),
- Zunehmende Tendenz bei Frauen und Jugendlichen,
- Größte Patientengruppe in psychiatrischen Landeskrankenhäusern (ca. 30 – 40 % der Gesamtklientel).
- WHO-Einschätzung: Alkoholbezogene Krankheiten an dritter Stelle der Weltrangliste; um das Jahr 2000 wird Platz 1 erwartet.

10.1.2 Ätiopathogenese

Multifaktorielle Entstehung

- Genetische Faktoren: Zwillings-, Adoptions- und Familienstudien.
- Psychologische Faktoren: z. B. „Broken-home“, negatives Elternvorbild.

Tabelle 10.3 Alkoholgehalt von Getränken in Vol.-% und Gramm

Getränk	Vol-%	Inhalt des üblichen Trinkglases (l)	Alkohol, Gramm im Glas
Bier	4 – 6	0,33 0,5	10,0 – 15,5 15,0 – 23,5
Bockbier	6 – 9	0,33 0,5	13,5 – 23,0 23,5 – 35
Most	3,5 – 13,5	0,25	6,9 – 26,7
Weißwein	ca. 10	0,25	20,0
Rotwein	ca. 14	0,25	27,2
Sherry, Wermut	ca. 18,0	0,05	7,0
Sekt, Schaumwein	ca. 10,0	0,1	8,0
Eierlikör Sahnelikör Kräuterlikör	20 – 25 18 – 20 35	0,02 0,02 0,02	3,0 – 4,0 2,8 – 3,2 5,5
Korn	32	0,02	5,0
Weinbrand, Rum	38	0,02	6,0
Wodka, Whisky, Bacardi	40	0,02	6,5
Magenbitter	ca. 45	0,02	7,0
Obstler	80	0,02	12,6

- Psychodynamische Interpretation: Regression auf orale Entwicklungsstufe.
- Lerntheoretische Aspekte: erlerntes Fehlverhalten.
- Soziokulturelle Einflüsse: Verfügbarkeit, Werbung, Vorbilder, Geltungsbedürfnis.

4 Stufen der zeitlichen Entwicklung der Alkoholkrankheit

1. Veränderungen im Trinkverhalten,
2. zunehmender Kontrollverlust,
3. soziale Folgen,
4. psychische und physische Abhängigkeit.

Merke:
Alkoholismus wird oft nicht erkannt (heimliches Trinken).

10.1.3 Einteilung / Klassifikation

Typologie nach Jellinek

- **Alpha:** Konflikttrinker; psychische Abhängigkeit, kein Kontrollverlust.
- **Beta:** Gelegenheitstrinker; keine Abhängigkeit, kein Kontrollverlust.
- **Gamma:** Süchtiger Trinker; zuerst psychische, später physische Abhängigkeit, Kontrollverlust.
- **Delta:** Gewohnheitstrinker; psychische Abhängigkeit, kein Kontrollverlust, Unfähigkeit zur Abstinenz.
- **Epsilon:** Episodischer Trinker; psychische Abhängigkeit, Exzesse mit Kontrollverlust.

Typologie nach Cloninger

- **Typ I:** später Beginn, Bedeutung der Umweltfaktoren, geringe soziale Folgen.
- **Typ II:** früher Beginn, Männer, oft Polytoxikomanie, familiäre Belastung.

10.1.4 Leitsymptomatik

Beschreibung des schädlichen Gebrauchs über:
- Trinkmenge: orientiert nach der Entstehung der Leberzirrhose: für Männer 60 g, für Frauen 20 g reiner Alkohol/die,
- abnormes Trinkmuster,
- psychische Folgekrankheiten.

Psychiatrische Folgeerkrankungen der Alkoholabhängigkeit
- Akute Alkoholintoxikation (Alkoholrausch)
- (Prä-)Delir
- Alkoholhalluzinose

- Alkoholischer Eifersuchtswahn
- Organische Persönlichkeitsveränderung, Demenz
- Korsakow-Syndrom
- Wernicke Enzephalopathie

- **Akute Alkoholintoxikation:**
  - Einfacher Alkoholrausch,
  - Komplizierter Rausch: intensiver,
  - Pathologischer Rausch: geringe Mengen, Intoleranz, Vorschädigung des Gehirns.
- **Alkoholdelir (Delirium tremens):**
  - **Prädelir:** vegetatives Entzugssyndrom,
  - **Delir** (v. a. Entzugsdelir): psychiatrischer Notfall, unbehandelt in ca. 15 – 20 % Tod.
- **Alkoholhalluzinose:** akustische Halluzinationen sind typisch.
- **Alkoholischer Eifersuchtswahn:** Eifersucht häufig, Wahn selten.
- **Organische Persönlichkeitsveränderung:** Bei chronischem Alkoholismus ist ein Fortschreiten bis zur Demenz möglich.

Tabelle 10.4 Alkoholabhängigkeit: vorwiegend neurologische Begleit- und Folgeerkrankungen
• Alkoholischer Tremor
• Alkoholische Polyneuropathie
• Gelegenheitsanfälle
• Alkoholische Myopathie
• Tabak-Alkohol-Amblyopie
• Ischämischer Insult
• Wernicke-Enzephalopathie
• Zentrale pontine Myelinolyse
• Pachymeningeosis haemorrhagica interna
• Marchiafava-Bignami-Syndrom
• Alkoholische Myelopathie

- **Korsakow-Syndrom** (amnestisches Syndrom):
  - Merkfähigkeitsstörung,
  - Desorientiertheit,
  - Konfabulationen.
- **Wernicke Enzephalopathie:**
  relativ selten (ca. 3 – 5 %), schwerste Alkoholpsychose:
  - Störungen der Pupillo- und Okulomotorik,
  - Nystagmus,
  - Ataxie.
  - Vitamin B1 (Thiamin)-Mangel, punktförmige Blutungen der Corpora mamillaria.
- **Alkoholische Embryopathie:** häufigste Embryopathie.

10.1.5 Diagnosekriterien – Diagnostik

Problematisch: Unspezifität der alkoholtoxischen Schäden im Frühstadium bei oft ungenügender Mitarbeit des Patienten.

Frühhinweise auf einen schädlichen Alkoholgebrauch

- Hypercholesterinämie (Hyperlipidämie)
- Hyperurikämie
- Blutdruckerhöhung
- Latenter Diabetes mellitus
- Diffuse Gelenksbeschwerden, Wirbelsäulenschmerzen

Diagnostische Hilfen sind Fragebögen (z. B. CAGE, s. Tab. 10.5) und Beurteilungsskalen (z. B. MALT).

Münchner Alkoholismus Test (MALT): Selbst- und Fremdbeurteilungsskala, 5 diagnostische Kriteriengruppen (s. Tab. 10.6).

Pathologische Laborparameter

- Erhöhungen der Gamma-GT, GOT > GPT, IgA, MCV.
- **CDT (Carbohydrate Deficient Transferrin):** Marker mit sehr hoher Spezifität (100 %); nach 50 – 80 g Alkohol/die über 2 Wochen CDT im Serum erhöht; Werte von > 30 U/l: sicherer Alkohol-Mißbrauch; zur DD der alkoholtoxisch bedingten Leberschädigung.

Tabelle 10.5 CAGE (WÄSE)-Fragebogen

1. Haben Sie schon einmal den Gedanken gehabt, daß Sie Ihre Trinkgewohnheiten ändern sollen?
2. Haben Sie sich geärgert, wenn Freunde oder Verwandte Ihre Trinkgewohnheiten kritisiert haben?
3. Haben Sie sich wegen Ihrer Trinkgewohnheiten jemals schlecht oder schuldig gefühlt?
4. Trinken Sie häufiger morgens im Bett oder kurz nach dem Aufstehen Alkohol (Bier oder Wein), um ihre innere Unruhe und den morgendlichen Kater in den Griff zu bekommen?

Der Test ist positiv, wenn zwei oder mehr Fragen bejaht wurden

Tabelle 10.6 Merkmalskatalog des Münchner Alkoholismus-Tests (MALT)

I. Vom Arzt zu beurteilen:

1. Lebererkrankung: mindestens ein klinisches Symptom (z. B. vermehrte Konsistenz, Vergrößerung, Druckdolenz o. ä.) **und** mindestens ein pathologischer Laborwert (z. B. GOT, GPT oder γ-GT) sind notwendig.
2. Polyneuropathie (trifft nur zu, wenn keine anderen Ursachen bekannt sind, z. B. Diabetes mellitus oder eindeutige chronische Vergiftungen).
3. Delirium tremens (jetzt oder in der Vorgeschichte).
4. Alkoholkonsum von mehr als 150 ml (bei Frauen 120 ml) reinem Alkohol ein- oder mehrmals im Monat.
5. Alkoholkonsum von mehr als 300 ml (bei Frauen 240 ml) reinem Alkohol ein- oder mehrmals im Monat.
6. Foetor alcoholicus (zur Zeit der ärztlichen Untersuchung).
7. Familienangehörige oder engere Bezugspersonen haben schon einmal Rat gesucht wegen Alkoholproblemen des Patienten (z. B. beim Arzt, dem Sozialdienst oder anderen entsprechenden Einrichtungen.

II. Vom Patienten selbst zu beurteilen:

1. In der letzten Zeit leide ich häufiger an Zittern der Hände.
2. Ich hatte zeitweilig, besonders morgens, ein Würgegefühl oder Brechreiz.

Tabelle 10.6 (Fortsetzung)

3. Ich haben schon einmal versucht, Zittern oder morgendlichen Brechreiz mit Alkohol zu kurieren.
4. Zur Zeit fühle ich mich verbittert wegen meiner Probleme und Schwierigkeiten.
5. Es kommt nicht selten vor, daß ich vor dem Mittagessen bzw. zweiten Frühstück Alkohol trinke.
6. Nach den ersten Gläsern Alkohol habe ich ein unwiderstehliches Verlangen, weiter zu trinken.
7. Ich denke häufig an Alkohol.
8. Ich habe manchmal auch dann Alkohol getrunken, wenn es vom Arzt verboten wurde.
9. In Zeiten erhöhten Alkoholkonsums habe ich weniger gegessen.
10. An der Arbeitsstelle hat man mir schon einmal Vorhaltungen wegen meines Alkoholtrinkens gemacht.
11. Ich trinke Alkohol lieber, wenn ich allein bin.
12. Seitdem ich mehr Alkohol trinke, bin ich weniger tüchtig.
13. Ich habe nach dem Trinken von Alkohol schön öfters Gewissensbisse (Schuldgefühle) gehabt.
14. Ich habe ein Trinksystem versucht (z. B. nicht vor bestimmten Zeiten zu trinken).
15. Ich glaube, ich sollte mein Trinken einschränken.
16. Ohne Alkohol hätte ich nicht so viele Probleme.
17. Wenn ich aufgeregt bin, trinke ich Alkohol, um mich zu beruhigen.
18. Ich glaube, der Alkohol zerstört mein Leben.
19. Einmal möchte ich aufhören mit dem Trinken, dann wieder nicht.
20. Andere Leute können es nicht verstehen, warum ich trinke.
21. Wenn ich nicht trinken würde, käme ich mit meinem Partner besser zurecht.
22. Ich habe schon versucht, zeitweilig ohne Alkohol zu leben.
23. Wenn ich nicht trinken würde, wäre ich mit mir zufrieden.
24. Man hat mich schon wiederholt auf meine „Alkoholfahne“ angesprochen.

Entscheidend für die Diagnose ist die psychische und/oder physische Abhängigkeit.

10.1.6 Differentialdiagnosen

- Depressive Störungen: sekundärer Alkoholismus,
- Psychoorganische Syndrome anderer Genese,
- Persönlichkeits- und neurotische Störungen,
- Hyperthyreose,
- Andere Störungen des Vegetativums.

10.1.7 Verlauf/Prognose

- Der **Verlauf** der Alkoholkrankheit kann mit 5 Phasen beschrieben werden: präalkoholische, prodromale, kritische, chronische und Rehabilitationsphase (Tab. 10.7).

Tabelle 10.7 Verlauf der Alkoholkrankheit
Präalkoholische Phase: Konsum mäßiger Alkoholmengen, um Spannungen zu reduzieren (Erleichterungstrinken).
Prodromalphase: Zunahme des Alkoholkonsums und der Toleranz. Ständiges Denken an Alkohol, gieriges und heimliches Trinken. Erinnerungslücken (partielle oder komplette Amnesie).
Kritische Phase: Kontrollverlust. Entwicklung einer stärkeren psychischen Abhängigkeit. Regelmäßiges morgendliches Trinken, Interessenverlust. Neigung zu typischen Ausreden, Alibis und Rationalisierungen. Zunahme der beruflichen und familiären Probleme. Mögliche kurze Perioden vollständiger Abstinenz.
Chronische Phase: Prolongierte Räusche, Senkung des ethischen Niveaus, Beeinträchtigung der kognitiv-mnestischen Funktionen. Minderung der Alkoholtoleranz bis zur Alkoholintoleranz. Somatische Komplikationen, organische Persönlichkeitsänderung (Depravation).

- Die **Prognose** ist abhängig vom Zeitpunkt der Behandlung und wird durch Organschäden und psychische Folgen limitiert.
  - Spontanverlauf (kaum untersucht): Spontanremissionen werden zwischen 2 und 20 % angegeben.
  - Unter Behandlung ca. 1/3 geheilt, 1/3 gebessert, 1/3 ungebessert.
  - Langzeitkatamnesen (> 10 Jahre): in 20 bis 50 % Abstinenz, bis zu 30%ige Mortalität.
  - Ungünstige Prognose: Wesensänderung mit Depravation (Verfall der ethischen und moralischen Verhaltensweisen).

10.1.8 Therapie

- **Voraussetzung: Frühdiagnose.**
- **Ziel:** Abstinenz, Verbesserung von Frustrationstoleranz und psychosozialer Integration.

Merke:

Zu berücksichtigen ist auch versteckter Alkohol in Medikamenten (Elixiere, Tropfen!), Speisen etc.

Pharmakotherapie

- **Rückfallprophylaxe:**
  - Acamprosat (Campral): „Anticraving"-Substanz (Craving = nicht beherrschbares Verlangen, „Suchtgier"), s. S. 412 f.
  - Disulfiram (Antabus): bei motivierten Patienten mit geringer Selbstkontrolle. Mögliche Nebenwirkungen bzw. unter Umständen lebensbedrohliche Komplikationen bei zusätzlichem Alkoholgebrauch sind zu beachten.
- **Entzug:** Evtl. Unterstützung durch sedierende Neuroleptika und Antidepressiva (z. B. Chlorprothixen, Doxepin).
- **Prädelir/Delir:** Therapie so früh wie möglich, stationär.
  - Clomethiazol (Distraneurin),
  - alternativ: Carbamazepin (Prädelir und mittelschwerer Entzug),
  - USA: Naltrexon seit 1995 zugelassen.
- **Chronisches organisches Psychosyndrom: Evtl. Neuroleptika, Antidepressiva, Carbamazepin.**

Tabelle 10.8 Symptome der Disulfiram-Alkohol-Reaktion

- Vasodilatation im Gesicht und Nacken („flush")
- Tachy- und Dyspnoe
- Hyperventilation
- Tachykardie
- Hypotension
- Kopfschmerzen
- Schwindel
- Übelkeit
- Erbrechen
- Angst
- Schweißausbrüche
- allgemeine Schwäche
- Brustschmerzen

In schweren Fällen:

- epileptische Anfälle
- Kreislaufversagen, Schock
- Atemdepression
- kardiale Arrhythmien, Bradykardie, Herzstillstand, Myokardinfarkte
- Bewußtseinsstörungen
- Exitus

Psychotherapie

- Verschiedene Gruppentherapieformen: „totale therapeutische Atmosphäre",
- Verhaltenstherapie,
- Kognitive Therapie,
- Entspannungsverfahren,
- Gestalttherapie.

Selbsthilfegruppen:

In der BRD existieren mehr als 7500 Selbsthilfegruppen und ca. 1700 Beratungsstellen für Suchtkranke.

Selbsthilfegruppen für Angehörige von Suchtkranken:

- AL-NON,
- AL-TEN,
- AL-AFAM.

Tabelle 10.9 Mitglieder der DHS (Auswahl)
Anonyme Alkoholiker-Kontaktstelle Landwehrstraße 9, D-80306 München
Blaues Kreuz in Deutschland e. V. Postfach 200252, D-42202 Wuppertal
Blaues Kreuz in der Evangelischen Kirche – Bundesverband – Dieterichstraße 17a, D-30159 Hannover
Kreuzbund e. V., Selbsthilfe und Helfergemeinschaft für Suchtkranke und deren Angehörige Postfach 1867, D-59008 Hamm
Paritätischer Wohlfahrtsverband Gesamtverband e. V. Referat Gefährdetenhilfe Heinrich-Hoffmann-Straße 3, D-60528 Frankfurt
Deutscher Caritasverband Referat Gefährdetenhilfe Postfach 420, D-79004 Freiburg
Deutscher Guttempler-Orden e. V. Adenauerallee 45, D-20097 Hamburg
Gesamtverband für Suchtkrankenhilfe im diakonischen Werk der Ev. Kirche in Deutschland e. V. Postfach 101366, D-34013 Kassel
Bundesarbeitsgemeinschaft der Freundeskreise für Suchtkrankenhilfe in Deutschland e. V. Kurt-Schumacher-Straße 2, D-34117 Kassel

Merke:

Die „therapeutische Gemeinschaft“ ist für den Therapieerfolg oft wichtiger als andere Maßnahmen.

10.2 Drogen- und Medikamentenabhängigkeit

10.2.1 Epidemiologie

- In der BRD sind ca. 150 000 Personen Heroin-abhängig, 1995 gab es 1565 Todesfälle (v. a. Überdosis),

- Zunahme des Konsums von Designer-Drogen,
- Folgen: Beschaffungskriminalität, Prostitution,
- ca. 1 000 000 Menschen sind Medikamenten-abhängig, darunter $^2/_3$ Frauen,
- ca. 10 000 000 sind Nikotin-abhängig.

Tabelle 10.10 Am häufigsten mißbrauchte Medikamente

Mit Abhängigkeitspotential:
Analgetika
Antitussiva
Hypnotika
Tranquilizer
Psychostimulantien
Ohne Abhängigkeitspotential:
Laxantien
Steroide
Vitamine

10.2.2 Ätiopathogenese

- Multifaktorielle Entstehung (s. o.).
- Drogensucht: besondere Bedeutung psychosozialer Faktoren.
- Neurobiologisch-pharmakologische Theorien:
  - Initial: mesolimbisches Belohnungssystem, „Suchtgedächtnis“ im Hippokampus,
  - Im Verlauf: pharmakologische Suchtpotenz, konstitutionelle, sozioökonomische und lernpsychologische Faktoren sind mitbestimmend.

10.2.3 Einteilung / Klassifikation und Leitsymptomatik

Morphin-/Opiat-Typ

- Höchstes Abhängigkeitspotential.
- Psychische Abhängigkeit: angstvolle Unruhe, Spannung.

- Somatische Abhängigkeit: Toleranz, vegetative Symptome.
- Persönlichkeitsveränderung: Depravation.
- Dissoziales Verhalten.
- Mißbrauch: Euphorie.
- Somatische Symptome: Bradykardie, Gewichtsverlust, Obstipation, Tremor.
- **Opiat-Intoxikations-Trias:** Miosis, Atemdepression, Koma.
- **Begleiterkrankungen:** Spritzenabszesse, Hepatitis B und D, HIV-Infektion.
- **Entzugssymptome:** Beginn ca. 6 bis 12 Stunden nach der letzten Einnahme, Dauer: ca. 10 Tage.
  - Rhinorrhoe,
  - Unruhe, Schlaflosigkeit,
  - Muskelschmerzen, abdominelle Schmerzen,
  - Temperaturerhöhung, RR-Anstieg.
- **Diagnose:** Urinuntersuchung.

Tabelle 10.11 Substanzen vom Morphin-Opiat-Typ
• Opium
• Heroin
• Methadon
• Stark wirksame Analgetika: – Pethidin – Tilidin – Pentazocin – Buprenorphin

- **Therapie:** Clonidin, Antidepressiva und Neuroleptika.

Barbiturat-Alkohol-Typ

- Gekreuzte Toleranz zwischen Barbituraten und Alkohol,
- Psychische und körperliche Abhängigkeit,
- Große Toxizität, rasche Toleranzentwicklung.
- **Barbituratentzug:** ca. 12 bis 16 Stunden nach dem Absetzen, spätestens nach 72 Stunden.

Merke:

Delir und zerebrale Krampfanfälle sind nach längerem Gebrauch hoher Dosen schon bei einer Dosisreduktion möglich. Deshalb wird ein sukzessiver (verlängerter) Entzug empfohlen.

Tabelle 10.12 Substanzen vom Barbiturat-Alkohol-Typ
• Meprobamat
• Benzodiazepine
• Clomethiazol
• Diphenhydramin
• Barbiturate

Benzodiazepin-Abhängigkeit:

- Hochdosis-Abhängigkeit (selten),
- Niedrigdosis-Abhängigkeit (nach längerem Gebrauch therapeutischer Dosen),
- Bei abruptem Absetzen: Rebound-Phänomene (Wiederauftreten / Verschlechterung der ursprünglichen Symptome),
- Nach längerer Einnahme psychische Leistungsminderung.
- **Benzodiazepinentzug:**
  - die ersten vegetativen Symptome nach 3 bis 5 Tagen, das Vollbild nach ca. 1 bis 2 Wochen (je nach Halbwertszeit der Substanz).
  - als Komplikation sind zerebrale Krampfanfälle in 1. bis 3. Woche möglich.
  - Typisch sind sensorische Perzeptionsstörungen: optische Wahrnehmungsverzerrungen und kinästhetische Störungen.
- Paradoxe Reaktionen (Kinder, Ältere): Erregungszustände, Agitiertheit, Schlafstörungen.

Kokain-Typ

- Psychische, keine physische Abhängigkeit (kein Entzug).
- **Kick** (akute Kokainwirkung): Euphorie, Rededrang, Enthemmung, Gefühl der Leistungssteigerung und Kreativität.

- Im Rauschstadium Halluzinationen.
- Depressive Störung besonders bei Kokainhunger.
- Chronischer Kokainkonsum: paranoid-halluzinatorische Psychosen, Tachykardie, Impotenz, Nasenseptumdefekte (beim Schnupfen).
- Bei Entzug Dysphorie.
- **„Crack"** = Kokainbase (hohes Suchtpotential).

Cannabis-Marihuana-Typ

- Haschisch und Marihuana: weibliche Pflanze des indischen Hanfs.
- „Weiche" Einstiegsdrogen,
- Psychische, keine physische Abhängigkeit,
- Dosisabhängige Wirkung:
  - Euphorie, Gedächtnisstörungen, Halluzinationen, vegetative Symptome.
  - Bei chronischer Einnahme: „Amotivations-Syndrom".
- **Horror-Trip:** akute Angstreaktion mit dem Gefühl der Bedrohung.
- **Flash-Back** (Echopsychose): kurze psychotische Episode in der Abstinenzphase.

Amphetamin-Typ

- Synthetisch hergestellte Amphetamine und amphetaminähnliche Substanzen (Weckamine).
- Therapeutischer Einsatz bei Narkolepsie und hyperkinetischen Kindern.
- Psychische, keine körperliche Abhängigkeit.
- Psychische Wirkungen: Unruhe, Enthemmung, Euphorie, paranoide Symptome.
- Körperliche Wirkungen: Appetitminderung und Blutdruckanstieg.

„Designer-Drogen"

- Vollsynthetisch, Techno (Disco)-Szene.
- **Ecstasy-Gruppe:**
  - MDMA/Ecstasy/Adam/XTC/Cadillac = 3,4-Methylendioxy-N-methylamphetamin,
  - MDA = 3,4-Methylendioxyamphetamin,
  - MDE/Eve = 3,4-Methylendoxy-N-ethylamphetamin.

  - Wirkmechanismus: Hauptangriff im limbischen System, Entleerung der Serotoninspeicher („Reuptake-Hemmer").
  - Wirkung: stimulierend, halluzinogen, enthemmend.
  - Gefahr: Malignes Serotonin-Syndrom. Todesfälle durch Dehydratation bei Hyperthermie.
- **Tryptamine** (DPT, DMT, DET, Psylocybin) rufen Halluzinationen hervor sowie Hyperaktivität.
- **„Synthetische Heroine":** Derivate des Pethidin und Fentanyl (MPPP, Methylphentanyl).

Halluzinogen-(LSD)-Typ

- Teils pflanzlich, teils synthetisch.
- Psychische, keine physische Abhängigkeit.
- Halluzinogen-Rausch: **„Modellpsychose":** psychedelische (Psyche-offenlegende bzw. Bewußtseins-erweiternde) Wirkung.
- Atypischer Rauschverlauf mit Horror-Trip und Flashback möglich.
- Rauschverlauf unter LSD in 4 Phasen:
  - Initialstadium mit innerer Unruhe,
  - Rauschphase mit psychedelischen Effekten und Veränderung der Orientierung und Wahrnehmung,
  - Erholungsphase,
  - Nachwirkungsphase mit Erschöpfung, Angst und depressiver Verstimmung.

Schnüffelsucht (Thinner-Sucht, organische Lösungsmittel)

- Ausgeprägte psychische, keine körperliche Abhängigkeit.
- Konsumenten sind meist Jugendliche.
- Narkoseähnliche Wirkung: Traumzustand mit Bewußtseinstrübung, delirante Syndrome mit Desorientiertheit und optischen Halluzinationen.

Tabelle 10.13 Substanzen vom Halluzinogen-Typ
• LSD
• Mescalin
• Psilocybin
• DOM
• Phencyclidin (PCP)

- Bei längerer Dauer organische Schäden (Polyneuropathie, organisches Psychosyndrom, Leberschädigung).

Polytoxikomanie (polyvalente Sucht, Mehrfachabhängigkeit)

- Drogenkonsum und zusätzlich Konsum von Alkohol und Medikamenten (hauptsächlich Benzodiazepine und Kodein Zubereitungen).
- Motivation für die Einnahme: gegen Entzug oder zur Linderung drogeninduzierter Befindlichkeitsstörungen.

Tabelle 10.14 Hinweise auf Drogeneinnahme
Psychisch:
• Dysphorische Gereiztheit, Nervosität • Schlafstörungen • Affektlabilität • Leistungsminderung, häufige Unfälle, Fehlzeiten • Passagere Verwirrtheit • Benommenheit, Rauschzustände
Somatisch:
• Psychoorganische Voralterung • Blaßfahles Hautkolorit mit bräunlicher Pigmentierung • Ataktische Störungen • Pupillenveränderungen (Miosis/Mydriasis) • Appetitlosigkeit mit Gewichtsabnahme • Einstichstellen, Spritzenabszesse
Sozial:
• Interesseneinengung • Vernachlässigung der persönlichen und Umgebungs-Hygiene • Veränderungen im Verhalten • Beschaffungskriminalität, Prostitution • Szenenmode
Nachweismöglichkeiten:
• Pathologische Laborwerte (z. B. Elektrolyte, Transaminasen, Gamma-GT) • Drug Test Opiates • Emit • Urinbefund

10.2.4 Diagnostik

1. Abhängigkeitskriterien,
2. Hinweise auf Drogeneinnahme (s. Tab. 10.14),
3. Pathologische Laborwerte,
4. Positiver Drogennachweis im Urin.

10.2.5 Differentialdiagnosen

- **Mehrfachabhängigkeit:** klinische Hauptwirkung, Urinbefund.
- **Drogeninduzierte Psychose** aus schizophrenem Formenkreis.

10.2.6 Verlauf

Abhängig vom Abhängigkeitstyp:

- 10 % der Opiatabhängigen Selbstentzug,
- $^1/_3$ geheilt, $^1/_3$ gebessert, $^1/_3$ ungebessert,
- Abstinenzrate nach der Entwöhnungstherapie ca. 20 – 40 %,
- Hohe Mortalität: BRD ca. 1600 Drogentote/Jahr.

10.2.7 Therapie

- **Schwerpunkte:** psychagogisch-psychotherapeutische Entwöhnungsbehandlung in Fachkliniken.

Allgemeine Behandlungsprinzipien

- Keine Appelle an Vernunft oder Wille
- Engmaschige Zusammenarbeit mit Drogenberatungsstellen und Selbsthilfegruppen
- Keine Verordnung von Überbrückungsmitteln
- Abrupter Entzug außer bei Opiaten, Barbituraten und Tranquilizern
- Beruhigendes Gespräch

Opiat-Abhängigkeit

- Therapie der Intoxikation und des Entzugs.
- Antidot: Naloxon.

Merke:

Drogenabhängigkeit vom Opiatantagonisten-Typ möglich.

- **„Kalter" Entzug** (ohne medikamentöse Unterstützung) bevorzugt.
- **„Warmer" Entzug:**
  - Sedierende und antie metisch wirkende Neuroleptika,
  - Clonidin,
- Substitutionstherapie (bei Heroinabhängigen): Methadon, Dihydrocodein-hydrogentartrat.

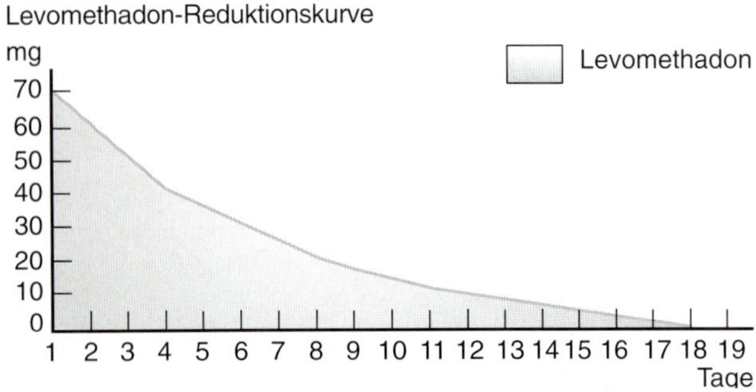

Abb. 10.2 Reduktionsschema Levomethadon, Beispiel einer linearen Reduktion von Levomethadon über einen Zeitraum von 18 Tagen. Reduktion: 70 mg auf 40 mg, 10 mg/d, 40 mg auf 20 mg, 5 mg/d, 20 mg auf 0 mg, 2,5 mg/d. Gabe von Levomethadon morgens und abends in Grapefruitsaft. Reduktion abwechselnd morgens und abends. Bei Beikonsum von Benzodiazepinen zusätzlich in den ersten Tagen Diazepam in absteigender Dosierung. Bei Beikonsum von Barbituraten zusätzlich Diazepam/Carbamazepin. Bei zusätzlicher Alkoholabhängigkeit gegebenenfalls Clomethiazol

Tabelle 10.15 Therapie der Drogenabhängigkeit

Opiat-Typ:
• Intoxikation: – Naloxon • Entzug: – Clonidin (0,3 – 1,2 mg/die) – Antidepressiva (z. B. Doxepin 3 x 25 mg/die) – Neuroleptika (z. B. Fluphenazin)
Barbiturat-Typ:
• Intoxikation: – Evtl. Haloperidol und Diazepam • Entzug: – Langsames Ausschleichen des benutzten Mittels (fraktionierter Entzug) – Evtl. Diazepam, Doxepin
Amphetamin-Typ:
• Intoxikation: – Evtl. Haloperidol/Diazepam • Entzug: – Evtl. Antidepressiva (z. B. Doxepin, Amitriptylin)

Tabelle 10.16 Indikation zur Methadon-Substitutionsbehandlung (NUB-Richtlinien)

1. In Einzelfällen bei: • Drogenabhängigkeit mit lebensbedrohlichem Zustand im Entzug • Drogenabhängigkeit bei opioidpflichtigen Schmerzzuständen • Drogenabhängigkeit bei AIDS-Kranken • Drogenabhängigkeit bei Patienten, die sich einer stationären Behandlung wegen einer akuten oder schweren Erkrankung unterziehen müssen und denen gegen ihren Willen ein Entzug nicht zuzumuten ist (Überbrückungssituation) • Drogenabhängige in der Schwangerschaft, unter der Geburt und bis zu 6 Wochen nach der Geburt
2. Drogenabhängigkeit bei schweren Erkrankungen, bei denen Substitution als Teil der Behandlung zu betrachten ist

Merke:

Cave Codein-Mißbrauch!

- NUB-Richtlinien gelten nur für Kassen! Die private Verordnung von Methadon kostet ca. 150 DM pro Monat. 90 % der Begründungen: „Schwere Erkrankungen" (Schlupfloch).
- **Besonders wichtig:**
  - **Regelmäßiges Urin-Screening** (Drogensuchtest und Bestätigungsanalyse für alle positiven Ergebnisse) zur Feststellung des Beigebrauchs (Gefahr der Verstärkung der pharmakologischen Wirkung mit schwerwiegenden Folgen, s. Tab. 10.17).
  - **Therapeutische** und psychosoziale Begleitung dieser Behandlung.

Tabelle 10.17 Vergleichswerte von Opiaten (Anhaltswerte)

Berechnung der benötigten Levomethadon-/Methadondosis auf der Basis des Heroinkonsums (vollständige Kreuztoleranz)	
1,00 ml	L-Polamidon
5,00 mg	L-Polamidon
20 Trpf	L-Polamidon
entsprechen etwa:	
ca. 0,25 g	Heroin i.v.
ca. 3 Kps	Remedacen (90 mg Dihydrocodein)
ca. 3 Tbl	Codein phos comp. (90 mg)
ca. 2 Tbl	Codein forte Comp. (100 mg)
ca. 3 Kps.	Codipront (90 mg Codein)
ca. 10 mg	Morphin i.v.
Probleme: reduzierte Dosis bei Leber- und Niereninsuffizienz	

Barbiturat-Abhängigkeit

- Sukzessiver Entzug über mehrere Wochen.
- Benzodiazepinentzug bei **Hochdosis-Abhängigkeit:** langsam (Wochen bis Monate), evtl. unterstützt durch sedierende Antidepressiva (Doxepin, Trimipramin).

Tabelle 10.18 Substanzen, deren Beigebrauch den Methadon-substituierten Patienten schwerwiegend gefährden können

- Amphetamine (z. B. Amphetamin, Methamphetamin und ähnliche illegal hergestellte Stoffe)
- Barbiturate (z. B. Pentobarbital)
- Benzodiazepine (z. B. Flunitrazepam)
- Kokain
- Opiate (z. B. Heroin, Dihydrocodein, Codein)

Cannabis-Abhängigkeit

- Beruhigendes Gespräch,
- Diazepam bei zerebralen Krampfanfällen.

Nikotinabhängigkeit

- Nikotin-Substitution (Pflaster)
- Verhaltenstherapie (Selbstkontrolle).

11 Schizophrenie und wahnhafte Störungen

- Schizophrene Psychosen gehören zur Hauptgruppe der **endogenen Psychosen** (Bedeutung der anlagebedingten Faktoren).
- Prognostisch ist die Schizophrenie neben den organischen Störungen die schwerwiegendste psychische Erkrankung.

11.1 Epidemiologie

- Die Prävalenz für Schizophrenie liegt bei 0,5 bis 1 %, das Lebenszeitrisiko für die Allgemeinbevölkerung beträgt ca. 1 %, Männer und Frauen sind gleich häufig betroffen.
- Das Haupterkrankungsalter liegt zwischen der Pubertät und dem 30. Lebensjahr, in ca. 80 % ist die Manifestation vor dem 40. Lebensjahr. Frauen erkranken später als Männer.
- Charakteristische Unterschiede im Prädilektionsalter für die einzelnen Subtypen:
  - hebephrene Subtypen im Jugendalter,
  - paranoid-halluzinatorische Subtypen im 4. Lebensjahrzehnt,
  - Spätschizophrenie nach dem 40. Lebensjahr,
  - Altersschizophrenie nach dem 60. Lebensjahr.
- Hohe Suizidrate der schizophrenen Patienten von ca. 10 %, sowohl in den akuten Episoden als auch in postpsychotischen Remissionsstadien.
- Immense sozialmedizinische Bedeutung: Krankheitskosten (direkt und indirekt) ca. 25 Milliarden DM pro Jahr!

11.2 Ätiopathogenese

Multifaktorielle komplexe Entstehungsbedingungen.

- **Vulnerabilitätskonzept** nach Zubin: Disposition (Anlage) und (unspezifische) intrapsychische, interpersonale oder soziale Stressbelastung Dekompensation (Psychose-Ausbruch).

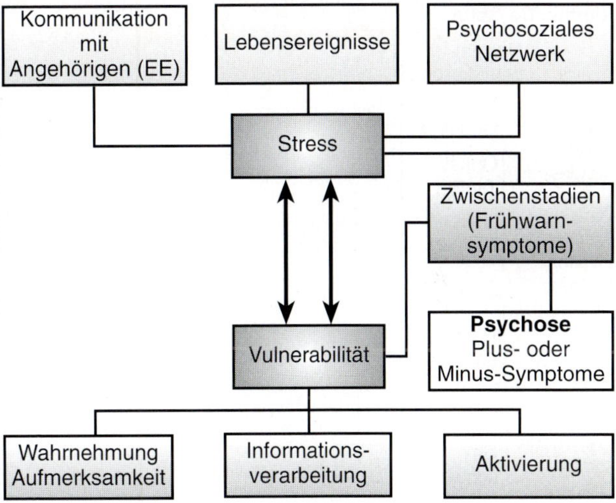

Abb 11.1 Vulnerabilitäts-Stress-Modell

- **Genetische Grundlage der Erkrankung** durch Zwillings-, Familien- und Adoptionsstudien bestätigt:
  - Konkordanzrate bei eineiigen Zwillingen ist ca. viermal höher als bei zweieiigen und liegt bei ca. 50 %. Das Erkrankungsrisiko nimmt mit dem Verwandtschaftsgrad deutlich zu (s. Abb. 11.2).
  - Die genetische Disposition wird als polygene Erbanlage (Beteiligung 2 oder mehrerer Genpaare) interpretiert. Bislang konnte kein bestimmter Genort identifiziert werden.

Merke:

Psychosen eineiiger Zwillinge sind nicht identisch.

- **Somatische Faktoren:**
  - Prä- und perinatale Schädigungen (z. B. minimale zerebrale Dysfunktion) können zur Entstehung der Erkrankung beitragen.

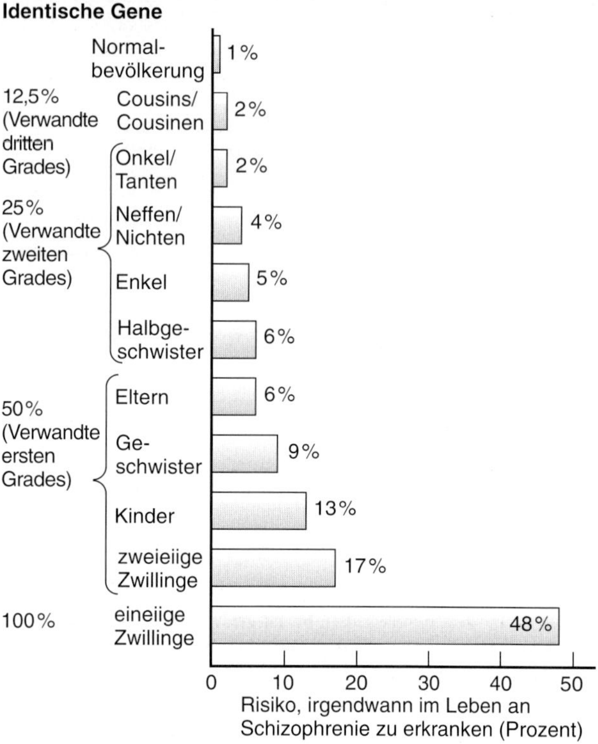

Abb 11.2 Das life-time-Risiko für genetisch Verwandte, an Schizophrenie zu erkranken

- Bei einem Teil der Schizophrenen finden sich in den neuroanatomischen Untersuchungen hirnmorphologische Veränderungen (z. B. Erweiterungen des 3. und der Seitenventrikel) oder relative frontale Funktionsminderung (Hypofrontalität) bei SPECT oder PET.

- Verschiedene **psychosoziale (peristatische) Faktoren** sind für die Auslösung wichtig. Sie scheinen jedoch eher mitbestimmend für Manifestationstermin, Verlauf und Prognose als für die Entstehung der Erkrankung zu sein.

- Am besten gesichert sind Untersuchungsergebnisse, die ein erhöhtes Rezidivrisiko bei Schizophrenen belegen, die in den Familien mit „High-expressed-emotions" leben. (**HEE:** Emotionale Überbetroffenheit, hohes emotionales Engagement, Überfürsorglichkeit mit Bevormundung, Überbehütung oder feindseliger Ablehnung des Erkrankten.)
- Für die ursächliche Mitwirkung psychosozialer Einflüsse spricht ein enger zeitlicher Zusammenhang zwischen Konflikten bzw. Belastungen und dem Ausbruch einer schizophrenen Erkrankung, wobei spezifische „life events" nicht identifiziert wurden.

- **Biochemisches Korrelat** schizophrener Symptomatik: Bedeutung biogener Amine. Imbalance-Theorie: Ungleichgewicht lokaler Neurotransmitter-Aktivitäten und Veränderung der Verteilungsmuster.
  - Am bekanntesten: **Dopamin-Hypothese** = Überaktivität zentralnervöser dopaminerger Strukturen im mesolimbischen, nigrostriatalen und tuberoinfundibulären System.

Argumente:

- antipsychotische Wirkung der Neuroleptika basiert auf der Blockade der postsynaptischen Dopamin-Rezeptoren (D2) im mesolimbischen System,

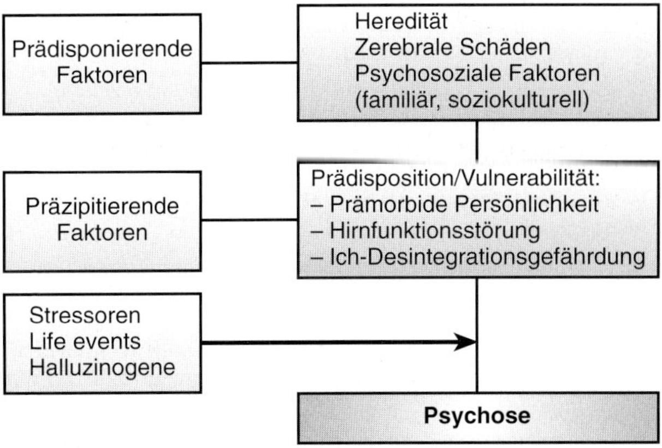

Abb. 11.3 Multifaktorielle Ätiopathogenese der Schizophrenie

- Auslösung der akuten Symptomatik durch Substanzen, die dopaminerge Transmission erhöhen (z. B. Amphetamin).
- **Glutamatmangel-Hypothese** bei einer Teilgruppe der Schizophrenen.

- **Psychologische Erklärung:** Störung der Informationsverarbeitung (kognitive Basisstörung), Schwäche der selektiven Aufmerksamkeit/Filterfunktion für irrelevante Informationen und Störungen der Reaktions- und Assoziationshierarchien. Nachweis dieser Störung über ereigniskorrelierte (evozierte) Potentiale.
- **Psychoanalytische Sicht:** Bereits in der Kindheit bestehende Störungen der Ich-Bildung, Regression als psychodynamischer Vorgang bei Schizophrenie. Psychose als Äußerung innerer Not, Isolierung und angstvoller Abwehr.
- **Soziogenetische Theorien:** wie „Broken home“, Herkunft aus sozialer Unterschicht, soziale Isolierung, Ledigsein usw...

Patienteninformation

Was sind Psychosen? – Aufklärung über die Erkrankung

Psychosen aus dem schizophrenen Formenkreis kommen relativ häufig vor, betroffen sind etwa 1 % der Bevölkerung, d. h. jeder Hunderste erkrankt im Laufe seines Lebens daran.

Die medizinische Forschung ist sich heute einig, daß bei der Entstehung der Erkrankung mehrere Faktoren zusammenwirken: einerseits eine gewisse vererbte Erkrankungsbereitschaft (**„Verletzlichkeit,“ „Vulnerabilität“**), andererseits außergewöhnliche Belastungen (**„Stress“**) die zu **Stoffwechselstörungen des Gehirns** führen.

Menschen, die schizophren erkranken, sind empfindsamer (verletzlicher) gegenüber Innen- und Außenreizen (körperliche Erkrankung, psychischer Stress oder sozialer Druck), was zu einer Übererregung bestimmter Nervenzellen und **Stoffwechselentgleisung bestimmter Botenstoffe** (Neurotransmitter) führt.

Botenstoffe spielen eine wichtige Rolle bei der Übertragung von Wahrnehmungen von den Sinnesorganen zu den zentralen Verarbeitungsorten im Gehirn sowie der Übermittlung von Gefühlen und Körpersignalen. Die vermehrte Produktion eines bestimmten Botenstoffes – **des Dopamins** – führt zu Störungen der Informationsaufnahme und -verarbeitung, die betroffene Person fühlt sich von Reizen und Botschaften überflutet und verliert den Bezug zur Realität.

Während dieser **sog. psychischen Episoden** sind die psychischen Funktionen wie Denken, Fühlen, Wahrnehmen, Wollen und Handeln nicht mehr in der gewohnten Weise aufeinander abgestimmt. Das Erleben der eigenen Identität (Einheit der Person) droht verloren zu gehen.

Dabei kann es zu **Symptomen** wie unlogischem, fremdartigem und verwirrtem Denken, Halluzinationen (z. B. Stimmenhören), eigenartigen Körpermißempfindungen, Verfolgungswahn, Angst, Mißtrauen, Verlust der Freunde mit sozialem Rückzug und Kontaktstörungen kommen.

Bei der Behandlung o. g. Symptome spielen Medikamente, die **Neuroleptika oder Antipsychotika** heißen, die entscheidende Rolle. Sie greifen in den komplizierten Kreislauf der Botenstoffe im Gehirn ein und schwächen die übermäßige Wirkung von Dopamin an den Nervenzellen ab.

Neuroleptika müssen optimal dosiert, regelmäßig und ausreichend lange eingenommen werden: **nach der Ersterkrankung sollte die Behandlung mindestens 6 Monate bis ca. 2 Jahre fortgesetzt werden.** Das Rückfallrisiko beträgt nämlich **ohne neuroleptischen Schutz ca. 70 %, unter konsequenter Therapie dagegen nur ca. 30 %** (meist nach außergewöhnlichen Streßeinwirkungen) mit oft mildem Verlauf und nur geringer Beeinträchtigung.

11.3 Einteilung/Klassifikation

- Paranoide vs. Nicht-paranoide Formen
- Positive/Plus- (Typ I) vs. Negative/Minus-Symptome (Typ II nach Crow)
- Unsystemat. Schizophrenien (Affektvolle Paraphrenie) vs. symptomat. Schizophrenien (nach Leonhard)

Unterscheidung nach dem aktuellen Erscheinungsbild

- **Paranoid-halluzinatorischer Typ:** geprägt durch Wahn und Halluzinationen, andere Symptome sind nicht oder weniger vorhanden.

- **Katatoner Typ:** im Vordergrund stehen Schwankungen zwischen katatonem Stupor und katatoner Erregung. Gefahr der vegetativen Entgleisung in perniziöse Katatonie.
  Heute seltener diagnostiziert (4 - 8 % der schizophrenen Psychosen).
- **Hebephrener Typ:** gekennzeichnet durch Affektstörungen (läppischer Affekt) und formale Denkstörungen. Häufig sind Sozialverhaltensstörungen. Auftreten im Jugendalter.
- **Residualtyp:** Änderung der Persönlichkeitsmerkmale im Sinne von Antriebsmangel, kognitiver Beeinträchtigung und sozialem Rückzug.
- **Schizophrenia simplex:** symptomarmer Verlauf; bei fehlender produktiver Symptomatik Entwicklung eines Residualsyndroms.

11.4 Leitsymptomatik

Die Symptomatik wird nach verschiedenen Gesichtspunkten z. B. in Grundsymptome und akzessorische Symptome 1. und 2. Ranges eingeteilt.

Tabelle 11.1 Residualsymptome (Basissymptome) der Schizophrenie
• Körperliche u./o. psychische Erschöpfbarkeit, Leistungsinsuffizienz
• Antriebsminderung, Initiativemangel, Passivität
• Konzentrations-, Denk- und Gedächtnisstörungen
• Affektverflachung
• Intoleranz gegen Streß
• Geräusch- und Witterungsüberempfindlichkeit
• Erhöhte Erregbarkeit
• Schlafstörungen
• Vegetative Störungen, Zoenästhesien
• Depressive Verstimmungen
• Erlebte Impulsverarmung
• Einbuße an Naivität und Unbefangenheit, Denkverarmung
• Zwang zur Reflexion

Tabelle 11.2 Symptome der Schizophrenie nach *E. Bleuler* und *K. Schneider*

E. Bleuler	K. Schneider
Grundsymptome: Störungen der Affektivität, des formalen Denkens und des Antriebs (v. a. Parathymie, Ambivalenz, Zerfahrenheit und Antriebsveränderungen) sowie die „Störung des subjektiven Erlebens des eigenen Ichs" (Depersonalisation)	**Symptome 1. Ranges:** Akustische Halluzinationen (dialogische und kommentierende Stimmen) Gedankenlautwerden Gedankeneingebung Gedankenentzug Gedankenausbreitung Wahnwahrnehmung Leibhalluzinationen
Akzessorische Symptome: Halluzinationen Wahn Katatone Erscheinungen u. a.	**Symptome 2. Ranges:** Sonstige Halluzinationen (akustische, optische, olfaktorische) Wahneinfall Zönesthesien Affektstörungen Ratlosigkeit u. a.

Merke:

Wahn und Halluzinationen sind nicht spezifisch (nicht beweisend) für eine Schizophrenie. Es gibt Schizophrene ohne diese produktiven Symptome, jedoch treten bei ca. 80 % wenigstens einmal im Erkrankungsverlauf Wahnsymptome auf.

- **Positivsymptomatik:** v. a. Wahn und Halluzinationen.
- **Negativsymptomatik:** v. a. Antriebsmangel und Affektarmut.

Charakteristische Symptome bei der Schizophrenie

- Wahn,
- Halluzinationen,
- Ich-Störungen,
- Formale Denkstörungen,
- Affektive Störungen,
- Katatone Symptome.

Tabelle 11.3 Plus- und Minussymptome bei schizophrenen Psychosen

Plussymptome (positive oder produktive Symptome)	**Minussymptome** (negative oder Defizienzsymptome)
Halluzinationen Wahn Denkzerfahrenheit Erregtheit bizarres Verhalten	Antriebsmangel Aktivitätsverlust Affektverflachung Ausdrucksarmut Sprachverarmung

Wahn

- **Inhalt:** Beeinträchtigung, Verfolgung, Eifersucht, Hypochondrie, Vergiftung, wahnhafte Personenverkennung.
  Am häufigsten sind Beziehungs- und Verfolgungsideen.
- Typisch ist der bizarre oder magisch-mystische Charakter des Schizophrenen-Wahn (DD: Wahn anderer Genese).

Halluzinationen

- akustische Halluzinationen, insbesondere imperative und dialogisierende Stimmen, sind die häufigsten Halluzinationen bei Schizophrenie.
- Weitere Halluzinationen sind elementäre akustische, optische, Geruchs-/Geschmackshalluzinationen, Körperhalluzinationen, Gedankenlautwerden etc.

Ich-Störungen

- Depersonalisation: durchlässige Grenzen zwischen Ich und Umwelt,
- Derealisation: Entfremdung der Umwelt,
- Fremdbeeinflussung,
- Gedankeneingebung.
- Folgen:
  - „Doppelte Buchführung“: der Kranke lebt in 2 Welten, in der wirklichen und in der wahnhaften.
  - Autismus: völlige Abkapselung von der Außenwelt.

Störungen des formalen Denkens

Typisch sind:

- **Zerfahrenheit:** der Gedankenzusammenhang geht verloren, kann sich bis zum Wortsalat entwickeln,
- **Sperrung:** plötzliche Unterbrechung des Gedanken,
- **Neologismen:** Wortneuschöpfungen,
- **Kontamination:** Verschmelzung heterogener Sachverhalte,
- **Paralogik,**
- **Symboldenken:** ein symbolischer Ersatzbegriff anstelle des ursprünglichen,
- **Konkretismus:** Das Denken hält sich an sichtbare und faßbare Vorstellungen.

Affektive Störungen

Reduzierter emotionaler Kontakt zu anderen (mangelnder affektiver Rapport).

- **Parathymie:** inadäquate Gefühlsäußerungen,
- **Paramimie:** inadäquate Mimik,
- **Läppischer Affekt:** leere Heiterkeit oder Albernheit (typisch für Hebephrenie),
- **Psychotische Ambivalenz:** Nebeneinanderbestehen unvereinbarer Gefühlszustände (z. B. Liebe-Haß),
- **Affektarmut:** emotionale Verarmung und soziale Isolation, v. a. bei schizophrenem Residualzustand.

Katatone Symptome

- Katatoner Stupor: Bewegungslosigkeit beim erhaltenen Bewußtsein. Möglich sind Mutismus (keine sprachliche Äußerung) und Katalepsie (Beibehalten vorgegebener Körperhaltungen).
- Katatone Erregung: starke motorische Unruhe mit z. T. stereotypen Bewegungsabläufen, Schreien, Grimassieren etc. bis zum Erregungssturm (Raptus).
- Negativismus: Widerstand gegenüber Aufforderungen, stattdessen gegenteilige Reaktionen.
- Befehlsautomatie: automatenhaftes Ausführen des Verlangten.

Tabelle 11.4 Beispiel aus den Münchner Diagnosen Checklisten (MDCL) für DSM-III-R; die Checkliste „Schizophrenie“

Schizophrenie

Name: ______________
Alter: ______ Datum: ______

A
- Ermitteln Sie die Art der psychotischen Symptomatik
- Die Symptome müssen in einer *floriden Phase* auftreten
- Mindestdauer für sämtliche Symptome: *Eine Woche (oder weniger* bei erfolgreicher Behandlung

	Nein	Verdacht	Ja
(1) 1a *Wahn*	☐	☐	☐
1b Vorherrschende *Halluzinationen,* länger als nur wenige kurze Momente Erforderliche Dauer: Einige Tage lang über den Tag hinweg oder wochenlang mehrere Male in der Woche	☐	☐	☐
1c *Zerfahrenheit* oder auffallende *Lockerung der Assoziationen*	☐	☐	☐
1d *Katatones Verhalten*	☐	☐	☐
1e *Flacher* oder deutlich *inadäquater Affekt*	☐	☐	☐
(2) *Bizarrer Wahn* (dazu gehören Phänomene, die im Kulturkreis des Betroffenen als vollkommen abwegig angesehen würden, z. B. Gedankenausbreitung oder Kontrolle durch eine tote Person)	☐	☐	☐
(3) *Vorherrschende Halluzinationen von Stimmen* (länger als nur wenige kurze Momente), • bei denen der Inhalt *keinen* offensichtlichen Zusammenhang mit Depressionen oder gehobener Stimmung hat, • oder bei denen eine Stimme das Verhalten oder die Gedanken des Betroffenen kommentiert • oder bei denen sich zwei oder mehrere Stimmen miteinander unterhalten. Erforderliche Dauer: Einige Tage lang über den Tag hinweg oder wochenlang mehrere Male in der Woche	☐	☐	☐

Kriterium A ist unter folgenden Bedingungen erfüllt:
- 2 Merkmale von ***1a*** bis ***1e*** treffen zu
- oder (2) trifft zu
- oder (3) trifft zu

Verdacht
Nein | Ja
☐ ☐ ☐

Ende ← (Nein)

- Echolalie: automatenhaftes Nachsprechen.
- Echopraxie: automatenhaftes Nachahmen.
- Bewegungsstereotypien: sinnlose rhythmische Bewegungen (Schaukeln, Grimassieren).
- Haltungsstereotypien: bestimmte Haltungen werden beibehalten.
- Verbigerationen: stereotype Wiederholung der Wörter oder Satzteile oder Klangassoziationen.

Tabelle 11.5 Zusammengefaßte diagnostische Kriterien der Schizophrenie nach ICD-10 und DSM-IV

ICD-10	DSM-IV
Mindestens 1 Monat eines der Merkmale 1 – 4 oder mindestens zwei der Merkmale 5 – 8: 1. Gedankenlautwerden, Gedankeneingebung oder Gedankenentzug, Gedankenausbreitung 2. Beeinflussungserlebnisse, Kontrollwahn, Wahnwahrnehmungen 3. Kommentierende oder dialogische Stimmen 4. Bizarrer Wahn 5. Anhaltende Halluzinationen jeder Sinnesmodalität in Kombination mit Wahn 6. Zerfahrenheit, Gedankenabreißen, Danebenreden u.a. 7. Katatone Symptome 8. „Negative Symptome"	*Charakteristische Symptome* (mindestens 2, jedes für eine Zeitspanne von 1 Monat): – Wahnphänomene – Halluzinationen jeder Sinnesmodalität – Desorganisiertes Denken bzw. Sprache (z. B. häufiges Entgleisen, Zerfahrenheit) – Grob desorganisiertes oder katatones Verhalten – Negative Symptome (flacher Affekt, Alogie oder Willensschwäche) *Sozialberufliche Leistungseinbußen* *Dauer:* mindestens 6 Monate, mindestens 1 Monat floride Symptome (s. o.) *Ausschluß von Schizoaffektiver und Affektiver Störung* *Ausschluß von Substanzeinfluß/medizinischem Krankheitsfaktor*

Störungen des Antriebs und Sozialverhaltens

- Mangel an Initiative, Interesse oder Energie.
- Sozialer Rückzug bis hin zur Isolierung.
- Besonders häufig im Residualzustand.

11.5 Diagnosekriterien und Diagnostik

- Für die Diagnose werden verschiedene diagnostische Kriterien gefordert, Wahn und Halluzinationen sind nicht beweisend. Z. B. Münchner Diagnosen Checkliste (MDCL) für DSM-III-R – Diagnose Schizophrenie (s. Tab. 11.4)
- In den neuen diagnostischen Systemen wird eine bestimmte **Mindestdauer der Schizophrenie** vorgeschrieben: in ICD-10 4 Wochen, in DSM 6 Monate.

11.6 Differentialdiagnose

- Am wichtigsten ist der Ausschluß einer zerebralen Erkrankung (**exogene Psychose**): Enzephalitiden, Hirn-Tumoren, Hirngefäßprozese, Hirntraumata, Epilepsien, Endokrinopathien, toxische Einflüsse (Arzneimittel, Drogen) etc.,
- Schizoaffektive und affektive Erkrankungen,
- Schizophreniforme Erkrankungen (nicht erfüllte Zeitkriterien),
- Funktionelle Wahnerkrankungen und Persönlichkeitsstörungen (schizotype, borderline, schizoide oder paranoide Persönlichkeitsstörungen).

Merke:
Schizophrenie ist eine Ausschlußdiagnose!

11.7 Verlauf und Prognose

Beginn

- Perakut: innerhalb einer Woche,
- Akut: innerhalb 4 Wochen,

- Subakut: 2 bis 6 Wochen,
- Schleichend (chronisch): über 6 Monate.
- Möglich ist vorangehendes **Prodromalstadium**, z. B. eine pseudoneurasthenische oder depressive Symptomatik.

Mögliche Verlaufsformen

- **Rezidivierend in Schüben** mit chronischer Residualsymptomatik (meist leichterer Defekt).
- **Phasenhafter Verlauf** mit akuter Manifestation und vollständiger Remission.
- **Lebenslanges Fortbestehen** der Symptomatik (bei einem geringen Teil der Patienten).
- **Residualzustände** (bei größerem Teil der Patienten).

Merke:
Beachtung der suizidalen Krisen während der akuten Episode, der Residualzustände und in der Remission.

- Im Anschluß an **akute Manifestation** sind **postremissive Erschöpfungszustände** bzw. **postpsychotische Depressionen** möglich: über die Hälfte der Patienten zeigt während des Verlaufs depressive Syndrome.
- **Situativ bedingte Dekompensationen** mit **psychotischen Rezidiven** sind häufig; remittierte Schizophrene reagieren auf Schwankungen des sozialen Umfeldes (auf Stressoren) sehr empfindlich.
- Insgesamt ist der Verlauf schizophrener Psychosen nach Erhebungen der Langzeitkatamnesen vielgestaltig.

Prognose

- Die Prognose schizophrener Erkrankungen hat sich insgesamt gebessert: in vielen Fällen gelingt eine Resozialisierung, es konnte ein deutlicher Rückgang der psychiatrischen Daueraufenthalte erreicht werden.
- In ca. 50 % der Fälle muß man jedoch immer noch mit einem ungünstigen Verlauf mit häufigen Rezidiven bzw. Residualsymptomatik rechnen.

Tabelle 11.6 Verlaufstypen und ihre sozialen Heilungsquoten bei 502 schizophrenen Kranken (nach *Huber* 1995)

Verlaufstypen	Häufigkeit	Soziale Heilung	Trend
1. Monophasisch zur Vollremission	10,0 %	100 %	günstig
2. Polyphasisch zur Vollremission	12,1 %	96,7 %	
3. Chronisch reine Psychosen	4,2 %	90,5 %	relativ günstig
4. Mit nur 1 Schub zu reinen Residuen	6,2 %	80,6 %	
5. Primär phasisch, dann schubförmig zu reinen Residuen	10,0 %	70,0 %	
6. Phasisch-schubförmig oder schubförmig mit zweitem (positiven) Knick zu reinen Residuen	5,8 %	65,5 %	
7. Phasisch-schubförmig, schubförmig oder einfach zu Strukturverformungen	6,2 %	51,6 %	relativ ungünstig
8. Einfach zu reinen Residuen	5,4 %	48,1 %	
9. Mit mehreren Schüben zu reinen Residuen	12,9 %	44,6 %	
10. Phasisch-schubförmig oder schubförmig zu gemischten Residuen	9,6 %	25,0 %	ungünstig
11. Einfach zu gemischten Residuen	7,2 %	8,3 %	
12. Schubförmig oder einfach zu typisch schizophrenen Defektpsychosen	10,5 %	1,9 %	

- Ein stabilisierender Effekt des Lebensalters hinsichtlich der Remissionen ist erst nach dem 50. Lebensjahr erkennbar.
- **Prognostisch günstig** sind
  - kontaktfähige, syntone Primärpersönlichkeit,
  - psychisch-reaktive Auslösung,
  - perakuter Beginn der Erstmanifestation,
  - depressive und katatone Initialsymptome.

- **Prognostisch ungünstig** sind:
  - Minderbegabung/Schulversagen,
  - abnorme (schizoide) Primärpersönlichkeit,
  - schleichender Beginn,
  - hebephrene Initialsymptome.

11.8 Therapie

Gesamtbehandlungsplan

- **Psychopharmakotherapie**
- **Psychotherapie**
- **Soziotherapie**

1. Psychopharmakotherapie

- In der **akuten Phase** steht die Pharmakotherapie mit **Neuroleptika** im Vordergrund. Sie wird möglichst als **Monotherapie** durchgeführt. Die Wahl des Neuroleptikums und die Dosierung richten sich nach dem Zielsyndrom.
- Eine **Kombination verschiedener Neuroleptika** ist nur dann sinnvoll, wenn gleichzeitig antipsychotischer (hochpotentes Neuroleptikum) und sedativer (niederpotentes Neuroleptikum) Effekt erwünscht ist.

Merke:
Von großer Wichtigkeit ist die Aufklärung des Patienten zu Beginn der Behandlung über die Wirkungen und eventuellen Nebenwirkungen der Psychopharmaka (siehe Patienteninformationen).

- In **hochakuten (perakuten) Fällen** mit Selbst- oder Fremdgefährdung erfolgt eine stationäre Therapie mit zu Beginn 2 – 3 x 1 Amp. à 5 mg Haloperidol i. m. oder langsam i. v. und anschließender Dosisanpassung. Zusätzlich gibt man bei Schlafstörungen oder Unruhe 100 mg Levomepromazin oder Thioridazin. Ggf. Biperiden (Akineton) gegen EPMS.

- In **akuten Fällen:** Beginn peroral mit 3 x 3 – 5 mg Haloperidol/Tag einschleichend bis zum Erreichen der vollen Dosis unter Beachtung der unerwünschten Begleiteffekte.
- Bei **Katatonie:** Gabe von Lorazepam (2 – 7,5 mg oral/expidet oder i.v.) sowie (atypische) Neuroleptika. Bei Persistenz bzw. febriler Katatonie Elektrokonvulsionstherapie (EKT)!
- **Weniger akute Fälle:** Perazin (mittelpotentes Mittel) 100 – 300 mg täglich p. o.

Merke:

Erschwerend ist die oft fehlende Krankheits- bzw. Behandlungseinsicht des Patienten!

- Bei **Therapieversagen** sollte nach ca. 4 bis 6 Wochen auf ein anderes Neuroleptikum (andere Stoffklasse) umgestellt werden. Bei einem katatonen Stupor und Erfolgslosigkeit ist eine Elektrokrampftherapie (EKT) indiziert.
- **Nach der Besserung der akuten Symptomatik** werden die Neuroleptika langsam ausschleichend über einen längeren Zeitraum reduziert. Für die Symptomsuppression ist eine **Erhaltungsdosis** ($^1/_3$ bis $^1/_4$ der Ausgangsmenge) über wenigstens 6 Monate erforderlich.
- Bei chronisch produktiven Psychosen **symptomsuppressive Dauertherapie** für 4 Jahre und länger: Dosis so niedrig wie möglich. Ambulante Intervalltherapie mit Frühintervention nur bei motivierten Patienten (insgesamt weniger sicher!).
- Bei **Minussymptomatik** sind am wirksamsten atypische Neuroleptika wie Clozapin, Zotepin oder Risperidon.
- Eine **Postpsychotische Depression** (nach einer akuten Psychose depressive Verstimmung, Antriebs- und Leistungsschwäche) spricht am besten auf eine Dosisverminderung oder Absetzen an, evtl. Gabe von Antidepressiva.
  - Differentialdiagnose ist die Neuroleptika-bedingte (pharmakogene) Depression: hier ist Biperiden (Akineton) indiziert.
- **Rezidivprophylaxe:** Neuroleptika-Langzeitmedikation
  - Ziel: optimales Wirkprofil, minimale Nebenwirkungen.
  - Zur Verbesserung der Compliance werden oft **Depot-Neuroleptika** gegeben.

– Vorteile der Depot-Neuroleptika: prolongierte Wirkungsdauer von 1 bis 4 Wochen, i.m. Applikation (Umgehung des first pass-Effektes), eher geringere extrapyramidalmotorische Begleitwirkung, keine Spättoleranz, geringere Wirkstoffbelastung des Organismus.

Tabelle 11.7 Depot-Neuroleptika

Name	Wirkungsdauer
Haldol-Decanoat	4 Wochen
Fluanxol Depot (10 %)	2 – 4 Wochen
Fluanxol-Depot (2 %)	2 – 3 Wochen
Dapotum D, Lyogen Depot	2 – 3 Wochen
Ciatyl-Z-Depot	2 – 3 Wochen
Decentan-Depot	2 Wochen
Imap	1 Woche
Ciatyl-Z Acuphase	3 Tage

Merke:

Das Wiedererkrankungsrisiko ohne Neuroleptika beträgt innerhalb eines Jahres 70 bis 80 %, mit Neuroleptika 20 – 30 %.

Tabelle 11.8 Empfehlungen zur neuroleptischen Rezidivprophylaxe

- 1- bis 2jährige Rezidivprophylaxe bei Erstmanifestation oder langen symptomfreien Intervallen
- 2- bis 5jährige Rezidivprophylaxe bei insgesamt 2 bis 3 Krankheitsphasen oder bei Auftreten eines Rezidivs innerhalb eines Jahres
- Zeitlich unbegrenzte Rezidivprophylaxe bei häufigen Rezidiven und hochgradiger Selbst- oder Fremdgefährdung
- Berücksichtigung des individuellen Nutzen-Risikos, u. a. Beeinträchtigung durch Nebenwirkungen? Konsequenzen eines eventuellen Rezidivs

2. Psychoedukation, Psychotherapie

- **Langfristig** begleitende, führende und stützende Behandlung mit verständlichen Informationen über die Erkrankung, die erforderlichen Behandlungsmaßnahmen, Frühwarnzeichen und das Verhalten in Krisensituationen. Ein Beispiel für eine Informationsgruppe für Psychose-Patienten ist in Tabelle 11.9 dargestellt.
- Wichtig ist die **Vermeidung von Über- und Unterstimulation** (erhöhte Verletzlichkeit des Erkrankten, Reizschutzlosigkeit versus stumpfe Erstarrung, Apathie).
- **Psychotherapeutische Behandlungsmaßnahmen** sind in Tab. 11.10 enthalten.
- Die **Psychoanalytische Behandlung** zeigt keinen überzeugenden Erfolg; intensive Gefühlskontakte, Übertragungsprozesse und Gruppenspannungen sind bei der Rehabilitation der Schizophrenen nicht angezeigt.
- Zunehmende Bedeutung der **Verhaltenstherapie:** Trainingsprogramme und kognitive Therapien zur Reduktion kognitiver Defizite und Verbesserung der sozialen Kompetenz bzw. Adaption (s. Tab. 11.11 und 11.12).

Tabelle 11.9 Informationsgruppe für Psychose-Patienten, Modell von Stark (nach *Bäuml* 1994)
1. Sitzung: Symptome der Psychose Symptome sammeln, Symptome ordnen in Störungen im Bereich der Gedanken, Gefühle, Kommunikation, Arbeit, Tagesablaufgestaltung
2. Sitzung: Krankheitsmodell Erklärung der Psychose-Entstehung anhand des Vulnerabilitäts-Streß-Modells
3. Sitzung: Medikamente Informationen über Wirkungen und Nebenwirkungen, unterschiedliche Wirkspektren abhängig von der Dosierung, Einteilung der Medikamente, Rolle der Medikamente im Gesamtbehandlungsplan
4. Sitzung: Vorsorge Aktive Beeinflussung des Erkrankungsverlaufs, Nennung der individuellen Frühwarnzeichen, Entwickeln der Handlungsalternativen

Tabelle 11.10 Psychotherapeutische Behandlungsmaßnahmen bei psychotischen Erkrankungen

Allgemein stützendes psychotherapeutisches Basisverhalten	
• Seelische Unterstützung durch Gespräche und persönlichen Beistand • Patientengerechte Information über die Erkrankung und die erforderlichen Behandlungsmaßnahmen • Krankheitskonzept-Bildung mit Compliance-Förderung • Hilfestellung, die Erlebnisse während der akuten Erkrankung „zu verdauen“, Unterstützung bei der längerfristigen Auseinandersetzung mit der Erkrankung	grundsätzlich bei allen Patienten vor allem während der Akutphase durch jeden behandelnden Arzt
Spezielle psychotherapeutische Verfahren	
• Entspannungsverfahren • Stützende Psychotherapie • Verhaltenstherapeutische Verfahren • Tiefenpsychologische Verfahren • Familientherapie • Weitere Psychotherapieverfahren	nach der Akutphase angepaßt an die individuellen Bedürfnisse des einzelnen Patienten Der Psychotherapeut sollte sehr viel Erfahrung in der Behandlung von Psychosen besitzen Stets in Absprache mit dem behandelnden Arzt

- **Familientherapie** (psychoedukativ, systemisch, analytisch, verhaltenstherapeutisch)
- **Angehörigenarbeit**

3. Soziotherapie

- **Gezielte Beeinflussung der Alltagssituation** durch lebenspraktische Maßnahmen aus den Bereichen Arbeit, Wohnung, Freizeitgestaltung usw. Förderung der Eigenaktivität und der Fähigkeiten zur Entwicklung von Bewältigungsstrategien.

Tabelle 11.11 Verhaltenstherapeutische Ansätze zur Förderung kognitiver und sozialer Fähigkeiten
• **Kognitive Bewältigungsstrategien:** Förderung kognitiver Planung und geeigneter Selbstinstruktionen zwecks Bewältigung belastender Situationen
• **Kognitive Differenzierung mit drei Übungsabschnitten:** Förderung der – Abstraktionsfähigkeit und der Begriffsbildung – Verwertung früherer Erfahrungen und – Aufmerksamkeitsfokussierung (Verbesserung der Informationsaufnahme und -verarbeitung)
• **Soziale Wahrnehmung:** Verbesserung der sozialen Kompetenz
• **Belastungstraining:** Förderung eines instrumentellen Verhaltens zur Bewältigung belastender Situationen
• **Zusatztechnik: aktive Entspannung:** Anpassung des Aktivitätsniveaus

  - Milieutherapeutische Maßnahmen
  - Arbeits- und Beschäftigungstherapie
  - Rehabilitative Maßnahmen
  - Teilstationäre Behandlungsangebote (Tages- oder Nachtklinik).

- Sehr wichtig ist die **individuelle Stufenrehabilitation** nach dem Prinzip der kleinen Schritte: Herstellung und Aufrechterhaltung einer Balance zwischen Über- und Unterstimulation.

Tabelle 11.12 Ziele des kognitiven Trainings
• Verbesserung der Konzentration
• Verbesserung der Aufmerksamkeit
• Verbesserung des Gedächtnisses
• Ordnung und Klarheit des Denkens
• Verbesserung des Einfallsreichtums
• Verbesserung der Fähigkeit, soziale Situationen richtig einzuschätzen
• Probleme lösen lernen

- **Stufenweise Wiedereingliederung der Patienten** in seine soziale und berufliche Welt: zeitlich befristete Vermittlung spezieller Einrichtungen wie therapeutische Wohngemeinschaft, Tages- oder Nachtkliniken.
- Für **nicht mehr einzugliedernde Patienten** Unterbringung in längerfristigen Rehabilitationseinrichtungen zum Erlernen spezieller Berufe, Arbeit in beschützten Werkstätten usw.

11.9 Sonstige wahnhafte/psychotische Störungen nichtorganischer Genese

Diese Gruppe wird nicht eindeutig den schizophrenen oder affektiven Erkrankungen zugeordnet.

11.9.1 Schizoaffektive Psychosen (Zykloide Psychosen nach Leonhard)

- **Uneinheitliche Definitionen.** DSM-IV beschreibt eine Störung, bei der zu einem bestimmten Zeitpunkt neben der Major Depression oder Manie gleichzeitig Symptome einer Schizophrenie auftreten.
- Über die **Häufigkeit** gibt es keine zuverlässigen Angaben. Schätzungsweise sind 10 bis 25 % der als Schizophrenie oder affektive Psychosen diagnostizierten Erkrankungen den schizoaffektiven Psychosen zuzurechnen. Männer und Frauen sind gleichhäufig betroffen, das Auftreten ist in jedem Alter möglich.

Merke:

Die Diagnosestellung ist bei einer depressiven Begleitsymptomatik einer Schizophrenie nicht erlaubt. Kriterien für eine Major Depression müssen erfüllt sein.

- Nach der **Verlaufsform** werden ein **bipolarer** (manische und depressive Symptome) oder **monopolarer depressiver Typ** unterschieden.
  Der **Verlauf** ist rezidivierend, meist polyphasisch, die Langzeitprognose jedoch deutlich günstiger als bei der Schizophrenie.

Therapie (primär medikamentös):

- Bei einem schizomanischen Syndrom: Neuroleptika,
- Beim schizodepressiven Syndrom: Neuroleptika und Antidepressiva,
- **Rezidivprophylaxe:** Lithium- oder Carbamazepin-Dauermedikation, bei starker schizophrener Ausprägung auch Langzeitprophylaxe mit Neuroleptika, evtl. in Kombination mit Lithium.
- Zusätzlich **Psychotherapie** und **Soziotherapie.**

11.9.2 Akute schizophreniforme Störung

- Akuter Krankheitsbeginn mit Entwicklung psychotischer Symptome innerhalb von Tagen oder weniger Wochen. Das klinische Bild entspricht der Schizophrenie, die Dauer der Symptome ist jedoch kürzer als 1 Monat.
- Die Prognose ist wesentlich besser als bei der Schizophrenie.
- **Differentialdiagnostisch** sind akute polymorphe psychotische Störungen, eine kurze reaktive Psychose und die Schizophrenie abzugrenzen.
- **Therapie:** entspricht der Schizophrenie, eine Neuroleptika-Rezidivprophylaxe wird allenfalls für 1 Jahr empfohlen.

11.9.3 Akute polymorphe psychotische Störung

- Sehr rasch wechselhafte, unterschiedlich ausgeprägte Halluzinationen, Wahn und Wahrnehmungsstörungen. Oft zugleich affektive Symptome: emotionale Erregung mit vorübergehenden Glücksgefühlen und Exstase oder Angst und Gereiztheit.
  - Abrupter Beginn (innerhalb 48 Stunden) und schnelle Rückbildung.
  - **Differentialdiagnose:** Schizophrenie, Manie, schizophreniforme Störung und kurze reaktive Psychose.
  - **Therapie:** wie bei Schizophrenie, Neuroleptika-Prophylaxe höchstens 1 Jahr.

11.9.4 Kurze reaktive Psychose („Emotionspsychose“)

- Die Psychose wird durch ein stark belastendes Ereignis ausgelöst. Typisch sind der akute Beginn sowie das folgenlose Abklingen. Die Latenz zwischen dem Auftreten der Psychose und dem traumatisierenden Ereignis beträgt wenige Tage, der Inhalt steht im Zusammenhang mit der Belastung.

Merke:
Für die Diagnose wird der Zusammenhang mit der Belastung gefordert.

- **Differentialdiagnostisch** sind organisch bedingte psychische Störungen, schizophrene, schizophreniforme und sonstige wahnhafte Störungen abzugrenzen.
- **Therapie:** Neben der gleichen medikamentösen Behandlung wie bei einer Schizophrenie wird das belastende Ereignis **psychotherapeutisch** bearbeitet. Eine Rezidivprophylaxe ist nicht erforderlich.

11.9.5 Schwangerschafts-, Wochenbett- und Laktationspsychosen

- Psychosen in der Schwangerschaft sind selten, im Wochenbett treten sie jedoch 10mal häufiger auf als zu anderen Lebenszeiten (insbesondere 1.und 2. Woche postpartal).
- Beobachtet werden v. a. depressive, jedoch auch schizophrene und schizoaffektive Bilder.
- Die Prognose ist i. d. R. günstig.
- **Therapie:** In Abhängigkeit vom vorherrschenden klinischen Bild Antidepressiva oder Neuroleptika (z. B. Clozapin, verursacht keine Prolaktinerhöhung); evtl. Hormonsubstitution oder Regulierung einer hormonellen Störung.

11.9.6 Wahnhafte Störung

- Krankheitsbilder mit einem systematisierten Wahn, ohne sonstige Symptome der Schizophrenie oder affektiver Psychosen. Insgesamt selten.
- Die **Ätiologie** ist ungeklärt, prädisponierend sind eine auffällige Persönlichkeitsstruktur (expansive und sensitive) und Belastungsfaktoren wie soziale Isolation, Milieuwechsel oder schwere zwischenmenschliche Konflikte.
- Die Ursache des Wahns ist oft eine überwertige Idee, mit späterer Entwicklung zum Wahn, Wahninhalte sind Leibes-, Größen-, Eifersuchts-, Verfolgungs- und körperbezogener Wahn.
- Der **Verlauf** ist entweder kurz, gut remittierend mit guter Prognose oder anhaltend, fluktuierend mit Tendenz zur Chronifizierung.
- **Therapeutisch** wird versucht, die Wahndynamik durch Neuroleptika, Milieuwechsel und supportive Psychotherapie zu beeinflussen. Chronische Verläufe sind therapieresistent.

11.9.7 Symbiotischer Wahn (folie a deux, „induziertes Irresein")

- Übernahme der Wahnvorstellung eines in enger Lebensgemeinschaft wohnenden Kranken, zu dem meist eine enge emotionale Beziehung besteht. Dessen psychotische Erkrankung ist meist Schizophrenie.
- Die Wahnvorstellungen können nach der Trennung von dem Primärerkrankten wieder aufgegeben werden, die Inhalte sind meist Verfolgungs- oder Größenwahn. Die Erkrankung verläuft i. d. R. chronisch.
- Die **Differentialdiagnose** umfasst wahnhafte Störungen, Schizophrenie, schizoaffektive Erkrankungen und konformen Wahn (gemeinschaftliche Wahnbildung bei 2 eng zusammenlebenden schizophrenen Kranken).
- **Therapeutisch** wirksam ist die Trennung von dem Primärerkrankten und die Behandlung seiner Wahnerkrankung.

Nota: Schizophrene mit Substanzmißbrauch („Doppeldiagnose"-Patienten) weisen besondere Risiken auf: vermehrte Gewalttätigkeit, höhere Rate von Suizidversuchen und Hospitalisationen!

12 Affektive Störungen

Traditionelle Einteilung

- Affektive Psychosen (manisch-depressive Erkrankung/Zyklothymie; endogene Depression; Manie)
- Reaktive und neurotische/psychogene Depressionen
- Somatogene (symptomatische/organische) Depressionen

Heutige Einteilung

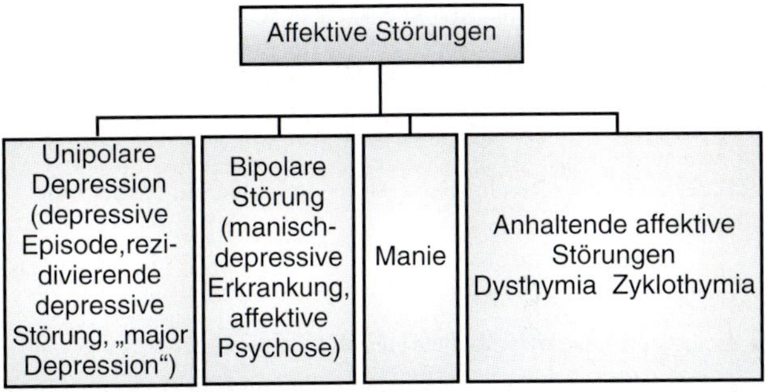

Abb. 12.1 Einteilung Affektive Störungen

12.1 Epidemiologie

- **Depressive Episode** (Major Depression)
  - Lebenszeitprävalenz 4 – 18 %
  - Punktprävalenz 1,5 – 5 %
  - ca. 10 % der Hausarztpatienten (ca. 25 % zeigen depressive Symptome)
  - 15 – 25 % der Bewohner in Alten-/Pflegeheimen
  - ca. 15 % aller über 65jährigen
  - ca. 50 % der Parkinson-Patienten
  - ca. 25 % der Patienten mit Alzheimer-Demenz
  - ca. 50 % innerhalb eines Jahres nach Schlaganfall

- **Dysthymia**
  - Lebenszeitprävalenz: 3 – 6 %
  - Punktprävalenz: 1 – 4 %
- **Affektive Psychosen/Bipolare Störung: ca. 1 %**

Merke:
Ca. 40 % der Depressiven konsultieren keinen Arzt, ca. 50 % der Depressionen werden vom Allgemeinarzt nicht erkannt, $^2/_3$ werden nicht behandelt, nur 25% erhalten Antidepressiva – oft in nicht ausreichender Dosierung!

- Direkte und indirekte Krankheitskosten: Ca. 35 – 50 Milliarden US $ bzw. 300 Mio. £ pro Jahr (soviel wie für koronare Herzkrankheit, fast die Hälfte der Kosten von Krebserkrankungen)

$^2/_3$ der affektiven Psychosen verlaufen unipolar, ein Drittel bipolar.

- Frauen erkranken ca. 2x häufiger an Depressionen
- Das durchschnittliche Ersterkrankungsalter unipolarer Depressionen beträgt 40 – 45 Jahre, bei bipolaren Erkrankungen 30 – 35 Jahre.

Merke:
Es besteht ein erhöhtes Suizidrisiko, ca. 10 – 15 % der Depressiven sterben durch Suizid.

12.2 Ätiopathogenese

- Prinzipiell **multifaktoriell** bedingt (Vulnerabilitätskonzept)
- Die depressiogene Wirksamkeit eines Lebensereignisses wird vor allem durch die individuelle Disposition bestimmt.

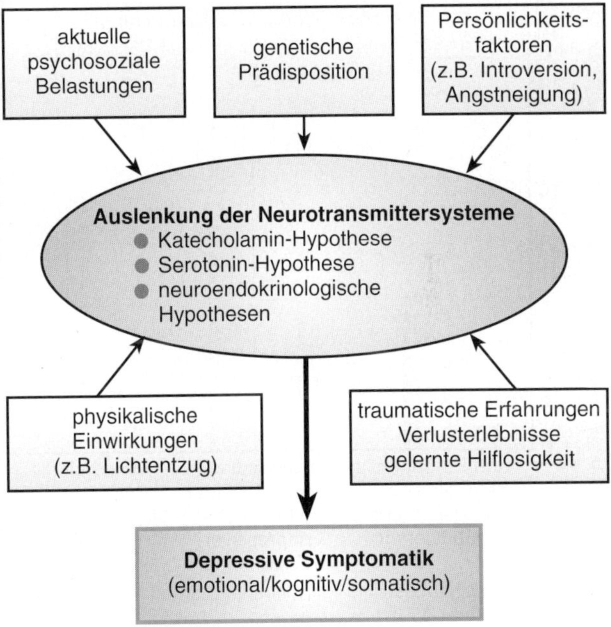

Abb. 12.2 Multifaktorielle Ätiopathogenese depressiver Erkrankungen

Genetische Faktoren

- Familien-, Zwillings- und Adoptionsstudien zeigen vor allem für bipolare affektive Psychosen eine genetische Disposition
- Das Erkrankungsrisiko der Kinder bei einem kranken Elternteil beträgt für unipolare Depression ca. 10 %, bei bipolaren Psychosen ca. 20 %
- Das Morbiditätsrisiko der Kinder, wenn beide Eltern an einer bipolaren affektiven Psychosen leiden, beträgt 50 – 60 %
- Konkordanzrate für eineiige Zwillinge ca. 65 % (bipolar: 80 %, unipolar: 50 %), für zweieiige Zwillinge ca. 20 %

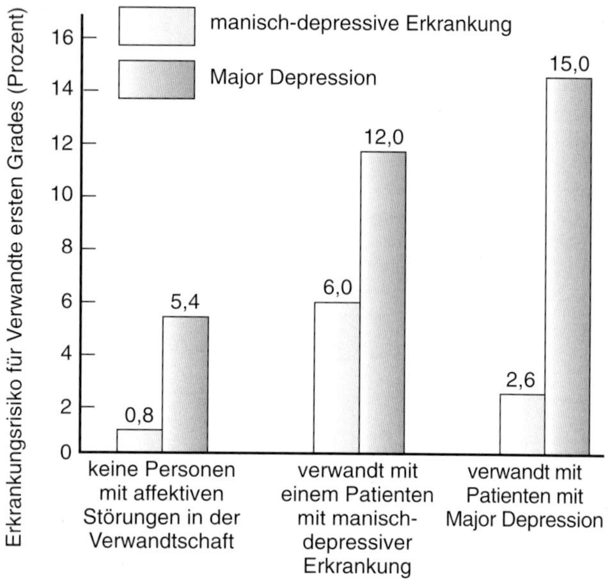

Abb. 12.3 Erkrankungsrisiko für Verwandte, an affektiven Störungen zu erkranken

Neurobiologische Faktoren

- Neurobiochemie
  - Amindefizit-Hypothesen (Noradrenalin-/Serotonin-Mangel-Hypothese)
  - Konzept der Dysbalance verschiedener Neurotransmitter
- Neuroendokrinologische Befunde: Störungen der Regulation der Hypothalamus-Hypophysen-Nebennierenrinden- bzw. Schilddrüsen-Achse
  - Hypercortisolismus
  - Pathologischer TRH-Test
  - Pathologischer Clonidin-Test
- Chronobiologische Faktoren
  - Saisonale Rhythmik
  - Sog. Tagesschwankungen
  - Verkürzte REM-Latenz

- Pharmakogene und somatogene Ursachen (s. Differentaldiagnose S. 191 ff.).

Psychologische Faktoren

- Psychosoziale Stressoren, kritische Lebensereignisse (Life events), z. B. Verluste, Entwurzelung
- Psychodynamisch-psychoanalytische Modellvorstellungen
  - Früher Verlust der Mutter (?)
  - Orale Fixierung
- Lernpsychologische Modellvorstellungen
  - Kognitive Triade: negative Wahrnehmung der eigenen Person, der Umwelt und der Zukunft
  - Dysfunktionale Kognitionen

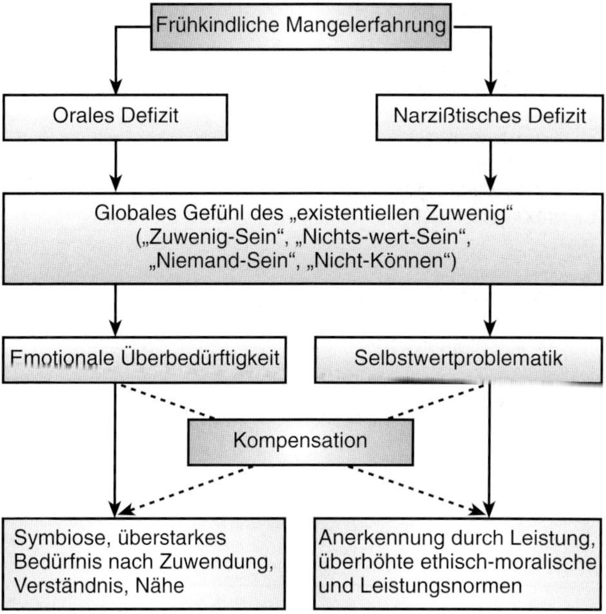

Abb. 12.4 Tiefenpsychologisch-psychodynamisches Modell zur Ätiopathogenese von Depressionen (modif. nach *Wolfersdorf* 1992)

Tabelle 12.1 Beispiele depressiver Denkfehler

Übergeneralisierung	**Personalisierung**
Allgemeine Schlußfolgerungen werden auf Grund einzelner Ereignisse gezogen. Beispiel: „Keiner mag mich".	Ereignisse werden ohne zwingenden Grund auf die eigene Person bezogen. Beispiel: „Daß Kollege Meier schlechte Laune hat, liegt an mir".
Kurzschlußdenken	**Tunnelblick**
Es werden willkürliche Schlußfolgerungen in Abwesenheit von Fakten oder gar bei gegenläufigen Sachverhalten gezogen. Beispiel: „Andere schauen auf mich herab; ich werde immer depressiv bleiben".	Von vielen Dingen werden nur ganz bestimmte und vor allem negative gesehen. Beispiel: „Kollege Meier mag mich nicht". (Was die anderen Kollegen tun, wird ignoriert).

- „Gelernte Hilflosigkeit"
- Verstärkerverlust
- Fehlende Bewältigungsstrategie
- Störung der Selbstwahrnehmung und Selbstbewertung

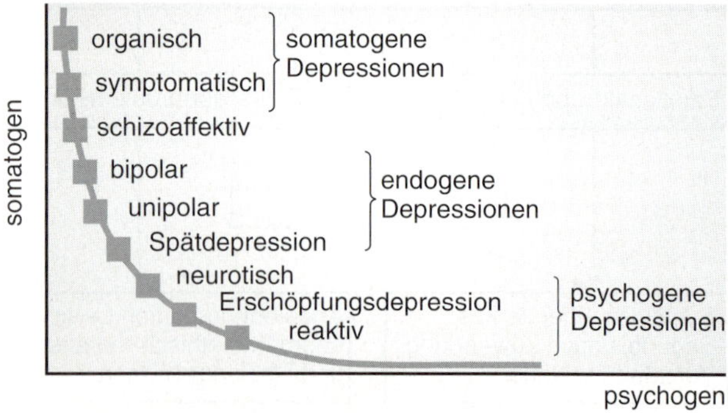

Abb. 12.5 Nosologische Einordnung des Depressionszustandes (nach *Kielholz)*

- **Persönlichkeitsfaktoren**
  - „Typus melancholicus“ (Ordentlichkeit, Überkorrektheit, Aufopferungsbereitschaft, Genauigkeit bis Pedanterie)
  - „Orale Charakterstruktur“ (niedrige Frustrationstoleranz, starke Abhängigkeit von anderen, „dependente Persönlichkeit“)
  - „Anale Charakterstruktur“: zwanghafte Züge

12.3 Einteilung/Klassifikation

Tabelle 12.2 Klassifikation von affektiven Störungen

ICD-10	DSM-IV
Manische Episode – Hypomanie – Manie ohne psychotische Symptome – Manie mit psychotischen Symptomen	**Manische Episode** – Hypomanisches Syndrom – Schweregrad, ohne/mit psychotische(n) Merkmale(n) – Verlauf (remittiert)
Bipolare affektive Störung Unterteilung nach – Episode (depressiv/manisch/gemischt) – Schweregrad – Verlauf (remittiert)	**Bipolare Störungen** – Gemischt, manisch, depressiv
Depressive Episode Unterteilung nach Schweregrad ± psychotische Symptome ± somatische Symptome	**Episode der Major Depression** – Schweregrade – Rezidivierend – Remission – Chronisch (> 2 Jahre) – Melanchol. Typus – Saisonal abhängige Verlaufsform
Rezidivierende depressive Störungen Unterteilung nach Schweregrad ± psychotische Symptome ± somatische Symptome Verlauf remittierend	
Anhaltende affektive Störungen Zyklothymia Dysthymia	Zyklothyme Störung Dysthyme Störung (depressive Neurose)
Andere affektive Störungen	

Tabelle 12.3 Klassifikation aufgrund der vorliegenden Psychopathologie und den Informationen über den bisherigen Verlauf (nach *Haug* et al. 1996)

Symptomatik	Bisheriger Verlauf	Klassifikation	ICD-10
depressiv	Ersterkrankung	Depressive Episode	F32
depressiv	Rezidivierend, abgegrenzte Episoden, nur depressiv	Rezidivierende depressive Störung	F33
depressiv	Rezidivierend, abgegrenzte Episoden, mindestens eine manische Episode	Bipolare affektive Störung	F31.3, F31.4, F31.5
depressiv	Chronisch längere Zeit, nur depressiv	Dysthymia	F34.1
depressiv	Chronisch längere Zeit, Wechsel zwischen Manie und Depression	Zyklothymia	F34.0
manisch	Ersterkrankung	Manische Episode	F30
manisch	Rezidivierend, abgegrenzte Episoden, nur manisch	Bipolare affektive Störung	F31.0, F31.3, F31.2
manisch	Rezidivierend, abgegrenzte Episoden, mindestens eine depressive Episode	Bipolare affektive Störung	F31.0, F31.3
manisch	Chronisch längere Zeit, nur manisch	Sonstige anhaltende affektive Störungen	F34.8
manisch	Chronisch längere Zeit, Wechsel zwischen Manie und Depression	Zyklothymia	F34.0

12.4 Leitsymptomatik

12.4.1 Depression

Hauptsymptome sind depressive Verstimmungen, Hemmung von Antrieb und Denken sowie Schlafstörungen.

– Interesse/Freudlosigkeit	96,2
– Schlafstörung	92,4
– Konzentrations-/Denkstörung	86,0
– Angstgefühle	84,3
– Unruhe	80,9
– Psychomotorische Hemmung	77,5
– Gefühl der Wertlosigkeit/Schuld	74,4
– Anergie	73,2
– Gedanken an den Tod	51,2
– Gewichtsveränderung	42,6

Abb. 12.6 Depressionszustände in der ärztlichen Praxis. Ergebnisse von N = 9419 Patienten (nach *Laux* und *Baier* 1994)

Cave:

Ausgeprägtes Suizidrisiko bei depressiven Patienten! 15 % der Patienten mit schweren depressiven Störungen begehen Selbstmord. Bei 20 bis 60 % der depressiv Kranken findet man Suizidversuche in der Anamnese, 40 bis 80 % haben während einer Depression Suizidgedanken.

Leitsymptome der endogenen Depression

- „Gefühl der Gefühllosigkeit"
- Vitalstörungen (Leibgefühlstörungen)
- Durchschlafstörungen/morgendliches Früherwachen
- „Grundloses" Auftreten
- Selbstanklage
- Wahn

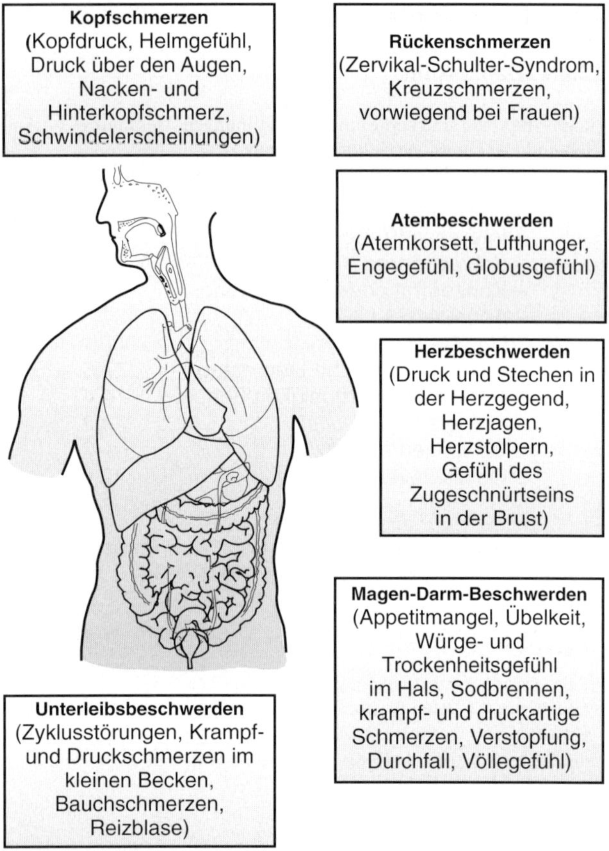

Abb. 12.7 Psychosomatische Symptome bei larvierter Depression

12.4.2 Manie

Leitsymptome der Manie

- Inadäquat gehobene Stimmung
- Antriebssteigerung („geschäftiges Nichtstun“)

- beschleunigtes Denken (Ideenflucht)
- Selbstüberschätzung
- vermehrte Geldausgabe

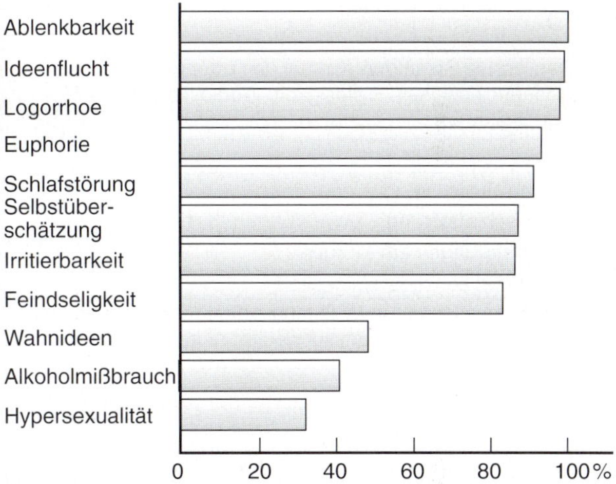

Abb 12.8 Häufigkeit typischer Manie-Symptome

Eine Manie bedingt in der Regel Schuldunfähigkeit und fehlende Testierfähigkeit (Kaufverträge!).
Zum Schutz des Kranken und seiner Angehörigen ist häufig eine stationäre „Zwangseinweisung" (Unterbringung) wegen Selbst-/Fremdgefährdung und Verlust der freien Willensbestimmung notwendig.

Hypomanie

- **„Mitreißende Euphorie":** insbesondere bei Künstlern und Geschäftsleuten hinsichtlich Kreativität, Aktivität und Ideenreichtum von Vorteil. Eine stärkere Ausprägung und/oder anhaltende Dauer bedingen aber häufig Probleme bezüglich Partnerschaft und sozialer Integration.

Collegium Internationale Psychiatriae Scalarum	Ausfülldatum Tag	Monat	Jahr	Stunde (Uhrz)
Hamilton Depression Scale	☐☐	☐☐	☐☐	☐☐

HAMD

1. Depressive Stimmung (Gefühl der Traurigkeit, Hoffnungslosigkeit, Hilflosigkeit, Wertlosigkeit)
2. Schuldgefühle
3. Suizid
4. Einschlafstörung
5. Durchschlafstörung
6. Schlafstörungen am Morgen
7. Arbeit und sonstige Tätigkeiten
8. Depressive Hemmung (Verlangsamung von Denken und Sprache, Konzentrationsschwäche, reduzierte Motorik)
9. Erregung
10. Angst – psychisch
11. Angst – somatisch
12. Körperliche Symptome – gastrointestinale
13. Körperliche Symptome – allgemeine
14. Genitalsymptome wie etwa: Libidoverlust, Menstruationsstörungen etc.
15. Hypochondrie
16. Gewichtsverlust
17. Krankheitseinsicht
18. Tagesschwankungen
19. Depersonalisation, Derealisation wie etwa: Unwirklichkeitsgefühle, nihilistische Ideen
20. Paranoide Symptome
21. Zwangssymptome

Abb. 12.9 Hamilton-Depressionsskala

Tabelle 12.4 Basisdiagnostik bei Depressionen
• Exakter Neurostatus, orientierte internistische Untersuchung
• RR, Herzfrequenz
• BSG, Blutbild
• Elektrolyte (Na, Ca, K), Nüchtern-Blutzucker
• Leber- und Nieren-Funktionsparameter
• Schilddrüsenparameter (T_3, T_4, TSH-basal)
• Vitamin B_{12}, TPHA (Lues-Reaktionen)
• EEG
• ggf. CCT/MRT
• ggf. Dexamethason-Test (Verlaufsbeobachtung)

12.5 Diagnosekriterien und Diagnostik

Die Diagnose affektiver Erkrankungen wird **primär klinisch** gestellt auf der Basis des

- psychopathologischen Befundes (anhand spontan geschilderter Beschwerden oder mit Hilfe gezielter Explorationsfragen bzw. Rating-Skalen)
- der gezielten Anamnese
- des Verlaufes
- unter Berücksichtigung ätiologischer Faktoren (Auslöser, Konflikte, organische Erkrankung, familiäre Häufung)

12.5.1 Depression

Insbesondere im Hinblick auf therapeutische Konsequenzen und Entscheidungen ist die **Abschätzung des Schweregrades von großer Bedeutung.** Es empfielt sich die Erhebung eines Depressions-Scores, z. B. anhand der Hamilton-Depressionsskala (HAMD).

Subtypen und Sonderformen

- Somatisches Syndrom nach ICD-10 und melancholische Merkmale nach DSM-IV („endogene Depression").

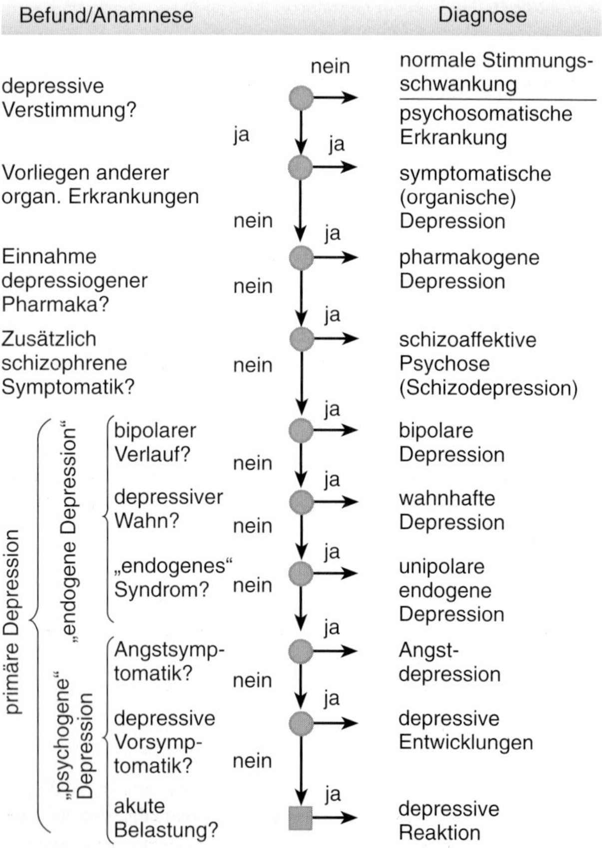

Abb. 12.10 Diagnostischer Prozeß (modif. nach *Linden* 1984)

- **Larvierte Depression** (körperliche Symptome stehen im Vordergrund)
- **Involutions- bzw. Spätdepression** (Auftreten nach dem 45. Lebensjahr, protrahierte Phasendauer, erhöhtes Suizidrisiko)

Tabelle 12.5 Kennzeichen der depressiven Episode nach ICD-10
Haupt-Symptome (Gruppe 1) 1. Depressive Stimmung 2. Verlust von Interesse und Freude 3. Verminderung des Antriebs und erhöhte Ermüdbarkeit
Zusatz-Symptome (Gruppe 2) 1. Verminderte Konzentration und Aufmerksamkeit 2. Vermindertes Selbstwertgefühl und Selbstvertrauen 3. Gefühle von Schuld und Wertlosigkeit 4. Negative und pessimistische Zukunftsperspektiven 5. Suizidgedanken, -pläne und/oder -handlungen 6. Schlafstörungen 7. Verminderter Appetit
Mindestdauer: 2 Wochen **Verlaufstypen:** – Rezidivierend (> 2 Episoden)
F 32.0: Leichte depressive Episode 2 Symptome aus Gruppe 1 2 Symptome aus Gruppe 2
F32.1: Mittelgradige depressive Episode mind. 2 Symptome aus Gruppe 1 mind. 3 Symptome aus Gruppe 2
F32.2: Schwere depressive Episode ohne psychotische Symptome Alle Symptome aus Gruppe 1 mind. 4 Symptome aus Gruppe 2 kein Wahn, Halluzinationen, Stupor
F32.3: Schwere depressive Episode mit psychotischen Symptomen Alle Symptome aus Gruppe 1 mind. 4 Symptome aus Gruppe 2 mit Wahn, Halluzinationen und/oder Stupor

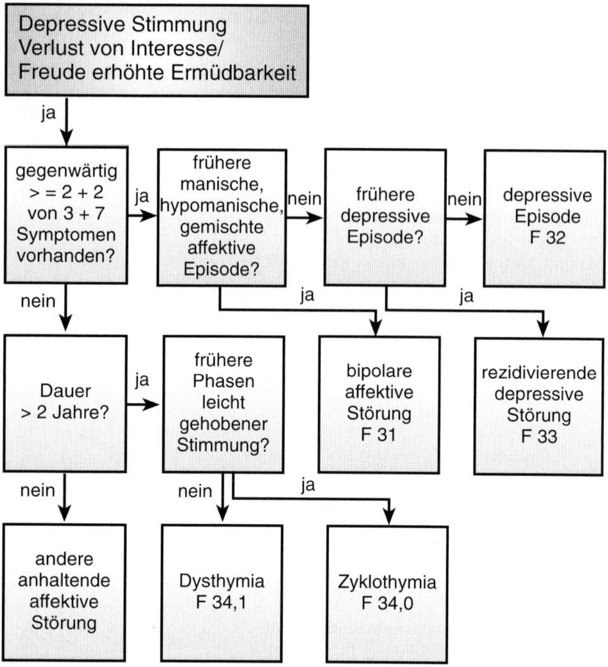

Abb. 12.11 Entscheidungsbaum für die Klassifizierung nach ICD-10

- **Altersdepression** (Ersterkrankung nach dem 60. Lebensjahr):
  - oft hypochondrisches Bild und Somatisierung
  - gehäuft nihilistisch-wahnhaft
  - relativ häufig agitiertes Bild
  - Abgrenzung Pseudodemenz!
  - Tendenz zur Chronifizierung
  - ca. $^1/_4$ mündet in ein organisches Psychosyndrom
  - hohe Co-Morbidität mit chron. körperl. Erkrankungen (kardio-zerebrovaskulär, rheumatisch)

Tabelle 12.6 Diagnostische Kriterien nach DSM-IV und ICD-10

DSM-IV **Melancholische Merkmale**	**ICD-10** **Somatisches Syndrom**
A1 Verlust an Freude/Aktivitäten A2 Mangel an Reagibilität B1 Qualitativer Unterschied der depressiven Störung B2 Regelmäßiges Morgentief B3 Frühmorgendliches Erwachen (2 Stunden vor der üblichen Zeit) B4 Deutliche psychomotorische Hemmung/Unruhe B5 Erhebliche Appetitlosigkeit oder Gewichtsverlust B6 Übermäßige/unangemessene Schuldgefühle	1. Deutlicher Verlust an Freude/Interessen 2. Mangelnde Fähigkeit emotional auf Ereignisse zu reagieren 3. Frühmorgendliches Erwachen (2 Stunden vor der gewünschten Zeit) 4. Morgentief 5. objektive Hinweise auf ausgeprägte psychomotorische Hemmung/Agitiertheit 6. Deutlicher Appetitverlust 7. Gewichtsverlust (5 % im vergangenen Monat) 8. Deutlicher Libidoverlust
Mindestens 1 Symptom aus (A1) und (A2) und mindestens 3 Symptome aus (B1) bis (B6)	Mindestens 4 Merkmale aus (1) bis (8)

Cave:

- Fehl„diagnosen" wie „Altersabbau", „beginnende Demenz", „Vereinsamung"
- Erhöhte Mortalität/Suizidalität im Alter!

- **Wochenbettdepression**
- sog. **Erschöpfungsdepression** (nach Kielholz), auftretend nach meist langjähriger affektiver Dauerbelastung bzw. wiederholten schweren Psychotraumen.
- **„Rapid-Cycling"** (mehr als vier depressive und/oder manische Phasen pro Jahr).
- **Depression bei Parkinson-Syndrom:**
  - z. T. Depression als Erstsymptom
  - Häufig Persönlichkeitsstruktur ähnlich wie „Typus melancholicus"
  - Dominierende Symptomatik oft: Reizbarkeit, Unzufriedenheit, Stimmungslabilität, Angst/Paniksymptome
    auffallend selten: Schuldgefühle, Selbstanklagen, Wahn

- Seltener „major depression“, häufig „dysthyme Störung“ oder „atypische Depression“
- Beachte: Überschneidungen der Depressions- und Parkinson-Symptome (Psychomotorik)

- **Dysthymia:** Chronische depressive Verstimmung leichteren Grades (die Störung hat sehr viel mit den Konzepten der neurotischen Depression bzw. depressiven Persönlichkeitsstörung gemeinsam)

12.5.2 Manie

Tabelle 12.7 Diagnostische Kriterien der manischen Episode nach ICD-10 und DSM-IV

ICD-10	DSM-IV
Symptomatologie:	
• Situationsadäquate, anhaltende gehobene Stimmung (sorglos-heiter bis erregt) • Selbstüberschätzung • Vermindertes Schlafbedürfnis • Gesprächigkeit/Rededrang • Störungen der Aufmerksamkeit und Konzentration, Ablenkbarkeit, Hyperaktivität	• Eine mindestens einwöchige, abgegrenzte Periode abnormer und anhaltend gehobener, expansiver oder reizbarer Stimmung • Übersteigertes Selbstwertgefühl oder Größenideen • Vermindertes Schlafbedürfnis • Rededrang, Ideenflucht • Erhöhte Ablenkbarkeit • Gesteigerte Betriebsamkeit/ Aktivität (sozial, sexuell, vermehrte/unsinnige Geldausgabe)
Schweregrad:	
• *Mittelgradig:* Manie ohne psychotische Symptome. Zusätzlich: berufliche/soziale Funktionsfähigkeit unterbrochen • *Schwer:* Manie mit psychotischen Symptomen. Zusätzlich: Wahn	• *Hypomane Episode:* die Störung ist nicht schwer genug, um eine deutliche Beeinträchtigung der beruflichen oder sozialen Funktionen zu verursachen oder eine Hospitalisierung erforderlich zu machen
Mindestdauer:	
1 Woche	1 Woche

12.6 Differentialdiagnose

- **Organische Ursachen** eruieren: etwa 10 – 15 % der Depressionen sind durch Allgemeinerkrankungen (mit-)bedingt!
- Potentiell auslösende Bedingungen sind vor allem: **Alkohol-/ Medikamenten-Abusus!**

Tabelle 12.8 Somatogene Depressionen

1. Neurologie Epilepsie Hirntumor Zerebrovaskuläre Erkrankungen Hirnatrophie M. Parkinson Hirntraumen Arteriitis temporalis Enzephalitis (Virus, z. B. FSME) Encephalomyelitis disseminata Amyotrophe Lateralsklerose Myasthenie Funikuläre Myelose **2. Endokrinologie** Hypo-/Hyperthyreose Riesenzelloithyreoiditis Hypo-/Hyperparathyreoidismus HVL-Insuffizienz M. Addison M. Cushing Phäochromozytom Akromegalie **3. Kardiologie** Vitien (ASD, VSD, Mitralstenose) Essentielle Hypertonie Positionshypotonie	Funktionelle kardiovaskuläre Störung Z. nach Bypass-Operation Z. nach Myokardinfarkt **4. Gastroenterologie** Reizkolon Ileitis terminalis Colitis ulcerosa Virushepatitis Leberzirrhose M. Meulengracht Sprue Encephalopathia pancreatica **5. Nephrologie** Chronische (Pyelo-)Nephritis Dialyse-Patienten Prostataadenom **6. Kollagenosen, Immunopathien** Lupus erythematodes Panarteriitis nodosa Rheumatismus, Fibromyalgia **7. Stoffwechselkrankheiten** Anämie Porphyrie Hämochromatose Hypoglykämie M. Gaucher

Tabelle 12.8 (Fortsetzung)

8. Infektionskrankheiten Lues (Lungen-)Tbc Bruzellose Toxoplasmose Sarkoidose Mononukleose und andere Viruserkrankungen (z. B. Viruspneumonie) AIDS Borrellose Bornaviren **9. Intoxikationen** Chronische Hg-/CO-Intoxikation Alkoholismus **10. Gynäkologie** Prämenstruelles Syndrom Klimakterium (?)	**11. Radiologie/Chirurgie** „Strahlenkater" Postoperativer Zustand **12. Tumoren/Paraneoplastische Syndrome** Chronische Leukosen Pankreaskarzinom Bronchialkarzinom Ovarialkarzinom **Bei Altersdepression** insbesondere: Hypo-/Hyperthyreose Anämie Fehlernährung Okkultes Karzinom Medikamentenmißbrauch

Tabelle 12.9 Pharmakogene Depressionen

1. Antihypertensiva Reserpin Alpha-Methyl-Dopa Clonidin Betablocker Prazosin Hydralazin Guanethidin **2. Parkinsonmittel und Muskelrelaxantien** L-Dopa Amantadin Baclofen Bromocriptin **3. Steroidhormone** Glukokortikoide Gestagene	Danazol ACTH **4. Antirheumatika, Analgetika** Indometacin Gold Chloroquin Phenazetin Phenylbutazon Pizotifen Methysergid Ibuprofen Opiate **5. Tuberkulostatika, Antibiotika, Zytostatika, Antimykotika** INH Sulfonamide

Tabelle 12.9 (Fortsetzung)

Nalidixinsäure Vinblastin Griseofulvin Interferon alfa-2b Tetrazykline Streptomycin Nitrofurantoin Metronidazol Ofloxacin	**8. Kardiaka** Digitalis (?) Procainamid Lidocain
6. Ophthalmologika Acetazolamid	**9. Psychopharmaka** Neuroleptika Barbiturate Disulfiram Amphetamin-Entzug Benzodiazepin-Langzeiteinnahme (?)
7. Antiepileptika Hydantoin Succinimid Clonazepam	**10. Sonstige** Flunarizin Cimetidin Cholesterinsynthesehemmer

- Insbesondere bei Altersdepressionen, die mit ausgeprägten kognitiven Störungen einhergehen, kann die Differentialdiagnose zu einer **beginnenden Demenz** (sog. „depressive Pseudodemenz“) schwierig sein (siehe Tabelle 12.10). Im Zweifelsfall empfiehlt sich eine probatorische Behandlung mit einem Antidepressivum.

Tabelle 12.10 Abgrenzung der depressiven „Pseudodemenz“ von der senilen Demenz

Depression	Demenz
Beginn: eher rasch, erkennbar	Beginn: schleichend, unklar
Verlauf: episodisch	Verlauf: chronisch
Beständig depressive Stimmung	Fluktuierende Stimmungs- und Verhaltensauffälligkeiten
Häufige Antworten: „Weiß-nicht“	Antworten liegen knapp daneben
Ständige Klagen über kognitive Defizite	Kognitive Einbußen werden nicht beklagt, Patient sucht sie zu verbergen
Selbstanklage, häufig Schuldgefühle	
	Orientierungsstörungen

Tabelle 12.11 Unspezifische anamnestische Beschwerden, die Vorboten einer Parkinson-Krankheit sein können (nach *Deutsch* et al. 1996)
Befindlichkeitsstörungen
• Initiativ-Einbuße • Verminderte Entscheidungsfreude • Traurige Verstimmung, „depressiv“ • Rückzugstendenz • Verminderte (berufliche) Belastbarkeit • Innere Unruhe • Schlafstörungen
Muskel- und Gelenkschmerzen
• Allgemeines Steifigkeitsgefühl • Muskelverspannung • „Rheuma“ • (proximaler) Extremitätenschmerz (zum Beispiel Schulter-Arm-Schmerz)
Störungen der Beweglichkeit und Geschicklichkeit
• Mimik eingeschränkt • Arm sei gebeugt oder schwinge vermindert mit • Nachziehen eines Beines • Zittern bei emotionaler Belastung • Gestörte Geschicklichkeit (zum Beispiel Zähneputzen, Knöpfe schließen, Schrauben drehen) • Veränderung oder Verkleinerung der Schrift
Vegetative Störungen
• Obstipation • Appetitmangel • Libidoverlust • Schweißausbrüche

- Beim Vorliegen psychotischer Symptome (Wahn, Halluzinationen, Stupor) muß differentialdiagnostisch das Vorliegen einer schizoaffektiven oder schizophrenen Psychose erwogen werden.

12.7 Verlauf

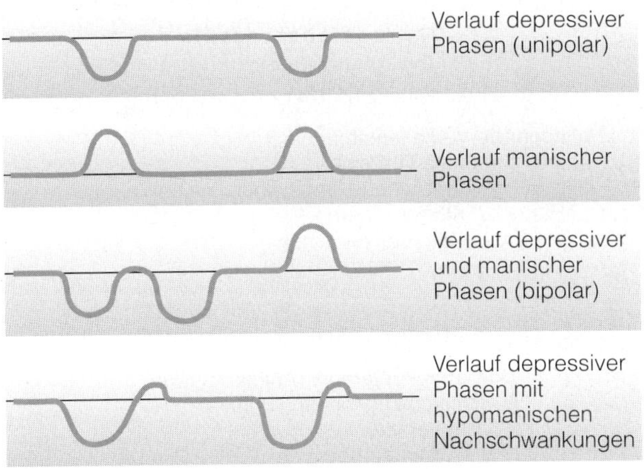

Abb. 12.12 Verläufe affektiver Psychosen

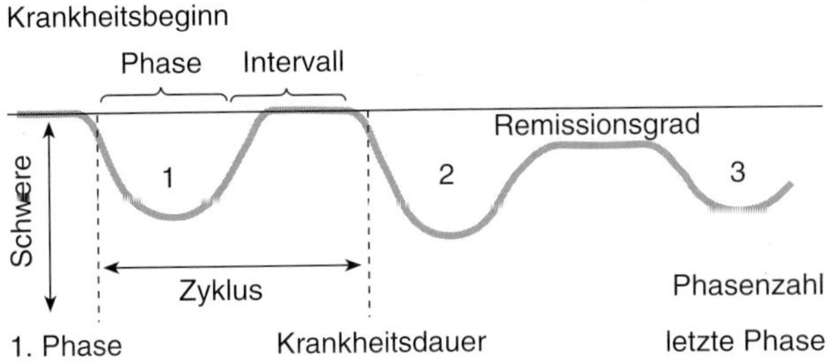

Abb. 12.13 Verlaufsparameter von unipolaren Depressionen (nach *Laux* 1986)

12.8 Therapie

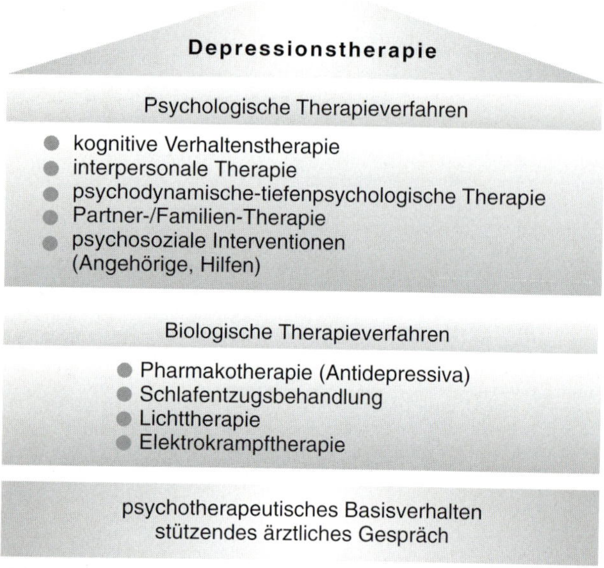

Abb. 12.14 Depressions-Therapie

Grundlage der Depressionsbehandlung ist das verständnisvolle, stützende ärztliche Gespräch („supportive Psychotherapie“).

- **Erstellung eines Gesamtbehandlungsplans:** Der Schwerpunkt der Therapiemaßnahmen orientiert sich am klinischen Bild sowie an der anzunehmenden Entstehung der Erkrankung
- **Drei Behandlungsphasen:**
  1. Akutbehandlung (6 – 12 Wochen)
  2. Erhaltungstherapie (3 – 12 Monate)
  3. Rezidivprophylaxe (1 Jahr und mehr)
- Initial steht die Frage im Vordergrund, ob eine ambulante oder stationäre Behandlung erfolgen kann oder muß. Zentral ist hier die **Abschätzung der Suizidalität.**

- Nächster Schritt ist die **Abschätzung des Schweregrades der Depression.**
  - Leichte depressive Episode (F32.0): supportive Psychotherapie. Zusätzlich evtl. Phytotherapeutikum (Hypericin)
  - Je schwerer die depressive Symptomatik, desto wichtiger ist eine medikamentöse Therapie mit Antidepressiva

12.8.1 Biologische/medikamentöse Therapie der Depression

Kriterien für die Auswahl des Antidepressivums sind:

- In der Vorgeschichte effektives Antidepressivum? (Response bei früherer Erkrankungsphase)
- Psychopathologischer Querschnittsbefund
- Nebenwirkungsprofil, Kontraindikationen (anticholinerge Wirkungen, gewünschte bzw. unerwünschte Aktivierung/Sedierung; organische Risikofaktoren)
- Toxizität/Sicherheit bei Überdosierung
- Kosten
- Von eminenter Bedeutung ist die Etablierung einer zuverlässigen Medikamenteneinnahme (Compliance)!

Merke:
Die zusätzliche Gabe von Benzodiazepinen oder schwachpotenten Neuroleptika ist auch deshalb immer wieder geboten, da Antidepressiva eine **Wirklatenz** aufweisen. Hierauf muß der Patient unbedingt hingewiesen werden. Arzt und Patient müssen sich zwei bis vier Wochen bis zum Einsetzen der vollen antidepressiven Wirkung gedulden.

Behandlung spezieller Depressionsformen

- **Wahnhafte Depression:** „Zweizügeltherapie“ mit Antidepressivum und Neuroleptikum
- Elektrokrampftherapie
- **Sog. atypische Depression:** klassische oder reversible MAO-Hemmer

- **Depression bei Parkinson:** Trizyklische Antidepressiva (beachte Blutdruck, Delir-Gefahr!)
  - Deprenyl/Selegilin: 20 – 40 mg/die
  - Moclobemid (Kombination mit Madopar möglich)
- Bei sog. **saisonalen Depressionen** (Herbst-Winter-Depression) kann ein Behandlungsversuch mit der sog. Lichttherapie (ca. 2000 – 10000 lux) gemacht werden.

Erhaltungstherapie

- Nach dem Abklingen der depressiven Symptomatik empfiehlt es sich in der Regel, eine antidepressive Erhaltungsmedikation für einen Zeitraum von **6 – 12 Monaten** in voller Dosis fortzuführen, da während dieser Zeit eine hohe Rückfallgefahr besteht.

Vorgehen bei Antidepressiva-Nonrespondern
(„Therapieresistente Depression"):

Häufigkeit ca: 30 %!

- Dosisanpassung/Plasmaspiegelkontrolle (viele Patienten sind unterdosiert!)
- Compliance-Kontrolle
- Antidepressive Infusionstherapie

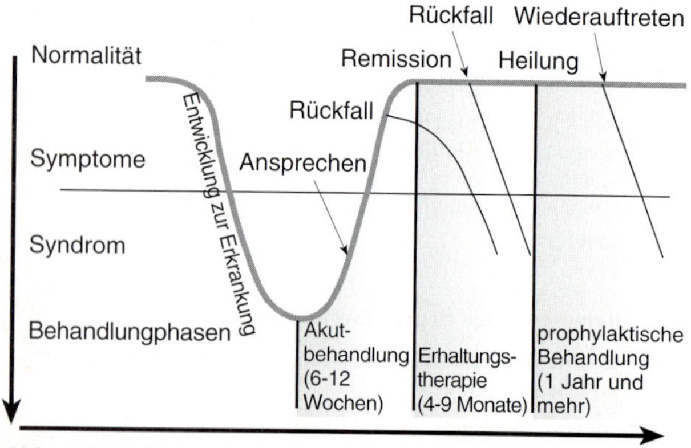

Abb. 12.15 Phasen der Depressionsbehandlung (modif. nach *Kupfer* et al. 1992)

- Wechsel auf ein Antidepressivum mit einem anderen neurobiochemischen Wirkungsschwerpunkt
- Zusätzlich Schlafentzugsbehandlung
- Augmentationsbehandlung mit Lithium
- Elektrokrampftherapie (EKT)

12.8.2 Biologische/medikamentöse Therapie der Manie

Ambulanter, bislang unbehandelter Patient

- **Beginnende (Hypo-) Manie**
  - Rasche Einstellung auf Lithium oder
  - Carbamazepin initial 200 mg, bis 800 mg/die, evtl. zusätzlich
  - niederpotente Neuroleptika (z. B. Chlorprothixen 100 – 200 mg/die)
  - Bei unsicherer Compliance: 50 – 100 mg Zuclopenthixol (Ciatyl-Z-Acuphase i. m.)
- **Akute Manie:** sofortige Klinikeinweisung

Ambulanter Patient unter Lithium- oder Carbamazepin-Prophylaxe

- Sofortige Serumspiegelkontrolle: Lithium-Dosis-Erhöhung auf ca. 1,0 mmol/l, zusätzlich Benzodiazepine oder niederpotente Neuroleptika
- Carbamazepin-Serumspiegel auf ca. 8μg/ml einstellen

Kooperativer stationärer Patient

- Rasche Carbamazepin-Einstellung auf 800 – 1000 μg/Tag.
- Evtl. zusätzliche Sedierung mit Benzodiazepinen oder nieder- bis mittelpotenten Neuroleptika

Stationärer unkooperativer Patient

- 100 mg Zuclopenthixol i. m.
- evtl. zusätzlich Benzodiazepine (z. B. Tavor Expidet)

Bei bipolaren affektiven Störungen mit rezidivierendem Verlauf:

- Lithiumprophylaxe (s. S. 388 ff.)

Merke:

Die Akutbehandlung der Manie gestaltet sich wegen des zumeist fehlenden Krankheitsgefühls häufig ausgesprochen schwierig. Eine richterliche Einweisung kann notwendig werden.
Als allgemeine Maßnahme empfiehlt sich die Abschirmung von stimulierenden Außenreizen, gleichzeitig sollte der Patient aber auch die Möglichkeit zur psychomotorischen Abreaktion haben.

Tabelle 12.12 Übersicht über die medikamentösen Behandlungsmöglichkeiten in der Prophylaxe bipolarer Störungen und ihre differentiellen Indikationen (nach *Ahrens* u. *Bauer* 1996)

Pharmakologische Behandlungsmöglichkeiten	Indikationen
Standardbehandlung	
Lithium	Bipolare Störung, 1. Wahl
Carbamazepin	Lithium-Partial- und Nonresponder/intolerable Lithium Nebenwirkungen
Alternativen	
Valproat	Bipolare Störung, gemischter/dysphorischer Typus/Rapid Cycler
Lithium-Carbamazepin-Kombination	Lithium-Partial- und Nonresponder
L-Thyroxin hochdosiert	Rapid Cycler/ Prophylaxeresistenz
Andere Kombinationen	
Lithium-Valproat	Partial- und Nonresponder auf Standardbehandlung
Carbamazepin-Valproat	Rapid Cycler/ Prophylaxeresistenz
Lithium-Neuroleptika	Bipolare Störung, überwiegend manisch
Lithium-Antidepressiva	Bipolare Störung, Typ II

12.8.3 Psychologische Therapie (Psychotherapie) der Depression

- **Kognitive Verhaltenstherapie**
  - Korrektur negativer Realitäts- und Selbstbewertungen
  - Schrittweiser Aufbau von Aktivitäten nach dem Verstärker-Prinzip

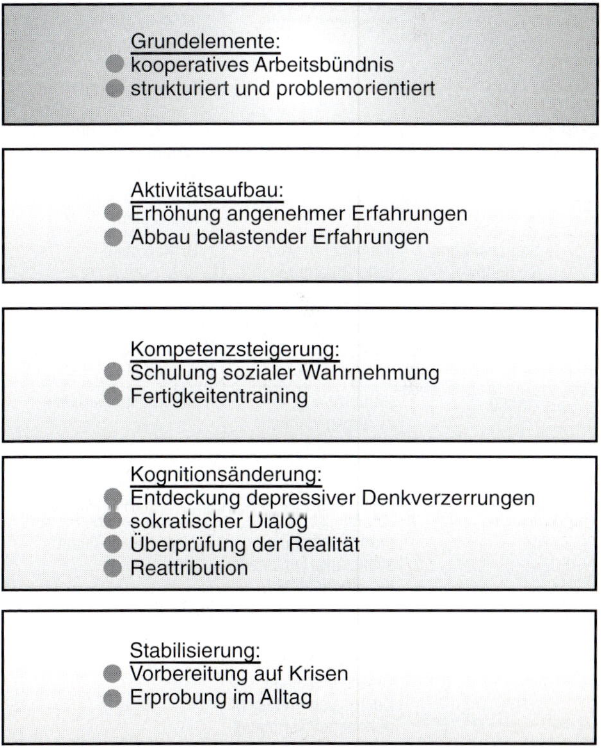

Abb. 12.16 Elemente der kognitiven Verhaltenstherapie bei Depressionen

Tabelle 12.13 Leitsymptome und Übersicht über die medikamentöse Therapie affektiver Störungen (modif. aus: *Möller/Laux/Deister* 1996)

Diagnose	Leitsymptome	Therapie
Depressive Störung („Major"/typ. Depression		
mit – Hemmung (gehemmte D.)	Antriebs- und Denkhemmung	Nicht-sedierendes Antidepressivum (z. B. Nortriptylin, Clomipramin, Moclobemid, Citalopram)
– Agitiertheit (agitierte D.)	Ängstliche Unruhe	Sedierendes Antidepressivum (z. B. Amitriptylin, Doxepin) Akut evtl. zusätzlich schwachpotentes Neuroleptikum (z. B. Thioridazin, Chlorprothixen) oder Benzodiazepin-Tranquilizer (z. B. Alprazolam, Bromazepam)
– Somatisierung (vegetativ-larvierte D.)	(Multiple) funktionelle Organbeschwerden	z. B. Maprotilin
– Wahn (psychotische D.)	Schuld-, Verarmungswahn	Antidepressivum plus Neuroleptikum (z. B. Haloperidol)
– Zwang	Grübelzwang, Zwangsgedanken/-handlungen	Clomipramin, Paroxetin
Manie	Inadäquat gehobene Stimmung (Euphorie), Ideenflucht, Rededrang, Selbstüberschätzung, Fehlendes Krankheitsgefühl	Carbamazepin u./o. Neuroleptika (z. B. Haloperidol, Perazin, Zuclopenthixol-Depot)
Zyklothymia	Anhaltende Instabilität der Stimmung, ständiger Wechsel zwischen leichter Depression und leicht gehobener Stimmung	evtl. Lithium
Dysthymie	Chronische depressive Stimmung	evtl. Monoaminoxidasehemmer

- Förderung von Selbstsicherheit und sozialer Kompetenz
- Erlernen der Fähigkeit zur Bewältigung (unvermeidbarer) Alltags- und Lebensprobleme

- **Interpersonale Therapie:** Therapeutische Beeinflussung der Interaktionen des Depressiven mit seinen nahen Bezugspersonen.
- **Tiefenpsychologisch fundierte** oder **psychoanalytische Psychotherapie:** beim Vorliegen psychodynamischer Konflikte nach dem Abklingen der Akutsymptomatik.

In den letzten Jahren hat sich die Kombinationsbehandlung von Antidepressiva mit kognitiver Verhaltenstherapie etabliert.

Konsensus über Routine-Therapiemaßnahmen von Depressionsstationen (nach Wolfersdorf et al. 1995)

1) Psychopharmakotherapie (Antidepressiva)
2) Psychotherapeutisches Angebot in Form von Einzel- und Gruppentherapie, Entspannungstraining, Einbeziehung von Angehörigen in Familiengesprächen bzw. Angehörigengruppen
3) Psychotherapeutisches Basisverhalten im Umgang mit depressiven Patienten; Aktivierungsprogramm; Tagesstruktur
4) Regelmäßige Weiterbildungs- und Themensupervisionsangebote für alle Mitarbeiter
5) Notwendigkeit sozialarbeiterischer Angebote
6) Notwendigkeit medizinischer Begleittherapien
7) Notwendigkeit von Ergo-, Musik- und Bewegungstherapie

Fehler im Umgang mit Depressiven (nach Hell 1985)

- Entmündigende Schonhaltung
- Ärgerliche Ungeduld/Überaktivismus
- Aufmunternder Trost

13 Neurotische und psychosomatische Störungen

Dieses Kapitel umfaßt psychogene Erkrankungen, d. h. Krankheiten, bei denen seelische bzw. psychosoziale Faktoren für die Entstehung eine maßgebliche Rolle spielen. Nach der älteren psychoanalytisch geprägten Terminologie zählen hierzu insbesondere Neurosen und psychosomatische Krankheiten.

Praxisorientierte Einteilung

1. Reaktive Störungen (Belastungsreaktionen, posttraumatische Reaktionen, somatopsychische Störungen)
2. Neurotische Störungen
3. Psychosomatische Erkrankungen im engeren Sinne

Tabelle 13.1 Positive diagnostische Hinweise auf eine Psychogenese (nach *Hoffmann* 1994)
1. Charakteristische Symptome (z. B. Sensibilitätsstörung nach dem „Kleidungsschema")
2. Darstellung des Symptoms (Schilderung ist „diffus", „bildhaft", „bunt"; Merkliste auf Zettel u. a.)
3. Interaktionsverhalten (z. B. appellativ, fordernd, anklammernd)
4. Häufiger Arztwechsel in der Vorgeschichte
5. Unklare (und wechselnde) frühere Erkrankungen
6. Anamnestische Hinweise auf eine gestörte biographische Entwicklung
7. Aktuelle Hinweise auf eine belastende Lebenssituation (beruflich, familiär, Partnerprobleme, Verlusterlebnisse u. a.)
8. Mißverhältnis zwischen subjektiver Beschwerde und objektivierbarem Befund
9. Fehlen eines hinreichend erklärenden organischen Befundes

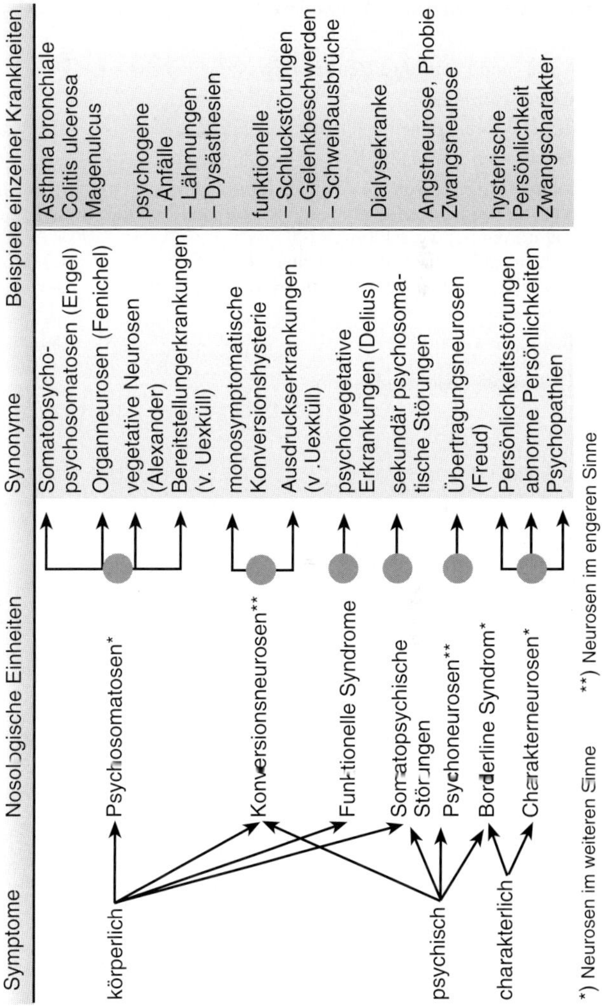

Abb. 13.1 Nosologischer Überblick zu Neurosen und psychosomatischen Krankheiten (nach *Hoffmann* und *Holzapfel* 1995)

ICD-10 klassifiziert unter weitestgehender Vermeidung des Neurosebegriffes deskriptiv symptomorientiert in:

- Angst- und Panikstörungen/Phobien
- Zwangsstörungen
- Belastungsreaktionen und Anpassungsstörungen
- dissoziative Störungen (Konversionsstörungen)
- somatoforme Störungen (Somatisierungsstörung), hypochondrische Störung, somatoforme autonome Funktionsstörung und somatoforme Schmerzstörung)
  - dazu zählen die in der ärztlichen Praxis überaus häufigen funktionellen, psychovegetativen/psychosomatischen Störungen.

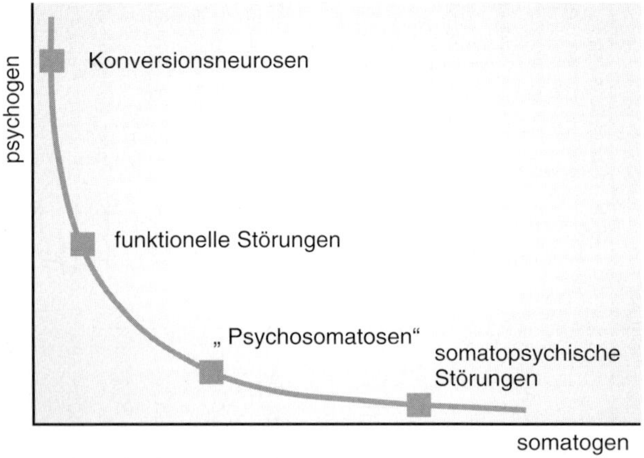

Abb. 13.2 Tendenzielle Gewichtung von somatischen und psychischen Faktoren in der Pathogenese psychosomatischer Krankheiten im weiteren Sinne (nach *Hoffmann* und *Holzapfel* 1995)

13.1 Angst- und Panikstörungen

13.1.1 Epidemiologie

- Angst ist eines der häufigsten psychopathologischen Symptome.
- Bei Frauen sind Angststörungen die häufigste psychische Erkrankung, bei Männern hinter der Abhängigkeit die zweithäufigste. Die

Tabelle 13.2 Biographische Risikofaktoren für die Entstehung psychischer und psychosomatischer Krankheiten (aus *Hoffmann* und *Hochapfel,* 1995)

- Niedriger sozioökonomischer Status
- Mütterliche Berufstätigkeit im ersten Lebensjahr
- Schlechte Schulbildung der Eltern
- Große Familien und sehr wenig Wohnraum
- Kontakte mit Einrichtungen der „sozialen Kontrolle"
- Kriminalität oder Dissozialität eines Elternteils
- Chronische Disharmonie/Beziehungspathologie in der Familie
- Psychische Störungen der Mutter/des Vaters
- Unerwünschtheit
- Alleinerziehende Mutter
- Autoritäres väterliches Verhalten
- Sexueller und/oder aggressiver Mißbrauch
- Verlust der Mutter
- „Häufig wechselnde frühe Beziehungen"
- Schlechte Kontakte zu Gleichaltrigen
- Altersabstand zum nächsten Geschwister < 18 Monate
- Uneheliche Geburt
- Hoher Gesamt-Risikoscore
- Genetische Disposition

Protektive Faktoren

- Dauerhafte, gute Beziehung zu mindestens einer primären Bezugsperson
- Großfamilie/kompensatorische Elternbeziehungen/Entlastung der Mutter
- Insgesamt attraktives Mutterbild
- Gutes Ersatzmilieu nach frühem Mutterverlust
- Mindestens durchschnittliche Intelligenz
- Robustes, aktives und kontaktfreudiges Temperament
- Soziale Förderung (z. B. Jugendgruppen, Schule, Kirche)
- Verläßlich unterstützende Bezugsperson/en im Erwachsenenalter
- Lebenszeitlich späteres Eingehen „schwer auflösbarer Bindungen"
- Geringere Risikogesamtbelastung

sozialmedizinische Bedeutung dieser Störung (Krankheitsfehltage) ist mindestens so groß wie bei depressiven Erkankungen!

- Behandlungsbedürftige Angst liegt bei ca. 10 % aller Menschen vor.
- Die Lebenszeitprävalenz aller Angsterkrankungen beträgt in Deutschland ca. 14 %, die 6-Monatsprävalenz 8 %.

13.1.2 Ätiopathogenese

Psychogenetische Theorien der Angstentstehung

- **Psychodynamische Erklärung:** Angst als Symptom infolge einer mißlungenen neurotischen Konfliktlösung bei instabiler Ich-Struktur. Verschiebung bzw. Projektion als Abwehrmechanismus: Verlagerung eines ursprünglich intrapsychischen Konflikts nach außen.
- **Lerntheoretische Ansichten:** klassisches Konditionieren mit Entstehung der bedingten Reflexe, operantes Konditionieren mit Bedeutung der Lernerfahrungen und Bereitschaft des Individuums, auf bestimmte Reize zu reagieren. Über Verstärkersystem (Zusammenspiel von psychischen und körperlichen Faktoren) Entstehung des Angstkreises.

Biologisch determinierte Theorien

- **Locus coeruleus-Modell:** Angstauslösung über Stimulation der noradrenergen Zellen. Überprüfung des Modells durch Beeinflussung des serotonergen Systems (MAO-Hemmer und Imipramin sind erfolgreich bei der Therapie der Angststörung).
- **GABA (Gamma-Aminobuttersäure)-Benzodiazepin-Rezeptor-Modell:** Sedierung und Anxiolyse bei der Stimulierung dieser Rezeptoren, bei der Hemmung Auslösung der generalisierten Angst.
- **Septohippokampales Modell:** Angstauslösung durch die Stimulation der Benzodiazepinrezeptoren im Gyrus parahippocampalis. Bei Panik-Patienten Hypersensitivität dieser Rezeptoren (bestätigt durch PET-Untersuchungen).
- **Redox (Reduktions-Oxidations)-Modell:** Auslösung der Panikattacken durch Natrium-Laktat-Infusionen bzw. CO_2-Inhalation bei

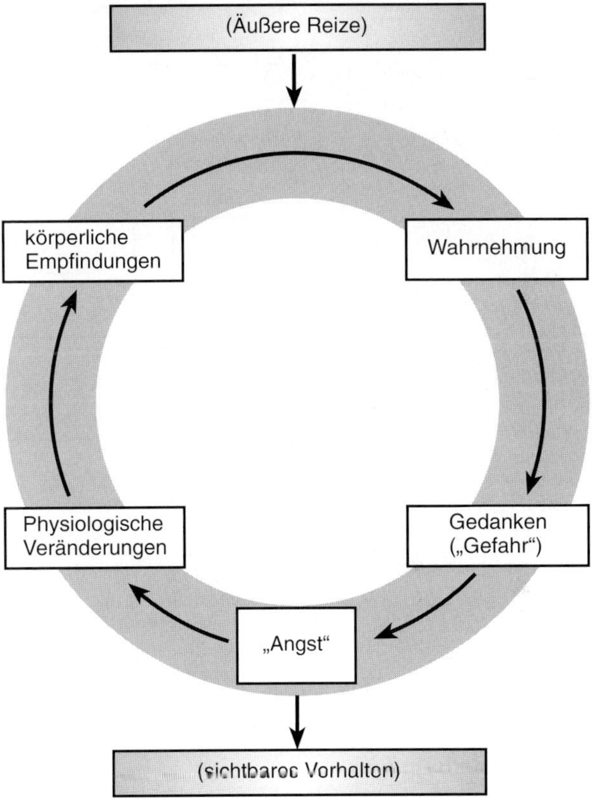

Abb. 13.3 Teufelskreis der Angst (nach *Margraf* u. *Schneider* 1990)

pathologischer Hypersensitivität der zentralen Chemorezeptoren im ventromedullären Zentrum.

- Beteiligung der **Neurohormone** und **Neuropeptide.**
- **Genetische Belastung:** Angststörungen bei Verwandten 1. Grades gehäuft vorhanden.

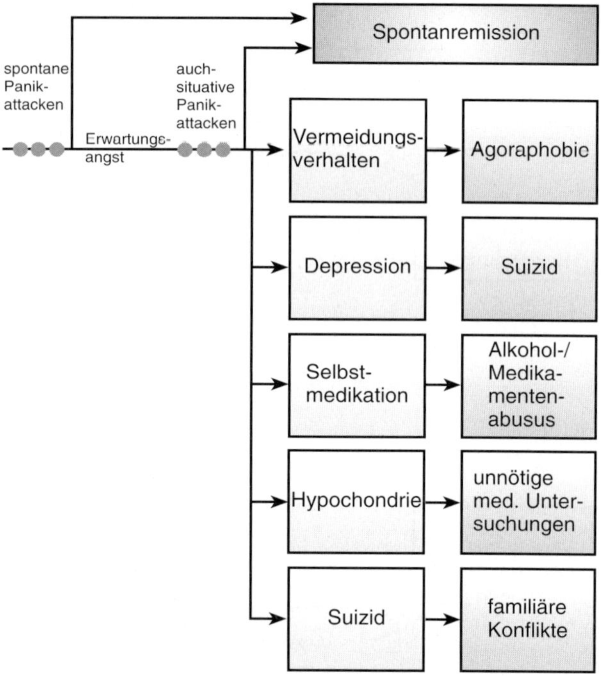

Abb. 13.4 Psychodynamisches Modell der Panikstörung

13.1.3 Einteilung / Klassifikation

Angst ist ein ubiquitäres Phänomen.

- **Normale Angst** (Alltagsängste): Alarm-, Warnfunktion.
- **Pathologische Angst:** gekennzeichnet durch
  - ungewöhnliche Intensität, Dauer, Häufigkeit,
  - situative Unangemessenheit,
  - charakteristisches Beschwerdemuster.
- **Klinisch bedeutendste Formen von Angst:**
  - Frei flottierende (nicht objekt-/situationsgebundene) Angst,
  - Phobische (objekt-/situationsgebundene) Angst,
  - Panik.

Tabelle 13.3 Diagnostische Kategorien der Angststörungen nach DSM-IV und ICD-10

DSM-IV		
300.21	Panikstörung mit Agoraphobie	
300.01	Panikstörung ohne Agoraphobie	
300.22	Agoraphobie	
300.23	Soziale Phobie	
300.29	Spezifische Phobie	
300.30	Zwangsstörung	
309.81	Posttraumatische Belastungsstörung	
308.3	Akute Belastungsstörung	
300.02	Generalisierte Angststörung	
293.89	Angststörung aufgrund eines medizinischen Krankheitsfaktors	
Substanzinduzierte Angststörung (F1x.8)		
300.00	Nicht näher bezeichnete Angststörung	
ICD-10		
F40	Phobische Störung	
	F40.00	Agoraphobie ohne Panikstörung
	F40.01	Agoraphobie mit Panikstörung
	F40.1	Soziale Phobien
	F40.2	Spezifische (isolierte) Phobien
	F40.8	Andere Phobien
	F40.9	Nicht näher bezeichnete Phobien
F41	Andere Angststörungen	
	F41.0	Panikstörung
	F41.1	Generalisierte Angststörung
	F41.2	Angst und depressive Störung, gemischt
	F41.3	Andere gemischte Angststörung
	F41.8	Andere näher bezeichnete Angststörung
	F41.9	Nicht näher bezeichnete Angststörung
F43	Reaktionen auf schwere Belastungen und Anpassungsstörungen	
	F43.22	Anpassungsstörung, Angst und depressive Störung, gemischt

Primäre Angsterkrankungen

- Panikstörung,
- Generalisierte Angsterkrankung (nach klassischer Einteilung Angstneurose),
- Agoraphobie,
- Soziale Phobie,
- Isolierte (spezifische) Phobie (nach klassischer Einteilung Phobie).

13.1.4 Leitsymptomatik

- Angst ist das unangenehme Gefühl des Bedrohtseins.
- Körperliche Symptome (Angstäquivalente) stehen oft im Vordergrund, oft auch ohne daß der Patient die Angst bewußt erlebt. Am häufigsten treten Tachykardie, Schwindel, gastrointestinale Beschwerden und reduzierte Belastbarkeit auf.

Vegetative und psychische Symptome der Angsterkrankungen

- Tachykardie
- Hitzewallungen (Erröten) oder Kälteschauer
- Zittern oder Beben
- Schwindel, Unsicherheitsgefühle
- Schmerzen in der Brust
- Schweißausbrüche
- Atemnot, Erstickungsgefühle
- Todesangst
- Angst, verrückt oder unbeherrscht zu werden
- Abdominale Beschwerden, Übelkeit
- Parästhesien
- Ohnmachtsgefühle
- Depersonalisation oder Derealisation

Direkte und indirekte Folgen von Angst

- Angst vor der Angst (Phobophobie), Erwartungsangst,
- Vermeidungsverhalten,
- Soziale Isolation.

Tabelle 13.4 Symptomatik der Panikstörung nach ICD-10 und DSM-IV

ICD-10	**DSM-IV**
Hauptkriterium sind rezidivierende, schwere Angstattacken, nicht auf besondere Umstände oder spezifische Situationen beschränkt und deshalb nicht vorhersehbar.	Im Verlauf traten irgendwann unerwartet und nicht auf spezielle Situationen bezogen eine oder mehrere Panikattacken auf (zeitlich begrenzte Perioden intensiver Angst und Unbehagen).
Symptomatik: Bei der großen individuellen Variationsbreite ist typisch der plötzliche Beginn mit vegetativen Symptomen: • Herzrasen • zugeschnürter Kehle • Erstickungsgefühlen • Brustschmerzen • Benommenheit bzw. Schwindel und • Entfremdungserlebnissen. Sekundär entstehen fast immer • Todesangst • Angst, Kontrolle zu verlieren oder • Furcht, wahnsinnig zu werden.	Zusammen mit mindestens einer der Panikattacken traten wenigstens 4 der folgenden Symptome auf: • Tachykardie oder Palpitationen • Atemnot oder Beklemmungsgefühle • Erstickungsgefühle • Schwitzen • Benommenheit, Gefühl der Unsicherheit oder Ohnmachtsgefühl • Zittern oder Beben • Taubheit oder Kribbelparästhesien • Übelkeit oder abdominelle Beschwerden • Depersonalisation oder Derealisation • Schmerzen oder Enge im Brustbereich • Angst zu sterben • Angst vor Kontrollverlust oder • Furcht, verrückt zu werden.
Zeitkriterien: Mehrere schwere vegetative Angstanfälle innerhalb eines Zeitraumes von etwa einem Monat.	4 Panikattacken innerhalb eines Monats oder nach einer oder mehreren Attacken mindestens 4 Wochen lang anhaltende Angst vor einer erneuten Attacke.

13.1.5 Klinische Subtypen

Panikstörung mit/ohne Agoraphobie

- **Panik:** attackenweise intensive Angst mit ausgeprägten körperlichen Begleitsymptomen.
- Lebenszeitprävalenz 1,5 – 3,5 %.
- Erstsymptom sind zumeist Panikattacken, spontan auftretend.
- Durchschnittliches Erkrankungsalter ca. 30 Jahre, Überwiegen von jungen Frauen.
- Erwartungsangst (Angst vor Angst), vegetative Symptome, oft kardiale Beschwerden vorherrschend (Angst zu sterben).
- Dauer unterschiedlich, durchschnittlich 10 – 30 Minuten.
- Hohe Ko-Morbidität mit Depression, generalisierter Angsterkrankung, Phobien, Alkohol- und Drogenabhängigkeit (s. Abb. 2.5.1.3).
- Gehäuft findet man einen Mitralklappenprolaps und andere Herzkreislauferkrankungen.

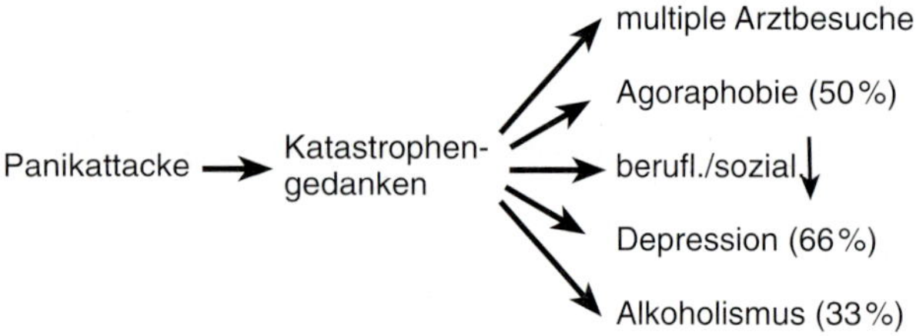

Abb. 13.5 Komorbidität der Panikerkrankung mit anderen psychischen Störungen

Tabelle 13.5 Risikofaktoren für Panikattacken
• Geschlecht: Verhältnis Frauen zu Männer = 3:1
• Alter: höchstes Risiko zwischen 17 und 30 Jahren
• Familienanamnese: 40%ige Risikoerhöhung unter Verwandten 1. Grades
• Genetische Prädisposition: Zwillingsstudien
• Umgebung: Stadtbewohner häufiger betroffen

Tabelle 13.6 Somatische Ausschlußdiagnose der Panikstörung	
Anfallsartige Beschwerden	**Symptomatische Panikattacken**
• Angina Pectoris	• Hyperthyreose
• Herzinfarkt	• Temporallappentumor
• Paroxysmale Tachykardie	• Koffein-Intoxikation
• Hypertensive Krise	• Amphetamin-Intoxikation
• Hypoglykämie	

Generalisierte Angststörung

- Lebenszeitprävalenz ca. 4 %,
- Durchschnittliches Ersterkrankungsalter ca. 23 Jahre, Frauen häufiger betroffen,
- Unrealistische, „frei flottierende", langanhaltende Angst, nicht an bestimmte Situationen oder Objekte gebunden.

Tabelle 13.7 Symptomatik der generalisierten Angststörung im Vergleich von ICD-10 und DSM-IV	
ICD-10	**DSM-IV**
Symptomatologie: Das wesentliche Symptom ist eine generalisierte und anhaltende Angst, die aber nicht auf bestimmte Situationen in der Umgebung beschränkt, oder darin nur besonders betont ist, d. h., sie ist frei flottierend.	Unrealistische oder übertriebene Angst und Besorgnis (Erwartungsangst) bezüglich zweier oder mehrerer Lebensumstände.
In der Regel sind folgende Einzelsymptome festzustellen:	Mindestens 6 der folgenden 18 Symptome treten oft im Zustand der Ängstlichkeit und Besorgnis auf:

Tabelle 13.7 (Fortsetzung)

ICD-10	DSM-IV
Befürchtungen • Sorge über zukünftiges Unglück, • Nervosität, • Konzentrationsschwierigkeiten usw.	Hypervigilanz und erhöhte Aufmerksamkeit: • sich angespannt fühlen oder ständig auf dem Sprung sein, • übermäßige Schreckhaftigkeit, • Konzentrationsschwierigkeiten oder „Blackout" aus Angst, • Ein- oder Durchschlafstörungen, • Reizbarkeit.
Motorische Spannung • Körperliche Unruhe, • Spannungskopfschmerz, • Zittern, • Unfähigkeit, sich zu entspannen.	Motorische Spannung • Zittern, Zucken oder Beben, • Muskelspannungen, Schmerzen oder Empfindlichkeit, • Ruhelosigkeit, • leichte Ermüdbarkeit.
Vegetative Übererregtheit • Benommenheit, • Schwitzen, • Tachykardie oder Tachypnoe, • Oberbauchbeschwerden, • Schwindelgefühle, • Mundtrockenheit.	Vegetative Übererregbarkeit • Atemnot oder Beklemmungsgefühle, • Palpitationen oder Tachykardie, • Schwitzen oder kalte, feuchte Hände, • Mundtrockenheit, • Benommenheit oder Schwindel, • Übelkeit, Durchfall oder andere abdominelle Beschwerden, • Hitzewallungen oder Kälteschauer, • häufiges Wasserlassen, • Schluckbeschwerden oder Kloßgefühl im Hals.
Zeitkriterien: Primäre Symptome von Angst an den meisten Tagen der Woche, mindestens mehrere Wochen lang.	Beschäftigung mit den Beschwerden mindestens 6 Monate die meiste Zeit über.

Agoraphobie mit/ohne Paniksyndrom

- Lebenszeitprävalenz ca. 5 %, Beginn um das 28. Lebensjahr, Frauen doppelt so häufig betroffen als Männer,
- Angst vor allen Situationen außerhalb der gewohnten Umgebung,
- Typische Situationen: Menschenmengen, öffentliche Plätze, Reisen,
- Erwartungsangst; befürchtet werden Schwindel, Ohnmacht, Herzversagen, Kontrollverlust,
- Folge: Vermeidungsverhalten, sozialer Rückzug.

Soziale Phobie

- Lebenszeitprävalenz zwischen 1,7 und 16 %,
- Beginn in ca. 50 % vor dem 12. Lebensjahr, in ca. 90 % vor dem 20. Lebensjahr,
- Hohe Komorbidität mit Agoraphobien, Panikstörung, einfachen Phobien, Depression und Alkoholabusus,
- Furcht in/vor prüfender Beobachtung anderer Menschen (in der Öffentlichkeit sprechen, essen, ...),
- Oft mit niedrigem Selbstwertgefühl und Angst vor jeglicher Kritik verbunden. In schweren Fällen: selbstunsichere Persönlichkeitsstörung,
- Einschränkung der allgemeinen Lebensqualität mit sozialem Rückzug,
- Nur ca. 4 % der Betroffenen werden behandelt.

Einfache (spezifische) Phobie

- Lebenszeitprävalenz ca. 8,5 %,
- Durchschnittlicher Ersterkrankungsbeginn ca. 7 Jahre, Frauen sind häufiger betroffen,
- Anhaltende Angst vor einem umschriebenen Objekt/Situation.
- **Beispiele:** Zoophobie (Angst vor Tieren), Klaustrophobie (Angst vor geschlossenen Räumen), Akrophobie (Höhenangst), Blut- oder Verletzungsphobien.

13.1.6 Diagnostik und Differentialdiagnostik

- Angst ist ein häufiges Begleitsymptom von anderen psychischen und körperlichen Erkrankungen (s. Tab.13.8).

Tabelle 13.8 Angst als Begleitsymptom psychischer und somatischer Störungen
• Affektive Störungen
• Erkrankungen aus dem schizophrenen Formenkreis
• Störungen durch Mißbrauch/Abhängigkeit von Alkohol, Medikamenten und anderen psychotropen Substanzen
• Verwirrtheitszustände unterschiedlicher Ätiologie, Demenz
• andere organisch bedingte psychische Störungen (epileptische und nichtepileptische Anfälle)
• Koronare Herzkrankheit, Herzklappenfehler, Myokardinfarkt
• Hyperthyreose, Hypoglykämie, Phäochromozytom, Asthma bronchiale

Wichtige diagnostische Schritte

1. Normale oder pathologische Angst?
2. Liegen andere psychische Störungen oder somatische Erkrankungen vor?

- Anamnese
- Beobachtung des Patienten im Hinblick auf körperliche Angstsymptome.
- Psychopathologische Diagnose: mit Hilfe von testpsychologischen Verfahren wie Selbst- und Fremdbeurteilungsskalen und strukturierten Interviews.
  - State-Trait-Anxiety-Inventory (STAI): Selbstbeurteilungsskala
  - Hamilton-Angstskala (HAMA): Fremdbeurteilungsskala
  - Diagnostisches Interview bei psychischen Störungen DIPS (Margraf et al. 1991)

Differentialdiagnosen

- Alltagsängste,
- Depressive Erkrankung,

- Wahnhafte Störungen (Schizophrenie),
- Organische Störungen (s. Tab. 2.5.1.8),
- Alkohol-/Drogenabhängigkeit,
- Selbstunsichere ängstliche Persönlichkeit,
- Zwangskrankheit,
- Posttraumatische Belastungsstörung.

Tabelle 13.9 Welche Fragen bei Panikpatienten weiterhelfen
Fragen Sie nach folgendem:
1. Panikstörung
Leiden Sie unter plötzlichen und unerwartet auftretenden Anfällen, verbunden mit stärkeren körperlichen Symptomen wie Herzrasen, Erstickungsgefühl, Schwindel, Brustschmerzen, Zittern oder Schwitzen *und/oder* mit der Furcht zu sterben, die Kontrolle zu verlieren oder verrückt zu werden?
2. Generalisierte Angststörung
Leiden Sie unter scheinbar unbegründeten monatelangen Ängsten, Sorgen und Befürchtungen, verbunden mit körperlicher Unruhe, Schlafstörungen und der Unfähigkeit zu entspannen *und/oder* vielfältigen körperlichen Symptomen wie Schwitzen, Herzrasen, Magenbeschwerden, Schwindel, Übelkeit?
3. Phobische Störungen
Leiden Sie unter unbegründet starker Angst vor Plätzen, Menschenmengen, öffentlichen Verkehrsmitteln (Agoraphobie) *oder* unter unbegründet starker Angst, in sozialen Situationen zu essen, vor anderen Menschen zu reden oder von anderen Menschen kritisch beobachtet zu werden (Soziophobie) *oder* leiden Sie unter unangemessen starken Ängsten vor bestimmten Situationen oder Objekten (Spinnen-, Flug- und Höhenangst) oder vermeiden Sie solche Situationen?

Tabelle 13.10 Somatische Ursachen der Angst- und Panikstörung

Kardiovaskuläre Erkrankungen	Angina pectoris, Zerebrovaskuläre Insuffizienz, kongestive Herzmuskelerkrankung, Hypovolämie, intraaortale Ballonkatheter, Myokardinfarkt, paroxysmale Vorhof-Tachykardie, Synkopen, Herzklappenerkrankungen insbesondere Mitralklappenprolaps
Endokrinopathien	Karzinoid-Syndrom, Hypokalzämie, Hypoparathyreoidismus, Hyperadrenalismus, Hyperthyreose, ovarielle Dysfunktion, Phäochromozytom, Epiphysenerkrankungen
Immunologische/ Kollagenosen/ vaskuläre Erkrankungen	Anaphylaxie, Polyarteriitis nodosa, rheumatoide Arthritis, systemischer Lupus eryhematodes, Arteriitis temporalis
Metabolische Störungen	Anämie, Hypoglykämie, Hyponatriämie, Hyperkalzämie, Hyperthermie, Insulinom, Porphyrie, Schwermetallvergiftungen, Vitamin-Mangelzustände, M. Wilson
Respiratorische Erkrankungen	Asthma bronchiale, COPD, Bronchialkarzinom, Pneumonie, Pneumothorax, Lungenödem, Lungenembolie, respiratorische Insuffizienz
Neurologische Störungen	Zerebrovaskuläre Erkrankungen, Postkommotionelles Syndrom, Enzephalitis und postenzephalitische Zustände, essentieller Tremor, Restless-legs-Syndrom, Myasthenia gravis, Chorea Huntington, Neurosyphilis, Anfallsleiden (v. a. temporal), vaskuläre Kopfschmerzen, subarachnoidale Blutung, Transitorisch ischämische Attacken, Schwindel (v. a. M. Meniere)
Medikamente und Suchtmittel	Alkohol (+ Entzug), Amphetamine, Aminophylline, Antidepressiva (v. a. SSRI), Anticholinergika, Antihypertensiva (Reserpin, Hydralazin), Tuberkulostatika, Beta-Blocker (Absetzen), Koffein, Cannabis, Kokain, Digitalis (Toxizität), Dopamin, Ephedrin, Epinephrin, Halluzinogene, Levodopa, Methylphenidat, Neuroleptika (Akathisie), Nikotinsäurederivate, nichtsteroidale Antiphlogistika, Phenylephrin, Phenylpropanolamin, Procarbazin, Pseudoephedrin, Salicylate, Sedativa-Hypnotika (+ Absetzen), Steroide, Theophylline, Thyreostatika, Yohimbin
Gastrointestinale Erkrankungen	M. Crohn, Colitis ulcerosa, peptische Ulkuserkrankung

13.1.7 Verlauf

Panikstörung

Der Verlauf ist häufig chronisch; nach der Münchner Follow-Up-Studie (MFS) findet man nach 7 Jahren nur in ca. 14 % Spontanremissionen.

- Hohe Komorbidität mit anderen psychischen Störungen: unbehandelt in ca. 70 % affektive Störungen, in ca. 29 % Medikamenten- und in ca. 50 % Alkoholabusus (meist als fehlgeschlagene Selbstbehandlungsversuche).

Soziale Phobie

- Bei ca. 30 % kommt es zu einem wellenförmigen, in ca. 70 % zu einem chronischen Verlauf.
- Assoziiert mit Depression, Panikerkrankung, generalisierter Angststörung, Zwangserkrankung. In ca. 25 % Alkoholabusus.

Isolierte spezifische Phobien

- In der Kindheit erworbene spezifische Phobien zeigen meist Spontanremission, später aufgetretene verlaufen oft chronisch.
- Sehr häufig liegen auch depressive Störungen und Alkoholmißbrauch vor.

Agoraphobie

- Chronischer Verlauf, bei ausgeprägter Erwartungsangst und Vermeidungsverhalten soziale Isolierung.

Generalisierte Angststörung

- Oft chronische, unterschiedliche Intensität, das soziale Leben und die Leistungsfähigkeit sind weniger beeinträchtigt.

13.1.8 Therapie

Nichtpharmakologische Maßnahmen:

- **Ärztliches Gespräch:** tragfähiger Kontakt, Information und Aufklärung des Patienten und der Angehörigen.
- **Entspannungsverfahren:** autogenes Training, progressive Muskelrelaxation, Bio-Feedback etc.

Tabelle 13.11 Regeln zur Exposition in angstauslösenden Situationen (aus *Rief* 1993)

1. Lassen Sie alle aufkommenden Ängste und Gefühle zu.
2. Beobachten und beschreiben Sie sich die Wirklichkeit.
3. Gehen Sie nicht Ihren Katastrophenphantasien nach.
4. Versuchen Sie nicht, die Angst zu stoppen oder zu vermeiden.
5. Achten Sie auf Ihre Atmung. Üben Sie, Hyperventilation entgegenzuwirken.
6. Bleiben Sie so lange in der Situation, bis Sie deutlich spüren, daß die Angst nachläßt.

- **Kognitive Therapie:** Korrektur der Verhaltensmuster, Aufklärung über angstverstärkende Mechanismen, v. a. bei Panik-Syndrom.
- **Expositionstherapie:** Verhaltensmodifikation durch
  - systematische Desensibilisierung (Konfrontation: abgestuftes, hierarchisches Vorgehen) oder
  - flooding (Reizüberflutung, intensive Konfrontation mit Angst) v. a. bei Agoraphobie (dazu s. Tab. 13.12).

Tabelle 13.12 Kognitive Verhaltenstherapie bei phobischen Störungen

Angst-Meidungs-Training (Desensibilisierung)	**Angst-Management-Training (Flooding, Reizüberflutung)**
Konfrontation gestuft („kleine Schritte“)	Konfrontation massiv, rasch („wer wagt, gewinnt“)
Meidung von Angst/Panik	Induktion von Angst/Panik
Entspannungstraining zur Meidung der Angst	Managementtraining von induzierter Angst/Panik bewirkt indirekt Entspannung
Antidepressiva, Anxiolytika oder β-Blocker können den Übungsbeginn erleichtern	Anxiolytika behindern die Therapie; Antidepressiva sind anfangs gelegentlich hilfreich, meist jedoch verzichtbar
Durchführung in angeleiteter Selbsthilfe	Kontrollierte Durchführung, bevorzugt in Gruppen

Tabelle 13.13 Therapeutisches Stufenmodell bei unterschiedlich ausgeprägter Panikstörung (nach *Boerner* und *Möller* 1996)

Grad der Panikstörung	Therapeutische Interventionen
Leichte Panikstörung	
• Weniger als 4 Attacken mit geringer Symptomausprägung • Geringe antizipatorische Angst • Geringe Agoraphobie • Keine Komorbidität	• Information über Diagnose und Therapie • Expositionsinstruktion • Bedarfsmedikation
Mittelgradig ausgeprägte Panikstörung	
• 4 und mehr Attacken mittlerer Symptomausprägung • Deutliche antizipatorische Angst • Deutliche Agoraphobie mit mäßiger Beeinträchtigung des „Social functioning" • Mäßige depressive Störung oder Komorbidität	Wahlweise • Pharmakotherapie – TZA* (Imipramin) – SSRI** (Paroxetin, Fluvoxamin) – Benzodiazepine (Alprazolam) • Verhaltenstherapie
Schwere Panikstörung	
• Hohe Attackenzahl (≥ 10) mit erheblicher Symptomausprägung • Ausgeprägte Agoraphobie mit erheblicher Beeinträchtigung der Lebensqualität (z. B. Arbeitsunfähigkeit) • Komorbidität: beträchtliche depressive Störung, Alkohol-/Medikamentenmißbrauch, soziale Phobie, generalisierte Angststörung, Persönlichkeitsstörung	• Kombination Monopharmakotherapie und Verhaltenstherapie • Kombination verschiedener Substanzgruppen: – TZA und SSRI – TZA und MAO-Hemmer – Benzodiazepine und TZA • Erweiterte Pharmakotherapie (Kombination verschiedener Substanzgruppen und Verhaltenstherapie)

* TZA = trizyklische Antidepressiva
** SSRI = Serotonin – selektive Wiederaufnahmehemmer

- **Tiefenpsychologisch orientierte Psychotherapie:** aufdeckende Verfahren mit dem Ziel, den zugrunde liegenden Konflikt aufzudecken und zu bearbeiten.
- **Soziotherapie:** Verminderung der sozialen Isolierung, Verbesserung der Lebensqualität.

Pharmakotherapie

- **Medikamente**
  - **Antidepressiva**: Trizyklische Antidepressiva (Imipramin, Clomipramin), SSRI (Paroxetin, Fluvoxamin, Fluoxetin, Sertralin), MAO-Hemmer (Moclobemid, Tranylcypromin).

Merke:

Aufgrund ihrer Wirklatenz werden die Antidepressiva anfangs in Kombination mit Benzodiazepinen gegeben.

  - **Benzodiazepine** (Alprazolam, Lorazepam, Diazepam): keine Langzeittherapie, langsames Absetzen.
  - **Beta-Blocker** (Propranolol): v. a. bei situativer Angst im Rahmen phobischer Störungen (Rednerangst, Examensangst).

Tabelle 13.14 Schematischer Therapieplan zur Behandlung von Angststörungen

Klinisches Bild	Behandlungsstrategie
Leichtere Angstzustände	Psychotherapie und/oder Phytotherapeutikum
Akute, schwere Angstzustände	Benzodiazepin (BDZ) + Psychotherapie
Chronische Angst ohne BDZ-Vorbehandlung	Buspiron oder Phytotherapeutikum + Psychotherapie
Chronische Angst mit BDZ-Vorbehandlung	Buspiron + BDZ (ausschleichend) + Psychotherapie
Panikstörung, akut	BDZ (kurzzeitig bzw. intermittierend)
Panikstörung, rezidivierend	Antidepressivum (Imipramin, SSRI, MAOH)

- **Spezielle Pharmakotherapie bei den einzelnen Formen**
  - **Agoraphobie:** Trizyklische Antidepressiva (TZA) und SSRI, auch MAO-Hemmer, Benzodiazepine, Beta-Blocker.
  - **Panikstörung:** initial kurzfristig Benzodiazepine; TZA, SSRI oder MAO-Hemmer.
  - **Generalisierte Angststörung:** Benzodiazepine und TZA, auch niederpotente Neuroleptika, Buspiron, Kava-Kava, Hydroxyzin.
  - **Soziale Phobie:** Beta-Blocker, SSRI, MAOH.
  - **Spezifische Phobie:** Beta-Blocker, Benzodiazepine.

13.2 Zwangsstörungen (Zwangserkrankung, anankastisches Syndrom)

Zwang wird als dem Ichzugehörig, jedoch als unsinnig und bedrohlich erlebt, eine effektive Abwehr ist nicht möglich.

- „Normaler Zwang“: z. B. Pedanterie
- Pathologische Zwangsphänomene:
  - Zwangsgedanken,
  - Zwangsimpulse,
  - Zwangshandlungen.

13.2.1 Epidemiologie

- Lebenszeitprävalenz für Zwangsstörungen ca. 2 – 3 %, für einzelne Zwangssymptome ca. 8 %. Es handelt sich um eine „heimliche Krankheit“ (hohe Verheimlichungstendenz).
- Beginn meist zwischen dem 20. und 25. Lebensjahr, auch in der Kindheit und später möglich. Überwiegen von Männern.
- Häufigste Ko-Morbidität mit depressiven Störungen, Phobien, Alkoholmißbrauch und Eßstörungen.

13.2.2 Ätiopathogenese

Zusammenwirken von psychischen und somatischen Faktoren.

- **Neurobiologische Befunde:**
  - Störung im Bereich des Frontalhirns, der Basalganglien (Caudatum) und des limbischen Systems (Cingulum) mit gestörter Neurotransmission v. a. der serotonergen Übertragung.

  - Genetische Disposition: erhöhte Konkordanz bei eineiigen Zwillingen.
- **Persönlichkeitspsychologische Grundlage:** „zwangsneurotischer Charakter“ (Trias: Pedanterie, Geiz, Trotz; Freud 1908).
- **Lerntheoretisches Modell:** Klassische (zu Beginn) und operante Konditionierung (Aufrechterhalten der Zwänge). Zwangsgedanken als konditionierte Angstreize.
- **Psychodynamisches Modell:** Fixierung auf die anale Entwicklungsstufe bei rigidem Erziehungsstil
  - Zwangshandlungen als Abwehr von aus verdrängten sexuellen und aggressiven Regungen entstandener Angst.
  - Psychodynamik: Autonomie – Abhängigkeitskonflikt: überangepaßt, unterwerfend vs. aggressiv, machtergreifend.

13.2.3 Leitsymptomatik

- **Charakteristika der pathologischen Zwangsphänomene:**
  - Neigung zur Ausbreitung und Wiederholung,
  - Vermeidungsverhalten (Vermeidung von Gefühlen),
  - Zwanghaftes Abwehrverhalten (Abwehr von Leere),
  - Unterwerfung des Partners/Therapeuten,
  - Funktionalität des Zwangs („ritualisierte Aggressivität“),
  - Hoher Leidensdruck, Gefühl der Bedrohung, Hilflosigkeit,
  - Soziale Isolierung,
  - Beim Versuch der Unterdrückung der Zwangsphänomene entsteht Spannung mit Angst, Sorge, Ekel.
- **Zwangsgedanken:** sich aufdrängende, wiederholte, als unsinnig erlebte Denkinhalte.
  - Häufigste Inhalte: eigene Unfähigkeit in moralischer Hinsicht, Sorgen der Verschmutzung, Verletzung, Gefährdung der anderen oder der eigenen Person.
  - Kontaminationsängste: überhäufige Gedanken an Tod, Krankheit, Schmutz; daraus resultieren Reinigungszwänge.
- **Zwangsimpulse:** Handlungsimpulse gegen den Willen; sie sind mit der Angst verbunden, sie könnten realisiert werden.
  - Impulsausrichtung: fremdaggressiv, autoaggressiv, sexuell.
- **Zwangshandlungen:** zwanghaft ausgeführte Handlungen mit starker Angst beim Versuch der Unterdrückung.

Tabelle 13.15 Symptomatik der Zwangsstörung im Vergleich von ICD-10 und DSM-IV

ICD-10	DSM-IV
Symptomatik:	
Zwangsgedanken und Zwangshandlungen: • Für den Betroffenen müssen sie als eigene Gedanken oder Impulse erkennbar sein. • Mindestens einem Gedanken oder einer Handlung muß noch Widerstand geleistet werden (wenn auch erfolglos), selbst wenn sich der Patient gegen andere nicht länger wehrt. • Die Zwangsgedanken oder -handlungen dürfen an sich nicht angenehm sein. • Sie müssen sich in unangenehmer Weise wiederholen.	**Zwangsgedanken:** • Anhaltende Ideen, Gedanken, Impulse oder Vorstellungen, die als unangemessen und aufdringlich empfunden werden und mit ausgeprägter Angst und Leidensdruck einhergehen. • Die Person erkennt, daß die Gedanken von ihr selbst kommen (ich-dyston sind) und nicht von außen auferlegt sind (Gedankeneingebung). • Der Betroffene versucht die Gedanken und Impulse zu ignorieren oder zu unterdrücken oder sie aktiv zu neutralisieren mit anderen Gedanken oder Aktivitäten (Zwangshandlungen). **Zwangshandlungen:** • Sich wiederholende Verhaltensweisen (z. B. Händewaschen) oder geistige Handlungen (z. B. Beten), die stereotyp ausgeführt werden. • Das Ziel der Zwangshandlungen ist, Angst und Unbehagen zu reduzieren (keine Bedürfnis-Befriedigung). • Zu irgendeinem Zeitpunkt erkennt die Person, daß das Verhalten übertrieben oder unbegründet ist.
Zeitkriterien:	
Zwangsgedanken oder Zwangshandlungen müssen während mindestens zwei Wochen an den meisten Tagen nachweisbar sein.	Zwangsgedanken oder Zwangshandlungen benötigen mehr als eine Stunde am Tag.

  - Am häufigsten: Kontrollzwänge (%), Reinigungszwänge (%, z. B. Waschzwang), Zählzwänge (%).
- **Zwangsrituale:** durch Kombination mehrerer Zwänge mit Einhaltung strenger Regeln.

13.2.4 Diagnostik und Differentialdiagnostik

Die Diagnose einer Zwangskrankheit wird gestellt, wenn Zwangsphänomene ganz im Vordergrund stehen und Hinweise auf andere psychische oder somatische Erkrankung fehlen.

Zwangsstörungen werden häufig verheimlicht (auch vor der Familie), der Kranke erkennt seine Störung und zieht sich zurück, meistens erfährt er kein Verständnis des sozialen Umfelds.

- **Voraussetzungen für die Diagnose:**
  - Zeit und Verständnis von Seiten des Therapeuten,
  - Aufbau einer Vertrauensbasis.
- **Diagnostische Hilfe:** systematische symptombezogene Informationserhebung.
  - Screeningfragebögen (Beispiel in Tab. 13.16),
  - Yale-Brown Obsessive Compulsive Scale (Y-BOCS) Schweregradschema bestehend aus Zwangsgedanken- und Zwangshandlungen-Skala.
- Diagnostisch wichtig sind die **Folgen von Zwangssymptomen:**
  - Erheblicher Leidensdruck,
  - Beeinträchtigung des Tagesablaufs mit Einschränkung der persönlichen Freiheit,
  - Beeinträchtigung der beruflichen Leistungen,
  - Sozialer Rückzug mit Störungen des Sozialverhaltens.
- **Bildgebende Diagnostik:**
  - CCT: in einigen Fällen findet man Zeichen der inneren Hirnatrophie (v. a. in der Nähe des 3. Ventrikels).
  - PET: erhöhte Durchblutung und gesteigerte Glukose-Utilisation im Caudatum, Cingulum und Frontalhirn.

Tabelle 13.16 Screeningfragebogen für Zwangserkrankungen (Ja/Nein)

• Haben Sie Gedanken, die Sie stören oder beängstigen und von denen Sie sich trotz aller Bemühungen nicht freimachen können? • Neigen Sie dazu, Dinge extrem sauber zu halten oder Ihre Hände sehr oft zu waschen, häufiger als andere Ihnen bekannte Leute das tun? • Kontrollieren Sie Dinge immer wieder, bis zum Exzeß? • Müssen Sie alles so häufig zurechtrücken, ordnen oder aufräumen, daß es Sie bei anderen Dingen, die Sie tun möchten, stört? • Machen Sie sich übermäßig Gedanken darüber, daß Sie aggressiver als nötig handeln oder sprechen? • Fällt es Ihnen sehr schwer, Dinge wegzuwerfen, auch wenn Sie keinen praktischen Nutzen für Sie haben? • Machen Sie sich Sorgen, daß schreckliche Dinge passieren würden, die hätten verhindert werden können? • Haben Sie nach Abschluß von Routinetätigkeiten Zweifel, daß Sie alles richtig oder überhaupt gemacht haben? • Befürchten Sie, daß Sie aufgrund eines ungewollten Dranges oder Impulses handeln könnten? • Fühlen Sie sich dazu getrieben, gewisse Handlungen immer wieder zu vollziehen? • Müssen Sie etwas immer wieder tun, bis Sie endlich das Gefühl haben, daß es gerade richtig ist? • Erscheinen Ihnen solche Gedanken, Handlungen oder Rituale unsinnig? • Ist es schwierig für Sie, solche Zwangsgedanken, Handlungen oder Rituale unter Kontrolle zu halten? • Bereiten solche Zwangsgedanken, Handlungen oder Rituale Ihnen Kummer oder Unbehagen? • Wurden Sie durch solche Zwangsgedanken, Handlungen oder Rituale davon abgehalten, etwas zu tun, irgendwohin zu gehen oder jemanden zu treffen? • Beanspruchen solche Zwangsgedanken, Handlungen oder Rituale durchschnittlich mindestens eine Stunde am Tag? • Beinträchtigen solche Zwangsgedanken, Handlungen oder Rituale Sie in der Schule, bei der Arbeit oder im Familienleben?
Auswertung: Hinweise für eine Zwangsstörung beim Überwiegen von Ja-Antworten.

Zwangsgedanken-Skala (bitte entsprechenden Punktwert einkreisen) Achtung, der Punktwert sollte den Gesamteffekt aller Zwangssymptome des Patienten widerspiegeln. Bewerten Sie das durchschnittliche Auftreten jedes Items im Verlauf der vorigen Woche bis einschließlich zum Zeitpunkt der Befragung.

Item	**Schweregrad**				
1. Zeitaufwand für Zwangsgedanken	0 Std./Tag	0 – 1 Std./Tag	1 – 3 Std./Tag	3 – 8 Std./Tag	> 8 Std./Tag
Punktwert	0	1	2	3	4
2. Störung durch Zwangsgedanken	Nein	Leicht	Deutlich, aber beherrschbar	Erhebliche Beeinträchtigung	Invalidisierend
Punktwert	0	1	2	3	4
3. Unbehagen durch Zwangsgedanken	Nein	Etwas	Mäßig, aber beherrschbar	Schwer	Fast ständig, behindernd
Punktwert	0	1	2	3	4
4. Widerstand gegen Zwangsgedanken	Leistet immer Widerstand	Leistet häufig Widerstand	Leistet etwas Widerstand	Gibt häufig nach	Gibt völlig nach
Punktwert	0	1	2	3	4
5. Beherrschung der Zwangsgedanken	Völlig unter Kontrolle	Weitgehend unter Kontrolle	Etwas unter Kontrolle	Kaum unter Kontrolle	Nicht unter Kontrolle
Punktwert	0	1	2	3	4

Zwischensumme Zwangsgedanken (Summe der Items 1 – 5) ________

Zwangshandlungen-Skala (bitte entsprechenden Punktwert einkreisen)					
Item	**Schweregrad**				
6. Zeitaufwand für die Zwangshandlungen	0 Std./Tag	0 – 1 Std./Tag	1 – 3 Std./Tag	3 – 8 Std./Tag	> 8 Std./Tag
Punktwert	0	1	2	3	4
7. Störung durch Zwangshandlungen	Nein	Leicht	Deutlich, aber beherrschbar	Erhebliche Beeinträchtigung	Invalidisierend
Punktwert	0	1	2	3	4
8. Unbehagen durch Zwangshandlungen	Nein	Etwas	Mäßig, aber beherrschbar	Schwer	Fast ständig, behindernd
Punktwert	0	1	2	3	4
9. Widerstand gegen Zwangshandlungen	Leistet immer Widerstand	Leistet häufig Widerstand	Leistet etwas Widerstand	Gibt häufig nach	Gibt völlig nach
Punktwert	0	1	2	3	4
10. Beherrschung der Zwangshandlungen	Völlig unter Kontrolle	Weitgehend unter Kontrolle	Etwas unter Kontrolle	Kaum unter Kontrolle	Nicht unter Kontrolle
Punktwert	0	1	2	3	4

Gesamtpunktwerte Y-BOCS: Schweregradbereich für Patienten mit Zwangsgedanken und -handlungen
0 – 7 subklinisch, 8 – 15 leicht, 16 – 23 mäßig,
24 – 31 schwer, 32 – 40 extrem

Zwischensumme Zwangshandlungen (Summe der Items 6 – 10) ______

Gesamt Y-BOCS: (Summe der Items 1 – 10) ☐

Differentialdiagnosen

- Wahnhafte Störungen (Zwang als „von außen gemacht"),
- Zwanghafte Verhaltensstörungen: Eßstörungen, Störungen des Sexualverhaltens, Abhängigkeit,
- Zwanghafte (anankastische) Persönlichkeitsstörung,
- Anankastische Depression,
- Organische Störungen wie Gilles de la Tourette-Syndrom, Chorea minor Sydenham, Encephalitis lethargica.

13.2.5 Verlauf und Prognose

- In der Regel ist der **Verlauf** chronisch; Neigung zur Ausbreitung, häufig sozialer Rückzug, körperliche Schäden (z. B. Hautschädigung), Suizidalität.
- **Prognostisch ungünstig:**
  - Zwangsgedanken mit dem Charakter von überwertigen Ideen,
  - Negativismus,
  - schwere depressive Verstimmung,
  - soziale Isolation.

13.2.6 Therapie

Kombination von psychotherapeutischen und pharmakologischen Maßnahmen.

- **Verhaltenstherapie**: Expositionstraining mit Reaktionsmanagement unter Berücksichtigung biographischer und psychosozialer Faktoren.
- **Verhaltensanalyse:**
  1. Lerngeschichte (Modelle, Verstärker)
  2. Bedingungsmodell (Verhaltensgleichung) (S-O-R-K)
  3. Funktionalität (Funktion des Verhaltensmusters, z. B. Machtausübung, Schuldverarbeitung)
     Beispiel: Schmutz – Spannungsangst – Putzen – Spannungs-/Angstreduktion

- **Therapie:**

1. Symptombezogen:
   Reizkonfrontation mit Reaktionsverhinderung. Wichtig ist, daß der Patient lernt, daß der Spannungszustand auch spontan abklingt (ohne putzen).
2. Soziales Kompetenztraining
   Selbstsicherheitstraining
   Intrapsychische Konfliktbearbeitung
   Ziel: Aufbau von Alternativverhalten bzw. Einübung des normalen Verhaltens in konkreten Lebenssituationen.
   Zielanalyse: **Konkrete Ziele**
   Patient Normstandard bestimmen lassen (bestehende Normunsicherheit)
   Vorgehensweise in konkreten, kleinen Therapieschritten!
3. Einbezug der Familie

Exposition in vivo und Exposition in-sensu sind die wirksamsten Maßnahmen bei Handlungs- und Denkzwängen.

1. Motivation des Patienten, sich 1 bis 4 Stunden täglich den zwangsauslösenden Reizen zu stellen:
   – Lernen der bewußten Registrierung der auftretenden körperlichen, emotionalen und kognitiven Reaktionen.

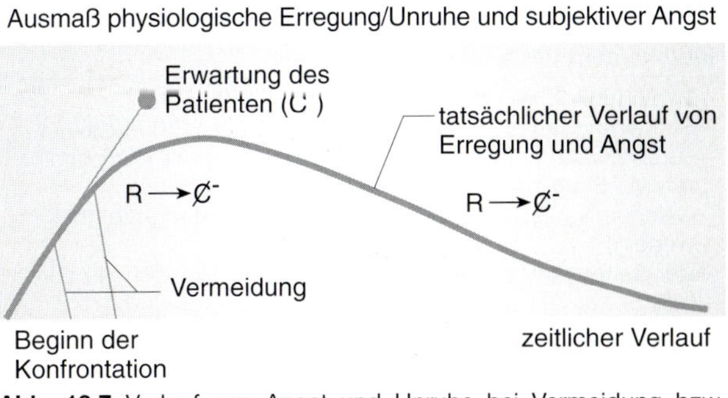

Abb. 13.7 Verlauf von Angst und Unruhe bei Vermeidung bzw. Konfrontation/Reaktionsverhinderung (nach *Reinecker* 1995)

 - Vergleichen dieser Reaktionen mit den Erwartungen.
 - Lernen des Umgangs mit diesen Reaktionen (Reaktions-Management-Training).

2. Die Expositionssitzung findet im natürlichen Milieu statt, in dem sich die Auslöser befinden, mehrfach über mehrere Stunden.
3. Einleiten der frühzeitigen Beschäftigung des Patienten mit der Selbsthilfeliteratur über Exposition.
4. Beginn der Therapie in der Praxis oft mit einer Psychopharmakotherapie.

In Follow-up-Studien stellt man einen durchschnittlichen Langzeiterfolg der VT von 75 % fest. Ein Teil der gebesserten Patienten behält trotz der Verhaltens- oder Psychopharmakotherapie eine „Restsymptomatik" bei.

Pharmakotherapie

- **Medikamente:** serotonerge Antidepressiva (Clomipramin, Paroxetin, Fluvoxamin).
  Bei einer ausschließlichen medikamentösen Therapie werden nach dem Absetzen hohe Rückfallquoten (70 – 80 %) beobachtet.

Indikation für eine stationäre Therapie:

- Z. B. schwere Behinderung oder Suizidalität bei sekundärer Depression.

Tabelle 13.17 Psychopharmakotherapie des Zwangssyndroms
Medikament der 1. Wahl: Clomipramin
– Beginn mit 25 mg/die, – Steigerung um je 25 mg alle 3 bis 4 Tage bis 150 mg/die, – Verabreichung morgens und mittags, alternativ Clomipramin retard 75 mg zur Nacht, – Gelegentlich ist eine Dosierung bis 200 – 250 mg/die notwendig, – Der Behandlungserfolg läßt sich erst nach 10 Wochen beurteilen.
Medikamente der 2. Wahl:
– Fluvoxamin 100 (übliche) bis 300 mg/die (höhere Dosis), – Paroxetin 20 (übliche) bis 50 mg/die (höhere Dosis).

Tabelle 13.18 Allgemeine Behandlungscharakteristika bei der psychopharmakologischen Therapie der Zwangsstörung
• Wirkmechanismus des Psychopharmakons: Potente Serotonin-Wiederaufnahme-Hemmung
• Wirklatenz des therapeutischen Erfolgs: 8 – 10 Wochen
• Dosierung: wahrscheinlich höher als bei der Depressionstherapie
• Ausmaß der therapeutischen Wirkung: Etwa 40prozentige Symptomreduktion, keine vollständige Rückbildung der Symptomatologie
• Remissionsstabilität: Keine Remissionsstabilität ohne fortgesetzte Psychopharmakotherapie, bei Absetzen der Medikamente Wiederauftreten der Symptome

- Vorteile sind die kurzfristige Entlastung des Patienten durch Destabilisierung der verursachenden Faktoren und Einleitung der Verhaltensänderung sowie die Möglichkeit der intensiveren, symptomorientierten Exposition.

13.3 Reaktionen auf schwere Belastungen und Anpassungsstörungen

- **Definition:** Reaktionen auf Belastungen im psychischen und sozialen Bereich mit Symptomen, die über eine normale und zu erwartende Reaktion auf die belastende Lebensereignisse hinausgehen.
- Reaktive Veränderungen sind auch bei gesunden Menschen, beispielsweise als adäquate Form der Verarbeitung (z. B. Trauerreaktion) möglich.
- Die Differenzierung dieser Störungen erfolgt nach der Art, Schwere und Dauer der ursächlichen Belastung und der reaktiven Symptomatik.

13.3.1 Epidemiologie

- Zur Zeit gibt es keine verläßlichen Angaben zur Häufigkeit und Lebenszeitprävalenz.
  - Posttraumatische Belastungsstörungen treten nach extremer Bedrohung bei ca. 50 % der Betroffenen auf.
  - Anpassungsstörungen findet man bei ca. 5 % der psychiatrischen Klinikaufnahmen.
  - Akute Belastungsreaktionen (Krisenreaktionen) sind am häufigsten, werden jedoch selten stationär psychiatrisch behandelt.
- Die Störungen können in jedem Alter auftreten, gehäuft bei Jugendlichen und älteren Menschen.

13.3.2 Ätiopathogenese

- **Entstehungsbedingungen:**
  - belastendes Ereignis,
  - biologische Vulnerabilität,
  - Persönlichkeitsmerkmale,
  - soziale Interaktion.

Entscheidend ist ein kausaler Zusammenhang zwischen dem belastenden Ereignis und der inadäquaten Reaktionsweise.

- **Risikoerhöhung bei:**
  - organischen Störungen,
  - akzentuierten Persönlichkeitszügen,
  - neurotischen Verhaltensauffälligkeiten,
  - extremer Erschöpfung.
- **Protektive Faktoren:**
  - Bewältigungs(Coping)-Strategien,
  - stabiles soziales Netzwerk.
- **Neurobiologische Theorie:** Rolle des Katecholamin-Stoffwechsels und individuelle Prädisposition zu überschießenden Reaktionen.
- **Lerntheorie:** Dem Versagen der Coping-Strategien kommt eine besondere Bedeutung zu.

Tabelle 13.19 Klassifikation von Belastungsreaktionen und Anpassungsstörungen nach ICD-10 und DSM-IV

ICD-10	DSM-IV
F43.0 Akute Belastungsreaktionen F43.1 Posttraumatische Belastungsstörung	308.3 Akute Belastungsstörung 309.81 Posttraumatische Belastungsstörung
F43.2 Anpassungsstörung • F43.20 Kurze depressive Reaktion • F43.21 Längere depressive Reaktion • F43.22 Angst und depressive Reaktion gemischt • F43.23 Mit vorwiegender Beeinträchtigung von anderen Gefühlen • F43.24 Mit vorwiegender Störung des Sozialverhaltens • F43.25 Mit gemischter Störung von Gefühlen und Sozialverhalten	Anpassungsstörung • 309.0 Mit depressiver Stimmung • 309.24 Mit Angst • 309.28 Mit Angst und depressiver Stimmung, gemischt • 309.3 Mit Störungen des Sozialverhaltens • 309.4 Mit emotionalen Störungen und Störungen des Sozialverhaltens • 309.9 Unspezifisch Akut: < 6 Monate Chronisch: > 6 Monate
F62.0 Andauernde Persönlichkeitsänderung nach Extrembelastung	

- **Psychoanalytisches Modell:** Reaktionen auf ungelöste Konflikte aus der Kindheit (Regression). Wichtig sind ein primärer und sekundärer Krankheitsgewinn.

13.3.3 Symptomatologie und klinische Subtypen

Akute Belastungsreaktion (akute Krisenreaktion, „Nervenschock“)

- Reaktionen auf massive traumatische Ereignisse mit Bedrohung der Sicherheit oder körperlichen Unversehrtheit (Naturkatastrophen, Verbrechen, Kriegshandlungen, Vergewaltigung) bei ansonsten psychisch nicht gestörten Menschen.

- Entwicklung meist innerhalb von Minuten nach der Belastung, Abklingen innerhalb von Stunden oder Tagen (2 bis 3 Tage),
- Zu Beginn Betäubung, Bewußtseinseinengung, Desorientiertheit,
- Gleichzeitig vegetative Zeichen der panischen Angst und affektive Störungen,
- Teilweise oder vollständige Amnesie.

Posttraumatische Belastungsstörung

- Reaktion auf eine extreme Bedrohung des eigenen Lebens oder des Lebens naher Bezugspersonen (Unfälle, Terrorismus, Folterung).
  - Auftreten verzögert mit einer Latenz (freies Intervall) von Wochen bis Monaten.
  - Typische Symptome: ständiges Wiedererleben in Erinnerungen oder Träumen (Nachhallerinnerungen), Schuldgefühle, emotionaler und sozialer Rückzug, Anhedonie, Gleichgültigkeit, Indifferenz, vegetative Übererregbarkeit.
  - Häufig assoziiert mit Angst und Depression.
  - Bei chronischem Verlauf andauernde Persönlichkeitsänderung nach Extrembelastung.
  - Folgen: Alkohol- oder Drogenabusus (Selbstbehandlung), Suizidalität.

Anpassungsstörungen

- Zustände von subjektiver Not und gefühlsmäßiger Beeinträchtigung nach einer entscheidenden Lebensveränderung oder Belastung, z. B. Verlust enger Bezugspersonen (Trauerfall, Trennungserlebnisse), Veränderung der sozialen Umgebung (Emigration, Flucht) oder chronische Belastungen (z. B. familiäre oder berufliche Probleme).
  - Beginn innerhalb eines Monats nach der Belastung, Dauer selten länger als 6 Monate.
  - Symptome: depressive Stimmung, Angst, Besorgnis, Nachlassen der Leistungsfähigkeit, Verminderung der sozialen Kontakte, gelegentlich sozial destruktives Verhalten.

Nach der vorherrschenden Symptomatik werden mehrere Unterformen unterschieden (s. Tab. 13.20).

Tabelle 13.20 Symptomatik der Anpassungsstörungen im Vergleich von ICD-10 und DSM-IV

ICD-10	DSM-IV
Symptomatologie:	
• Depressive Stimmung • Besorgnis • Angst • Ein Gefühl, unmöglich zurechtzukommen oder in der gegenwärtigen Situation fortzufahren • Einschränkung bei der Bewältigung der täglichen Routine	• Vielfältige Symptome, die länger als üblich anhalten und über die normal zu erwartende Reaktion auf einen/mehrere psychosozialen Belastungsfaktoren hinausgehen • Bedeutsame Beeinträchtigungen in sozialen oder beruflichen (schulischen) Funktionsbereichen
Unterformen:	
• Kurze depressive Reaktion: vorübergehend, nicht länger als einen Monat • Längere depressive Reaktion: Reaktion auf eine länger anhaltende Belastung, die jedoch nicht länger als zwei Jahre dauert • Angst und depressive Reaktion, gemischt: Angst und depressive Symptome sind vorhanden, aber weniger ausgeprägt als bei Angst und depressive Störung, gemischt (F41.2) oder andere gemischte Angststörung (F41.3) • Mit vorwiegender Beeinträchtigung von anderen Gefühlen: verschiedene affektive Qualitäten • Mit vorwiegender Störung des Sozialverhaltens • Mit gemischter Störung von Gefühlen und Sozialverhalten • Andere spezifische Anpassungsstörungen	• Mit depressiver Stimmung: depressive Stimmung, Weinerlichkeit, Gefühl von Hoffnungslosigkeit • Mit Angst: Nervosität, Sorgen oder Ängstlichkeit, bei Kindern Trennungsangst von den Bezugspersonen • Mit Angst und depressiver Stimmung, gemischt: Kombination von Depression und Angst • Mit Störungen des Sozialverhaltens: Verletzung von Rechten anderer oder von wesentlichen sozialen Regeln und Normen • Mit emotionalen Störungen und Störungen des Sozialverhaltens: Depression und Angst sowie Störungen des sozialen Verhaltens • Unspezifisch: unangepaßte Reaktionen, die nicht einem der anderen Subtypen zuzuordnen sind

Andauernde Persönlichkeitsänderung nach Extrembelastung

- Tiefgreifende Änderung der Persönlichkeitsstruktur nach massiven Traumata (Konzentrationslagerhaft, Geiselhaft) mit Konsequenzen im zwischenmenschlichen, beruflichen und sozialen Bereich.
  - Merkmale: anhaltende Todesangst, Annihilierung, vollständige Sinn- und Wertberaubung der persönlichen und sozialen Existenz.
  - Symptome: mißtrauische und feindliche Haltung der Umgebung gegenüber, sozialer Rückzug, Gefühl von Leere, Hoffnungslosigkeit, Bedrohtsein und Entfremdung.

Merke:

Keine Zuspitzung von primären Persönlichkeitszügen, sondern erlebnisbedingte chronifizierte Persönlichkeitsänderung. Extreme psychische Belastungen können zu irreversiblen Gesundheitsschäden führen.

Konzentrationslager-Syndrom („Überlebenden-Syndrom")

- Bei Personen, die eine Konzentrationslagerhaft überlebt haben.
  - Chronische subdepressive Verstimmung, anhaltende Angst, Leistungsinsuffizienz, vegetative Dysregulationen, sozialer Rückzug, beeinträchtigte zwischenmenschliche Beziehungen, wiederkehrende Erinnerungen.
- Besonders wichtig: **Überlebensschuld.**

Andere seltene Reaktionsformen

(charakterogene Erlebnisreaktionen)

- **Reaktive Erregungszustände:** Affektsturm, ziellose Hypermotorik und blinde Angriffshandlungen („Amoklauf").
- **Psychogene Störungen** bei histrionischen/hysterischen Persönlichkeiten.
- **Paranoide Reaktionen** (z. B. bei Schwerhörigkeit oder in sprachfremder Umgebung) oft bei sensitiv-unsicheren Persönlichkeiten („sensitiver Beziehungswahn").

- **Abnorme Eifersuchtsreaktionen:** Inhalt ist der gekränkte Selbstwert, weniger der geliebte Mensch.

Merke:
Als pathologische Reaktionsweise nach schweren Belastungen kann praktisch jedes psychopathologische Symptom auftreten.

Zweckreaktionen (Tendenzreaktionen)

- Fehlentwicklungen zur Erreichung eines als positiv empfundenen äußeren Zieles (z. B. Rente, Abfindung). Fließende Übergänge zur Simulation sind möglich.
- **Formen**
  - **Unfallreaktion** (besonders nach Schädel-Hirn-Traumata): Maßgebend ist die subjektive Unfallbearbeitung. Nicht nur der Wunsch nach Entschädigung, auch die Angst, nicht mehr gesund zu werden und eine hypochondrische Entwicklung sind von Bedeutung. Große soziale Bedeutung (hohe Kosten).
  - **Reaktive Haftzustände:** Meist bewußtseinsnahe oder ganz überlegt gespielte (simulierte) Zweckreaktionen auf die Inhaftierung (Strafhaft).
  - **Ganser-Syndrom, Pseudodemenz:** Vortäuschen einer psychischen Störung: bizarre, psychogen bedingte kognitive und Orientierungsstörungen. Systematisches „Falsch-Machen“, oft begleitet vom demonstrativen motorischen Gebaren („Faxensyndrom“).

Merke:
In forensischer Hinsicht können akute Belastungsreaktionen eine „tiefgreifende Bewußtseinsstörung“ darstellen.

13.3.4 Diagnostik und Differentialdiagnostik

- Das **wichtigste diagnostische Kriterium** ist der Nachweis der Psychogenese: zeitlicher Zusammenhang der Störung mit dem belastenden Ereignis (inhaltlicher und emotionaler Bezug). Typische Belastungsfaktoren s. Tab. 13.21.

- Zu beachten sind:
  - Fließende Übergänge zwischen normalen und pathologischen Reaktionen.
  - Ausschluß eines organischen Faktors sowie einer anderen psychiatrischen Störung.
  - Zeitliche Latenz zum Auftreten der Störung und ihre maximale Dauer.

Tabelle 13.21	Typische Belastungsfaktoren bei Anpassungsstörungen
Jugendliche	• Schulprobleme • elterliche Zurückweisung oder Trennung der Eltern • Arbeitsplatzprobleme • Drogen-/Alkoholprobleme • Umzug • rechtliche Probleme
Erwachsene	• Ehe-/Beziehungsprobleme • Trennung/Scheidung/Tod • finanzielle Probleme • Probleme mit den Kindern • Arbeitsplatzprobleme • Krankheit • Alkohol-/Drogenprobleme • rechtliche Probleme • Umzug

13.3.5 Verlauf

- Häufig sind Chronifizierungen und iatrogene Fixierungen bei insgesamt unterschiedlichen Verläufen.
- Verschiedene Formen der Anpassungsstörungen und Belastungsreaktionen unterscheiden sich bezüglich der **Latenzzeit** und **Dauer der Störung:**
  - Akute Belastungsreaktionen: Entwicklung innerhalb von Minuten, nach 3 Tagen abgeklungen.
  - Andauernde Persönlichkeitsänderung nach Extrembelastung: Krankheitsverlauf über mindestens 2 Jahre, irreversibel.

Verlaufscharakteristika sind in Abb. 13.8 zusammengefaßt.

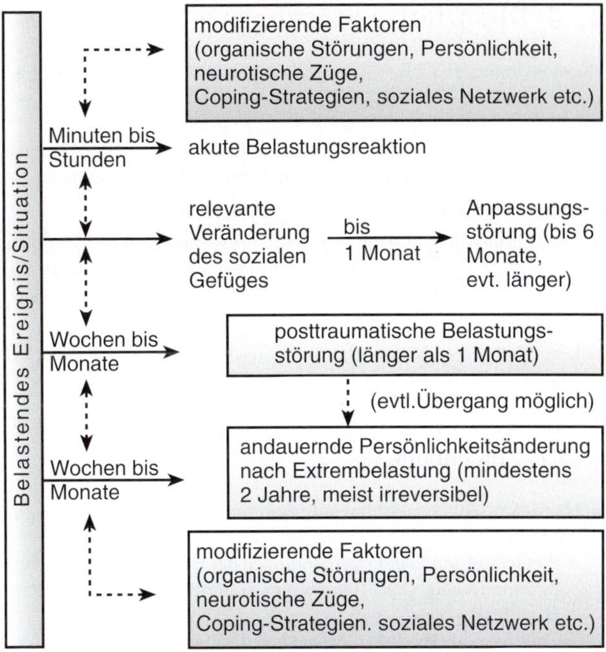

Abb. 13.8 Verlaufscharakteristika von Anpassungsstörungen und pathologischen Belastungsreaktionen (aus *Möller/Laux/Deister* 1996).

13.3.6 Therapie

- Eine **supportive Psychotherapie** steht im Vordergrund, v. a. in Form einer Einzeltherapie.
  - **Therapieziel:** Erreichen einer besseren Anpassungsfähigkeit.
  - **Therapiedauer** bei posttraumatischen Belastungsstörungen über viele Jahre.
- Bei sozialen Auswirkungen ist eine **Verhaltenstherapie** in Kombination mit einer **Soziotherapie** am erfolgreichsten.
- **Pharmakotherapeutisch** werden vorübergehend Anxiolytika und Antidepressiva, bei akuter Erregung auch Neuroleptika eingesetzt.

13.4 Dissoziative Störungen

(Konversionsstörungen, „Konversionsneurose", „Hysterische Neurose")

- Entkopplung (Dissoziation) seelischer und körperlicher Funktionen mit psychogenen, organisch anmutenden Körpersymptomen.
- Fast alle Krankheiten können imitiert werden.
- Die Störung der Integration betrifft Erinnerungen, das Identitätsbewußtsein und unmittelbare Empfindungen sowie die Kontrolle von willkürlich steuerbaren Körperfunktionen und Bewegungen.
- **Konversion:** Umwandlung nicht realisierbarer Triebregungen in körperliche Symptome, die symbolisch für seelischen Konflikt stehen.

13.4.1 Epidemiologie

- Häufigkeitsangaben fehlen aufgrund uneinheitlicher Kriterien für die Störung.
  - Am häufigsten findet man Störungen der Bewegung und der Sinnesempfindung (z. B. psychogene Lähmung oder psychogene Blindheit).
  - Selten sind dissoziative Amnesien, dissoziative Fugue, multiple Persönlichkeitsstörungen und Depersonalisationsstörungen.

13.4.2 Ätiopathogenese

Psychoanalytische Theorie

- Innerseelische Konflikte werden in Körpersprache übersetzt, dadurch entsteht der Ausdruck- und Symbolcharakter der Symptomatik.
- **„Klassisches Hysteriekonzept":** Bedeutung der ödipalen Konfliktsituation mit der Fixierung auf den gegengeschlechtlichen Elternteil und narzißtische Störung des Selbstwertgefühles. Das Symptom ist die Scheinlösung des Konfliktes.
- Verstärkung der Symptomatik durch das Erreichen eines möglichen Krankheitsgewinnes.

- Primärer Krankheitsgewinn: innere Vorteile.
- Sekundärer Krankheitsgewinn: äußere Vorteile (z. B. Krankschreibung, mehr Zuwendung).

Lerntheorie

- Aktualisierung früher und primitiver Bewegungsabläufe und sensorischer Phänomene. Durch die dadurch erreichte Entlastung kommt es zu einer Verstärkung: Wiederauftreten oder Persistenz der Symptomatik.
- **„Hysterische Epidemie"** durch das Lernen am Modell.

13.4.3 Symptomatologie und klinische Subtypen

- Nahe zeitliche Verbindung zu akut traumatisierenden Ereignissen oder zu seit längerer Zeit bestehenden unlösbaren oder unerträglichen Konflikten.
- Diskrete unspezifische Symptome („Intimformen") werden heute häufiger beobachtet als dramatische (demonstrative) Ausdrucksformen wie z. B. arc de cercle.

Tabelle 13.22 Symptomatik dissoziativer Störungen nach Funktionsbereichen

Dissoziierte Funktion	Symptomatik
Sinnesempfindung	• Visuelle Störungen • Akustische Störungen • Anästhetische Hautareale
Bewegung	• Paresen/Paralysen • Akinese • Tremor • Aphonie/Dysarthrie
Gedächtnis	• Amnesie
Komplexe Störung	• Fugue • Stupor • Krampfanfall
Personale Identität	• Multiple Persönlichkeitsstörung • Depersonalisationsstörung

- **Appellcharakter der Symptome:** Förderung der Beachtung und Aufmerksamkeit.

Dissoziative Störungen der Bewegung und Sinnesempfindung

- Am häufigsten sind neurologisch anmutende Symptome (s. Tab. 13.22).
- Dissoziative Krampfanfälle ähneln den epileptischen, sind jedoch bewußtseinsnah, gehen selten mit Urininkontinenz, Zungenbiß oder schweren Verletzungen beim Sturz einher.
- Die Folgen dieser Störungen können gravierend sein: z. B. Kontrakturen, Arthrose, Inaktivitätsatrophie.

Tabelle 13.23 Häufigste neurologisch anmutende Symptome einer dissoziativen Störung
• Paresen/Paralysen
• Ataxie
• Astasie (Unfähigkeit zu stehen)
• Abasie (psychogene Gangstörung)
• Zittern und Schütteln
• Aphonie und Dysarthie
• Sensibilitätsstörungen der Haut (Parästhesie, Anästhesie, Schmerzsensationen)
• Visuelle Störungen (psychogene Blindheit)
• Akustische Störungen (psychogene Taubheit)
• Krampfanfälle

Dissoziative Störungen der Identität, des Gedächtnisses und des Bewußtseins

Multiple Persönlichkeitsstörungen

- Sehr selten diagnostiziert.
- Merkmal: Existenz von 2 oder mehreren unterschiedlichen Persönlichkeitszuständen innerhalb eines Individuums, die voneinander vollständig getrennt sind.

- Erstmanifestation üblicherweise plötzlich in enger Verbindung mit traumatischen Erlebnissen.

Dissoziative (psychogene) Amnesie

- Die Erinnerungslücke ist auf bestimmte Inhalte **(selektive Amnesie)** oder auf einen umschriebenen Zeitabschnitt **(lokalisierte Amnesie)** begrenzt.
- Die Inhalte sind meist aktuelle, traumatisierende Ereignisse.
- Abrupter Beginn und plötzliches Ende.

Dissoziative (psychogene) Fugue

- Plötzliches Weggehen von der gewohnten Umgebung und Annahme einer neuen Identität mit Amnesie für die Dauer der Fugue (keine Erinnerung an das frühere Leben).
- Auslöser sind traumatisierende Belastungen.

Dissoziativer (psychogener) Stupor

- Deutliche Reduktion oder vollständiges Fehlen willkürlicher Bewegungen und normaler Reaktionen auf äußere Reize.
- In der Vorgeschichte finden sich kurz vorausgegangene belastende Ereignisse und schwere gegenwärtige Probleme bei ansonsten psychisch gesunden Menschen.

Depersonalisationsstörung (Entfremdungserleben)

- Veränderung der Wahrnehmung der eigenen Person (des Körpers), oft mit einer Derealisation (Veränderung der Wahrnehmung der Umgebung) verbunden.
- Eigene geistige Aktivität, Körper und Umgebung werden verändert, die eigenen Handlungen mechanisch erlebt („Gefühl, sich selbst anzuschauen oder tot zu sein").
- Eine Depersonalisationsstörung wird nur dann diagnostiziert, wenn die Symptomatik ganz im Vordergrund steht und nicht Folge einer anderen psychischen Störung ist.

Merke:

Das Symptom der Depersonalisation kommt bei verschiedenen anderen Erkrankungen vor.

Andere seltene Formen

- **Ganser-Syndrom:** demonstratives Vorbeireden.
- **Trauer-Zustände:** verändertes Bewußtsein.
- **Indoktrination** („Gehirnwäsche"): z. B. bei Personen, die intensiven Zwangsmaßnahmen zur Veränderung der Einstellungen ausgesetzt waren.

13.4.4 Diagnostik und Differentialdiagnostik

- Primärer Ausschluß einer organischen Störung.

Imitationscharakter der Konversionsstörung: praktisch jede organische Erkrankung kann nachgeahmt werden.

Tabelle 13.24 Symptomatik der Depersonalisationsstörung/Derealisationsstörung nach ICD-10 und DSM-IV

ICD-10	DSM-IV
• **Depersonalisationssymptome:** der Betroffene empfindet seine eigenen Gefühle und Erfahrungen nicht als seine eigenen, fern, losgelöst, verloren usw. • **Derealisationssymptome:** Menschen, Objekte und/oder die Umgebung erscheinen unwirklich und fern, fremd, künstlich, farblos usw. • Dem Betroffenen ist bewußt, daß hier ein subjektiver und spontaner Wechsel eingetreten ist, der nicht von anderen Personen oder äußeren Kräften gelenkt ist (d. h. es besteht Krankheitseinsicht). • Bewußtsein ist ungestört, toxischer Verwirrtheitszustand oder Epilepsie fehlen.	**Depersonalisationsstörung:** • Andauernde und wiederkehrende Erfahrungen, sich von den eigenen geistigen Prozessen oder vom eigenen Körper losgelöst oder sich wie eigener außenstehender Beobachter zu fühlen. Während der Depersonalisationserfahrung bleibt die Realitätsprüfung intakt.

- Für die Diagnose wird enger zeitlicher Zusammenhang mit Belastungen, Problemen und gestörten Beziehungen (Fremdanamnese) gefordert.

Differentialdiagnosen

- Organische Erkrankungen,
- Psychosomatische Störungen,
- Somatoforme Schmerzstörung,
- Hypochondrische Störung,
- Simulation (vorgetäuschte Störung).

- **Abgrenzung von neurologischen Störungen:** psychogene Störungen orientieren sich nicht streng an anatomischen oder funktionellen Bedingungen.

Tabelle 13.25 Differentialdiagnose der Depersonalisation
• Starke Ermüdung, Erschöpfung (bei Gesunden)
• Schizophrene und depressive Psychosen
• Angststörungen
• Asthenische Persönlichkeitsstörung
• Intoxikationen mit Halluzinogenen

Tabelle 13.26 Differentialdiagnose der dissoziativen Störungen der Identität, des Bewußtseins und Gedächtnisses
• Anfallsleiden (Temporallappenepilepsie)
• Intoxikationen
• Katatone Syndrome
• Depressive Zustände
• Simulation

13.4.5 Verlauf

- Meist abrupter Beginn in zeitlichem Zusammenhang mit dem belastenden Ereignis oder Situation.
- Tendenz zur Remission nach Wochen oder Monaten.
- Symptomfixierung und Chronifizierung durch Krankheitsgewinn.
- Oft Therapieresistenz bei mehr als 2 Jahren bestehenden Symptomen.

13.4.6 Therapie

- Im Vordergrund steht die **Psychotherapie** mit einem tragbaren Arzt-Patient-Kontakt, die Psychopharmakotherapie ist sekundär.
- **Therapieziel:** Beeinflussung der aktuellen Konflikt- und Lebenssituation.

Empfehlungen:
- Den Patienten nicht mit der Psychogenie der Beschwerden diskriminieren, ihm helfen, die eigene Einsicht über die Entstehung seiner Beschwerden zu entwickeln.
- Beachtung des möglichen Krankheitsgewinnes.
- Frühestmöglicher Therapiebeginn: Verhindern sekundärer organischer Komplikationen wie Kontrakturen, Arthrose, Inaktivitätsatrophie.

- Bewährt haben sich eine Konflikt- oder symptomorientierte Psychotherapie in Kombination mit Entspannungsverfahren und gleichzeitige unterstützende physikalische und krankengymnastische Maßnahmen.
- Bei einer Konversionsstörung können Einzelsymptome durch Suggestivmaßnahmen relativ gut beeinflußt werden.

Passager werden Anxiolytika oder Antidepressiva gegeben.

Merke:
Durch sekundären Krankheitsgewinn ist ein Symptomwechsel bzw. eine Symptom-Persistenz möglich.

13.5 Somatoforme Störungen („funktionelle Störungen")

- **Formen:**
  - Somatisierungsstörung
  - Hypochondrische Störung
  - Somatoforme Schmerzstörung

- Vielfältige und anhaltende körperliche Symptome, ohne ausreichende organische Ursache.
- In der Pathogenese sind seelische Belastungen und Konflikte von Bedeutung.
- Gravierende persönliche und sozio-ökonomische Folgen durch die wiederholten körperlichen Untersuchungen und therapeutischen Versuche, die bis zu Operationen reichen können.
- Diese Erkrankungen werden vom Psychiater oft nach sehr langem Verlauf, häufig jedoch überhaupt nicht gesehen.

13.5.1 Epidemiologie

- Diese insgesamt häufigen Störungen werden v. a. in allgemeinmedizinischen und internistischen Praxen gesehen. Etwa 20 – 30 % aller stationären Aufnahmen in Inneren Abteilungen.
- Hypochondrische Störungen machen zwischen 3 und 14 % der von Hausärzten gesehenen Patienten aus, beide Geschlechter sind gleich häufig betroffen, bevorzugtes Alter sind das 3. und 4. Lebensjahrzehnt.
- Somatisierungsstörungen werden vornehmlich bei Frauen (ca. 95 %) diagnostiziert, ca. 1 bis 2 % der weiblichen Normalbevölkerung erfüllen sie die diagnostischen Kriterien, Manifestation meistens vor dem 30. Lebensjahr.
- Eine somatoforme Schmerzstörung ist bei Frauen zweimal häufiger als bei Männern, bevorzugtes Alter sind das 3. und 5. Lebensjahrzehnt, eine familiäre Häufung wurde beobachtet.

13.5.2 Ätiopathogenese

- **Psychoanalytisches Modell:** „Übersetzung“ unbewußter intrapsychischer Konflikte in Körpersprache mit Bildung des primären und sekundären Krankheitsgewinns.
- **Lerntheorie:** Konditionierung (Erlernen) einer bestimmten Verhaltensweise mit Verstärkung (Kreislauf). Wiederholtes Erleben der ängstlichen Anspannung führt zur Fixierung der Probleme.
- **Neurobiologisches Modell:** Die meisten somatoformen Störungen treten bei Verwandten 1. Grades gehäuft auf, ein genetischer Faktor ist von Bedeutung.

- **Risikoerhöhung** bei:
  - asthenisch-selbstunsicherer Persönlichkeitsstruktur,
  - zeitlichem Zusammenhang mit extremer Belastung (seelische und/oder körperliche Überforderung),
  - Anfälligkeit bestimmter Organe/Funktionen („locus minoris resistentiae"), „Organminderwertigkeit" als Residuum nach früher durchgemachten Krankheiten,
  - Identifikation mit den Beschwerden nahestehender Bezugspersonen.

13.5.3 Symptomatologie und klinische Subtypen

Typische Symptome:

- Schluckbeschwerden, Erbrechen,
- Schmerzen in den Extremitäten,
- Brennen im urogenitalen Bereich,

Tabelle 13.27 Klinische Hinweise auf das Vorliegen einer somatoformen Störung
• Bestehen „typischer" Symptome
• Wenig adäquate Beschwerdeschilderung: – wortreich, klagsam, pedantisch oder – ohne wesentliche affektive Beteiligung
• Vorliegen „psychischer Randsymptome": – innere Unruhe – Erschöpfbarkeit – depressive Verstimmung – Angst, Schlafstörungen
• Lange Anamnese/Krankengeschichte („big chart")
• Häufiger Arztwechsel („doctor shopping")
• Multiple Beschwerden in unterschiedlichen Organsystemen
• Häufiger Symptom- oder Syndromwandel
• Ähnliche Beschwerden bei näheren Bezugspersonen
• Diskrepanz zwischen objektiven Befunden und subjektiven Beschwerden

- Schmerzhafte Menstruation,
- Kurzatmigkeit,
- Amnesie.

Hypochondrische Störung

- Unbegründete, anhaltende Überzeugung vom Vorhandensein einer ernsthaften körperlichen Erkrankung trotz negativer Befunde der somatischen Untersuchungen. Bevorzugte Regionen sind große Körperhöhlen, Verdauungstrakt, kardiovaskuläres und genitales System.

Tabelle 13.28 Symptomatik der hypochondrischen Störung im Vergleich von ICD-10 und DSM-IV

ICD-10	DSM-IV
Symptomatologie:	
• Anhaltende Überzeugung an einer oder mehrerer körperlichen Erkrankungen als Ursache der vorhandenen Symptome zu leiden, trotz negativer Befunde der wiederholten Untersuchungen, oder eine anhaltende Beschäftigung mit einer vermuteten Entstellung. • Hartnäckige Weigerung – trotz ausreichender Versicherungen und Rat mehrerer Ärzte – zu akzeptieren, daß den Symptomen keine körperliche Erkrankung zugrunde liegt.	• Übermäßige Beschäftigung mit der Angst oder der Überzeugung, eine ernsthafte Krankheit zu haben, entstanden durch die Fehlinterpretation körperlicher Symptome. • Die Überzeugung ist nicht vom wahnhaften Ausmaß. • Trotz angemessener medizinischer Abklärung und Rückversicherung durch den Arzt bleibt die Überzeugung bestehen. **Mit geringer Einsicht:** der Betroffene erkennt während der meisten Zeit der derzeitigen Episode nicht, daß die Befürchtungen, eine ernsthafte Erkrankung zu haben, übertrieben oder unbegründet sind.
Zeitkriterium:	Die Dauer der Störung beträgt mindestens sechs Monate.

- Verstärkte, ängstliche Selbstbeobachtung und gedankliche Einengung auf dieses Problem mit resultierenden Störungen der sozialen Beziehungen und körperlichen Leistungsfähigkeit.
- Typisch sind „doctor shopping": häufiger Arztwechsel mit erheblichen volkswirtschaftlichen Kosten sowie die hartnäckige Weigerung, die Psychogenese der Störung anzunehmen.
- Wechselhafter Verlauf, häufig zusätzlich Depression und Angst.
- Eine Unterform ist die **körperdysmorphe Störung** (Dysmorphophobie): intensive Beschäftigung mit einem nicht objektivierbaren körperlichen Mangel (vornehmlich auf das Gesicht bezogen), dem abnorme Bedeutung beigemessen wird.

Tabelle 13.29 Operationale Kriterien für eine Hypochondrie
• Somatische Symptome
• Ausschluß somatischer Erkrankungen, welche die hypochondrischen Symptome erklären könnten
• Feste Überzeugung, krank zu sein
• Fixierung auf körperliche Beschwerden
• Krankheitsgefühl
• Allgemeine Schwäche
• Ausschluß anderer psychischer Erkrankungen, die mit hypochondrischen Symptomen einhergehen

Somatisierungsstörung

- Multiple, wechselnde körperliche Symptome, ohne ausreichende körperliche Erklärung. Jedes Organsystem/Körperteil kann betroffen sein.
- Dauer meist über Jahre mit Beeinträchtigung familiärer, beruflicher und sozialer Beziehungen.
- Am häufigsten sind gastrointestinale, kardiopulmonale, und urogenitale Konversionssymptome.

- **Undifferenzierte Somatisierungsstörung:** kein vollständiges klinisches Bild, sondern nur einzelne Symptome der Somatisierungsstörung, meist Müdigkeit, Appetitminderung, abdominelle oder neurologische Beschwerden.

Tabelle 13.30 Grundregeln der Patientenbetreuung
1. Diskussionen über die Realität der Beschwerden vermeiden – Beschwerden sind ernstzunehmen und differentialdiagnostisch relevant – Vermeidung einer zu frühen Herstellung der Verbindung zwischen somatischen Beschwerden und psychologischen Phänomenen
2. Regelmäßige Kontakttermine – Planung kurzer Nachuntersuchungen, um eine Entkopplung zwischen dem Auftreten neuer Symptome und dem Arztbesuch zu erreichen (Übergang von der Symptomkontingenz zur Zeitkontingenz)
3. Regelmäßige körperliche Untersuchungen – Erfassung oder Ausschluß eventueller begleitender somatischer Krankheiten
4. Hilfsuntersuchungen nur bei klarer Indikation – Bei ausreichenden Vorbefunden (Labor, EKG, EEG, CT etc.) sollten Kontrolluntersuchungen nur bei begründetem Verdacht oder bei längerfristiger Betreuung erfolgen
5. Behandlung gleichzeitig vorliegender psychischer Störungen – Prognostische Relevanz der rechtzeitigen Therapie einer evtl. vorliegenden Angst- oder depressiven Störung berücksichtigen
6. Arztwechsel vermeiden – Überweisung an einen Spezialisten nur bei klarer Indikation und genauer Informationsweitergabe unter Einbeziehung des Patienten (betonen, daß es um kein „Wegschicken" geht, sondern, daß die Behandlung danach fortgesetzt wird) – Grundsätzlich sollte die Behandlung in einer Hand bleiben

- **Somatoforme autonome Funktionsstörung:** nach ICD-10 Funktionsstörungen in vegetativ innervierten Organsystemen. Typisch sind vegetative Symptome und hartnäckiges Beharren auf einem bestimmten Organ als Ursache. Z. B. Colon irritabile, Hyperventilationssyndrom, Herzangstsyndrom, „Reizmagen".

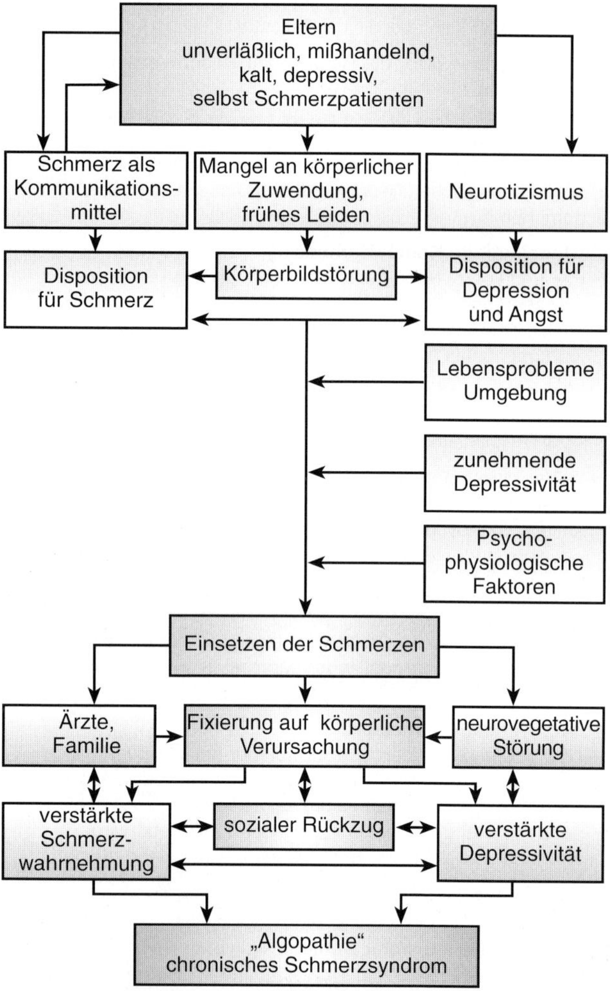

Abb 13.9 Entwicklungsprozeß zum chronischen Schmerzpatienten (aus *Hoffmann* und *Hochapfel* 1995)

Somatoforme Schmerzstörung

- Anhaltende, quälende, organisch nicht ausreichend begründbare Schmerzen.
- Meist appellativer Charakter der geschilderten, rasch wechselnden Beschwerden.
- Eine Dauer der Symptome von mindestens 6 Wochen wird für die Diagnose gefordert.
- Oft Mißbrauch von Alkohol, Schmerzmitteln oder Tranquilizern.
- Für eine psychogene Verursachung sprechen eine vage Lokalisation, ein inadäquater Affekt, atypische Reaktionen auf Medikamente sowie Ärger, Hilflosigkeit, Ungeduld und Langeweile beim Therapeuten (Übertragungsphänomene).

Tabelle 13.31 Symptomatik der somatoformen Schmerzstörung im Vergleich von ICD-10 und DSM-IV

ICD-10	**DSM-IV**
Symptomatologie:	
• Vorherrschend ist ein anhaltender, schwerer und quälender Schmerz, der durch eine körperliche Erkrankung oder durch einen physiologischen Prozess nicht vollständig erklärt werden kann. • Der Schmerz tritt in Verbindung mit emotionalen Konflikten oder psychosozialen Problemen auf. Diese müssen von ausreichender Schwere sein, um als entscheidende Einflüsse zu gelten.	• Schmerzen in einer oder mehreren anatomischen Region(en) werden zum Zentralthema im Leben der betroffenen Person und sind vom ausreichenden Schweregrad, um klinische Beachtung zu rechtfertigen. • Der Schmerz verursacht beträchtliches Leiden oder Beeinträchtigung in sozialen, beruflichen oder anderen wichtigen Bereichen und wird nicht absichtlich erzeugt oder vorgetäuscht. • Psychische Faktoren spielen eine wichtige Rolle für Beginn, Schweregrad, Exazerbation oder Aufrechterhaltung der Erkrankung.

Tabelle 13.31 (Fortsetzung)	
Unterformen:	• Schmerzstörung in Verbindung mit psychischen Faktoren: psychischen Faktoren wird die Hauptrolle für Beginn, Schweregrad oder Exazerbation der Erkrankung beigemessen. • Schmerzstörung in Verbindung mit sowohl psychischen Faktoren wie einem medizinischen Krankheitsfaktor: Sowohl psychischen Faktoren wie auch einem medizinischen Krankheitsfaktor wird eine wichtige Rolle für Beginn, Schweregrad oder Aufrechterhaltung der Störung beigemessen.
Zeitkriterien:	**Akut:** Dauer weniger als sechs Monate. **Chronisch:** Dauer sechs Monate oder länger.

Merke:

Diagnosestellung nur in Verbindung mit schweren emotionalen Konflikten oder psychosozialen Problemen und Vorliegen eines ausgeprägten sekundären Krankheitsgewinns.

13.5.4 Diagnostik und Differentialdiagnostik

- Psychovegetative Allgemeinerscheinungen finden sich vereinzelt oder vorübergehend auch bei Gesunden (Schlafstörung, Nervosität, Reizbarkeit, Konzentrationsschwäche).
- Wichtig für die Diagnose sind multiple, unterschiedliche Körpersymptome über längeren Zeitraum.
- Oft findet man inadäquate Beschwerdeschilderungen und psychische Randsymptome: innere Unruhe, Konzentrationsstörung, Ermüdbarkeit, depressive Verstimmung, Angst- oder Schlafstörung.
- Hartnäckige Weigerung der Akzeptanz der Psychogenese, besonders wenn auch somatische Befunde festgestellt werden.

Tabelle 13.32 Screening-Kriterien für somatoforme Störungen

Screening-Symptomindex nach Schwartz et al. 1986	**Screening-Symptomindex nach Othmer und De Souza 1987**
Mindestens 5 der folgenden 11 Symptome	Mindestens 2 der folgenden 7 Symptome
• Blähungen • Übelkeit • Durchfall • Kränkeln • Abdominelle Schmerzen • Schwindelgefühle • Brustschmerzen • Ohnmachtsanfälle • Schmerzen in Extremitäten • Erbrechen • Schwächegefühl	• Kurzatmigkeit • Menstruationsbeschwerden • Gefühl des Brennens in den Geschlechtsorganen • Schluckbeschwerden • Amnesie • Erbrechen • Schmerzen in den Extremitäten

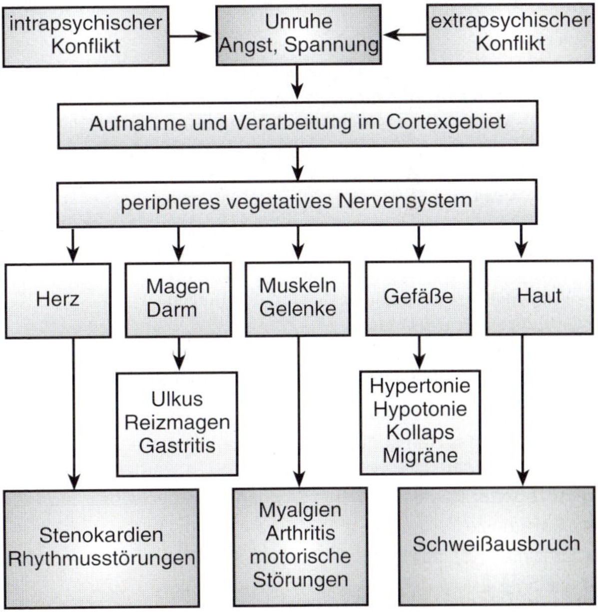

Abb. 13.10 Entwicklung psychosomatischer Störungen

Merke:

Ausmaß, subjektives Leiden und innere Beteiligung lassen trotz körperlicher Befunde eine wesentliche Mitbeteiligung psychogener Faktoren vermuten.

Schwierige Differentialdiagnose:

- Dissoziative Störungen: bei somatoformen Störungen findet man eine Stabilität und Persistenz der Symptome bei meist fehlendem zeitlichen Zusammenhang zu Belastungen.
- Depressive Störungen („larvierte Depression"!).
- Angststörungen.
- Organische Störungen: wichtigste Differentialdiagnose, die einer gründlichen körperlichen Untersuchung bedarf.

Merke:

Gleichzeitiges Vorkommen somatoformer Störungen und körperlicher Erkrankungen ist möglich.
Oft Ko-Morbidität mit affektiven Störungen.

13.5.5 Verlauf

- **Hypochondrische Störung:** chronischer Verlauf mit Intensitätsschwankungen. Möglich sind gute Kompensation, spontanes Abklingen sowie relevante Beeinträchtigungen.

Tabelle 13.33 Charakteristika zentral bedingter Schmerzen
• Brennende Schmerzsensationen
• Änderung des Sensoriums: Anästhesie, Allodynie, Hyperalgesie, Hyperästhesie
• Verzögerter Beginn: Tage bis Wochen nach der Verletzung
• Dysästhesie
• Lanzinierende paroxysmale Exazerbationen
• Geringer Erfolg der Narkotika
• Nicht anatomische Verteilung (jedoch Trigger-Zonen möglich)

- **Somatisierungsstörung:** chronisch mit fluktuierender Symptomatik, oft zusätzlicher Medikamentenmißbrauch.
- **Somatoforme Schmerzstörung:** am häufigsten ist die Persistenz über mehrere Jahre.

13.5.6 Therapie

- Eine spezifische oder allgemeingültige Therapie ist nicht bekannt.
- **Therapieziel:** dem Patienten helfen, die Ursache der Störung besser zu verstehen und die resultierenden Folgen möglichst gering zu halten.
- Die **Verhaltenstherapie** steht im Vordergrund.
- Eine **tiefenpsychologisch orientierte Psychotherapie** hat aufgrund der deutlichen Abwehr seitens der Patienten wenig Erfolgsaussichten.
- Eine **pharmakologische Therapie** sollte nur kurzfristig unter sorgfältiger Kontrolle erfolgen, um die Gefahr des Mißbrauchs zu minimieren.
- Entscheidend für die Therapie ist **feste ärztliche Bezugsperson.**

Tabelle 13.34 Psychopharmakotherapie von psychovegetativen Syndromen
• **Jedes depressive Syndrom:** – Behandlung mit einem trizyklischen Antidepressivum in gängiger Dosierung (z. B. 150 mg Imipramin/die über einige Wochen) – Nur in der Einstellungsphase zusätzliche Gabe eines Benzodiazepins erwägen (bei Abhängigkeit: Kontraindikation) – Zeitlich begrenzter Einsatz von niedrigdosierten Neuroleptika: z. B. 0,75 ml Fluspirilen i.m./Woche (maximal: 8 – 12 Wochen) – Beachte: Nebenwirkungen, vgl. Therapie mit Neuroleptika (S. 399)
• **Chronisches Schmerzsyndrom:** – Amitriptylin bis zu 3 x 25 mg/die – Evtl. initiale Kombination mit 2 – 3 x 1 mg Haloperidol oder 3 x 0,5 mg Flupentixol – Liegt kein depressives Syndrom zugrunde: analgetischer Effekt innerhalb von 1 Woche abschätzbar

13.6 Psychosomatische Erkrankungen im engeren Sinne (Psychosomatosen)

Besonderheiten

- Psychosomatosen sind körperliche Erkrankungen mit faßbaren morphologischen Veränderungen, deren Entstehung und Verlauf nachweislich und wesentlich seelisch bedingt sind (DD: Konversionsneurose).
- **Häufigkeit:** Ca. 2 – 3 % der Bevölkerung (Schepank 1986).
- Nach Alexander versteht man darunter Folgezustände anhaltender vegetativer Spannungen (Manifestation an Organen mit glatter Muskulatur).
- **„Holy seven" von Alexander:**
  1. Ulcus pepticum ventriculi et duodeni
  2. Colitis ulcerosa
  3. Asthma bronchiale
  4. Essentielle Hypertonie
  5. Rheumatoide Arthritis
  6. Atopisches Ekzem/Neurodermatitis
  7. Hyperthyreose (aus heutiger Sicht keine psychosomatische Genese)

Ätiologie

- Multifaktorielle Genese, Zusammenspiel genetischer, immunologischer, allergologischer, entzündlicher, degenerativer und psychosozialer Faktoren.
- Psychosozialer Streß und intrapsychische Konflikte fördern somatische-pathologische Prozesse (Schwächung der Immunabwehr, Bahnung allergischer entzündlicher Reaktionen).
- **Persönlichkeit der Patienten:** Gestörtes Selbstgefühl (schizoide Kontaktstörung, Probleme in der Nähe-Distanz-Regulierung); „Seelenblindheit" (Alexithymie = gefühl- und phantasiearmes, mechanisches Denken).

13.6.1 Ulcus pepticum ventriculi et duodeni

- **Somatischer Befund:** benigner unspezifischer Gewebsdefekt in den Abschnitten des Verdauungstrakts, die mit Magensaft in Berührung stehen.

- **Psychische Auslösesituationen**
  - Kränkungen, Trennungen, Verlust von Geborgenheit,
  - Situationen, die einen Zuwachs an Verantwortung bedeuten.
- **Psychodynamischer Konflikt:** Konflikt zwischen unbewußten infantilen Abhängigkeitswünschen und dem bewußten Kampf um Erfolg und Unabhängigkeit.
  - Für den Magenkranken gilt „Nahrung = Liebe".
- **Persönlichkeitsstruktur:**
  - 1. Aktiver Ulkus-Typ: Abhängigkeitsbestrebungen werden durch Pseudounabhängigkeit abgewehrt.
  - 2. Passiver Ulkus-Typ: Hilf- und Hoffnungslosigkeit stehen im Vordergrund.

Therapie

- Internistische Therapie.
- Psychotherapeutische Interventionen, die jedoch oft nur bei einem kleinen Teil der Kranken möglich sind: Der passive Patiententyp überfordert den Therapeuten mit häufigen Klagen, der aktive Typ sucht ständige Auseinandersetzung.

13.6.2 Colitis ulcerosa

- **Somatischer Anteil:** unspezifische chronisch-rezidivierende entzündliche Darmerkrankung.
- **Psychische Auslösung:** oft gehen der Manifestation auffallende emotionale Belastungen voraus (Beziehungsstörungen, Leistungsanforderungen, Bedrohung oder Mißbilligung durch einen Elternteil).
- **Psychodynamik:** Verletzbarkeit der sozialen Beziehungen. Ängste vor Verlust, Abhängigkeit, Unterdrückung aggressiver Impulse bei sehr rigidem Gewissen.
  - Ein Zusammenhang von Emotionen und segmentaler Kolonmotilität wurde mehrfach nachgewiesen.
- **Persönlichkeitsstruktur:** „Zwanghaftigkeit": Ordentlichkeit, Pünktlichkeit, Gewissenhaftigkeit, Überanpassung etc. Testpsychologisch wurden bei diesen Patienten gesteigerte Werte für Depressivität, Selbstbeobachtung, Zwang und aggressive Gehemmtheit festgestellt.

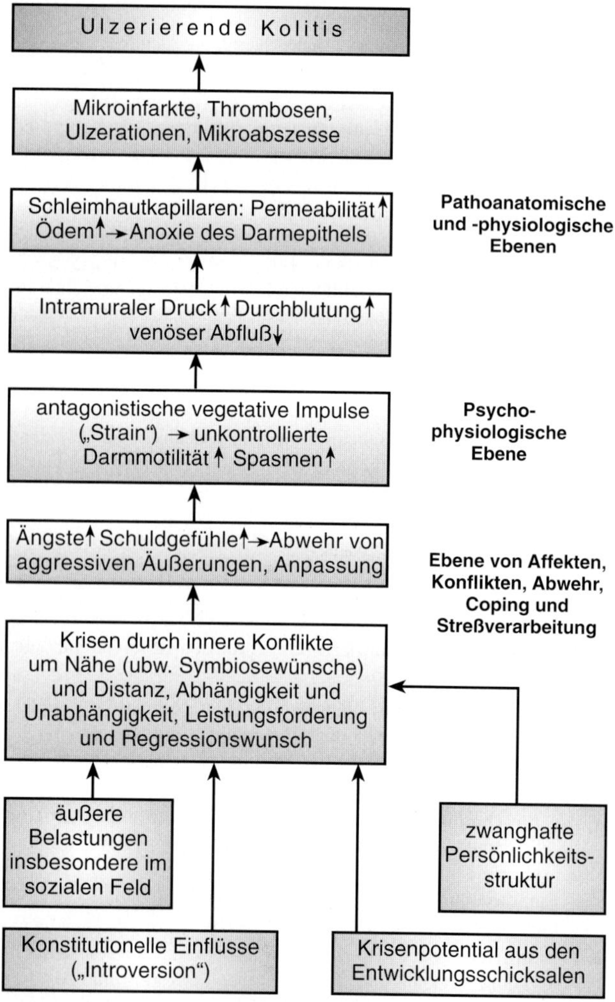

Abb. 13.11 Der „psychosomatische Strang“ in der Pathodynamik der Colitis ulcerosa (nach *Hoffmann* und *Hochapfel* 1995)

Therapie

- Therapeutisch hat sich die Kombination aus internistischen und stützenden psychotherapeutischen Maßnahmen am besten bewährt.
- Die Psychotherapie wird durch die „symbiotischen Beziehungsmuster" dieser Personen und ihre leichte Kränkbarkeit erschwert.

13.6.3 Asthma bronchiale

- **Somatischer Befund:** Zeichen der Bronchialobstruktion bei erhöhter Ansprechbarkeit des Bronchialsystems auf verschiedene Reize.
- **Multifaktorielles Geschehen:** genetische, allergische, immunologische, psychische und Umwelt-Faktoren.
  - Extrinsisches Asthma: Allergie,
  - Intrinsisches Asthma: infektiöse und psychogene Faktoren.
- **Psychodynamischer Basiskonflikt** (Modell von Alexander): nicht gelöste Mutterbindung, der Wunsch, beschützt zu werden. Ambivalenzkonflikt: Anklammerungs- und Distanzierungstendenzen zugleich.
- **Rolle der psychosozialen Risikofaktoren:** bei genetisch vorbelasteten Kindern Förderung und früher Ausbruch der Krankheit.
- **Verhaltenstheorie:** Konditionierung interkurrenter Asthma-Anfälle bei Infektionen im Kindesalter durch Verstärkerverhalten der Mutter und Regression auf das gleiche Muster bei Frustrationen im Erwachsenenleben.
- Kein spezifisches **Persönlichkeitsprofil,** im Vordergrund steht die Abwehr emotionaler und aggressiver Regungen.

Merke.
Ein akuter Asthmaanfall wird oft von Angst begleitet und hat eindeutig appellativen Charakter!

Therapie

- Internistische Therapie.
- Die Psychotherapie konzentriert sich auf unterschiedliche Formen der Angstwahrnehmung und -bewältigung.
- Außerdem übende Verfahren wie Atemtherapie, autogenes Training, Verhaltensmodifikation etc.

13.6.4 Essentielle Hypertonie

- Bei wiederholten Messungen werden Blutdruckwerte über 160 mm Hg systolisch und 95 mm Hg diastolisch registriert. Die Diagnose wird per exclusionem gestellt.
- **Auslösungssituation:** schwer rekonstruierbar. Retrospektiv oft in Zeiten vermehrter und lang anhaltender Angst, Zeitdruck und wachsender Spannung (chronische Erwartungsspannung).
- **Psychodynamik:** Kampf gegen aufkommende feindselige Gefühle aus Angst, die Zuneigung zu verlieren. Übermäßige Kontrolle im zwischenmenschlichen Umgang.

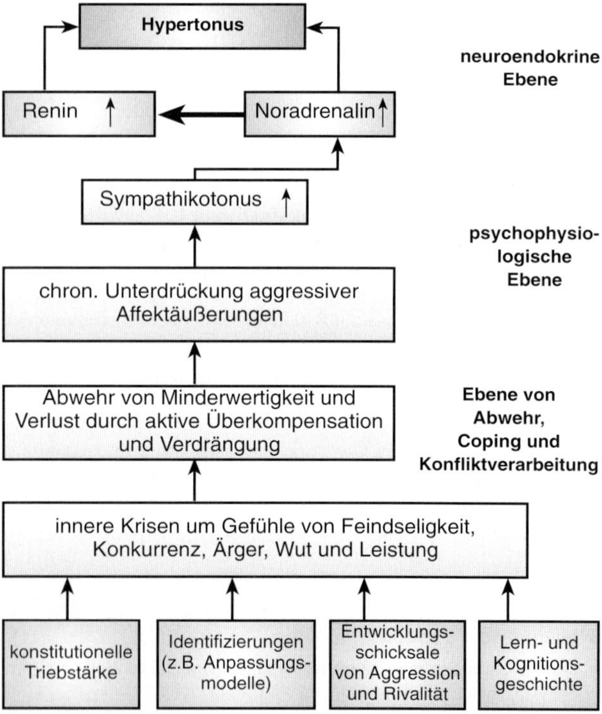

Abb. 13.12 Modell der Entstehung der essentiellen Hypertonie (aus *Hoffmann* und *Hochapfel* 1995)

- Die Umsetzung von unterdrücktem Ärger und Wut in eine erhöhte vegetative (Gefäß-)Spannung wurde experimentell bewiesen.
- **Persönlichkeit:** leistungswillig, pflichtbewußt, überangepaßt mit hohen Ansprüchen an sich selbst.

Therapie

- Antihypertensiva
- Kontinuierliche psychologische Führung (oft jedoch zu geringes Konfliktbewußtsein: kaum Einfluß auf die Lebensgestaltung).
- Gut bewährt hat sich in einigen Fällen das autogene Training, die Effekte des Biofeedback sind noch ungenügend verifiziert.

13.6.5 Rheumatoide Arthritis

Chronisch verlaufende Systemerkrankung, welche sich klinisch vor allem an den Gelenken manifestiert. Autoimmunkrankheit: ca. 70 % der gesicherten Fälle sind seropositiv (IgM).

- Einfluß emotionell belastender akuter Ereignisse, v. a. Krisen in zwischenmenschlichen Beziehungen.
- Die Frage nach der **Psychoimmunogenese** ist noch nicht geklärt, die erhöhte Muskelspannung unter Streß nicht bewiesen.
- **Psychodynamik:** Zusammenhang von Schmerz und Rheuma, positive Korrelationen zwischen Stimmungsveränderung und Schmerzintensität. Psychischer Masochismus: körperliche Krankheit mildert psychisches Leiden.
- Das Vorhandensein einer Arthritis-**Persönlichkeit** ist umstritten, Persönlichkeitszüge wie bei chronischen Schmerzpatienten wurden gefunden. Alexander beschrieb die Verweigerung der weiblichen Geschlechtsrolle bei Rheumatikerinnen.

Therapie

- **Kombinationstherapie:** internistische, operative, physiotherapeutische und psychotherapeutische Maßnahmen.
- Verhaltenstherapie zur Verbesserung des Copings von Schmerzen, der sozialen Abhängigkeit und der persönlichen Einschränkungen.
- Zusätzlich Entspannungsverfahren, z. B. konzentrative Bewegungsübungen.

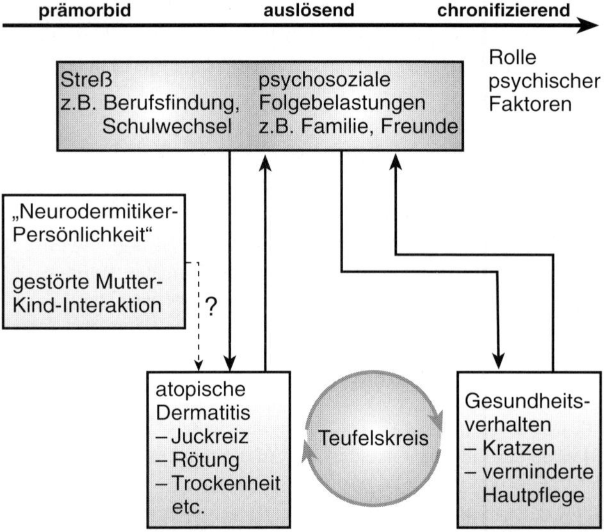

Abb. 13.13 Modell zum Einfluß psychischer Faktoren auf das atopische Ekzem (nach *Warschburger* 1996)

13.6.6 Atopisches Ekzem (Neurodermitis)

Chronische Hautentzündung, oft Komorbidität mit Asthma bronchiale.

- **Ätiologisch** werden allergische, immunologische und weitere Faktoren diskutiert.
- **Auslösung** durch psychosoziale Belastungen wie Wechsel von Bezugspersonen, Spannungen in der Familie, Umzüge, berufliche Probleme etc.
- **Psychodynamik:** noch weitgehend ungeklärt. Als psychogene Komponente wird eine Störung der primären Mutter-Kind-Beziehung angenommen. Einzelaspekte wie Scham, Schuldgefühle und masochistische Autodestruktion sind klinisch besser belegbar.
- **Psychoimmunologie:** Zusammenhänge von Hautkontakten in der frühen Entwicklung und Veränderung der Immunitätslage werden erforscht.
- Im Vordergrund der psychischen Belastung steht der Kreislauf: „Jucken – Kratzen (Histaminausschüttung) – Jucken".

Therapie

- Neben der medikamentösen Behandlung werden Psychotherapie i. e. S. und Entspannungsverfahren (autogenes Training) angewandt.
- Verhaltenstherapie: Entwicklung von Bewältigungsstrategien, z. B. gezieltes Training zum Ersatz der Kratzrituale durch alternative Entlastungshandlungen.

13.7 Somatopsychische Störungen

(sekundäre psychosomatische Erkrankungen)

Definition

- Psychogene Erkrankungen, die sich auf der Basis einer organischen Grundkrankheit (z. B. Malignome, chron. Dialyse) sekundär entwickeln.

Abb. 13.14 Prozeß der Auseinandersetzung mit einer schweren körperlichen Krankheit (nach *Kächele* und *Steffens* 1988)

- Nach Uexküll: sekundäre Ausdruckskrankheit.
- Sekundär psychosomatische Krankheiten im engeren Sinne sind psychische Störungen nach Erkrankungen der Herzkranzgefäße und Herzinfarkt. Eine sekundäre Herzhypochondrie ist möglich.

Voraussetzungen für die Diagnosestellung

- Vorliegen einer organischen Grunderkrankung.
- Die organische Erkrankung weist eine ausreichende Schwere und Dauer auf und hat gravierende therapeutische Konsequenzen.
- Die sekundäre Störung muß in Symptomwahl und Verlauf in einer erkennbaren Beziehung zu den organischen Beschwerden stehen.

Tabelle 13.35 Geeignetes und ungeeignetes Coping-Verhalten (aus *Heim* und *Willi* 1986)

gutes Coping mehrere ausgewogene Strategien	**Schlechtes Coping eingeschränkte Strategien**
Zupacken: „Was ich unternehme, was ich mitmache, davon hängt jetzt vieles ab."	**Akzeptieren:** „Es ist nun halt mal so, ich versuche, mich dreinzuschicken."
Zuwendung: „Bisher hat es immer jemand gegeben, der mich angehört/verstanden hat."	**Passive Kooperation:** „Die wissen schon, was sie tun."
Dissimulieren: „Es ist alles nur halb so schlimm, im Grunde geht es mir gut."	**Resignation:** „Ich glaube, es hat alles keinen Sinn mehr."
Problemanalyse: „Ich versuche mir zu erklären, was überhaupt los ist."	**Selbstbeschuldigung:** „Ich verdiene es nicht besser."
Auflehnung: „Warum gerade ich!?"	
Emotionale Entlastung: „Ich fühle mich so elend, wenigstens das Weinen hilft noch etwas."	

Krankheitsbewältigung / Coping

(psychosoziale Bewältigung einer schweren Krankheit)

- Die **Reaktion auf eine schwere Krankheit** orientiert sich
  - am individuellen Krankheitsmodell: Mitwirkung der persönlichen Erfahrung und Kenntnisse sowie der familiären und soziokulturellen Wertvorstellungen,
  - am objektiven Krankheitszustand in einem gegebenen Krankheitsstadium,
  - an der aktuellen Krankheitssituation: ambulante, familiäre oder stationäre Betreuung.
- Die **Krankheitsbewältigung** wird beeinflußt von
  - Geschlecht (Männer sachlicher, Frauen emotionaler),
  - Alter,
  - Kontroll-Überzeugung („locus of control"): external passiv und abhängig oder ohnmächtig und hilflos; internal selbstverantwortlich und zuständig, das Schicksal bestimmend,
  - krankheitsspezifischen Faktoren,
  - sozialer Unterstützung („social support").

Therapeutisches Vorgehen

Merke:

Eine gelungene Krankheitsbewältigung beeinflußt die Überlebensdauer bei lebensbedrohlichen Erkrankungen positiv!

- **Identifizierung der Bewältigungsmechanismen:** persönliche Möglichkeiten und Grenzen des Patienten.
- **Beurteilung der Wirksamkeit der Krankheitsbearbeitung:** Gelingt es dem Patienten, seine Situation als Kranker anzunehmen und größtmögliche Stabilität zu erreichen? Liegen Anpassungsstörungen (Ängste, Depressionen, Schlafstörungen, Non-Compliance, sozialer Rückzug) vor?
- **Therapeutische Interventionen:**
  - Supportive Psychotherapie,
  - Emotionale Entlastung / Katharsis,
  - Kognitives Training,
  - Aktivierung, Förderung sozialer Kontakte.

Psychoonkologie

- Erfassung und Berücksichtigung der körperlich-seelischen Wechselwirkungen bei der Entstehung, dem Verlauf und der Behandlung von malignen Erkrankungen.
- Eine psychische Komponente ist als ätiologischer Faktor bei der Malignom-Entstehung nicht nachgewiesen.
- Psychische Einflußgrößen wie Grundpersönlichkeit und die bevorzugten psychischen Verarbeitungsmuster sind für den Verlauf relevant.

Gehäuft vorkommende Persönlichkeitszüge:

- Hohe ethische Ansprüche an sich selbst,
- Neigung zur Selbstopferung und -verleugnung, Zurückstellen persönlicher Bedürfnisse,
- Anpassungsneigung,
- Introvertiertheit,
- Aggressive Gehemmtheit.

Praktische Probleme:

- Depressive Verstimmungen,
- Angstzustände,
- Ständige Furcht vor einem Rezidiv,
- Partnerschaftsprobleme (erhöhte Trennungsrate bei Männern),
- Auseinandersetzung mit Sterben und Tod.

Therapie

- Die Kombination von somatischen und psychotherapeutischen Maßnahmen hat eine nachgewiesene lebensverlängernde Wirkung.

Modell möglicher psychosomatischer Interventionsformen (nach Hoffmann und Hochapfel, 1995).

1. **Direkte psychotherapeutische Arbeit mit dem Patienten:** Auseinandersetzung mit und Verarbeitung der Krankheit, Fragen der Compliance (Therapiefortführung) in der Phase der Metastasierung und des Sterbens, Verarbeitung der Verlusterlebnisse bei Langzeitüberleben mit Behinderung.

2. **Konfliktzentrierte Gespräche mit Familien und Paaren:** Psychotherapeutische Hilfe für die Überlebenden i. S. einer Prophylaxe seelischer und körperlicher Schäden.
3. **Spezifische Weiterbildung des ärztlichen und pflegenden Personals:** Balint-Gruppen, Team-Supervisionen, Stationsgespräche, Fallbesprechungen etc. Von besonderer Bedeutung ist die Initiierung und Beratung von Selbsthilfegruppen.

13.8 Eßstörungen

Typisch für Eßstörungen sind:

- die intensive Furcht vor dem Dickwerden,
- ein verändertes Eßverhalten,
- eine Störung der Körperwahrnehmung.

Wichtigste Formen sind:

- **Anorexia nervosa:** im Vordergrund stehen Körperschemastörung und auffälliges Eßverhalten, nicht Appetitverlust (Anorexie).
- **Bulimie** („Ochsenhunger"): Heißhungerattacken.
- Kombinationen und Übergänge zwischen beiden Erkrankungen kommen vor.

13.8.1 Epidemiologie

- Die Häufigkeit der Anorexie beträgt ca. 1 %. Risikogruppe sind Frauen zwischen 15. und 25. Lebensjahr.
- Bulimie findet man bei ca. 2 bis 4 % der jungen Frauen, der Erkrankungsbeginn ist etwas später als bei Anorexie (um das 18. Lebensjahr).
- Nur ca. 5 bis 10 % der Patienten sind Männer.
- Mittlere und gehobene soziale Schichten sind häufiger betroffen.
- Durch gesellschaftliche Entwicklungen (Schlanksein als Schönheitsideal) nehmen Eßstörungen zu.

13.8.2 Ätiopathogenese

- Für die Entstehung ist das Zusammenspiel der prädisponierenden und die Störung aufrechterhaltenden Faktoren von Bedeutung
  - **Prädisponierende Faktoren:** biologische Vulnerabilität, psychologische Disposition.
  - **Aufrechterhaltende Faktoren:** Mangelernährung, psychische Veränderung.
- Mitbeteiligung **genetischer Faktoren:** Konkordanzraten von 50 % für eineiige und 10 % für zweieiige Zwillinge.

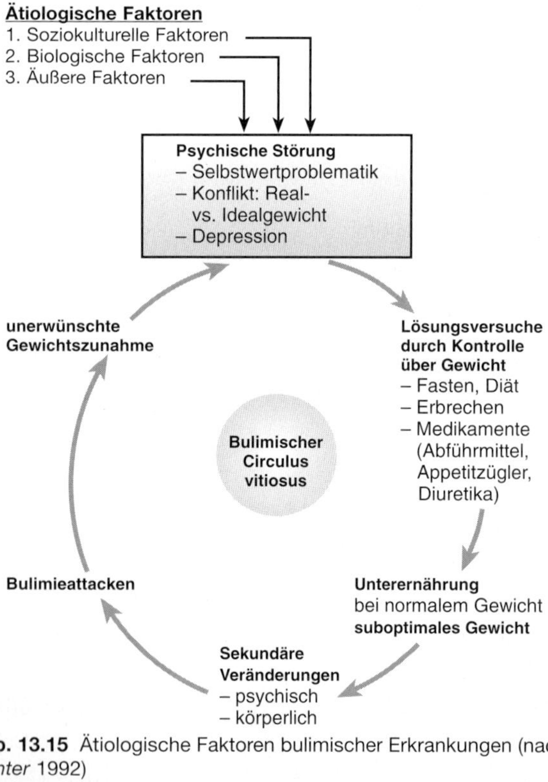

Abb. 13.15 Ätiologische Faktoren bulimischer Erkrankungen (nach *Fichter* 1992)

- **Biologische Faktoren:** Störung auf der Hypothalamus-Hypophysen-Gonaden-Achse. Serotoninstoffwechsel.
- **Soziokulturelle Einflüsse:** gesellschaftliche Vorstellungen, Rolle der Familienstrukturen (häufiger gestörte familiäre Interaktion).
- **Individuelle Eigenschaften:** Probleme in der Identitätsfindung, gestörte zwischenmenschliche Beziehungen, Gefühl eigener Ineffektivität. Bei Bulimie oft affektive Instabilität und verminderte Fähigkeit zur Impulskontrolle.
- **Lerntheorie:** Verknüpfung von Körpergewicht und Selbstwertgefühl, dabei ist auch die Reaktion der Umgebung von Bedeutung.
- **Tiefenpsychologische Sicht:** Annahme der „zweiphasigen Verdrängung", Appetitstörung als Ausdruck der Angst vor gesteigerten sexuellen Bedürfnissen.

13.8.3 Symptomatik und klinische Subtypen

Gemeinsame Merkmale sind:

- Störung der Körperwahrnehmung (Körperschemastörung),
- Gestörtes Eßverhalten mit Vermeidung vermeintlich hochkalorischer Nahrungsmittel,
- der Versuch, durch selbstinduziertes Erbrechen, Laxanzien, Diuretika oder übertriebene körperliche Aktivitäten die Nahrung wieder loszuwerden,
- Gehäuftes Auftreten affektiver Störungen (Depression, Angst und Zwangssymptome).

Tabelle 13.36 Diagnosekriterien der Anorexia nervosa im Vergleich von ICD-10 und DSM-IV

ICD-10	DSM-IV
• Tatsächliches Körpergewicht mindestens 15 % unter dem erwarteten oder Queteletss-(= Body Mass)-Index von 17,5 % oder weniger. • Selbstherbeigeführte Gewichtsabnahme durch – Vermeidung von hochkalorischen Speisen und eine oder mehrere von folgenden Möglichkeiten:	• Hartnäckige Weigerung, ein Minimum des normalen Körpergewichts zu halten (z. B. der Gewichtsverlust führt dauerhaft zu einem Körpergewicht von weniger als 85 % des zu erwartenden Gewichts). • Große Angst vor Gewichtszunahme oder davor, dick zu werden, trotz des Untergewichts.

Tabelle 13.36 (Fortsetzung)

ICD-10	DSM-IV
– selbst induziertes Erbrechen – selbst induziertes Abführen – exzessive körperliche Aktivitäten – Einnahme von Appetitzüglern und/oder Diuretika. • Körperschemastörung in Form einer spezifischen psychischen Störung. • Störung des hormonellen Regelkreises: Hypothalamus-Hypophyse-Gonaden. Bei Frauen kann sich Amenorrhoe, bei Männern Libido- und Potenzverlust manifestieren. • Verzögerung oder Hemmung der pubertären Entwicklung bei Beginn der Erkrankung vor der Pubertät.	• Erhebliche Störung der Wahrnehmung der eigenen Figur und des Körpergewichts. • Das Vorliegen einer Amenorrhoe bei postmenarchalen Frauen, d. h. das Ausbleiben von mindestens drei aufeinanderfolgenden Menstruationszyklen.
Unterformen:	
• Atypische Anorexia nervosa: ein oder mehr Merkmale der Anorexia nervosa, z. B. Gewichtsverlust oder Amenorrhoe fehlen, bei ansonsten typischem klinischen Bild.	• Restriktiver Typus: die Person hatte während der aktuellen Episode der Anorexia nervosa keine „Freßanfälle" und zeigte kein „Purging"-Verhalten. • „Binge-Eating/Purging"-Typus: der Betroffene hatte während der aktuellen Episode „Freßanfälle" und zeigte „Purging"-Verhalten (d. h. selbstinduziertes Erbrechen, Einnahme von Laxanzien, Diuretika oder Klistieren).

Anorexia nervosa (Magersucht)

- Restriktives Diäthalten bis zur völligen Nahrungsverweigerung und auffälliges Eßverhalten.
- Beginn oft mit Überwachung der Nahrungsaufnahme anhand eines Kalorienplanes.

Körperliche Folgen

- Deutliche Abmagerung bis zur massiven Kachexie (25 bis 35 kg) mit lebensbedrohlichem Zustand,

- Endokrine Störungen: Amenorrhoe, Libido-, Potenzverlust, erhöhtes Plasma-Kortisol, Obstipation,
- Vegetative Störungen: Bradykardie, Hypotonus, niedriger Grundumsatz, Haarausfall, Ödeme,
- Durch Laxanzien bedingte Osteomalazie und Osteoporose.

Bulimia nervosa (Eß-Brech-Sucht)

- Rezidivierende Heißhungerattacken mit Verschlingen der Nahrung und anschließendem induzierten Erbrechen (aktive Gewichtskontrolle).
- Zwischen den Freßattacken Diät.
- Es entstehen die gleichen körperlichen Folgen wie bei der Anorexie.

Merke:
Die meisten Patienten haben ein normales Körpergewicht bei jedoch erkennbaren Symptomen der Mangelernährung: vegetative, gastrointestinale Störungen, Störungen des Elektrolythaushaltes etc.

13.8.4 Diagnostik und Differentialdiagnostik

- Anorexie und Bulimie sind klinische Diagnosen. Beide Formen können gemeinsam oder nacheinander auftreten.
- Zur Beurteilung des Körpergewichts benutzt man den **Broca- und Quetelets-Index**.
  - Broca-Index: Absinken des Körpergewichts um mindestens 15 %

    Body mass/Quetelets-Index: $\frac{\text{KG (kg)}}{\text{Größe (m)}^2} < 17{,}5$

Differentialdiagnosen

- Anorektische Reaktion (vorübergehend),
- Schizophrene Psychosen,
- Affektive Störungen,
- Zwangserkrankungen,
- Organische (extrakranielle) Störungen: Tumoren, Hyperthyreose, gastrointestinale Störungen etc.,
- Neurologische Erkrankungen: bei bestimmten Epilepsieformen oder Hirntumoren werden Heißhungerattacken beobachtet.

Tabelle 13.37 Symptomatik der Bulimia nervosa nach ICD-10 und DSM-IV

ICD-10	DSM-IV
Symptomatologie:	
• Andauernde und übertriebene Beschäftigung mit dem Essen, eine unwiderstehliche Gier nach Nahrungsmitteln, Heißhungeranfälle (Eßattacken) mit Konsum großer Mengen Nahrung in sehr kurzer Zeit. • Versuch der betroffenen Person, den dickmachenden Effekt der Nahrung mit extremen Maßnahmen zu mildern (Abführmittel, selbstinduziertes Erbrechen, Appetitzügler etc). • Krankhafte Furcht, dick zu werden: die Person setzt sich eine scharf definierte Gewichtsgrenze, weit unter dem prämorbiden, vom Arzt als optimal oder „gesund" betrachteten Gewicht. • In der Vorgeschichte läßt sich oft eine frühere Episode einer Anorexia nervosa nachweisen.	• Rezividierende Episoden von „Freßattacken", die durch folgende Merkmale gekennzeichnet sind: – Konsum einer auffällig großen Nahrungsmenge in einem bestimmten Zeitraum (z. B. innerhalb von zwei Stunden). – Das Gefühl, während der Episode die Kontrolle über das Eßverhalten zu verlieren. • Unangemessene, einer Gewichtszunahme gegensteuernde Maßnahmen. • Figur und Körpergewicht üben einen entscheidenden Einfluß auf das Selbstwertgefühl aus.
Unterformen:	• **„Purging"-Typus**: Regelmäßig kommen selbstinduzierte Erbrechen, Gebrauch von Laxanzien, Diuretika oder Klistiere vor. • **„Nicht-Purging"-Typus:** andere, einer Gewichtszunahme gegensteuernde Maßnahmen wie übertriebene körperliche Aktivitäten oder Fasten werden praktiziert.
Zeitkriterien:	Episoden der Bulimia nervosa kommen drei Monate lang im Durchschnitt mindestens zweimal pro Woche vor.

13.8.5 Verlauf

Anorexie:

- Bei ca. 30 bis 40 % der Patienten tritt eine spontane Remission ein.
- In ca. 25 bis 30 % der Fälle kommt es zu einer Chronifizierung oder einem Syndromwandel, zu Medikamentensucht und einer psychosozialen Fehlentwicklung.
- Bei ca. 10 % erfolgt ein Übergang in eine schizophrene Psychose.
- Hohe Mortalitätsrate: in ca. 10 bis 20 % Todesfälle.
- Die Prognose ist besonders schlecht, wenn die Erkrankung vor dem 11. Lebensjahr beginnt.

Bulimie:

- Spärliche Angaben zum Langzeitverlauf,
- Relativ oft erfolgt ein Übergang in affektive (depressive) und Zwangsstörungen.

Merke:
Suizidalität beachten!

13.8.6 Therapie

Kriterien für eine stationäre Therapie in der akuten Krankheitsphase (s. auch Tab. 13.38):

- Gewichtsverlust unter 75 % des Normalgewichts,
- Bedrohliche körperliche Folgen,
- Depressive Stimmung mit Suizidgedanken.

Besonders problematisch ist die meist geringe oder fehlende Krankheitseinsicht.

- Erstkontakt und Anfangsphase

- Verhaltensanalyse
  SORK: typische auslösende Bedingungen (S)
  der Eßanfall (R)
  Konsequenzen des Eßanfalls (K)
  Organismus-Variable (O)
- Zielanalyse
  z. B.: – Normalisierung des Eßverhaltens
  – Verbesserung des Ernährungszustandes
  – Verbesserung des Selbstwertgefühles
  – Überprüfung des Körperbildes
  – Erhöhung der sozialen Kontakte
  – Klärung der Beziehung zu den Eltern
- Behandlungsplan

Psychotherapie

- **Voraussetzung** für eine Psychotherapie ist die **somatische Vortherapie:** Normalisierung des Körpergewichts bzw. des Eßverhaltens.

Symptombezogene Maßnahmen zur Verbesserung des Ernährungszustandes

- Gewichtsvertrag
- Eßprotokolle
- Ernährungsinformation
- Anti-Diät-Modell
- Normalisierung des Eßverhaltens
- Umgang mit Gewicht und Wiegen
- Steuerung und Kontrolle bulimischer Anfälle
- Umgang mit Rückfällen

Problembezogene Maßnahmen: Längerfristige Strategien

- Selbstsicherheitstraining
- Körperliche und emotionale Wahrnehmungs- und Ausdrucksfähigkeit
- Veränderung des Körperbildes:
  – Videokonfrontation
  – Körperumrißzeichnung
  – Spiegelübung

- Dysfunktionale Gedanken
- Familiengespräche
- **Therapieziel:** Umstrukturierung des Verhaltens mit Vermittlung alternativer Verhaltensweisen, die das anorektische Verhalten ersetzen.
- Eine psychoanalytische Therapie alleine ist meist erfolglos, sie kann jedoch mit einer stufenweise aufbauenden Verhaltenstherapie kombiniert werden.
- Wichtig ist eine zusätzliche **Soziotherapie** (Tagesstrukturierung, betreutes Wohnen).

Tabelle 13.38 Verhaltenstherapeutische Konzepte bei Anorexia nervosa
Die Behandlung besteht aus vier Komponenten: **1. Anhebung des Körpergewichts:** – Gelegentlich ist Ernährung über Magensonde notwendig – Gelegentlich ist der „Ausschluß der Familie“ erforderlich **2. Fremdsteuerung des Eßverhaltens:** – Feste Diätpläne – Strukturierter Tagesablauf – Einbeziehung der Angehörigen bzw. Familie – Psychotherapie – Körperorientierte Therapien **3. Selbststeuerung des Eßverhaltens:** – Psychotherapie (Einzel-, Gruppen-, Familientherapie) – Körperorientierte Therapien **4. Vorbereitung auf Entlassung:** – Im Vordergrund steht Familientherapie – Förderung der Integration in alle Lebensbereiche

Psychopharmakotherapie

- Psychopharmakotherapie ist zweitrangig und bleibt speziellen Indikationen vorbehalten (s. Tab. 13.39). Voraussetzung ist eine gute Compliance seitens der Patienten.
- Bei **Bulimie** werden trizyklische Antidepressiva (Desipramin, Imipramin), Serotoninagonisten (Fluoxetin, d-Fenfluramin, Fluvoxamin) und Trazodon zur Behandlung der Depression und zur Rezidivprophylaxe gegeben.

Tabelle 13.39 Indikation für eine psychopharmakologische Therapie
Anorexie:
• Negative Ergebnisse anderer (psychotherapeutischer) Behandlungsansätze • Magersüchtige mit positiver Familienanamnese hinsichtlich einer phasisch verlaufenden (endogenen) Depression
Bulimie:
• Patienten, bei denen eine Psychotherapie nicht möglich ist • Beim Vorliegen einer phasischen Depression bzw. eines phasischen Verlaufs: Morgentief, Häufung von affektiven Erkrankungen in der Familie, hypomane Phase • Rückfallprophylaxe durch Antidepressiva nach Beendigung einer intensiven Therapie

13.9 Sexuelle Störungen

- Unter sexuellen Störungen versteht man Störungen
  - des sexuellen Verlangens,
  - der sexuellen Erregung,
  - der Geschlechtsidentität,
  - der Geschlechtspräferenz.
- Hier werden direkte Beziehungen zwischen seelischen und körperlichen Funktionen besonders deutlich.
- Die Abgrenzung zwischen den Begriffen „gestört“ und „ungestört“ ist aufgrund großer individueller Unterschiede schwierig.

Tabelle 13.40 Klassifikation der sexuellen Störungen im Vergleich von ICD-10 und DSM-IV

ICD-10	DSM-IV
F52 Sexuelle Störungen, nicht verursacht durch eine organische Störung oder Erkrankung F52.0 Mangel oder Verlust von sexuellem Verlangen F52.1 Sexuelle Aversion und mangelnde sexuelle Befriedigung	**Sexuelle Funktionsstörungen** 307.71 Störung mit verminderter sexueller Appetenz 302.79 Störung mit sexueller Aversion 302.72 Störung der sexuellen Erregung bei der Frau 302.72 Erektionsstörung beim Mann

Tabelle 13.40 (Fortsetzung)

ICD-10	**DSM-IV**
F52.2 Versagen genitaler Reaktionen F52.3 Orgasmusstörung F52.4 Ejaculatio praecox F52.5 Nicht-organischer Vaginismus F52.6 Nicht-organische Dyspareunie F52.7 Gesteigertes sexuelles Verlangen F52.8 Andere sexuelle Funktionsstörungen, nicht verursacht durch eine organische Störung oder Erkrankung F52.9 Nicht näher bezeichnete sexuelle Funktionsstörung, nicht verursacht durch eine organische Störung oder Erkrankung	302.73 Weibliche Orgasmusstörung 302.74 Männliche Orgasmusstörung 302.75 Ejaculatio preacox 302.76 Dyspareunie 306.51 Vaginismus – Sexuelle Funktionsstörung aufgrund eines medizinischen Krankheitsfaktors – Substanzinduzierte sexuelle Funktionsstörung 302.70 Nicht näher bezeichnete sexuelle Funktionsstörung
F64 Störungen der Geschlechtsidentität F64.0 Transsexualismus F64.1 Transvestismus unter Beibehaltung beider Geschlechtsrollen F64.2 Störung der Geschlechtsidentität des Kindesalters F64.8 Andere Störungen der Geschlechtsidentität F64.9 Nicht näher bezeichnete Störung der Geschlechtsidentität	**Geschlechtsidentitätsstörungen** 302.6 Geschlechtsidentitätsstörung bei Kindern 302.85 Geschlechtsidentitätsstörung bei Jugendlichen oder Erwachsenen 302.6 Nicht näher bezeichnete Geschlechtsidentitätsstörung
F65 Störungen der Sexualpräferenz F65.0 Fetischismus F65.1 Fetischistischer Transvestismus F65.2 Exhibitionismus F65.3 Voyeurismus F65.4 Pädophilie F65.5 Sadomasochismus F65.6 Multiple Störungen der Sexualpräferenz F65.8 Andere Störungen der Sexualpräferenz F65.9 Nicht näher bezeichnete Störungen der Sexualpräferenz	**Paraphilien** 302.4 Exhibitionismus 302.81 Fetischismus 302.89 Frotteurismus 302.2 Pädophilie 302.83 Sexueller Masochismus 302.84 Sexueller Sadismus 302.3 Transvestitischer Fetischismus 302.82 Voyeurismus 302.9 Nicht näher bezeichnete Paraphilie

- Abnormität wird angenommen, wenn eine bestimmte Art der sexuellen Triebbefriedigung das ausschließliche sexuelle Verhaltenssystem ist.

13.9.1 Epidemiologie

- Behandlungs- oder beratungsbedürftige sexuelle Störungen finden sich bei ca. 15 % der Patienten.
- Bei Frauen sind ein vermindertes sexuelles Verlangen und Orgasmusstörungen am häufigsten, bei Männern Erektionsstörungen und vorzeitige Ejakulation.
- Störungen der sexuellen Appetenz bei ca. 35 % der Frauen und 16 % der Männer.
- Störungen der sexuellen Erregung bei ca. einem Drittel der verheirateten Frauen und ca. 20 % der Männer.

13.9.2 Ätiopathogenese

Die Phasen der sexuellen Entwicklung
(Entwicklungsmodell nach Freud):

- **Orale Phase:** Lustgefühl bei Nahrungsaufnahme und Saugen.
- **Anale Phase:** Erleben von Ausscheidungsfunktionen.
- **Phallische Phase:** lustvolles Erleben der Geschlechtsorgane.
- **Latenzperiode:** zwischen dem 7. und 12. Lebensjahr Abnahme des sexuellen Interesses.
- **Pubertät** bei Mädchen früher als bei Jungen (Menarche zwischen 13 und 13 $^{1}/_{2}$ Jahren).

Merke:
Störungen der sexuellen Entwicklung können in jeder Entwicklungsphase auftreten.

Erklärungsversuche

- Es existiert keine einheitliche Theorie zur Entstehung sexueller Störungen: körperliche und seelische Aspekte sind von Bedeutung (s. Tab. 13.41).

Tabelle 13.41 Bedeutende pathogenetische Faktoren für die Entstehung von Sexualstörungen
• Störungen in unterschiedlichen Phasen der sexuellen Erregung • Partnerschaftsprobleme • Kognitive Faktoren (Einstellungen) • Erziehung (Angst vor Strafe, fehlende Akzeptanz der eigenen Geschlechtsrolle) • Mangelhafte Informationen über Sexualität • Angst, Leistungsdruck, Erwartungsspannung • Ungünstige äußere Bedingungen (z. B. Angst vor einer ungewollten Schwangerschaft)

- **Psychoanalytische Erklärung:** sexuelle Deviationen sind ein Symptom der unbewußten, in der Kindheit entstandenen Konflikte (ungelöster Ödipuskonflikt).
- **Kollusionskonzept:** Es basiert auf unterschiedlichen Typen neurotischer Partnerbeziehungen.

Tabelle 13.42 Symptomatik sexueller Störungen im Vergleich von ICD-10 und DSM-IV

ICD-10	**DSM-IV**
Störungen der sexuellen Appetenz	
Mangel oder Verlust von sexuellem Verlangen: Der Verlust des sexuellen Verlangens beruht nicht auf anderen sexuellen Schwierigkeiten wie Dyspareunie oder Erektionsstörungen. Mangel am sexuellen Verlangen bedeutet, daß sexuelle Aktivitäten seltener initiiert werden, schließt sexuelle Befriedigung oder Erregung jedoch nicht aus. Gesteigertes sexuelles Verlangen: Beide Geschlechter (meist Teenager oder junge Erwachsene) beklagen gelegentlich ein gesteigertes sexuelles Verlangen als eigenständiges Problem. Dazu gehören nicht sekundäre Störungen beispielsweise im Rahmen einer affektiven Erkrankung oder einer beginnenden Demenz.	Anhaltender und wiederkehrender Mangel an (oder Fehlen von) sexuellen Phantasien und sexuellem Verlangen. Die Beurteilung erfolgt unter Berücksichtigung von Faktoren, die die sexuelle Funktionsfähigkeit beeinflussen, wie Alter und Lebensumstände.

Tabelle 13.42 (Fortsetzung)

ICD-10	DSM-IV
Störungen der sexuellen Erregung	
Bei Männern, Erektionsstörung: Im Vordergrund steht die Schwierigkeit, die für einen befriedigenden Geschlechtsverkehr notwendige Erektion zu erlangen und aufrechtzuerhalten. Bei Frauen, Mangel oder Ausfall der vaginalen Lubrikation: Diese Störung kann Folge einer lokalen Erkrankung (z .B. Infektion) oder eines Östrogenmangels (z. B. in der Postmenopause) oder psychisch bedingt sein.	Anhaltende oder wiederkehrende Unfähigkeit eine Erektion zu erlangen oder aufrecht zu erhalten. Anhaltendes oder wiederkehrendes Versagen Lubrikation und Anschwellung der äußeren Genitale als Zeichen genitaler Erregung zu erlangen oder aufrecht zu erhalten.
Orgasmusstörungen	
Orgasmusstörung: Fehlender oder stark verzögerter Orgasmus. Dies kann situativ, d. h. nur in bestimmten Situationen, mit psychogener Verursachung, oder ständig auftreten. Ejaculatio praecox: Unfähigkeit, die Ejakulation ausreichend zu kontrollieren, so daß der Geschlechtsverkehr für beide Partner befriedigend ist. In schweren Fällen kann die Ejakulation vor der Immissio in die Vagina erfolgen oder auch ohne Erektion.	Orgasmusstörung: Anhaltende oder rezidivierende Verzögerung oder Fehlen des Orgasmus nach einer normalen Erregungsphase. Auftreten einer Ejakulation bei minimaler sexueller Stimulation vor, bei oder kurz nach der Penetration und bevor die Person es wünscht.
Störungen mit sexuell bedingten Schmerzen	
Nicht-organischer Vaginismus: Spasmus der die Vagina umgebenden Beckenbodenmuskulatur, wodurch der Introitus vaginae verschlossen ist. Die Immissio ist schmerzhaft oder unmöglich. Nicht-organische Dyspareunie: Schmerzen während des Sexualverkehrs treten sowohl bei Männern als auch bei Frauen auf. Ursächlich liegt häufig eine lokale Erkrankung zugrunde. Eine andere primäre Sexualstörung (z. B. Vaginismus oder Mangel bzw. Ausfall der vaginalen Lubrikation) muß ausgeschlossen werden.	Wiederkehrende oder anhaltende, den Geschlechtsverkehr beeinträchtigende Spasmen der Vaginamuskulatur im äußeren Drittel. Anhaltende oder rezidivierende genitale Schmerzen in Verbindung mit dem Geschlechtsverkehr, entweder bei einem Mann oder bei einer Frau.

Störungen der sexuellen Appetenz (sexuelle Anhedonie)

- Veränderungen des sexuellen Verlangens.
- Dabei spielen individuelle Faktoren wie Alter, Geschlecht und Lebensumstände eine wichtige Rolle.
- **Formen:**
  - Sexuelle Inversion: Vermeidung sexueller Aktivitäten bei stark negativer Vorstellung der Partnerbeziehung.
  - Mangelnde sexuelle Befriedigung: Frauen häufiger betroffen.

Störung der sexuellen Erregung (psychogene Impotenz):

- Bei Männern Erektionsstörungen, bei Frauen Mangel oder Ausfall der vaginalen Lubrikation. Zusätzlich „schwaches" Gefühl der sexuellen Lust.
- **Orgasmusstörungen** (Anorgasmie): bei Frauen häufiger als bei Männern (Ejaculatio praecox).

Störungen mit sexuell bedingten Schmerzen

- **Dyspareunie:** genitale Schmerzen vor, bei und nach dem Geschlechtsverkehr, meist infolge lokaler Befunde (Entzündung, Z. n. Operation, Endometriose).
- **Vaginismus:** anhaltende unwillkürliche Spasmen der äußeren Vaginamuskulatur.

Störungen der Geschlechtsidentität

- Unzufriedenheit mit dem eigenen Geschlecht und anhaltender Wunsch, die Rolle des anderen Geschlechts teilweise oder vollständig zu übernehmen.
- **Transsexualismus:** die Betroffenen haben den Wunsch und die Überzeugung, dem anderen Geschlecht anzugehören und kämpfen um eine medizinische (hormonelle, chirurgische) und soziale Umwandlung. Bei Männern sechsmal häufiger als bei Frauen.

- Nach ICD-10 wird für die Diagnose eine Persistenz der Symptome über mindestens 2 Jahre gefordert. Wichtig: „Alltagstest"
- Seit 1980 sind eine operative Geschlechtsumwandlung und eine Personenstands- und Namensänderung gesetzlich möglich.

Tabelle 13.43 Voraussetzungen für eine „genitalkorrigierende" Operation
• Alter über 21 Jahre
• Gründliche somatische und psychiatrische Voruntersuchungen
• 1 – 2jährige ärztliche Beobachtung
• Gegengeschlechtliche Hormonbehandlung
• Mindestens 1 Jahr lang in der angestrebten Geschlechtsrolle leben
• Aufklärung über Risiken und Folgen der Operation

- **Transvestitismus:** das Bedürfnis, die Kleider des Gegengeschlechts zu tragen und in dieser Rolle akzeptiert zu werden, ohne den Wunsch nach einer langfristigen Geschlechtsumwandlung. Fast nur Männer betroffen.

Störungen der sexuellen Präferenz

(Paraphilien, sexuelle „Perversionen")

- Vom Primärcharakter wesentlich mitbestimmte fixierte Formen der sexuellen Befriedigung.
- Der sexuelle Impuls ist auf nicht menschliche Objekte gerichtet, Leiden oder Demütigung der eigenen Person, des Partners, Kinder oder anderer Personen, die mit der sexuellen Interaktion nicht einverstanden sind.
- Typisch sind:
  - eine Fixierung des Verhaltens,
  - der suchtähnliche Charakter (Kontrollverlust) und der Drang zum Wiederholen,
  - die meist fehlende Wandelbarkeit der sexuellen Ausrichtung.

Merke:

Ungewöhnliche sexuelle Praktiken an sich erlauben nicht die Annahme einer sexuellen Deviation, gefordert wird das ausschließliche Verhalten.

- **Fetischismus:** Gegenstände, die dem anderen Geschlecht gehören (Kleidung, Wäsche), dienen als Stimuli für die sexuelle Erregung. Der Sexualpartner wird durch das fetischistische Symbol ersetzt.
- **Exhibitionismus:**
  - Anhaltende, wiederholte Neigung, die entblößten Genitalien in der Öffentlichkeit vor anderen Personen zu zeigen. Dabei meist sexuelle Erregung und Masturbation. Nur selten wird eine Kontaktaufnahme intendiert.
  - Vorkommen oft bei selbstunsicheren Persönlichkeiten.
  - Reversibel und behandlungsfähig als Symptom neurotischer Persönlichkeitsentwicklungen.
- **Voyeurismus** („Spanner“): der Drang, andere Menschen bei sexuellen Aktivitäten oder Intimitäten zu beobachten, verbunden mit sexueller Erregung und Masturbation.
- **Pädophilie:**
  - Sexuelle Präferenz für Kinder beider Geschlechter in der Vorpubertät oder früher Pubertät.
  - Fast nur bei Männern. Besonders häufig bei erwachsenen Oligophrenen und psychoorganisch veränderten älteren Männern.
- **Sadomasochismus:**
  - Sexuelle Aktivitäten mit Zufügung von Schmerzen, Erniedrigung oder Fesseln.
  - Bei **Masochismus** (Lust am Leiden) erleidet die betreffende Person gerne diese Art der Stimulation, bei **Sadismus** (Quälsucht) fügt sie sie jemandem anderen zu.
  - Multifaktorielle Genese: Zusammenspiel der konstitutionellen, psychogenen und organischen Faktoren. Psychodynamisch: Abwehr von Kastrationsängsten.

Merke:

Die Diagnose sollte nur gestellt werden, wenn entsprechende Handlungen und ein Leidensdruck bestehen.

13.9.4 Diagnostik und Differentialdiagnostik

- Erhebung einer ausführlichen Sexualanamnese (s. Tab. 13.44).
- Analyse der Partnerbeziehung.

Differentialdiagnosen

- Differentialdiagnose umfaßt organische und andere psychische Erkrankungen.
- **Organische Störungen** (Tab. 13.45) sind am häufigsten bei erektiler Dysfunktion, Vaginismus und Dyspareunie.
- **Impotentia coeundi:** Erektionsschwäche (Koitus nicht möglich).

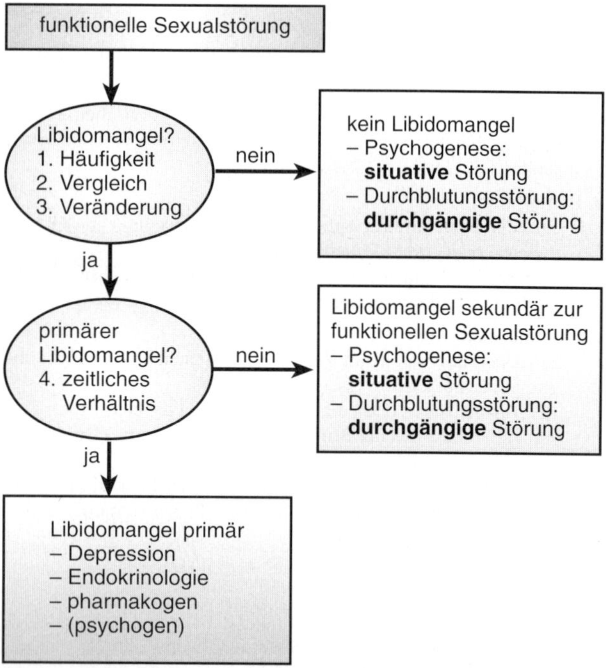

Abb. 13.16 Orientierende Diagnostik

Tabelle 13.44 Wichtigstes Element der Sexualanamnese
• Frühkindliche sexuelle Betätigung („Doktorspiele")?
• Masturbation?
• Erster Geschlechtsverkehr?
• Typ des gewählten Partners?
• Leichtigkeit der Aufnahme sexueller Kontakte?
• Sexuelle Ausrichtung?
• Aktuelle sexuelle Erfahrungen?

- **Impotentia generandi:** Zeugungsunfähigkeit (z. B. Störung der Spermiogenese).
- Differentialdiagnostisch wichtig ist die Registrierung spontaner oder nächtlicher Erektionen bei psychogenen Störungen.
- **Medikamentöse Ursachen** von Sexualstörungen:
  - Antihypertensiva,
  - Psychopharmaka,
  - Antihistaminika,

Tabelle 13.45 Organische Erkrankungen mit möglicher erektiler Dysfunktion
• Gefäßerkrankungen
• Neurogene Störungen
• Stoffwechselstörungen (z. B. Diabetes mellitus)
• Endokrinopathien (z. B. M. Addison, Hyperthyreose, Hypothyreose)
• Mißbrauch psychotroper Substanzen (z. B. chronischer Alkoholabusus)
• Herz-Kreislauf-Erkrankungen
• Lokale Erkrankungen (z. B. Infektionen, Operationen)
• Chromosomale Aberrationen
• Abgelaufene Geschlechtserkrankungen
• Unerwünschte Medikamentenwirkungen (z. B. Neuroleptika, Antidepressiva)

- Kortikoide,
- andere Hormone,
- Drogen.

Merke:
Sexuelle Störungen können Begleitsymptom fast jeder psychischen Störung sein.

Verlauf

- Episodisch oder anhaltend,
- Beginn meist im frühen Erwachsenenalter, jedoch auch später möglich (insbesondere Erektionsstörungen).

13.9.5 Therapie

- Die **Verhaltenstherapie** steht im Vordergrund, oft als Paartherapie. Voraussetzung ist eine Atmosphäre der Offenheit und Geborgenheit.

Wichtige Therapieprinzipien

- Sensualitäts-Training: Geben und Empfangen von Zärtlichkeit.
- Stop-Start-Technik: Kontrolle über die Ejakulation bei Ejaculatio praecox.
- Kennenlernen des eigenen Körpers.
- Stufenweise Erweiterung des Scheideneinganges bei Vaginismus.
- Geschlechtsumwandlung beim Transsexualismus: medizinisch (chirurgisch und hormonell) und juristisch (Personenstandsänderung), geregelt im Transsexuellen-Gesetz (1980); chirurgische Umwandlung vom Mann zur Frau erfolgreicher.
- Eine Therapie der Paraphilie ist nur bei Leidensdruck und ausreichender Motivation sinnvoll.
- Versuche der Dämpfung des Sexualtriebes („chemische Kastration") mit Androgenen, z. B. Cyproteronacetat, oder mittels Verhaltensmodifikation sind von zweifelhaftem Erfolg.
- Sehr selten bei schweren Deviationen stereotaktische Operationen (Ausschaltung der „Sexualzentren").

13.9.6 Homosexualität

Die sexuelle Zuwendung zu Personen des eigenen Geschlechts wird nicht als sexuelle Störung klassifiziert. Psychiatrische Bedeutung erlangt die Homosexualität nur unter bestimmten Bedingungen, z. B. bei Diskriminierung oder im Rahmen der AIDS-Erkrankung.

- **Neigungshomosexualität** („echte", genuine): dauerhafte und entschiedene sexuelle Ausrichtung auf das gleiche Geschlecht.
- **Hemmungshomosexualität:** beruht auf einer neurotischen Hemmung vor dem anderen Geschlecht, v. a. bei kontaktschwachen Individuen.
- **Entwicklungshomosexualität:** passager-episodisches Auftreten in den Reifejahren, nur selten Persistenz bis ins Erwachsenenalter.
- **Pseudohomosexualität:** Ersatzhandlung oder aus nichtsexuellen Motiven (z. B. in Gefängnissen).

13.10 Artifizielle Störungen

- Vortäuschung und/oder künstliches Hervorrufen körperlicher und/oder seelischer Krankheitssymptome.
- Es gibt keine gesicherten epidemiologischen Daten und eine hohe Dunkelziffer.
- In ca. 80 % sind Frauen betroffen.
- **Einteilung nach DSM-IV:**
  - Vorgetäuschte Störungen mit physischen Symptomen,
  - Vorgetäuschte Störungen mit psychischen Symptomen und nicht näher klassifizierbare Formen.
- **Einteilung nach ICD-10:** keine weitere Unterteilung, artifizielle Störungen werden mit Münchhausen-Syndrom (durch Institutionen „wandernder" Patient) gleichgesetzt.

Vorgetäuschte physische Störungen

- **Selbstinduzierte Infektion:** Selbstinjektion mit infektiösem Material.
- **Simulierte Krankheiten:**
  - Dermatitis artefacta infolge chemischer Irritation der Haut.
  - Artefizielle Anämie durch selbstbeigebrachte Blutung („Aderlaß").

Tabelle 13.46 Diagnostische Kriterien der artifiziellen Störungen
1. Vortäuschung, Aggravation und/oder künstliches Hervorrufen körperlicher und/oder seelischer Krankheitssymptome
2. Wiederholte Wundheilungsstörungen bei Ausschluß wesentlicher organischer Ursachen
3. Symptomverstärkung vor geplanter Entlassung
4. Suchtartiges Verlangen nach ständig neuen Krankenhausaufnahmen
5. Auffällige Bereitschaft, sich invasiven diagnostischen und therapeutischen, einschließlich operativen Eingriffen zu unterziehen
6. Auffallende Gleichgültigkeit bezüglich des Krankheitsverlaufes
7. Hinweise auf mehrere vorangegangene Eingriffe und Operationen
8. Pathologische Arzt-Patienten-Beziehung
Münchhausen-Syndrom zusätzlich
1. Pseudologia-phantastica-Vorgeschichte, die aus einer Mischung aus Wahrheit und Unwahrheit geprägt ist; zwanghaftes Lügen
2. Oft bizarre Symptomatik
3. Wiederholte Beziehungsabbrüche, oft mit völliger sozialer Entwurzelung
4. Tendenz zu extensivem Reisen
5. Häufige Selbstentlassungen, auch gegen ärztlichen Rat

- Artefizielle Blutungen durch Einnahme von Cumarinderivaten.
- Artefizielles Fieber durch Manipulation am Thermometer.
- Artefizielle Hyperthyreose durch Einnahme von Schilddrüsenhormonen.
- Artefizielle Infektion durch Injektion von Fäkalien.
- Artefizielle Phäochromozytom infolge Ephedringabe zur Urinprobe.
- Selbstinduziertes Erbrechen („Finger im Hals").
- Selbst-Medikation: Laxanzien-Abusus, orale Hypoglykämika.
- Wundheilungsstörung durch postoperative Manipulation.

Münchhausen-Syndrom

- Vortäuschung oder künstliche Erzeugung von Krankheitssymptomen
- Ausgeprägte Beziehungsstörung, oft soziale Isolation
- „Pseudologia phantastica": Erzählen phantastischer Geschichten, zwanghaftes Lügen
- „Krankenhauswanderer": zwanghaftes Herumreisen, häufige Selbstentlassungen aus stationärer Behandlung
- Psychopathologisch: narzißtische, Borderline- oder dissoziale Persönlichkeitsstörungen

13.11 Chronisches Müdigkeitssyndrom

(CFS, chronic fatigue syndrome, postvirales Müdigkeitssyndrom) ICD-10 Nr. G 93.3

- Häufiges Symptom in der Normalbevölkerung (ca. 20 %)!
- 20. bis 50. Lebensjahr, mehr Frauen betroffen.

Tabelle 13.47 Diagnosekriterien des CFS (nach *Fukuda* et al. 1994)

Hauptkriterien	**Nebenkriterien**
Persistierende Müdigkeit oder leichte Ermüdbarkeit für mindestens 6 Monate, welche • nicht durch eine andere Erkrankung erklärt werden kann • neu aufgetreten ist • nicht Folge einer chronischen Belastungssituation ist • nicht deutlich durch Bettruhe zu beheben ist und • so ausgeprägt ist, daß die durchschnittliche Leistungsfähigkeit deutlich reduziert ist	(mindestens 4 Nebenkriterien müssen mit oder nach dem Beginn der Müdigkeit eingesetzt und für mindestens 6 Monate angehalten haben) • Halsschmerzen • Schmerzhafte zervikale oder axilläre Lymphknoten • Wandernde, nichtentzündliche Arthralgien • Neu aufgetretene Kopfschmerzen • Konzentrationsschwierigkeiten und Störungen des Kurzzeitgedächtnisses • Keine Erholung durch Schlaf • Verlängerte (> 24h) generalisierte Müdigkeit nach früher tolerierten Beanspruchungen

- Häufiges Symptom psychiatrischer Erkrankungen, bei 50 – 80 % der Patienten mit CFS findet man frühere oder jetzige psychiatrische Erkrankungen, insbesondere Depressionen und somatoforme Störungen, in der Anamnese.

Tabelle 13.48 Differentialdiagnosen bzw. Ausschlußdiagnostik des CFS (nach *Fukuda* et al. 1994)

Neuro-psychiatrische Erkrankungen	• Schizophrenie, bipolare Psychosen, psychotische Depressionen, Wahnstörungen, Demenzen, Anorexia oder Bulimia nervosa; • Schlaf-Apnoe-Syndrom, Narkolepsie und Kleine-Levin-Syndrom; • Neuromuskuläre Erkrankungen (z. B. Myasthenia gravis, multiple Sklerose, entzündliche oder metabolische Myopathien); • Drogenabhängigkeit oder Substanzmißbrauch
Internistische Erkrankungen	• Malignome; • Autoimmunkrankheiten (z. B. rheumatoide Arthritis, Lupus erythematodes); • Chronisch entzündliche Erkrankungen (z. B. M. Wegener, Sarkoidose, chronische Hepatitis); • Endokrine Erkrankungen (z. B. Hypothyreose, M. Addison, M. Cushing, Diabetes mellitus); • Infektionskrankheiten: – lokale Infekte – chronische und subakute bakterielle Infekte (z. B. Endokarditis, Tbc), – Pilzinfektionen, parasitäre Erkrankungen, – HIV-Infektion; • Andere chronische pulmonale, gastrointestinale, hepatische, renale oder hämatologische Erkrankungen
Intoxikationen und Medikamentennebenwirkungen	• Nebenwirkungen von Medikamenten (z. B. Tranquilizer und Antidepressiva); • Einwirkung toxischer Substanzen (z. B. Schwermetalle, chemische Lösungen, Pestizide)
Schweres Übergewicht	

- **Symptomatik:** 60 – 80 % Schlafstörungen, bislang wurden keine pathologischen serologischen oder immunologischen Parameter festgestellt!
- Unklare **Ätiopathogenese:**
  - Epiphänomen/Ausdruck einer psychiatrischen Erkrankung?
  - Eigene/zusätzliche Krankheit?
  - Depression als Folge des CFS?
  - Co-Morbidität: Depression, Fibromyalgie-Syndrom?
  - Abgelaufene Infektion?

Diagnostik

- Anamnese
- Klinische Untersuchung:
  internistischer, neurologischer und psychiatrischer Status
- Laboruntersuchungen:
  - BSG, Blutbild, Differentialblutbild
  - GOT, GPT, γGT, Elektrolyte, Kreatinin
  - Gesamteiweiß und Serumelektrophorese, Ca, P, AP, Bilirubin, Blutzucker
  - Urinstatus
  - TSH
- Apparative Diagnostik
  - Röntgenaufnahme des Thorax
  - EKG
  - CT oder NMR des Gehirns
- **Diagnose:** Eine unerklärbare chronische Müdigkeit muß mindestens 6 Monate vorhanden sein. Keine Erholung durch ausreichend Schlaf. Zusätzlich müssen mindestens vier der obengenannten Symptome vorliegen.

Differentialdiagnose

- Andere Ursachen der Müdigkeit müssen ausgeschlossen werden:
- Hypothyreose
- Anämien bzw. Blutbildveränderungen
- Alkohol-/Drogenmißbrauch
- Viruserkrankungen

- Ausgeprägte Adipositas
- Vitaminmangel
- Schwere Depressionen
- Schizophrenie
- Organische Psychosyndrome
- Eßstörungen u. a.

Therapie

- Zur Zeit gibt es keine wirksame medikamentöse Therapie. Häufig werden Antidepressiva – meist Fluoxetin (Fluctin®) aufgrund seiner nur gering sedierenden Wirkung – eingesetzt. Bei fehlendem Wirksamkeitsnachweis wird angenommen, daß bei depressiven Patienten mit CMS keine Störungen im Serotoninstoffwechsel vorliegen.
- Beta-Blocker haben sich als am besten wirksam bei Patienten mit RR-Regulationsstörung erwiesen.
- Kognitive Verhaltenstherapie
- Progressive Muskelrelaxation
- Körperliche Betätigung

14 Persönlichkeitsstörungen

- Unter **Persönlichkeit** (Charakter) versteht man die Gesamtheit der stabilen und konsistenten Eigenschaften eines Individuums.
- **Persönlichkeitsstörungen:**
  - Extremausprägungen von bestimmten Persönlichkeitsmerkmalen mit negativen Konsequenzen für den Betroffenen und für die Gesellschaft.
  - Nach K. Schneider („Psychopathien"): Störungen, unter der der Betroffene und die Gesellschaft leiden.
  - Oft handelt es sich um ein subjektives Leiden sowie um eine gestörte soziale Interaktion, jedoch können die Betroffenen auch sozial unauffällig sein.
  - Es gibt fließende Übergänge zwischen „normal" (toleriert) und „nicht-normal" (nicht toleriert); die Zuordnung wird durch die Ausprägung und Dominanz der Abnormität bestimmt.
- **Akzentuierte Persönlichkeitszüge:** der Störungsgrad ist weniger ausgeprägt.

Beschreibung

- **Dimensionaler Ansatz:** Beschreibung der Veränderung einzelner Persönlichkeitszüge.
- **Kategorial-typologischer Ansatz:** Beschreibung komplexer, typischer Verhaltensmuster. Operationalisierte Diagnostik nach DSM-IV und ICD-10: spezifische Typen der Persönlichkeitsstörungen werden nach hervorstechenden Merkmalen definiert.

Fünf globale Dimensionen der Persönlichkeitsforschung

- Neurotizismus (mangelnde emotionale Stabilität),
- Extraversion/Introversion (Orientierung nach außen/innen),
- Rigidität (Gewissenhaftigkeit),
- Offenheit für Erfahrung,
- Verträglichkeit vs. Aggressivität.

Wesentliche Kriterien für die Diagnose

- Dominanz eines bestimmten Merkmals,
- Störung des subjektiven Befindens, der Leistungsfähigkeit und der sozialen Anpassung,
- Biographische Konsistenz und Konstanz der Störung,
- Störungen in allen Lebensbereichen.

14.1 Epidemiologie

- Prävalenzraten zwischen 6 % und 18 %, leichtes Überwiegen von Frauen.
- Unter psychiatrischen Patienten ist eine Persönlichkeitsstörung in ca. 5 bis 8 % die Erstdiagnose, bei 30 bis 40 % der stationären und bei 40 bis 50 % der ambulanten Patienten ist sie eine von mehreren Diagnosen.
- Eine dissoziale/antisoziale Persönlichkeitsstörung findet man in den USA bei 5,8 % der Männer und 1,2 % der Frauen, in Europa ist sie seltener.

14.2 Ätiopathogenese

Multikonditionale Genese mit besonderer Bedeutung der biographischen Entwicklung und der Umweltbedingungen.

Psychodynamische Erklärung

- Reifungs- und Entwicklungsstörungen mit Ich-Funktions- und Strukturschwäche, unreifen Formen der Abwehr, Instabilität des Selbstbildes und narzißtischer Störung der Selbstwertregulation („Reinszenierung pathologischer Beziehungsmuster“).
- **Charakterneurose:** ein Stück der Störung ist vom Ich integriert worden; oft synonym zur Persönlichkeitsstörung.
- **Symptomneurose:** z. B. Borderline-Störung mit neurotischen, psychotischen und Symptomen von Persönlichkeitsstörungen. Ursache: frühe Störung, infolge der unreifen Abwehr (Spaltung), instabile Eigenwahrnehmung und Identitätsdiffusion.

Lerntheorie

- Gelerntes Verhalten durch operantes Konditionieren und Modell-Lernen, das zur Verstärkung spezieller, schwer korrigierbarer Verhaltensweisen führt.

Neurobiologische Aspekte

- Genetische Faktoren: Familien-, Zwillings- und Adoptionsstudien zeigen eine familiäre Häufung bei schizotypen, dissozialen/antisozialen und Borderline-Persönlichkeitsstörungen.
- Neurotransmissionstörung: Beziehungen zum dopaminergen, serotonergen und adrenergen System; insbesondere besteht ein Zusammenhang zwischen erniedrigter 5-HIAA im Liquor und Aggressivität bzw. Autoaggressivität.
- Minimale zerebrale Dysfunktion: Affektmodell der Persönlichkeitsstörung mit der Annahme: Persönlichkeitsstörungen sind Teilleistungsstörungen des ZNS bezüglich der Affektregulation oder der Impulssteuerung.
- Gehäuftes Auftreten leichter hirnmorphologischer Auffälligkeiten (CCT, MRT).
- Generalisierte EEG-Rhythmusverlangsamung.

14.3 Symptomatologie und klinische Subtypen

Leitsymptome

- Gemeinsames Merkmal: Die Persönlichkeitszüge sind unflexibel und wenig angepaßt.
- Verhaltensauffälligkeiten in den Bereichen Affektivität, Antrieb, Wahrnehmung, Denken, Impulskontrolle und soziale Beziehungen („acting out behavior“, Soziopathie-Begriff).
- Meist bestehen ein subjektiver Leidensdruck und eine eingeschränkte Leistungsfähigkeit.

Merke:

Typisch ist die Persistenz/Stabilität („Zieht sich wie ein roter Faden durchs Leben“).

Einteilung

DSM-IV-Klassifikation in 3 Gruppen nach dominanten, besonders prägnanten, individuell und sozial relevanten Eigenschaften (s. auch Tab. 2.6.1):

1. **Gruppe A:** paranoide, schizoide, schizotype Persönlichkeitsstörungen; die betroffenen Personen werden als „sonderbar" und „exzentrisch" beschrieben.
2. **Gruppe B:** histrionische, narzißtische, dissoziale/antisoziale, Borderline-Persönlichkeitsstörungen; „dramatisch", „emotional" oder „launisch".
3. **Gruppe C:** selbstunsichere, abhängige, zwanghafte, passiv-aggressive Persönlichkeitsstörungen; „ängstlich" und „furchtsam".

Schizoide Persönlichkeitsstörung

- Gestörte Affektivität: Mißtrauen, Scheu, Zurückgezogenheit,
- Anhedonie,
- Emotionale Kühle,
- Mangel an persönlichen Beziehungen, Einzelgänger,
- Keine Respektanz sozialer Konventionen.
  - Oft gibt es Überschneidungen mit paranoiden Persönlichkeitsstörungen.

Schizotype Persönlichkeitsstörung

- Exzentrisches Verhalten,
- Kalter, unnahbarer Affekt,
- Mangelhafte zwischenmenschliche Beziehungen,
- Soziale Isolation,
- Möglich sind auch Beziehungsideen und bizarre Überzeugungen, welche die Wahnkriterien nicht erfüllen,
- Oft gleichzeitig Angst und Depression.

Paranoide Persönlichkeitsstörung

- Übermäßige Empfindlichkeit,
- Mißtrauen,

- Leichte Kränkbarkeit, überhöhtes Selbstwertgefühl,
- Neigung zur pathologischen Eifersucht,
- Streitsüchtiges, beharrliches Verhalten,
- Vermeidung engerer Kontakte.
- **Varianten:**
  - Fanatische Persönlichkeit: im Vordergrund steht der Kampf für eine überwertige Idee.
  - Querulatorische Persönlichkeit: Kampf gegen vermeintliches Unrecht.

Dissoziale/antisoziale Persönlichkeitsstörung

Merkmale mit Auswirkungen v. a. im sozialen Bereich:

- Mißachtung sozialer Regeln und Normen,
- Geringe Frustrationstoleranz, wiederholte Straftaten,
- Keine Rücksicht auf die Gefühle anderer,
- Unfähigkeit zu zwischenmenschlichen Beziehungen,
- Beginn in der Kindheit oder der frühen Adoleszenz: Lügen, Stehlen, Schuleschwänzen, Vandalismus etc.

Emotional instabile Persönlichkeitsstörung

- Deutliche Tendenz, Impulse auszuagieren ohne Berücksichtigung der Konsequenzen, wechselhafte Stimmung.
- **Erscheinungsformen:**
  - **Impulsiver Typ:** mangelnde Impulskontrolle und aggressives Verhalten.
  - **Borderline Typ:** emotionale Instabilität und Störung des Selbstbildes, oft selbstschädigendes Verhalten, Suiziddrohungen und Suizidversuche.

Histrionische Persönlichkeitsstörung

- Egozentrisches, selbstbezogenes Verhalten,
- Tendenz zur Dramatisierung, theatralisches Verhalten,

- Suggestibilität und leichte Beeinflußbarkeit,
- Instabile, oberflächliche Emotionen,
- Verlangen nach Anerkennung.

Zwanghafte (anankastische) Persönlichkeitsstörung

- Perfektionismus, Kontrollbedürfnis,
- Ausgeprägte Gewissenhaftigkeit,
- Übertriebene Furcht vor Fehlern, Unentschlossenheit,
- Rigidität und Eigensinn,
- Oft depressive Verstimmung und Angst.

Ängstliche (vermeidende) Persönlichkeitsstörung

Merkmale

- Andauernde Anspannung und Besorgtheit,
- Bedürfnis nach Nähe, Anerkennung und Sicherheit,
- Schnelle Verletzbarkeit, Selbstunsicherheit,
- Meidung engerer sozialer Kontakte,
- Vermeidung potentieller Gefahren mit Einschränkung der Lebensqualität.

Abhängige (asthenische) Persönlichkeitsstörung

- Entschlußlosigkeit, Hilflosigkeit,
- Abhängigkeit, Nachgiebigkeit den anderen gegenüber,
- Angst vor Verlassenwerden,
- Unterordnung eigener Bedürfnisse,
- Erleben der eigenen Inkompetenz und Schwäche,
- Oft in Kombination mit Angst, Depression, selbstunsicheren und schizotypen Persönlichkeitsstörungen.

Narzißtische Persönlichkeitsstörung

- Ins Pathologische gesteigerte Selbstbezogenheit (Großartigkeit in Phantasie und Verhalten).
- Instabiles Selbstwertgefühl (gesteigerte Enttäuschungsbereitschaft und Kränkbarkeit).
- Mangel an Einfühlungsvermögen.
- Störung der zwischenmenschlichen Beziehungen.

Passiv-aggressive Persönlichkeitsstörung

- Passiver Widerstand gegen Anforderungen an das eigene Verhalten mit absichtlicher Insuffizienz, Bockigkeit, „Vergeßlichkeit" und Streitsüchtigkeit.

Erregbare Persönlichkeitsstörung

- Unerwartete, explosionsartige Affektausbrüche, Jähzorn.

Hyperthyme Persönlichkeitsstörung

- Fröhliche Grundstimmung.
- Lebhaftes Temperament.
- Große Aktivität.
- Auch depressive Verstimmung.

14.4 Diagnostik und Differentialdiagnostik

Diagnostische Kriterien

- Eine andere psychische Störung oder Hirnerkrankung ist ausgeschlossen.
- Über die Zeit und Situationen hin immer gleiche (monomorphe) starre Reaktionen auf unterschiedliche persönliche und soziale Lebensbedingungen.

- Situationsinadäquates Verhaltensmuster.
- Dissoziation zwischen Verhalten und Intelligenz.
- Subjektives Leiden.
- Beeinträchtigung beruflicher und sozialer Leistungsfähigkeit.

Tabelle 14.1 Allgemeine diagnostische Leitlinien für Persönlichkeitsstörungen im Vergleich von ICD-10 und DSM-IV

ICD-10	DSM-IV
• Eine andere psychische Störung oder eine Hirnschädigung oder -erkrankung sind ausgeschlossen. • Das abnorme Verhaltensmuster ist andauernd und nicht auf Episoden psychischer Krankheiten begrenzt. • Abnormes Verhaltensmuster ist tiefgreifend und in vielen persönlichen und sozialen Situationen eindeutig unpassend. • Die Störung umfaßt gegenüber der Mehrheit der Bevölkerung deutliche Abweichungen im Wahrnehmen, Denken, Fühlen und in Beziehungen zu anderen. • Beginn immer in der Kindheit oder Jugend, Manifestation auf Dauer im Erwachsenenalter. • Die Störung führt zu beträchtlichem subjektiven Leiden, gelegentlich erst im späteren Verlauf. • Meistens finden sich deutliche Einschränkungen der beruflichen und sozialen Leistungsfähigkeit.	• Überdauerndes Muster von innerem Erleben und Verhalten, welches sich in mindestens 2 der folgenden Bereiche manifestiert: – Kognition – Affektivität – Gestaltung zwischenmenschlicher Beziehungen – Impulskontrolle. • Überdauerndes Muster ist tiefgreifend und starr in einem weiten Bereich persönlicher und sozialer Situationen. • Das Verhaltensmuster führt zum klinisch bedeutsamen Leidensdruck oder Beeinträchtigungen in sozialen, beruflichen und anderen wichtigen Funktionsbereichen. • Der Beginn ist zumindest bis in die Adoleszenz oder ins frühe Erwachsenenalter zurückzuverfolgen. • Das Muster läßt sich nicht als Manifestation oder Folge einer anderen psychischen Erkrankung erklären. • Die direkte körperliche Wirkung einer Substanz (z. B. Medikament, Droge) oder ein medizinischer Faktor (z. B. Hirnverletzung) können ausgeschlossen werden.

Merke:
Große Überschneidungen untereinander und mit anderen psychischen Störungen (hohe Komorbiditätsrate).

- Diagnostisch wichtig: **Fremdanamnese** mit Berücksichtigung kultureller Besonderheiten sowie der **Verlauf** mit Konstanz der Verhaltensmuster.
- **Diagnostische Instrumente:** Selbstbeurteilungsbögen, Checklisten sowie standardisierte und strukturierte Interviews.
  - Freiburger Persönlichkeitsinventar (FPI): mehrdimensionales Persönlichkeitskonzept. 138 Selbstbeschreibungen aufgrund deren ein Profil mit 12 verschiedenen psychischen Dimensionen erstellt wird (s. Tab. 14.2).
  - Minnesota Multiphasic Personality Inventory (MMPI): aufwendiger als Freiburger Persönlichkeitsinventar, in kurzer (221 Items) und langer Form (566 Items).

Tabelle 14.2 Die 10 Standardskalen des Freiburger Persönlichkeitsinventars (FPI) beschreiben in ihrer Gesamtheit die Persönlichkeitsstruktur eines Menschen (mit Item-Beispielen)
• **Lebenszufriedenheit** „Ich lebe mit mir selbst im Frieden und bin ohne innere Konflikte“ „Ich bin selten in bedrückter, unglücklicher Stimmung“
• **Soziale Orientierung** „Ich würde kaum zögern, auch alte und schwerbehinderte Menschen zu pflegen“ „Wenn jemand weint, würde ich ihn am liebsten umarmen und trösten“
• **Leistungsorientierung** „Ich pflege schnell und sicher zu handeln“ „Ich habe Spaß an schwierigen Aufgaben, die mich herausfordern“
• **Gehemmtheit** „Es fällt mir schwer, vor einer großen Gruppe von Menschen zu sprechen oder vorzutragen“ „Ich bin im Grunde ein eher ängstlicher Mensch“

Tabelle 14.2 (Fortsetzung)
• **Erregbarkeit** „Ich neige dazu, bei Auseinandersetzungen lauter zu sprechen als sonst" „Mein Blut kocht, wenn man mich zum Narren hält"
• **Aggressivität** „Es gibt Leute, die mich so ärgerten, daß es zu einer handgreiflichen Auseinandersetzung kam" „Lieber bis zum Äußersten gehen als feige sein"
• **Beanspruchung** „Die täglichen Belastungen sind so groß, daß ich davon oft müde und erschöpft bin" „Nur selten kann ich richtig abschalten"
• **Körperliche Beschwerden** „Ich habe selbst bei warmem Wetter häufiger kalte Hände und Füße" „Ich habe Schwierigkeiten, einzuschlafen oder durchzuschlafen"
• **Gesundheitssorgen** „Ich vermeide es, ungewaschenes Obst zu essen" „Ich passe auf, daß ich nicht zu viele Autoabgase und Staub einatme"
• **Offenheit** „Manchmal schiebe ich etwas auf, was ich sofort tun sollte" „Hin und wieder gebe ich ein bißchen an"

- **Projektive Testverfahren:** Fremdbeurteilung
  - Formdeuteversuch nach Rorschach,
  - Thematischer Apperzeptions-Test (TAT),
  - Szeno-Test bei Kindern.

Differentialdiagnosen

- **Persönlichkeitsveränderungen:** erworbene Folgen von schweren und anhaltenden Belastungen, umweltbedingter Deprivation, anderen schweren psychischen Störungen, organischen Hirnerkrankungen (Tab. 14.3). Sie werden durch die Art der Entstehung und den Verlauf abgegrenzt.

Tabelle 14.3 Somatische Ursachen einer Persönlichkeitsänderung

• Kortikale Demenz (als Frühmanifestation möglich),
• ZNS-Tumoren,
• Kopf-Traumen,
• Frontallappen-Erkrankungen,
• Vergiftungen (v. a. Blei),
• Postkommotionelle Syndrome,
• Psychochirurgie,
• Schlaganfälle,
• Subarachnoidale Blutung,
• Subkortikale Demenz (oft als herausragendes Merkmal),
• Erkrankungen des Temporallappens (v. a. Anfälle).

- **„Pseudopsychopathien“:** perinatale oder frühkindliche Hirnschädigungen.

14.5 Verlauf

Typisch sind:

- Beginn in der Kindheit oder Jugend mit Persistenz im Erwachsenenalter,
- Stabilität der Persönlichkeitsmerkmale, jedoch mit Schwankungen im subjektiven Leiden und in den sozialen Konsequenzen,
- Deutliche Einschränkungen privat, beruflich und sozial,
- Im höheren Lebensalter gewöhnlich Abnahme der subjektiven Beeinträchtigung und des Ausmaßes der Störung,
- Oft Mißbrauch psychotroper Substanzen (Alkohol, Drogen) als Selbstbehandlungsversuch,
- Der Langzeitverlauf ist bei ca. $^1/_3$ günstig, bei $^1/_3$ partiell gebessert, bei $^1/_3$ ungünstig.

14.6 Therapie

Psycho- und Soziotherapie

- Therapieziel: Soziale Anpassung und sinnvolle oder zumindest erträgliche Existenz.
- **Voraussetzungen** für die Therapie:
  - Motivation (Leidensdruck),
  - Tragfähige therapeutische Beziehung,
  - Versuch der Verhaltensmodifikation, Umstrukturierung der Einstellungen und der Emotionalität,
  - Vorgehen in kleinen therapeutischen Schritten.
- **Supportive Psychotherapie:** auf längere Sicht Nachholen der Erziehung und Reifung.
- **Kognitive Verhaltenstherapie.**
- **Dialektische kognitive Verhaltenstherapie von Linehan:** bei Borderline-Persönlichkeitsstörungen v. a. zur Korrektur der affektiven Einstellungen.
- **Psychoanalytische Therapie:** selten indiziert, gelegentlich lange Psychoanalyse bei Borderline-Persönlichkeitsstörung.
- Besonders problematisch ist die Therapie der dissozialen/antisozialen Persönlichkeitsstörung:
  - meist kein oder nicht ausreichendes subjektives Leiden,
  - kein Zugang zum Patienten, keine Vertrauensbasis,
  - erschwerend: strafrechtliche Konsequenzen.

Psychopharmakotherapie

- Die meist verwendeten Substanzen sind:
  - serotonerge Antidepressiva (z. B. Fluoxetin),
  - MAO-Hemmer,
  - Neuroleptika,
  - Lithium,
  - Carbamazepin.
- Lithium wird erfolgreich eingesetzt bei impulsiven, zyklothymen und dissozialen/antisozialen Persönlichkeitsstörungen.
- Niedrigdosis-Behandlung mit Neuroleptika und Carbamazepin.

14.7 Abnorme Gewohnheiten und Störungen der Impulskontrolle

- Gemeinsames Merkmal: Störung bzw. Verlust der Impulskontrolle.
- **Wichtigste Formen:**
  - Kleptomanie,
  - Pyromanie,
  - Pathologisches Spielen.
- Eine Impulskontrollstörung kann auch als Symptom bei anderen Krankheiten vorkommen: Persönlichkeitsstörungen, Psychosen, organische Störungen, sexuelle oder Eßstörungen.

Diagnostisch wichtig sind:

- Störung/Verlust der Impulskontrolle,
- Schädlichkeit der Handlung,
- Spannung und Erregung davor,
- Befriedigung und Erleichterung während der Handlung,
- Eventuelle Selbstvorwürfe nach der Handlung.

Kleptomanie (pathologisches Stehlen)

- Unbeherrschbarer Impuls, Dinge zu stehlen, die nicht gebraucht werden und später oft weggeworfen, weggegeben oder gehortet werden.
- Keine Komplizen.
- Vor der Handlung steigende Spannung, während und unmittelbar danach ein Gefühl der Befriedigung.
- Oft Angst- oder Schuldgefühle, die jedoch den Rückfall nicht verhindern.
- Die **Häufigkeit** der Störung ist nicht genau bekannt, unter den Diebstahlanzeigen weniger als 5 %.
- Beginn meistens in der Jugend, Chronifizierungstendenz.
- **Differentialdiagnostisch** müssen andere psychische Störungen mit Verlust der Impulskontrolle abgegrenzt werden.

Therapie

- Behandlung hauptsächlich mittels Psychotherapie.

Pyromanie

- Wiederholte Brandstiftung ohne erkennbare Motive.
- Faszination an Feuer und Brand.
- Gefühle wachsender Spannung vor und starker Erregung sofort nach der Handlung.
- Die betroffenen Personen sind an allem, was mit Feuer und Brand im Zusammenhang steht, stark interessiert; darunter oft Mitglieder der freiwilligen Feuerwehr.
- Unter den Brandstiftern häufiges, in der Allgemeinbevölkerung seltenes Vorkommen.
- Beginn in der Kindheit, Verlauf periodisch mit Exazerbationen meist während der Krisensituationen.
- Ätiologie unbekannt.
- **Differentialdiagnostisch** sind wahnhafte Störungen und organische Psychosyndrome mit herabgesetztem Urteilvermögen abzugrenzen.

Therapie

- Therapeutisch wird eine tiefenpsychologisch orientierte Psychotherapie mit ungewissen Erfolgen eingesetzt.

Pathologisches Spielen (Spielsucht)

- Häufiges und wiederholtes Glücksspiel.
- Intensiver, kaum kontrollierbarer Spieldrang.
- Viele Ähnlichkeiten mit süchtigem Verhalten: u. a. Häufigkeitszunahme, Unfähigkeit zur Abstinenz.
- Negative Konsequenzen im privaten und sozialen Bereich: Verschuldung, Vernachlässigung der Familie und des Berufs, Abhängigkeit von psychotropen Substanzen, Suizidversuche und Suizide sowie strafbare Handlungen.

- Häufiger als andere Impulskontrollstörungen, ca. 1 bis 3 % der Erwachsenen betroffen, Überwiegen von Männern.
- Wechselhafter, meist chronischer Verlauf.
- Die Ätiopathogenese ist nicht eindeutig geklärt, eine komplexe Entstehung wird angenommen. Oft gleichzeitig affektive Störungen.
- Die **Differentialdiagnose** umfaßt exzessives Spielen als Symptom anderer psychischer Erkrankungen: organisches Psychosyndrom, manische Störungen und Schizophrenie.

Therapie

- Verhaltenstherapie.

Trichotillomanie

- Wiederholter Impuls, sich die Haare an verschiedenen Körperstellen auszureisen (v. a. Kopfhaut, Wimpern, Augenbrauen, Bart).
- Beginn in der Kindheit, Häufigkeitszunahme in Belastungssituationen.

Intermittierende explosible Störung

- Episoden aggressiven Verhaltens.
- Inadäquate Anlässe (keine auslösenden Stressoren).
- Schwere Gewalttätigkeiten oder Zerstörung von Eigentum möglich.
- Soziale Folgen: Affektdelinquenz, Störungen zwischenmenschlicher Beziehungen.
- Auftreten innerhalb von Minuten bis Stunden, unterschiedliche Dauer.
- **Differentialdiagnosen:** psychotische Störungen, organische Psychosyndrome, Persönlichkeitsstörungen, Intoxikationen mit psychotropen Substanzen.

Therapie

- Versuch mit Lithium oder Carbamazepin.
- Verhaltenstherapie.

Sonstige seltene Formen

Poriomanie: Weglaufen.
Dipsomanie: Trinkexzesse.

15 Intelligenzminderung (Oligophrenie, Minderbegabung)

- **Definition:** Von Kindheit an bestehende (angeborene oder früh erworbene) Minderung der intellektuellen Funktionen (IQ < 70) mit unterschiedlich ausgeprägten sozialen und neurologischen Zusatzsymptomen.

Merke:
Intelligenzminderung bedeutet nicht psychiatrische Erkrankung per se; die meisten Intelligenzgeminderten sind nicht psychiatrisch krank, haben jedoch ein 3 bis 4mal erhöhtes Risiko für psychiatrische Erkrankungen.

Problematisch ist die **Versorgung der Oligophrenen:** in den psychiatrischen Krankenhäusern befinden sich die Abteilungen für diejenigen, die anderweitig nicht versorgt werden können.

Einteilung

- IQ < 70: Intelligenzminderung
- IQ zwischen 70 und 90: Lernbehinderung

Epidemiologie

- Normalverteilung der Intelligenz im Sinne der Gaußschen Kurve (s. Abb. 15.1).
- Ca. 5 % der Bevölkerung ist betroffen: leichte Formen (Debilität) machen ca. 3 bis 4 %, die schweren (Idiotie) weniger als 1 % aus.
- Geschlechterverhältnis: Männer zu Frauen = 1,5 : 1.

Tabelle 15.1 Klassifikation der Intelligenzminderung nach ICD-10

• Leichte Intelligenzminderung (Debilität):	IQ-Bereich von 50 – 69
• Mittelgradige Intelligenzminderung (Imbezilität):	IQ-Bereich von 35 – 49
• Schwere Intelligenzminderung (schwere Oligophrenie):	IQ-Bereich von 20 – 34
• Schwerste Intelligenzminderung (Idiotie):	IQ-Bereich unter 20
• Andere Intelligenzminderung	
• Nicht näher bezeichnete Intelligenzminderung	

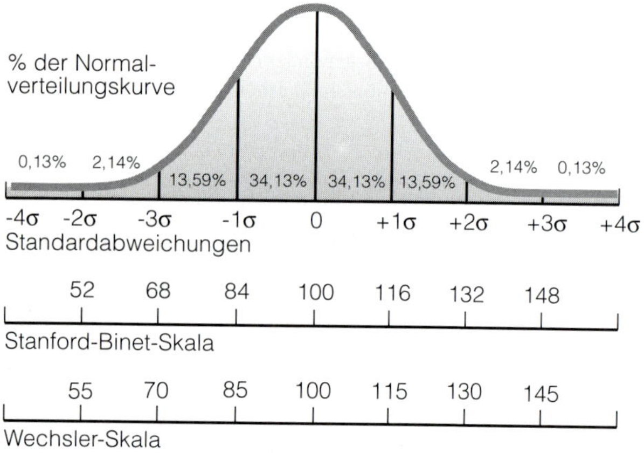

Abb. 15.1 Normalverteilung – Gaußsche Kurve

15.1 Ätiopathogenese

Multifaktorielle Genese

- Frühe Störungen der Embryonalentwicklung (30 %),
- Umwelteinflüsse und psychiatrische Erkrankungen (15 bis 20 %),
- Schwangerschafts- und perinatale Komplikationen (10 %),

- Genetische Faktoren (5 %).
- Somatische Erkrankungen im Kindesalter (5 %).
- Unbekannt (30 bis 40 %).
- Eine leichte Intelligenzminderung ist zu 50 – 75 % erblich (endogen), mittelschwere bis schwerste sind zu 90 % exogen (durch äußere, früh erworbene Faktoren) verursacht.

Tabelle 15.2 Beispiele für exogene Ursachen der Intelligenzminderung

- **Erbliche Stoffwechselstörungen** wie
  - Störungen des Aminosäurenstoffwechsels (z. B. Phenylketonurie)
  - Störungen des Kohlenhydratstoffwechsels (z. B. Galaktosämie, Pompe und MacArdle-Krankheit)
  - Störungen des Lipoidstoffwechsels (z. B. Sphingolipidosen wie M. Neumann-Pick, M. Gaucher und M. Tay-Sachs, Leukodystrophiene wie M. Krabbe und metachromatische Leukodystrophie)
- **Chromosomenanomalien** (z. B. Trisomie 21, Klinefelter-Syndrom)
- **Schädigungen während der Schwangerschaft** wie
  - Viruskrankheiten (z. B. Rubeolen)
  - Sauerstoffmangel des Kindes
  - medikamentöse Schädigungen
  - Erythroblastose bei Rhesusunverträglichkeit
- **Geburtskomplikationen** mit Asphyxie
- **Frühgeburten**
- **Postnatale Ernährungsstörungen**
- **Infektionskrankheiten**

15.2 Symptomatologie

- In Abhängigkeit vom Grad der Behinderung findet man neurologische, sensorische oder kardiovaskuläre Komplikationen, verbunden mit den Beeinträchtigungen sozialer, kognitiver und emotionaler Fähigkeiten.

- **Häufige Symptome:** Passivität, verminderte Frustrationstoleranz, niedriges Selbstwertgefühl, mangelnde Impulskontrolle, Aggressivität.

15.3 Diagnostik und Differentialdiagnostik

- Die Einschätzung der Intelligenz erfolgt klinisch.
- Messung durch unterschiedliche Tests:
  - **HAWIE** oder **HAWIK** (Hamburg-Wechsler-Intelligenztest für Erwachsene und Kinder),
  - **AID** (Adaptiver-Intelligenz-Diagnostikum),
  - **PBS** (Prüfsystem für Schul- und Bildungsberatung),
  - **Raven-Matrizen-Test.**
- Die Meßeinheit ist der **Intelligenzquotient (IQ);** der durchschnittliche IQ liegt bei 100.

Differentialdiagnosen

- Hysterische Pseudodebilität (Ganser Syndrom).
- Sozial bedingte Leistungsminderung.
- Verschiedene Hospitalismusschäden.
- Grenzformen der infantilen Demenz.
- Sekundäre Intelligenzbeeinträchtigung im Rahmen psychiatrischer Störungen.

15.4 Therapie

- Bei geklärter Ätiologie (selten, z. B. Phenylketonurie) kausal, ansonsten symptomatisch.
- Am wichtigsten sind die Förderung der gegebenen Fähigkeiten, die Schaffung geeigneter Lebens- und Arbeitsbedingungen und die Förderung der sozialen Integration.
- Langfristige Unterbringungen in psychiatrischen Kliniken sollten vermieden werden.

15.5 Verlauf

- Chromosomale Aberrationen sind schon mit der pränatalen Diagnostik erkennbar, schwere Behinderungen mit körperlichen Beeinträchtigungen bereits bei der Geburt.
- Die meisten Intelligenzstörungen werden jedoch als Entwicklungsverzögerungen im Kleinkind- und Schulalter manifest.
- Typisch ist ein chronischer Verlauf bei gleichbleibendem Status.
- Bei schweren Behinderungen oft reduzierte Lebenserwartung.
- Die meisten Betroffenen bleiben lebenslang auf die Hilfe Dritter angewiesen.

16 Suizidalität

16.1 Epidemiologie

- BRD: relativ hohe Suizidrate von 17 (Zahl der Suizide/100 000 Einwohner, ca. 14 000 Menschen/Jahr).
- Weltweit (WHO-Schätzung): jährlich begehen ca. 1/2 Million Menschen Suizid.
- Suizid ist die dritthäufigste Todesursache im Alter zwischen 15 und 45 Jahren.
- Die Suizidversuchsrate ist ca. 10 – 30mal so hoch wie die Suizidrate.
- Männer sind bei Suiziden etwa zweimal häufiger betroffen als Frauen, Stadtbewohner häufiger als Landbewohner, mittlere und höhere soziale Schichten häufiger als untere.
- Jüngere Menschen begehen eher Suizidversuche, ältere Suizide.
- Über 50 % aller Suizide ereignen sich im Rahmen psychischer Krankheiten und Leidenszustände, bei Suizidversuchen handelt es sich am häufigsten um affektive Kurzschlußreaktionen.

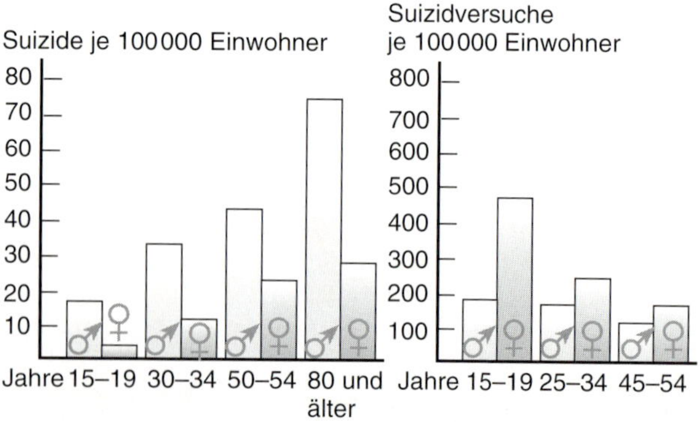

Abb. 16.1 Raten von Suiziden und Suizidversuchen in der Bundesrepublik Deutschland

- „Harte“ und „weiche“ Methoden: harte Methoden sind bei Suiziden (ca. 50 %) häufiger als bei Suizidversuchen (ca. 25 %).

16.2 Ätiopathogenese

Multifaktorielle Entstehungsbedingungen

- Krankheitsfaktoren,
- Persönlichkeitsstruktur,
- Psychosoziale (lebenssituative) Faktoren.

Individuelle Risikofaktoren

- Psychische Krankheiten (am wichtigsten), z. B. Depressionen, Sucht,
- Chronische organische Erkrankungen,
- Vorausgegangene Suizidversuche,
- Vereinsamung,
- Hohes Alter,
- Männliches Geschlecht,
- Belastende Lebensereignisse (z. B. auch Flüchtlinge, Verfolgte, Entwurzelte),
- Bedeutung haben auch soziokulturelle Einflüsse (unterschiedliche Suizidraten zwischen verschiedenen Ländern/Nationen) und gesamtgesellschaftliche Risiken wie Erziehungsstil, Leistungsdruck, Wertsystem oder Arbeitslosenquote,
- **Imitationssuizid** („Werther-Effekt“): Suizide in der Familie bzw. im nächsten sozialen Umfeld, Medien (Fernsehen, Film, Literatur),
- Meistens Kombination verschiedener Risikofaktoren.

Psychogenetische Erklärungsmodelle

- Psychodynamisches Modell: narzißtische Selbstwertkrise mit Aggressionshemmung.
- Kognitions- und lerntheoretische Aspekte: „erlernte Hilflosigkeit“, Bestätigung eigener Verhaltensmuster durch selektive Wahrnehmung und einseitige kognitive Verarbeitung.

- System-, paar- und familiendynamische Ansätze: Berücksichtigung der Beziehungsaspekte (Trennungsängste, „Sündenbock“-Rolle, Angst vor Veränderungen etc.).

Neurobiologische Hypothese

- Serotonerge Dysfunktion bei erniedrigten Konzentrationen der 5-HIAA (Hydroxyindolessigsäure, Hauptmetabolit von Serotonin) im Liquor nach Suizidversuchen und erhöhter Aktivität von Serotonin-Rezeptoren im Gehirn von Suizidpatienten.

Intentionen der Suizidhandlung

- Autoaggression,
- Bedürfnis nach Zuwendung,
- Bedürfnis nach Ruhe.

16.3 Einteilung/Terminologie

- **Suizid** (Selbsttötung): absichtliche Selbstbeschädigung mit tödlichem Ausgang.
- **Suizidversuch:** absichtliche Selbstschädigung mit dem Ziel des tödlichen Ausgangs (oft Kurzschlußreaktionen).
- **Parasuizid:** Handlung ohne Selbsttötungsintention, absichtliches Zufügen von Verletzungen.

Merke:

Jeder Parasuizid muß ernstgenommen werden!

- **Suizidale Handlung:** Autoaggression vordergründig.
- **Parasuizidale Geste:** Vorwurfs- und Appellcharakter.
- **Parasuizidale Pause:** Ruhebedürfnis.
- **Bilanzsuizid:** rationale Entscheidung bei unauffälligem psychischen Befunden, selten, oft sind bei einer scheinbaren Bilanz im Hintergrund psychopathologische Auffälligkeiten.
- **„Demonstrativer Suizidversuch“** = parasuizidale Geste, appellativer Suizidversuch.

- **Suizidpakt:** Dem Patienten das Versprechen abnehmen, keinen Suizid zu begehen (ist psychotherapeutisch umstritten).
- **Erweiterter Suizid:** Miteinbeziehung anderer Personen ohne ihre Mitentscheidung bzw. Wissen.
- **Gemeinsamer Suizid:** 2 Menschen begehen Suizid aus gemeinsamer Entscheidung (Romeo-und-Julia-Suizid).
- **Massensuizid:** selten, z. B. ideologische Gemeinschaften (Sekten).

16.4 Stadien der suizidalen Entwicklung

Präsuizidales Syndrom

- Circulus vitiosus des aggressiven und autoaggressiven Verhaltens mit oft abrupten Suizidhandlungen:
  - Erleben von Aussichts- und Sinnlosigkeit.
  - Sozialer Rückzug.
  - Ständige Todesgedanken.

Merke:

Ca. 75 % der Suizidhandlungen werden angekündigt, bis zu 50 % der Patienten haben innerhalb des letzten Monats und ca. 25 % innerhalb der letzten Woche einen Arzt aufgesucht.

Tabelle 16.1 Präsuizidales Syndrom (nach *Ringel* 1969)

I.	Zunehmende Einengung – Situative Einengung – Dynamische Einengung (einseitige Ausrichtung der Apperzeption, der Assoziationen, der Verhaltensmuster, der Affekte und Abwehrmechanismen) – Einengung der zwischenmenschlichen Beziehungen – Einengung der Wertwelt
II.	Aggressionsstauung und Wendung der Aggression gegen die eigene Person
III.	Suizidphantasien (anfangs aktiv tendiert, später sich passiv aufdrängend)

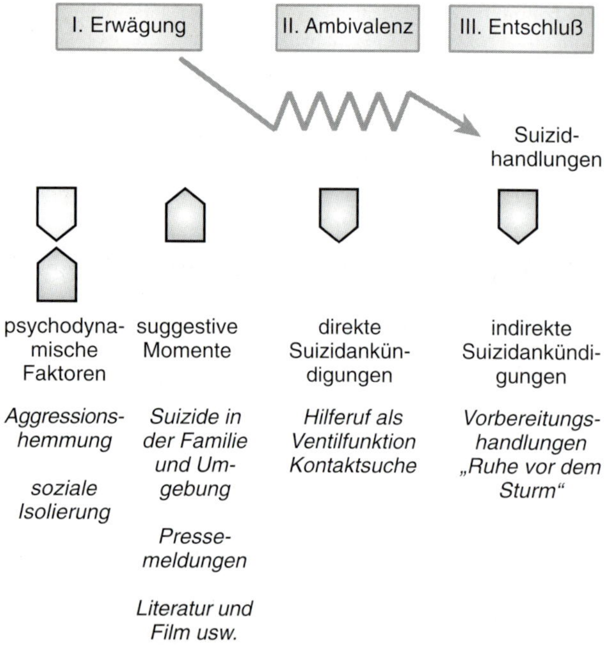

Abb. 16.2 Stadien der suizidalen Entwicklung (nach *Pöldinger* 1988)

Die häufigsten sujektiven Beweggründe für einen Suizid

- Todeswunsch,
- Hilferuf,
- Wunsch nach Veränderung im Leben,
- Enttäuschung,
- Wunsch nach Ruhe,
- Rache,
- Depressive Verstimmung,
- Belastende Lebensereignisse,
- Wut,
- Wunsch nach Trennung und Ablösung,
- Psychotische Gründe.

16.4 Diagnostik der Suizidgefährdung

Die **wichtigsten diagnostischen Schritte:**

1. Abschätzen des Suizidrisikos.
2. Diagnostik psychischer Erkrankungen.
3. Erfassen der Motivation und situativen Faktoren.
4. Verfügbarkeit von Hilfsmöglichkeiten.

Tabelle 16.2 Fragenkatalog zur Abschätzung der Suizidalität (nach *Pöldinger* 1982)

Je mehr Fragen im Sinne der angegebenen Antworten beantwortet werden, um so höher muß das Suizidrisiko eingeschätzt werden.

1. Haben Sie in letzter Zeit daran denken müssen, sich das Leben zu nehmen?	ja
2. Häufig?	ja
3. Haben Sie auch daran denken müssen, ohne es zu wollen? Haben sich Selbstmordgedanken aufgedrängt?	ja
4. Haben Sie konkrete Ideen, wie Sie es machen würden?	ja
5. Haben Sie Vorbereitungen getroffen?	ja
6. Haben Sie schon zu jemanden über Ihre Selbstmordgedanken gesprochen?	ja
7. Haben Sie einmal einen Selbstmordversuch unternommen?	ja
8. Hat sich in Ihrer Familie oder in Ihrem Freundes- und Bekanntenkreis schon jemand das Leben genommen?	ja
9. Halten Sie Ihre Situation für aussichts- und hoffnungslos?	ja
10. Fällt es Ihnen schwer, an etwas anderes als an Ihre Probleme zu denken?	ja
11. Haben Sie in letzter Zeit weniger Kontakte zu Ihren Verwandten, Bekannten und Freunden?	ja

Tabelle 16.2 (Fortsetzung)	
12. Haben Sie noch Interesse daran, was in Ihrem Beruf und in Ihrer Umgebung vorgeht? Interessieren Sie noch Ihre Hobbies?	nein
13. Haben Sie jemand, mit dem Sie offen und vertraulich über Ihre Probleme sprechen können?	nein
14. Wohnen Sie zusammen mit Familienmitgliedern oder Bekannten?	nein
15. Fühlen Sie sich unter starken familiären oder beruflichen Verpflichtungen stehend?	nein
16. Fühlen Sie sich in einer religiösen bzw. weltanschaulichen Gemeinschaft verwurzelt?	nein
Anzahl entsprechend beantworteter Fragen	
Endzahl = max. 16	

Wichtig für die Abschätzung des Suizidrisikos

- Empathie,
- Ausreichend Zeit,
- Einfühlvermögen,
- Bestimmtes und klares Vorgehen,
- Keine Verheimlichung oder Verharmlosung.

Merke:

Ein direktes Ansprechen bzw. Sprechen über Suizid kann den Patienten entlasten.

Exploration: Erfragen

- aktueller Suizidgedanken,
- bestehender psychopathologischer Symptome,
- anamnestischer Faktoren,
- aktueller Lebenssituation.

16.5 Verlauf

- Insgesamt **hohes Rezidivrisiko**. Als grober Schätzwert wird die Suizidquote von 1 % pro Jahr nach einem Suizidversuch angegeben.
- Höchste Gefährdung innerhalb eines Jahres nach dem erfolgten Suizidversuch.
- Der Verlauf ist von der Art und Intensität der Betreuungsmaßnahmen abhängig.

16.6 Therapie

Krisenintervention

- Abschätzung der Suizidalität.
- Diagnostische Abklärung, insbesondere der psychotischen und hirnorganischen Erkrankungen.
- Analyse persönlichkeitsbedingter und konflikthafter situativer Hintergründe.
- Beurteilung weiterbestehender Suizidalität.
- Aufbau einer tragfähigen therapeutischen Beziehung, in der sich der Patient geborgen fühlt und seine Probleme ansprechen und bearbeiten kann.
- Aufsuchen der erhaltenden, haltgebenden Lebensstrukturen und Lebensfaktoren.
- Angemessene Entlastung durch Psychopharmaka. Wenn das Behandlungsschema nicht durch hirnorganische oder psychotische Symptomatik vorgegeben ist, kommen am ehesten sedierende Antidepressiva oder Tranquilizer in Betracht.
- Ansprache von Zukunftszielen, ggf. „Suizidpakt" (Versprechen, sich bis zum nächsten Kontakt mit dem Arzt nichts anzutun).
- Planung und Motivation der Weiterbetreuung.

Allgemeine Hinweise für den Umgang mit Suizidgefährdeten:

- Suizidgedanken müssen direkt und offen, ernstnehmend als Ausdruck seelischer Not erfragt werden: keine Beschönigung oder Verharmlosung, jedoch auch keine Dramatisierung.

- Die Verantwortung für das Handeln liegt immer beim Helfer/Gesprächspartner/Arzt und ist bezüglich der Entscheidung, ob und was zu geschehen hat, nicht delegierbar.
- Suizidalität kann das Verhalten eines jeden Menschen sein, kommt jedoch häufig im Zusammenhang mit psychischen Krankheiten vor. Zur Vorbeugung eines Suizids gehört auch die Abklärung bzw. Behandlung einer psychischen Erkrankung.

Tabelle 16.3 Fehler im Umgang mit Suizidpatienten
• Ungenügende Exploration der jetzigen und früheren Umstände, die zur Suizidalität geführt haben
• Trennungsängste übersehen (z. B. Stationswechsel, Beurlaubung, Entlassung)
• Provokation persönlich nehmen
• Bagatellisierungstendenzen des Patienten mitmachen
• Zu schnelle Suche nach positiven Veränderungsmöglichkeiten
• Internalisierte Klassifikation von Suizidversuchen anwenden

Merke:

Suizidales Verhalten läßt sich nicht sicher voraussagen. Voraussetzung für die Beurteilung des Suizidrisikos ist die Erfahrung im Umgang mit den suizidalen Patienten.

Tabelle 16.4 Vorgehensweise des Konsiliarpsychiaters im Umgang mit Patienten nach einem Suizidversuch
1. Möglichst frühe Herstellung eines Kontaktes
2. Schaffung einer adäquaten Atmosphäre: ausreichend Zeit, geeignete Räumlichkeiten
3. Klarstellen der Situation (oft schwierig), Aufgabenstellung, Zielsetzung der Konsultation
4. Anbieten bzw. Einleiten der therapeutischen Beziehung
5. Bearbeitung der Kriseninhalte: anhören, aussprechen, erfragen der erlösenden Momente, Kränkungen, Verletzungen etc.

Tabelle 16.4 (Fortsetzung)
6. Ausschluß einer evtl. psychischen Erkrankung, Klärung der Behandlungsbedürftigkeit, Therapieplanung und -organisation
7. Erfragen der aktuellen Suizidalität, Abschätzung der weiteren Suizidalität unter Berücksichtigung der Risikogruppen, Psychopathologie und der sozialen Situation des Patienten
8. „Entpathologisierung" des suizidalen Verhaltens: Abbau von Scham und Sündenvorstellungen, Versachlichung, Vermeidung von Wertung, Betonung der affektiven Seite (cry for help, Appell)
9. Einbeziehung von Angehörigen bzw. Bezugspersonen
10. Erstkontakt als Beginn notwendiger weiterer Kontakte zur Klärung der Diagnose und Therapie (besonders wichtig: Sicherstellung der Weiterbetreuung nach der Entlassung)

Versorgung des suizidgefährdenden Patienten (ambulant oder stationär) durch ein multidisziplinäres Team:

- Semiprofessionell: Telefonseelsorge, Suizidpräventionseinrichtungen, psychosoziale Beratungsstellen.
- Professionell: Ärzte, Psychotherapeuten, Psychologen, Sozialarbeiter.

Tabelle 16.5 Indikationen zur stationären psychiatrischen Behandlung suizidgefährdeter Patienten
• Ausgeprägte depressive Störung mit deutlicher Angst, Agitiertheit, Selbstvorwürfen, Wahnideen.
• Floride schizophrene Symptomatik mit Angst, paranoiden Denkinhalten, Halluzinationen, Erregung.
• Chronischer Alkohol-, Medikamenten- oder Drogenmißbrauch mit depressiver Verstimmung und suizidalen Äußerungen.
• Einengung des Denkens auf suizidale Inhalte.
• Mangelhafte/fehlende Einbindung in soziale Strukturen.
• Keine tragfähigen zwischenmenschliche Beziehungen.
• Ausdrücklicher Wunsch des Patienten nach stationärer Aufnahme.

- Die Versorgungsangebote orientieren sich an der Schwere und der Art der Krise. Bei schweren psychiatrischen Erkrankungen ist eine stationäre psychiatrische Behandlung angezeigt (s. Tab. 16.5).
- Der Hausarzt ist in vielen Fällen der erste Ansprechpartner.

Bedeutung der Suizidprophylaxe

- **Primärprophylaxe:** als ursächlich für suizidales Verhalten erkannte Faktoren reduzieren, bevor eine konkrete Suizidgefahr manifest wird (gesamtgesellschaftliche psychohygienische Maßnahmen, z. B. möglichst keine Berichterstattung über Suizide und deren Umstände/Arten in den Medien!).
- **Sekundärprophylaxe:** Gesamthilfe in suizidalen Krisen (Verhindern des Suizids/-versuchs).
- **Tertiärprophylaxe:** Nachbetreuung nach einem Suizidversuch (Vermeiden weiterer Krisen/suizidaler Handlungen).

17 Schlafstörungen

Schlaf ist ein individuell zum Teil sehr unterschiedlicher, aktiver physiologischer Prozeß. Mit zunehmendem Alter sinkt der Tiefschlafanteil und der Schlaf wird weniger effizient. Sogenannte Langschläfer verbringen relativ mehr Zeit im REM-Schlaf und in oberflächlichen Stadien. Abgekoppelt von äußeren Zeitgebern beträgt der zirkadiane Rhythmus bei Menschen ca. 25 Stunden.

Aufgrund elektrophysiologisch meßbarer Veränderungen unterscheidet man den

- synchronisierten, orthodoxen **NREM-Schlaf** (Stadium 1 – 4)
  - Stadium 1: Übergang in den Schlafzustand,
  - Stadium 3 und 4 = Tiefschlaf.
- desynchronisierten, paradoxen **REM-Schlaf:** Der Verlauf einer Nacht ist üblicherweise durch 4 – 6 REM-Zyklen gekennzeichnet. Die tiefen Schlafstadien werden häufig jedoch nur in den ersten beiden Zyklen erreicht (s. Abb. 17.1).

Wichtige Schlafparameter

- **REM-Schlaf:** Rasche Augenbewegungen,
- **NREM-Schlaf:** Stadium 2: K-Komplexe (unspezifische evozierte Potentiale) und Schlafspindeln.
- **TIB:** time in bed = Gesamtzeit im Bett (in Minuten)
- **SPT:** sleep period time = Dauer der Schlafperiode vom Schlafbeginn (erstmals Stadium 2) bis zum Schlafende (letztmals Stadium 2, 3, 4 REM) (in Minuten)
- **TST:** total sleep time (in Minuten) = echte Schlafzeit = Gesamtsumme aller in SPT vorkommenden Schlafstadien abzüglich der dazwischenliegenden Wachzeiten
- **SE:** sleep efficiency = Schlafeffizienz = Quotient aus echter Schlafzeit und Gesamtzeit im Bett (prozentualer Wert, TST : TB)
- **MSLT:** Multipler Schlaflatenz-Test: polygraphische Messung der Einschlafdauer am Tage zur Objektivierung der Tagesschläfrigkeit

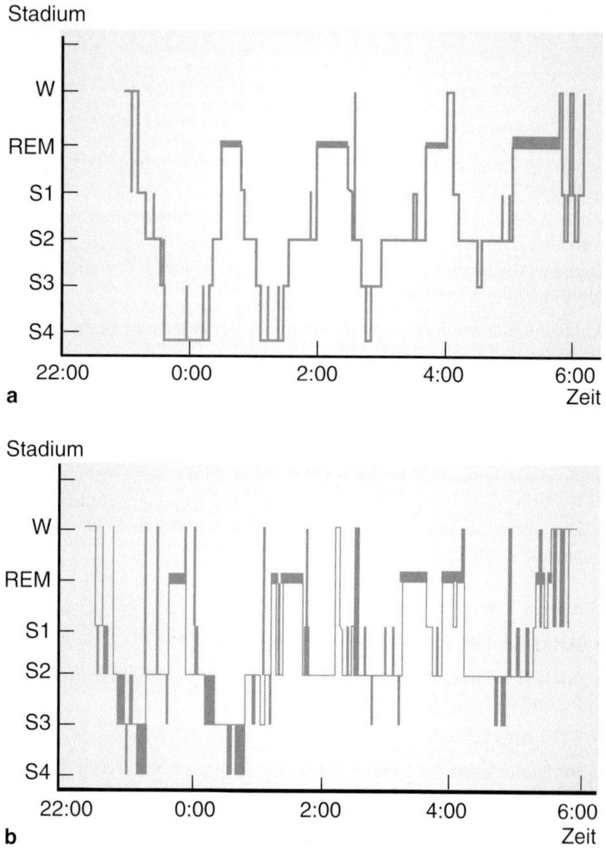

Abb. 17.1 Nächtliches Schlafprofil mit Schlafstadien, **a**: beim Gesunden, **b**: beim Schlafgestörten

Methodik

- Standard-Schlafpolygraphie (EEG, EOG, EMG, EKG, Oximeter).
- Bei Verdacht auf nächtliche Atemregulationsstörungen (Schlafapnoe): zusätzlich Thermistor (Atemfühler) und Atemgürtel.

- Bei Verdacht auf nächtliche Beinbewegungen (PMS): Zusätzlich Tibialis-EMG (Messung Sauerstoffsättigung und Pulsfrequenz).
- Schlaflaboruntersuchungen erfolgen in der Regel über drei Nächte (1. Nacht als sog. Adaptationsnacht).
- Als Standardwerk zur manuell-optischen Auswertung der Polysomnogramme dient das Handbuch von Rechtschaffen und Kales.

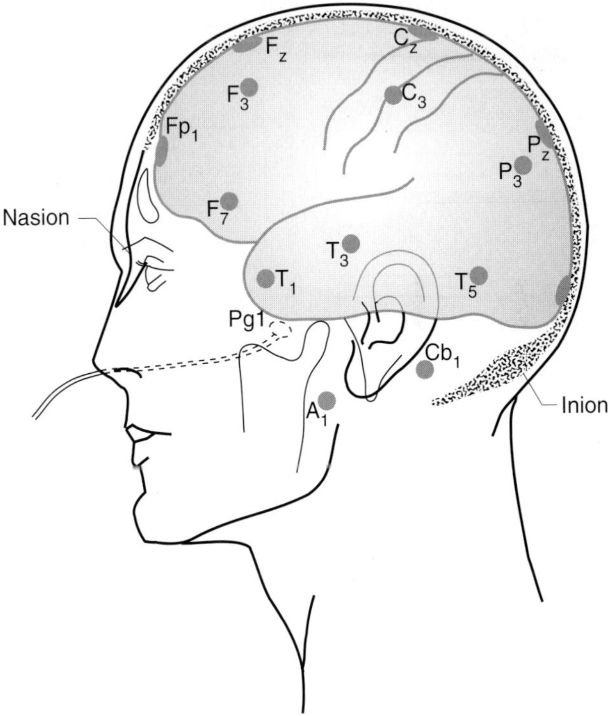

Abb. 17.2 EEG-Ableitepunkte nach der 10-20-Methode

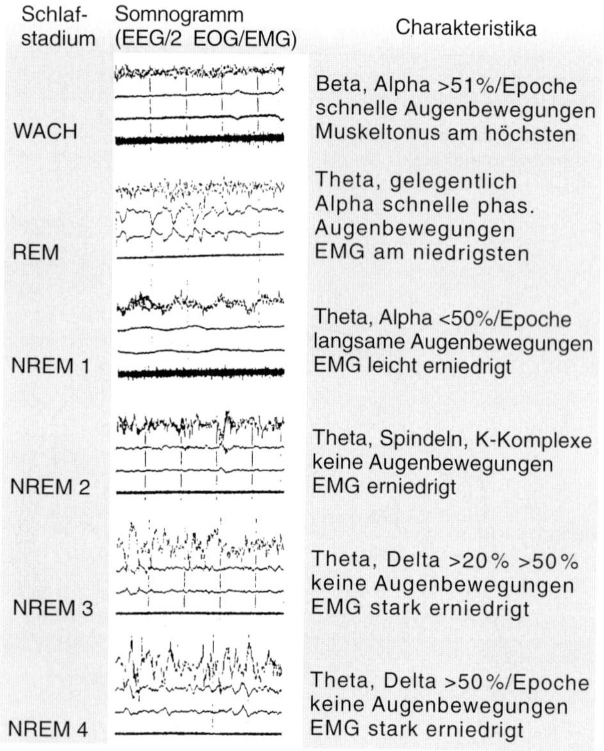

Abb. 17.3 Schematische Darstellung der Regeln zur Auswertung der Schlafstadien (nach *Rechtschaffen* und *Kales*)

17.1 Epidemiologie

- Die Prävalenz von Schlafstörungen beträgt in westlichen Industrieländern 15 – 30 %.
- Ca. 7 % der deutschen Bevölkerung sind häufig oder ständig von Schlaflosigkeit betroffen (Hajak und Rüther 1995), jede 4. Person leidet zumindest gelegentlich an Ein- bzw. Durchschlafstörungen.

- Schlafstörungen werden bei ca. 20 % der Patienten einer Allgemeinpraxis und bei ca. 1/3 der Patienten einer nervenärztlichen Praxis angegeben; ca. 90 % der depressiven und manischen Patienten sind betroffen.
- Ca. 5 % der Männer und ca. 12 % der Frauen nehmen rezeptpflichtige Beruhigungs-/Schlafmittel ein (insbesondere Frauen über 40 und ältere Menschen).
- Knapp 1 Million Menschen leiden in Deutschland an Schlafapnoe (atmungsabhängige Schlafstörung, häufig nicht erkannt).

17.2 Ätiopathogenese

- **Biologische Hypothese:** Regulationsstörung im serotonergen, cholinergen und GABAergen Neurotransmittersystem.
- **Psychologische Aspekte:**
  - Lerntheoretisch interessieren v. a. Konditionierungsprozesse und „fehlgelerntes" Verhalten.
  - Bedeutung von beruflichen und psychosozialen Faktoren: Lebensrhythmus, Jet-lag, Schichtarbeit usw.

Tabelle 17.1 Mögliche Ursachen von Schlafstörungen

• **Psychoreaktiv:** – Angst – Aufregung – Ärger • **Situativ:** – Umgebungseinflüsse – Zeitverschiebung • **Psychiatrisch:** – Depressionen – Psychosen – Organische Psychosyndrome – Neurosen • **Neurologisch** – Restless legs – Myoklonus – Schmerzsyndrome	• **Internistisch:** – Kardiovaskulär – Pulmonal – Infektionskrankheiten – Schwere konsumierende Erkrankungen • **Pharmakogen:** – Alkohol – Koffein – Drogen – Diuretika – Stimulanzien – Betablocker – Nootropika • **Primäre „idiopathische" Insomnie**

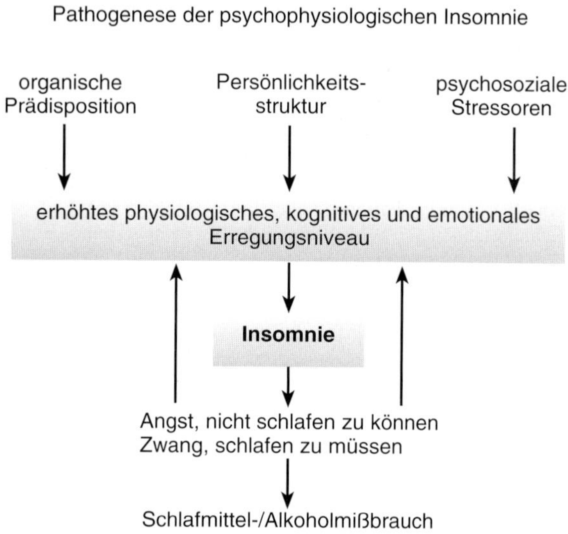

Abb. 17.4 Pathogenese der psychophysiologischen Insomnie (modif. nach *Hajak* und *Rüther* 1995)

– Ursächlich wichtig ist auch eine falsche Schlafhygiene (schlafstörende Verhaltensweisen): unregelmäßige Schlafzeiten, Schlaf am Tage, koffeinhaltige Getränke oder körperliche Anstrengung abends, ungeeignetes Bett, zu warmes Schlafzimmer u. a.

17.3 Symptomatologie und klinische Subtypen

Dyssomnien

Insomnie/Hyposomnie

- Mangel an Schlafquantität und/oder -qualität; am häufigsten sind Einschlafstörungen oder kombinierte Ein-/Durchschlafstörungen.
- Typisch sind die Angst vor Schlaflosigkeit, Grübeln (Gedankenrasen) sowie eine gedankliche Einengung (Fixierung) auf Schlafbeschwerden mit der Befürchtung negativer Konsequenzen.

Tabelle 17.2 Kriterien der Symptom- und Anamneseerhebung bei Insomniepatienten (nach *Hajak* und *Rüther* 1995)

1. Form der Schlafstörung – Einschlafstörung – Durchschlafstörung (z. B. Kurzerwachen, Wiedereinschlafstörung) – Früherwachen – Erholsamkeit
2. Symptomatik in der Schlafperiode – Kognitive und emotionale Aktivität in der Nachtphase (z. B. Gedankenkreisen, Grübeln, Ärger) – Vegetative Begleitsymptome (z. B. Anspannung, Unruhe, Herzrasen) – Spezialsymptome (z. B. Atemstörungen, unruhige Beine, Alpträume, Schmerzen, Angstattacken)
3. Tagesbefindlichkeit – Vigilanz (z. B. Müdigkeit oder Tagesschlaf) – Aktivität und Belastbarkeit – Konzentrations- und Leistungsfähigkeit – Affektlage und allgemeines Wohlbefinden
4. Schlafverhalten – Zeit im Bett und Schlafdauer – Regelmäßigkeit der Schlafzeiten – Abendgestaltung und Einschlafgewohnheiten
5. Verlauf und Dauer der Schlafstörung
6. Der Schlaf vor der Erkrankung
7. Vorbehandlung – Selbstbehandlung (z. B. Alkohol, frei verkäufliche Schlafmittel) – Nichtmedikamentöse Verfahren (z. B. autogenes Training) – Schlafmittel – Form, Zeitpunkt und Dosierung der Medikamenteneinnahme
8. Psychiatrische und organische Anamnese und Symptomatik
9. Spezielle Einflußparameter – Private und berufliche Lebenssituation – Schlafverschlechternde oder -verbessernde Lebensumstände oder Verhaltensweisen – Physikalische Umgebungseinflüsse (z. B. Lärm, Wetter, Temperatur etc.) – Allgemeine Medikamenteneinnahme – Koffein- und Nikotingenuß – Alkohol- und Drogengebrauch

- **Folgen:** Entgleisung des vegetativen Biorhythmus mit Müdigkeit und Abgeschlagenheit am Tage, Konzentrations- und Leistungsminderung sowie dysphorische Verstimmung.
- **Erhöhung des Gesundheitsrisikos** durch:
  - häufig begleitende Angst und Depression,
  - Alkohol- und Drogenmißbrauch,
  - Verschlechterung der sozialen Kompetenz (Minderung der beruflichen Leistung und der sozialen Kontakte),
  - Prädisposition für eine höhere Unfallrate (Müdigkeit, Konzentrationsschwäche).

Tabelle 17.3 Kriterien der chronischen Insomnie (nach *Hajak* et al. 1992)
• Dauer der Symptomatik mehr als vier Wochen
• Dauer und Schwere der Schlafstörung sind unter der Berücksichtigung der Ursache unverhältnismäßig
• Trotz Wegfall der identifizierten Ursache Persistenz der Schlafstörung
• Zur suffizienten Therapie sind neben der Ursachenbehandlung insomniebezogene Therapieverfahren notwendig

Hypersomnie

- Hypersomnie ist charakterisiert durch eine ausgeprägte Schläfrigkeit während des Tages und plötzliche Schlafanfälle.
- **Störung des Schlaf-Wach-Rhythmus.**
- Umkehrung des biologischen Rhythmus mit Schlaflosigkeit nachts und Hypersomnie tagsüber.

Parasomnien

- Seltene, vornehmlich „qualitative" Schlafänderung.

Häufigste Formen

- **Schlafwandeln (Somnambulismus):** Verlassen des Betts und des Schlafzimmers, Umherwandeln, oft mit erheblichem Verletzungsrisiko verbunden. Am nächsten Morgen fehlende Erinnerung (Amnesie).

- **Pavor nocturnus:** $^1/_3$ des Schlafes nehmen massive Furcht und Panik mit heftiger Erregung und lautem Schreien ein. Am Morgen danach Amnesie.
- **Alpträume:** lebhaftes, angsterfülltes Träumen, inhaltlich mit Bedrohung des Lebens bzw. persönlicher Sicherheit verbunden. Oft beim Vorliegen einer Persönlichkeitsstörung. Wichtig: Ausschluß eventueller pharmakologischer Ursachen.

Klinische Einteilung

- **Phänomenologisch:** Einschlaf-, Durchschlafstörungen, morgendliches Früherwachen.
- **Organisch bedingte Insomnie** (s. Tab. 17.4):
  - **Schlafapnoe:** Risikofaktoren Männer, Übergewicht, Retrognathie, Verengung der oberen Luftwege, Psychopharmaka. Leitsymptome sind Schnarchen und Tagesmüdigkeit. Diagnose: Apnoe-Index > 10 (Apnoephasen/h Schlafzeit).
  - Restless legs.
- **Insomnie bei einer psychischen Störung** (70 % der psychisch Kranken haben Schlafstörungen, z. B. bei affektiven Psychosen).
- **Primäre (psychophysische Insomnie):** Eine Sonderform ist die idiopathische Insomnie (Beginn in der frühen Kindheit).

Tabelle 17.4 Organische Ursachen der Insomnie
• Restless-legs-Syndrom
• Nächtliche Apnoen
• Herz-Lungen-Erkrankungen (z. B. Asthma bronchiale, Herzinsuffizienz)
• Niereninsuffizienz
• Endokrine Krankheiten (z. B. Hyperthyreose)
• Konsumierende (z. B. Diabetes mellitus, Eisenmangelanämie) und febrile Erkrankungen
• Chronische Schmerzzustände

Tabelle 17.5 Diagnosekriterien der WHO für eine Insomnie
1. Klagen über Einschlafstörungen, Durchschlafstörungen oder eine schlechte Schlafqualität.
2. Die Schlafstörungen treten wenigstens dreimal pro Woche, mindestens einen Monat lang auf.
3. Es besteht ein überwiegendes Beschäftigtsein mit der Schlafstörung nachts und während des Tages eine übertriebene Sorge über deren negative Konsequenzen.
4. Die unbefriedigende Schlafdauer und/oder -qualität verursacht entweder deutlichen Leistungsdruck oder wirkt sich störend auf die soziale und berufliche Leistungsfähigkeit aus.

17.4 Diagnostik

- Nach **WHO-Kriterien** liegt eine Insomnie mit diagnostischem Wert vor, wenn die Beschwerden einen Monat lang mindestens dreimal pro Woche auftreten und das Wohlbefinden am Tage gestört ist (s. Tab. 17.5).

Tabelle 17.6 Schlafbezogene Exploration
• Art der Schlafstörung (Insomnie, Hypersomnie, Parasomnie)
• Schlaf-Wach-Rhythmus (Dauer, Verlauf, Rhythmus der Störung
• Schlafverhalten und schlafbeeinflussende Lebensumstände (Einschlafgewohnheiten, Abendaktivitäten, verbrachte Zeit im Bett)
• Einflüsse der Umgebung (Gestaltung der Schlafräume, Lärm, Temperatur)
• Vorbehandlungen (medikamentös, nichtmedikamentös)
• Beschwerden während der Schlafperiode (Grübeln, Angst, Erregung, Unruhe, Atemstörungen, Alpträume)
• Befindlichkeit am Tage (Konzentration, Leistung, Lebensenergie, Restwirkung der Medikamente)

Schlafprotokoll

Name: Datum:

1. Zeitpunkt des Zubettgehens: .... Schlafenszeit: ....
2. Vergangene Nacht brauchte ich .... Minuten zum Einschlafen
3. Vergangene Nacht erwachte ich ...... mal

Geben Sie für jedes Erwachen Zeitpunkt und Dauer bis zum Wiedereinschlafen an:

....
....
....

4. Das letzte Mal erwachte ich um ....; insgesamt schlief ich .... Stunden

5. Beurteilen Sie den Grad Ihrer körperlichen Aufgeregtheit beim Zubettgehen

äußerst ruhig/entspannt — äußerst angespannt/erregt

1 2 3 4 5 6 7 8

6. Worüber dachten Sie im Bett nach?

....
....
....

7. Ihre Aktivitäten bis zum Zubettgehen:

....
....
....

8. Ihre Aktivitäten nach dem Zubettgehen:

....
....
....

Abb. 17.5 Schlafprotokoll (nach *Coates/Thoresen* 1982)

Tabelle 17.7 Schlaftagebuch (über 10 Tage)

Fragen:	Tage: 1, 2, 3, 4, 5, 6, 7, 8, 9, 10
Wann sind Sie letzte Nacht schlafen gegangen?	
Wie lange brauchten Sie, um einzuschlafen?	
Wie oft sind Sie während der vergangenen Nacht aufgewacht?	
Wie lange haben Sie insgesamt geschlafen?	
Wann sind Sie morgens (zuletzt) aufgewacht?	
Wie haben Sie sich beim Aufwachen gefühlt?	○ sehr ausgeruht ○ ziemlich ausgeruht ○ müde
Wie oft sind Sie während des Tages eingenickt?	
Haben Sie während des Tages eine von diesen Substanzen eingenommen?	○ Koffein (6 h vor dem Zubettgehen) ○ Alkohol (1 h vor dem Zubettgehen) ○ Medikamente:__________
Wie würden Sie auf einer Skala von 1 bis 5 Ihre Tagesstimmung und Ihre Leistungsfähigkeit einschätzen?	○ 5 positiv und tatkräftig ○ 4 ○ 3 ○ 2 ○ 1 depressiv und lethargisch

- Wichtig sind eine schlafbezogene Exploration (Tab. 17.6) sowie ergänzend eine ausführliche allgemeinmedizinische und psychiatrische Anamnese mit Beachtung der eventuell vorliegenden organischen Befunde und Berücksichtigung der privaten und beruflichen Lebenssituation.
- **Schlaffragebögen** und **Schlaftagebücher** (Beispiel für Tagebuch s. Tab. 17.7) dienen der Identifizierung von Schlaf-Störfaktoren und geben Hinweise für Schlafhygiene bzw. -gewohnheiten.

Tabelle 17.8 Diagnostische Leitlinien von nicht-organischen Schlafstörungen (Dyssomnien) nach ICD-10 und DSM-IV

ICD-10	DSM-IV
Nicht-organische Insomnie (F51.0) • Klagen über Einschlafstörungen, Durchschlafstörungen oder über eine schlechte Schlafqualität • Ein überwiegendes Beschäftigtsein mit der Schlafstörung bzw. übertriebene Sorge über deren negative Konsequenzen • Auftreten der Schlafstörungen wenigstens dreimal pro Woche mindestens einen Monat lang • Infolge der Schlafstörung entsteht deutlicher Leidensdruck oder Beeinträchtigung der sozialen und beruflichen Leistungsfähigkeit	• Ein- und Durchschlafschwierigkeiten oder nicht erholsamer Schlaf über einen Monat • Die Schlafstörung geht mit der Tagesmüdigkeit einher und verursacht klinisch bedeutsamen Leidensdruck oder Beeinträchtigung in sozialen, beruflichen oder anderen wichtigen Funktionsbereichen • Die Störung tritt nicht ausschließlich im Verlauf einer Narkolepsie, einer atmungsabhängigen Schlafstörung, einer Störung des zirkadianen Rhythmus oder einer Parasomnie auf • Eine andere psychische Störung oder direkte Wirkung einer Substanz (z.B. Droge oder Medikament) oder ein ursächlicher medizinischer Krankheitsfaktor sind ausgeschlossen
Nicht-organische Hypersomnie (F51.1) • Übermäßige Schlafneigung oder Schlafanfälle während des Tages, die nicht durch unzureichende Schlafdauer erklärbar sind • Zusätzliche Symptome einer Narkolepsie oder klinische Hinweise für Schlafapnoe fehlen • Eine neurologische oder internistische Erkrankung als Ursache einer Somnolenz während des Tages sind ausgeschlossen	• Übermäßige Schläfrigkeit seit mindestens einem Monat, die durch verlängerte Schlafepisoden oder durch fast täglich auftretende Schlafepisoden am Tage manifest wird • Das Störungsbild verursacht beträchtliches subjektives Leiden oder beeinträchtigt die sozialen, beruflichen oder anderen wichtigen Leistungen

Tabelle 17.8 (Fortsetzung)

ICD-10	DSM-IV
• Auftreten der Schlafstörung täglich mindestens einen Monat lang oder in rezidivierenden kurzen Perioden • Die Schlafstörung verursacht deutliche Erschöpfung oder Beeinträchtigung der sozialen und beruflichen Leistungen	• Die Schlafstörung kann nicht besser durch eine Insomnie erklärt werden und tritt nicht ausschließlich im Verlauf einer anderen Schlafstörung auf. Sie kann nicht durch eine unzureichende Schlafdauer erklärt werden • Eine andere psychische Störung oder eine direkte körperliche Wirkung einer Substanz (z.B. Medikament, Droge) oder ein spezifischer medizinischer Krankheitsfaktor können als eventuelle Ursache ausgeschlossen werden
Nicht-organische Störung des Schlaf-Wach-Rhythmus (F51.2) • Individueller Schlaf-Wach-Rhythmus ist nicht synchron mit dem erwünschten Schlaf-Wach-Rhythmus • Die betroffene Person erlebt infolge der Störung Schlaflosigkeit während der Hauptschlafperiode und Hypersomnie während der Wachperiode • Die Störung tritt fast täglich mindestens einen Monat lang oder wiederkehrend während kürzerer Zeiträume auf • Durch die Störung von Dauer, Qualität und Zeitpunkt des Schlafs entstehen deutliche Erschöpfung und Behinderung der sozialen und beruflichen Funktionen	• Konstantes oder wiederkehrendes Muster von Schlafunterbrechungen, welches zu übermäßiger Schläfrigkeit oder Insomnie führt • Die Schlafstörung führt zum deutlichen Leidensdruck und beeinträchtigt die soziale, berufliche und andere wichtige Leistungsbereiche • Eine andere Schlafstörung oder eine psychische Störung sind ausgeschlossen • Das Störungsbild beruht nicht auf der direkten Wirkung einer Substanz (z. B. Droge, Medikament) oder eines medizinischen Krankheitsfaktors

- Spezielle Untersuchungen wie die **Polysomnographie** bleiben Schlafambulanzen bzw. Schlaflabors mit einem professionellen Team vorbehalten. Die Polysomnographie dient der Ermittlung des Schlafprofils und gibt Auskunft über die Form und Schwere der Störung sowie Hilfe bei der Therapieplanung. Einige organisch bedingte Schlafstörungen (z. B. Schlafapnoesyndrom und periodische Beinbewegungen) werden nur dadurch erkannt.

- Screening mittels **Mesam-System:** ambulantes Recordersystem (Atmung, 02).

Tabelle 17.9 Hauptindikationen zur Polysomnographie
• Schwere Insomnie mit signifikanter Beeinträchtigung der Tagesbefindlichkeit • Chronische und therapieresistente Insomnie • Verdacht auf organisch bedingte Insomnie • Insomnie infolge der Spezialstörungen wie Schlafwandeln oder epileptische Anfälle • Diskrepanz in der Beurteilung des Schlafes von Patienten und seinem Bettpartner • Verdacht auf Fehlwahrnehmung des Schlafzustandes durch den Patienten

Tabelle 17.10 Diagnose der psychophysiologischen Insomnie
Klinische Symptomatik: • Auslösung durch psychosozialen Streß, • Vorherrschend Angst, nicht schlafen zu können, • Subjektiver Zwang, schlafen zu müssen, • In ungewohnter Umgebung besserer Schlaf, • Einschlafen leichter, wenn unbeabsichtigt. **Polysomnographische Befunde:** • Einschlaflatenz > 30 Min • Schlafeffizienz < 85 %

17.5 Differentialdiagnostik

- Vorrangig ist der Ausschluß organischer bzw. symptomatischer Ursachen der Insomnie.
- Primäre (psychophysiologische) Insomnie bei ca. $^1/_3$ der Schlafgestörten.

Merke:

- Depressionen sind fast immer mit Schlafstörungen verbunden.
- Stets muß auch an eine mögliche pharmakogene Verursachung einer Schlafstörung gedacht werden.

Tabelle 17.11 Differentialdiagnose der Insomnien
1. Insomnien bei **psychiatrischen Erkrankungen:** affektive Erkrankungen, Angst- und Panikstörungen, Neurosen, Schizophrenien
2. Insomnien bei **Verhaltensstörungen:** psychoreaktive und psychophysiologische Insomnie, falsche Schlafhygiene
3. **Umweltbedingte** Insomnien
4. **Toxisch bedingte** Insomnien: z. B. Alkohol, Stimulantien, Schlafmittel
5. Insomnien bei **organischen Erkrankungen**: respiratorische Erkrankungen wie obstruktive Lungenkrankheiten, obstruktive und zentrale Schlaf-Apnoe-Syndrome, schlafgebundenes Asthma, Höheninsomnie etc. und neurologische Störungen wie Demenz, Epilepsie, M. Parkinson, MS etc.
6. Insomnien bei **motorischen Dysfunktionen**: Einschlafmyoklonien, Restless-legs-Syndrom, nächtliche Wadenkrämpfe, periodische Beinbewegungen, REM-Schlaf-Verhaltensstörungen
7. Insomnien, **assoziiert mit Parasomnien**: Pavor nocturnus, Alpträume, Schlafwandeln
8. Insomnien bei **Störungen des zirkadianen Schlaf-Wach-Rhythmus**: Insomnie bei Schichtarbeit, Jet lag-Syndrom, irregulärer Schlaf-Wach-Rhythmus, verzögertes oder vorverlagertes Schlafphasensyndrom, nicht 24-Stunden-Rhythmus
9. Insomnien **ohne objektiven Befund**: Schlafwahrnehmungsstörungen, Erstickungsanfälle im Schlaf
10. **Medikamentös bedingte** Insomnien: z. B. Gyrase-Hemmer, Beta-Blocker, Appetitzügler, Antidepressiva etc.
11. **Idiopathische** Insomnie
12. **Pseudoinsomnien** („sleep state misperception“)

Differentialdiagnose der Hypersomnie

- **Narkolepsie**: genuin, in der Kindheit beginnend, charakterisiert durch Schlafanfälle am Tage mit Kataplexie (affektiver Tonusverlust der Muskulatur) und Hypnagogen (Einschlaf-Halluzinationen).

17.6 Verlauf

- Bei nichtreduzierten bzw. nichtbeseitigten schlafstörenden Faktoren besteht die **Gefahr der Chronifizierung.**

Chronische Insomnie

- Multikausal bedingt,
- Bei ca. 75 % der Deutschen mit Ein- und Durchschlafstörungen,

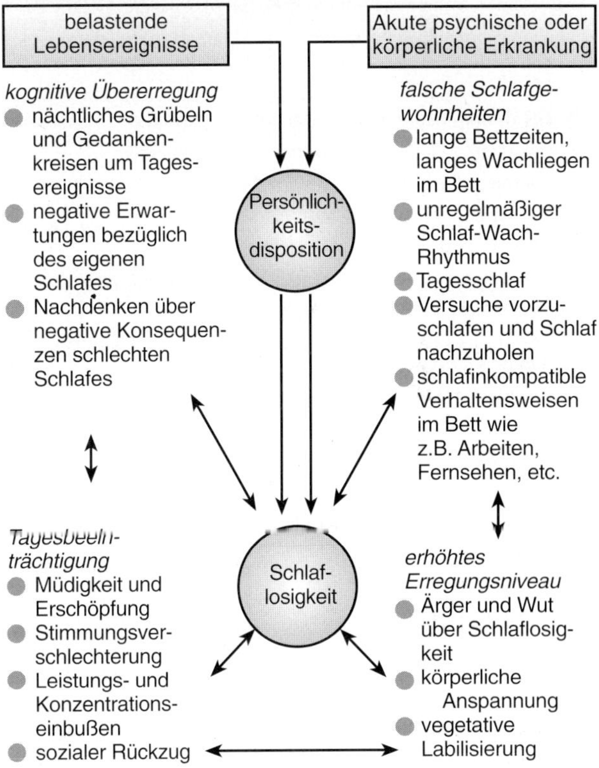

Abb. 17.6 Kreislauf der chronischen Schlaflosigkeit (modif. nach *Hajak* und *Rüther* 1995)

- Typisch ist die Verselbständigung auch nach der Beseitigung der Ursache durch **„Hyperarousal“:** psychophysiologische Übererregung mit schlafbehindernden Gedanken und Entwicklung eines Circulus vitiosus chronischer Schlaflosigkeit (s. Abb. 17.6).

Merke:

- Vermeidung der Chronifizierung durch frühzeitiges Erkennen der Störung und adäquate Therapie.
- Bei einer Dauereinnahme von Hypnotika ist die Gefahr der Chronifizierung besonders groß.

Tabelle 17.12 Insomnie verursachende Arzneimittel
• Antibiotika, z. B. Gyrase-Hemmer, Tuberkulostatika
• Antiasthmatika, z. B. Theophyllin, Clenbuterol
• Antiepileptika, z. B. Phenytoin
• Antihypertonika, z. B. Clonidin, Beta-Blocker
• Durchblutungsfördernde Substanzen, z. B. Dihydroergotoxin
• Migränemittel, z. B. Methysergid
• Hormonpräparate, z. B. Ovulationshemmer, Thyreostatika, Glukokortikoide
• Nootropika, z. B. Piracetam
• Parkinsonmittel, z. B. L-Dopa
• Stimulantien, z. B. Koffein, Theophyllin, Appetitzügler
• Psychopharmaka, z. B. Antidepressiva, Neuroleptika
• Sedativa und Hypnotika: paradoxe Reaktionen und Rebound-Insomnie

17.7 Therapie

- Multimodal, psychologsich/psychotherapeutisch und pharmakologisch.
- Bei **älteren Menschen** mit unrealistischen Erwartungen, meist infolge des nicht ausgefüllten Tagesablaufes, für ausreichende körperliche Aktivität und eine Begrenzung des Schlafes am Tage sorgen.

- Die primäre **Behandlung der organischen Grunderkrankungen** als Ursache der Schlafstörung führt meist zu deren Beseitigung.

Grundregeln der psychologischen Behandlung

1. Information, Aufklärung und Beratung über die physiologische Schlafdauer (Tab. 17.13).
2. Beseitigung der schlafstörenden Faktoren (z. B. Lärm, Temperatur in den Schlafräumen) durch Schlafhilfen.
3. Nur zum nächtlichen Schlafen ins Bett legen, um die Konditionierung „Bett = Schlaf" nicht zu löschen.
4. Umorientierung der Patienten, die zunächst ein organisches Krankheitsmodell haben, mit der Überzeugung, die Schlafstörung die Ursache, nicht die Folge ist.

Psychotherapeutische Maßnahmen

- Entspannungstechniken (Muskelrelaxation nach Jacobson, autogenes Training, Yoga).

Tabelle 17.13 Informationen über den Schlaf
• Individuelle Unterschiede müssen berücksichtigt werden: nicht jeder Mensch benötigt 7 bis 8 Stunden Schlaf, auch ein kürzerer Schlaf kann erholsam sein.
• Schlaf muß nicht immer gut sein, schlechte Nächte sind normal.
• Mit zunehmendem Alter können sich Schlafdauer und -qualität ändern.
• Durch den schlechten Schlaf sind keine lebensbedrohlichen Folgen, z. B. eine Beeinträchtigung der Herz- oder Gehirnfunktion, zu befürchten.
• Durch lange Bettliegezeiten wird der Schlaf meist verschlechtert.
• Grübeln über die Schlaflosigkeit und Befürchtungen negativer Konsequenzen verzögern den Schlafeintritt.
• Oft ergibt sich eine erhebliche Diskrepanz zwischen der Eigeneinschätzung der Schlafdauer und der Häufigkeit des nächtlichen Erwachens.

Tabelle 17.14 Die wichtigsten Regeln der Schlafhygiene
• Regelmäßiger Schlaf-Wach-Rhythmus
• Real zu erwartende Schlafdauer von ca. 7 bis 8 Stunden berücksichtigen
• Langes Wachliegen im Bett vermeiden
• „Nickerchen" tagsüber vermeiden
• Abends leicht verdauliche Kost, keine koffeinhaltigen Getränke, wenig Alkohol und Nikotin, keine anstrengenden körperlichen Aktivitäten
• Schlafräume angenehm, störfrei gestalten (Licht- und Lärmschutz)
• Abendstunden streßfrei verbringen, keine Problemlösungen anstreben

Merke:

Entspannungstechniken müssen nicht nur erlernt, sondern auch praktiziert werden.

- Vermittlung der Regeln der Schlafhygiene (s. Tab. 17.14).
- **Schlaf- und Traumtagebücher:** Selbsteinschätzung, -beobachtung (Patient wird zum Co-Therapeuten).
- **Gestufte Aktivhypnose:** Grundstufe des autogenen Trainings und formelhafte Vorsatzbildung (z. B. Schlaf kommt, Schlaf geht).
- **Verhaltenstherapeutische Techniken**
  - Paradoxe Intention: entspannt im Bett liegen, Augen offen halten und wach bleiben wollen – dies führt zu schnellerem Einschlafen.
  - **Schlafrestriktion:** Begrenzung und nachfolgende schrittweise Verlängerung der Bett-Liegezeit.
  - **Stimuluskontrolle:** Korrektur negativer Konditionierungen, die mit dem Einschlafen verbunden sind, mittels systematischer Desensibilisierung.
  - **Einstellungsänderung:** Durch Bearbeiten von zugrunde liegenden Konflikten Verschieben des Schlafs aus dem Lebensmittelpunkt; Entwickeln von Strategien zur besseren Konfliktlösung.

Tabelle 17.15 Gruppentherapie bei Schlafstörungen	
1. Sitzung:	Reizkontrolle – Schilderung der Schlafstörung, Beschreibung der Schlafumgebung, Identifizierung der schlafbeeinflussenden Faktoren, Schlafhygiene. Kernpunkt der Reizkontrolle: nur bei Müdigkeit ins Bett gehen, Bett nur für das Schlafen benutzen, aufstehen, wenn nach 15 Minuten kein Schlaf auftritt.
2. Sitzung:	Informationen über den Schlaf – Beprechen der Hausaufgaben, Informationen über Schlafphasen, Forschungsergebnisse.
3. Sitzung:	Erlernen der Muskelentspannung – Jacobson-Technik: entspannter Umgang mit den Problemen ist möglich, Visualisierungsübungen nach der Entspannung, Einbeziehen verschiedener Sinnesmodalitäten, Hausaufgabe.
4. Sitzung:	Ruhebild – Besprechen der Hausaufgaben, Übung der Entspannung, Individuelle Vorstellungen, die mit Begriff „Ruhe" verbunden werden mit Zusammenfügung der Einzelvorstellungen um Gruppen-Ruhebild.
5. Sitzung:	Chronische Einflußfaktoren – Erarbeitung der in der Gruppe überdauernden Faktoren (Krankheiten, Medikamente, unruhige Beine), Analyse des Verhaltens am Abend bis zum Einschlaf-Zeremoniell.
6. Sitzung:	Kognitionen – Selbstausarbeitung der schlafschädigenden Gedanken, 5-Stufen-Modell: • Beobachten: „was tue ich", wenn die Gedanken kommen. • Bewerten: sinnvolle/sinnlose Gedanken. • Distanzieren: Anwendung der Selbstverbalisierungen „Stop", „ich will nicht", „Quatsch" bei sinnlosem Grübeln. • Verändern: alternative Vorstellungen. • Selbstverstärkung: „nicht aufgeben", Kontrolle gelingt erst über wiederholte Übungen.
7. Sitzung:	Besprechen der Erfahrungen, Lösungsstrategien

- **Kognitive Fokussierung:** Ablenkung, Konzentration auf beruhigende und angenehme Gedanken.
- **Gedanken-Stopp-Training:** Technik zur Behandlung der nächtlichen Grübeleien.

Tabelle 17.15 zeigt ein Beispiel für Gruppentherapie bei Schlafstörungen der Bonner Schlafambulanz.

Medikamentöse Therapie

- Am häufigsten werden Benzodiazepin-Hypnotika, Zopiclon oder Zolpidem verordnet.
- Die Einnahme von Hypnotika sollte wegen der Gefahr der Gewöhnung bzw. Abhängigkeit zeitlich befristet (2 bis 4 Wochen) und nur bei Bedarf erfolgen!
- Beachtung der möglichen Kumulation („hang-over", Tagesrestwirkung) und der Entzugserscheinungen bei abruptem Absetzen.

Tabelle 17.16 Empfehlungen der Deutschen Gesellschaft für Schlafforschung und Schlafmedizin (DGSS) für die Behandlung der Insomnie mit Benzodiazepin-Hypnotika oder Zopiclon und Zolpidem (nach *Clarenbach* et al. 1995)
1. Empfohlene Behandlungsdauer von 14 Tagen.
2. Eine zweite 14-Tage-Therapie-Periode ist zulässig, wenn die Insomnie nach korrektem Absetzen unverändert wiedereintritt.
3. Nicht-medikamentöse Maßnahmen oder Medikamente anderer Substanzklassen beim Fortbestehen der Insomnie nach der zweiten Behandlungsphase mit Benzodiazepinen oder Zopiclon und Zolpidem.
4. Bei Kontraindikationen oder Ineffektivität dieser Maßnahmen ist eine weitere tägliche Medikation mit Benzodiazepinen, Zopiclon oder Zolpidem im 2-Wochen-Rhythmus für längstens 6 Monate erlaubt. Die Indikation muß erneut geprüft werden!
5. Bei trotz der o. g. Maßnahmen therapierefraktärer Insomnie sollte nach einer 4 Wochen dauernden, täglichen Behandlung die Überweisung an einen auf Schlafstörungen spezialisierten Arzt und nach 3 Monaten an ein Schlaflabor erfolgen.

Besonderheiten bei speziellen Schlafstörungen

- **Restless-legs-Syndrom:** L-Dopa.
- **Narkolepsie:**
  - Positive Beeinflussung der Narkolepsie durch eine bewußte Lebensführung unter Berücksichtigung bestimmter Verhaltensregeln (Umgang mit der Zeit: Schlafpausen. Ernährung: Verzicht auf schwere Mahlzeiten, Umgang mit den Emotionen und der Erkrankung.
  - Wichtig: Selbsthilfegruppen.
  - **Medikamentöse Maßnahmen:** trizyklische Antidepressiva (v. a. Clomipramin und Imipramin), kleine morgendliche Amphetamingaben (cave: Gewöhnungsgefahr!).
- **Schlafapnoesyndrom:** schlafbedingtes zeitweiliges Aufhören der Atmung.
  - Hier sind Benzodiazepin-Hypnotika **kontraindiziert.**
  - n CPAP-Therapie (nasale kontinuierliche Überdruckbeatmung).

Therapie

Grundlagen der psychiatrischen Therapie

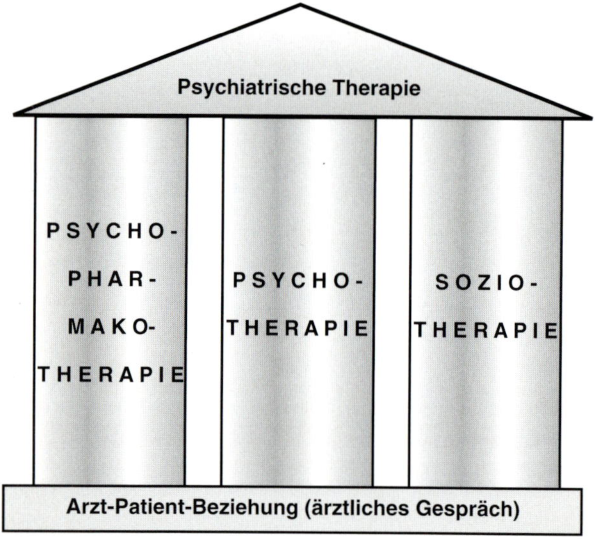

Abb. 1 Drei Säulen der psychiatrischen Therapie

Besonderheiten der psychiatrischen Therapie

- **Indikation** für eine psychiatrische Behandlung sollte anhand von Diagnosekriterien sorgfältig gestellt werden. Bei leichten Störungen ist der Krankheitsbegriff in der Psychiatrie nicht immer scharf von der Spielbreite des Normalen abzugrenzen (z. B. „Befindlichkeitsstörung“, akzentuierte Persönlichkeit).
- Angesichts eines relativ häufigen **chronischen Verlaufs** sind bei der Versorgung psychisch Kranker neben anderen Maßnahmen besondere Rehabilitationseinrichtungen von Bedeutung. Für einzel-

ne Krankengruppen existieren Spezialeinrichtungen (Sucht, Behinderte, psychisch kranke Rechtsbrecher [„Maßregelvollzug", Forensik]).

- **Prophylaxe** und **Nachsorge** sind bei Rezidivneigung psychiatrischer Erkrankungen besonders wichtig.
- Bei **fehlender Krankheitseinsicht** ist u. U. Unterbringung und Behandlung gegen den Willen des Patienten nötig. Ebenso die Einrichtung einer „Betreuung" z. B. bei Demenz-Kranken.
- Behandlung durch ein **multiprofessionelles therapeutisches Team;** Bedeutung individuumzentrierter, „psychosomatischer" Gesamtbehandlungskonzepte.

18 Psychopharmakotherapie

18.1 Allgemeines

- **Definition:** Psychopharmakon ist jede Substanz, die in die Regulation zentralnervöser Funktionen eingreift und seelische Abläufe modifziert („psychotroper Effekt“).
- Eine Psychopharmakotherapie ermöglicht die berufliche und soziale Rehabilitation und die Integration psychisch Kranker.
- Die Behandlung ist oft ambulant möglich.
- Sie ist Teil eines Gesamtbehandlungsplans mit Berücksichtigung der biologischen und (sozio-)psychodynamischen Entstehungsbedingungen.
- Eine individuelle, patientenzentrierte Einstellung ist obligat. Die Möglichkeit einer Plazebo-Wirkung muß berücksichtigt werden.

Merke:
Psychopharmaka gehören zu den meistverordneten Medikamenten. Hauptverordner sind Allgemeinärzte und Internisten.

- Psychopharmaka haben einen hohen Stellenwert bei der Behandlung von Psychosen, depressiven Störungen, Panikerkrankungen, akuten Krisen mit Suizidalität. Wichtiger Beitrag zur Humanisierung der Psychiatrie.

Übliche Einteilung

- Tranquilizer,
- Hypnotika,
- Antidepressiva,
- Neuroleptika (Antipsychotika),
- Antidementiva (Nootropika),
- Sonstige Psychopharmaka.

Probleme

- Unkritisches Verordnen vor allem von Tranquilizern und Hypnotika; „Scheinlösung der Probleme", Gefahr von Mißbrauch bzw. Abhängigkeit.
- Zentrales Problem ist die Indikationsstellung, die einer exakten psychiatrischen Diagnostik bedarf.
- Durch Psychopharmaka ist eine Beeinträchtigung des Reaktionsvermögens möglich.
- Stets muß auch die Wechselwirkung mit Alkohol berücksichtigt werden.

Merke:
- Die Dosierung erfolgt individuell, in der akuten Situation ist sie meist höher, nach der Besserung des klinischen Bildes wird sie reduziert (Erhaltungsdosis).
- Aufgrund der langen Halbwertszeit vieler Psychopharmaka ist eine tägliche Einmaldosierung möglich (Retard-Präparate).
- Besonders wichtig ist Einnahmezuverlässigkeit (Compliance) bei der durchschittlich langen Einnahmedauer der Neuroleptika, Antidepressiva oder Lithium.

Kontrolluntersuchungen

- Keine Einnahme von Psychopharmaka ohne regelmäßige ärztliche Kontrolle.

Merkblatt zur Medikamentenaufklärung bei Alkohol- und Medikamentenabhängigkeit.

Sehr geehrte Patientin,
sehr geehrter Patient,

Sie befinden sich in unserem Krankenhaus zur Alkohol- und/oder Medikamentenentzugsbehandlung. Neben allgemeinen medizinischen Maßnahmen wie Korrektur des Flüssigkeits- und Mineralhaushalts (Gabe von Elektrolyten wie Kalium und Magnesium) und Vitamin-Gaben (vor allem Vitamin B1, unter Umständen auch Vitamin B12 und Folsäure) benötigen Sie evtl. Medikamente, die

Sie vor Entzugskomplikationen wie epileptischen Anfällen, Delirium tremens oder anderen Alkoholpsychosen schützen sollen. Dieses Merkblatt soll Sie über die wichtigsten Wirkungen und Risiken informieren in Ergänzung zu dem individuellen Aufklärungsgespräch mit Ihrer Ärztin oder Ihrem Arzt.

- **Clomethiazol (Handelsname Distraneurin)**

Sie erhalten dieses Medikament in Kapselform oder als Mixtur.

Wesentliche Vorteile:
Gute Wirksamkeit gegenüber Alkoholentzugserscheinungen (Unruhe, Zittern, Schwitzen, Pulsbeschleunigung) und bei der Verhinderung von Delir oder epileptischen Anfällen.

Unerwünschte Wirkungen:
Vereinzelt können Magenbeschwerden auftreten. Weiter kann es zu Überempfindlichkeitsreaktionen (allergischen Reaktionen) kommen, informieren Sie uns deshalb, falls Juckreiz oder ein Hautausschlag auftreten sollen. In höheren Dosierungen kann es zur Beeinträchtigung der Atmung kommen, informieren Sie uns deshalb, falls Husten- und Nießreiz, stärkere Verschleimung der Atemwege oder andere Atembeschwerden auftreten sollen. Durch Müdigkeit, Konzentrations- und Aufmerksamkeitsstörungen kommt es zur Beeinträchtigung des Reaktionsvermögens.

Achtung: Clomethiazol (Distraneurin) kann selbst abhängig machen. Halten Sie sich deshalb strikt an unsere Dosisverordnung, nehmen Sie dieses Medikament niemals außerhalb kontrollierter Bedingungen wie hier im Krankenhaus ein. Bei gleichzeitigem Konsum von Alkohol kann es zu lebensbedrohlichen Komplikationen kommen!

- **Benzodiazepine wie Diazepam, Lorazepam und andere (verschiedene Handelsnamen wie Valium, Tavor und andere)**

Diese Medikamente erhalten Sie bevorzugt in flüssiger Form (ohne Alkoholzusatz) oder in Tablettenform.

Wesentliche Vorteile:
Abmilderung von Entzugsbeschwerden, guter Schutz gegenüber Entzugskomplikationen wie Delir oder epileptischen Anfällen. Kurzfristig kommt auch der Einsatz zur Beruhigung bei Angstanfällen (Panikattacken) oder bei Selbstmordgefährdung in Frage.

Unerwünschte Wirkungen:
Im allgemeinen sind Benzodiazepine gut verträglich, allergische Reaktionen sind sehr selten. Müdigkeit, Konzentrations- und Aufmerksamkeitsstörungen vermindern das Reaktionsvermögen. In höheren Dosierungen kann Muskelschwäche mit Störungen der Sprachartikulation und der Bewegungskoordination auftreten. Bei intravenöser Infusion hoher Dosen kann es zu Blutdruckabfall, Atembeeinträchtigung und Herzstillstand kommen.

Achtung: Auch Benzodiazepine besitzen ein hohes Suchtpotential und führen schnell zur Abhängigkeit. Halten Sie sich deshalb strikt an die ärztlich verordnete Dosis!

- **Carbamazepin (verschiedene Handelsnamen wie Tegretal, Timonil und andere)**

Dieses Medikament wird in Form von Tabletten oder Saft eingenommen.

Wesentliche Vorteile:
Carbamazepin ist zur Anfallsvorbeugung beim Alkoholentzug unter stationären Bedingungen vom Bundesgesundheitsamt zugelassen, seit Jahrzehnten auch für die Behandlung und Vorbeugung von Epilepsien und anfallsartigen Gesichtsschmerzen. Seit mehr als 10 Jahren wird es auch weltweit erfolgreich eingesetzt zur Vorbeugung manischer und drepressiver Krankheitsphasen und zur Behandlung von Manien, dies sind Störungen mit krankhaft gehobener oder gereizter Stimmung. In Deutschland sind die Zulassungsverfahren hierzu erst zum Teil abgeschlossen.
Carbamazepin macht (vor allem im Vergleich zu Clomethiazol und Benzodiazepinen) nicht abhängig.

Unerwünschte Wirkungen:
Mit Beginn der Behandlung können Magen-Darm-Störungen mit Durchfall und Übelkeit, Schläfrigkeit, Schwindel, Sehstörungen (Doppeltsehen, Verschwommensehen), Gangunsicherheit und – selten – Verwirrtheit auftreten. Diese Begleiterscheinungen sind unangenehm, jedoch in der Regel nicht gefährlich und klingen im Verlauf der Behandlung, spätestens nach Behandlungsende, wieder ab.
Weiter kann es zu Überempfindlichkeitsreaktionen mit Juckreiz und allergischem Hautausschlag, evtl. auch zu Fieber, kommen. In selteneren Fällen können sich Schädigungen der Blutzellbildung, Störungen der Leber- oder Nierenfunktion, der Blutgerinnung oder Haarausfall einstellen. Sehr selten sind Störungen im Mineralstoffwechsel.

Um unerwünschte Wirkungen möglichst gering zu halten und um den Behandlungserfolg nicht zu gefährden sollten Sie sich strikt an die ärztlich verordnete Dosis halten. Zu Ihrer Sicherheit wird die Konzentration von Carbamazepin im Blut (Carbamazepin-Spiegel) kontrolliert, bei Dauerbehandlung mindestens in vierteljährlichen Abständen. Auch regelmäßige Kontrollen von Blutbild (mit Thrombozyten), der Leberfunktion und der Elektrolyte im Blut sind bei Dauerbehandlung erforderlich.

Alle in diesem Merkblatt genannten Medikamente können das Reaktionsvermögen beeinträchtigen, insbesondere die Fahrtauglichkeit einschränken als auch die Fähigkeit zum Umgang mit unfallträchtigen Maschinen und können die Unfallgefahr bei Arbeiten auf Leitern und Gerüsten erhöhen.

Während der Schwangerschaft sollten sie nur in begründeten Fällen nach strenger Nutzen-Risiko-Abwägung eingenommen werden.

Die Ärztin/der Arzt . . . . hat mich über Behandlungsziel, Wirkungen und Risiken der mir verordneten Medikamente mündlich und mit Hilfe dieses Merkblattes aufgeklärt. Ich habe den Inhalt dieses Merkblattes verstanden.

den Unterschrift

Ärztlicher Vermerk zum Aufklärungsgespräch:

....

....

....

Mißbrauch und Abhängigkeit von Psychopharmaka

- Neben Alkohol und Nikotin ist die Abhängigkeit von Psychopharmaka ein großes volkswirtschaftliches und sozialhygienisches Problem.
- Mißbrauchspotential bei Tranquilizern, Hypnotika, Psychostimulanzien und Clomethiazol.
- Bei Benzodiazepin-Tranquilizern und -Hypnotika nimmt das Abhängigkeitsrisiko mit der Einnahmedauer und Höhe der Dosis zu.
- Niedrigdosis-Abhängigkeit nach längerfristiger Einnahme therapeutischer Dosen.

Tabelle 18.1 Erforderliche Kontrolluntersuchungen unter Psychopharmakotherapie (aus *Laux* et al. 1997)

Neuro-leptika	(BB)	BB L RR	(BB)	BB N, L RR EKG EEG	(BB)	(BB) RR	(BB)	BB L RR	(BB)	(BB) RR	(BB)	BB N, L RR EKG EEG	(BB) RR	BB RR	BB	BB N, L RR EKG EEG
Anti-depressiva	(BB)	BB L RR	(BB)	BB N, L RR EKG EEG	(BB)	(BB)	(BB)	BB L RR	(BB)	(BB) RR	(BB)	BB N, L RR EKG EEG	(BB) RR	BB	BB	BB N, L RR EKG EEG
Lithium		L RR		BB,N L, S RR EKG EEG				N S RR				N, BB N, L RR EKG EEG				N, BB N, L RR EKG EEG
Carbam-azepin	BB	BB EKG RR		BB N, L EKG EEG RR		BB		BB N, L EKG EEG RR		BB BB		BB BB EKG EEG RR		BB BB	BB BB	BB BB EKG EEG RR
Wochen	1	2	3	4	5	6	7	8	9	10	11	12	13	14	15	16

BB= Blutbild; (BB) = unter trizykl. Neuroleptika, Clozapin und Mianserin; N = Nierenwerte (Harnstoff, Kreatinin); L = Leberwerte (Transaminasen); S = Schilddrüsenwerte; RR = Blutdruck/Puls; EKG = Elektrokardiogramm; EEG = Elektroenzephalogramm

- Bei Suchtgefährdeten sind Benzodiazepin-Tranquilizer und -Hypnotika obsolet.
- Kein Abhängigkeitspotential haben Neuroleptika, Antidepressiva, Lithium und Carbamazepin.

Psychopharmakotherapie im höheren Alter

- **Besonderheiten der „Geronto-Psychopharmakotherapie":**
  - Veränderte Wirkungsweise von Psychopharmaka in Abhängigkeit von psychosozialen und körperlichen Faktoren.
  - Bedingt durch Veränderungen der Pharmakokinetik und -dynamik (reduzierter Stoffwechsel) grundsätzlich niedrigere Dosierung von Psychopharmaka.
  - Bedingt durch verschiedene hepatische Metabolisierung hat das Alter unterschiedlichen Einfluß auf die Eliminationshalbwertszeit.
  - Oft verzögerter Wirkungseintritt und erhöhte Nebenwirkungsempfindlichkeit.
  - Folgende Benzodiazepine zeigen keine Altersbeeinflussung bezüglich der Eliminationshalbwertszeit: Flunitrazepam, Lorazepam, Lormetazepam, Oxazepam, Temazepam (Triazolam) (→ Elimination durch Glucuronierung).
- **Hauptindikationen** sind:
  - Schlafstörungen,
  - organische Psychosyndrome (Demenzen),
  - Altersdepression,
  - paranoide Psychosen,
  - Erregungs- und Verwirrtheitszustände.
- Besonders wichtig sind die Behandlung körperlicher Grunderkrankungen, die Gestaltung des Tagesablaufes und psychosoziale Maßnahmen.

Kombinierte Psychopharmakotherapie

- Kombination verschiedener Psychopharmaka oder
- Kombination von Psychopharmaka mit anderen Therapieverfahren.

Merke:

Bei einer kombinierten Psychopharmakotherapie muß die Arzneimittel-Wechselwirkung (Interaktion) besonders beachtet werden!

- Im **Akutstadium** ist die Kombination der Psychopharmaka aus verschiedenen oder gleichen Substanzgruppen oft unumgänglich:
  - Bei einer Wirklatenz der Antidepressiva bei akuter Suizidalität, Unruhe, Schlafstörungen oder Angst: initiale Kombination mit einem Benzodiazepin-Tranquilizer oder einem niederpotenten Neuroleptikum.
  - Initialphase von Psychosen: Kombination eines hochpotenten mit einem niederpotenten Neuroleptikum.
  - Schizoaffektive Psychosen „Zweizügeltherapie“: Kombination von Neuroleptika und Antidepressiva.

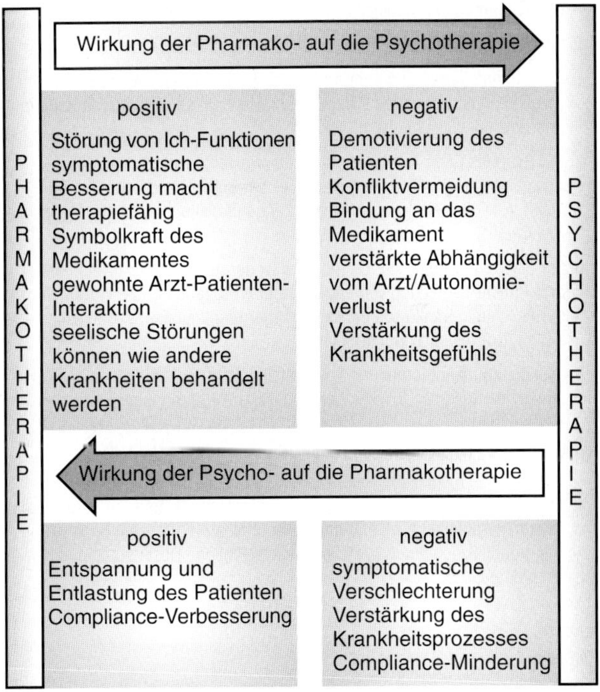

Abb. 18.1 Mögliche Interferenzen zwischen Pharmako- und Psychotherapie (aus *Laux* et al. 1997)

Tabelle 18.2 Empfehlungen für den richtigen Umgang mit Psychopharmaka

1. Verordnung von Psychopharmaka soll nur bei klarer Indikation (Erkrankung) erfolgen. Die Voraussetzung ist sorgfältige Untersuchung und Diagnosestellung.
2. Sucht- und Medikamentenanamnese (Vorbehandlungen?) erheben.
3. Die Wahl des Psychopharmakons hängt vom Wirkprofil ab unter Berücksichtigung der Nebenwirkungen und möglichen Interaktionen mit anderen Medikamenten.
4. In der Regel erfolgt die Dosierung einschleichend und individuell. Dosisanpassung im Alter ist zu beachten. Keine Verschreibung größerer Mengen während der Akutepisode.
5. Längerfristige Kombination mehrerer Psychopharmaka vermeiden.
6. Genaue Aufklärung und Information des Patienten über Wirkung und mögliche unerwünschten Wirkungen sowie Wechselwirkung mit anderen Pharmaka, insbesondere mit Alkohol.
7. Bei Hypnotika und Tranquilizern die niedrigste, jedoch therapeutisch wirksame Dosis wählen. Auf die Dauer der Behandlung achten: möglichst frühe Dosisreduktion mit Übergang auf diskontinuierliche Dosis (bei Bedarf).
8. Für die Verbesserung der Compliance ist der Aufbau einer tragfähigen Arzt-Patient-Beziehung von entscheidender Bedeutung. Die Verordnung der Psychopharmaka soll persönlich unter regelmäßigen Verlaufskontrollen (Dosisanpassung) erfolgen.
9. Psychopharmakotherapie ist Bestandteil eines Gesamtbehandlungsplans (ärztliches Gespräch, psychotherapeutische Verfahren, physikalische Maßnahmen).
10. Bei Langzeitmedikation sollte eine enge Zusammenarbeit mit Facharzt erfolgen. Die möglichen Nebenwirkungen bei der Langzeitmedikation (Spätdyskinesien) müssen gesondert besprochen werden. Zu empfehlen ist ein Therapiepaß für Lithium und Depot-Neuroleptika. Die Behandlung soll grundsätzlich durch langsam ausschleichende Dosisreduktion beendet werden.

Merke:

Die Psychopharmakotherapie ist oft die Voraussetzung und das Fundament für eine Psycho- und Soziotherapie.

Dokumentation der Psychopharmakotherapie

Vor Beginn einer jeden Behandlung mit Psychopharmaka sollte der Patient über Notwendigkeit, Indikation und Vorgehensweise sowie Wirkungen und Nebenwirkungen der Behandlung informiert werden. Außerdem sollte der Patient über unterschiedliche Behandlungsweisen bzw. Substanzen informiert werden. Das Ausmaß der Aufklärung hängt u. a. ab von der Einsichtsfähigkeit des Patienten, der Intensität und der „Gebräuchlichkeit" der Therapie. Das Aufklärungsgespräch mit dem Patienten und dessen Einverständnis zur Behandlung sollte durch einen Vermerk in der Krankenakte dokumentiert werden. Ein schriftliches Einverständnis zur Psychopharmakotherapie ist nur dann notwendig, wenn die vorgeschlagene Therapie deutlich von der allgemein üblichen abweicht oder umstritten ist, z. B. der Einsatz von Neuroleptika bei Angststörungen.

In der Dokumentation der Psychopharmakotherapie sollten zur Qualitätssicherung die folgenden Variablen erfaßt werden:

1. Bisherige psychopharmakologische Therapie (oft nur unvollständig zu erheben): Indikation, stationär versus ambulant, Präparat(e), Dauer und Dosierung, Wirkung und Nebenwirkung.
2. Indikation der aktuellen psychopharmakologischen Therapie. Insbesondere bei ungewöhnlicher Dosierung oder bei einem für die erste Wahl ungewöhnlichen Präparat sollte das Konzept incl. Dauer der Therapie begründet werden.
3. Während der stationären Therapie tägliche Dokumentation der verabreichten Präparate incl. Dosierung und Verabreichungsform (außerdem eindeutige Kennzeichnung, ob Routine- oder Bedarfsmedikation). Deutliche Kennzeichnung der Injektion von Depotneuroleptika mit Präparat, Menge, Intervall und voraussichtlich nächster Injektion. Bei ambulanter Therapie erfolgt zu jedem Termin diese Dokumentation.
4. Während der stationären Therapie zumindest wöchentliche, bei wesentlichen Änderungen inangemessener Form Dokumentation des psychopathologischen Befundes. Bei ambulanter Therapie erfolgt zu jedem Termin diese Dokumentation.
5. Während der stationären Therapie zumindest wöchentliche, beim Auftreten klinisch relevanter Nebenwirkungen in angemessener Form entsprechend häufigere Dokumentation unerwünschter Wirkungen. Bei ambulanter Therapie erfolgt zu jedem Termin diese Dokumentation.
6. Bei jeglicher Änderung der Medikation (Dosierung oder Präparat, Zusatzmedikation) Angabe dieser Änderung und Begründung.

18.2 Tranquilizer

(Ataraktika, Anxiolytika, „minor tranquilizer“)

- Tranquillanzien (tranquillare = beruhigen) sind Substanzen, die zur Behandlung von Angst- und Spannungszuständen eingesetzt werden.
- Sie haben einen angstlösenden, beruhigenden und emotional entspannenden Effekt.
- Die gleichen Effekte zeigen auch niedrigdosierte Neuroleptika, sedierende Antidepressiva und Betarezeptoren-Blocker.

Merke:

Typisch für Tranquilizer: eine anxiolytische, aber keine antipsychotische Wirkung.

Einteilung

- Benzodiazepin-Tranquilizer.
- Niedrigdosierte Neuroleptika.
- Chemisch neuartige Tranquilizer (Non-Benzodiazepin-Tranquilizer).
- Pflanzliche Sedativa (Phytotherapeutika).
- Substanzen, die auch zur Anxiolyse eingesetzt werden (z. B. Beta-Blocker, Hydroxyzin).

- Benzodiazepine nehmen den 1. Rang unter den Tranquillanzien ein.
- Vorteile der niedrigdosierten Neuroleptika sind das fehlende Abhängigkeitspotential und die gute Steuerung durch Depot-Gabe, Nachteile sind unangenehme Nebenwirkungen (v. a. Spätdyskinesien).
- Beta-Blocker werden vor allem zur Therapie der körperlichen Angstsymptomatik und situativer Ängste („Streßangst“) eingesetzt.
- Phytotherapeutika sind für die Behandlung leichter Störungen geeignet.

Benzodiazepine

Klinisches Wirkprofil

- Angstlösende Wirkung,
- Sedation,
- Muskelrelaxation (besonders ausgeprägt bei Diazepam und Tetrazepam; Therapie der zentralen Spastik),

Tabelle 18.3 Derzeit in der Bundesrepublik Deutschland im Handel befindliche Benzodiazepine (Stand 1997)

Tranquilizer	Alprazolam (Tafil® u. a.) Bromazepam (Lexotanil®) Chlordiazepoxid (Librium®) Clobazam (Frisium®) Clotiazepam (Trecalmo®) Diazepam (Valium®) Dikaliumclorazepat (Tranxilium®) Lorazepam (Tavor®) Medazepam (Rudotel® u. a.) Metaclazepam (Talis®) Nordazepam (Tranxilium® N) Oxazepam (Adumbran®) Prazepam (Demetrin®)
Benzodiazepin-Antiepileptika	Clobazam (Frisium®) Clonazepam (Rivotril®) Diazepam (Valium® u. a.) Nitrazepam (Eatan® N)
Benzodiazepin-Muskelrelaxanzien	Diazepam (Valium® u. a.) Tetrazepam (Musaril®)
Benzodiazepin-Hypnotika	Brotizolam (Lendormin®) Flunitrazepam (Rohypnol®) Flurazepam (Dalmadorm®) Loprazolam (Sonin®) Lormetazepam (Noctamid®) Nitrazepam (Eatan® N) Temazepam (Planum®, Remestan®) Triazolam (Halcion®)
Benzodiazepin-Narkotikum	Midazolam (Dormicum®)

- Antiepileptische Wirkung besonders stark bei Diazepam und Clonazepam; (werden zur Behandlung der Epilepsien eingesetzt).

Pharmakologie und Biochemie

- Benzodiazepine verstärken die hemmende Wirkung der GABAerger Neurone, indem sie mit spezifischen Benzodiazepin-Rezeptoren in Verbindung treten.
- **Einteilung der Benzodiazepine nach pharmakokinetischen Eigenschaften (Halbwertszeit, HWZ):**
  - Ultrakurz wirkende, HWZ bis 5 Stunden,
  - kurz und mittellang wirkende, HWZ von 5 bis 24 Std.,
  - lang wirkende, HWZ über 24 Std.
- Die Verstoffwechslung erfolgt in der Leber durch oxidative Biotransformation und Konjugation mit der Glukuronsäure.
- Viele Benzodiazepine haben einen gemeinsamen aktiven Metaboliten, Nordiazepam, sind eigentlich Pro-Drugs (Präkursoren).
- Aktive Metabolite sind für die überlange Wirkungsdauer verantwortlich (Gefahr der Kumulation, hang-over).

Praktische Anwendung

- **Hauptindikationen** sind psychogene, psychoreaktive, psychosomatische und funktionelle Störungen sowie abnorme Konflikt- und Erlebnisreaktionen (eigentliches Indikationsgebiet für Psychotherapie).
- Einsatz auch in der Notfallmedizin (z. B. Myokardinfarkt) und in der Anästhesiologie (Prämedikation).
- **Wichtigste Zielsymptome** sind:
  - Angst- und Erregungszustände.
  - Zusatzmedikation bei depressiven Erkrankungen, Entzugssyndromen und als Antiepileptika.
- Die Gefahr der Therapie mit Benzodiazepinen ist die „medikamentöse Abschirmung der Seele“ (Scheinlösung der Probleme).
- Besonders wichtig ist ein **Gesamtbehandlungsplan,** in vielen Fällen sind Psychotherapie (Verhaltenstherapie) und/oder Entspannungsverfahren notwendig.
- Die Benzodiazepin-Verordnung sollte nur **kurzfristig** (nicht länger als 3 Monate) und unter Ausschluß von Patienten mit einer Suchtanamnese erfolgen.

Tabelle 18.4 Indikationen für Benzodiazepine (nach *Laux* 1995)

Etabliert	Gesichert	Möglich	Umstritten/fraglich
Angststörungen, General. Angsterkr.	Panikstörung	Phobische Störung	Depressive Störung (kurzfristig; leicht- bis mittelgradig)
Schlafstörungen Dys-/Insomnie	Angst bei Körperkrankheiten (somatopsych. Störung; z. B. nach Herzinfarkt)	Parasomnie Stupor Manie	Schizophrene Psychosen
Katatoner Stupor			
	Psychot. Agitiertheit	Somatoforme Störung	Torticollis spasmodicus
Anfallserkr. Epilept. Anfall Tetanus	Fieberkrämpfe	Epilepsie Eklampsie	Malignes neurolept. Syndrom
Stiff-man-syndrom	Restless-legs-Syndrom Chorea Myoklonus	Unwillkürl. Bewegungs- störungen Dystonie/Dyskinesie	Akute Muskelspasmen
Prämedikation (Op, Endoskopie, Kardioversion)	Alkoholentzugssyndrom Cocain-/LSD-Intoxikation	Spast. Störungen	
Notfallmedizin (Sedierung)		Adjuvans (Krebs-/Chemotherapie)	

Merke:

Die Arzneimittel-Richtlinien fordern bei Verordnungen von Tranquilizern und Hypnotika über mehr als 2 Monate eine dokumentierte Begründung!

- In Einzelfällen ist eine Benzodiazepin-Langzeitgabe notwendig, wenn eine Psychotherapie nicht möglich oder fehlgeschlagen ist und das Absetzen von Benzodiazepinen zu einer psycho-physischen Dekompensation führt.
- Besonders wichtig ist die Ursachenklärung (Ätiopathogenese der Störung).

Merke:

Angst ist ein häufiges Symptom bei depressiven Störungen: hier sind Antidepressiva die Medikamente der 1. Wahl.

- Verordnung in der niedrigstmöglichen, jedoch ausreichenden Dosierung (ein- bis dreimal täglich).
- Benzodiazepine sollten grundsätzlich **langsam ausschleichend abgesetzt** werden (Vermeidung von Rebound-Phänomenen: Wiederauftreten/Verstärkung der ursprüngliche Symptomatik).
- Bei **mißbrauchsgefährdeten Personen** sollten alternativ niedrigdosierte Neuroleptika oder sedierende Antidepressiva als Tranquillanzien eingesetzt werden.

Merke:

Problematisch ist weniger die zu häufige, sondern die zu lange Benzodiazepin-Einnahme.

Nebenwirkungen und Kontraindikationen

- **Zu Beginn der Therapie** können insbesondere Müdigkeit, Konzentrationsminderung, Muskelschwäche sowie eine Abnahme der geistigen Leistungsfähigkeit auftreten.

- **Zeichen der relativen Überdosierung:** Schwindel, Koordinationsstörung, Ataxie und Dysarthrie treten v. a. bei älteren Personen auf (Beachte: Sturzgefahr!).
- **Kontraindikationen** sind Myasthenia gravis, akute Alkohol-Medikamenten- und Psychopharmakaintoxikationen, Schlaf-Apnoe-Syndrom, 1. Trimenon der Schwangerschaft und Stillzeit.

Tabelle 18.5 Nebenwirkungen und Entzugserscheinungen/-syndrome unter Benzodiazepin-Tranquilizern

Nebenwirkungen	**Entzugserscheinungen, -syndrome**
– Sedierung, Konzentrationsstörung – Schwindel – Artikulationsstörung – Muskelschwäche – Gedächtnisstörungen – Appetit/-Sexualstörungen – „Maskierungseffekt“, Realitätsflucht – Paradoxe Wirkung (Aggressivität, Unruhe, Erregung) – Psychische Abhängigkeit **Bei Langzeiteinnahme:** – Persönlichkeitsänderung (Apathie, Gleichgültigkeit, Antriebsminderung) – Dysphorisch-depressive Verstimmung – *Selten:* Sucht	– Rebound (Schlafstörungen, Angst) **Leichte Syndrome:** – Vegetative Störungen (Schwitzen, Tremor, Tachykardie) **Spezifische Syndrome:** – Sensorische Perzeptionsstörungen (optische Verzerrungen, Lichtempfindlichkeit, Liftgefühl) – Depersonalisations-/Derealisationsphänomene (gestörter Umweltbezug, Fahrigkeit, Zerstreutheit, sexuelle Phantasien) **Schwere Syndrome** (nach hohen Dosen): – Delir – zerebrale Krampfanfälle – Psychosen

18.3 Hypnotika

- Hypnotikum ist jedes Arzneimittel, das Schlaf erzeugt. Es hängt von der Dosierung ab, wann ein Sedativum zum Hypnotikum und ein Hypnotikum zum Sedativum oder Narkotikum wird.

Tabelle 18.6 Hypnotika
„Klassische“, ältere Hypnotika – Aldehyde: Chloralhydrat (Chloraldurat®), Paraldehyd – Alkohole: Ethanol, Methylpentinol – Barbiturate: z. B. Cyclobarbital (Somnupan C®), Pentobarbital (Neodorm®) – Bromide: z. B. Calciumbromid, Kaliumbromid – Bromureide: Bromisoval (in Komb.) – Meprobamat (Urbilat®) – Methaqualon (Normi-Nox®) – Piperidindione: Gluthetimid, Methyprylon
Psychopharmaka – Benzodiazepine: z. B. Diazepam (Valium®), Flunitrazepam (Rohypnol®), Lormetazepam (Noctamid®), Midazolam (Dormicum®), Temazepam (Planum®), Triazolam (Halcion®) – Cyclopyrrolone: Zopiclon (Ximovan®) – Imidazopyridine: Zolpidem (Stilnox®) – Neuroleptika: z. B. Chlorprothixen (Taractan®, Truxal®), Levomepromazin (Neurocil®), Perazin (Taxilan®), Promethazin (Atosil®), Prothipendyl (Dominal®) – Antidepressiva: z. B. Doxepin (Aponal®, Sinquan®), Amitriptylin (Saroten®, Laroxyl®), Trimipramin (Stangyl®)
Sonstige Hypnotika/Sedativa – Pflanzliche Sedativa: z. B. Sedariston®, Valdispert®, Hyperforat®, Remotiv® – Antihistaminika: Diphenhydramin (S8® u. a.), Doxylamin (Gittalun® u. a.) – Oxitriptan/5-Hydroxy-L-Tryptophan (Levothym®) – Clomethiazol (Distraneurin®)

- Ein ideales Hypnotikum nimmt keinen Einfluß auf den physiologischen Schlaf.
- Barbiturate reduzieren den Tiefschlaf und die Dauer des REM-Schlafes. Klinisch relevant sind die Enzyminduktion und die hohe Toxizität bei einer Überdosierung.
- Chloralhydrat zeigt günstige Effekte auf das Schlafprofil, jedoch besteht eine Kumulationsgefahr, ein rascher Wirkungsverlust und eine geringe therapeutische Breite (Dosis letalis: 6 g).
- Benzodiazepin-Hypnotika verlängern die Einschlaflatenz und die Gesamtschlafdauer und reduzieren REM- und Tiefschlaf.

Tabelle 18.7 Charakteristika verschiedener Schlafmittelgruppen

	„Ideales Schlafmittel“	Barbiturate	Antihistaminika	Chloralhydrat	Benzodiazepine	Zopiclon/ Zolpidem
Beeinflussung des physiologischen Schlafs						
REM-Schlaf	0	+++	++	0	+	0
Tiefschlaf	0	+++	++	++	++	+
Abhängigkeitspotential	0	+++	++	+	+	(+)
Toxizität (Suizidpotential)	0	+++	++	++	0	0
Wirkungsverlust	0	+++	++	++	+	+
Wechselwirkungen mit anderen Medikamenten	0	+++	++	+	0/+	0/+

0 = unbedeutend, + = leicht, ++ = mittel, +++ = stark, ? = ungeklärt

- Die chemisch neuartigen Nicht-Benzodiazepin-Hypnotika Zopiclon (Cyclopyrrolonderivat) und Zolpidem (Imidazopyridinderivat) verkürzen wie Benzodiazepine die Einschlaflatenz, vermindern die Zahl und Dauer der Wachphasen und verlängern den Schlaf insgesamt. Sie bewirken offenbar keine Reduktion von Tiefschlaf- und REM-Schlaf-Anteil; kein morgendlicher Hangover.

Praktische Anwendung

- Obligat ist ein **ursachenorientierter Gesamtbehandlungsplan.** Oft ist keine Therapie erforderlich, sondern die Korrektur falscher Vorstellungen und die Verbesserung der Schlafhygiene sowie die Förderung der „natürlichen Erschöpfung“ ausreichend.
- Bei leichteren Schlafstörungen empfiehlt sich zunächst ein Versuch mit Phytotherapeutika (Hopfen, Baldrian, Johanniskraut).

Merke:

Barbiturate, Meprobamat, Bromide und Methaqualon sowie freiverkäufliche Antihistaminika sollten wegen erheblicher Nachteile und Risiken nicht mehr eingesetzt werden.

Tabelle 18.8 Wichtigste Vor- und Nachteile von Hypnotika und anderen Mitteln mit sedierender Wirkung (nach *Hajak* und *Rüther* 1995)

Wirkstoffe	Vorteile	Nachteile
Benzodiazepine	Gute hypnotische Potenz, jahrelanger Erfahrungsschatz bezüglich des Wirkungs-/Nebenwirkungsprofils, geringe Toxizität	Abhängigkeitspotential, Reboundphänomene, Amnesie, Muskelrelaxation, Atemsuppression, paradoxe Reaktionen, Tiefschlafunterdrückung
Cyclopyrrolone	Gute hypnotische Potenz, kurze Wirkdauer, gute Tagesbefindlichkeit, verhältnismäßig geringe Adaptations- und Reboundproblematik, geringe Toxizität	Kurzer Erfahrungszeitraum bezüglich Wirkung-Nebenwirkungs-Verhältnis, benzodiazepinähnliches Nebenwirkungsprofil
Imidazopyridine	Gute hypnotische Potenz, kurze Wirkdauer, spezifisch schlafanstoßendes Wirkprofil, geringe Adaptations- und Reboundproblematik, geringe Toxizität	Kurzer Erfahrungszeitraum bezüglich Wirkung-Nebenwirkungs-Verhältnis, unklare Abgrenzung von Benzodiazepinnebenwirkungsprofil
Antidepressiva	Kein Abhängigkeitspotential, geringe Absetzprobleme, keine Tiefschlafunterdrückung, antidepressive Wirkung	Relativ hohe Toxizität, anticholinerge, auch kardiale Nebenwirkungen, lange Wirkdauer, REM-Schlafunterdrückung, wenige Anwendungsstudien

Tabelle 18.8 (Fortsetzung)

Wirkstoffe	Vorteile	Nachteile
Neuroleptika	Kein Abhängigkeitspotential, keine REM-Schlafunterdrückung, geringe Kardiotoxizität, antipsychotische Wirkung	Anticholinerge, extrapyramidalmotorische, hämatologische, blutdrucksenkende Nebenwirkungen, Spätdyskinesien, zum Teil lange Wirkdauer, wenige Anwendungsstudien
Alkoholderivate	Unbeeinflußtes Schlafprofil, schneller Wirkungseintritt	Geringe hypnotische Potenz, geringe therapeutische Breite, schneller Wirkungsverlust
Antihistaminika	Verhältnismäßig geringe Toxizität, freie Verfügbarkeit	Geringe hypnotische Potenz, schneller Wirkungsverlust, anticholinerge Nebenwirkungen
Clomethiazol	Gute hypnotische Potenz, schneller Wirkungseintritt, kurze Wirkdauer	Abhängigkeitspotential, Atemdepression, Hypersekretion
Naturpräparate	Kein Abhängigkeitspotential, nahezu fehlende Toxizität, freie Verfügbarkeit	Minimale hypnotische Potenz

- **Benzodiazepin-Hypnotika** sind die am häufigsten verordneten Schlafmittel.
  - Benzodiazepine mit kurzer HWZ werden als Einschlafmittel eingesetzt. Ihr Vorteil ist der fehlende hang-over (Tagesrestwirkung), ihr Nachteil die Rebound-Insomnie.
  - Benzodiazepine mit längerer HWZ werden bei Durchschlafstörungen bzw. morgendlichem Früherwachen gegeben. Beachte: Kumulationsgefahr (aktive Metabolite).

Merke:

Befristete Anwendung, gezielte Indikation, adäquates Wirkprofil und -dosis, langsames Absetzen und Einleitung anderer Behandlungsmaßnahmen sind die Grundregeln einer Therapie mit (Benzodiazepin-)Hypnotika.

- Primär sedierende Antidepressiva (Doxepin, Trimipramin, Amitriptylin) sind bei Schlafstörungen im Rahmen depressiver Erkrankungen indiziert.
- Schwachpotente Neuroleptika verordnet man bei Suchtgefährdung, Psychosen und stationär bei akuter Suizidalität.

Nebenwirkungen und Kontraindikationen

- Die wichtigste Nebenwirkung ist die Beeinträchtigung des Reaktionsvermögens (verminderte Verkehrstüchtigkeit).
- Bei Langzeiteinnahme kommt es zu einer emotionalen Abstumpfung und Gleichgültigkeit im Sinne einer leichtgradigen chronischen Intoxikation (Kumulation bei Alterspatienten).
- Die Niedrigdosis-Abhängigkeit bei Benzodiazepinen muß berücksichtigt werden.
- Phytotherapeutika sind bei kurzfristiger Einnahme praktisch nebenwirkungsfrei. Alkoholgehalt beachten!

18.4 Antidepressiva (Thymoleptika)

- Medikamente zur Behandlung von Depressionen. Bei unterschiedlichen Wirkprofilen ist allen Antidepressiva gemeinsam eine stimmungsaufhellende und antriebsnormalisierende Wirkung.

- 1957 Entdeckung von Imipramin sowie des MAO-Hemmers Iproniazid.

Merke:
Bei Gesunden haben Antidepressiva in der Regel keinen Einfluß auf die Stimmung.

Einteilung
- Klassische und modifizierte trizyklische Antidepressiva (z. B. Amitriptylin, Amitriptylinoxid).
- Nicht-trizyklische (chemisch andersartige, tetrazyklische) Antidepressiva (z. B. Maprotilin, Mianserin, Trazodon).
- Serotonin-selektive Antidepressiva (z. B. Paroxetin).
- Noradrenalin- und Serotoninselektive Antidepressiva (Venlafaxin, Mirtazapin).
- MAO-Hemmer (z. B. Tranylcypromin, Moclobemid).

- Nach dem **klinischen Wirkprofil** werden unterschieden:
  - **Amitriptylin-Typ:** sedierend-dämpfend.
  - **Imipramin-Typ:** psychomotorisch stabilisierend, neutral.
  - **Desipramin-Typ:** psychomotorisch aktivierend, antriebssteigernd.
- Für die praktische Anwendung ist die Einteilung der Antidepressiva nach ihrer antriebssteigernd-aktivierend oder sedierend-dampfenden Wirkung ausreichend.

Pharmakologie und Biochemie

- Antidepressiva erhöhen die Konzentration der Neurotransmitter Noradrenalin und/oder Serotonin entweder durch Rückresorptionshemmung oder Hemmung des enzymatischen Abbaus.
- Nach längerer Anwendung der Antidepressiva erfolgt eine Empfindlichkeitsveränderung von Rezeptoren; dadurch könnte die klinische Wirklatenz erklärt werden.

Tabelle 18.9 Übersicht über die verfügbaren Antidepressiva (Stand 1997)

Psychomotorisch aktivierend

- ***MAO-Hemmer***
  Moclobemid (Aurorix®)
  Tranylcypromin (Parnate®, Jatrosom®N)
- ***Trizyklische Antidepressiva („Desipramin-Typ")***
  Desipramin (Pertofran®, Petylyl®)
  Nortriptylin (Nortrilen®)
- ***Chemisch andersartige Antidepressiva***
  Viloxazin (Vivalan®)
  Sulpirid (Dogmatil®, u. a.)

Psychomotorisch neutral

- ***Trizyklische Antidepressiva („Imipramin-Typ")***
  Imipramin (Tofranil®, Pryleugan®)
  Clomipramin (Anafranil®, Hydiphen®)
  Dibenzepin (Noveril®)
  Lofepramin (Gamonil®)
- ***Tetrazyklische Antidepressiva***
  Maprotilin (Ludiomil® u. a.)
  Mianserin (Tolvin® u. a.)
- ***Chemisch andersartige Antidepressiva***
  Trazodon (Thombran®)
- ***Serotonin-selektive Antidepressiva (SSRIs)***
  Citalopram (Cipramil®)
  Fluvoxamin (Fevarin®)
  Fluoxetin (Fluctin®)
  Paroxetin (Seroxat, Tagonis®)
  Sertralin (Gladem®, Zoloft®)
- ***Serotonin-Noradrenalin-selektive Antidepressiva (SNRIs, NaSSAs)***
  Mirtazapin (Remergil®)
  Venlafaxin (Trevilor®)

Psychomotorisch dämpfend

- ***Trizyklische Antidepressiva („Amitriptylin-Typ")***
  Amitriptylin (Saroten® u. a.)
  Amitriptylinoxid (Equilibrin®)
  Dosulepin (Idom®)
  Trimipramin (Stangyl®)
  Doxepin (Aponal® u. a.)

Kombinationspräparate

- ***Antidepressiva + Tranquilizer (Limbatril®)***

Wirkmechanismen der Antidepressiva

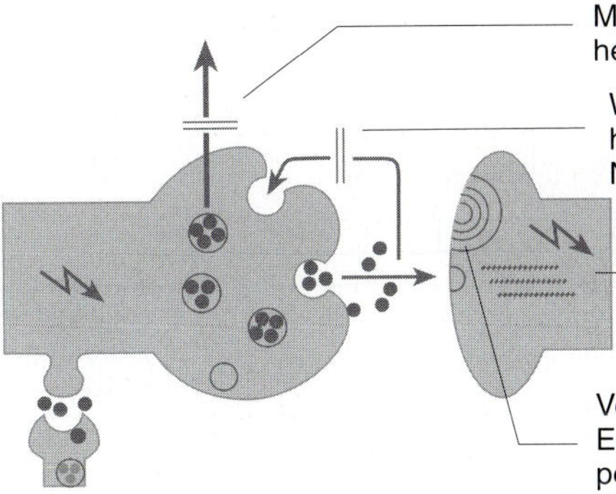

Abb. 18.2 Wirkmechanismen der Antidepressiva (NA = Noradrenalin, 5-HT = Serotonin)

Praktische Anwendung

- Die Wahl des Antidepressivums hängt vom Erscheinungsbild der Depression ab.
- Vereinfachte Unterscheidung von **3 depressiven Zielsyndromen:**
  - 1. überwiegend ängstlich-agitierte,
  - 2. eher gehemmte,
  - 3. überwiegend traurig-vital verstimmte.
- Weiterer Auswahlfaktor: Preis!
- Die **Dosierung** erfolgt zumeist einschleichend, die Behandlungsdauer beträgt mindestens 3 Wochen.
- **Wirklatenz:** der eigentliche antidepressive Effekt ist erst nach ca. 1 bis 3 Wochen zu erwarten.

Merke:

Bei antriebssteigernden Antidepressiva tritt die Antriebssteigerung vor der Stimmungsaufhellung auf, eine latente Suizidalität kann dadurch aktiviert und manifest werden. Initial ist deshalb oft die zusätzliche Verordnung eines Benzodiazepins oder schwachpotenten Neuroleptikums erforderlich.

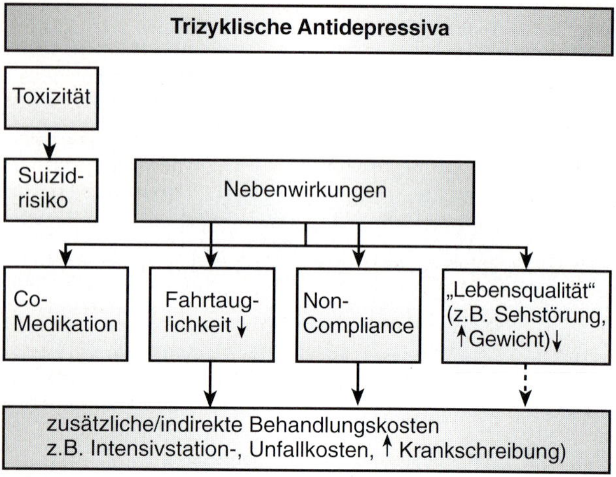

Abb. 18.3 Nebenwirkungsprofil und Therapiekosten (Pharmakoökonomie)

- Falls nach einer mehrwöchigen Therapie mit einer adäquaten Dosis kein Erfolg erreicht wird, sollte nach der Überprüfung der Diagnose auf ein anderes Antidepressivum mit anderem Wirkprofil umgestellt werden.
- Nach der ersten Episode kann das Antidepressivum nach 6 – 12 Monaten ausgeschlichen werden.
- Beim Vorliegen mehrerer depressiver Krankheitsphasen ist die Indikation einer Lithium-Prophylaxe bzw. Antidepressiva-Langzeitgabe zu prüfen.

Indikationen für MAO-Inhibitoren

- Gehemmte Depressionen
- Sog. „Therapieresistente Depressionen" (Trizyklika-Non-Responder)
- Sog. Atypische Depressionen:
  - A-Typ (Angst dominierend)
  - V-Typ (Vegetative Symptome dominierend)
  - Dysthymia/Hysteroide Dysphorie

- Angststörungen (Panikstörungen, Phobien)
- Zwangsstörung
- Narkolepsie
- Bulimie (?)

Nebenwirkungen

- Bei Trizyklika findet man häufig **vegetativ-anticholinerge Nebenwirkungen:** Mundtrockenheit, Schwitzen, Obstipation, Miktionsstörungen, Akkommodationsstörungen usw.

Tabelle 18.10 Mögliche Nebenwirkungen von trizyklischen Antidepressiva

Vegetativ/ anticholinerg:	Mundtrockenheit, Obstipation, Miktions-/ Akkommodationsstörungen, Schwitzen sehr selten: Ileus, Harnverhalt
Neurologisch:	Sedierung, Tremor, Dysarthrie selten: Dyskinesie, zerebrale Krampfanfälle (in hohen Dosen, bei zerebraler Vorschädigung)
Psychisch:	Unruhe, Wiederauftreten suizidaler Impulse oder Müdigkeit selten: Umkippen in eine Manie, Provokation der produktiv-deliranten Symptome, Verwirrtheitszustände
Kardiovaskulär:	orthostatische Dysregulation, Tachykardie, Schwindel selten: Kollapszustände Herz: Erregungsleitungsstörungen, Verstärkung einer Herzinsuffizienz
Hämatopoetisches System:	sehr selten Leukopenien bzw. Agranulozytosen
Endokrin:	Gewichtszunahme, veränderte Glukosetoleranz, Abnahme von Libido und Potenz, Amenorrhoe
Dermatologisch/ allergisch:	Exantheme, Urtikaria, Ödeme

- Weitere Nachteile von Trizyklika können sein:
  - Intoxikationsrisiko,
  - sedierungsbedingte Autounfälle,
  - Stürze/Frakturen,
  - EKG: Erregungsleitungsstörungen,
  - Unterdosierung → Pseudotherapieresistenz,
  - Non-Compliance (z. B. wegen Akkommodationsstörungen/Gewichtszunahme).
- Seltene Nebenwirkungen sind Harnsperre, paralytischer Ileus, Cholestase, Blutbildschäden und orthostatische Hypotonie.

Tabelle 18.11	Mögliche, typische Nebenwirkungen von nicht-trizyklischen Antidepressiva
Citalopram	Nausea, Unruhe/Somnolenz, Schwitzen, Diarrhoe
Fluoxetin	Nausea, Unruhe, Anorexie
Fluvoxamin	Nausea, Benommenheit
Maprotilin	Sedation, Akkommodations-/Miktions-Störung, allergische Hautreaktionen, „Kohlenhydrathunger“, zerebrale Krampfanfälle
Mianserin	Benommenheit, Gelenkschmerzen; selten: Veränderungen weißes Blutbild
Mirtazapin	Müdigkeit, Appetit ↑; selten: Veränderungen weißes Blutbild
Moclobemid	Unruhe, Schlafstörungen
Nefazodon	Nausea, Kopfschmerz, Sedation, Mundtrockenheit,
Paroxetin	Nausea, Benommenheit, sexuelle Dysfunktion
Sertralin	Nausea, Diarrhoe, Tremor, Mundtrockenheit
Tranylcypromin	Schwindel, Kopfschmerz, Tremor, Schlafstörung, Hypotonie (DIÄT!)
Trazodon	Schläfrigkeit, Akkommodationsstörung, Priapismus
Venlafaxin	Nausea, Kopfschmerz, Tachykardie, unter hohen Dosen Blutdruckanstieg
Viloxazin	Unruhe, Übelkeit

Tabelle 18.12 Trizyklische Antidepressiva – Wichtige Interaktionen mit anderen Arzneimitteln

Wechselwirkung mit	Klinische Effekte	Procedere
Alkohol und zentraldämpfende Pharmaka (Neuroleptika, Antihistaminika, Barbiturate, Benzodiazepine, Hypnotika)	Verstärkte Sedierung/ZNS-Dämpfung	Alkohol meiden, evtl. Dosis-Anpassung
Antiarrhythmika (Typ 1a und 1c)	Verlängerung der Überleitungszeit, Cave AV-Block	Kombination meiden
Anticholinergika (z. B. Parkinsonmittel, Antihistaminika, Antiemetika, Neuroleptika)	Verstärkung anticholinerger Wirkungen (z. B. Darm-Blasen-Atonie, Delir)	Entsprechende Nebenwirkung beachten, Einsatz nicht-trizyklischer Antidepressiva oder Dosisreduktion
Antihypertonika (z. B. Clonidin, Reserpin, Guanethidin, Alphamethyldopa)	Abschwächung der antihypertensiven Wirkung	Betablocker oder Dihydralazin als Alternative
Antikoagulanzien (Marcumar)	Blutungsgefahr durch Verstärkung der gerinnungshemmenden Wirkung	Engmaschige Kontrolle der Gerinnungsparameter (Quick-Wert), evtl. Dosisanpassung
Sympathomimetika (Adrenalin, Noradrenalin, Lokalanästhetika-Kombinationen)	Blutdruckanstieg	Dihydroergotamin bei arterieller Hypotonie. Beta-Sympathomimetika bei Asthma. Felypressin zur Lokalanästhesie

- Bei SSRI: gastrointestinale Nebenwirkungen (Übelkeit).
- Die Nebenwirkungen treten vor allem in den ersten Behandlungswochen auf (einschleichende Dosierung!) und klingen meistens im Laufe der Therapie ab.

Behandlung der Nebenwirkungen mit:

- Dihydroergotamin bei Hypotonie,
- Beta-Blocker bei Tremor,
- Cholinergikum bei Harnsperre,
- Physostigmin als Antidot bei Intoxikation.

Kontraindikationen:

- Akute Alkohol- und Medikamentenvergiftung,
- Delirien,
- Myokardinfarkt,
- bestimmte Epilepsieformen,
- Pylorusstenose,
- Antikoagulantien (Marcumar®) (für SSRI),
- Harnverhalt,
- Besondere Vorsicht ist auch bei schweren Herzerkrankungen, Engwinkelglaukom und Prostatahypertrophie geboten.

Patienteninformationen über Antidepressiva

Ihr behandelnder Arzt hat Ihnen ein Medikament gegen Depressionen, ein Antidepressivum, verschrieben. Diese Medikamente sind ein wichtiger Teil der Gesamtbehandlung, zu der auch Psychotherapie, Gesprächsgruppen, Beschäftigungstherapie und Wachtherapie/ Schlafentzug gehören können.
Antidepressiva beginnen erst nach zwei bis drei Wochen voll zu wirken. Antidepressiva müssen in der Regel über einen längeren Zeitraum (Monate) eingenommen werden.
Für Sie ist wichtig zu wissen, daß Antidepressiva nicht abhängig machen.
Die meisten **Nebenwirkungen** der Antidepressiva sind harmlos und klingen im Laufe der Behandlung ab. Auch wenn wir Sie im folgenden über eine Vielzahl von unerwünschten Nebenwirkungen aufklären, bedeutet dies keinesfalls, daß alle diese Neben-

wirkungen auch bei Ihnen im Laufe der Behandlung auftreten müssen.
Aufgrund unterschiedlicher chemischer Zusammensetzung und Wirkmechanismen werden die Antidepressiva in drei Gruppen mit zum Teil unterschiedlichen Nebenwirkungen unterteilt.

Ihr Medikament gehört zu:

□ **Sogenannte tri- und tetrazyklische Antidepressiva (z. B. Saroten®, Ludiomil®, Sinquan®, Equilibrin®, Anafranil®, Stangyl®, Tolvin®)**

- sehr häufig Mundtrockenheit (Maßnahmen: Lutschtabletten, Kaugummi)
- häufig Verstopfung (Maßnahmen: ausreichend trinken, Bewegung)
- häufig Sehunschärfe (vorübergehend)
- häufig Blutdrucksenkung und Schwindel (Vorbeugung: Blutdruckmessungen; Maßnahmen: langsam aufstehen, gut salzen, ausreichend trinken)
- selten Störungen der Harnentleerung bis zur Harnsperre (Vorbeugung: Bitte teilen Sie Prostataerkrankungen mit; Maßnahmen: Gegenmittel vom Arzt)
- selten Erregungsleitungsstörungen im Herzen (Vorbeugung: EKG)
- selten Blutveränderungen (Vorbeugung: Blutabnahmen)
- sehr selten Verschlimmerung eines Grünen Stars (Glaukom). (Bitte teilen Sie Augenerkrankungen mit erhöhtem Augendruck mit!)
- sehr selten Krampfanfälle (Vorbeugung: EEG; bitte teilen Sie Krampfleiden mit!)
- sehr selten allergische Reaktionen
- nach derzeitigem Kenntnisstand kein Risiko einer Mißbildung bei Schwangerschaft

□ **Neuere Antidepressiva (z. B. Seroxat®, Fluctin®, Fevarin®, Trevilor®, Cipramil®, Remergil®, Zoloft®):**

- häufig Übelkeit, Brechreiz, Durchfall
- häufig innere Unruhe
- selten Kopfschmerzen
- selten Muskelkrämpfe

☐ **Sogenannte MAO-Hemmer:**

1. Neuere Substanzen (z. B. Aurorix®): Unruhe, Schlafstörungen

2. „Klassische" Substanzen (z. B. Jatrosom®)

Sollte Ihre Erkrankung den Einsatz dieses speziellen Antidepressivums erforderlich machen, so werden Sie von Ihrem Arzt gesondert aufgeklärt.
Bitte sprechen Sie mit Ihrer Ärztin/Ihrem Arzt über Erfolge und unerwünschte Wirkungen oder wenn Sie Fragen haben. Über diese Information hinaus wird Sie Ihre Ärztin/Ihr Arzt individuell über das für Sie gewählte Antidepressivum aufklären.
Beachten Sie bitte auch, daß Sie zu Beginn einer Behandlung mit Antidepressiva in der Regel **kein Kraftfahrzeug** führen sollen.

18.5 Phasenprophylaktika

- Substanzen, die das Wiederauftreten zukünftiger Krankheitsphasen verhindern oder das Ausmaß und/oder die Dauer der Phasen reduzieren.
- 1941 wurde über die antimanische Wirkung von Lithium, in den 70er Jahren über prophylaktische Effekte berichtet.

Einteilung
- Lithiumsalze
- Carbamazepin und andere Antikonvulsiva

Pharmakologie und Biochemie

- Neben einer Vielzahl von biochemischen Effekten hat **Lithium** serotoninagonistische Eigenschaften und beeinflußt das zirkadiane System (chronobiologische Hypothese affektiver Psychosen).

Merke:
Lithium besitzt eine geringe therapeutische Breite (Kumulationsgefahr, regelmäßige Blutspiegelkontrollen), die Ausscheidung erfolgt renal.

- Der neuronale Wirkmechanismus von **Carbamazepin** ist weitgehend unbekannt. Regelmäßige Plasmaspiegelkontrollen bei Enzyminduktion und möglichem Absinken der Spiegel bei gleichbleibender Dosis sind erforderlich.

Praktische Anwendung

- Abschätzung des individuellen Rückfallrisikos.
- **Bipolare Psychosen:** Eine Lithium-Prophylaxe ist indiziert, wenn 2 Phasen innerhalb von 4 Jahren oder insgesamt 3 Phasen aufgetreten sind.

Tabelle 18.13 Empfohlene Untersuchungen während einer Lithiumtherapie
Fragen nach eventuellen Nebenwirkungen: vermehrter Durst, Schwitzen, Tremor, Übelkeit, Durchfall, Müdigkeit, Gewichtszunahme
Klinische Untersuchung: Halsumfang: Struma bei bis ca. 50% der Patienten, neurotoxische Nebenwirkungen: EEG-Veränderungen sind möglich, seltenere Nebenwirkungen wie Akne, Psoriasis
Laboruntersuchungen: – Lithiumserumkonzentration: bei Einstellung wöchentlich, später im Abstand von 1 – 3 Monaten; Kontrolle jeweils 12 ± 0,5 h nach der letzten Einnahme – Kreatinin im Serum: im Abstand von 6 – 12 Monaten – T_3, T_4, TSH, ggf. TRH.Test: jährlich (Hypothyreose bei 5% der mit Lithium Behandelten) – Blutbild: jährlich (typisch ist Leukozytose bei unauffälliger BSG) – Elektrolyte (Natrium, Kalium, Calzium): jährlich – Besondere Vorsicht bei insulinpflichtigem Diabetes mellitus, Hyperparathyreoidismus
EKG: jährlich (Repolarisationsstörungen?)
EEG: bei Hinweisen auf eine verminderte Krampfschwelle
Beachten: – Bei relevanten interkurrenten Erkrankungen oder bei gravierenden Nebenwirkungen sind häufigere Lithiumserumspiegel-Kontrollen sowie geeignete Zusatzuntersuchungen notwendig – Interaktionen mit einer eventuellen Begleitmedikation

- **Lithium-Erfolg:** in ca. 65 bis 80 % wird eine völlige Rezidivfreiheit oder eine Verminderung der Häufigkeit, des Schweregrads und der Dauer der Rezidive erreicht.
- Kontrolle der Lithium- und Carbamazepin-Serumspiegel unter standardisierten Bedingungen (12 Stunden nach der letzten Einnahme).
- **Prophylaktische Serumspiegel:**
  - für Lithium: 0,5 bis 0,8 mmol/l,
  - für Carbamazepin: 6 bis 12 µmol/ml.
- Ein Lithium- oder Carbamazepin-Paß als Kooperationshilfe haben sich bewährt.
- Zusätzliche Lithium-Serumspiegel-Kontrollen werden bei körperlichen Erkrankungen, nach Salz- und Flüssigkeitsverlusten, bei Diät-/Abmagerungskuren und zu Beginn einer Behandlung mit Diuretika empfohlen.

Nebenwirkungen

- Häufige Nebenwirkungen einer Lithium-Therapie sind feinschlägiger Tremor, Durst, Struma, Gewichtszunahme, Übelkeit, Diarrhoe.

Tabelle 18.14 Lithium-Nebenwirkungen	
Initial:	– Vermehrter Durst, Polyurie – Feinschlägiger Fingertremor – Gastrointestinale Beschwerden (Übelkeit, weicher Stuhl)
Später:	– Gewichtszunahme – Händetremor – Schwindel – Übelkeit, Erbrechen – Polydipsie, Polyurie, Nierenschädigung – Struma – Mäßige Leukozytose bei normaler BSG – Müdigkeit, selten: Verwirrtheit – EKG-, EEG-Veränderungen – Sehr selten: Akne, Psoriasis, Haarausfall, Muskelschwäche

Tabelle 18.15 Stadieneinteilung bei Lithiumintoxikation (modifiziert nach *Price* und *Heninger* 1994)

Stadium der Toxizität	Lithium-Serum-Spiegel (mmol/l)	Symptome
I (leicht)	1,0 – 1,5	Konzentrationsstörungen, Müdigkeit, Übelkeit, Tremor, verwaschene Sprache
II (mittel)	1,6 – 2,5	Desorientierung, Somnolenz, Verwirrtheit, grobschlächtiger Tremor, Muskelfaszikulation
III (schwer)	> 2,5	gestörtes Bewußtsein bis hin zum Koma, Delir, Ataxie, generalisierte Faszikulationen, extrapyramidale Symptome, Konvulsionen, Nierenfunktionsstörungen

Von Patienten genannte Gründe für das Absetzen der Lithiumprophylaxe

- Widerstand gegen Langzeitmedikation (ständige Erinnerung an Krankheit, „Beherrschtwerden“ durch Medikamente, wegen Wohlbefinden keine Notwendigkeit für Tabletteneinnahme)
- Körperliche Nebenwirkungen (Vor allem Gewichtszunahme)
- Psychische Nebenwirkungen (Vermissen der Hypomanie, Mangel an Kreativität)

Behandlung der Nebenwirkungen

- Tremor-Behandlung: Betablocker.
- Strumaprophylaxe: L-Thyroxin (Suppressionstherapie).
- **Lithium-Intoxikation (ab 2,0 mmol/l).**
- Grobschlägiger Tremor, Reflexsteigerung, Somnolenz, Dysarthrie, Ataxie, Dyskinesien.
- Im EEG deutliche Allgemeinveränderung (Rhythmusverlangsamung) und Senkung der Krampfschwelle.
- Die wichtigsten **Ursachen** einer Intoxikation sind Dehydratation und Kochsalzmangel durch:

- fieberhafte Erkrankungen,
- Abmagerung/Diät,
- Schwitzen,
- Nierenerkrankungen oder
- gleichzeitige Diuretikagabe.

Kontraindikationen

- **Absolute Kontraindikationen** für Lithium sind akutes Nierenversagen, Myokardinfarkt, Psoriasis und 1. Trimenon der Schwangerschaft.
- Aufgrund der drohenden Intoxikationsgefahr sollte Lithium 48 Stunden vor Narkosen und Operationen abgesetzt werden.

Tabelle 18.16 Nebenwirkungen und Kontraindikationen für Carbamazepin
Nebenwirkungen: – Neurologisch/psychiatrisch: Kopfschmerzen, Müdigkeit, Ataxie, Schwindel, Sehstörungen, Nystagmus, Parasthesien – Hämatologisch: aplastische Anämie, Leukopenie, Agranulozytose, Thrombozytopenie – Kardiovaskulär: Arrhythmie, Bradykardie, AV-Block – Endokrin: Natrium ↓, Cortisol ↑, T_3, T_4 ↓ – Hepatisch: Bilirubin ↑, Cholestase, Gamma-GT ↑, alk. Phosphatase ↑ – Dermatologisch: Urtikaria, Exantheme, exfoliative Dermatitis, Steven-Johnson-Syndrom, Lyell-Syndrom, (Lupus erythematodes)
Kontraindikationen: Überempfindlichkeit gegenüber Carbamazepin und trizyklischen Antidepressiva, kardiale Überleitungsstörungen (AV-Block), Knochenmarkschädigungen, akute intermittierende Porphyrie, Kombination mit MAO-Hemmern
Anwendungsbeschränkungen: Hämatologische Erkrankungen, schwere Herz-, Leber- und Nierenfunktionsstörungen, Glaukom, Kombination mit Lithium

Patienteninformationen über Phasenprophylaktika (Lithium, Carbamazepin)

Ihr behandelnder Arzt hat Ihnen ein sogenanntes **Phasenprophylaktikum** verordnet, damit starke Stimmungsschwankungen, die von äußeren Ereignissen mehr oder weniger unabhängig sind, ausgeglichen werden. Diese Schwankungen – auch Phasen genannt

– treten am häufigsten in Form in immer wiederkehrenden Depressionen auf, am zweithäufigsten in Form einer manisch-depressiven Erkrankung mit Wechsel zwischen depressiven und manischen Phasen, seltener als reine Manie, bei der nur Phasen mit krankhaft gehobener Stimmung und gesteigerter Aktivität vorkommen. Lithium-Salze und Carbamazepin werden bei den genannten Erkrankungen zur Akutbehandlung und vorbeugend (prophylaktisch) eingesetzt. Häufig bleiben diese Phasen während der Behandlung mit Lithium oder Carbamazepin völlig aus, zumindest aber werden Sie kürzer und seltener und sind weniger stark ausgeprägt. Die **vorbeugende** Wirkung setzt allerdings erst nach Wochen bis zu 6 Monaten ein und ist daher stark von Ihrer Mitarbeit und Zuverlässigkeit der Einnahme abhängig.
Bei der Einnahme von **Lithium** kann es **anfangs** zu folgenden Nebenwirkungen kommen, die im allgemeinen spontan wieder verschwinden: Händezittern, Magen-Darm-Störungen, verstärkte Harnausscheidung, Durst, Schwitzen.

Spätere Nebenwirkungen:
Gewichtszunahme möglich, Vergrößerung der Schilddrüse, Durst, Wassereinlagerungen, Nierenschädigungen, Schwindel, Erbrechen, Durchfälle, Anstieg der weißen Blutkörperchen, Mattigkeit. Sehr selten: Akne, Schuppenflechte, Muskelschwäche, Haarausfall, EKG- und EEG-Veränderungen.

Bei der Einnahme von Lithium gilt zu beachten:
Anfangs wöchentliche Kontrollen der Blutserumkonzentration von Lithium, später vierteljährlich, um Überdosierungen zu vermeiden, die zu einer Lithium-Vergiftung führen könnten. Der Lithiumspiegel kann zu hoch ansteigen bei Abmagerungskuren, Kochsalz armer Diät, Infektionskrankheiten, Saunabesuch, Einnahme von harntreibenden Medikamenten. Bitte informieren Sie **jeden Arzt,** insbesondere vor Operationen, darüber, daß Sie Lithium einnehmen.

Carbamazepin (Tegretal, Timonil, Finlepsin, Fokalepsin, Sirtal):

Mögliche Nebenwirkungen:

- Müdigkeit, Schwindel, Gangunsicherheit, Fallneigung.
  Diese Nebenwirkungen lassen sich durch vorsichtige Aufdosierungen zumeist vermeiden oder sind häufig vorübergehend.
- Sehstörungen.
- Herzrhythmusstörungen.

- Veränderungen von Blutbild und Leberwerten.
- Hautausschläge, Allergien.

Vor Einsatz von Carbamazepin und/oder Lithium sollte eine Schwangerschaft ausgeschlossen werden. Eine mit Lithium behandelte Frau sollte nicht stillen. Die Fahrtauglichkeit ist am Beginn der Behandlung bei beiden Medikamenten eingeschränkt. Bitte sprechen Sie mit Ihrer/Ihrem Ärztin/Arzt über Erfolge und unerwünschte Wirkungen, oder wenn Sie Fragen haben. Über diese Information hinaus wird Ihre/Ihr Ärztin/Arzt Sie genau über die Behandlung mit Lithium oder Carbamazepin informieren.

18.6 Neuroleptika (Antipsychotika)

- Neuroleptika sind Psychopharmaka mit einem charakteristischen Wirkspektrum auf psychotische Symptome.
- 1951 wurde Chlorpromazin in der Klinik eingeführt, 1958 Butyrophene entdeckt.

Einteilung

Nach der chemischen Struktur:

- Phenothiazine und
- Thioxanthene (trizyklische Neuroleptika),
- Butyrophenone,
- Diphenylbutylpiperidine,
- Dibenzepine,
- Benzamide,
- Benzisoxazole, chemisch andersartige Neuroleptika.

Klinische Einteilung nach der neuroleptischen Potenz:

- schwachpotente Neuroleptika (eher sedierend),
- hochpotente Neuroleptika (antipsychotisch).

Oder

- typische Neuroleptika,

Tabelle 18.17 Übersicht über die Neuroleptika-Präparate (Stand 1997)

1. Hochpotente Neuroleptika Benperidol (Glianimon®) Bromperidol (Impromen®, Tesoprel®) Flupentixol (Fluanxol®) Fluphenazin (Dapotum®, Lyogen®, Omca®) Fluspirilien (Imap®) Haloperidol (Haldol-Janssen® u. a.) Perphenazin (Decentan®) Pimozid (Orap®) Risperidon (Risperdal®) Sertindol (Serdolect®) Trifluperidol (Triperidol®) Olanzapin (Zyprexa®)
2. Mittelpotente Neuroleptika Clozapin (Leponex®) Perazin (Taxilan®) Sulpirid (Dogmatil® u. a.) Zotepin (Nipolept®) Zuclopenthixol (Ciatyl®)
3. Schwachpotente Neuroleptika Alimemazin (Repeltin®) Chlorprothixen (Truxal®, Taractan®) Levomepromazin (Neurocil®) Melperon (Eunerpan®) Pipamperon/Floropipamid (Dipiperon®) Promazin (Protactyl®) Promethazin (Atosil® u. a.) Prothipendyl (Dominal®) Thioridazin (Melleril®) Triflupromazin (Psyquil®)
4. Depot-Neuroleptika Flupentixol-Decanoat (Fluanxol® Depot) Fluphenazin-Decanoat (Dapotum®D, Lyogen® Depot) Fluspirilen (Imap®) Haloperidol-Decanoat (Haldol®-Janssen Decanoat) Perphenazin-enantat (Decentan® Depot) Zuclopenthixol-Decanoat (Ciatyl®-Z-Acuphase/-Depot)

- atypische Neuroleptika (Antipsychotika) → seltener EPMS; zu den sog. atypischen Neuroleptika zählen v. a.: Clozapin, Olanzapin, Risperidon, Sertindol, Sulpirid und Zotepin.

Pharmakologie und Biochemie

- Neuroleptika bewirken eine Dopaminrezeptor-Blockade, die antipsychotische Wirkung scheint eng mit dem D2-Rezeptor korreliert zu sein. Neuere, sog. atypische Neuroleptika weisen außerdem eine serotoninantagonistische Wirkung auf.
- Im ZNS werden verschiedene dopaminerge Neuronen-Systeme unterschieden, Zielangriffspunkte für Neuroleptika sind mesolimbisch-mesokortikale Bahnen.
- Der Hypothese einer dopaminergen Überfunktion entspricht klinisch die produktive (Plus-)Symptomatik der Schizophrenie.
- Neuroleptika haben darüberhinaus antihistaminische, antiemetische und antiadrenerge Wirkungen und werden auch außerhalb der Psychiatrie eingesetzt.

Praktische Anwendung

- **Zielsymptome** der Neuroleptika:
  - psychomotorische Erregung,
  - affektive Spannung,
  - psychotische Denk- und Wahrnehmungsstörungen.
- Neuroleptika werden zur Akutbehandlung und Rezidivprophylaxe eingesetzt.
- Hochpotente Neuroleptika sind vor allem bei psychotischen Symptomen, schwachpotente vor allem bei psychomotorischen Erregungszuständen indiziert.
- Oft ist in der Akutbehandlung die Kombination eines nieder- und eines hochpotenten Neuroleptikums notwendig (Nebeneinander verschiedener Symptome).
- Die **Dosierung** sollte **individuell** erfolgen: initial z. B. 3 x 1 – 2 mg Haloperidol oral oder 1 – 2 Amp. (5 – 10 mg) i. v. oder i. m. Eine Dosissteigerung bis zu 30 mg/Tag ist möglich.
- Rezidivprophylaxe bei Symptompersistenz, hohem genetischen Risiko und bei Rezidivneigung; zur Verbesserung der Compliance stehen Depot-Neuroleptika per injectionem bzw. eine morgendliche oder abendliche Einmaldosierung zur Verfügung (dazu s. Tab. 18.17).

Tabelle 18.18 Indikationen für Neuroleptika

• **Psychiatrie** – Schizophrene und schizoaffektive Psychosen – Manien – Organische Psychosyndrome/Alterspsychosen – Erregungszustände jeglicher Genese – Delirien – als Zusatzbehandlung bei endogenen Depressionen, Verhaltensstörungen im Kindes- und Jugendalter, Zwangsstörungen
• **Neurologie** – Hyperkinetische Syndrome: Chorea, Hemiballismus, Athetose, Torsionsdystonie, Gilles-de-la-Tourette-Syndrom – Schmerzsyndrome (in Kombination mit Antidepressiva)
• **Anästhesie** – Prämedikation – Neuroleptanalgesie – Postoperatives Erbrechen
• **Symptomatisch** bei Übelkeit, Erbrechen, Singultus

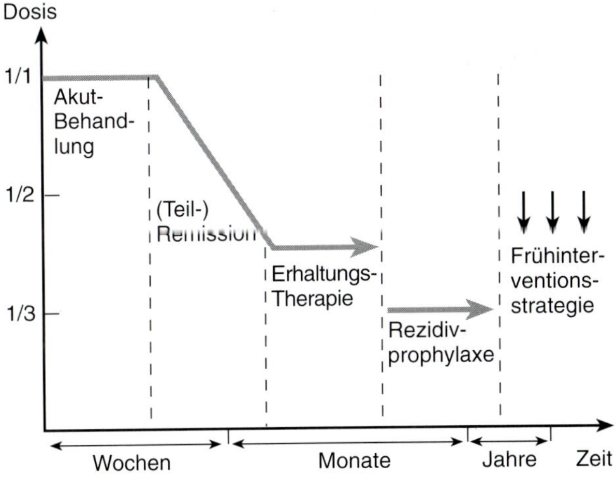

Abb. 18.4 Schema zur Dosierung und Langzeitverordnung von Neuroleptika

- Besonders wichtig ist das Herausfinden der **niedrigsten erforderlichen Erhaltungsdosis:** ca. $^1/_3$ der Akutdosis (z. B. 5 mg Haloperidol/Tag).

Merke:

Absetzen der Neuroleptika grundsätzlich ausschleichend.

- **Dauer der neuroleptischen Rezidivprophylaxe:**
  - Nach einem ersten Rezidiv sollte eine Langzeitgabe über mindestens 1 Jahr erfolgen.
  - Bei 3 oder mehreren Rückfällen ist eine langjährige neuroleptische Medikation zu erwägen.
  - Bei besonders häufig rezidivierenden Psychosen oder Fremd- bzw. Selbstgefährdung sollte die zeitlich unbegrenzte Rezidivprophylaxe erwogen werden (s. auch Tab. 18.18).

Tabelle 18.19 Richtlinien für die Langzeitrezidivprophylaxe bei schizophrenen Psychosen
• Rezidivprophylaxe schon bei der Erstmanifestation der Erkrankung erwägen
• So niedrig wie möglich dosieren (ca. 200 mg Chlorpromazin-Äquivalent p. d.), in Abhängigkeit vom prophylaktischen Effekt Dosis anpassen
• Keine Dauergabe von Anticholinergika
• Depot-Neuroleptika sind bei Compliance-Problemen besonders geeignet
• Die Wahl des Präparates ist abhängig vom Nebenwirkungsprofil und bei Depot-Neuroleptika vom Applikationsintervall
• Bei schizoaffektiven Psychosen ist die Rezidivprophylaxe mit Lithium den Neuroleptika vorzuziehen

Nebenwirkungen

- **Schwachpotente Neuroleptika** können vegetative Störungen und Hypotonie verursachen (v. a. anticholinerge-trizyklische Substanzen).

Tabelle 18.20 Mögliche Nebenwirkungen von Neuroleptika
• **Nervensystem/Psyche** – Störungen der Motorik: Früh- und Spätdyskinesien, Parkinsonoid, Akathisie, Tasikinesie – Beeinflußung der Krampfschwelle (Provokation epileptiformer Anfälle) – Unruhe, Erregung, Kopfschmerzen, Schwindel – Depressive Verstimmungen („pharmakogene Depression") – Delirante Syndrome (besonders in Kombination mit anticholinergen Substanzen) – Müdigkeit, Konzentrationsstörung – Malignes neuroleptisches Syndrom (sehr selten)
• **Herz-Kreislauf** – Arrhythmien (Tachy- und Bradykardie, ventrikuläre Extrasystolen, äußerst selten: Vorhof- und Kammerflimmern) – Orthostatische Dysregulation
• **Hämatopoese** – Leukopenie – Leukozytose – Agranulozytose – Eosinophilie
• **Leberfunktion** – Anstieg von Transaminasen und Gamma-GT, intrahepatische Cholestase und Ikterus (selten) – Allergische Leberzellschädigung
• **Haut** – Generalisierte Arzneimittelexantheme (allergisch, toxisch) – Photosensibilisierung
• **Endokrinium** – Prolaktinanstieg (Gynäkomastie, Galaktorrhoe) – Störungen von Libido, Erektion, Ejakulation, Orgasmus – Beeinflussung des Glucosestoffwechsels (pathologische Glukosetoleranz)
• **Augen** – Trübung der Linse und Hornhaut (Langzeitherapie in hohen Dosen) – Pigmenteinlagerungen in der Netzhaut

Tabelle 18.20 (Fortsetzung)
• **Anticholinerge Nebenwirkungen** – Blasenentleerungsstörungen bis zum Harnverhalt – Obstipation – Akkommodationsstörungen – Mundtrockenheit – Temperaturregulationsstörungen – Paralytischer Ileus – Auslösung von Engwinkelglaukom

- **Hochpotente Neuroleptika** zeigen häufig extrapyramidal-motorische Nebenwirkungen:
  - **Frühdyskinesien:** Blickkrämpfe, Zungen-Schlund-Krämpfe treten akut auf und sind durch Biperiden (Akineton®) gut beeinflußbar.
  - **Parkinson-Syndrom (Parkinsonoid):** Rigor, Tremor, Akinese, nach Tagen oder Wochen, Rückbildung unter Biperiden.

Merke:

Keine prophylaktische Gabe von Parkinson-Mitteln!

  - **Akathisie, Tasikinesie** (Sitz-, Bewegungsunruhe) erfordern eine Dosisreduktion oder das Absetzen des Mittels.
  - **Spätdyskinesien** (tardive Dyskinesien): Tics im Gesichtsbereich, Schaukelbewegungen des Körpers und verschiedene andere Formen der Bewegungsstörungen sind irreversible und schlecht therapierbare Komplikationen einer Langzeittherapie. Versuch der Umstellung auf ein anderes Neuroleptikum, vorübergehend auch Dosiserhöhung.
  - **Malignes neuroleptisches Syndrom:** Rigor, Stupor, Fieber, CPK-Erhöhung. Seltene, gravierende Nebenwirkung, die unbehandelt einen lebensbedrohlichen Zustand darstellt.
  - Mögliche **Blutbild-Veränderungen:** passagere Leukopenien, Eosinophilien, Leukozytosen und Lymphozytosen. Regelmäßige Blutbild-Kontrollen.

Kontraindikationen

- Akute Intoxikationen mit zentraldämpfenden Pharmaka und Alkohol,

- Bei anticholinerg wirksamen Neuroleptika Pylorusstenose und Prostatahypertrophie,
- Bei trizyklischen Neuroleptika (v. a. Clozapin) Leukopenie in der Anamnese.

Tabelle 18.21 Mögliche Wechselwirkungen von Neuroleptika mit anderen Pharmaka

Wechselwirkung mit	Klinischer Effekt
• Zentraldämpfende Pharmaka (z. B. Benzodiazepine, Hypnotika, Barbiturate, Antihistaminika)	Gegenseitige Wirkungsverstärkung
• Antidepressiva (mit anticholinerger Komponente) und Anticholinergika	Delirprovokation
• Antihypertonika	Verstärkung der Blutdrucksenkung
• Dopaminantagonisten (z. B. Meto-Pramid, Alizaprid)	Verstärkung extrapyramidaler Nebenwirkungen
• Orale Kontrazeptiva	Verstärkung der Prolaktin-abhängigen Nebenwirkungen sowie der Nebenwirkungen oraler Kontrazeptiva
• Antikoagulanzien	Wirkungsverstärkung
• Pentetrazol	Konvulsionen
• Guanethidin	Verminderung der Blutdrucksenkung
• Adrenalin	Blutdrucksenkung (Adrenalinumkehr)
• Antidepressiva	Erhöhung der Antidepressiva-Serumkonzentration
• Lithium	Gegenseitige Plasmaspiegelerhöhung, Erhöhung der Neurotoxizität
• Phenytoin	Erhöhung von Phenytoinplasmaspiegel
• Carbamazepin	Erniedrigung der Neuroleptika-Plasma-Spiegel
• Coffein	Wirkungsabschwächung von Neuroleptika

Wechselwirkungen

- Zu berücksichtigen sind **Interaktionen** von Neuroleptika mit anderen Pharmaka, insbesondere die Verstärkung der zentraldämpfenden Wirkung durch Alkohol, Benzodiazepine und Barbiturate sowie die Provokation eines Delirs in Kombination mit anitcholinergen Antidepressiva und Antihistaminika.

Sonderstellung: Clozapin (atypisches Neuroleptikum)

Voraussetzungen für die Verordnung:

- Nonresponse oder Nichtverträglichkeit anderer Neuroleptika
- „Ermächtigter Arzt" (Reversunterschrift)
- Normaler Leukozytenbefund (> 3500/mm^3, normales Differentialblutbild)
- Regelmäßige Leukozytenkontrollen (in den ersten 18 Behandlungswochen wöchentlich, danach monatlich)
- Bei einer Therapieunterbrechung von über 2 Tagen muß wieder 18 Wochen lang eine wöchentliche Leukozytenkontrolle erfolgen
- Ausreichende Compliance

Dosierung

- Initial 12,5 mg 1 – 2mal am 1. Tag
- Nach individueller Verträglichkeit tägliche Dosiserhöhung um 25 – 50 mg
- Therapeutischer Bereich 200 – 900 mg/Tag
- Empfohlene Plasmaspiegel: > 350 ng/ml
- **Beendigung der Therapie:** Schrittweise Dosisreduktion über 1 – 2 Wochen. Leukozytenkontrolle nach dem Absetzen über einen Zeitraum von 4 Wochen
- **Überdosierung:** Letalität 12 % (Dosen > 2000 mg Clozapin)

Nebenwirkungen

- Dosisunabhängige Blutbildungsstörung (Leukopenie, Granulozytopenie, Thrombopenie), bei ca. 80 % in den ersten 18 Behandlungswochen. Agranulozytoserisiko ca. 1 %

- Leukozytose und/oder Eosinophilie in den ersten Behandlungswochen, Fieberreaktionen um den 10. Behandlungstag
- Erhöhung der zerebralen Krampfbereitschaft, Myoklonien (dosisabhängig)
- Delirante Zustände bei höheren Dosen oder zu rascher Dosiserhöhung
- Hypersalivation (v. a. nachts)
- Tachykardie, orthostatische Hypotonie
- Gelegentlich Erhöhung der Leberwerte, Übelkeit, Obstipation, Gewichtszunahme

Kontraindikationen

- Pathologisches Blutbild in der Anamnese
- Medikamentös ungenügend eingestellte Epilepsie
- Schwere Herz-, Leber- und Nierenerkrankungen
- Kombination mit trizyklischen Neuroleptika
- Gravidität, Stillzeit
- Kombination mit Pharmaka, die Blutbildungsstörungen hervorrufen können

Wechselwirkungen

- Benzodiazepine: Blutdruckabfall, Herz-/Atemstillstand
- Lithium: Verstärkung zentraler Nebenwirkungen (Neurotoxizität)
- SSRI, Cimetidin: Anstieg des Clozapin-Plasmaspiegels
- Carbamazepin: Störung der Hämatopoese

Patienteninformationen über Neuroleptika/Antipsychotika

Ihre/Ihr behandelnde/r Ärztin/Arzt hat Ihnen psychisch wirksame Medikamente, sogenannte **Neuroleptika** bzw. **Antipsychotika** verordnet. Diese Medikamente tragen entscheidend dazu bei, die Symptome Ihrer Erkrankung, die als **Psychose** bezeichnet wird, zu lindern bzw. zu beseitigen.

- Sie wirken einerseits **beruhigend, entspannend und schlaffördernd** (wie z. B. **Truxal®, Atosil®, Melleril®**), andererseits **günstig auf die quälenden psychotischen Krankheitserscheinungen** (wie z. B. **Haldol®, Fluanxol®, Dapotum®, Zyprexa®, Risperdal®**).

- In der Akutphase der Erkrankung ist häufig eine Kombination aus beruhigend und antipsychotisch wirksamen Neuroleptika (wie z. B. **Truxal®** und **Haldol®**) erforderlich. Dadurch lassen Angst und Erregung nach, ängstigende Stimmen verschwinden, Beeinträchtigungs- und Verfolgungsideen treten in den Hintergrund, der Denkvorgang wird wieder geordnet und die Konzentrationsfähigkeit gebessert.
- **Neuroleptika werden weltweit mit großem Erfolg eingesetzt. Millionen von Psychosekranken wurden mit ihnen behandelt, so daß jahrzehntelange Anwendungserfahrungen vorliegen.**
- **Eine wichtige Eigenschaft der Neuroleptika ist, daß sie weder abhängig noch süchtig machen!**
- Wie bei allen wirksamen Medikamenten können auch unter Neuroleptika – meist vorübergehende – **Nebenwirkungen** auftreten. Diese treten oft früher ein als die eigentliche Heilwirkung, so daß manche Patienten die Medikamente vorzeitig absetzen, was sich auf den Krankheitsverlauf sehr ungünstig auswirken kann. Ihr(e) Ärztin/Arzt versucht in Zusammenarbeit mit Ihnen die Dosierung so zu wählen, daß eine möglichst gute Heilwirkung erreicht wird und dabei möglichst wenig Nebenwirkungen auftreten.
- **Nebenwirkungen, die während der Akutbehandlung vorübergehend auftreten können:**
  - z. B. unter *Haldol®, Fluanxol®, Dapotum®, Zyprexa®, Risperdal®:*
    Unwillkürliche Muskelverspannungen und -verkrampfungen im Nacken-, Zungen- und Schlundbereich, Zittern der Hände, Muskelsteifigkeit, Einschränkung der Beweglichkeit. Diese **absolut harmlosen,** aber z. T. unangenehmen Nebenwirkungen können durch Gabe eines Gegenmittels (*Akineton®)* rasch und zuverlässig behoben werden.
  - z. B. unter *Truxal®, Atosil®, Melleril®:*
    Störungen des vegetativen Nervensystems wie Blutdruckschwankungen, Schwindel, Mundtrockenheit, verschwommenes Sehen, Darmträgheit, Schwierigkeiten beim Wasserlassen.
- Während der Einstellung auf Neuroleptika besteht **keine Fahrtüchtigkeit**, da eine vorübergehende Müdigkeit mit Beeinträchtigung der Reaktionsgeschwindigkeit auftreten kann. Neuroleptika verstärken die Wirkung von **Alkohol. Koffein** und **Nikotin** schwächen die Wirkung von Neuroleptika ab. Die Einnahme von **Drogen** erhöht die Rückfallgefahr erheblich.

- Nach dem Abklingen der akuten Krankheitserscheinungen werden wir Sie sowohl in persönlichen Gesprächen als auch mit zwei weiteren Merkblättern über Ihre Erkrankung, Wirkungsweise der Neuroleptika sowie Nutzen/Risiko einer weiterführenden Therapie aufklären.
- Informieren Sie Ihre(n) Ärztin/Arzt unbedingt über eine bestehende Schwangerschaft oder Kinderwunsch, damit Art und Dosis des Neuroleptikums angepaßt werden können.

Patienteninformationen zur Langzeitbehandlung/Rückfallvorbeugung mit Neuroleptika/Antipsychotika

Bei **Neuroleptika/Antipsychotika** handelt es sich um Substanzen, die in den Stoffwechsel der Botenstoffe im Gehirn eingreifen.

- Bei der Aufstellung eines Behandlungsplanes ist bezüglich der Dosierung und der Zeitspanne der Verabreichung **sorgfältig zwischen Wirkungen und Nebenwirkungen abzuwägen.** Da die Medikamente von Patient zu Patient unterschiedlich wirken können, kann es notwendig sein, einen bereits erstellten Behandlungsplan abzuändern. Eine Änderung der Medikation kann sich bereits nach einigen Tagen als sinnvoll erweisen, in einigen Fällen erst nach Wochen.
  Die optimale Dosis der Medikamente wird anhand gründlicher Beobachtung der Symptome ermittelt. Sind diese abgeklungen, reichen oft wesentlich geringere Wirkstoffmengen („Erhaltungsdosis“) aus, um einem Rückfall vorzubeugen.
- **Nach Abklingen der akuten Erkrankungsphase besteht nämlich ein sehr hohes Wiedererkrankungsrisiko! Ohne medikamentösen Schutz erleiden ca. 70 % aller Patienten im ersten Jahr nach der Entlassung einen Rückfall. Unter konsequenter neuroleptischer Langzeittherapie beträgt das Wiedererkrankungsrisiko dagegen nur ca. 30 %.**
- Nach der Ersterkrankung sollte die Behandlung mindestens **6 Monate bis 2 Jahre** fortgesetzt werden. Nach wiederholten psychotischen Episoden sollte in der Regle eine Langzeitbehandlung **(mindestens 5 Jahre oder länger)** erfolgen.
- Wenn die verordneten Medikamente wirksam sein sollen, müssen sie dem Körper **regelmäßig** zugeführt werden, sei es durch die tägliche Einnahme von Tabletten oder Tropfen oder durch Gabe sog. „Depot“-Spritzen in zeitlichen Abständen von 1 – 4 Wochen.

- Die **Behandlung mit Depot-Injektionen** (z. B. *Haldol-Decanoat®, Dapotum®*) bietet den Vorteil, daß die Einnahme nicht „vergessen" werden kann. Darüber hinaus wird insgesamt weniger Wirkstoff benötigt und dieser regelmäßig an das Nervensystem abgegeben, was wiederum das Nebenwirkungsrisiko verringert.

Nebenwirkungen, die unter einer neuroleptischen Langzeittherapie vorkommen können

- **relativ häufig:** Bewegungseinschränkung, kleinschrittiger Gang, Muskelsteifigkeit, Bewegungsunruhe vor allem in den Beinen, Zittern vor allem in den Händen, vermehrter Speichelfluß, Mundtrockenheit, Schwindel, Müdigkeit, unscharfes Sehen, Erhöhung bestimmter Leberwerte.
- **selten:** Gewichtszunahme, Appetitsteigerung, Schwitzen, Darmträgheit, allergische Hautausschläge, Herzrhythmusstörungen, Blutdruckschwankungen, unsicherer Gang, undeutliche Sprache, Schlafstörungen, innere Unruhe, Depressionen. Außerdem unwillkürliche Muskelbewegungen vor allem im Gesichtsbereich als Folge einer sehr langen und hoch dosierten Therapie.
- **sehr selten:** Schwierigkeiten beim Wasserlassen, Menstruationsstörungen, vermindertes sexuelles Verlangen, Potenzabschwächung, erhöhte Sonnenbrandgefahr, Blutbildveränderungen, Übelkeit.

Abhilfemöglichkeiten bei Nebenwirkungen

- Abwarten, die meisten Nebenwirkungen verschwinden nach einiger Zeit von selbst
- Nicht eigenmächtig absetzen, sondern mit Ihrer/Ihrem Ärztin/Arzt nach Problemlösungen suchen!
- Dosis umverteilen oder verringern, jedoch nur in Absprache mit Ihrer/Ihrem Ärztin/Arzt
- bei Bewegungsstörungen, Muskelsteifigkeit, Zittern, Speichelfluß: Gabe eines Gegenmittels (z. B. Akineton®)
- bei Müdigkeit, niedrigem Blutdruck: Einnahme der Hauptdosis am Abend, Gymnastik, Wechselduschen
- bei innerer Unruhe/Getriebensein: körperliche Bewegung, Sport
- bei erhöhtem Appetit: Meiden kalorienreicher Nahrungsmittel und Getränke

- bei Verdauungsstörungen/Verstopfung: ballaststoffreiche Kost, ausreichende Flüssigkeitszufuhr
- bei Lichtempfindlichkeit der Haut: Sonnenmilch mit hohem Lichtschutzfaktor

18.7 Antidementiva (Nootropika)

- Zentralwirksame Substanzen, die bestimmte Hirnfunktionen Gedächtnis, Konzentrations-, Lern- und Denkfähigkeit verbessern.
- Früher sind hauptsächlich Vasodilatatoren eingesetzt worden, heute werden Substanzen zur Verbesserung des zerebralen Stoffwechsels, der Mikrozirkulation und Calcium-Homöostase bevorzugt (s. Tab. 18.23).
- Neben einer objektivierbaren Vigilanzerhöhung werden neuroprotektive Mechanismen diskutiert.

Merke:

Ein Behandlungsversuch mit Antidementiva/Nootropika sollte mindestens über 3 Monate durchgeführt werden.

- **Hauptanwendungsgebiete** sind die Alzheimersche Krankheit und die zerebrovaskuläre Demenz in leichtgradiger bis mittlerer Ausprägung, nicht schwere Demenzstadien.
- Neben der Therapie mit Nootropika sind mentales Training und ausreichende körperliche Aktivität von Bedeutung.
- Für viele Nootropika fehlt der wissenschaftliche Beweis einer nootropen Wirkung (s. Tab. 18.22)!

Tacrin (Cognex®, Donepezil, Aricept®)

- Cholinomimetische Wirkung durch Hemmung der Acetylcholinesterase (cholinerges Defizit bei M. Alzheimer).
- Gute Wirksamkeit bei leichten und mittelschweren Formen der Alzheimer Demenz.

Tabelle 18.22 Übersicht über die derzeit zur Verfügung stehenden Antidementiva/Nootropika

Vom Bundesinstitut für Arzneimittel und Medizinprodukte (BfArM) im Rahmen der Aufbereitung positiv monographierten und nach dem Arzneimittelgesetz zugelassene Antidementiva:	
Co-dergocrin (Dihydroergotoxin)	Orphol®, Hydergin® u. a.
Meclofenoxat	Helfergin®, Cerutil® u. a.
Donepezil	Aricept®
Nimodipin	Nimotop®
Piracetam	Normabrain®, Nootrop® u. a.
Pyritinol	Encephabol®
Tacrin	Cognex®
Ginkgo biloba	Tebonin®, Rökan® u. a.
Bencyclan	Fludilat®
Buflomedil	Defluina® peri, Bufedil® u. a.
Cyclandelat	Natil®, Spasmocyclon® u. a.
Flunarizin	Sibelium®
Memantin	Akatinol®
Naftidrofuryl	Dusodril®
Nicergolin	Sermion®, Nicerium® u. a.
Nicotinsäurederivate	Complamin® u. a.
Organpräparate	Actihaemyl® u. a.
Pentoxifyllin	Trental®, Durapental® u. a.
Vincamin	Cetal® u. a.
Vinpoetin	Cavinton®
Viquidil	Desclidium®

- **Voraussetzung für die Therapie** sind die fachärztliche Diagnose und Therapiekontrolle sowie die aktive Mitarbeit der nächsten Angehörigen (Überwachung der Einnahme, Mitbeurteilung des therapeutischen Erfolges).

Dosierung

- *Tacrin:* Besonders wichtig ist die Einhaltung der vorgeschriebenen **Dosierungsrichtlinien:**
  - einschleichender Beginn mit 3 x 10 mg/die,
  - bei guter Verträglichkeit stufenweise Erhöhung auf zunächst 4 x 20 mg, dann 4 x 30 mg und schließlich auf 4 x 40 mg, in Abständen von jeweils 4 Wochen.
- *Donepezil:* 5 – 10 mg als tägliche Einmaldosis.

Nebenwirkungen (Tacrin)

- Wesentliche Nebenwirkungen sind ein Transaminasenanstieg, gelegentlich auch Erhöhungen der alkalischen Phosphatase und Bilirubins.
- Wegen der möglichen Lebertoxizität strikte Überwachung der Leberfunktion: Überprüfung der GPT in den ersten 3 Monaten alle zwei Wochen, in den darauffolgenden drei Monaten monatlich, danach einmal pro Quartal.

Kontraindikationen (Tacrin)

- Wichtigste Kontraindikationen sind hepatische Erkrankungen, Ikterus oder ein über 3facher Transaminasenanstieg während einer vorherigen Tacrin-Therapie, Überempfindlichkeit gegen Tacrin, andere Demenzformen und aktuelle unbehandelte Magen-Darm-Ulzera.

Tabelle 18.23 Therapeutisches Vorgehen bei einem Transaminasenanstieg unter Tacrin

GPT im Normbereich < 20 U/l:	• Keine Einschränkungen • Standarddosierungsschema • Standard GPT-Kontrollen
GPT > 20 bis < 60 U/l:	• Dosis nicht erhöhen • Dosis erhöhen, wenn GPT im Normbereich • GPT-Kontrollen wöchentlich
GPT > 60 bis < 100 U/l:	• Dosis erst erhöhen, wenn GPT im Normbereich; wenn länger als 4 Wochen über 60: absetzen • GPT-Kontrollen wöchentlich; nach dem Absetzen: wöchentlich bis GPT im Normbereich • Reexposition bei GPT-Normalisierung
GPT > 100 U/l:	• Absetzen • GPT-Kontrollen wöchentlich bis GPT normal • Reexposition bei GPT-Normalisierung

18.8 Sonstige Psychopharmaka

18.8.1 Psychostimulanzien

- Psychisch anregende, vor allem antriebssteigernde Pharmaka.
- Wirkung: kurzfristige Leistungsstimulation, Unterdrückung des Hungergefühls, in hohen Dosen Euphorie.
- Die heterogene Gruppe umfaßt Koffein, Nikotin, Kokain und Weckamine (Amphetamine).
- Stimulanzien vom Amphetamin-Typ setzen Katecholamine frei und beeinflussen außerdem dopaminerge und noradrenerge Rezeptoren.
- Pervitin (Amphetamin) unterliegt dem Betäubungsmittelgesetz (Suchtgefahr).

Therapeutische Indikationen (nur 2!)

- Narkolepsie
- Hyperkinetische Syndrome bei Kindern; durch Metylphenidat konnte bei psychomotorisch unruhigen Kindern in ca. 70 bis 80 % die Symptomatik verbessert werden.

Nebenwirkungen und Kontraindikationen

- Häufige Nebenwirkungen sind Tachykardie, Schlafstörungen, Ängstlichkeit, Inappetenz, Aggressivität und Psychosen.
- Infolge der Verzögerung des Längenwachstums besteht eine Kontraindikation bei minderwüchsigen Kindern.

Merke:
Hohe Gefahr von Mißbrauch und Abhängigkeit, deshalb strenge Beachtung der Indikationen.

18.8.2 Clomethiazol (Distraneurin®)

- Sedierende, antikonvulsive und hypnotische Eigenschaften.
- **Indikationen:**
  - Hauptindikation ist die Behandlung des Delirs (Alkohol-Entzugsdelir).

- In der Gerontopsychiatrie zur Behandlung therapieresistenter Schlafstörungen.
- Therapie des Status epilepticus, wenn Diazepam, Clonazepam und Hydantoine keine Wirkung zeigen.

Merke:

Wegen Suchtgefahr nur kurzfristige Verordnung (max. 2 Wochen), möglichst nicht ambulant!

Praktische Anwendung

- Dosierung nach dem Sedierungsgrad: Ziel ist eine Sedierung, aus der der Patient jederzeit erweckbar ist.
- Oral als Kapseln oder Mixtur.
- **Alkoholdelir:** initial 3 Kapseln oder 15 ml Mixtur, dann 2 Kps. oder 10 ml Mixtur alle 2 Stunden bis zur ausreichenden Sedierung.
- Infusionstherapie nur unter intensivmedizinischen Bedingungen (Beatmung, EKG-Monitoring).

Nebenwirkungen und Kontraindikationen

- Die wichtigsten Nebenwirkungen sind bronchiale Hypersekretion, Atemdepression und Kreislaufdysregulation.
- **Cave:** Kombination mit Tranquilizern, Hypnotika oder Alkohol.

Merke:

Absetzen innerhalb von 8 bis 14 Tagen wegen des erheblichen Abhängigkeitspotentials (sukzessives Ausschleichen).

18.8.3 Cyproteron (Androcur®)

- Steroidhormon mit antiandrogener und gestagener Wirkung.
- **Indikation:** Begleitbehandlung bei abnormer oder krankhaft gesteigerten Sexualität.
- **Wirkung:** reversible Dämpfung der Triebstärke, jedoch nicht der Sexualdeviation.

- **Nebenwirkungen** sind Müdigkeit, Hemmung der Spermiogenese und Gynäkomastie.
- **Kontraindikationen:** Lebererkrankungen, Thromboembolien, chronische Depressionen und maligne Tumoren.

18.8.4 Disulfiram (Antabus®)

- Enzyminhibitor (über eine Hemmung der Aldehydoxidase wird der Abbau von Äthylalkohol gehemmt) zur medikamentösen Alkoholentwöhnung.
- **Wirkweise:** nach der Einnahme von Alkohol (wenige Gramm) Anreicherung von Acetaldehyd im Blut mit vegetativen Unverträglichkeitsreaktionen: Übelkeit, Brechreiz, Schwindel, Tachykardie.

Merke:

Nur motivierte und informierte Patienten (Gefahr der lebensbedrohlichen Wirkungen: Schock und Atemlähmung) sollten behandelt werden.

- **Voraussetzung** für die Behandlung ist die Entgiftung des Alkoholkranken; in den ersten 10 Tagen wird 1 g/Tag verabreicht, anschließend alle 3 Tage 0,2 bis 0,5 g.
- **Nebenwirkungen:** Kopfschmerzen, Übelkeit, Schwindel, Polyneuropathie, psychotische Episoden.
- **Kontraindikationen:** Diabetes mellitus, schwere Herz- und Kreislauferkrankungen, schwere Leber- und Nierenfunktionsstörungen.

18.8.5 Acamprosat (Campral®)

- Acamprosat verfügt über eine Glutamat (NMDA)-antagonistische Wirkung mit zusätzlicher Beeinflussung der spannungsabhängigen Calcium-Kanäle, dadurch kommt es zu einer Verminderung der neuronalen Erregbarkeit. Strukturanalogon des im ZNS weit verbreiteten Neuromodulator Homotaurinsäure.
- Die Bioverfügbarkeit ist mit ca. 11 % niedrig, die Halbwertzeit beträgt ca. 13 Stunden. Ausscheidung zu ca. 50 % in unveränderter Form durch die Niere.

- **Klinische Wirkung:** Anti-Craving-Substanz, bei einem Teil der Alkoholiker Verminderung von Alkoholrückfällen und Erhöhung der Abstinenzrate.
- **Klinische Zielgruppe:** Alkoholabhängige mit relativ kurzer Abhängigkeitsdauer oder familiärer Belastung mit Alkohol.
- **Therapiebeginn** sofort nach der körperlichen Entgiftung bzw. in den ersten 6 bis 12 Monaten nach dem Alkoholentzug (in dieser Zeit ist die Rezidivrate am größten).
- **Dosierung** bei einem Körpergewicht von über 60 kg: 3 x täglich 2 Tabletten (à 333 mg), bei einem Körpergewicht von unter 60 kg insgesamt 4 Tabletten pro Tag.
- Acamprosat ist sehr gut verträglich, zeigte bislang keine psychotropen Effekte, kein Abhängigkeitspotential und keine Interaktionen mit Alkohol.
- **Nebenwirkungen** sind Diarrhoen, eine Störung der Libido und ein gelegentliches Auftreten von Pruritus.
- **Kontraindikation:** Niereninsuffizienz (lineare Beziehung zwischen Kreatinin-Clearance, Plasma-Clearance und Halbwertszeit von Acamprosat).

18.8.6 Parkinsonmittel

- Beeinflussen das beim Parkinson gestörte Gleichgewicht der Neurotransmitter Acetylcholin und Dopamin.
- **Anticholinergika** wie Biperiden (Akineton) werden zur Behandlung neuroleptikainduzierter Frühdyskinesien und Parkinsonoide eingesetzt.
  - Zu beachten sind ihre euphorisierende Wirkung und delirogene Potenz; v. a. bei Älteren Gefahr von Verwirrtheitszuständen.
- **L-DOPA** kann psychische Nebenwirkungen zeigen: Alpträume, Verwirrtheitszustände und Psychosen.
- **Amantadinsalze** werden v. a. bei akinetischen Krisen eingesetzt: Schlafstörungen, exogene Psychosen und zentralnervöse Übererregbarkeit sind möglich.

Merke:

Delirgefahr bei der Kombination von Parkinsonmitteln mit (trizyklischen) Antidepressiva!

19 Andere biologische Therapieverfahren

19.1 Schlafentzugsbehandlung

- Empirische Beobachtungen der Besserung mancher Depressionen nach zufällig oder absichtlich schlaflos verbrachten Nächten.
- 3 Arten von Schlafentzug:
  - totaler: ganze Nacht,
  - partieller: 2. Nachthälfte,
  - selektiver: Entzug der REM-Phasen.
- **Indikation:** endogene Depressionen (Melancholien).
- In ca. 60 % der Fälle ist diese Therapie erfolgreich:
  - Am Tag nach dem Schlafentzug spürbare Stimmungsaufhellung, die jedoch nur 1 bis 2 Tage anhält.
  - Deshalb wiederholte Durchführung ein- bis zweimal pro Woche, meist in Kombination mit einer Antidepressiva-Standardbehandlung (Überbrückung der Wirklatenz von Antidepressiva).

Beachte:

Am Abend vor dem Schlafentzug keine sedierenden Pharmaka!

19.2 Lichttherapie (Phototherapie)

- **Indikation:** Behandlung saisonaler Depressionen („Herbst/Winter-Depressionen", saisonal abhängige Depressionen = SAD).
- **Leitsymptome** der saisonalen Depression sind vermehrtes Schlafbedürfnis, Gewichtszunahme, verminderte Energie und (oft) Kohlenhydratheißhunger.
- **Lichtquelle:** fluoreszierendes Licht von mindestens 2500 Lux Lichtstärke.
- **Dauer der Anwendung:** ca 2 bis 3 Stunden, täglich für ca. 1 Woche.

- Keine ernsthaften Nebenwirkungen bekannt, gelegentlich Augenbrennen, Kopfschmerzen und Gereizheit.
- Bei gleichzeitiger Therapie mit (trizyklischen) Antidepressiva sind augenärztliche Kontrollen zu empfehlen.

19.3 Elektrokrampftherapie (EKT)

- **Wirkprinzip** ist die Induktion eines generalisierten Krampfanfalles durch eine elektrische Stimulation des ZNS unter kontrollierten Bedingungen.
- **Hauptindikationen:**
  - endogene Depressionen (Therapieresistenz, Stupor),
  - Katatonie (Bei der perniziösen Katatonie [hochfieberhafte Bewegungsstarre] ist die EKT die bislang einzige bekannte lebensrettende Methode!),
  - Therapieresistente Schizophrenie.
- Der genaue **Wirkungsmechanismus** ist noch nicht bekannt. Bei einer richtig gestellten Indikation ist die EKT schnell und gut wirksam.
- Bei **begrenzter Wirkungsdauer** sind wiederholte Anwendungen notwendig: i. d. R. 3 x /Woche (empfohlenes Mindestintervall von 48 Std.) bis zu einer Gesamtzahl von 6 bis 12 Behandlungen/ 2 – 4 Therapiezyklen.
  Üblicherweise werden 10 Anwendungen pro Patient durchgeführt.
- Die **Voraussetzung** für eine EKT-Durchführung ist die Aufklärung und Einwilligung des Patienten.
- **Kontraindikationen** sind erhöhter Hirndruck, frischer Myokardinfarkt und zerebrale Aneurysmen.

Merke:
Keine Kontraindikationen sind höheres Alter, Schwangerschaft, Herzschrittmacher!

Praktische Durchführung

1. **Aufklärung,** Einverständniserklärung (möglichst auch der nächsten Angehörigen).

2. **Voruntersuchungen:** Röntgen-Thorax, EKG, EEG, Blutbild, Elektrolyte, Nierenwerte, Gerinnung, Cholinesterase. Prüfung der Händigkeit.
3. **Absetzen von antikonvulsiv wirkenden Psychopharmaka** (Benzodiazepine, Carbamazepin), möglichst auch von Lithium.
4. **Vorbereitungen:** Der Patient muß zur Durchführung der Narkose nüchtern sein. Zahnprothesen und metallhaltige Schmuckstücke sind abzulegen. Außer dem EKT-Gerät müssen folgende Utensilien auf dem Gerätewagen sein: Nierenschalen, Kompressen, Zellstofftupfer, Aceton, Zungenbißkeil. Patient sollte nochmals zur Toilette gehen, um einem Einnässen während des Krampfanfalles vorzubeugen.
5. Eintrag basaler Puls- und Blutdruckwert im EKT-Protokoll.
6. Durchführung: Elektrische Reizung in der Regel unilateral rechtsseitig (Anästhesist legt Braunüle am linken Arm). Reinigung des Kopfes mit Aceton an den Reizelektrodenstellen.
7. **Elektrodenposition** (siehe Abbildung 19.1).

- Bei der meist bevorzugten d'Elia-Elektrodenposition entspricht die temporale Reizstelle ca. 4 cm oberhalb des Mittelpunktes der

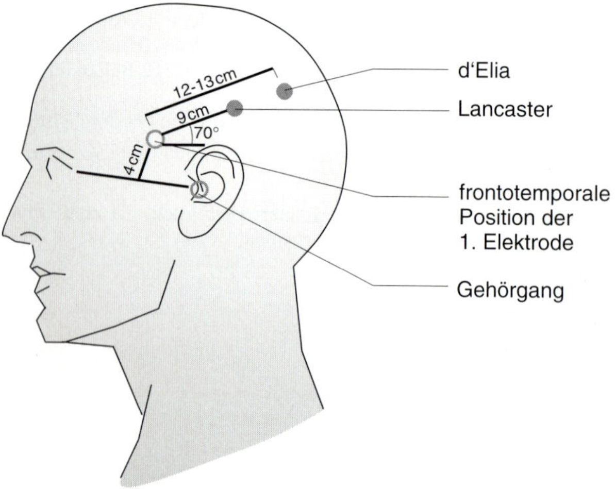

Abb. 19.1 Elektrodenposition bei unilateraler EKT (aus *Sauer* und *Lauter* 1987)

Strecke zwischen Augenwinkel und Tragus. Die zweite Reizstelle sollte paramedian von CZ – also bei Rechtshändern rechts paramedian – liegen. Bei bilateraler Reizung sollten obengenannte temporale Reizstellen beidseits gewählt werden.

- Funktionsprüfung des EKT-Gerätes durch den sogenannten „Alarmtest", den Impedanztest und die Messung des Hautwiderstandes.
- Die Elektroden werden mit einer Erbsenspitze von Gel gleichmäßig bestrichen. Die EEG-Elektroden werden bifrontal, retroaurikulär und am Schulter-Hals-Übergang kontralateral zur Stimulationsseite angelegt.
- Um bei einer unilatralen Elektrodenplazierung trotz der Muskelrelaxation das Auftreten eines generalisierten Krampfanfalles zuverlässig beurteilen zu können, hat sich die **Blutdruckmanschettenmethode** etabliert. Hierbei wird in der Regel am rechten Unterarm eine Blutdruckmanschette auf übersystolische Werte (ca. 300 mm/Hg) aufgepumpt. Das Krampfgeschehen kann so an der nicht-relaxierten, distalen Extremität sicher beurteilt werden.
- **Anästhesie:** Prämedikation mit 0,5 – 1 mg Atropin, Kurznarkose, Muskelrelaxierung, Sauerstoffbeatmung zur Förderung ausreichend langer generalisierter Krampfanfälle.

Auslösen und Verlauf der EKT

- Bei Erstbehandlung: mittlere Stromstärke (z. B. 600 mA) und Reizdauer (4 - 6 Sek.). Der generalisierte Krampfanfall muß mindestens 25 Sekunden dauern. Bei einer kürzeren Krampfdauer sollte die Energie verdoppelt werden, bei einer Krampfdauer über 60 Sekunden sollte die Energie um 10 % reduziert werden.
- In der ersten Stunde nach der EKT sollte der Patient lückenlos überwacht werden (Puls- und Blutdruckmessungen, Befinden). Aufwachphase: Patient kann Zunge herausstrecken oder die Augen öffnen. Nach ca. 3 – 4 Stunden darf der Patient trinken, eine weitere Stunde später essen.

Nebenwirkungen

- Kurzzeitige Gedächtnisstörungen (Stunden bis wenige Tage, fast immer voll reversibel).
- Kurzdauernde, reversible Funktionspsychosen mit Verwirrtheit und Orientierungsstörungen (Häufigkeit unter 0,5 %).

- Die Letalität liegt mit ca. 4 pro 100 000 Behandlungen noch unter dem Mortalitätsrisiko einer Narkose.
- Unter den heutigen modernen Behandlungsbedingungen treten Frakturen, Luxationen oder apnoische Zustände praktisch nicht mehr auf.

Merke:

Mit der Zahl der EKT-Sitzungen erhöht sich in der Regel die Krampfschwelle des Patienten!

19.4 Sogenannte kleine Insulin-Kur

Unterschwellige hypoglykämische Zustände bei sehr begrenztem Indikationsbereich:

- Therapieresistente Hebephrenie.
- Therapieresistente Depressionen.
- Chronifizierte psychovegetative-neurotische Versagenszustände.

19.5 Psychochirurgie

- **Leukotomie** bzw. **Lobotomie:** operative Durchtrennung der Bahnen zwischen Thalamus und Frontalhirn bei akut Psychose-Kranken.
- Zur Zeit in der BRD ohne Bedeutung, Zukunftsperspektiven jedoch bei verbesserten mikrochirurgischen Techniken (z. B. Laserbehandlung).

19.6 Physiotherapie

- Physikalische Maßnahmen als adjuvante Therapie sind in der Psychiatrie ein Bestandteil des Gesamtbehandlungskonzeptes.
- **Bewegungs-** und **Hydrotherapie** sind gut geeignet zur Aktivierung und Stabilisierung der psychovegetativen Labilität und der muskulären Verspannung sowie zur körperlichen „Selbstfindung“.

20 Psychotherapie

20.1 Grundlagen der psychotherapeutischen und psychosomatischen Medizin

- **Definition:** Psychotherapie umfaßt die Behandlung von psychischen und körperlichen Störungen und Krankheiten durch gezielte seelische Einflußnahme unter bewußter Ausnutzung der Beziehung zwischen Arzt und Patient.
- Immense Bedeutung (bei ca. $^1/_3$ aller Patienten spielen seelische Krankheitsfaktoren eine wichtige Rolle), ca. 5 % der Bevölkerung bedürfen einer ambulanten Fachpsychotherapie.
- **Psychosoziale Risikofaktoren:** Streß (Disstreß), Risikopersönlichkeit (Typ A-Verhalten), Life events (kritische Lebensereignisse) als Auslösesituation.

Tabelle 20.1 Problempatienten im ärztlichen Alltag (nach *Ermann* 1995)
• Der **betont unabhängige Patient** mit Neigung zum Dissimulieren und zur Krankheitsverleugnung, was zu mangelhafter Kooperation führt.
• Der **ängstlich-anklammernde Patient,** der den Arzt mit ständigen Versorgungswünschen überfordert.
• Der **depressiv-abhängige Patient** mit dem unausgesprochenen Anspruch, ständig über den Arzt verfügen zu können.
• Der **überheblich-anspruchsvolle (narzißtische) Patient** mit Wunsch nach Bevorzugung, Anerkennung, Bewunderung.
• Der **überangepaßte-ordentliche (zwanghafte) Patient,** der den Arzt kontrolliert und durch untergründige Aggressivität reizt.
• Der **mißtrauisch-abweisende (paranoide) Patient,** zu dem sich schwer eine vertrauensvolle Beziehung herstellen läßt.

- **Arzt-Patient-Beziehung** (Übertragung und Gegenübertragung); „Kollusionsmuster" (nach Willi), z. B. Helfer-Syndrom; stützende und suggestive Wirkung („Droge Arzt"); Balint-Gruppen wichtig zur Bearbeitung von Problemen in der Arzt-Patient-Beziehung.
- **Psychodynamik:** Innerseelische Abläufe, die den Hintergrund des gesunden und gestörten Erlebens und Verhaltens bilden, hauptsächlich basierend auf der Persönlichkeits- und Krankheitslehre der Psychoanalyse.

Indikationen:

- **Psychoreaktive Störungen:** Belastungsreaktionen („Streß-Erkrankung"), somato-psychische Störungen (psychische Reaktionen auf (gravierende) körperliche Erkrankungen (z. B. bei Karzinom- oder Dialyse-Patienten oder in der Transplantationsmedizin)
- **Psychoneurosen:** Angsterkrankungen, Phobien, Zwang, Dysthymie („neurotische Depression")
- **Organneurosen:**
  - dissoziative Störungen (Konversionsstörungen)
  - somatoforme Störungen (Somatisierungsstörung, hypochondrische Störung); somatoforme Schmerzstörung (Psychalgie), z. B. Spannungskopfschmerz, Fibromyalgie
  - psychovegetative Störungen (Neurasthenie = Erschöpfungssyndrom, vegetative Dystonie, funktionelle Störung, somatoforme autonome Funktionsstörung): psychovegetative Symptome als Affektkorrelate (Affektsomatisierung)
- **Psychosomatische Erkrankungen**
- **„Charakterneurosen"/Persönlichkeitsstörungen:**
  - Borderline-Störungen (Ich-Schwäche, Grundstörung des Selbstgefühls, unreife Formen der Konfliktabwehr [„Spaltung"], Instabilität im Erleben, Verhalten und in den zwischenmenschlichen Beziehungen)
  - narzißtische Persönlichkeitsstörungen (unrealistisches Selbstwertgefühl, Selbstbezogenheit)

Voraussetzungen für eine Psychotherapie

- Seitens des **Patienten:**
  - Motivation, Leidensdruck, Introspektionsfähigkeit,
  - Reflexionsfähigkeit (Fähigkeit zur kritischen Selbstprüfung),
  - Frustrationstoleranz, Konfliktbereitschaft, Ausdauer,
  - Beziehungsfähigkeit.

- Seitens des **Arztes/Psychotherapeuten:**
  - Empathie (einfühlendes Verstehen),
  - Emotionale Wärme (Zuwendung),
  - Echtheit des Verhaltens, Fähigkeit zur Distanz und zur affektiven Neutralität.

Grundelemente der Psychotherapie

- Emotionale Beziehung,
- Einsichtsgewinnung, Konfliktbearbeitung,
- Umorientierung,
- Wichtig ist die Herstellung einer vertrauensvollen Basis.

Wesentliche Elemente des psychotherapeutischen Prozesses

- Einsicht gewinnen,
- Emotionale Erschütterung,
- Realistische Zielvorstellung entwickeln,
- Therapeutisch erwünschte Reaktionen durch Training stabilisieren.

Inhaltliche Einteilung

- **„Zudeckende“,** supportive/stützende Psychotherapie,
- **„Aufdeckende“ Psychotherapie (tiefenpsychologisch fundiert),**
- **Experimentell-lernpsychologisch** fundierte Verfahren.

Wissenschaftlicher Wirksamkeitsnachweis für
- Tiefenpsychologisch-psychoanalytische (Kurz-)Psychotherapie,
- Verhaltenstherapie,
- Gesprächspsychotherapie.
- Interpersonelle Psychotherapie.

Tiefenpsychologisch-psychoanalytische Therapieverfahren

- **Vorteil:** Eine die ganze Person umfassende, tiefgründige Perspektive („Daseins-Determinante“).
- **Nachteile:**
  - Die fehlenden empirischen Belege für einen Teil der Hypothesen,
  - Beschränkung auf eng selektierten Personenkreis.

Verhaltenstherapie:

- **Vorteile:** Keine besonderen Anforderungen an Intelligenz oder Introspektionsfähigkeit, geringer Zeitaufwand, Durchführung auch bei geringerer Motivation möglich.
- Empirisch wissenschaftliche Belege.

Kritik

- Fragliche Übertragbarkeit (tier-)experimenteller Befunde auf psychisch Kranke.
- Gefahr der Manipulation und Kontrolle.
- Reine Symptombehandlung ohne Berücksichtigung des zugrundeliegenden Problems.

Gefahren der Langzeitpsychotherapie

- Krankheitsgewinn,
- Verlust der Alltags-Realität,
- Nichterkennen anderer Erkrankungen (somatisch und psychisch).

Mögliche negative Effekte der Psychotherapie

- Exazerbation vorhandener Symptome.
- Auftreten neuer Symptome (Suizidalität, psychotische Dekompensation, maligne Regression).
- Abhängigkeit vom Therapeuten.
- Psychotherapie als Surrogat (Ersatz) für tätiges Handeln im Alltag,
- Setzen unrealistischer Lebensziele.
- Egozentrismus.
- Die negativen Effekte werden v. a. bei einer längeren stationären Psychotherapie beobachtet.

Merke:

Obligat für eine Psychotherapie sind eine sorgfältige Indikationsstellung, das Vorliegen eines behandlungsbedürftigen Krankheitsbildes und eine realistische Therapiezielsetzung.

Tabelle 20.2 Kriterien zur Beurteilung der Prognose und Indikation bei psychoanalytischen Behandlungen (nach *Heigl* aus Ermann 1995)
Phänomenologische Kriterien
• **Art der Symptomatik:** – Langfristige Charakter- und Verhaltensstörungen sind schwer beeinflußbar. – Psychosomatische Patienten (Körpersymptomatik) haben eine geringe Behandlungsmotivation.
• **Krankheitswert der Symptomatik:** – Wenn die Symptomatik die Vitalität und Soziabilität schwer beeinträchtigt, sind Behandlungserfolge schwer erreichbar.
• **Dauer der Symptomatik:** – Je länger die Symptomatik besteht, um so schlechter ist die Behandlungsprognose.
• **Persistenz von Symptomen seit der Kindheit (Primordialsymptome):** – Wenn die Symptomatik eines Erwachsenen schon vor der Pubertät begonnen hat, handelt es sich meist um eine schwer behandelbare Störung.
• **Einstellung des Patienten zu seinen Symptomen:** – Beharren auf der Idee rein körperlicher Krankheitsursachen erschwert die Psychotherapie.
• **Umgang mit der Symptomatik:** – Sekundärer Krankheitsgewinn behindert die Konfliktbearbeitung.
• **Leiden an der Symptomatik:** – Leiden an der realen Behinderung ist prognostisch günstiger zu beurteilen als Leiden an der subjektiven Bedeutung der Behinderung.
• **Art der symptomauslösenden Situation:** – Für schwer behandelbare Störungen spricht, daß sie unter ubiquitären, nur leichten Belastungen entstanden sind.
• **Soziale Bewährung:** – Schwer behandelbare Patienten haben eine geringe Integrationsfähigkeit des Ich; sie erweisen sich allgemein üblichen sozialen Schwellensituationen nicht gewachsen. – Neurotische Bindungen und Partnerschaften behindern die Entwicklungsmöglichkeiten.

Tabelle 20.2 (Fortsetzung)
– Neurotische Familienstrukturen beeinträchtigen die Chancen für Individualbehandlungen.
• **Biologische Gegebenheiten:** – Mit zunehmendem Alter vermindern sich die Entwicklungsmöglichkeiten. – Hohe Intelligenz kann in den Dienst der Psychotherapie gestellt werden. – Begabungen und Talente können kompensatorisch wirken. – Organische Defekte können in den Dienst der neurotischen Abwehr treten.
Strukturelle Kriterien
• **Art des Leidensgefühls:** – Leiden „nur“ an den Symptomen ist ein prognostisch ungünstiges Merkmal (im Gegensatz zum Leiden an den neurotischen Erlebnisbarrieren).
• **Gestörtheit des Selbstwertgefühls:** – Ausgeprägte Kränkbarkeit vermindert die Frustrationstoleranz.
• **Ausmaß illusionärer Riesenerwartungen:** – Magische Erwartungen an den Psychotherapeuten beeinträchtigen die Fähigkeit zur Mitarbeit in der Psychotherapie.
• **Überich- und Ichideal-Struktur:** – Destruktive Selbstkritik erfordert ein besonders behutsames Vorgehen in der Psychotherapie. – Allmachtsphantasien beeinträchtigen die (soziale) Lernfähigkeit.
• **Ichstärke:** – Defizite bezüglich Ichfunktionen schränken die Prognose ein. – Prognostisch günstig wirken ausreichend vorhandene autonome Ichfunktionen, z. B. befriedigende Freizeitgestaltung.

20.2 Psychotherapieverfahren

Therapieformen (nach Dührsen 1996)

- Therapien mit Hilfe des freien Einfalls der Patienten:
  - Psychoanalyse
  - Tiefenpsychologie

Tabelle 20.3 Psychotherapie-Verfahren (aus: *Möller/Laux/Deister* 1996)

	Klassische Psychoanalyse	Verhaltenstherapie	Gesprächspsychotherapie	Krisenintervention
Grundlagen, Methodik, Technik	Bewußtmachung und Bearbeitung unbewußten, verdrängten Materials Nacherleben (früh-)kindlicher Träume Vergangenheitsorientiert	„Beobachtbares Verhalten" Anwendung lern-/experimentalpsychologischer Gesetze „Verlernen" falscher, Erlernen neuer Verhaltensmuster gegenwartsbezogen	Emotionale-persönliche Defizite „Selbstverwirklichung" Verbalisierung von Gefühlen	Unterschiedlich (tiefenpsychologisch, verhaltensorientiert) „Hier und jetzt" (gegenwartsorientiert)
Aktivität des Therapeuten	„Abstinent/neutral-indifferent" (minimal)	Psychoedukativ (groß)	„Non-direktiv" (mittel)	Direktiv-aktiv, beratend, unterstützend-supportiv (groß)
Haupt-indikationen	„Neurosen" Persönlichkeitsstörungen	Phobien Depressionen Zwangsstörungen	Neurosen Psychosomatische Störungen	Aktuelle Lebenskrisen Konfliktreaktionen
Behandlungs-ziele	Aufarbeitung intrapsychischer Konflikte („wo Es war, soll Ich werden") Erkennen unbewußter Motive, Neustrukturierung der Persönlichkeit	Symptomreduktion/-beseitigung Selbstkontrolle Kompetenztraining	Aufbau, Findung, Stabilisierung der eigenen Persönlichkeit	Lösung/Reduktion der aktuellen Krise
Durchschnittliche Behandlungsdauer	Jahre	Monate	Monate	Wochen

- Therapien im Dialog:
  - Dynamische Psychotherapie
  - Gesprächstherapie
  - Stützende Therapie
- Therapien, die in der Indikation mit einer Gruppe ablaufen:
  - Gruppentherapie
  - Familientherapie
  - Paartherapie
- Therapien, bei denen das Leben nachgestellt wird:
  - Psychodrama
  - Gestalttherapie
  - Transaktionsanalyse
- Therapien mit besonderer Körperbezogenheit:
  - Encountergruppen
  - Relaxationsverfahren (Autogenes Training)
  - Konzentrative Bewegungstherapie
  - Atemtherapie
  - Jogaübungen
- Therapieformen, in denen das „Menschsein" schicksalhaft aufgefaßt wird:
  - Daseinsanalyse
  - Schicksalsanalyse
- Therapien, in denen das Neu-Lernen die zentrale Rolle spielt:
  - Verhaltenstherapie
  - Reedukation

20.2.1 „Ärztliches Gespräch", supportive/stützende Psychotherapie

- Keine psychotherapeutische Maßnahme im engeren Sinne, hat jedoch eine psychotherapeutische Funktion.
- Keine eigentliche Methodik, wird durch Erfahrung, Intuition und Persönlichkeit des Arztes geprägt.
- Direktives Vorgehen (psychagogische Behandlung): Vermittlung einer Lebensphilosophie, konkrete Ratschläge etc. Besonders wichtig ist die Distanz zum Problem.
- **Ziele:** aus der Krankheit lernen, Setzen positiver Signale und Verhaltensänderungen, Krankheitsbewältigung (Coping: bewußtes Bemühen, die durch die (körperliche) Krankheit aufgetretenen Be-

lastungen emotional, kognitiv und in praxi zu bewältigen (Bewältigungsstile sind typischerweise: Verleugnung, Schuldzuweisung und depressiver Rückzug).

- **Indikationen:** insbesondere psychovegetative, somatopsychische und „funktionelle“-psychosomatische Störungen.
- Regeln für die **Gesprächsführung** (s. Tab. 20.4).
- **Psychotherapeutisch-psychosomatische Grundversorgung:** allgemeine Psychotherapie als Primärversorgung (für Allgemeinärzte, Nicht-Psychiater); Zwischenglied zwischen ärztlicher Beratung und Fachpsychotherapie. Beinhaltet typischerweise das ärztliche Gespräch, stützende Psychotherapie sowie ein übendes Verfahren (Entspannungsverfahren).

Tabelle 20.4 Regeln für die Gesprächsführung (nach *Ermann* 1995)
• Herstellung einer ungestörten, **gesprächsfördernden Situation** (Zeit, Raum, Geduld)
• **Gleichrangige Beachtung** der somatischen, psychischen und sozialen Aspekte der Erkrankung, bis der Verdacht in Richtung einer bestimmten Ätiologie sich verdichtet (Simultandiagnostik)
• Berücksichtigung der **Krankheitsfolgen und -verarbeitung** im persönlichen, familiären und beruflichen Bereich
• Verwendung **offener Fragen** und Anweisungen: „Wie fühlten Sie sich bei der Vorsorgeuntersuchung?“ – statt: „Hatten Sie bei der Vorsorgeuntersuchung Angst?“
• Beachtung der **Dynamik der Arzt-Patienten-Beziehung,** insbesondere der Besonderheiten der Kommunikation unter der Wirkung von Regression, Übertragung und Kollusion

20.2.2 Entspannungsverfahren

- Wissenschaftlich entwickelte Entspannungsmethoden:
  - Autogenes Training,
  - Progressive Muskelrelaxation nach Jacobson,
  - Biofeedback.
- Suggestion (Auto-, Fremdsuggestion) ist eines der ursprünglichen Heilmittel (Trance-induzierende Techniken).

Progressive Muskelrelaxation

- Nacheinander werden verschiedene Muskelgruppen angespannt und entspannt mit anschließender Ausbreitung der Entspannung über den ganzen Körper.

Autogenes Training (nach Schultz), konzentrative Selbstentspannung

- Autosuggestive Methode mit Umschaltung und Umstimmung der vegetativen Funktionen, die sonst einer Willensbeeinflussung nicht oder nur schwer zugänglich sind.

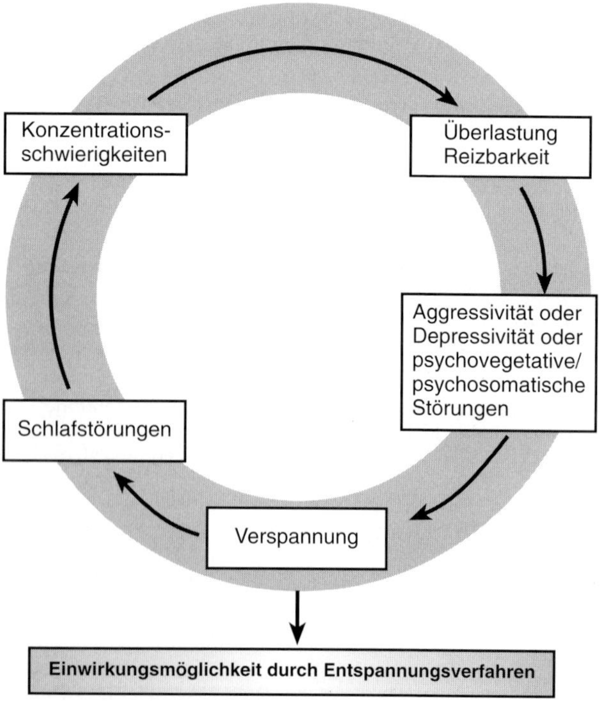

Abb. 20.1 Circulus vitiosus der Verspannungen

- Durchführung in einer bestimmten Körperhaltung (Droschkenkutscher-Haltung oder liegend).

Grundübungen

  - „Unterstufe“: Ruhe-, Schwere-, Wärme-, Herz-, Atem-, Leib- (Sonnengeflecht) und Kopfübungen (s. Tab. 20.5),
  - „Oberstufe“: formelhafte Vorsatzbildung (meditatives Verfahren).

- **Ziel:** Unterbrechung des Kreises der verspannungbedingten Symptome.

Tabelle 20.5 Schematische Übersicht der AT-Übungen (aus: *J. H. Schultz*, „Das autogene Training“, Thieme, 19. Aufl., 1991)

Angenehmes Sitzen bzw. Liegen		
Augen schließen und Einstimmen		
Übungen im völligen Stillschweigen		
Wortlaut der Übung:	**Häufigkeit (etwa):**	**Gebiet:**
Ich bin ganz ruhig	einmal	
Der rechte (linke) Arm ist ganz schwer	sechsmal	Muskeln
Ich bin ganz ruhig	einmal	
Der rechte (linke) Arm ist ganz warm	sechsmal	Blutgefäße
Ich bin ganz ruhig	einmal	
Atmung ganz ruhig/es atmet mich	sechsmal	Atmung
Ich bin ganz ruhig	einmal	
Herz schlägt ganz ruhig und kräftig	sechsmal	Herz
Ich bin ganz ruhig	einmal	
Sonnengeflecht strömend warm	sechsmal	Leiborgane
Ich bin ganz ruhig	einmal	
Die Stirn ist angenehm kühl	sechsmal	Kopf
Ich bin ganz ruhig	einmal	
„Zurücknehmen“: Fäuste machen, Arme anziehen, durchatmen, Augen auf		

- **Erfolgskontrolle:** Wärmeempfinden (Messung der Temperatur).
- **Hauptindikationen** sind vegetative Regulationsstörungen und funktionelle/psychosomatische Störungen.

Hypnose

- **Fremdsuggestive Methode:** der Betreffende wird mit bestimmten Suggestionen in einen Zustand der Trance versetzt, um anschließend mit weiteren Suggestionen bestimmte Veränderungen vorzunehmen.
- **Voraussetzung** ist die Suggestibilität des Patienten.
- Durch einen schrittweise aufgebauten hypnotischen Prozeß werden Bewußtseinseinengung, Erschlaffung der Muskulatur und Erweiterung der Blutgefäße induziert.

Merke:

Während des Hypnose-Zustandes bleibt Gesprächskontakt erhalten, das EEG zeigt ein Wachmuster: Hypnose ist kein schlafähnlicher Zustand.

- **Indikation** ist die Akutbehandlung einzelner Symptome (Kopfschmerzen, Angst, Zittern, Konversionsstörungen);
- Der Wirkungseintritt erfolgt rasch, die Wirkungsdauer ist aber begrenzt.

Biofeedback

- Erlernen der willentlichen Kontrolle über vegetative Körperfunktionen mittels elektronischer Geräte zum Hörbar- und Sichtbarmachen der Körperfunktionen.
- Beeinflussung des Herzschlags, Lockerung der Muskulatur und Steigerung der Durchblutung möglich.

20.2.3 Klientenzentrierte Gesprächspsychotherapie (nach *K. R. Rogers*)

- Eines der Verfahren der „humanistischen Psychologie“. Im Mittelpunkt stehen das Erleben und das Ziel, die positiven Kräfte des Menschen herauszuarbeiten und die fehlende Erfahrung einer grundsätzlichen Bejahung der eigenen Person zu vermitteln.

- **Theorie:** Entwicklung bestimmter Symptome und Störungen (Depression, Angst, Unsicherheit, negatives Selbstbild) dann, wenn Menschen Akzeptanz, emotionale Verstärkung und Zuwendung nur unter bestimmten Voraussetzungen bekommen.
- **Erforderliche Therapeuten-Variablen** (menschliche Qualitäten des Therapeuten):
  - Unbedingte Akzeptanz und emotionale Wertschätzung,
  - Echtheit,
  - Empathie.
- **Therapieziel:** Selbstklärung der Gefühle, Wünsche und Vorstellungen des „Klienten" („Hilfe zur Selbsthilfe").
- Der Therapeut unterstützt die Bemühungen des Patienten um die Selbständigkeit in der Lösung seiner Probleme.
- **Therapeutischer Erfolg** in ca. 50 %.
- Zu den Verfahren der humanistischen Psychotherapie zählen u. a. die Gestalttherapie nach F. Perls, die Bioenergetik nach A. Lowen und die Transaktionsanalyse nach E. Berne (tiefenpsychologische Kommunikationstherapie).

20.2.4 Interpersonelle Psychotherapie (IPT)

- Eine Form der Kurzzeitpsychotherapie, die besonders für die Depressionsbehandlung entwickelt wurde.
- Verbindet psychoanalytische, verhaltenstherapeutische und kommunikationstheoretische Ansätze, oft kombiniert mit Psychopharmakotherapie (Antidepressiva).
- Betont die Bedeutung zwischenmenschlicher Probleme (Partnerschaftskonflikte, Verlusterlebnisse); intrapsychische Prozesse werden weniger beachtet.
- **Ziel:** Symptomreduktion mit der Besserung der sozialen Kompetenz und Erweiterung der zwischenmenschlichen Beziehungen.
- **Therapiedauer:** ca. 12 bis 16 Wochen.

IPT-Techniken

- Unterstützung des Patienten bei der Klärung emotionaler Zustände sowie Realitätsüberprüfung der aktuellen Wahrnehmungs- und Verhaltensweisen zur Verbesserung der interpersonalen Kommunikation.
- Fokussierung auf aktuelle Probleme.

Tabelle 20.6 Phasen bei der Durchführung der interpersonellen Psychotherapie (nach *Klerman* et al. 1984)

Phase	**Therapieschritte**
Anfangsphase	Vermittlung der Diagnose Information über Depressionen (Epidemiologie, Symptome, Behandlung und Prognose) Anerkennung der Krankenrolle Festlegung einer medikamentösen Behandlung Untersuchung aktueller Beziehungen Benennung der interpersonellen Konflikte Therapeutisches Arbeitsbündnis Festlegung der Ziele, des zentralen Konfliktfeldes
Mittlere Phase	Bearbeitung des Konfliktfokus Trauerreaktion Interpersonelle Konflikte Rollenveränderungen Interpersonelle Defizite
Beendigungsphase	Bearbeitung der Trennung und der Abhängigkeit

Behandlungsphasen (s. auch Tab. 20.6)

- **Anfangsphase** (1. bis 3. Sitzung): Identifizierung der Hauptproblembereiche.
- **Mittlere Phase** (4. bis 13. Sitzung): Fokussierung und Bearbeitung des relevanten aktuellen Problembereichs.
- **Endphase** (14. bis 16. Sitzung): Zusammenfassung des Behandlungsverlaufs, Thematisierung des Abschieds.

20.2.5 Psychoanalytische Therapie (klassische Psychoanalyse)

- Die Psychoanalyse ist einerseits eine Theorie zur Erklärung psychologischer und psychopathologischer Phänomene, andererseits ein psychotherapeutisches Verfahren.
- Die Basis der Theorie ist die Annahme, daß entscheidende Determinanten des menschlichen Verhaltens unbewußt sind.

- **3 Instanzen der Persönlichkeit:**
  - Es (Triebe, „Lustprinzip"),
  - Ich („Realitätsprinzip"),
  - Über-Ich (Gewissens-Instanz).
- Nach *S. Freud* ist Sexualtrieb (Libido) der entscheidende Primärtrieb.
- **Phasen der psychosexuellen Entwicklung:**
  - Orale Phase (1. Lebensjahr),
  - Anale Phase (2. und 3. Lebensjahr),
  - Phallisch-ödipale Phase (4. und 5. Lebensjahr) und
  - Genitale Phase (ab Pubertät).
- **Neurosen:** ungelöste, verdrängte frühkindliche Konflikte, die durch eine auslösende Situation reaktiviert werden.
- **Neurotische Symptome:** mißlungene Lösungsversuche, als Ersatz für einen verdrängten Konflikt.

Merke:

Konflikte zwischen den Persönlichkeitsinstanzen gibt es bei jedem Menschen.

- **Abwehrmechanismen** zur Neutralisierung der teilweise unbewußten Tendenzen und Vermeidung der Bewältigungsprobleme: Projektion, Rationalisierung, Konversion (Somatisierung), Sublimierung, Verschiebung, Regression, Identifikation, Reaktionsbildung (Überkompensation).
- **Indikationen:** Neurosen, Persönlichkeitsstörungen und psychosomatische Erkrankungen.
- **Kritik:** Patienten-Selektion: **„YAVIS"** = **Y**oung, **A**ttractive, **V**erbal, **I**ntelligent, **S**ocial/successful; hoher, kostenträchtiger Aufwand; umstrittene Effektivität.

Technik der Psychoanalyse

- Tiefenpsychologische Anamnese bzw. psychoanalytisches Erstinterview.
- Klassische Standardverfahren unter festgelegten äußeren Rahmenbedingungen („Setting"): der Patient liegt auf der Couch, der Analytiker sitzt hinter ihm. Mehrjährige Behandlungsdauer.

- Die Grundregel der Behandlung ist die „freie Assoziation“: die Aufforderung an den Patienten, alles zu sagen, was ihm einfällt unter dem dynamischen Gesichtspunkt, daß alles Verhalten triebbestimmt ist.
- **Therapieziel:** Bewußtmachung (Aufdeckung) der pathogenen biographischen Elemente mittels der Analyse von Übertragung und Widerstand.
- **Abstinenzregel** für den Analytiker: Sich enthalten der Äußerung eigener Meinungen und Meidung der Kontaktaufnahme mit dem Patienten und seinen Angehörigen außerhalb der Therapie.
- **Übertragungsneurose:** in der therapeutischen Situation Wiederbelebung infantiler Gefühle v. a. gegenüber primären Bezugspersonen und Übertragung der frühkindlichen Erfahrungen auf den Therapeuten.

Merke:

Übertragung ist ein allgemeines sozialpsychologisches Phänomen: Ein meist in der Kindheit erworbenes Einstellungs- und Interaktionsmuster wird in einer aktuellen Beziehung (z. B. Arzt-Patient) wiederholt.

- **Widerstand** von seiten des Patienten gegen das Bewußtwerden unangenehmer Gefühle und Impulse: Schweigen, Vermeiden bestimmter Themen, Unwesentliches wird berichtet, die Therapiestunden versäumt.
- **Therapeutische Aufgaben des Psychoanalytikers:** Deutung des Materials aus freien Assoziationen, Träumen, dem Widerstand, dem Übertragungsgeschehen und aus Fehlhandlungen.
- **Gegenübertragung:** Gesamt der Einstellungen, Gefühle und Reaktionsweisen des Therapeuten gegenüber dem Patienten.

20.2.6 Individualpsychologie A. Adlers

- Bedeutung der angeborenen „Organ-Minderwertigkeit“ (z. B. Mißbildungen) und der aus pathogenen frühkindlichen Erziehungseinflüssen resultierenden Frustrationen und Minderwertigkeitsgefühlen.

- Als Kompensation bzw. Überkompensation Entstehung eines starken Geltungstriebes und übertriebenes Machtstreben.

20.2.7 Analytische Psychologie *(C. G. Jung)*

- **„Kollektives Unbewußtes“:** Libidoerweiterung als allgemeine Energiequelle der Seele und des persönlichen Unbewußten.
- Das kollektive Unbewußte beinhaltet nach *Jung* Sinnbilder von uralten, sich immer wiederholenden Lebenssituationen und Problemen (= Arche-Typen).
- In der Therapie soll der Patient durch einen Individuationsprozeß wieder Anschluß an diese Tiefen finden, um zu einem eigentlichen Selbst wiederzufinden. Die Patienten werden zu produktivem Gestalten aufgefordert.

20.2.8 Psychoanalytische Kurztherapie – Verfahren

Modifikation der psychoanalytischen Standardmethode:

- **Dauer:** 10 bis 40 Stunden, die Behandlung wird im Sitzen durchgeführt, das Vorgehen des Therapeuten ist aktiver und gezielter.
- Die Therapie ist auf einen zentralen Konflikt fokussiert.
- Regression und Übertragung spielen keine große Rolle, Deutung und Wiederstandsanalyse werden nur in bezug auf den aktuellen Konflikt eingesetzt.
- **Bekannteste Formen:** analytische Fokaltherapie und dynamische Psychotherapie.

20.2.9 (Analytische) Gruppenpsychotherapie

- Meist heterogene Patientengruppe („geschlossen“ oder „offen“, 7 bis 9 Patienten), dadurch Förderung des therapeutischen Prozesses durch unterschiedliche neurotische Struktur, Problematik und sozioökonomischen Status.
- Dauer: 1 bis 3 Jahre, Sitzungsfrequenz 1 Doppelstunde pro Woche.
- Grundregel: „freie Interaktion“.

- „Multipersonale Übertragung“.
- **Vorteile:** Die Gruppe ist ein viel realistischeres Abbild der äußeren sozialen Situation des Patienten als die „künstliche Situation“ der Einzeltherapie, sie ist kritischer Spiegel und Stütze zugleich. Ökonomischer (Versorgungspraxis).
- **Kontraindikationen** für eine Gruppentherapie: Ich-schwache-Patienten sowie leicht kränkbare mit eloquent-selbstgefälliger Fassade.
- **Gefahr:** Faszination durch das emotionale Klima der Gruppensituation → „Flucht in die Gruppe“, Entstehung neuer, ungünstiger Partnerschaften; Überschätzung der Möglichkeiten einer Gruppentherapie.

20.2.10 Paar- und Familientherapie

- Veränderungen beim einzelnen sollen durch die Beachtung und Bearbeitung der Dynamik familiärer Beziehungen bewirkt werden.
- **Familientherapeutische Grundregeln:** „Alle sollen offen über alle Themen miteinander sprechen, vor allem über die bisher vermiedenen Themen.“ Der Therapeut fungiert primär als Vermittler eines Familiendialogs, ermöglicht die Begegnung.
- Wesentlicher Teil der Behandlung ist die Bearbeitung der entstandenen Übertragungs- und Gegenübertragungs-Reaktionen.
- Hohe Anforderungen an Motivation und Veränderungsbereitschaft (ein- bis zweiwöchige Sitzungen über 2 – 3 Jahre!).
- Die strategische Familientherapie basiert auf dem systemischen Ansatz, vor allem unter Anwendung sogenannter paradoxer Interventionen.
  - Systemischer Ansatz: „Das Ganze ist mehr als die Summe seiner Teile“, gestört ist nicht nur der einzelne, sondern auch die Beziehungen im System, der jeweilige Kontext bestimmt die Beziehungen im System.

20.2.11 Psychodrama

- Psychotherapeutisches Rollenspiel. Der Patient stellt mit Hilfe der Gruppe ein Problem aus seinem Leben dar.

20.2.12 Verhaltenstherapie (VT)

- Die Verhaltenstherapie auf experimentalpsychologischen Erkenntnissen, insbesondere der Lernforschung. Das aktuelle, beobachtbare Verhalten des Patienten steht im Vordergrund.
- Paradigma der klassischen, instrumentellen oder operanten Konditionierung („Lernen am Erfolg“) und des Modellernens.
- Neurotisches Verhalten ist fehlerhaft erlerntes Verhalten.
- **Therapieziel:** „Umlernen von falsch Gelerntem“ bzw. „Neuerlernen von Nicht-Gelerntem“.
- **Typisch:** strikte Planung der einzelnen Therapieschritte, eine lehrerähnliche Aktivität des Therapeuten und aktiv übende Mitarbeit des Patienten.

Prinzipien

- **Klassische Konditionierung:** ein ursprünglich neutraler Reiz wird zum spezifischen Auslöser („Pawlowscher Hund“).
- **Operantes Lernen** (positive Verstärkung, Lernen am Erfolg): Beeinflussung des künftigen Verhaltens durch Belohnung oder Bestrafung.
- **Aversion:** ein aversiver Reiz wird direkt an ein unerwünschtes Verhalten gekoppelt.
- **Löschung:** ein Verhalten wird durch das Ausbleiben positiver Konsequenzen reduziert.
- Grundlage einer Verhaltenstherapie ist die **Verhaltensgleichung nach Kanfer (SORKC),** mit der das Verhalten des Patienten erfaßt wird.
  - **S** = situative Reize (Umweltfaktoren, die das Verhalten bedingen)
  - **O** = Organismusvariablen (biologische Faktoren)
  - **R** = Reaktionen, Symptome, Verhalten
  - **K** = Verstärkungsplan
  - **C** = Konsequenz (positiv/negativ)
- **Multimodale Verhaltenstherapie nach Lazarus:** Integration vieler unterschiedlicher Methoden.

Konkrete Therapieplanung

- Beschreibung des Problems.

Bezeichnung der Phase	wichtige Ziele
1. Eingangsphase: Schaffung günstiger Ausgangsbedingungen	• Rollenstrukturierung • Bildung einer kooperativen Arbeitsbeziehung (=„therapeutische Allianz“) • Beginn der problembezogenen Informationssammlung („Screening“ von Eingangsbeschwerden und -erwartungen; erste Überlegungen zu therapeutischen Ansatzpunkten) • optimale Gestaltung der „äußeren“ Therapiesituation
2. Aufbau von „Änderungsmotivation“ und vorläufige Auswahl von Änderungsbereichen	• Nutzung von „inhärenten“ Motivationsbedingungen des Selbstmanagement-Konzepts • Reduktion von Demoralisierung und Resignation • Einsatz spezieller Motivierungsstrategien • erste Ansätze einer „Ziel- und Werterklärung“ • (vorläufige) sachliche und motivationsabhängige Auswahl von Änderungsbereichen
3. Verhaltensanalyse und funktionales Bedingungsmodell	• situative Verhaltensanalyse (von der Makro- zur Mikro-Ebene) • Kontextuelle Verhaltensanalyse (von der Mikro- zur Makro-Ebene) • Erstellung eines (vorläufigen) funktionellen Bedienungsmodells
4. Vereinbaren therapeutischer Ziele	• Klären von Therapiezielen • gemeinsame Zielanalyse • Konsens über therapeutische Zielperspektiven
5. Planung, Auswahl und Durchführung spezieller Methoden	• Planung spezieller Maßnahmen (auf Basis der Informationen aus den Phasen 1 bis 4) • Entscheidung über spezielle Interventionen • Durchführung der Maßnahmen
6. Evaluation therapeutischer Fortschritte	• kontinuierliche therapiebegleitende Diagnostik • Prä-/Post-Evaluation • „zielabhängige“ Evaluation des Einzelfalls
7. Endphase: Erfolgsoptimierung und Abschluß der Therapie	• Stabilisierung und Transfer therapeutischer Fortschritte • Arbeit an restlichen therapeutischen Ansatzpunkten bzw. Bearbeiten neuer therapeutischer Ziele • Erlernen von „Selbstmanagement“ als Prozeß • Endigen/Ausblenden der Kontakte • Abschluß-„Feedback“ • Vorbereitung von „Follow-Up“ bzw. von Katamnesen
„Follow-Up“/ Katamnese	

Abb. 20.2 Prozeßmodell/Strategie der Verhaltenstherapie

- Problem- oder Verhaltensanalyse mit dem Ziel die verursachenden Bedingungen von Reaktionen bzw. die Lerngeschichte unerwünschter Verhaltensweisen zu ermitteln.
- Definition der Behandlungsziele.
- Erklärung der Behandlungsprinzipien und Festlegung der Evaluierung in Form von Fragebögen oder durch „Hausaufgaben".
- Mittels Verhaltensanalyse Erfassung
  - der aktuellen Funktionskette: Auslösung – Verhalten – Konsequenzen und
  - der funktionale Reiz-Reaktions-Zusammenhänge.

Tabelle 20.7 Bestandteile des verhaltenstherapeutisch-orientierten Interviews
• Problembeschreibung
• Entwicklung und Auslöser
• Genaue Beschreibung des Problemverhaltens
• Kontext: Situation, familiäre und partnerschaftliche Beziehungen, Körperkrankheiten
• Aufrechterhaltende bzw. fördernde Faktoren
• Vermeidungsverhalten
• Bewältigungsstrategien
• Krankheitsmodellvorstellungen, Meta-Analysen
• Psychosoziale Situation

Behandlungsmethoden

1. Aneignungstechniken (z. B. Lernen am Modell), Selbstsicherheitstraining).
2. Beseitigungstechniken (z. B. systematische Desensibilisierung, Reizüberflutung).
3. Kognitive Therapieverfahren.

Systematische Desensibilisierung

- Ein konditionierter Stimulus wird an einen mit Angst unvereinbarten Zustand (körperliche Entspannung) gekoppelt, wodurch die Angst abgebaut wird.

Tabelle 20.8 Die wichtigsten Verhaltenstherapie-Verfahren

• **Kognitive Verfahren** – Kognitive Therapie nach A. T. Beck – Rational Emotive Therapie nach A. Ellis
• **Training der sozialen Kompetenz** (Selbstsicherheitstraining)
• **Techniken der Stimuluskontrolle** – Systematische Desensibilisierung (in vivo, in sensu) – Reizüberflutungstherapie (Flooding) – Löschung – Paradoxe Intervention
• **Techniken der Konsequenzkontrolle** – Löschung – Verstärkung – Aversionstherapie („Bestrafungsverfahren") – „Time-out"
• **Lernen am Modell**
• **Techniken der Selbstkontrolle** – Gedankenstopp – Selbstbeobachtung

- **Prinzip:** Entspannung und Angst sind zwei unvereinbare physiologisch inkompatible Zustände.
- **Zeitlicher Therapieverlauf:**
  - 1. Erstellen einer Angsthierarchie.
  - 2. Entspannungstraining (Senkung des allgemeinen Energieniveaus).
  - 3. Vorstellung des am wenigsten angstauslösenden Objektes im entspannten Zustand.
  - 4. Steigerung der Angsthierarchie unter körperlicher Entspannung und konkrete Konfrontation mit beängstigendem Objekt.

Reizüberflutungstherapie (flooding)

- Eine Angsthierarchie wird erstellt und der Patient sofort dem maximal angstauslösenden Reiz ausgesetzt (Expositions- oder Konfrontationsbehandlung).
- Folge ist die Löschung der Kopplung von Angstreiz und -reaktion sowie Umgehen des Vermeidungsverhaltens.
- Es ist wichtig, so lange in der Situation zu bleiben, bis die Angst nachläßt (dem Vermeidungsverhalten entgegenwirken).

Aufbau der sozialen Kompetenz (Training sozialer Fertigkeiten, Selbstsicherheitstraining)

- In Gruppen, häufig mittels Rollenspielen, durchgeführtes Kontakttraining.
- Ziel: Entwickeln eigener Ansprüche (sich erlauben, welche zu haben), Äußerung und Durchsetzung dieser Ansprüche sowie Erlernen des selbstsicheren Verhaltens.

Kognitive Therapieverfahren

- Die Entstehung und Aufrechterhaltung von psychischen Störungen hängt mit dysfunktionalen Annahmen zusammen: gelernte, rea-

Tabelle 20.9 Aus falschen Grundüberzeugungen (Annahmen) abgeleitete kognitive Fehler (Irrtümer) und therapeutische Intervention im Rahmen der kognitiven (Verhaltens-)Therapie

Grundüberzeugung	kognitiver Fehler	Intervention
Schlußfolgerungen, ohne hinreichende Beweise bzw. Belege (Evidenzen)	Willkürliche Schlußfolgerung	Evidenzen überprüfen
Einseitige Interpretation einer Situation auf der Basis eines akzentuierten (negativen) Details	Selektive Verallgemeinerung	Protokollieren und Identifizieren der vergessenen Erfolge
Verallgemeinerung einzelner (negativer) Aspekte und Übertragung dieser auf andere Situationen	Übergeneralisierung	Aufdecken der mangelhaften Logik
Negative Überbewertung der Mißerfolge oder Abwertung der Erfolge	Maximierung und Minimierung	Selbstverbalisationen zur Selbstverstärkung
Übertriebenes Verantwortungsgefühl für negative Ereignisse	Personalisierung	Reattribuierung
Extreme Bewertungskategorien: „Schwarz-Weiß-Denken“	Dichotomes Denken	Demonstration, daß kontinuierliche Ereignisse abstufbar sind
Immer an das Schlimmste denken bzw. das wahrscheinliche Eintreten desselben befürchten	„Katastrophisieren“	„Entkatastrophisieren“ (Vermittlung realistischer Wahrscheinlichkeiten)

litätsinadäquate, unlogische, verzerrte und übergeneralisierte Denkmuster und Bewertungsprozesse.
Tab. 20.9 zeigt von falschen Grundannahmen abgeleitete kognitive Irrtümer und deren therapeutische Intervention.

- Von Bedeutung ist das Führen von **Tagesprotokollen negativer** (automatisch ablaufender) **Gedanken** (s. Tab. 20.10).
  - Der Patient lernt die Selbstbeobachtung von Affektäußerungen,
  - Anschließend werden „automatisch ablaufende" Gedanken zu den negativ erlebten Situationen und den damit verbundenen Emotionen in Bezug gesetzt.
  - Schließlich werden alternative Denk- und Empfindungsmuster erwogen.
- Die „Umattribuierung" richtet sich gegen Selbstabwertungen bzw. einseitige Interpretation des Patienten.
- Weitere Beispiele der kognitiven Umstrukturierung: Distanzierung, positive Umdeutung, Herausforderung.
- „Rational-emotive Therapie" (RET nach Ellis): Abbau irrationaler Denkmuster.
- Kognitive Verhaltenstherapie bei Depressionen (nach Beck et al.).

Selbstbeobachtung

- Die wichtigste Methode ist die Selbstbeobachtung mittels Tagebuch oder Verhaltensdiagrammen.
- **Ziel:** bestimmtes Verhalten mittels verschiedener Techniken selbst steuern, Beeinflussung des nachfolgenden Verhaltens durch Kontrolle und Veränderung von Reizen, die für das Fehlverhalten verantwortlich sind.
- Umgebungstraining oder Verfahren zur Reizkontrolle haben sich bei der Therapie von Übergewichtigen bewährt.

Gedankenstopp

- Selbstkontrolltechnik zur Unterbrechung des unerwünschten Grübelns und Gedanken.
- **Voraussetzung** für die Verhaltenstherapie ist die aktive Mitarbeit des Patienten (Hausaufgaben, Tagebuch/Protokoll).
- **Indikationen:** Angst- und Panikerkrankungen, Phobien, Zwangs- und Eßstörungen, bei Depressionen kognitive Verhaltenstherapie.

Tabelle 20.10 Tagesprotokoll negativer Gedanken (modif. nach *Hautzinger* et al. 1988)

Datum	Situations-Beschreibung	Gefühl(e)	Automatische Gedanken	Rationalere Gedanken	Ergebnis
	Aktuelle Ereignisse, die zu unangenehmen Gefühlen führen. Gedanken, Tagträume usw., die zu unangenehmen Gefühlen führen.	Genau angeben (Angst, Wut usw.) Einschätzen von 0 – 100 %	Die automatischen, negativen Gedanken angeben, die dem Gefühl vorausgingen. Wie gültig sind diese Gedanken? Einschätzen von 0 – 100 %	Rationale Reaktion auf automatische Gedanken aufschreiben. Wie gültig sind diese rationaleren Gedanken? Einschätzen von 0 – 100%	Gefühle nach den rationaleren Gedanken angeben und einschätzen.
Beispiel 1:					
Denke an all die Dinge, die zu tun sind (Haushalt, Tochter, Arbeit, Wohnung)		Niedergeschlagen, hoffnungslos (85)	Wie soll ich das bloß schaffen? Sicher geht alles schief. Ich weiß nicht, wie das alles geht.	Ich habe das doch früher auch gemacht. Ich war sogar froh, wenn mir niemand dreingeredet hat. Immer der Reihe nach.	Ausweglos, noch etwas verzweifelt (30)
Beispiel 2:					
Anruf von H. (getrennt lebende Ehefrau)		Zum Heulen, leer, deprimiert (100)	Ich kann ohne sie nicht leben. Was soll bloß werden? So ist das Leben wertlos.	Es tut zwar weh, doch früher war ich auch glücklich ohne sie. Die Wunde ist noch zu frisch, doch ich werde es schon schaffen.	Leer, deprimiert (60)

Integriertes psychologisches Therapieprogramm für schizophrene Patienten (IPT nach *Brenner* und Mitarbeitern)

- Verhaltenstherapeutisches Gruppenprogramm zur Verbesserung der kognitiven, sozialen und Problemlöse-Fertigkeiten.
- Die Gruppe umfaßt 4 bis 8 Patienten, Therapiedauer 2 bis 3 Wochen, Sitzungsfrequenz 30 bis 90 Minuten.
- **Therapie in kleinen Schritten:**
  - 1. Einübung kognitiver Grundfunktionen (Konzentration, Merkfähigkeit).
  - 2. Korrektur der Defizite im Sozialverhalten.
- **Ziele** der kognitiven Therapie **bei Schizophrenen:**
  - Verringerung und klarere Strukturierung von Informationen,
  - Reizabschirmung,
  - Wiedererlangung von Alltags-Kompetenz,
  - affektkontrollierte Interaktion mit Mitmenschen,
  - Erkennen von Frühsymptomen eines Rezidivs.

21 Soziotherapie und psychiatrische Rehabilitation

- Bedeutung sozialer Faktoren für Entstehung, Verlauf und Therapie psychischer Krankheiten.
- Beziehung zwischen psychischen Erkrankungen und Gesellschaft.
- Einstellung der Öffentlichkeit zum psychisch Kranken.

Merke:
Jede psychiatrische Erkrankung ist auch ein soziales Problem.

Tabelle 21.1 Bereiche und Einrichtungen der Soziotherapie

Bereich	**Einrichtung**
Vollstationäre Versorgung	Psychiatrische Krankenhäuser
Teilstationäre Versorgung	Tages- und Nachtkliniken
Ambulante Behandlung	Niedergelassener Nervenarzt Ärztlicher oder psychologischer Psychotherapeut Institutsambulanz
Komplementäre ambulante Dienste	Sozialpsychiatrischer Dienst Sozialpsychiatrisches Zentrum Begegnungsstätte Tageszentrum Selbsthilfegruppe Patientenclub
Betreutes Wohnen	Einzelwohnung Wohngruppe Wohngemeinschaft Übergangswohnheim (Langzeit-)Wohnheim Familienpflege

In den letzten Jahrzehnten erfolgte eine Wandlung der psychiatrischen Krankenhäuser von Pflegeanstalten zu Akut-Behandlungseinrichtungen.

Einrichtungen der gemeindenahen Psychiatrie („community psychiatry")

- Bevölkerungsnahe, dezentralisierte institutionale Versorgung.
- Betreuung der psychisch Kranken in Wohnortsnähe (z. B. psychiatrische Abteilungen an Allgemeinkrankenhäusern) und unter Beibehaltung der sozialen Bezüge.

Sozioökonomische Bedeutung psychischer Erkrankungen

- Ca. 750 000 Krankschreibungen in den allgemeinen Krankenversicherungen werden mit einer psychiatrischen Erkrankung begründet; die tatsächliche Zahl liegt darüber, bei vielen Patienten mit gemischten somatischen und psychischen Beschwerden wird eher die körperliche Symptomatik als Begründung angegeben.
- Am häufigsten führen neurotische Störungen zu Arbeitsunfähigkeit, gefolgt von endogenen Psychosen und Alkoholabhängigkeit (s. Tab. 21.2).
- Endogene Psychosen führen am häufigsten zu Krankenhauseinweisungen, gefolgt von Alkoholabhängigkeit und neurotischen Störungen.
- Jeder 6. Rentenantrag wird auf eine psychische Erkrankung zurückgeführt, oft wird jedoch bereits der Eintritt in das Berufsleben durch eine psychische Erkrankung verhindert.

Tabelle 21.2 Häufigkeit der Arbeitsunfähigkeitsfälle nach psychiatrischen Diagnosen
• Neurosen
• Endogene Psychosen
• Alkoholabhängigkeit
• Funktionelle Störungen
• Psychogene Reaktionen
• Akute exogene Psychosen
• Persönlichkeitsstörungen
• Demenzen

Kostenträger soziotherapeutischer Maßnahmen

Die wichtigsten Institutionen sind:

- gesetzliche und private Krankenversicherung,
- Träger der Rentenversicherung,
- Träger der Unfallversicherung,
- Versorgungsämter, Fürsorgestellen,
- Träger der Sozialhilfe, Bundesanstalt für Arbeit.

Behinderung durch psychiatrische Erkrankungen

- **Primäre Behinderung:** unmittelbar krankheitsbedingte Einschränkung.
- **Sekundäre Behinderung:** individuelle und soziale Reaktion auf Umstände des Krankseins.
- **Soziale Behinderung:** niedrigeres Niveau sozialer Interaktionen, als es vom jeweiligen Individuum üblicherweise erwartet werden kann.

Behandlungskette der soziotherapeutischen Maßnahmen

- Verbindung zwischen stationärer Behandlung, teilstationärer Betreuung sowie ambulanten und präventativen Maßnahmen.
- In Abhängigkeit vom Patienten stehen strukturierende, ausgleichende, anregende oder betreuende Aspekte im Vordergrund.
- **Prinzip der kleinen Schritte:** Herstellung und Aufrechterhaltung einer Balance zwischen (sozialer und arbeitsmäßiger) Über- und Unterstimulation, Vermeidung der Überforderung und Frustration des Patienten

21.1 Institutionen der psychiatrischen Versorgung

21.1.1 Vollstationäre Versorgung

Psychiatrische Landes-/ Bezirkskrankenhäuser

- Sie leisten den Schwerpunkt der stationären psychiatrischen Versorgung.

- Jedes Krankenhaus befindet sich in einem definierten Versorgungsgebiet und hat Aufnahmeverpflichtung.
- Für ein Standardversorgungsgebiet werden ca. 0,6 – 0,8 psychiatrische Betten auf 1000 Einwohner angenommen.
- Die Arzt-Patient-Relation beträgt in der stationären Psychiatrie ca. 1:9.

Tabelle 21.3 Vollstationäre psychiatrische Behandlungseinrichtungen
• **Psychiatrische Fachkrankenhäuser** (Landes- und Bezirkskliniken) in der Trägerschaft der Bundesländer und nachgeordneter Träger
• **Psychiatrische Universitätskliniken** in der Trägerschaft der Bundesländer
• **Fachkliniken für Kinder- und Jugendpsychiatrie** (einschließlich Universitätskliniken)
• **Psychiatrische Abteilungen an Allgemeinkrankenhäusern** in kommunaler oder karitativer bzw. privater Trägerschaft
• **Fachkliniken für Gerontopsychiatrie**
• **Fachkliniken für psychisch kranke Rechtsbrecher** (Forensische Psychiatrie)
• **Fachkliniken für Suchterkrankungen**

21.1.2 Teilstationäre Versorgung

Tagesklinik

- Eine Therapieform, die an meist 5 Wochentagen für eine begrenzte Zeit des Tages durchgeführt wird.
- Es werden Patienten mit allen psychiatrischen Erkrankungen behandelt, die Aufenthaltsdauer beträgt ca. 2 bis 3 Monate.
- Diese Behandlung ermöglicht eine Kombination von erhaltenem sozialen Umfeld und intensivem therapeutischen Prozeß.

Nachstationäre Behandlung

- Versorgung von Patienten mit psychotischen Erkrankungen und hohem Rezidivrisiko.

Nachtklinik

- Tagsüber gehen die Patienten einer regelmäßigen beruflichen Beschäftigung nach.

21.1.3 Ambulanter Versorgungsbereich

Praxis eines niedergelassenen Nervenarztes

- Behandlung der Patienten mit psychiatrischen und neurologischen Grunderkrankungen.
- Ca. 2,4 Millionen Patienten/Jahr werden in einer nervenärztlichen Praxis behandelt, auf 32 000 Einwohner kommt 1 Arzt.

Institutsambulanzen

- Behandlung „schwieriger", besonders rückfallgefährdeter Patienten. Spezialangebote (z. B. „Gedächtnis-Sprechstunde").
- Direkte räumliche Verbindung mit den psychiatrischen Krankenhäusern.

Sozialpsychiatrische Dienste

- Ambulante Beratung, Versorgung und Nachsorge.
- Von Gesundheitsverwaltungen (Gesundheitsämtern) und freien Wohlfahrtsverbänden getragen.

Prävention (nach *Kaplan)*

- **Primärprävention** zur Verhinderung des erstmaligen Auftretens psychischer Störungen.
- **Sekundärprävention** zur möglichst frühen Erfassung und Behandlung psychischer Störungen.
- **Tertiärprävention** zur Begrenzung der Folgen der chronischen Auswirkungen psychischer Störungen und Krankheiten.

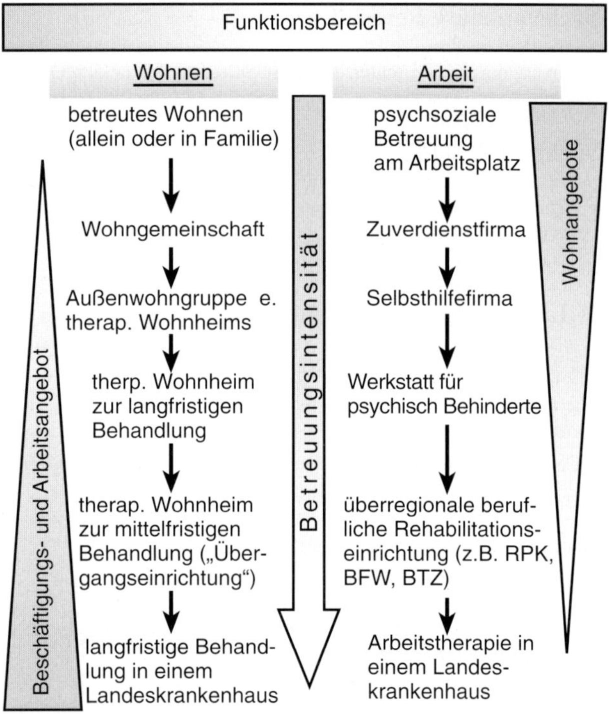

Abb. 21.1 Das gegliederte System der außerstationären Versorgung (nach *Rössler* et al. 1992)

Soziale Heilung:

- Volle Erwerbstätigkeit auf dem vor Erkrankungsbeginn erreichten bzw. angestrebten Niveau.

Einrichtungen mit Kontaktfunktion

- Aufsuchen jederzeit, ohne besondere Anmeldung möglich; z. B.: Tagesstätten, sozialpsychiatrische und gemeindepsychiatrische Zentren, Patientenclubs und ähnliche Einrichtungen.

21.2 Spezielle soziotherapeutische Maßnahmen

Milieugestaltung

- Schaffung einer an reellen Bedingungen orientierten Umgebung.
- Wichtige Aspekte sind die Lage der Einrichtung, eine wohnliche Atmosphäre sowie Möglichkeiten der Selbstgestaltung des Umfeldes.

Therapeutische Gemeinschaft

- Aktive Partnerschaftsrolle des Patienten durch die Zusammenarbeit mit dem Pflegepersonal und Ärzten.
- Schaffung eines tragfähigen Kontaktes, Erkennen gesunder Anteile und Anstoßen von Selbsthilfegruppen.

Ergotherapie (Beschäftigungs- und Arbeitstherapie)

- **Beschäftigungstherapie**
  - Basisprogramm im stationären, teilstationären und ambulanten Bereich.
  - Wichtiger Bestandteil bei der Erhaltung einer eigenständigen Lebens- und Haushaltsführung.
  - **Ziele:** Üben kognitiver Fähigkeiten, Verbesserung der Kommunikationsfähigkeit, Stärkung des Selbstvertrauens, Ausdauertraining, Förderung von Kreativität, Tagesstrukturierung.
- **Arbeitstherapie**
  - Vorbereitung auf ein selbstständiges berufliches Leben, auf die Werkstatt für Behinderte oder spezielle berufsfördernde Maßnahmen.
  - Therapieziel ist die Förderung von Ausdauer, Durchhaltevermögen, Sorgfalt, Pünktlichkeit und Umstellungsfähigkeit.
  - Spezielle Formen der Arbeitstherapie sind Arbeitstraining und Belastungserprobung.

Beratung und Betreuung durch den Sozialdienst

- Wichtigste Funktion ist die frühzeitige Erfassung und Analyse der sozialen Situation des Patienten mit Erkennung der Gefährdung sowie Beratung im Umgang mit Behörden, Versicherungen, Arbeitgebern usw.

Angehörigenarbeit

- Ärztliches Gespräch mit Angehörigen,
- Angehörigengruppen,
- Einrichtungen zur Angehörigenselbsthilfe.

Künstlerische und kreative Angebote

- Steigerung des Selbstvertrauens, Abbau der Isolation, Vermittlung des Gefühls für erhaltene und gesunde Anteile der Persönlichkeit.
- Beispiele: Tanz- und Bewegungstherapie, Musiktherapie, Maltherapie, Theatergruppen.

Soziotherapeutische Angebote im Bereich des Wohnens

- Betreute Einzelwohnungen, Wohngruppen, Wohngemeinschaften, Übergangswohnheime, Wohnheime, Familienpflege usw.
- Tagesstrukturierende Maßnahmen sind die Grundlage aller Wohnbereich-Einrichtungen.

Rehabilitative Angebote für den beruflichen Bereich

Merke:
Rehabilitative Maßnahmen sollten bereits bei einer „drohenden Behinderung" eingesetzt werden.

- Stufenweise Wiederaufnahme der Arbeit im Anschluß an eine voll- oder teilstationäre psychiatrische Behandlung.
- Beschützende Werkstatt für psychisch Behinderte, wenn andere berufliche Rehabilitationsversuche nicht mehr möglich sind.
- Ziel: dauernde Arbeitsmöglichkeit, die den eingeschränkten Fähigkeiten entspricht.

22 Psychiatrische Notfalltherapie

Die **wichtigsten psychiatrischen Notfälle** sind:

- Erregungszustände,
- akute Suizidalität,
- delirante Syndrome,
- Bewußtseinsstörungen,
- Drogennotfälle (Intoxikationen).

Merke:
Praktisch jeder Arzt wird zu irgendeinem Zeitpunkt mit psychiatrischen Notfällen konfrontiert.

Allgemeine Grundregeln

- Die **Behandlung** orientiert sich an der akuten Symptomatik. Besonders wichtig ist die Ursachenabklärung.
- **Mögliche Ursachen** sind:
  - psychiatrische,
    neurologische und
  - internistische Erkrankungen sowie
  - Medikamenten-Nebenwirkungen.
- Die Basis der Behandlung ist das **ärztliche Gespräch** mit einem ruhigen und professionellen Auftreten. Bei ausbleibendem Erfolg werden medikamentöse Maßnahmen eingeleitet.
- Sehr wichtig ist die **Fremdanamnese:** Beobachtung des Umfeldes und Angaben der Angehörigen.
- Gelegentlich ist eine **„Geschäftsführung ohne Auftrag"** notwendig: ein Handeln ohne ausdrückliche Zustimmung des Patienten zur sofortigen Gefahrenabwehr mit jedoch anschließender Schaffung einer rechtlichen Grundlage.

22.1 Erregungszustände

- **Leitsymptome** sind eine ziellose Steigerung von Antrieb und Psychomotorik, affektive Enthemmung und Kontrollverlust.
- **Folge** können unvermittelte Gewalttätigkeiten sein.
- **Vorkommen** im Rahmen psychiatrischer und somatischer Erkrankungen möglich.

Ursachen

- **Wichtigste psychiatrische Ursachen:**
  - Manien,
  - Schizophrene Erkrankungen (z. B. erregte Katatonie),
  - Agitierte Depression,
  - Akute Belastungsreaktion,
  - Persönlichkeitsstörung,
  - Minderbegabung.

Organische Ursachen:

- Hirnorganische Störungen (z. B. zerebrovaskuläre Prozesse, Epilepsie),
- Endokrine Störungen (z. B. Hyperthyreose),
- Intoxikationen,
- Rauschzustände.

Therapie

- In der akuten Situation Versuch eines **beruhigenden Gesprächs** („talk down").
- **Medikamentöse Behandlung der Erregungszustände:**
  - Niederpotente Neuroleptika sind **Mittel der Wahl,** z. B. Levomepromazin (z. B. Neurocil®). Dosis: initial i. m. 25 – 50 mg; 2 – 3malige Wiederholung in Abständen von 30 Minuten ist möglich. Eine Tagesdosis von 200 mg sollte nicht überschritten werden. Oral um ca. 50 % höher dosieren.
    Bei Erregungszuständen im Zusammenhang mit **Alkohol- oder Schlafmittelintoxikation** und insbesonders bei geriatrischen Patienten (weniger Kreislaufnebenwirkungen) hochpotente Neuroleptika z. B. Haloperidol (z. B. Haldol-Janssen®). Dosis: Initial i. m. oder i. v. 5 – 10 mg; 1 – 2malige Wiederholung im Abstand von 30 Minuten ist möglich. In ersten 24 Stunden sollten nicht mehr als 50 mg (parenteral) bzw. 100 mg (oral) gegeben werden.

– Bei **ausgeprägter Angst** (z. B. Panikattacken oder „Horrortrip") Diazepam (z. B. Valium®). Dosis: 5 – 20 mg akut i. v. oder oral, maximal bis 60 mg.

Merke:
Bei Erregungszuständen durch Intoxikation mit Alkohol, Drogen oder Medikamenten sind Benzodiazepine und auch niederpotente Neuroleptika kontraindiziert. Hier ist Haloperidol das Mittel der Wahl.

22.2 Akute Suizidalität

Zur **Abwendung der Suizidalität** sind entscheidend wichtig:

- Erkennung der Krisensituation,
- Abschätzung des Ausmaßes der Krise,
- adäquate Krisenintervention.

Merke:
Auch „demonstrative Suizidalität" ist ein Notfall.

Therapie

- Aufbau einer Vertrauensbasis im ärztlichen Gespräch,
- Geduldiges Zuhören mit ausreichend Zeit,
- Ernstnehmen des Patienten,
- **Pharmakotherapie:** dämpfende Psychopharmaka (Levomepromazin, Diazepam, Doxepin etc.),
- Oft ist die Einweisung in eine psychiatrische Fachklinik sinnvoll.

22.3 Delirante Syndrome (akute organische Psychose)

Leitsymptome sind:

- Desorientiertheit,
- Verkennung der Umgebung,

- Halluzinationen (v. a. optische),
- Unruhe (bis hin zur starken Erregung).

Ursachen

- Alkohol- oder Medikamentenentzug,
- Bei Allgemeinerkrankungen,
- Einnahme zentralwirkender Pharmaka.

Therapie

- **Bei vital bedrohlichem Zustand** ist eine stationäre Therapie in einer Fachklinik notwendig: Mittel der Wahl ist Clomethiazol (Distraneurin).
- Als **ambulante Notfallmedikation** wird Haloperidol eingesetzt.

Merke:

Im ambulanten Bereich ist Clomethiazol nicht zu empfehlen (Suchtgefahr!).

22.4 Bewußtseinsstörungen

Quantitative Einschränkungen der Wachheit (Bewußtseinshelligkeit):

- Leichte Benommenheit,
- Somnolenz (Schläfrigkeit),
- Sopor,
- Koma (Bewußtlosigkeit).

Ursachen sind:

- Zentralnervöse Erkrankungen (Raumforderungen, Entzündungen, vaskuläre Störungen),
- Systemische Erkrankungen (Infektionskrankheiten, metabolische und endokrine Störungen),
- Medikamente oder Drogen (Alkohol, Heroin, Barbiturate, Benzodiazepine).

Therapie

- Die Behandlung befolgt zunächst die allgemeinen Prinzipien der Notfalltherapie:
  - Stabilisierung von Atmung und Herz-Kreislauf-Funktionen,
  - Flüssigkeitszufuhr, Elektrolytausgleich...
- Die weiterführenden Maßnahmen richten sich nach der zugrundeliegenden Ursache.
- **Qualitative Bewußtseinsänderungen** (z. B. Epilepsie, Drogen-Psychosen) bedürfen ebenfalls einer stationären Therapie. Bei zusätzlicher starker Erregung werden Haloperidol und Diazepam verabreicht.

22.5 Drogen-Notfälle

- **Leitsymptome:**
  Delirante Bilder, Erregungszustände und Bewußtseinsstörungen kommen vor.
- **Ursachen:**
  - Akute Intoxikationen,
  - Entzugserscheinungen,
  - Psychotische Reaktionen (z. B. Horrortrip)!
- **Diagnostik:**
  Besondere Bedeutung kommt der Beachtung der häufig vorhandenen Polytoxikomanie, der Fremdbeobachtung und rascher Urin-/Plasma-Spiegelbestimmung („Screening“, Drogen-Schnelltest) zu.
- **Therapie:**
  Die Behandlung muß unter **stationären Bedingungen** (Medizinische Klinik-Intensivstation oder psychiatrische Fachklinik) durchgeführt werden. Sie richtet sich nach der vorherrschenden Symptomatik.
- **Opiat/Heroinvergiftung:** Intubation, Beratung, $^1/_2$ – 2 Ampullen Naltrexon (Halbwertszeit/Wirkungsdauer beachten!).
- **Amphetamin-Intoxikation:** Nifedipin, Benzodiazepine, Kühlung.
- **Trizyklische Antidepressiva-Intoxikation:** Physostigmin (nicht wenn QRS > 12 ms/bei Herzrhythmusstörung!), Natriumbikarbonat.

- **Benzodiazepin-Intoxikation:** Gabe von Flumazenil (Problem: kurze Halbwertszeit!).
- **Alkoholintoxikation:** selten, cave Benzodiazepine (Atemstillstand!), eventuell Apomorphin (Erbrechen!), vor allem talk down!
- **Opiatentzug:** Keine Todesfälle; bis 1,6 mg Clonidin pro die (hemmt Noradrenalinfreisetzung).
- **Alkoholentzug:** Gabe von Clomethiazol, wenn mehr als 15 Punkte in der CIWA (Clinical Institute Withdrawal Assessment Alcohol).
- **Ecstasy-Überdosierung:** Erschöpfung, Kreislaufkollaps (extremes Schwitzen, eine starke Flüssigkeitszufuhr löst Gefahr eines Hirnödems infolge Wasserintoxikation aus), Leberversagen....
- **Codein + Alkohol:** Heroin-ähnliche Wirkung!

22.6 Das katatone Syndrom

- Charakteristisch sind **Störungen der Motorik:** entweder stuporöse Symptome oder ausgeprägte Erregung.
- Durch das Hinzutreten von Fieber und vegetativen Symptomen entsteht eine **vitale Bedrohung:** perniziöse (febrile) Katatonie und malignes neuroleptisches Syndrom. Sie sind selten und oft sehr schwer voneinander zu unterscheiden, bedürfen jedoch einer unterschiedlichen Behandlung **(„Katatones Dilemma“).**
- Die **perniziöse (febrile) Katatonie** tritt im Rahmen schizophrener Psychosen auf.

Akuttherapie

- Intensiv-medizinische Maßnahmen,
- Neuroleptika-Gabe,
- evtl. frühzeitige Elektrokrampftherapie (kann lebensrettend sein)!

22.7 Malignes neuroleptisches Syndrom

- Das maligne neuroleptische Syndrom tritt bei weniger als 1% der mit Neuroleptika behandelten Patienten auf.
- Im Labor fallen Erhöhungen von CK, Transaminasen und alkalischer Phosphatase auf.

- **Hauptsymptome:**
  - Fieber,
  - Rigor,
  - Autonome Dysfunktion: Tachykardie, labiler Blutdruck, Diaphorese,
  - Störung der mentalen Funktionen,
  - Stupor,
  - Koma.
- **Assoziierte Symptome:**
  - Tremor,
  - Akinese,
  - Dystonie,
  - Speichelfluß,
  - Tachypnoe.

Therapie

- Sofortiges Absetzen der Neuroleptika,
- Gabe von Benzodiazepinen und Dantrolen (Muskelrelaxation),
- Intensivmedizinische Betreuung und Überwachung.

23 Konsiliarpsychiatrie

- Bei ca. 30 bis 60 % der stationären Patienten in Allgemeinkrankenhäusern finden sich diagnostizierbare psychische Krankheiten. In nur einem geringen Prozentsatz wird eine psychiatrische Konsultation veranlaßt (in den USA in ca. 1 %).
- Hauptgründe hierfür sind u. a.:
  - Hemmungen seitens vieler Patienten, Angehörigen oder Ärzte, einen Psychiater zu konsultieren.
  - Mangelhaftes Wissen über psychiatrische Krankheiten.
- In Krankenhäusern mit günstigen Voraussetzungen für eine erfolgreiche Zusammenarbeit ist die Konsultationsrate höher.

Merke:

Nicht oder unsachgemäß behandelte psychische Erkrankungen verlängern die Behandlungsdauer und erhöhen die Behandlungskosten. Eine psychiatrische Konsultation kann zur Reduktion der Mortalität und Morbidität, der Verkürzung der Aufenthaltsdauer und Verminderung der Behandlungskosten beitragen. Viele Körperkrankheiten weisen eine psychische Co-Morbidität auf!

Die häufigsten psychiatrischen Diagnosen bei somatisch Kranken

1. Depression: 14 – 50%
2. Mißbrauch psychotroper Substanzen: 7 – 31%
3. Persönlichkeitsstörungen: 5 – 22%
4. Anpassungsstörungen: 5 – 19%
5. Mentale Erkrankungen: 12 – 19%
6. Keine psychiatrische Diagnosen: 12 – 15%
7. Angsterkrankungen: 1 – 12%
8. Somatoforme Störungen. 1 – 5%
9. Schizophrenie: 1 – 5%

Merke:
Von entscheidender Bedeutung ist, daß der Konsiliar-Psychiater die somatischen Krankheiten bzw. die Differentialdiagnose der psychischen Störungen sehr gut kennt.

Praktisches Vorgehen

- Komplette psychiatrische und körperliche Untersuchung (v. a. Neurostatus)
- Studium der Krankenunterlagen (Akte, Kurve)
- Falls erforderlich, Empfehlungen von radiologischen und Laboruntersuchungen
- Erwägung der Differentialdiagnose: somatisch?/neurologisch?/psychisch?

Tabelle 23.1 10 Empfehlungen für eine effektive psychiatrische Konsultation (nach *Goldman* et al. 1983)
1. Fragestellung; nötigenfalls sich beraten lassen.
2. Festlegung der Dringlichkeit: dringend, Routine, Verlauf (Entwicklung).
3. Fortbildung: Wiederholen der alten und Sammeln der neuen Informationen.
4. Kurze und klare Anordnungen.
5. Spezifische Orientierung: zielgerichtet.
6. Plan für unvorhersehbare Fälle bereitstellen; potentielle Probleme einkalkulieren.
7. Auf dem eigenen Gebiet bleiben, nicht die ganze Patientenbetreuung übernehmen.
8. Taktvolles Handeln: Berichte und Informationen sollten persönlich übermittelt werden.
9. Direkter persönlicher Kontakt, besonders bei kritischen oder potentiell kontroversen Empfehlungen.
10. Kontroll-/Verlaufsuntersuchungen während des stationären Aufenthaltes; Veranlassung der ambulanten Weiterbetreuung.

- Diagnosestellung unter Berücksichtigung anamnestischer Angaben, Symptome, Grundkrankheit, Untersuchungsergebnisse und epidemiologischer Kenntnisse
- Berücksichtigung der biologischen, psychologischen und sozialen Aspekte des Patienten
- Falls notwendig, Einleitung der geeigneten Psychotherapie
- Therapieempfehlung (Psychopharmaka-Verordnungsplan)
- Begleitung des Patienten während der Hospitalisation und danach (Nachuntersuchung)
- Empfehlung für die Zeit nach der Entlassung bzw. Besserung

Anhang

24 Juristische Aspekte in der Psychiatrie

24.1 Geschäftsfähigkeit

Geschäftsunfähigkeit (§ 104 BGB)

- Geschäftsunfähig ist
  - wer das siebente Lebensjahr nicht vollendet hat,
  - wer sich in einem die freie Willensentscheidung ausschließenden Zustand krankhafter Störung der Geistestätigkeit befindet, sofern der Zustand seiner Natur nach ein vorübergehender ist.
- Die Voraussetzungen sind erfüllt, wenn eine psychische Störung von erheblichem Ausmaß und längerer Dauer vorliegt.
- Rechtsgeschäfte sind dabei null und nichtig.
- Eine Geschäftsunfähigkeit muß stets positiv bewiesen werden, bloße Zweifel reichen nicht aus.

Merke:

Keine verminderte Geschäftsfähigkeit, jedoch eine partielle oder hinsichtlich der Gegenstände beschränkte Geschäftsfähigkeit.

Nichtigkeit der Willenserklärung (§ 105 BGB)

- Die Willenserklärung eines Geschäftsunfähigen ist nichtig.
- Nichtig ist auch eine Willenserklärung, die im Zustand der Bewußtlosigkeit oder einer vorübergehenden Störung der Geistestätigkeit abgegeben wird.
- Bewußtlosigkeit (Bewußtseinstrübung) und vorübergehend gestörte Geistestätigkeit umfassen Phasen endogener Psychosen, Delirien, Dämmer-, Rauschzustände etc.

Testierunfähigkeit (§ 2229 BGB)

- Die Fähigkeit zur Abfassung eines rechtswirksamen Testaments ist nicht gegeben, wenn der Betreffende wegen einer krankhaften Störung der Geistestätigkeit, wegen Geistesschwäche oder wegen einer Bewußtseinsstörung nicht in der Lage ist, die Bedeutung einer von ihm abgegebenen Willenserklärung einzusehen und nach dieser Einsicht zu handeln.

24.2 Betreuungsgesetz (BtG)

Es ersetzte am 1. 1. 1992 das Vormundschafts-/Pflegschaftsgesetz. Dadurch sind die Entscheidungsmöglichkeiten der Betroffenen weniger eingeschränkt.

§ 1896 BGB

- § 1896 BGB regelt die **Voraussetzungen** für die Einrichtung einer Betreuung.
  - Vorliegen einer psychischen Krankheit oder einer körperlichen, geistigen oder seelischen Behinderung.
  - Der Betroffene kann infolge dessen teilweise oder ganz seine Angelegenheiten nicht besorgen.
  - Eine Betreuung ist erforderlich.
- Die Betreuung wird auf Antrag des Betroffenen oder vom Amts wegen veranlaßt.
- Die Betreuungsnotwendigkeit wird unabhängig von der Geschäftsfähigkeit geprüft.

Merke:

Trennung von Betreuungsvoraussetzungen und Geschäftsfähigkeit.

Einwilligungsvorbehalt (§ 1903 BGB)

- Zur Abwendung einer erheblichen Gefahr für die Person oder das Vermögen des Betreuten benötigt dieser zu einer Willenserklärung der Einwilligung des Betreuers.

- Ein Einwilligungsvorbehalt kann als Beschränkung der Geschäftsfähigkeit bzw. der persönlichen Autonomie verstanden werden.
- Darunter können nicht gestellt werden:
  - Eheschließung,
  - Testamentserrichtung,
  - rechtlicher Vorteil durch Willenserklärung.
- Bei Geschäftsunfähigkeit entfällt das Einwilligungsvorbehalt.

Einwilligungsfähigkeit

Tabelle 24.1 Checkliste zur Beurteilung der Einwilligungsfähigkeit (nach *Neubauer* 1993)

Der Patient leidet	
1.	an einer psychiatrischen Erkrankung.
1.1	an einer organischen einschließlich symptomatischen psychischen Störung.
1.2	an einer psychischen und Verhaltensstörung durch psychotrope Substanzen.
1.3	an einer affektiven Störung, die so schwer ist, daß er jede Behandlung ablehnt.
1.4	an einer Schizophrenie, schizotypen oder wahnhaften Störung.
1.5	an einer schweren oder schwersten Intelligenzminderung.
2.	Der Patient verhält sich so, als könne er eine Wahlmöglichkeit nicht nutzen.
3.	Der Patient versteht die gegebenen Informationen nicht in vollem Umfang wirklich.
4.	Der Patient kann wegen der Erkrankung die verstandene Information für eine realitätsbezogene, vernünftige und angemessene Entscheidung nicht nutzen.
5.	Der Patient hat keine wirkliche Einsicht in die Natur seiner Situation und seiner Behandlung.
6.	Die geplante Behandlungsmaßnahme erfordert ein überdurchschnittliches Maß an Verständnis.

- **Natürliche Einwilligungsfähigkeit:** der Patient verfügt über die Reife und Fähigkeit, die Tragweite des ärztlichen Eingriffs zu ermessen und danach zu entscheiden.

Merke:

Ärztliche Eingriffe sind Körperverletzungen und Eingriffe in das Persönlichkeitsrecht der Selbstbestimmung. Deshalb Einwilligung nach Aufklärung!

Aufklärung des Patienten

- Vor einem ärztlichen Eingriff muß der Patient über folgende Punkte aufgeklärt werden:
  - Folgen einer Behandlung samt Folgen von Behandlungsalternativen
  - Risiken der Behandlung (häufig = > 1 %, typische Nebenwirkungen)
  - Folgen einer Nichtbehandlung
- Bei Einwilligungsunfähigkeit eines Betreuten kann der Betreuer die Einwilligung mit der Genehmigung des Vormundschaftsgerichtes erteilen.
- Ohne gerichtliche Genehmigung darf die Erteilung der Einwilligung nur erfolgen, wenn mit Aufschub Gefahr verbunden wäre.
- Ein Notfall (auch die akute Verschlechterung eines psychischen Krankheitsbildes) erlaubt ärztliches Handeln ohne gerichtliche Genehmigung.

Merke:

Bei Einwilligungsfähigkeit muß die Entscheidung des Patienten immer respektiert werden, selbst wenn er sich selbst gefährdet.

Betreuungsverfahren

Zuständig für das Betreuungsverfahren ist das Amtsgericht (Vormundschaftsgericht) des „gewöhnlichen Aufenthaltes“.

1. Persönliche Anhörung des Betroffenen durch den Richter,

2. Gutachten eines Sachverständigen: Psychiater oder in der Psychiatrie erfahrener Arzt,
3. Einheitsentscheidung: Gericht richtet eine Betreuung ein, bestellt den Betreuer, definiert die Aufgabenkreise, ggf. Einwilligungsvorbehalt und Überprüfungszeit (spätestens nach 5 Jahren).

Kernbereiche der Betreuung:

- Aufenthalt,
- ärztliche Behandlung,
- Vermögensangelegenheiten.

Einstweilige Anordnung (Eilentscheidung):

- Beim Vorliegen dringender Gründe (mit Aufschub Gefahr verbunden) rasche Einrichtung einer Betreuung.
- Dauer höchstens 6 Monate mit Verlängerungsmöglichkeit auf 1 Jahr.

Unterbringung nach dem Betreuungsgesetz (§ 1906 BGB)

§ 1906 BGB regelt die **zivilrechtliche** Unterbringung mit Freiheitsentzug:

- Bei Gefahren für den Betroffenen („erhebliche Selbstgefährdung", z. B. Suizidgefahr) kann eine Unterbringung durch den Betreuer mit entsprechenden Aufgabenkreisen mit Genehmigung des Vormundschaftsgerichtes erfolgen.

Merke:

Eine Gefährdung Dritter oder der Allgemeinheit ist keine Voraussetzung für eine zivilrechtliche Unterbringung, hier muß eine öffentlich-rechtliche Unterbringung angewandt werden.

- Das Verfahren folgt dem Betreuungsverfahren.
- Über eine einstweilige Anordnung ist eine vorläufige Unterbringung (maximal 6 Wochen, ausnahmsweise bis 3 Monate), vom Gericht angeordnet, möglich.

Tabelle 24.2 Wenn Patienten dem Betreuungsgesetz unterstehen (modif. nach *Axhausen* et al. 1993)

Wenn Maßnahmen nötig werden	**Was beachtet werden muß**	**Juristische Folgen, die sonst drohen**
Beschützende Sicherung des Betroffenen – durch Schließen der Station bzw. des Zimmers – durch sog. Intelligenz- oder Geschicklichkeitsverschlüsse – durch Zurückhalten an der Pforte	Sämtliche Maßnahmen müssen vom Betreuer* und vom Vormundschaftsgericht genehmigt werden. Bei Eilmaßnahmen (Gefahr für Leben und Gesundheit) Genehmigung unverzüglich nachträglich einholen!	Anzeige wegen Freiheitsberaubung, Nötigung; Schadensersatz- bzw. Schmerzensgeldforderung
Schutz vor Selbst- oder Fremdverletzung durch mechanische Beschränkung („Fixieren“) – durch Tischplatten am Stuh – durch Hand-/Bettgurte – durch Magnetgurte – durch Spezialhemden – durch Bettgitter	siehe oben	siehe oben
Medizinische Behandlung a) – Operation – Medikamentengabe – Änderung der Medikatior	Sämtliche Maßnahmen müssen vom Betreuer und ggf. vom Vormundschaftsgericht genehmigt werden	zu a): Anzeige wegen Körperverletzung, Nötigung; Schadensersatzforderung

Tabelle 24.2 (Fortsetzung)

Wenn Maßnahmen nötig werden	**Was beachtet werden muß**	**Juristische Folgen, die sonst drohen**
– Zwangsernährung (Sonden, parenteral) – Katheterisierung – diagnostische Maßnahmen b) – Weitergabe von Diagnosen/ medizinische Information an Angehörige/Dritte c) – Arztwahl durch die Einrichtung		zu b): Anzeige wegen Verletzung von Privatgeheimnissen; Schadensersatzforderung zu c): Anzeige wegen Nötigung; Schadensersatzforderung
Taschengeldverwaltung	Im Einvernehmen mit dem Betreuer	Anzeige wegen Unterschlagung, Untreue, Betrug; Schadensersatzforderung
Öffnen der Post	Einwilligung des Betreuers	Anzeige wegen Verletzung des Briefgeheimnisses; Schadensersatzforderung
Betreuer* = gesetzlicher Vertreter		

- **„Unterbringungsähnliche Maßnahmen“** (Bettgitter, Gurte, Medikamente u. ä.) über einen „längeren Zeitraum“ oder „regelmäßig“ angewandt, bedürfen ebenfalls einer gerichtlichen Genehmigung. Ausnahme: akuter Notfall.

Voraussetzungen für die Unterbringung

- Gutachten von einem Psychiater oder zumindest von einem in der Psychiatrie erfahrenen Arzt/ärztliches Zeugnis für Eilentscheidung,
- ggf. wird ein Verfahrenspfleger bestellt („der Betroffene ist nicht in der Lage, seinen Willen kundzutun“),
- Betroffener und Pfleger wurden gehört.

24.3 Behandlung nach den Unterbringungsgesetzen (öffentlich-rechtliche Unterbringung)

- Eine öffentlich-rechtliche Unterbringung erfolgt durch das Gericht selbst nach den Landesgesetzen über die Unterbringung.
- **Gegen seinen Willen** in einer geschlossenen psychiatrischen Klinik kann untergebracht werden,
  - wer an einer psychischen Krankheit oder einer krankheitswertigen psychischen Störung leidet und deshalb
  - Gefahr für sich selbst oder für öffentliche Sicherheit darstellt (direkte Selbst- und Fremdgefährdung) und
  - diese Gefahr nicht auf andere Weise abgewendet werden kann.

Unterbringungsverfahren in 3 Stufen

1. Einleitung der Unterbringung durch eine untere Verwaltungsbehörde (Polizei oder Amt für öffentliche Ordnung).
2. Stellungnahme (Befundbericht) des Arztes.
3. Entscheidung über die Zulässigkeit und Dauer der Unterbringung durch den Richter beim Vormundschaftsgericht spätestens vor dem Ablauf des auf die Unterbringung folgenden Tages.

In Notfällen

- Sofortige Unterbringung,
- Zeugnis eines approbierten Arztes,
- Unverzügliche richterliche Genehmigung.

Merke:

Aus der Unterbringung ergibt sich nicht automatisch ein Behandlungsrecht gegen den Willen des Patienten.

- Es gibt unterschiedliche Unterbringungsgesetze in den verschiedenen Bundesländern mit unterschiedlichen Bestimmungen. Einheitlich erlaubt sind Maßnahmen zur unmittelbaren Gefahrenabwehr für Gesundheit oder Leben.

Beispiel: Bayerisches Unterbringungsgesetz (UnterbrG)

Art. 1 **Voraussetzung der Unterbringung**
(1) Wer psychisch krank oder infolge Geistesschwäche oder Sucht psychisch gestört ist und dadurch in erheblichem Maß die öffentliche Sicherheit oder Ordnung gefährdet, kann gegen oder ohne seinen Willen in einem psychiatrischen Krankenhaus oder sonst in geeigneter Weise untergebracht werden. Unter den Voraussetzungen des Satzes 1 ist die Unterbringung insbesondere auch dann zulässig, wenn jemand sein Leben oder in erheblichem Maß seine Gesundheit gefährdet. Die Unterbringung darf nur angeordnet werden, wenn die Gefährdung nicht durch weniger einschneidende Mittel, insbesondere durch Hilfen nach Art. 3, abgewendet werden kann.

Art. 2 **Unterbringungszweck**
(2) Zweck der Unterbringung ist, die Gefährdung der öffentlichen Sicherheit oder Ordnung zu beseitigen; zugleich ist der Untergebrachte nach Maßgabe dieses Gesetzes wegen seiner psychischen Erkrankung oder Störung zu behandeln, um ihm ein eigenverantwortliches Leben in der Gemeinschaft zu ermöglichen.

Art. 9 **Vorläufige Unterbringung**
(1) Vor einer vorläufigen Unterbringungsmaßnahme nach § 70 h Abs. 1 des Gesetzes über die Angelegenheiten der freiwilligen Gerichtsbarkeit gibt das Gericht dem Gesundheitsamt, in dessen Bezirk der Betroffene seinen gewöhnlichen Aufenthalt hat, Gelegenheit zur Äußerung, sofern nicht Gefahr im Verzug ist; in diesem Fall ist dem Gesundheitsamt, alsbald nach Anordnung der vorläufigen Unterbringungsmaßnahme Gelegenheit zur Äußerung zu geben.

(2) Nach Ablauf der vom Gericht bestimmten Dauer der vorläufigen Unterbringung ist der Betroffene vom Leiter der Einrichtung zu entlassen, sofern das Gericht nicht inzwischen die Unterbringung verlängert hat.

(3) Ist die weitere Unterbringung des Betroffenen nach Auffassung des Leiters der Einrichtung aus medizinischen Gründen nicht erforderlich, so kann er den Betroffenen entlassen. Hiervon sind das Gericht, die Kreisverwaltungsbehörde sowie bei Minderjährigen und Personen, für die ein Betreuer bestellt ist, derjenige, dem die Sorge für die Personen obliegt, unverzüglich zu benachrichtigen.

Art. 10 **Sofortige vorläufige Unterbringung**

(1) Sind dringende Gründe für die Annahme vorhanden, daß die Voraussetzungen für eine Unterbringung nach Art. 1 Abs. 1 vorliegen, so kann die Kreisverwaltungsbehörde die sofortige vorläufige Unterbringung anordnen und nach Maßgabe des Art. 8 vollziehen. Die Kreisverwaltungsbehörde hat das zuständige Gericht unverzüglich, spätestens bis zwölf Uhr des auf das Ergreifen folgenden Tages, von der Einlieferung zu verständigen.

(2) In unaufschiebbaren Fällen des Absatzes 1 kann die Polizei den Betroffenen ohne Anordnung der Kreisverwaltungsbehörde in eine Einrichtung im Sinn des Art. 1 Abs. 1 einliefern. Die Polizei hat das zuständige Gericht und die zuständige Kreisverwaltungsbehörde unverzüglich, spätestens bis zwölf Uhr des auf das Ergreifen folgenden Tages, von der Einlieferung zu verständigen.

(3) Die Kreisverwaltungsbehörde hat der unterzubringenden Person die Gelegenheit zu geben, einen Angehörigen oder eine Person ihres Vertrauens zu benachrichtigen, sofern der Unterbringungszweck dadurch nicht gestört wird. Ist die unterzubringende Person minderjährig, oder ist für sie ein Betreuer bestellt, so ist in jedem Fall unverzüglich derjenige zu benachrichtigen, dem die Sorge für die Person obliegt. Eine Benachrichtigung soll auch durch die Einrichtung, in der der Betroffene untergebracht wurde, erfolgen, sofern die Benachrichtigung durch die Kreisverwaltungsbehörde oder die Polizei unterblieben ist.

(4) Befindet sich jemand in einer Einrichtung im Sinn des Art. 1 Abs. 1, ohne auf Grund dieses Gesetzes eingewiesen worden zu sein, so kann wenn die Voraussetzungen des Absatzes 1 vorliegen, aber eine Entscheidung der Kreisverwaltungsbehörde nicht mehr rechtzeitig veranlaßt werden kann, der Betroffene gegen seinen Willen festgehalten werden. Die Entscheidung trifft der Leiter der

Einrichtung. Er hat das zuständige Gericht und die zuständige Kreisverwaltungsbehörde unverzüglich, spätestens bis zwölf Uhr des auf den Beginn des Festhaltens folgenden Tages zu verständigen.

(5) Der Leiter hat die sofortige Untersuchung des Betroffenen zu veranlassen. Ergibt diese, daß die Voraussetzungen des Art. 1 Abs. 1 nicht vorliegen, so darf der Betroffene nicht gegen seinen Willen festgehalten werden; von der Entlassung sind das zuständige Gericht und die zuständige Kreisverwaltungsbehörde unverzüglich zu verständigen. Bestehen auf Grund der Untersuchung begründete Anhaltspunkte für das Vorliegen der Voraussetzungen nach Art. 1 Abs. 1, so teilt das der Leiter der Einrichtung dem zuständigen Gericht und der zuständigen Kreisverwaltungsbehörde spätestens bis zwölf Uhr des Tages mit, der dem Beginn des zwangsweisen Aufenthalts des Betroffenen folgt. Der Betroffene ist unverzüglich, spätestens am Tag nach dem Ergreifen oder dem Beginn des Festhaltens, dem Richter vorzustellen.

(6) Ergeht bis zum Ablauf des auf das Ergreifen oder den Beginn des Festhaltens des Betroffenen folgenden Tages keine Entscheidung des Gerichts, so ist der Betroffene zu entlassen. Hiervon sind das Gericht und die Kreisverwaltungsbehörde sowie bei Minderjährigen und Personen, für die ein Betreuer bestellt ist, derjenige, dem die Sorge für die Person obliegt, unverzüglich zu benachrichtigen.

(7) Gegen die Maßnahme zur Regelung einzelner Angelegenheiten im Vollzug der Unterbringung kann der Betroffene auch schon vor der gerichtlichen Anordnung der Unterbringung Antrag auf gerichtliche Entscheidung stellen.

24.4 Schuldfähigkeit (Strafrecht, StGB = Strafgesetzbuch)

Schuldunfähigkeit (§ 20 StGB) und verminderte Schuldfähigkeit (§ 21 StGB)

- Beim Vorliegen
  - einer krankhaften seelischen Störung,
  - einer tiefgreifenden Bewußtseinsstörung,

- von Schwachsinn oder
- von schweren anderen seelischen Abartigkeit.

- Unter der Voraussetzung, daß der Täter zur Tatzeit unfähig/in seiner Fähigkeit erheblich eingeschränkt war, das Unrecht der Tat einzusehen und nach dieser Einsicht zu handeln (s. Tab. 24.3).
- **Krankhafte seelische Störung:** endogene und exogene Psychosen.

Tabelle 24.3 Hinweise zur Beurteilung der Steuerungsfähigkeit (nach *Saß* 1992)
Gesichtspunkte, die für eine erhebliche Beeinträchtigung der Steuerungsfähigkeit sprechen
• Psychopathologische Disposition der Persönlichkeit, • Chronische soziale Konflikte außerhalb des Delinquenzbereiches, • Stereotypisierung des Verhaltens, • Motorische und/oder psychische Erregung, • Situationsverkennung oder mangelhafte räumliche und zeitliche Orientierung, • Rechtwinkeliger (abrupter) Verlauf in bezug auf Beginn und Ende und enger Zusammenhang zwischen Auslöser und Tat, • Geringe oder fehlende Einstellung auf die wechselnden Erfordernisse der Situation, z. B. keine Reaktion auf Außenreize wie das Hinzukommen Dritter, • Ausagieren der spezifischen inneren Verfassung.
Gegen eine erhebliche Beeinträchtigung der Steuerungsfähigkeit sprechen
• Tatvorbereitung und planmäßiges Vorgehen bei der Tat, • Fähigkeit zu warten, • zeitlich hingestreckter Tatverlauf aus zielbewußt zusammengefügten Einzelaktionen, • Modifikation des Handelns um das Ziel zu erreichen, • vorsorglicher Schutz vor Entdeckung, • Möglichkeit anderen Verhaltens unter vergleichbaren Umständen, • Hervorgehen des Deliktes aus dissozialen Charakterzügen.

- **Tiefgreifende Bewußtseinsstörung:** hochgradige Affektzustände (Tab. 24.4).
- **Schwachsinn:** geistige Behinderung unterschiedlichen Grades.
- **Schwere andere seelische Abartigkeit:** Neurosen, Konfliktreaktionen, Persönlichkeitsstörungen, Sexualdeviationen, Abhängigkeit/Sucht.

Tabelle 24.4 Durch hochgradige affektive Erregung bedingte „tiefgreifende Bewußtseinsstörung" (nach *Saß* 1992)
Merkmale, die für das Vorliegen eines Affektdeliktes sprechen:
1. Spezifische Vorgeschichte und Tatanlaufzeit, 2. Affektive Ausgangssituation mit Tatbereitschaft, 3. Psychopathologische Disposition der Persönlichkeit, 4. Konstellative Faktoren, 5. Enger Zusammenhang Provokation-Erregung-Tat, 6. Abrupter, elementarer Tatablauf ohne Sicherungstendenzen, 7. Einengung des Wahrnehmungsfeldes und der seelischen Abläufe, 8. Vegetative, psychomotorische und psychische Begleiterscheinungen heftiger Affekterregung, 9. Charakteristischer Affektauf- und abbau, 10. Folgeverhalten mit schwerer Erschütterung.
Gegen das Vorliegen einer gravierenden Affektkonstellation sprechende Gesichtspunkte
1. Vorbereitungshandlungen für die Tat, 2. Konstellation der Tatsituation durch den Täter, 3 Zielgerichtete Gestaltung des Tatablaufes vorwiegend durch den Täter, 4. Komplexer Handlungsablauf in unterschiedlichen Etappen, 5. Länger hingezogenes Tatgeschehen, 6. Exakte, detailreiche Erinnerung, 7. Vorgestalten in der Phantasie, Tatankündigungen und aggressive Handlungen in der Tatanlaufzeit.

Maßregeln der Besserung und Sicherung

- Im Falle der Schuldunfähigkeit bzw. erheblich verminderten Schuldfähigkeit kommen die **Maßregeln der Besserung und Sicherung** zur Anwendung.
- **§ 63 StGB: Unterbringung in ein psychiatrisches Krankenhaus,** wenn vom Täter „erhebliche rechtswidrige Taten zu erwarten sind und er deshalb für die Allgemeinheit gefährlich ist".
- **§ 64 StGB: Unterbringung in einer Entziehungsanstalt** für Süchtige.
- **§ 65 StGB: Unterbringung in einer Sozialtherapeutischen Anstalt** wurde gesetzlich vorgesehen, kam nicht zustande.

Merke:
Eine Besserung mit dem Ziel der Resozialisierung des Täters hat Priorität vor der Sicherung.

24.5 Jugendgerichtsgesetz (JGG)

- Jugendliche zwischen 14 und 18 Jahren sind unter den Voraussetzungen des **§ 3 des JGG strafmündig.**
  - **§ 3 JGG:** Strafrechtliche Verantwortlichkeit eines Jugendlichen liegt vor, wenn er zur Zeit der Tat reif genug ist, das Unrecht der Tat einzusehen und nach dieser Einsicht zu handeln (Verantwortungsreife).
  - Bei mangelnder Reife ist der Jugendliche strafrechtlich nicht verantwortlich wie ein Kind unter 14 Jahren.
- Nach **§ 5 JGG** bei Nichtverantwortlichkeit Anordnung von **Erziehungsmaßregeln.**
- **§ 105 JGG:** Anwendung des Jugendstrafrechts auf **Heranwachsende** (zwischen 19 und 21 Jahren), wenn sie beim Vorliegen von Reifungs- und Entwicklungsrückständen einem Jugendlichen rechtlich gleichzustellen sind.

  Problematisch bei dieser Gruppe sind:
  - fehlende verläßliche Kriterien für den Reifegrad,
  - möglicherweise schon nicht mehr korrigierbare Fehlentwicklungen.

24.6 Schwangerschaftsabbruch

- **§ 218 StGB** regelt die Möglichkeiten zu einem legalen Schwangerschaftsabbruch.

Medizinische Indikationen:

- Gefahr für das Leben der Schwangeren,
- Gefahr einer schwerwiegenden körperlichen oder seelischen Gesundheitsschädigung des Kindes,
- Gefahr der Dekompensation einer bestehenden psychischen Erkrankung bzw. die Gefahr von Suizidalität bei Fortführung der Gravidität.

24.7 Eherecht (EheG = Ehegesetz)

- Nach **§ 18 EheG** wird die Nichtigkeit einer Ehe erklärt, wenn einer der Ehepartner zur Zeit der Eheschließung geschäftsunfähig, bewußtlos oder in seiner Geistestätigkeit vorübergehend gestört war (z. B. manische, depressive Phasen, Rauschzustände).
- Nach **§ 32 EheG** wird eine Ehe für ungültig erklärt, wenn Irrtum über die persönlichen Eigenschaften des Ehegatten vorlag (Oligophrenie, Sucht, sexuelle Abweichung).
- Das Zerrüttungsprinzip kann angewandt werden: bei einer Zerrüttung der Ehe durch eine psychische Erkrankung.

24.8 Sozialversicherungsrecht

- **Berufsunfähigkeit (§ 1246 RVO):** Minderung der Erwerbsfähigkeit (MdE) um mindestens 50 % im Vergleich zu einem gesunden Versicherten mit ähnlicher Ausbildung und Kenntnissen (= auf den speziellen Beruf bezogen).
- **Erwerbsunfähigkeit (§ 1247 RVO):** auf nicht absehbare Zeit kann eine Erwerbstätigkeit mit einer gewissen Regelmäßigkeit nicht mehr ausgeübt werden (= auf den allgemeinen Arbeitsmarkt bezogen).

- Daraus kann sich ein Anspruch auf eine Berufs- bzw. Erwerbsunfähigkeitsrente ergeben.
- Falls eine Rente noch nicht indiziert ist,
  - Rehabilitationsmaßnahmen,
  - Vergünstigungen i. R. des Bundessozialhilfegesetzes bzw. Schwerbehindertengesetzes.
- Unfallversicherung: MdE, Schwerbehindertengesetz: Grad der Behinderung (GdB, 20 – 100).

24.9 Bundessozialhilfegesetz (BSHG)

- Im **§ 39 BSHG „Eingliederungshilfe“** festgelegt, seit 1969 sind auch psychisch Behinderte einbezogen.
- Das BSHG tritt nach dem **Subsidiärprinzip** nur dann ein, wenn keine anderen Kostenträger zu verpflichten sind; dann jedoch besteht ein Rechtsanspruch.
- Im BSHG werden eine geistige und seelische Behinderung unterschieden.
  - **Geistige Behinderung:** alle von früher Kindheit an bestehenden intellektuell-psychischen Defizite.
  - **Seelische Behinderung:** Beeinträchtigung der geistigen Leistungsfähigkeit durch eine psychische Krankheit.

24.10 Pflegeversicherung

- Das **Pflege-Versicherungsgesetz (Pflege-VG),** am 26. 5. 1994 in Kraft getreten, soll zur Erhöhung der sozialen Sicherung in der BRD beitragen. 1991 waren in der BRD 1,6 Millionen Pflegebedürftige.
- Die **Beurteilung der Pflegebedürftigkeit** wird vom medizinischen Dienst der Krankenkassen vorgenommen. (Hauptfrage: Krankheit? – Pflegebedürftigkeit?)
- **Pflegebegutachtung:** Unterscheidung zwischen einem kassentechnischen Pflegefall und einem Pflegefall im Sinne der Pflegeversicherung (SGB XI). Aus der Pflegeversicherung führt kein Weg zurück, es ist keine Rehabilitation mehr möglich. Bei einem kassentechnischen Pflegefall gibt es Wiedereingliederungshilfen.
- Einstufung in die Pflegekategorien A 1 – 3/S 1 – 3 (kassentechnischer Fall).

- **„Im Vordergrund stehen“:** mehr als die Hälfte der benötigten Zeit (> 45 Minuten) wird für die Grundpflege und ggf. pflegeunterstützende Maßnahmen aufgewendet.
- **„Eindeutig das Übergewicht haben“:** Grundpflege bzw. pflegeunterstützende Maßnahmen betragen in der Pflegestufe II mind. 2 Stunden, in der Pflegestufe III mind. 4 Stunden.

Tabelle 24.5 Stufen der Pflegeversicherung
Pflegestufe I: Erhebliche Pflegebedürftigkeit
• Erforderlicher Hilfebedarf besteht mindestens einmal täglich bei mindestens 2 Verrichtungen aus einem/mehreren Bereichen der Körperpflege, der Ernährung oder der Mobilität. • Zusätzlich ist Hilfe bei der hauswirtschaftlichen Versorgung mehrfach wöchentlich erforderlich. • Der wöchentliche Zeitaufwand einer nicht als Pflegekraft ausgebildeten Pflegeperson muß durchschnittlich mind. 1,5 Stunden/Tag betragen. • Der pflegerische Aufwand steht gegenüber der hauswirtschaftlichen Versorgung im Vordergrund.
Pflegestufe II: Schwerpflegebedürftigkeit
• Erforderlicher Hilfebedarf besteht mindestens dreimal täglich bei der Körperpflege, der Ernährung oder der Mobilität. • Zusätzlich ist Hilfe bei der hauswirtschaftlichen Versorgung mehrfach wöchentlich erforderlich. • Der wöchentliche Zeitaufwand einer nicht als Pflegekraft ausgebildeten Pflegeperson muß durchschnittlich mind. 3 Stunden/Tag betragen. • Der pflegerische Zeitaufwand muß gegenüber der hauswirtschaftlichen Versorgung eindeutig das Übergewicht haben.
Pflegestufe III: Schwerstpflegebedürftigkeit
• Erforderlicher Hilfebedarf besteht jederzeit, tagsüber und nachts (Rund-um-die-Uhr-Betreuung). • Der wöchentliche Zeitaufwand einer nicht als Pflegekraft ausgebildeten Pflegeperson muß durchschnittlich mind. 5 Stunden/Tag betragen. • Der pflegerische Zeitaufwand muß gegenüber der hauswirtschaftlichen Versorgung eindeutig das Übergewicht haben.

24.11 Einschränkungen der Fahrtauglichkeit (Fahreignung)

- Individuelle Beurteilungsmaßstäbe bei der Auswirkung der psychischen Krankheit auf kognitiv-psychomotorische Leistungsfähigkeit, Affektivität, Antrieb sowie eventuelle Nebenwirkungen einer Psychopharmakotherapie.
- **Akute affektive bzw. schizophrene Psychosen:** Fahruntauglichkeit.
  - Nach abgelaufener akuter Psychose kann die Fahrtauglichkeit wieder gegeben sein, wenn keine das Realitätsurteil beeinträchtigenden Symptome bzw. Störungen mehr nachweisbar sind. Bei der Behandlung mit Psychopharmaka sind einerseits deren stabilisierende Wirkung, andererseits die mögliche Beeinträchtigung psychischer Funktionen zu beachten. Die medikamentöse Langzeitbehandlung kann die Voraussetzung für eine positive Beurteilung sein, Bescheinigungen des behandelnden Facharztes für Psychiatrie sind erforderlich.
- Bei **chronischen organischen Psychosyndromen** ist die Fahrtauglichkeit eingeschränkt in Abhängigkeit vom Ausmaß der Beeinträchtigung, bei Demenz z. B. ist sie aufgehoben.
- **Abhängigkeit/Sucht:** Fahruntauglichkeit.
- **Intelligenzstörungen:** bei IQ < 70 Fahruntauglichkeit.

24.12 Gutachten

- **Sachverständigengutachten** gibt es in Bereichen
  - des **Sozialrechts** (gesetzliche Krankenversicherung, gesetzliche Rentenversicherung, gesetzliche Unfallversicherung, Arbeitsförderungsgesetz, soziales Entschädigungsrecht, Bundessozialhilfegesetz),
  - der **Strafrechtspflege** (Schuldfähigkeit, Verhandlungs- oder Haftfähigkeit, Kriminalprognose etc.) und
  - des **Zivilrechts** (Testierfähigkeit, Geschäftsfähigkeit, Betreuung, Unterbringung etc.).
- **Sozialmedizinische Gutachten** sind die Grundlage weiterer administrativer, juristischer und medizinischer Entscheidungen, z. B.

bei medizinischen und beruflichen Rehabilitationsleistungen, Regreßforderungen und therapeutischen Überlegungen.

- Es gibt 3 **Qualitätskriterien** für die Erstattung von sozialmedizinischen und forensischen Gutachten:
  - **Strukturqualität:** u. a. freundliches Ambiente, ruhige und beruhigende Atmosphäre und vorbereitete optimierte Arbeitsablauforganisation (z. B. vorausgegangenes Aktenstudium).
  - **Prozeßqualität:** u. a. aufgabenbezogene Frustrationstoleranz des Sachverständigen, die Störungsfreiheit des Untersuchungsablaufs, freundlich-empathische Gesprächsführung sowie unparteiische Akzeptanz des Probanden und auch die Eruierung der patiententypischen Erwartungen; außerdem optimale Kooperation mit den Kollegen anderer Fachgebiete und zeitgerechte Gutachtenbearbeitung.
  - **Ergebnisqualität:** setzt sich aus den Gütekriterien der Realibilität, Validität, Objektivität, Plausibilität und Praktikabilität zusammen.
- Die meisten sozialmedizinischen Gutachten werden von der **gesetzlichen Rentenversicherung** in Auftrag gegeben. Hauptfragen: Leistungsvermögen im zuletzt ausgeübten Beruf, im erlernten Beruf und auf dem allgemeinen Arbeitsmarkt.

Tabelle 24.6 Gutachtenaufbau (nach *Schulte* 1995)
1. Anamnese nach Aktenlage
2. Anamnese nach Angaben des Probanden Fremdanamnese
3. Untersuchungsbefunde • Somatischer allgemeinmedizinischer und neurologischer Untersuchungsbefund • Psychischer Status • Technische Zusatzuntersuchungen • Testpsychologie, Psychometrie
4. Medizinische Zusammenfassung • Diagnosen, Differentialdiagnose • Epikrise
5. Sozialmedizinische (forensische) Beurteilung • Qualitative, quantitative Leistungseinschränkungen • Versicherungsfall • Rehabilitationsnotwendigkeit, -bereitschaft

Muster-Gliederung eines Gutachtens

1. Formale Angaben

- Auftraggeber, Aktenzeichen
- Personalien des Probanden
- Fragestellung an den Gutachter (Wortzitat aus dem Beweisbeschluß)
- Benutzte Quellen (Akten, Arztberichte, Krankengeschichten)
- Datum der ambulanten Untersuchung bzw. Zeit und Dauer der klinischen Beobachtung
- Zusatz-Untersuchungen und -gutachten

2. Sachverhalt

Gestraffte Darstellung des Tatbestandes

3. Vorgeschichte

a) Aktenvorgeschichte

b) Eigene Angaben des Probanden

c) Fremdangaben

Zu a): Aufgabe des Gutachters ist es, die für die medizinische und psychologische Beurteilung wichtigen Tatsachen des Akteninhaltes herauszuarbeiten und zwar in Form einer sachlich-referierenden Darstellung.
Im einzelnen soll dies umfassen:
- Tatvorgeschichte und -hergang (z. B. Entwicklung der Täter-Opfer-Beziehung, Alkoholisierungsgrad, psychische Auffälligkeiten nach der Tat)
- Psychische Krankheiten oder Auffälligkeiten
- Frühere psychiatrische Gutachten

4. Untersuchungsergebnisse

a) körperlicher Befund
b) psychischer Befund (möglichst frei von Fachausdrücken)
c) psychologische Testbefunde
d) Verweis auf andere Zusatzbefunde

5. Zusammenfassung und Beurteilung

Dies ist das eigentliche Kernstück des Gutachtens und beinhaltet die zusammenfassende Würdigung aller anamnestischen und befundmäßigen Tatsachen.

a) Wiederholung der Fragestellung
b) Zusammenfassung von Biographie, Anamnese, Befund einschließlich sorgfältiger Persönlichkeitsanalyse
c) diagnostischer Abschnitt
   (Hier präzise formulierte und begründete Diagnose mit ICD-Nr.)
d) gerichtspsychiatrische Folgerungen (§§ 20, 21, §§ 63, 64)
   aa) allgemeine forensische Aspekte zur Beurteilung der Art der Erkrankung in bezug auf die Art des Delikts
   bb) individuelle Gesichtspunkte bei der forensischen Beurteilung im konkreten Fall

6. Kurzzusammenfassung

Extrakt des Gutachtens in Kurzform. Das heißt Wiedergabe der Diagnose und Feststellung, ob und ggf. welchem Exkulpierungsmerkmal der festgestellte psychiatrische Zustand zuzuordnen ist. Aussage, ob hierdurch die Einsichts- und Handlungsfähigkeit nicht oder erheblich vermindert bzw. sogar aufgehoben waren.

25 Qualitätssicherung

- Gemäß SGB V sind Krankenhäuser zur Qualitätssicherung verpflichtet
- Die Qualitätsbeurteilung erfolgt üblicherweise anhand der drei Ebenen
  - Struktur-
  - Prozeß- und
  - Ergebnisqualität

Tabelle 25.1 Dimensionen der Qualität

Struktur (Input, Ressourcen)	**Prozeß**	**Ergebnis** (Output, Outcome)
Qualifikation, Ausrüstung, Personal, sonstige Ressourcen, Organisatorische und finanzielle Bedingungen	alle Aktivitäten der diagnostischen und therapeutischen Versorgung: Nutzung durch die betroffenen Patienten	z. B. Lebensdauer, Lebensqualität, Zufriedenheit, Krankheitszustand

Tabelle 25.2 Zusammenhänge von Struktur-, Prozeß- und Ergebnisqualität (aus: Leitfaden zur Qualitätsbeurteilung in psychiatrischen Kliniken, Aktion Psychisch Kranke, Bonn 1996)

logische Ebene	**Bedingungsebene**	**Handlungsebene**	**Zielebene**
Qualitätsebene	Merkmale von Strukturqualität	Merkmale von Prozeßqualität	Merkmale von Ergebnisqualität
	ermöglicht	führt zu	
Beispiel	Einbindung in die Region	Kooperation im Therapieprozeß	richtigere Behandlungsziele, bessere soziale Reintegration
Beispiel	Verfügbarkeit geeigneten Personals (Anzahl, Qualifikation, aufgabenorientierte Dienstpläne, usw.)	individualisiertes therapeutisches Handeln Bezugspersonensystem	keine unnötige Verlängerung der Behandlungsdauer weniger iatrogene Schäden Kooperation des Patienten (Compliance) höhere Patientenzufriedenheit höhere Mitarbeiterzufriedenheit
Beispiel	Verfügbarkeit geeigneter Behandlungsmittel	differenzierte, patienten- und problemangemessene Behandlungsmethoden	höhere Effizienz

Tabelle 25.2 (Fortsetzung)

logische Ebene	**Bedingungsebene**	**Handlungsebene**	**Zielebene**
	(z. B. Medikamente) (z. B. Waschmaschine)	(z. B. Psychopharmakotherapie) (z. B. Trainingsprogramme zur Aufrechterhaltung bzw. Wiedergewinnung lebenspraktischer Fertigkeiten)	(z. B. schnelleres Abklingen akuter psychotischer Symptome) (z. B. geringerer nachstationärer Hilfebedarf, reduzierte Hospitalismusgefahr)
Beispiel	„kleinräumige“ Architektur	differenzierte Milieugestaltung (Reizabschirmung, Normalisierung)	weniger iatrogene Schäden (durch Hospitalismusprophylaxe und Verzichtmöglichkeit auf eingreifende Methoden wie Fixierungen, Sedierung, etc.) höhere Patientenzufriedenheit, bessere Compliance schnellere Beruhigung

- Die Projektgruppe „Qualitätssicherung im psychiatrischen Krankenhaus“ hat 1996 für ein Qualitätsmodell folgende Ziele und Mittel aufgestellt:

Tabelle 25.3 Qualitätsanforderungen (Ziel- und Handlungsvorgaben)
Behandlungsziele
• Verminderung psychopathologischer Symptomatik • Förderung von Verantwortungsfähigkeit, Krankheitsverständnis und Compliance • Förderung der sozialen Integration
Vorrangige Absichten
• Schutz der Würde der Patientinnen und Patienten • Nutzerzufriedenheit • Schadensvermeidung, soziale Schutzfunktion, Datenschutz • Rechtssicherheit • Positive Wirkung nach außen
Mittel / Organisation
• Orientierung der Behandlung am Individuum • Beziehungsorientierte Behandlung • Transparenz der Behandlungs- und Pflegeplanung und -durchführung • Mehrdimensionales Krankheitsverständnis • Methodisch-wissenschaftliche Orientierung • Integration der verschiedene Therapieverfahren und -angebote/ Multiprofessionelle Behandlung • Außenorientierung: Vernetzung psychosozialer Hilfen und Vermittlung nichtpsychiatrischer Hilfen • Nachrangigkeit stationärer Hilfen • Angemessene Dokumentation • Reflexion
Optimale Nutzung der Ressourcen
• Wirtschaftlichkeit • Erhaltung und Förderung der personellen Ressourcen • Aufgabenorientierter Einsatz der Mitarbeiterinnen und Mitarbeiter • Regelung der fachlichen Zuständigkeit • Ausreichende Ausstattung mit Sachmitteln

26 Weiterbildungsordnung

- Die aktuell gültige Weiterbildungsordnung wurde erlassen von der Bundesärztekammer (Arbeitsgemeinschaft der Deutschen Ärztekammern) nach den Beschlüssen des 95. Deutschen Ärztetages 1992 in Köln.

Wichtige Hinweise:

- Rechtsverbindlich ist für die Ärztin/den Arzt die Weiterbildungsordnung der jeweils gültigen Fassung der Landesärztekammer, deren Mitglied sie/er ist.
- Die Weiterbildungsordnungen der Landesärztekammern lehnen sich sehr eng an die (Muster-)Weiterbildungsordnung der Bundesärztekammer an.
- Abweichungen in Details sind in den Weiterbildungsordnungen der Landesärztekammern möglich.

(Muster-)Weiterbildungsordnung zum Facharzt für Psychiatrie und Psychotherapie (nach den Beschlüssen des 95. Deutschen Ärztetages 1992 in Köln)

- **Definition:** Die Psychiatrie und Psychotherapie umfaßt Wissen, Erfahrungen und Befähigungen zur Erkennung, nichtoperativen Behandlung, Prävention und Rehabilitation hirnorganischer, endogener, persönlichkeitsbedingter, neurotischer situativ-reaktiver psychischer Krankheiten oder Störungen einschließlich ihrer sozialen Anteile und psychosomatischen Bezüge unter Anwendung somatio-, sozio- und psychotherapeutischer Verfahren.
- **Weiterbildungszeit:**
  - 5 Jahre an einer Weiterbildungsstätte gem. § 8 Abs. 1, davon 1 Jahr Neurologie und 4 Jahre Psychiatrie und Psychotherapie, davon 3 Jahre im Stationsdienst.
  - Angerechnet werden können auf die 4jährige Weiterbildung in Psychiatrie und Psychotherapie bis zu 1 Jahr Weiterbildung in

Kinder- und Jugendpsychiatrie und -psychotherapie oder 1/2 Jahr Weiterbildung in Neurochirurgie oder Neuropathologie oder 6 Monate Tätigkeit in Neurophysiologie oder Medizinpsychologie.

– 2 Jahre der Weiterbildung können bei einem niedergelassenen Arzt abgeleistet werden.

Tabelle 26.1 Richtlinien für die Weiterbildung zum „Facharzt für Psychiatrie und Psychotherapie“
1. Anamnese- und Befunderhebung: 60 supervidierte und dokumentierte Erstuntersuchungen
2. Psychopathologie: Teilnahme an einem kasuistischen Seminar (60 Stunden), 10 eigene Fallvorstellungen
3. Diagnostik: • Teilnahme an einem 10stündigen Seminar zu standardisierter Diagnostik • Teilnahme an einem Fremdrating-Seminar (z. B. AMDP-Training) • Mind. 5 psychologische Testuntersuchungen • Kenntnisse der Labormethoden des Gebietes sowie Bewertung der Befunde • Mind. 10 Lumbalpunktionen • Mind. 150 EEGs • Grundkenntnisse neuroradiol./bildgebender Verfahren
4. Therapie: 40 kontinuierlich supervidierte und dokumentierte Behandlungen (jeweils 3 Patienten aus dem Bereich der Persönlichkeitsstörungen, neurotischen Störungen, schizophrenen Psychosen, affektiven Psychosen, organischen Psychosyndromen, Suchterkrankungen) unter Einschluß von psycho- und familientherapeutischen Elementen
5. Spezielle Therapie-Verfahren:
5.1 Psychopharmakologie und andere somatische Therapien: Teilnahme an einem 40stündigen Seminar
5.2 Sozialpsychiatrie: • Teilnahme an einem 40stündigen Seminar • 2monatliche Teilnahme an einer Angehörigengruppe unter Supervision

Tabelle 26.1 (Fortsetzung)

5.3 Psychotherapie: • Teilnahme an 100 Stunden Theorie • 120 Stunden Therapie im Hauptverfahren unter kontinuierlicher Supervision • Im Zweitverfahren 100 Stunden Teilnahme an einem Fallseminar oder als Co-Therapeut an einer Einzel- oder Gruppentherapie für 80 Stunden • Erlernen eines Entspannungsverfahrens (z. B. autogenes Training, progressive Muskelrelaxation nach Jacobson) 16 Doppelstunden • Teilnahme an einem 20stündigen Seminar in Krisenintervention, supportiven Verfahren, Beratung • Teilnahme an einem 10stündigen Theorieseminar psychiatrisch-psychotherapeutische Konsil- und Liaisonarbeit • 35 Doppelstunden Balint-Gruppe bzw. entsprechende VT-Gruppe • 150 Stunden Einzelselbsterfahrung oder 70 Doppelstunden Gruppenselbsterfahrung
6. Forensik: • Teilnahme an einem 15stündigen Seminar • 15 forensische Gutachten

27 Quellenverzeichnis

Ahrens, B., Bauer, M.: Bipolare Störungen: ein Leitfaden für die medikamentöse Behandlung in der Praxis. Psycho 22: 259 – 268, 1996.

Arbeitskreis OPD (Hrsg.): Operationalisierte Psychodynamische Diagnostik. Huber, Bern 1996.

Axhausen, P., Gaessler G. von, Müllers-Stein, M., Geisslinger, S.: Ärzte-Zeitung 15. 1. 1993.

Bäuml, J.: Psychosen aus dem schizophrenen Formenkreis. Ein Ratgeber für Patienten und Angehörige. Springer, Berlin 1994.

Beck, A.T., Rush, A.S., Shaw, B.F., Emery, G.: Kognitive Therapie der Depression (3. Auflage). Weinheim PVV 1992.

Berger, M.: Handbuch des normalen und gestörten Schlafs. Springer, Berlin 1992.

Boerner, R.J., Möller, H.-J.: Pharmakotherapie der Panikstörung und/oder Agoraphobie. Psychopharmakotherapie 3: 168 – 177, 1996.

Chui, H.C., Victoroff, J.I., Margolin, D.: Criteria for the diagnosis of ischemic vascular dementia proposed by the State of California Alzheimer's disease diagnostic and treatment centers. Neurology 42: 473 – 480, 1992.

Clarenbach, P.: Neue Schlafmittel: Zopiclon und Zolpidem. Akt. Neurol. 23: 82 – 87, 1996.

Collegium Internationale Psychiatriae Scalarum (Hrsg): Internationale Skalen für Psychiatrie. Beltz, Göttingen, 1995.

Deuschl, G., Oertel, W., Poewe, W. Früh- und Differentialdiagnose des Parkinson-Syndroms. Dtsch. Ärztebl. 91: 1115 – 1124, 1994.

Deutsche Gesellschaft für Schlafmedizin (DGSM): Empfehlungen zu Diagnostik und Therapie der Insomnie. Nervenarzt 66: 723 – 729, 1995.

Diagnostisches und statistisches Manual psychischer Störungen DSM-IV. Hogrefe, Göttingen 1996.

Dilling, H., Reimer, C.: Psychiatrie und Psychotherapie. Springer, Berlin, 1995.

Dührssen, A.: Die biographische Anamnese unter tiefenpsychologischem Aspekt. Hogrefe, Göttingen 1981.

Ermann, M. Psychotherapeutische und psychosomatische Medizin. Kohlhammer, Stuttgart 1995.

Fahrenberg, J., Hampel, R., Selg, H.: Das Freiburger Persönlichkeitsinventar (FPI). Hogrefe, Göttingen 1994.

Fukuda, K., Straus, S.E., Hickie, I. et al.: The chronic fatigue syndrome: a comprehensive approach to its definition and study. Ann. Intern. Med. 121: 953 – 959, 1994.

Goldman, L., Lee, T., Rudd, P.: Ten commandments for effective consultation. Arch. Int. Med. 143: 1753 – 1755, 1983.

Hajak, G., Rüther, E.: Insomnie – Schlaflosigkeit. Springer, Berlin 1995.

Haug, H.-J., Eich, P., Ahrens, B. Die Diagnose affektiver Störungen nach ICD-10 in der klinischen Praxis. Psycho 22 1996: 274 – 281.

Hautzinger, M.: Kognitive Verhaltenstherapie bei Depressionen. Aus: Kognitive Verhaltenstherapie bei psychischen Erkrankungen. Hautzinger, M. (Hrsg.) ,Quintessenz, Berlin – München 1994.

Hautzinger, M., Stark, W., Treiber, R.: Kognitive Verhaltenstherapie bei Depressionen. Psychologie Verlagsunion, München 1988.

Heigl-Evers, A., Heigl, F., Ott, J.: Lehrbuch der Psychotherapie. G. Fischer, Stuttgart 1993.

Heim, E., Willi, J.: Psychosoziale Medizin. Springer, Heidelberg 1986.

Heinisch, M, Ludwig, M, Bullinger, M: Psychometrische Testung der „Münchner Lebensqualitäts-Dimensionenliste (MLDL)“. In: Bullinger, M, Ludwig, M, von Steinbüchel, N (Hrsg): Lebensqualität bei kardiovaskulären Erkrankungen. Hogrefe, Göttingen 1991.

Hoffmann, S.O., Hochapfel, G.: Einführung in die Neurosenlehre und Psychosomatische Medizin. Schattauer, Stuttgart 1995.

Huber, G.: Psychiatrie. Schattauer, Stuttgart 1995.

Internationale Klassifikation psychischer Störungen. ICD-10 Kapitel V (F) Klinisch-diagnostische Leitlinien. Herausgegeben von Dilling, H., Mombour, W., Schmidt, M.H., Huber, Bern 1993.

Internationale Klassifikation psychischer Störungen. ICD-10 Kapitel V (F) Forschungskriterien. Herausgegeben von Dilling, H., Mombour, W., Schmidt, M.H., Huber, Bern 1995.

Kächele, H., Steffens, W. (Hrsg.) Bewältigung und Abwehr. Beiträge zur Psychologie und Psychotherapie schwerer körperlicher Krankheiten. Springer, Heidelberg 1988.

Klerman, G. L., Weissman, M. M, Rounsaville B. S., Chevron E. S.: Interpersonal psychotherapy of depression. New York: Basis Books 1984.

Kupfer, D.J., Frank, E., Perel, J.M. et al.: Five-year outcome for maintenance therapies in recurrent depression. Arch. Gen. Psychiatry 49: 769 – 773, 1992.

Laux, G.: Pharmakopsychiatrie. G. Fischer, Stuttgart 1992, 1997.

Laux, G.: Aktueller Stand der Therapie mit Benzodiazepinen. Eine Übersicht. Nervenarzt 66: 311 – 322, 1995.

Linden, M.: Differentialdiagnose der Depressionen. Münch. med. Wschr. 126: 70 – 72, 1984.

Maier, W., Linden, M., Sartorius N.: Psychische Erkrankungen in der Allgemeinpraxis. Dt. Ärztebl. 93: 1202 – 1206, 1996.

Margraf, J., Schneider, S.: Panik, Angstanfälle und ihre Behandlung. Springer, Berlin 1990.

Meerwein, F.: Das ärztliche Gespräch. Huber, Bern 1986.

Möller, H.-J., Laux, G., Deister, A.: Psychiatrie. Duale Reihe. Hippokrates, Stuttgart 1996.

Möller, H.-J., Kissling, W., Stoll, K.D., Wendt, G.: Psychopharmakotherapie. Kohlhammer, Stuttgart 1989.

Neubauer, H.: Kriterien für die Beurteilung der Einwilligungsfähigkeit bei psychisch Kranken. Psychiat. Prax. 20 166 – 171, 1993.

Pöldinger, W.: Die Abschätzung der Suizidalität. Huber, Bern 1988.

Price, L.H., Heninger, G.R.: Lithium in the treatment of mood disorders. N. Engl. J. Med. 331: 591 – 598, 1994.

Reinecker, H.: Verhaltenstherapie bei Zwangsstörungen. Psycho 21: 329 – 338, 1995.

Rief, W., Hiller, W., Fichter, M.M.: Somatoforme Störungen. Nervenheilkunde 16: 25 – 29, 1997.

Ringel, E.: Der Selbstmord. Abschluß einer krankhaften psychischen Entwicklung. Mandrich, Wien 1953.

Roman, G.C., Tatemichi, T.K., Erkinjuntti, T.: Vascular dementia: diagnostic criteria for research studies. Neurology 43: 250 – 260, 1993.

Rössler, W, Fätkenheuer, B, Löffler, W: Die soziale Rehabilitation Schizophrener. Modell sozialpsychiatrischer Dienst. Enke, Stuttgart 1992.

Sass, H.: Affektstörungen. Springer, Heidelberg 1992.

Sauer, H., Lauter, H.: Elektrokrampftherapie. Nervenarzt 58: 201 – 218, 1987.

Schulte, R-M.: Neurologisch-psychiatrische Gutachten. Qualitätsstandards und Qualitätskriterien neurologischer und psychiatrischer, sozialmedizinischer und forensischer Gutachten. Westermayer, München 1995.

Schultz, I.H.: Das autogene Training. Thieme, Stuttgart 1991.

Stieglitz, R.D., Baumann, U.(Hrsg.): Psychodiagnostik psychischer Störungen. Enke, Stuttgart 1994.

Treig, T., Pauli, E., Stefan, H.: Neuropsychologie in der Epileptologie. Psycho 20: 34 – 38, 1994.

Wittchen, H.U., Essau, C.A., Zerssen von D. et al.: Lifetime and six-month prevalence of mental disorders in the Munich follow-up study. Eur. Arch. Psychiatry Clin. Neurosci. 241: 247 – 258, 1992.

Wittchen, H.-U., Koehler, K., Zaudig, M.: Diagnostische Kriterien und Differentialdiagnosen des DSM-IV. Beltz, Weinheim 1996.

Wolfersdorf, M.: Depression. Springer, Berlin 1994.

Wolfersdorf, M., Bretschneider, S., Demhartner, D. et al.: Standards stationärer Depressionsbehandlung auf Depressionsstationen. Krankenhauspsychiatrie 6: 63 – 69, 1995.

28 Weiterführende Literatur

Arbeitsgemeinschaft für Methodik und Dokumentation in der Psychiatrie: das AMDP-System. Manual zur Dokumentation psychiatrischer Befunde, 5. Aufl., Hogrefe, Göttingen 1995.

Benkert, O., Hippius, H.: Psychiatrische Pharmakotherapie. Springer, Berlin 1995.

Berzewski, H.: Der psychiatrische Notfall. Springer, Berlin 1996.

Faust, V. (Hrsg.): Psychiatrie – Ein Lehrbuch für Klinik, Praxis und Beratung. G. Fischer, Stuttgart 1995.

Hoffmann, S. O., Hochapfel, G.: Einführung in die Neurosenlehre, Psychotherapeutische und Psychosomatische Medizin. Schattauer, Stuttgart 1995.

Internationale Klassifikation psychischer Störungen. ICD-10 Kapitel V (F) Klinisch-diagnostische Leitlinien. Herausgegeben von Dilling, H., Mombour W., Schmidt, M. H., Huber, Bern 1993.

Kanfer, F. H., Reinecker, H., Schmelzer, D.: Selbstmanagement-Therapie – Ein Lehrbuch für die klinische Praxis. Springer, Berlin 1996.

Kaplan, H. I., Sadock, B. J. (eds.): Comprehensive textbook of psychiatry. 6. Aufl. (2 Bände). Williams & Wilkins, Baltimore 1995.

Kisker, K. P., Lauter, H., Meyer, J. E., Müller, C., Strömgren, E. (Hrsg.): Psychiatrie der Gegenwart. 3. Aufl., 9 Bde. Springer, Berlin 1982 – 1989.

Laux, G.: Pharmakopsychiatrie, 2. Aufl., G. Fischer, Stuttgart 1997.

Möller, H.-J., Laux, G., Deister, A.: Psychiatrie. Duale Reihe. Hippokrates, Stuttgart 1996.

Möller, H. J. (Hrsg.): Therapie psychiatrischer Erkrankungen. Enke, Stuttgart 1993.

Nedopil, N.: Forensische Psychiatrie: Klinik, Begutachtung und Behandlung zwischen Psychiatrie und Recht. Thieme, Stuttgart 1996.

Peters, U. H.: Wörterbuch der Psychiatrie und Medizinische Psychologie. 4. Aufl., Urban & Schwarzenberg, München 1990.

Riederer, P., Laux, G., Pöldinger, W. (Hrsg.): Neuro-Psychopharmaka. Ein Therapie-Handbuch. 6 Bde., Springer, Wien 1992 – 1997.

Senf, W., Broda M. (Hrsg.): Praxis der Psychotherapie. G. Thieme, Stuttgart/New York 1996.

Soyka, M.: Die Alkoholkrankheit – Diagnose und Therapie. Chapman & Hall, Weinheim 1995.

Stieglitz, R. D., Baumann, U. (Hrsg.): Psychodiagnostik psychischer Störungen. Enke, Stuttgart 1994.

Venzlaff, U., Foerster, K. (Hrsg.): Psychiatrische Begutachtung. Ein praktisches Handbuch für Ärzte und Juristen. G. Fischer, Stuttgart 1994.

Zschocke, S.: Klinische Elektroenzephalographie. Springer, Heidelberg/Berlin 1995.

29 Wichtige Fachzeitschriften

Acta Psychiatrica Scandinavica
American Journal of Psychiatry
Archives of General Psychiatry
Biological Psychiatry
British Journal of Psychiatry
European Archives of Psychiatry and Clinical Neuroscience
Fortschritte der Neurologie – Psychiatrie
Journal of Affective Disorders
Journal of Clinical Psychiatry
Krankenhauspsychiatrie
Nervenarzt
Nervenheilkunde
Neuropsychobiology
Pharmacopsychiatry
Praxis der Psychotherapie
Psychiatrische Praxis
Psycho
Psychological Medicine
Psychopharmakotherapie
Psychosomatics
Psychotherapeut
Psychotherapie, Psychosomatik, Medizinische Psychologie
Social Psychiatry
Zeitschrift für klinische Psychologie und Psychotherapie
Zeitschrift für psychosomatische Medizin und Psychoanalyse

30 Psychopharmaka-Übersichtstabellen

Tranquilizer	
Internationaler Freiname (INN)	**Handelsname**
Benzodiazepine	
Alprazolam	z. B. Tafil®
Bromazepam	z. B. Lexotanil®
Chlordiazepoxid	z. B. Librium®
Clobazam	z. B. Frisium®
Clotiazepam	z. B. Trecalmo®
Diazepam	z. B. Valium®
Dikaliumclorazepat	z. B. Tranxilium®
Lorazepam	z. B. Tavor®
Medazepam	z. B. Rudotel®
Metaclazepam	z. B. Talis®
Nordazepam	z. B. Tranxilium® N
Oxazepam	z. B. Adumbran®
Prazepam	z. B. Demetrin®
Andere Tranquilizer	
Buspiron	z. B. Bespar®
Hydroxyzin	z. B. Atarax®
Kava-Kava	z. B. Laitan®
Meprobamat	z. B. Visano®
Opipramol	z. B. Insidon®

Hypnotika	
Internationaler Freiname (INN)	**Handelsname**
Benzodiazepine	
Brotizolam	z. B. Lendormin®
Flunitrazepam	z. B. Rohypnol®
Flurazepam	z. B. Dalmadorm®
Loprazolam	z. B. Sonin®
Lormetazepam	z. B. Noctamid®

Hypnotika	
Internationaler Freiname (INN)	**Handelsname**
Nitrazepam Temazepam Triazolam	z. B. imeson® z. B. Remestan® z. B. Halcion®
Andere Hypnotika Chloralhydrat Diphenhydramin Doxylamin Zolpidem Zopiclon	 z. B. Chloraldurat® z. B. Dolestan® z. B. Hoggar® z. B. Stilnox® z. B. Ximovan®

Antidepressiva		
Internationaler Freiname (INN)	**Handelsname**	**Dosierung** (p.o. mg/d)
Trizyklische Antidepressiva		
Amitriptylin	z. B. Saroten®	75 – 225
Clomipramin	z. B. Anafranil®	75 – 225
Desipramin	z. B. Pertofran®	75 – 250
Dibenzepin	Noveril®	120 – 720
Dosulepin	Idom®	75 – 250
Doxepin	z. B. Aponal®	75 – 250
Imipramin	z. B. Tofranil®	75 – 250
Nortriptylin	z. B. Nortrilen®	75 – 250
Trimipramin	z. B. Stangyl®	100 – 400
Modifizierte trizyklische und tetrazyklische Antidepressiva		
Amitriptylinoxid	Equilibrin®	90 – 300
Lofepramin	Gamonil®	70 – 280
Maprotilin	z. B. Ludiomil®	50 – 225
Mianserin	z. B. Tolvin®	30 – 180
SSRI		
Citalopram	Cipramil®	20 – 60
Fluoxetin	Fluctin®	20 – 80
Fluvoxamin	Fevarin®	100 – 300
Paroxetin	z. B. Seroxat®	20 – 50
Sertralin	z. B. Zoloft®	50 – 100

Antidepressiva		
Internationaler Freiname (INN)	**Handelsname**	**Dosierung** (p.o. mg/d)
MAO-Hemmer		
Tranylcypromin	Jatrosom®	20 – 60
Moclobemid	Aurorix®	300 – 600
Andere		
Mirtazapin	Remergil®	15 – 45
Nefazodon	Nefadar®	400 – 600
Trazodon	Thombran®	100 – 600
Venlafaxin	Trevilor®	75 – 375
Viloxazin	Vivalan®	150 – 400

Neuroleptika		
Internationaler Freiname (INN)	**Handelsname**	**Dosierung** (p.o. mg/d)
Phenothiazine und Thioxanthene		
Alimemazin	Repeltin®	10 – 75
Chlorpromazin	Propaphenin®	75 – 150
Chlorprothixen	z. B. Truxal®	50 – 800
Clopenthixol	z. B. Ciatyl®	50 – 300
Dixyrazin	z. B. Esucos®	30 – 150
Flupentixol	z. B. Fluanxol®	5 – 30
Fluphenazin	z. B. Lyogen®	3 – 40
Levomepromazin	z. B. Neurocil®	75 – 600
Perazin	z. B. Taxilan®	75 – 600
Perphenazin	Decentan®	8 – 64
Promazin	z. B. Prolactyl®	50 – 1200
Promethazin	z. B. Atosil®	50 – 1200
Thioridazin	z. B. Melleril®	75 – 700
Triflupromazin	z. B. Psyquil®	50 – 300
Zuclopenthixol	Ciatyl-Z®	2 – 75
Butyrophenone und Diphenylbutylpiperidine		
Benperidol	Glianimon®	3 – 45
Bromperidol	z. B. Impromen®	5 – 20
Fluspirilen	Imap®	2 – 12 mg/Woche

Neuroleptika		
Internationaler Freiname (INN)	**Handelsname**	**Dosierung** (p.o. mg/d)
Haloperidol	z. B. Haldol-Janssen®	3 – 60
Melperon	z. B. Eunerpan®	50 – 400
Pimozid	z. B. Orap®	1 – 16
Pipamperon	Dipiperon®	120 – 360
Trifluperidol	Triperidol®	1 – 8
Andere		
Amisulprid	Solian®	
Clozapin	Leponex®	75 – 700
Olanzapin	Zyprexa®	5 – 20
Protipendyl	Dominal®	80 – 480
Risperidon	Risperdal®	4 – 12
Sertindol	Serdolect®	12 – 20
Sulpirid	z. B. Dogmatil®	300 – 1600
Zotepin	Nipolept®	75 – 450

Phasenprophylaktika		
Internationaler Freiname (INN)	**Handelsname**	**Therapeutische Serumspiegel**
Lithium	z. B. Quilonum®	0,5 – 0,8 mmol/l
Carbamazepin	z. B. Tegretal®	8 – 12 µg/ml

31 Wichtige Telefon-/ Funk-Nummern

AvD ....

Apotheke ....

Aufnahmestation ....

Fahrbereitschaft ....

Gesundheitsamt ....

Labor ....

Oberarzt ....

Oberschwester ....

Pforte ....

Polizei ....

Richter (PsychKG) ....

Taxi ....

Telefonzentrale ....

Vergiftungszentrale ....

Kollegen ....

Praxis ....

Privat ....

Sachregister

Angela Thomas

Findest du mich schön?

Wie Frauen ihre wahre Schönheit
entdecken können

Angela Thomas

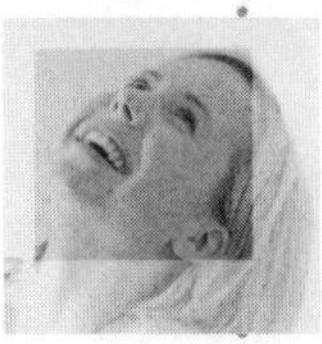

Findest du mich *schön?*

Wie Frauen ihre wahre Schönheit entdecken können

Schulte & Gerth

Die amerikanische Originalausgabe erschien im Verlag
Thomas Nelson Publishers, Nashville, Tennessee
unter dem Titel »Do you think I'm beautiful?«.

Aus dem Amerikanischen übersetzt von Antje Balters.

Best.-Nr. 815 906
ISBN 3–89437-906-5
1. Auflage 2004
Umschlaggestaltung: Michael Wenserit
Umschlagphoto: Getty images
Satz: Die Feder GmbH, Wetzlar
Druck und Verarbeitung: Ebner & Spiegel, Ulm
Printed in Germany

Inhalt

Für Carlye,
es hat Momente gegeben,
in denen mir deine Liebe
die Kraft für den nächsten Atemzug
gegeben hat.

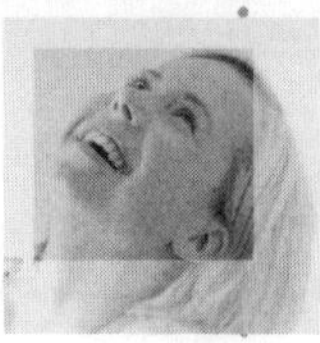

Wenn es in Verbindung mit der Seele
der Frau eine typische Frage gibt,
dann vielleicht die Frage:
»Findest du mich schön?«

Findest du mich schön?

Seit meinem 18. Lebensmonat trage ich eine Brille. Mein allererstes Modell war eine Schmetterlingsbrille und alle fanden mich damit total süß.

»Ach guck doch mal das Baby mit der Brille da. Ist die nicht goldig?«

Als ich größer wurde, musste ich etwa ein Jahr lang auf dem rechten Auge eine Augenklappe tragen, um das linke zu stärken. Das war sicher grundsätzlich eine ganz vernünftige Idee, aber bei mir funktionierte es leider nicht, denn es führte dazu, dass mein linkes Auge stärker wurde als das rechte. Und Sie können sich bestimmt vorstellen, dass ich mit schwarzer Augenklappe und Schmetterlingsbrille darüber optisch ein echter Knaller war.

In der Grundschulzeit nannten mich meine Klassenkameraden und die Kinder aus der Nachbarschaft »Vierauge«. Ich war etwas ganz Besonderes – eines von vielleicht drei »Vieraugen« auf der ganzen Schule, ich mit meinem Drahtbrillengestell und den Glasbausteinen darin. Wie cool kann ein Mädchen schon sein, das so herumlaufen muss? Nicht besonders, das versichere ich Ihnen. Und ein paar Jahre später kam zur Krönung des Ganzen auch noch für dreieinhalb Jahre eine feste Zahnspange und damit neue Koseworte wie »Eisenbahnschienen« und »Gitterzähne« dazu.

Das war ich: Brillengläser wie Glasbausteine vor den Augen, Metall auf den Zähnen und, um das alles noch zu toppen, ich war schlau. Nur für den Fall, dass es Ihnen entfallen sein sollte, Mädchen in der Pubertät wollen nicht schlau sein, sondern gut aussehen.

Als ich in dieses Alter kam, war mir inzwischen absolut klar, dass ich nicht mit Schönheit gesegnet war. Meine beste Freundin Carla, ja, die war schön. Sie wurde von einem Jungen aus der Oberstufe schon in der achten Klasse gefragt, ob sie mit ihm zum Abschlussball gehen würde. In der achten Klasse! Das müssen Sie sich mal vorstellen! Carla war also auf dem Abschlussball, während ich zu Hause saß und wahrscheinlich irgendein Referat schrieb. Ja, es gab viele hübsche Mädchen an meiner Schule, aber ich gehörte nicht dazu. Ich war gut in Algebra und wusste die richtigen Antworten in Geschichtstests. Ich machte auch immer alle meine Hausaufgaben und gab sie stets rechtzeitig ab. Neulich erinnerte Carla mich noch einmal daran, wie ich andauernd Übungstests entworfen habe. Ich habe sie gelöst, dann korrigiert und auch noch zensiert – und das alles nur als Vorbereitung für den tatsächlichen Test. Nicht zu fassen!

Niemand hat mir jemals gesagt, dass ich hässlich sei, und niemand hat mich jemals direkt ausgelacht, aber es hat mich eben auch nie jemand beachtet.

Dabei wollte ich eigentlich nur eines: so aussehen wie die anderen. Hier spielten jedoch die Umstände einfach nicht mit. Ich hatte langes, dickes, glattes Haar, das ich jeden Tag meines noch jungen Lebens mit Hilfe von zwei Haarspangen frisierte. Ich trug eine Zahnspange, die scheinbar für immer und ewig untrennbar zu meinem Lächeln gehörte, und so wie es aussah, war ich außerdem noch dazu verurteilt, mein Leben lang mit vier Augen herumzulaufen. Damit Sie jetzt keinen falschen Eindruck bekommen; niemand hat mir jemals gesagt, dass ich hässlich sei, und niemand hat mich jemals direkt ausgelacht, aber es hat mich eben auch nie jemand beachtet.

Die Unscheinbare

Seit meiner Grundschul- und Mittelstufenzeit ist diese Sache mit der Schönheit ein Thema, das mir schwer zu schaffen macht. Irgendwann überlegte ich mir, dass, wenn ich schon nicht mit meinem Äußeren Eindruck machen konnte, ich den anderen vielleicht gefiel, wenn ich sie zum Lachen brachte, indem ich lustig war.

Ich wurde Cheerleader, eine gute Staatsbürgerin und eine tolle Freundin, die immer für alle da war. *Zuverlässig* war das Attribut, das mir von den meisten Leuten in meinem Umfeld zugeordnet wurde. Man konnte sich darauf verlassen, dass ich stets pünktlich war, die richtigen Entscheidungen traf und auch sonst immer, immer, immer versuchte das Richtige zu tun. Ich war diejenige, die den anderen zur

Seite stand, was auch passierte. Ich war diejenige, die man am einen Tag wegschubsen und am nächsten umarmen konnte, ohne auch nur ansatzweise etwas zu erklären, geschweige denn, sich dafür zu entschuldigen. Es gab keinen festen Freund, der mich von meinen Freundinnen oder meinen schulischen Verpflichtungen ablenken konnte, und im Übrigen, wer braucht denn keine Freundin, die treu und zuverlässig ist wie ein Golden Retriever? So lange mir hin und wieder der Kopf getätschelt wurde, rannte ich, holte das Stöckchen und tat so ziemlich alles, um gut anzukommen und zu gefallen.

Jeden Sonntag, wenn wir zur Kirche fuhren, sagte mein Vater, dass er die hübscheste Tochter der Welt habe. Ich weiß, das war lieb gemeint, aber das müssen Väter doch sagen, oder? Ich hörte es und klammere mich bis heute an diese Worte, aber ganz tief in meinem Inneren habe ich ihm damals nicht geglaubt. *Wenn ich wirklich hübsch wäre*, so sagte ich mir, *dann würden das außer meinem Vater doch auch andere Leute bemerken.* Aber das war nie der Fall.

Wenn Komplimente gemacht wurden, dann kam ich immer in so einer Art Nachsatz an die Reihe. Irgendjemand sagte einer meiner Freundinnen, wie toll sie aussähe, und fügte dann hinzu: »Und übrigens, du siehst auch echt nett aus, Angela.«

Ich hätte dann oft Lust gehabt zu erwidern: »Bitte, gebt euch keine Mühe, ihr betont dadurch nur das Offensichtliche noch mehr. Ich bin nur die Unscheinbare.«

Als in meiner Jahrgangsstufe die ersten Mädchen einen festen Freund hatten, hielt ich mich auch weiterhin im Hintergrund. Ich erinnere mich noch wie heute daran, dass mich der Mittelstürmer der Schulmannschaft auf einmal ansprach und sagte, er müsse unbedingt mit mir reden. Und dann wollte er nur fragen, ob ich glaubte, dass er Chancen bei meiner Freundin hätte. Kommt Ihnen so etwas bekannt vor? Mir ist es so oft passiert, dass ich irgendwann aufgehört habe zu zählen. Heute kann ich zwar darüber lächeln, aber wenn ich mich daran erinnere, spüre ich noch sehr genau dieses hohle Gefühl im Bauch.

Es war ganz einfach eine vorherbestimmte Tatsache, die sich meiner Kontrolle und meinem Einfluss entzog: Ich war nicht schön. Es sei denn, man fragte meine Oma, die dann sagte: »Hübsch ist, wer Hübsches tut.«

Das ist die Südstaatenformulierung für: »Na ja, du bist wirklich ein bisschen unscheinbar, aber mach dir nichts draus.«

Ich danke Gott für meine Großmutter, die immer dafür Sorge trug, dass ich nicht die Bodenhaftung verlor. So erinnere ich mich beispielsweise noch daran, wie ich einmal während meiner Zeit in der Mittelstufe mit den Klassenfotos des Jahres nach Hause kam. Ich jammerte ihr vor, dass sie so schrecklich geworden seien, und meinte, man könne die Fotos wirklich keinem zeigen. Sie bestand jedoch darauf und schließlich gab ich nach.

Sie schaute sich die Bilder an und sagte dann in der ihr eigenen Direktheit: »Also Angela, ich finde du siehst darauf genau aus wie du.«

Wahrheit. Lebensprägende Wahrheit. Meine Schulfotos waren schrecklich und ich sah darauf genau aus wie ich. Ich wusste, dass, wenn es stimmte, dass »hübsch ist, wer Hübsches tut«, ich möglichst viel tun musste. Und genau das machte ich auch, nur dass ich bei all meinem Tun nie das Gefühl hatte, besonders hübsch zu sein.

Ich stelle gerade fest, dass ich hier ein ziemlich deprimierendes Bild von mir und meiner frühen Jugend gezeichnet habe. Unscheinbare, kluge Streberin, die kompensiert, indem sie bei den Cheerleadern mitmacht, sich ein paar wenige Freundinnen durch alle möglichen Gefälligkeiten warm hält und versucht, immer das Richtige zu tun, die aber trotzdem immer noch in der Menge untergeht. Deprimierend, aber ziemlich exakt getroffen. Beinah jedenfalls, denn im Sommer vor meinem letzten Schuljahr in der Highschool entdeckte ich die wunderbare Erfindung der Kontaktlinsen, meine Zahnspange wurde entfernt und ich versuchte es mit einem Farrah Fawcett Haarschnitt – und das alles im Laufe einer guten Woche.

Als ich danach als Zuschauerin bei einem Baseballspiel neben meiner besten Freundin saß, erkannte sie mich tatsächlich nicht wieder. Ich winkte im Einkaufszentrum meinen Freunden zu und sie winkten nicht zurück. Äußerlich war ich total verändert, vielleicht war ich sogar hübsch, wenn man den Kopf schräg hielt und die Augen ein wenig zusammenkniff, aber alles, was ich bis dahin erlebt und gehört hatte, hatte bereits abgefärbt. Ich wusste, dass ich nie schön sein würde.

Dastehen und lächeln und sich am Rande vergnügen

Sie erinnern sich bestimmt an die Geschichte von Aschenputtel. Wenn Sie Mutter von kleinen Mädchen sind, dann gibt es bei Ihnen wahrscheinlich die gleichen Bücher, Puppen und auch Videos wie bei uns zu Hause. Jedes Mal, wenn ich einem von meinen Kindern das Märchen von Aschenputtel vorlese, bin ich in Gedanken schon ein Stück voraus bei dem Ball im Schloss. Erinnern Sie sich an die Beschreibung des Abends? Die bösen Stiefschwestern und die Mutter sind da und alle jungen Damen der Gesellschaft im heiratsfähigen Alter aus dem gesamten Königreich. Prinz Charming wird langsam mutlos, denn er hat bereits jede in Frage kommende Braut kennen gelernt und keine hat ihn wirklich fesseln und sein Herz gewinnen können. Gott sei Dank gibt es eine gute Fee als Aschenputtels Patin, ein bisschen Zauberei – und dann trifft Aschenputtel auf dem Schloss ein. Sie ist atemberaubend und der ganze Saal ist hingerissen von ihrer Schönheit – auch der Prinz. Es folgen eine durchtanzte Nacht, ein hastiger Abschied, am Ende ein Schuh, der passt und ein »Sie-lebten-glücklich-bis-an-ihr-Ende«.

Nun möchte ich gern von Ihnen wissen, welche der Figuren in dem Märchen Sie selbst gern wären, wenn Sie mitspielen dürften. Wo stehen Sie während des Balls? Ich fände es toll, wenn Sie sich selbst als Aschenputtel sehen würden. Ich habe ihre Schuhe anprobiert, es aber nie geschafft zu glauben, dass es mir vergönnt sein könnte, darin zu tanzen. Ich habe mich nie als die Stiefschwester gefühlt und auch nicht als die böse Stiefmutter. Irgendwie habe ich mich immer zu den gesichtslosen Gestalten am Rande gezählt, zu einer aus der großen Masse. Ich war immer eines der heiratsfähigen Mädchen aus dem Königreich, eine, die sich tagelang mit optimistischer Grundhaltung auf den Ball vorbereitet, sich unglaublich viel Mühe mit dem Kleid und der Frisur gegeben hat und dann gespannt dort angekommen ist, mit Schmetterlingen im Bauch, nur um sich zusammen mit den anderen hoffnungsvollen Mädels dort herumzudrücken, Smalltalk zu machen, höflich zu lächeln, mit der Musik mitzuwippen und möglichst nicht aufzufallen.

Eine Freundin hat mal zu mir gesagt: »Angela, das ist doch absoluter Quatsch. Ich kann einfach nicht glauben, dass du so empfindest.« Absoluter Quatsch wäre es jedoch, Ihnen etwas anderes zu erzählen. Oh, ich möchte wirklich gern Aschenputtel auf dem Ball sein. Ich möchte die Schönste dort sein, aber ich bin nie mutig genug gewesen, mich selbst als sie zu sehen, mir mich selbst in dieser Rolle vorzustellen. Vielleicht sind es die Lektionen aus der Schulzeit, die immer noch nachwirken. Vielleicht bin ich durch mein Umfeld so geprägt worden. Vielleicht bin ich auch einfach nur ein Feigling. Aber woran auch immer es liegen mag, dass man, wenn man groß wird, sich danach sehnt, schön zu sein, man aber gleichzeitig weiß, dass man es nicht ist, man hat stets das Gefühl, dass es niemals einen Schuh aus Glas geben wird, der einem passt.

Wir gehen ganz unterschiedliche Wege, gelangen dabei aber meist zu derselben Schlussfolgerung: Das schöne Aschenputtel, das den Prinzen bekommt, ist immer eine andere. Tief in meinem Inneren gibt es ein kleines Mädchen, das sich insgeheim nach einer guten Fee sehnt, die sich wie durch Zauberhand den Weg in mein Leben bahnt und mit einer Handbewegung die Prinzessin aus mir macht, die ich schon immer sein wollte; die mich schön und faszinierend macht, die dafür sorgt, dass ich wahrgenommen und beachtet werde.

Aber das Leben ist eben kein Märchen. Zauberstäbe sind nur dazu da, um etwas vorzutäuschen. Glasschuhe wie die von Aschenputtel werden in Massenproduktion millionenfach aus Plastik hergestellt für die winzigen Füße kleiner Mädchen, die immer noch daran glauben, dass irgendwann der Prinz kommt und sie zum Tanzen auffordert.

Erwachsene Frauen tragen vernünftige, bequeme Schuhe, verstauen ihre Ballkleider mottensicher im Schrank oder besser noch auf dem Dachboden und reden sich selbst ein, dass es doch so wichtig nun auch wieder nicht ist, zum Tanz aufgefordert zu werden.

Vernünftige Frauen wie Sie und ich schauen sich ihr Leben an und überlegen, wie sie ihren Weg mit möglichst wenig (Liebes)kummer bewältigen. Wir legen uns eine dicke Schutzschicht zu, um für den Fall eines Sturzes möglichst gut gepolstert zu sein. Wir meiden das Risiko, um uns vor dem Scheitern zu schützen. Und vor allem packen wir die kostbaren Gaben des Sehnens und Wünschens zusammen, verschnüren sie zu einem Bündel und verbannen sie in ein fernes Land. Wir hören auf, uns für den Ball herauszuputzen, und wollen keine Vorfreude mehr empfinden, denn wir haben beschlossen, dass es besser ist, zu Hause zu bleiben, als immer wieder zu hoffen und dann doch nur erneut enttäuscht zu werden.

Vielleicht verändert sich in meinem Leben etwas, weil ich inzwischen auf vierzig Lebensjahre zurückblicke, vielleicht, weil sich mein Leben mit einer Verbeugung einfach aufgelöst hat, vielleicht aber auch, weil meine Weisheit sich plötzlich ins Spiel gebracht und laut gerufen hat: »Würdest du bitte auch mal auf dein Herz hören? Hör auf, dir etwas vorzumachen, und stell endlich mal die wirklich wichtigen Fragen!« Ich weiß nicht genau weshalb, ich weiß nur, dass der Geist Gottes irgendwie den Geist in mir wachgerüttelt hat.

Ich habe mir ein paar Lügen zurechtgelegt, damit mein Leben nicht mehr so wehtut, und dann habe ich mich selbst gezwungen, diese Lügen zu leben.

Mir wird klar, dass mindestens die Hälfte meines Lebens vorbei ist und ich den größten Teil davon geleugnet habe, wie Gott mich geschaffen hat. Mir wird klar, dass ich die ganze Zeit Angst davor gehabt habe, stark zu sein, und zwar, weil ich befürchtete, stolz zu werden. Auch hatte ich Angst, es nicht allen recht zu machen und deshalb abgelehnt zu werden. Und ich habe Angst gehabt, die Fragen zu stellen, die mir meine Seele gestellt hat, und zwar, weil ich so sehr gefürchtet habe, möglicherweise niemals Antworten darauf zu bekommen, weil ich so furchtbare Angst hatte, dass ein falscher Schritt alles kaputtmachen könnte; Angst, laut auszusprechen, wonach sich mein Herz sehnt ... Angst, dass diese Wünsche und Sehnsüchte Sünde sein könnten und Gott sie vielleicht nicht versteht. Angst zuzugeben, dass ich eine Frau bin, die sich wünscht, begehrt zu werden, die sich danach sehnt, gerettet und aufs Schloss des Prinzen gebracht zu werden, und die sich so sehr wünscht, von jemandem schön genannt zu werden.

Und so habe ich viel zu viele Jahre am Rande meines Lebens herumgestanden und mir möglichst überzeugend selbst eingeredet, dass ich eigentlich gar nicht Aschenputtel sein will und eigentlich auch gar nicht tanzen möchte. Ich habe mir ein paar Lügen zurechtgelegt, damit mein Leben nicht mehr so wehtut, und dann habe ich mich selbst gezwungen, diese Lügen zu leben. Schuhe aus Glas drücken wahrscheinlich sowieso nur.

Von niemandem bemerkt

Ich glaube nicht, dass das nur meine Geschichte ist. Ich glaube wirklich, dass dieser Wunsch, schön gefunden zu werden, zum Frausein dazugehört. Wir sind einfach so gemacht. Gott hat uns ganz bewusst und absichtlich so geschaffen. Es gehört zu unserem Wesen, dass wir gerne schön sein und schön gefunden werden möchten. Die Welt um uns her unternimmt jedoch wirklich alles, um diesen Wunsch in uns bereits im Keim zu ersticken. Seit frühester Kindheit und durch die Erfahrungen, die ich in meinem Leben gemacht habe, ist mir im Laufe der Zeit klar geworden, dass mir alles im Leben, wozu Schönheit die Voraussetzung ist, immer unerreichbar schien. Fast instinktiv wusste ich, dass ich mit gesenktem Kopf herumlaufen, fleißig lernen und immer das Richtige tun musste, damit das Leben am Ende vielleicht ganz okay sein würde.

Und jetzt hören Sie mir gut zu: Heute bin ich dankbar dafür, wie dieser Kampf und diese Mühe meinen Charakter geformt haben. Ich sehe die Hand Gottes und seine Souveränität in meiner seelischen Entwicklung, aber die innere Reise, die ich hier beschreibe, ist immer schwierig und manchmal auch schlicht überwältigend.

Diese Reise kann jedoch ganz unterschiedlich verlaufen. Es kann sein, dass Sie unterwegs ganz andere Erfahrungen machen als ich. Meine äußerlich schönen Freundinnen beispielsweise haben mit Problemen zu kämpfen, die mir völlig fremd sind. Weil sie wegen ihrer äußeren Schönheit Aufmerksamkeit erregten und auffielen, haben sie tief in ihrem Innern die Befürchtung, dass womöglich niemals jemand ihr Herz oder ihre wahre Persönlichkeit erkennen wird. Oder sie fürchten, dass sie nur wegen ihres Aussehens akzeptiert sind und vielleicht einfach fallen gelassen werden, wenn herauskommt, wie es hinter der schönen Fassade aussieht und wie sie wirklich sind.

Ich habe eine Freundin, die sehr schön ist. Sie hat während des Gottesdienstes manchmal Angstattacken, weil sie das Gefühl hat, alle starren sie an. Obwohl dieser Zustand für sie nur allzu schmerzlich real ist, kann ich ohne Übertreibung sagen, dass ich diesen Kampf, den sie da durchzustehen hat, absolut nicht nachvollziehen kann, denn ich gehe seit jeher davon aus, dass sowieso niemand hinschaut, wenn ich irgendwo bin.

Vor ein paar Jahren war ich mit dieser Freundin in einem Fastfood-Restaurant verabredet. Wir waren mit dem Essen fertig und sahen den Kindern beim Spielen zu, als sie mir leise zuraunte: »Macht es dir was aus, wenn wir uns woanders hinsetzen? Die Männer da drüben starren mich so an und das ist mir unangenehm.« Ich nehme ihr Unbehagen keineswegs auf die leichte Schulter, aber ich erinnere mich genau, dass ich damals beim Zusammenräumen unserer Tabletts dachte: *Ich bin noch niemals in meinem ganzen Leben auf die Idee gekommen, dass mich jemand anstarren könnte.* Vielleicht hat mich irgendwann tatsächlich mal jemand angestarrt, aber wenn dem so war, dann habe ich es erst gar nicht gemerkt. Ich habe jedenfalls immer in der Annahme gelebt und gehandelt, dass mich niemand wahrnimmt.

Und wenn wir von niemandem wahrgenommen werden, dann gehen wir oft durchs Leben, indem wir uns einfach einfügen, anpassen, immer versuchen, genau richtig zu sein und nur nicht aufzufallen. Wir werden wie Milchbrötchen und weich gekochte Eier – ohne viel Eigengeschmack und leicht zu schlucken.

Andere Frauen dagegen produzieren sich vielleicht absichtlich und tun alles, nur um irgendwie aufzufallen, aber welche Methoden auch angewendet werden, wenn nach dem Schmerz der Enttäuschung und dem wiederholten Schmerz der Zurückweisung die Hoffnung dahin ist, wird der Wunsch, schön zu sein, irgendwo vergraben und verdrängt, und die innere Unsicherheit nimmt zu. Der Wunsch, schön gefunden zu werden, wird irgendwann weggestopft an eine Stelle in unserem Innern, zu der niemand Zugang hat.

Wir können jedoch nicht leugnen, dass der Wunsch immer noch präsent ist – egal, ob Sie eher meinen Freundinnen ähneln oder eher mir. Jede Frau, die ich kenne, hat diesen Wunsch. Wir sehnen uns nach der romantischen Liebe. Wir wollen gerettet und vom Prinzen auf sein Schloss geholt werden. Wir sehnen uns danach, schön zu sein. Aber erst jetzt als erwachsene Frauen, da unsere Hoffnung langsam schwindet, beweisen die Jahre, dass nichts von alledem eintreten wird.

Wenn Sie nun den Eindruck haben, ich hätte den Wunsch, schwach und hirnlos zu sein, dann haben Sie mich falsch verstanden. Ich möchte intelligent sein, kreativ und auch wichtig, aber wenn ich wirklich tief in mich hineinhorche, dann ist da unter all den angelernten Verhaltensmustern eine Frau – oder vielleicht eher ein kleines Mädchen im Körper einer Frau –, das eines Tages auch groß und schön sein möchte. Es fühlt sich schon ein bisschen seltsam an, viel beschäftigte Mutter von vier Kindern zu sein und sich mit solchen Themen herumzuschlagen, aber lieber jetzt, mitten in dem ganz alltäglichen Wahnsinn, als nie.

Vielleicht liegt dem Ganzen ein Konstruktionsfehler zu Grunde. Vielleicht hätte ich nicht mit diesen scheinbar unerfüllbaren Sehnsüchten und Wünschen geschaffen werden sollen. Wenn ich über Schönheit nachdenke, stelle ich mir Cindy Crawford vor und befehle mir, einfach den Mund zu halten. Wenn ich meiner Herzenssehnsucht, gekannt zu werden, Beachtung schenke, dann macht mich das nur unsicher und ängstlich. Wenn ich an Schönheit denke und mir dann meine schlaffen Körperteile vorstelle, tut mir das weh. Es scheint wirklich besser, sich mit all dem gar nicht erst zu befassen und das Thema lieber zu umgehen oder endgültig zu den Akten zu legen. Am besten lächelt man viel und benimmt sich glücklich und munter.

Sie sind dazu geschaffen, gesehen, gekannt und zutiefst geliebt zu werden. Und es ist völlig in Ordnung, dass Sie sich das wünschen, wozu Sie geschaffen sind.

Und so habe ich gelernt, etwas vorzutäuschen. (Nebenbei bemerkt täuschen die meisten Frauen, die ich kenne, etwas vor.) Ich tue so, als wäre ich mit meinem Äußeren im Reinen, als könnte ich gut damit umgehen. Ich tue so, als wäre ich stark und selbstsicher. Ich tue so, als sehnte ich mich nicht in der Tiefe meiner Seele danach, festgehalten und beschützt zu werden. Ich tue so, als ob ich mich nicht nach mehr sehne, als mir die Welt zugesteht oder die Ehe zu bieten hat. Ich tue so, als wäre es mir eigentlich nicht wichtig, ob jemand mich schön findet oder nicht.

In meiner Sehnsucht und meinem Vortäuschen bin ich beileibe nicht allein. Man braucht nur einen Raum zu betreten, in dem sich ausschließlich Frauen aufhalten und ihnen in die Augen schauen, dann sieht man bei jeder Einzelnen dieses Verlangen, schön gefunden zu werden. Manche stellen die Frage »*Findest du mich schön?*« beinahe hörbar laut, aber manche haben gelernt, sie nie wieder zu stellen.

Wenn man gelernt hat, diese Frage nie wieder zu stellen, dann ist die Sehnsucht gebannt. Das Leben wird bequemer und einfacher, wenn es seichter ist; auf diese Weise können wir den Fragen aus dem Weg gehen, die uns wirklich zusetzen. Es ist einfacher, sich an Regeln zu halten, als nach der Gnade zu greifen, die uns innerlich zum Empfinden befreit.

Wenn niemand uns bemerkt, dann lernen wir, so zu tun, als wäre es uns egal. Aber bei Gott, es ist nicht egal! Es ist wichtig. Es ist wichtig für Ihre Seele und es ist wichtig für die Art, wie Sie morgens aufwachen und dem Leben gegenübertreten.

Vielleicht sind auch Sie nie bemerkt worden und haben gelernt, so zu tun, als wäre das in Ordnung. *Es ist nicht in Ordnung.* Sie sind dazu geschaffen, gesehen, gekannt und zutiefst geliebt zu werden. Und es ist völlig in Ordnung, dass Sie sich das wünschen, wozu Sie geschaffen sind.

Schluss mit dem So-tun-als-ob

Wir alle täuschen im Laufe unseres Lebens zeitweise etwas vor. Aber so zu tun als ob, ist nicht leben. Es ist so, als säßen wir in einem Designerskianzug auf der Hütte, führen aber nie wirklich die Piste hinunter ins Tal. Wenn wir etwas vortäuschen, dann sind wir zwar lebendig und da, nippen sogar am Kamin an einer heißen Schokolade, versäumen aber die Weite und Tiefe, die Gott für unser Leben eigentlich vorgesehen hat.

Wir verpassen die stille Fahrt im Skilift, die Schönheit der Aussicht, das tolle Gefühl, durch stiebenden Pulverschnee zu gleiten, den Wind in unseren Haaren und dieses Gefühl des *Yeah, ich habe gerade einen Berg besiegt* nach der Abfahrt. Wenn wir so tun als ob und etwas vortäuschen, dann fühlen wir uns sicher. Wir führen ein Leben nach dem Motto – gut und sicher ist das, was ich kenne. Wozu also Experimente wagen? Aber ich glaube, dass Gott für uns ein Leben vorgesehen hat, das uns den Atem raubt, und zwar manchmal aus purer Freude an diesem Leben und manchmal auch aus schlimmem Schmerz. Sich für das Leben zu entscheiden statt für etwas Vorgetäuschtes, Unechtes bedeutet nämlich, dass wir mit Sicherheit beides, Freude und Schmerz, kennen lernen werden.

Es hat in meinem Leben einen Punkt gegeben, an dem ich mit dem Vortäuschen aufhören musste. Das Leben brach so heftig über mich herein und ich stand so sehr unter Druck, dass ich innerlich zerbrach und die Wahrheit ans Licht kam. Und es war beinahe mehr Wahrheit, als ich verkraften konnte. Es war so viel Wahrheit, dass die Erfahrung, eine dieser Wahrheiten nach der anderen hochzuhalten und als meine eigene zu bejahen und anzunehmen, ein unglaublich schmerzlicher Prozess war.

Nun muss ich vielleicht erklärend hinzufügen, dass ich keine besonders emotionale Frau bin – Sie erinnern sich –, ich bin die Zuverlässige, Beständige, Treue. Aber der Schmerz, der zutage trat, als ich mein falsches Herz ablegte und das echte fand, bewirkte bei mir eine unglaubliche Verletzlichkeit. Meine Emotionen lagen blank und ich war von meinen eigenen Gefühlen überwältigt.

Ich war frustriert, durcheinander, auf der Suche, fertig mit Gott wegen der Riesenkluft zwischen dem Leben, das ich wollte und dem, das ich wirklich hatte. Wütend darüber, dass ich schön sein wollte, aber so leben musste, als hätte ich im Grunde diesen Wunsch nicht. Frustriert über das ewige Vortäuschen und darüber, dass ich bereit war, mich abzufinden, wütend über die Stürme des Lebens, die mich hin und her geworfen hatten. Wütend, dass ich es nicht schon viel früher besser gewusst hatte. Einfach so enttäuscht darüber, dass ich da stand, wo ich gerade stand, darüber, dass meine Sehnsüchte nicht gestillt wurden, und über die Souveränität Gottes in all dem.

Irgendwann kam dann der Tag, als nur noch ich und Gott da waren. Ich stand vor ihm, so wie ich war – mit meinem Schmerz, meiner Unsicherheit und meiner tiefen Enttäuschung über mein Leben. Ich weinte, ja ich schluchzte und schrie wie ein Baby. Mein Herz raste und mein Brustkorb fühlte sich an, als ob er jeden Augenblick explodieren würde. Und schließlich schrieb ich trotz tränenverschleierter Augen in mein Tagebuch:

Oh Gott, findest du mich schön?

Niemand sonst konnte es mir sagen ... bist du es also? Bist du der eine, der sich nach mir sehnt – der eine, der in der Lage ist, dieses tiefe Verlangen in mir zu stillen, gekannt zu sein? Da ist so viel mehr in mir, eine großartige Quelle der Leidenschaften und Träume. Ein Ort, zu dem ich mich selbst nie hingelassen habe. Ist es sicher, dir den Rest meines Herzens anzuvertrauen? Was machst du mit mir, wenn ich dir alles zeige? Jeden Wunsch? Jedes Verlangen? Jeden Zweifel? Jede Schwäche? Wenn ich mich so vor dir entblöße, wirst du mich dann immer noch lieben? Ist deine Vergebung wirklich unwiderruflich? Ist deine Gnade wirklich frei? Wirst du mich auch dann halten und dich um mich kümmern, wenn es dunkel ist?

Ach Gott, halte mich fest, bitte halte mich und sag mir, dass du mich liebst.

Sag mir, dass ich begehrenswert bin.

Sag mir, dass du für mich kämpfen wirst.

Sag mir, dass ich schön bin.

Ich weinte und wartete. Leer. Ich lag völlig erschöpft am Boden. Meine Frage stand unübersehbar im Raum, füllte ihn ganz aus und es gab nichts mehr zu sagen. Ich konnte nur noch beten:

Das bin jetzt nur noch ich.

Du siehst alles. Du weißt, so bin ich. Du weißt, wie du mich geschaffen hast, und du weißt auch, wie du mit mir reden musst, damit ich es höre.

Ich rühre mich nicht von der Stelle, bis du etwas sagst.

In der Stille meines Zimmers, so allein wie ich noch nie zuvor gewesen war, begegnete mir der Herr. Die Worte, die er in meinem Denken bildete, begannen meine Fragen zu beantworten. In meiner Vorstellung konnte ich spüren, wie der Herr mich geduldig anlächelte, und ich hörte ihn zu meinem Herzen sprechen:

Ja, Angela, ich finde dich schön.

Dein Wunsch hat seinen Zweck erfüllt; du hast endlich dein wahres Inneres, dein ganzes Herz, zu mir gebracht. Bist du müde von der Last, zu der das ewige Vortäuschen wird? Bist du es müde und leid zu hoffen, dass jemand anderer den Platz ausfüllen könnte, der eigentlich mir zugedacht ist? Ich sehe dich, ich sehe dich ganz, alles an dir, und du brauchst dich jetzt nicht mehr zu verstecken. Ich sehe deine Sünde und ich sehe deine Fehler und Schwächen und ich möchte immer noch, dass du mein bist. Ich bin verrückt nach dir. Ich bin die Antwort auf deine Sehnsucht. Das »Mehr«, nach dem dein Herz verlangt, bin ich.

Ja, meine Geliebte, ja, ich finde dich unglaublich schön.

Die Macht der Frage

Früher habe ich geglaubt, dieser innere Kampf sei etwas sehr Persönliches, aber jetzt weiß ich, dass er etwas zutiefst *Weibliches* ist. Jede Frau möchte es in ihrem tiefsten Inneren wissen und fragt: »Oh Gott, findest du mich schön?«

Mir wird klar, dass der Plan, nach dem die Frau geschaffen ist, nach dem also auch ich geschaffen bin, ebenso geheimnisvoll wie komplex ist. Und dennoch ist dieser Plan ganz und gar Gottes Idee. Warum kuscheln sich scheinbar starke, beredte, erfolgreiche, intellektuelle Frauen abends mit einem Liebesroman aufs Sofa? Wieso gehen christliche Liebesromane in den Buchhandlungen weg wie warme Semmeln? Warum ist die Verlockung von Liebesgeschichten in Kino und Fernsehen für Frauen so groß? Warum will die Frau die romantische Komödie sehen, der Mann aber lieber Actionthriller? Es ist mehr als die Geschichte vom Unterschied zwischen Venus und Mars oder das Sprechen unterschiedlicher Liebessprachen. Es ist so, weil wir einfach so konstruiert sind. Auch wenn ich in Wirklichkeit keine Liebesromane lese, wäre es doch durchaus denkbar. Ich verstehe die Anziehungskraft solcher Lektüre absolut. Ich soll einfach ein leidenschaftliches Herz haben, das nicht gedämpft oder gar erstickt werden soll. So bin ich nun mal gedacht. Ich bin so konstruiert, dass ich Sehnsucht nach Schönheit habe und das Verlangen, gekannt zu werden. So ticke ich – und zwar von Geburt an. Jede Frau, die ich kenne, hat, seit sie denken kann, diese Wünsche und Sehnsüchte.

Ich spreche immer wieder mit Frauen über diesen Gedanken und immer wieder bin ich erstaunt darüber, wie heftig ihre Sehnsucht ist. Ich habe schon Gespräche mit wirklich brillanten, erfolgreichen Frauen geführt, Frauen, die große Firmen leiten, die sich kleiden, als wären sie gerade der Zeitschrift *Vogue* entsprungen, die auf der Beziehungsebene und in ihrem Auftreten unglaublich sicher waren, die extrem gut organisieren können und das eigene Leben sowie das der Menschen, für die sie verantwortlich sind, im Griff haben. Es sind oft Frauen, die jede Frau, der sie begegnen, durch all das schlichtweg einschüchtern können.

Ich habe mit solchen Frauen zusammengesessen und sie gefragt: »Haben Sie den Wunsch, als schön betrachtet und anerkannt zu werden? Mal ganz ehrlich.« Und immer wieder habe ich anschließend miterlebt und beobachtet, was für eine Macht diese Frage hat, weil sie der Frau die Maske abnimmt, die ihr vermeintlich Sicherheit verleiht. Die Atmosphäre im Raum verändert sich dann völlig, wird beinah unheimlich. Ich beobachte, was geschieht, und normalerweise ist die stärkste Frau im Raum die erste, die ihren Blick abwendet und schlucken muss, weil sie einen Kloß im Hals hat.

Ich kenne eine erstaunliche Frau, die bei der Army im Bereich der inneren Sicherheit eine ranghohe Position bekleidet. Sie ist eine dynamische Mischung aus Intellekt, Disziplin und innerer Stärke. Ich habe sie nie weinen gesehen, ja nicht einmal erlebt, dass ihre Stimme Emotionalität ausdrückte, bis zu unserem Gespräch über Schönheit. So lange noch mehrere Frauen dabei waren, hielt sie sich sehr zurück, blieb im Hintergrund und gab sich reserviert, aber nach Ende der Veranstaltung zupfte sie mich am Ärmel.

»Kann ich noch kurz mit Ihnen reden?«, flüsterte sie mir zu. Und dann, so als hätte sie jetzt endlich die Erlaubnis, fing sie an zu weinen. Fast peinlich berührt sagte sie: »Diese Frage trifft genau den Punkt, deshalb müssen Sie unbedingt über sie reden. Ich habe es mir selbst nie zugestanden, sie zu stellen, weil ich immer Angst vor der Antwort hatte.«

Ich kenne diese Angst sehr gut. Sie hat mich fast mein halbes Leben lang verfolgt, bis ich die Frage endlich aussprechen konnte. Möglicherweise, weil ich sie geleugnet habe, und vielleicht auch, weil ich sie ständig den falschen Menschen am falschen Ort gestellt habe.

Als ich noch in Texas lebte, habe ich einmal für ein paar Tage in der Nachbarstadt eine Freundin besucht. Als ich mich nach einem wunderschönen Besuch wieder von ihr verabschiedete, merkten wir, dass es auf einmal bitterkalt geworden war, und ich hatte keinen Mantel mitgenommen. Plötzlich kam meine Freundin mit einem tollen Nerzmantel unter ihrem Arm an. Ich war völlig aus dem Häuschen und konnte gar nicht glauben, dass sie so etwas überhaupt besaß. Und dann sagte sie auch noch: »Trag ihn auf dem Heimweg und bring ihn mir in ein paar Tagen zurück.«

Ich brachte zwar einige Einwände dagegen hervor, aber das geschah zugegebenermaßen doch eher halbherzig. Was machte es für einen Spaß, sich in einen Nerz zu hüllen! Ich glaube, ich habe ihn im Laufe der darauf folgenden Woche wirklich bei jeder sich bietenden Gelegenheit getragen, aber ich erinnere mich noch genau daran, dass ich ständig damit rechnete, dass jemand hinter mir her schreien würde: »Haltet die Frau da fest! Das kann unmöglich ihr Mantel sein. Nehmt ihr das Ding ab – es gehört bestimmt jemand anderem.«

So ähnlich ist das mit der »Findest-du-mich-schön-Frage«. Ich habe immer die Befürchtung, dass jemand meinen unsicheren Blick erkennt, wenn ich sie stelle, und dann wird mir jedes Mal von neuem deutlich, dass sie mir eigentlich nicht zusteht. Eigentlich steht sie jemand anderem zu.

John Eldredge hat ein Buch mit dem Titel *Wild at Heart* (Der ungezähmte Mann, Brunnen Verlag) geschrieben. Es ist zwar ein Buch für Männer, aber der Verfasser spricht darin auf grundlegende Weise auch über Frauen. Teilweise vermittelt er einen Einblick in die weibliche Seele und bestätigt dann leidenschaftlich deren Eigenarten:

Nicht jede Frau möchte kämpfen, aber jede Frau sehnt sich danach, dass um sie gekämpft wird [...] sie möchte mehr als nur beachtet werden – sie möchte erwünscht sein. Sie möchte, dass um sie geworben wird.

Jede Frau möchte auch über ein Abenteuer erzählen [...] Eine Frau möchte nicht das Abenteuer sein; sie möchte an etwas beteiligt sein, das umfassender ist als sie selbst [...]

Jede Frau möchte über eine Schönheit verfügen, die sie enthüllen kann. Nicht heraufbeschwören, sondern enthüllen. Die meisten Frauen empfinden den Druck, schön sein zu müssen, schon von Kindheit an, aber das meine ich damit nicht. Sie haben von Natur aus auch das tiefe Verlangen, schlicht und einfach die Schöne zu sein, an der Menschen sich erfreuen. *

Genau. Das trifft es. Dieser Autor wiederholt keine Klischees über Frauen, sondern kratzt ein wenig an der Oberfläche, und dabei fällt ihm auf, dass Frauen folgende Fragen stellen:

Wer will für mich kämpfen?
Wer will mein Held sein?
Wer will sagen, dass ich schön bin?

Ich habe bei diesen Worten geweint und zwar weil Eldrege diese Fragen nennt, ohne Frauen daraus einen Vorwurf zu machen. Er erkennt vielmehr, dass sie völlig zu Recht und legitim zum Kern einer Frauenseele gehören. Er macht uns deutlich, dass wir auf diese für

---

* John Eldredge, Wild at Heart (Thomas Nelson Publishers, 2001), S. 16f.

uns zentralen Fragen keine Antworten bekommen werden, die uns heilen und wiederherstellen, wenn wir zuvor nicht die Fragen stellen, die zu unseren verborgenen Sehnsüchten durchdringen.

Wenn das Leben zusammenbricht und sich einfach auflöst, wenn Vortäuschen keine Option mehr ist, wenn alles aus den Fugen geraten und nichts mehr geblieben ist, wie es war, dann wird erstaunlicherweise oft alles ganz einfach. Wenn niemand mehr helfen kann und es auch keinen Strohhalm mehr gibt, an den man sich noch klammern könnte, keine Maske mehr, die Schutz böte, dann steht Gott plötzlich im Mittelpunkt. Dann hat er unsere ungeteilte Aufmerksamkeit. Wir stellen ihm zwar dieselben Fragen wie allen anderen, aber es ist jetzt nur noch er da, um sie zu beantworten.

Gott, siehst du mich mit all meinen Fehlern und Makeln und findest mich trotzdem schön?

Als ich selbst an diesen Punkt gelangt bin, habe ich endlich erkannt, dass ich die Frage stellen darf, dass sie berechtigt ist, dass aber die Antworten, die mir Erfüllung und Kraft schenken, nur von Gott kommen können. Es ist absolut in Ordnung, wenn meine Seele und auch Ihre schreit: »Findest du mich schön?« Und in meinem Leben vollzieht sich eine Verwandlung, wenn ich höre, wie Gott mir laut und klar und deutlich antwortet: »Ja.«

Bei der Schönheit, nach der ich mich sehne, geht es gar nicht um mein Aussehen. (Na gut, ein bisschen geht es vielleicht darum. Also, ehrlich gesagt, manchmal fühlt es sich sogar so an, als ob es bei meiner Suche nach Schönheit *ausschließlich* ums Aussehen geht.) Aber bei der grundsätzlicheren Art von Schönheit, nach der ich mich zutiefst sehne, geht es vielmehr um ein völliges Angenommensein.

Gott, siehst du mich mit all meinen Fehlern und Makeln und in meiner Sündhaftigkeit und findest mich trotzdem schön? Siehst du, wie ich mich abmühe? Siehst du meine unerfüllten Herzenswünsche? Siehst du, wie ich versuche zu manipulieren und zu kontrollieren? Siehst du mein Verlangen nach Dingen, die ich nicht haben kann? Siehst du, wie ich um die verlorene Zeit weine und um das Leben, das ich nie kennen lernen werde? Gott, siehst du mich in all dem Durcheinander und findest mich immer noch schön?

Wirst du für mich kämpfen, Gott?
Wirst du kommen, um mich zu holen?
Wirst du mir sagen, dass ich schön bin?

Ich glaube, dass jede Frau so lange Mühe hat mit Vertrauen, Hoffnung und Sehnsucht, bis sie es sich selbst erlaubt, diese Fragen zu stellen und von Gott darauf Antworten zu erwarten. Sie und ich wissen, dass wir alles andere schon versucht haben. Wir haben praktisch jeden, der uns liebt, angefleht und angebettelt, uns diese Fragen, die zutiefst mit unserer Seele verknüpft sind, zu beantworten. Und – haben diese Leute das getan? Gott weiß, dass sie es versucht haben, und wir haben versucht, ihnen dabei zu helfen, es noch intensiver zu versuchen. Wir haben Artikel in Zeitschriften gelesen, haben die Talkshows von Oprah Winfrey angeschaut, haben an Kursen und Seminaren teilgenommen und für Veränderungen viel Geld bezahlt in der Hoffnung, dass wir eines Tages dieser Geschichte auf den Grund kommen würden ... dieser Sehnsucht, gesehen und ganz und gar gekannt zu werden ... und trotzdem schön gefunden und auch schön genannt zu werden.

Ich habe vielleicht bereits einen Vorgeschmack darauf bekommen, wie sich innerer Friede anfühlt, aber wirklich zu glauben, dass der Gott des Himmels und der Erde mich schön findet – also ich glaube, darin könnte ich wirklich zur Ruhe kommen. Wenn ich wirklich wüsste, dass er von mir hingerissen ist, vielleicht könnte ich dann tief durchatmen, meine Schultern straffen und der Welt selbstsicher gegenübertreten.

Wenn er wirklich gemeint hat, was er sagt, wäre ich sicher genug, um im Dunkeln darauf zu warten, dass er kommt und mich rettet. Ich würde meine Hoffnung ganz und gar auf ihn setzen. Seine Antwort würde mich stark genug machen, um auch mit persönlicher Enttäuschung, mit Konflikten und Entmutigung fertig zu werden. Wenn ich wüsste, dass Gott mich schön findet und das auch sagt, dann könnte ich meine Leidenschaften verfolgen und mit Hingabe leben und lieben. Ich bräuchte nicht mehr stets auf der Hut zu sein. Die verzweifelte Suche hätte ein Ende. Ich würde wahrgenommen und bemerkt und begehrt und es gäbe jemanden, der mich wirklich kennt.

Wie bereits gesagt, wenn eine Frau einen Raum betritt, dann schreit sie entweder: »Findet ihr mich schön?«, oder sie hat gelernt, diese Frage nie wieder zu stellen. Hin und wieder betritt jedoch auch eine Frau einen Raum, bei der völlig offensichtlich ist, dass sie weiß, Gott findet sie schön und sagt es ihr auch. Sie hat diesen Frieden und die Stärke und die Kraft, die daher rührt, dass sie zu ihm gehört. Sie hat eine angenehme Art von Selbstvertrauen. Ich möchte diese Frau sein. Alles in mir möchte eine Frau sein, die sich mit solcher Anmut und Sicherheit bewegt!

Wenn die Frage »Findest du mich schön?« von Anfang an mit meiner Seele verknüpft ist und dadurch von Anfang an ein Teil von mir, dann kann die Antwort darauf vielleicht gar nicht von dieser Welt sein. Womöglich besteht der Zweck dieser Frage darin, mich bei der Hand zu nehmen und mit mir vor den Schöpfer zu treten. Meine Seele ruft genau die Fragen laut heraus, die mich zu Gott führen. Vielleicht ist das Einzige, was im Leben wirklich zählt, was er über mich denkt.

Haben Sie schon jemals von sich selbst, ganz tief in Ihrem Innern die Herzensfrage gehört, die da lautet: »Findest du mich schön?« Dann lassen Sie sich von der Wahrheit der folgenden Worte einhüllen und umarmen:

Du bist wunderschön und der König begehrt dich.
Psalm 45,11

Der Gott, der die Sterne über den Himmel verteilt hat, derselbe, der die Berge und Täler mit seiner Hand geschaffen hat, der Gott, dessen Atem Leben schenkt, dieser Gott, der König, ist schon immer von dir hingerissen gewesen.

Du wirst wahrgenommen,
er findet dich schön,
der Glasschuh passt,
die Musik spielt
und er fordert dich zum Tanzen auf.

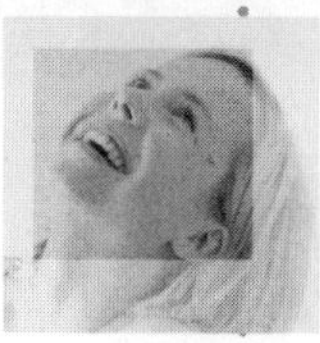

Wenn es in Verbindung mit der Seele
der Frau eine typische Frage gibt,
dann vielleicht die Frage:
»Findest du mich schön?«

Wenn Gott aus der Tiefe seiner großen Liebe
heraus darauf antwortet,
dann fühlen sich viele Frauen dabei
wie das Mauerblümchen,
das zum Tanzen aufgefordert wird.

Das Mauerblümchen, das zum Tanzen aufgefordert wird

Als ich in der elften Klasse war, zog Kerry Gibson neu in unseren Ort und er war der süßeste Junge weit und breit. Er ging auf eine Schule am anderen Ende der Stadt, aber viele Mädchen von meiner Schule waren von seinem umwerfenden Lächeln und seinem Charme, der ihn als idealen Schwiegersohn prädestinierte, absolut hingerissen. Ich hatte zwar schon ein paar Mal mitbekommen, wie Kerry Gibson nach Fußballspielen in der angesagten Pizzeria am Ort einen Schwarm von Mädchen unterhalten hatte, aber mich hatte er währenddessen nie beachtet. Tatsache war, er hatte keine Ahnung, dass es mich überhaupt gab.

Ich glaube, es war so ungefähr im Februar des besagten Jahres, als in der Stadt ein Tanzclub für Teens eröffnet wurde. Eines Samstags verbrachten meine Freundinnen und ich den gesamten Tag damit zu planen, was wir zu diesem Anlass anziehen sollten. Wir telefonierten stundenlang miteinander, um zu besprechen, wer wohl kommen würde, und zu beratschlagen, was wir anziehen sollten. Und wir machten uns so lange Gedanken über unsere Haare, bis irgendwann klar war, dass alles Sorgen und Grämen unnütz war, da wir mit genau den Haaren gehen mussten, die wir nun mal hatten. Ich freute mich darauf, mit meinen Freundinnen zusammen zu sein, Spaß zu haben, an meinem Getränk zu nippen und wie gewöhnlich zuzuschauen, wie alle anderen die Nacht durchtanzten.

Irgendwann an dem besagten Abend standen meine Freundinnen und ich in einem Kreis zusammen und redeten über ein paar Jungs von unserer Schule, als ein Typ in unsere Richtung geschlendert kam, und es war – Sie haben es erraten – Kerry Gibson.

Er fragte, so cool er konnte, den Jungen, der gerade neben mir stand: »Was dagegen, wenn ich mit deiner Freundin tanze?«

Der Typ neben mir hatte es ausgesprochen eilig zu versichern: »Mann, die gehört doch nicht zu mir!«, während alle anderen Leute in dem Kreis mit offenem Mund dastanden und staunten, so als wollten sie sagen: »Kerry, bist du ganz sicher, dass du das wirklich willst? Das hört sich nämlich so an, als wolltest du Angela zum Tanzen auffordern.« Doch am verblüfftesten von allen war ich. Es fühlte sich an wie in dem Traum, den ich schon eine Million Mal geträumt hatte: Der süßeste Junge im Saal forderte mich zum Tanzen auf. Ich stand einfach nur ganz ruhig da und wartete darauf, dass ich aufwachte. Ausgeschlossen, dass Kerry Gibson mich zum Tanzen aufgefordert haben sollte.

»Hey, ich heiße Kerry.« Die Realität stieß mit dem Traum zusammen. »Möchtest du tanzen?«

»Okay«, murmelte ich und bemerkte, dass alle Anwesenden, die mich kannten, ungläubig zu uns hinstarrten. Das Mauerblümchen war soeben zum Tanzen aufgefordert worden. Ich erinnere mich nicht, dass ich geatmet hätte, solche Angst hatte ich, die ganze Sache zu ruinieren.

Wir tanzten also. Ich wünschte, ich könnte mich erinnern nach welchem Song. Irgendeine Disco-Nummer aus den späten Siebzigern. Und ich kann Ihnen sagen – ich konnte wirklich toll tanzen. Jahrelang hatte ich in meinem Zimmer »Trockenübungen« gemacht, und jetzt war keine einzige davon umsonst gewesen. Aber das Lied war viel zu schnell zu Ende. Kerrys gute Tat neigte sich dem Ende entgegen. Ich lächelte ihn an, bedankte mich für den Tanz und wandte mich zum Gehen.

Möchtest du weitertanzen?

Aber dann sagte Kerry Gibson – und Gott segne ihn dafür (das meine ich ganz ehrlich): »Warte doch mal. Möchtest du nicht weitertanzen?«

Ich glaube, dass ich zustimmend genickt habe, und dann tanzten wir jeden Tanz miteinander, bis ich nach Hause musste.

Möchtest du weitertanzen? Die Frage klingt mir bis heute in den Ohren. Sie bringt mich zum Weinen und zum Lächeln und dazu, leise ein Gebet für meine Töchter zu sprechen: »Gott, bitte sorge dafür, dass auch sie von jemandem gefragt werden, ob sie weitertanzen möchten.«

Erinnern Sie sich noch daran, wie Sie zum ersten Mal zum Tanzen aufgefordert wurden? Erinnern Sie sich daran, wie Sie wahrgenommen wurden? Erinnern Sie sich an das nervöse Kribbeln in der Magengrube, wenn ein gut aussehender Junge auf Sie zukam? Was ist das? Und warum bekommen wir dabei das Gefühl zu schweben? Lächeln Sie schon allein bei der Erinnerung daran? Ich schon.

Ein guter Teil meines Lebens ist so verlaufen wie dieser Abend, als ich in der elften Klasse war. Ich weiß, dass ich auf einer Tanzveranstaltung bin. Ich sehe, wie alle sich toll amüsieren und es gut haben. Ich habe Spaß an der Musik und den Leuten, aber ich bin nicht sicher, ob ich überhaupt wahrgenommen werde. Ich bin nett und es macht anderen Spaß mit mir zusammen zu sein ... und ich bin zurückhaltend. Vielleicht ist das mein Ding, eher im Hintergrund zu bleiben und meinen Freunden zuzuwinken, die ganz vorn stehen. Vielleicht ist es ja meine Rolle im Leben, andere zu ermutigen und zu unterstützen. Ich fragte mich, ob ich vielleicht als Mauerblümchen geschaffen war. Und ich redete mir ein, es sei doch auch völlig in Ordnung, eines zu sein.

Ich war nie sicher, dass jemand zu mir herüberkommen, meinen Namen sagen und mich zum Tanzen auffordern würde. Es hat Zeiten gegeben, da hatte ich mich schon damit abgefunden, dass mein Leben eben so gedacht war. Alle anderen wurden auf die Tanzfläche gezogen und manche waren sogar so kühn, allein die Tanzfläche zu betreten und einfach loszutanzen, aber das brachte ich einfach nicht fertig. Vielleicht war mir so etwas auch einfach nicht zugedacht. Ich spürte jedoch, wie meine Füße es gern gehabt hätten. Es sah ja auch wirklich ganz so aus, als würde es Spaß machen.

»Ach nee«, sagte ich zu mir selbst. »Hör auf, vom Tanzen zu träumen, und mach lieber Abendessen.«

Wenn Gott vom anderen Ende des Saales herüberkommt

Und nun möchte ich Sie daran teilhaben lassen, was ich seit einiger Zeit über Gott lerne. In einem Raum, in dem er sich aufhält, gibt es keine gesichtslosen Frauen, die sich am Rande herumdrücken. Er hat Sie nicht zu der Tanzveranstaltung mitgenommen, um Sie dort in eine Ecke zu schieben und Ihnen zu sagen, dass Sie beim Zuschauen bestimmt ganz viel Spaß haben werden. Sie sind für das Glitzerlicht der Diskokugel geschaffen und müssen nicht abseits im Schatten stehen, immer in der Hoffnung, dass bestimmt auch Sie einmal eines Tages an der Reihe sein werden.

Sie sind nicht nur eine aus der großen Masse. Gott sieht Sie und meint Sie und er sieht und meint auch mich. Er kommt quer durch den ganzen Saal auf Sie zu, sieht Sie direkt an und sagt Ihnen, dass Sie schön sind. Für ihn sind Sie kein Möchtegern-was-auch-immer und ich auch nicht. Er ruft jedes Mauerblümchen hervor, und ich meine wirklich jedes einzelne, und fordert es zum Tanzen auf.

Ja, wissen Sie auch, wie der Tanz heißt, zu dem er uns auffordert? Der Tanz heißt Leben. Ihres und meines, unser aller Leben. Der Tanz, das sind Sie, wie Sie in den Armen Gottes mitten im Saal dahinschweben und die Frau werden, als die er Sie sich vorgestellt hat, als er von Ihnen träumte. So zu tanzen, bedeutet zu sagen: »Ja, das kann ich«, und dann strahlend vorzutreten, hinein in die Kraft der Aufforderung und des Glanzes Gottes. Zu tanzen heißt zu ergreifen und festzuhalten, wozu Sie geschaffen und berufen sind und sich dann von Gott zeigen zu lassen, wie Sie *werden*, sich entfalten.

In Ihre Augen

Wenn Gott einer Frau in die Augen schaut, sieht er die ganze Schönheit, die er in ihr und durch sie geschaffen hat. Er sieht all ihre Möglichkeiten, jede einzelne Gabe. Er sieht, was sein kann, und versöhnt sie mit dem, was war. Er liebt das lockige Haar, das Sie sich glatt wünschen oder umgekehrt. Ihm gefällt Ihr Lächeln und die Form Ihrer Nase. Er ist verrückt nach Ihren großen Füßen, den spitzen Knien und nach jeder Kurve, die zu Ihnen gehört. Er ist der Eine, der Sie innerlich *und* äußerlich liebt. Sie sind ganz und gar sein Gedanke und für ihn sind Sie körperlich wie seelisch schön.

Möchten Sie tanzen? Ruft Ihre Seele: Sieht jemand mich? Findet mich jemand schön? Dann hören Sie noch einmal, was in Psalm 45, 11–12 steht:

»Höre, Königstochter, und nimm dir zu Herzen, was ich sage! Vergiss dein Volk und deine Verwandten!

Du bist wunderschön und der König begehrt dich! Verneige dich vor ihm, denn er ist dein Herr und Gebieter!«

(Hervorhebung der Autorin)

Das heißt, dass Gott von Ihrer Schönheit begeistert ist, dass er sich darüber freut, dass er fasziniert ist. Und genau so empfindet der Prinz im Märchen für die Prinzessin, mit dem Unterschied, dass bei Gott dieses Empfinden nichts Ausgedachtes ist. Bezaubert, gefesselt ist er – so empfindet Gott für Sie –, das ist Realität. Er ist entzückt von Ihnen. Durch nichts und niemanden lässt er sich von Ihnen ablenken. Er ist über alle Maßen an Ihnen interessiert, emotional ganz bei Ihnen und mit Ihnen in Verbindung. Er genießt Ihr Lachen und ihm gefällt die Art, wie Sie denken. Sie langweilen ihn nicht und niemals würde er Sie als etwas ganz Normales betrachten. Es ist ausgeschlossen, dass Sie von Gott nicht wahrgenommen werden und er Sie übersehen würde. Für ihn sind Sie schön. Unglaublich, atemberaubend schön. Wenn ein Mann so für eine Frau empfindet, dann sagen wir, dass er verliebt ist.

Sie haben gehört, dass Gott Sie liebt, aber vielleicht ist es Ihnen wie mir gegangen und Sie haben das missverstanden. Seine Liebe für Sie ist nicht von der »Er-hat-die-ganze-Welt-in-seiner-Hand-und-liebt-auch-dich-Sorte«. Seine Liebe ist sehr persönlich. Gott und Sie. Eins zu eins. Innig, nah. Persönlich. Romantisch.

Gottes Liebe zu Ihnen ist leidenschaftlich und rein und vorbehaltlos. Er hält nichts zurück oder spielt Spielchen mit Ihnen. Bei Gott gibt es da kein Rätselraten und kein Hinhalten. Er kommt immer, erinnert sich an alles und hält stets seine Versprechen. Gottes Liebe kühlt nicht ab. Er wendet sich nicht einmal dann von Ihnen ab, wenn Sie es tun. Seine freudige Erregung über Sie bleibt unverändert stark. Gottes Liebe ist keine »Hei-tei-tei-Kindergartenverliebtheit« – sie ist nicht wetterwendisch. Gott hat Sie auf der anderen Seite des Saales stehen sehen und kann seinen Blick nicht mehr von Ihnen losreißen.

Haben Sie das kapiert? Hören Sie, wie ich Ihnen die Liebe beschreibe, nach der Sie sich auf dieser Erde sehnen? Hört sich das so an wie die Liebe, nach der Sie schon Ihr Leben lang auf der Suche sind? Vielleicht haben Sie Liebe in Beziehungen oder in der Ehe erlebt, stellen aber trotzdem fest, dass es da noch eine tiefere Sehnsucht gibt. Klopft jetzt Ihr Herz? Haben Sie das Gefühl, dass dies genau die Art von Liebe ist, die Sie sich immer vorgestellt haben? Unsere Wünsche und Sehnsüchte spiegeln unsere Grundstruktur wider, die Art, wie wir gemacht sind. Die Liebe, die Gott für uns hat, ist genau die Liebe, für die unsere Seele geschaffen ist. Es ist eine innige, verletzliche, vervollständigende Art von Liebe.

Nicht nur ein Schaf

Ich weiß auch nicht, was da mit mir los war. Wie konnte es nur passieren, dass ich diese innige, persönliche Liebe Gottes gar nicht mitbekommen und dadurch schlicht verpasst habe? Vielleicht lag es an der einen Geschichte zu viel über den Hirten und seine Schafe. Ich mag Gleichnisse und ich liebe die bildhafte Sprache der Psalmen, aber irgendwie und irgendwann in meinem geistlichen Leben habe ich mich auf den Schaf-Status zurückgezogen und mich damit begnügt. Zuerst verloren und dann gefunden. Getragen von den liebevollen Armen des Hirten, versorgt, bis meine Wunden verheilt waren, aber dann auch wieder entlassen in die Herde zu all den anderen, die jeden Abend gezählt werden, damit auch sicher ist, dass nicht am Ende eines fehlt. Vielleicht bin ich das Schaf Nr. 8.472.003. Eines von Trillionen wahrscheinlich, eines aus der Herde, um die Gott sich kümmert, die er im Blick hat und die er liebt.

Ich bin dankbar, dass ich zu der Herde gehöre. Aber ganz langsam begreife ich, dass die Liebe Gottes zu mir nicht einfach eine Art »allgemeine Gruppenliebe« ist. Seine Liebe ist mehr als ein Kopftätscheln, weil man ein braves kleines Schäfchen ist. Es ist eine Liebe, die bis in die Tiefe meiner Seele blickt und mich mit einer Kraft und Stärke festhält, wie ich sie nie zuvor gekannt habe. Gottes Liebe zu Ihnen und seine Liebe zu mir ist romantische Liebe. Es ist eine Liebesgeschichte, die anders ist als alle anderen, die Sie bisher erlebt haben, eine Liebesgeschichte ohne Schmerz und tiefe Verletzungen. Wir sind seine Geliebten. Wir sind sein und er ist unser. Wir gehören zu ihm.

Romantische Liebe, Leidenschaft, Musik, Tanzen, das sind nicht unbedingt die Begriffe, die wir aus der Gemeinde zur Beschreibung unserer Beziehung zu Gott gewohnt sind. Aber klingen Sie für Ihre Seele nicht richtig? Der Ihr Herz geschaffen hat, weiß, welche Art von Liebe Sie brauchen. Es ist keine Schande, sich nach Leidenschaft zu sehnen. Es ist keine Schande, den Wunsch zu haben, von jemandem gekannt zu werden. Es gibt keinen Grund, sich im Schatten zu verstecken. Wenn das Leben Tanz ist und Gott Ihr Geliebter, dann hören Sie jetzt ganz

Romantische Liebe, Leidenschaft, Musik, Tanzen, das sind nicht unbedingt die Begriffe, die wir aus der Gemeinde zur Beschreibung unserer Beziehung zu Gott gewohnt sind.

genau hin. Hören Sie die Musik? Hören Sie, wie er Ihren Namen flüstert? Ja, Ihren. Er fordert Sie auf, in die Mitte des Raumes zu treten und mit ihm zu tanzen.

Diese besondere Sache mit Gott

Vor ein paar Monaten habe ich drei Stunden in einem Friseursalon verbracht, während einer der Angestellten mir Strähnchen in fünf verschiedenen Blondtönen färbte. Es dauerte lange und die üblichen Gesprächsthemen wie Kinder, Urlaub und Ärzte waren erschöpft. Er fragte, woran ich gerade arbeite. Vergessend, dass ich einen schwarzen Umhang trug und Haare wie ein Alien hatte, antwortete ich: »Es ist ein Buch mit dem Titel: *Findest du mich schön?*«

Wir schauten beide in den Spiegel und mussten lachen.

»Worum geht es da?«, fragte er weiter.

»Na ja, es ist ein Buch für Frauen. Es geht darum, dass man diese Frage stellen darf und dann anfängt zu begreifen und zu erleben, wie das Leben sein kann, wenn man als Frau endlich glaubt, dass Gott unbedingt eine Beziehung mit einem haben möchte. Wenn eine Frau weiß, dass Gott sie schön findet, gibt ihr das Kraft und Zuversicht und inneren Frieden.«

Warum muss dabei eigentlich ausgerechnet Gott eine Rolle spielen?

»Aber warum kann es nicht einfach von Selbstwertgefühl handeln, Angela? Ich meine diese Geschichte, sich aus eigener Kraft wieder aufzurappeln und den Staub aus den Kleidern zu klopfen, herausfinden, was man will, und dann auch loszulegen. Warum muss dabei ausgerechnet Gott eine Rolle spielen?«

Ich lächelte, nahm einen großen Schluck von meiner Sprite, holte tief Luft und fing an, ihm zu erklären, warum.

Aber vielleicht geht es Ihnen ja genau so wie dem Friseur. Vielleicht fragen Sie sich auch: Warum muss dabei eigentlich ausgerechnet Gott eine Rolle spielen?

Es muss um Gott gehen und er muss damit zu tun haben, weil alles andere nicht funktioniert. So ist das. Unmissverständlich. Keine Frage. Ich lerne ständig Frauen kennen – ach was sage ich, ich bin eine der Frauen –, die alles andere ausprobiert haben und sich am Ende fragen: »Und das soll´s nun gewesen sein? Ist das etwa schon alles?«

Die einzige Person, die jemals tragende Kraft und Sinn in mein Leben gebracht hat, ist der lebendige Gott. Die einzigen Worte, die immer noch und immer wieder einen Sinn ergeben, sind sein Wort. Der einzige Weg, der immer geht, ist sein Weg. Vor vielen Jahren musste ich eine Entscheidung darüber treffen, was ich mit dieser Gott-Sache tun sollte. Ich traf bewusst die Entscheidung zu glauben. Seitdem entscheide ich mich jeden Tag zu glauben. Manchmal glaube ich, weil ich wirklich sehe, wie Gott in meinem Leben seinen Plan entfaltet, manchmal auch, weil ich mich intensiv mit der Bibel beschäftigt habe und sogar noch mehr glaube. Und dann sind da Tage, an denen ich nur aus Glauben bei ihm bleibe, auch ohne zu sehen, dass er wirklich da ist und handelt.

Vielleicht ist diese Sache mit Gott für Sie etwas ganz Neues und Sie wissen nicht besonders viel über den Einen, der sie zum Tanzen auffordert. Vielleicht hört sich das für Sie sogar ein bisschen überdreht oder nach irgendeinem Hokuspokus an. Vielleicht kennen Sie diesen Gott nicht, der Sie schön findet und Sie so innig liebt, vielleicht aber haben Sie ihn auch schon kennen gelernt, halten sich aber lieber von ihm fern.

Ich frage Sie: Hat irgendetwas Ihnen schon jemals auch nur annähernd aus tiefster Seele Erfüllung gegeben? Haben Sie schon jemals eine Liebe und Schönheit kennen gelernt, die Sie buchstäblich am Leben erhält? Können Sie das alles ganz allein und ohne Hilfe begreifen? In seinen Armen zu tanzen, das ist das wahre Leben. Die Musik ist mal schnell, dann eher langsam und dann wieder schnell. Es gibt einfache Schritte, aber auch ziemlich komplizierte. Das Licht ist manchmal hell und dann wieder gedämpft. Aber ihn zu verpassen und den Tanz zu versäumen bedeutet, das Leben zu verpassen, für das wir geschaffen sind.

Endlich mit Gott in Verbindung zu treten – zu glauben, dass Gott wirklich der ist, der er behauptet zu sein –, wird Ihnen das Gefühl geben, ein Mauerblümchen zu sein, das gerade zum Tanz aufgefordert worden ist.

Sich von ihm führen lassen

Als ich an die Uni kam, es war die *University of North Carolina*, war Disco nur noch eine ferne Erinnerung. Inzwischen war nämlich *Beach Music* angesagt. Wir tauschten die Diskokugel gegen ein bisschen Sand in den Schuhen, die *Bee Gees* wichen den *Tams* und die Bewegungen von John Travolta verblassten im Vergleich mit einem leichtfüßig gleitenden Tanz namens *Shag*.

Es gab ein paar Aufnahmerituale für die Erstsemester in meinem Studentenwohnheim, in dem nur Mädchen zugelassen waren. Wir mussten im Freien campieren, um ganz bestimmte, angesagte Baseballkarten zu ergattern, es gab den so genannten *Höschenraub* und andere Albernheiten mehr, und es gehörte unbedingt dazu, *Shag* tanzen zu können. Meine Freundin Lisa hatte eine große Schwester, die ihn ihr beibrachte, und in den meisten Pausen vom Lernen hielten wir uns in den Wohnheimkorridoren auf, wo wir gleitende Beweglichkeit trainierten.

Ich war damals mit einem Jungen namens Jack befreundet. Ich weiß nicht, wo er es gelernt hatte, aber dieser Typ konnte wirklich toll *Shag* tanzen, und deshalb tanzte ich unheimlich gerne mit ihm. Es machte riesigen Spaß, denn er übernahm ganz einfach und gekonnt die Führung und war sich seines Könnens vollkommen sicher. Er lächelte die ganze Zeit und sang aus voller Kehle die Songs mit.

Wenn ich dann von der Tanzfläche kam, sagten die Freunde, mit denen ich da war: »Wow, ihr beide seid ja richtig gut zusammen.«

Der Grund, weshalb wir zusammen so gut waren, hatte mit meiner Person eher wenig zu tun. Jack war einfach toll und ich brauchte mich nur von ihm führen zu lassen.

Ich war im *Shag* total unerfahren, aber Jack war sich seiner Tanzkünste, zumindest was den *Shag* betraf, völlig sicher. Er wirbelte mich herum, wie er es wollte, und lenkte mich, ganz wie es ihm gefiel. Er sah mich mit diesem gewissen Blick an, der mir signalisierte: »Auf geht's!«, und dann brauchte ich nichts anderes zu tun, als mitzumachen. Jedes neue Stück war eine weitere Lektion und ich lernte ständig dazu. Wenn ich ihm auf die Füße trat, lachte er nur und machte dieselbe Drehung zur Übung gleich noch einmal. Mit Jack war das Shagtanzen ganz einfach. Mit ihm zu tanzen gab mir das Gefühl, schön zu sein, und dabei brauchte ich nichts anders zu tun, als mich einfach führen zu lassen.

Wenn Gott sagt: »Komm, tanz mit mir!«, dann sagt er damit nicht, dass Sie schon alle Schritte können müssen. Er ist der Gott der gesamten Schöpfung, der für die Musik sorgt, der die Bühne zur Verfügung stellt, der Sie bei der Hand nimmt und Sie führt. Wenn Sie sich seinen Armen anvertrauen, dann können Sie sich auf jede seiner Bewegungen einlassen. Sie können ihm ganz vertrauen. Es braucht Ihnen nicht peinlich zu sein, dass Sie noch lernen, denn er ist ein geduldiger Lehrer. Sie brauchen sich nicht umzudrehen, um zu sehen, wohin es geht, denn Sie können sich darauf verlassen, dass er auf Sie aufpasst.

Meine Kinder stellen sich gern auf meine Füße, um so mit mir zu tanzen. Genau das dürfen wir auch bei Gott tun. Sie können Ihre Füße auf die seinen stellen und er wird Sie durch den Saal tragen. Irgendwann werden seine Schritte zu Ihren und Sie können sich ganz von der Musik davontragen lassen. In seinen Armen sind Sie schön. Tanzen macht Spaß. Was Sie dabei zu tun haben, ist ganz einfach – in seinen starken Armen ruhen und sich von ihm führen lassen.

Die anderen Fragen

Seit ich angefangen habe mit Gott zu tanzen und mich seiner Führung zu überlassen, lerne ich immer mehr über seine Liebe zu Ihnen und mir. In seinen Armen darf ich all die Fragen stellen, die in meinem Inneren drängeln. Die Frage: »Findest du mich schön?«, schien den Kern meiner Sehnsucht treffend zu beschreiben, aber ich habe seitdem noch sehr viel mehr Fragen gestellt. Sind auch diese dazu gedacht, nur von Gott beantwortet zu werden? Ich glaube, dass es so ist.

Mauerblümchen sind keine Mauerblümchen mehr, wenn sie mitten im Saal auf die Tanzfläche treten und Cha-Cha tanzen. Ich tanze und dann habe ich das Gefühl, dass Gott mich kennt. Dann habe ich die Freiheit offen zuzugeben, wer ich bin, und ich stelle ihm Fragen, die ich sonst immer zurückhalte. Sie helfen mir dabei, Intimität zu erreichen und den Gott dieser Gott-Sache richtig kennen zu lernen. Seine Worte sind in der Bibel zu finden, und weil ich glaube, dass sie wahr sind, habe ich dort nachgeschaut, um Antworten auf meine Fragen zu bekommen.

Vielleicht haben Sie in Beziehungen auch schon ähnliche Fragen gestellt. Vielleicht haben Sie sich sogar aufgeschrieben, welche Wünsche und Sehnsüchte Sie verspüren. Vielleicht haben Sie sich auch schon die Augen ausgeweint, weil Sie sich so verzweifelt nach jemandem sehnen, der Ihnen die zärtlichen Antworten geben kann. Auch wenn wir hier und da auf dieser Welt schon einen Vorgeschmack auf die Antworten bekommen, liegt die Fülle und Vollständigkeit der Antworten allein bei Gott.

Bemerkst du mich?

Sieht mich wirklich jemand? Verändert das, was ich tue, irgendetwas? Weiß jemand, dass ich hier bin? Ich habe schon so manches Mal allein in meiner Waschküche gestanden, Sockenpaare zusammengesucht und war mir dabei absolut sicher, dass niemand es bemerkt und dass es auch niemanden interessiert. Ich habe mich fast umgebracht, um rechtzeitig bei einer Sitzung zu sein, nur um dann dort in einer Ecke zu sitzen und mich zu fragen, was um alles in der Welt ich dort eigentlich zu suchen hatte. Ich habe versucht, das Richtige zu tun, während andere falsche Entscheidungen getroffen haben und es ihnen damit prächtig ging. Ich habe mich um Leute gekümmert, denen es schlecht ging, und hatte den Eindruck, dass sie sehr schnell vergessen. Es gibt Zeiten, da schaue ich denen, die ich liebe, in die Augen und frage mich, ob sie eigentlich sehen können, wer ich bin. Bin ich nur die Person, die das Essen zubereitet, die Schecks unterschreibt, die Fahrerin in der Fahrgemeinschaft, die Trösterin bei kleinem und größerem Kummer?

Aber Gott antwortet und sagt: »Ich sehe dich. Ich sehe, wie du übermüdet durch die Nacht taumelst, um dich um die Kranken und Geängstigten zu kümmern. Ich sehe dich Tag für Tag am Spielfeldrand oder auf der Tribüne, wie du betest, anfeuerst und dich kümmerst. Ich habe mitbekommen, wie du Mahlzeiten zubereitet hast, die niemand essen wollte. Ich war bei dir, als du über deine Kräfte weitergearbeitet hast bis zur völligen Erschöpfung. Ich kannte die Wahrheit, als du dich missverstanden fühltest. Ich habe mit dir geweint, als du so enttäuscht warst. Ich habe dich gehalten, als du dachtest, du wärst allein. Ich habe meinen Blick nie von dir abgewendet.«

Wollen Sie hören, wie Gott Ihnen sagt, dass er Sie sieht?

Denn Gott sieht mit Freude auf solche Menschen und wird ihre Gebete erhören.
Psalm 34,16

Er wird deinen Fuß nicht gleiten lassen
und der dich behütet, schläft nicht.
Siehe, der Hüter Israels
schläft und schlummert nicht.

Der Herr behütet dich;
der Herr ist dein Schatten über deiner rechten Hand,
dass dich des Tages die Sonne nicht steche
und der Mond des Nachts.

Der Herr behüte dich vor allem Übel,
er behüte deine Seele.
Der Herr behüte deinen Ausgang und Eingang
von nun an bis in Ewigkeit.
Psalm 121,3–8 (Luther)

Seit meiner Zeit als kleines Mädchen im Kindergottesdienst weiß ich, dass Gott mich sieht. Warum vergesse ich das bloß immer wieder? Es ist einfach so. Aber ich bin nicht allein und Sie sind es auch nicht. Die zärtlichen Augen Gottes sehen uns immer. Er hat nie aufgehört, uns wahrzunehmen.

Hört mir jemand zu?

Haben Sie schon einmal miterlebt, wie jemand geistig ausgestiegen ist und innerlich abgeschaltet hat, während Sie mit ihm geredet haben? Sie hören mitten im Satz auf zu sprechen und der andere merkt es nicht einmal. Oder wie ist es mit folgender Situation: Sie unterhalten sich mit jemandem und die andere Person schaut an Ihnen vorbei oder Ihnen über die Schulter, nach jemandem Ausschau haltend, mit dem sie lieber reden möchte? Autsch, das tut weh. Und das alles einmal ganz abgesehen davon, wie oft ich meine Kinder schon gefragt habe, ob sie mir eigentlich zuhören. Ich gehe inzwischen davon aus, dass sie es nicht tun. Missverständnisse. Unbeantwortete E-Mails. Schnarchende Ehemänner. Abgelenkte Freundinnen. Hört mir eigentlich jemand wirklich zu?

Frauen sehnen sich nach inniger Verbundenheit, nach Vertrautheit. Es gibt eine verzweifelte Einsamkeit, die sich ungehört im Herzen einnistet, eine Einsamkeit aufgrund fehlender Gemeinschaft, Einsamkeit, weil man sich nicht mitteilen, nicht ausdrücken kann, Einsamkeit, weil man keine Rückmeldung und erst recht keine Bestätigung bekommt.

> *Seine Sehnsucht, uns zuzuhören, ist noch größer als unsere, gehört zu werden.*

Unser Gott ist ein mitfühlender, ein mit-leidender Gott. Er hat sein Ohr immer an unserem Herzen. Er hört verständnisvoll und geduldig zu. Er wird nicht taub für unser Schreien und wendet sich nicht ab, auch wenn wir unsere Bitten an ihn penetrant wiederholen. Er freut sich gern mit uns, wenn wir auf der Siegerstraße unterwegs sind, hört sich aber auch voller Erbarmen unsere Beichten an. Seine Sehnsucht, uns zuzuhören, ist noch größer als unsere, gehört zu werden. Lassen Sie sich von ihm sagen, dass er Ihnen zuhört, unabgelenkt, aufmerksam und ohne sich unterbrechen zu lassen:

Ehe sie rufen, will ich antworten;
wenn sie noch reden, will ich hören.
Jesaja 65,24

Der Herr ist nahe allen, die ihn anrufen.
Psalm 145,18

Ich aber will zu Gott rufen
und der Herr wird mir helfen.
Abends und morgens und mittags will ich klagen und heulen,
so wird er meine Stimme hören.
Psalm 55,17–18

Und das ist die Zuversicht, die wir haben zu Gott: Wenn wir um etwas bitten nach seinem Willen, so hört er uns.
1. Johannes 5,14

Ich habe mich so verhalten, als wäre ich allein, aber die Wahrheit ist, dass ich niemals allein sein werde. Wenn meine Gebete schwach sind, hört Gott trotzdem zu. Wenn ich nichts als Quatsch erzähle, hört Gott trotzdem zu. Wenn mein Herz ausgedörrt ist, hört Gott erstaunlicherweise immer noch zu.

Wirst du mich retten?

Man muss schon ein bisschen tiefer schürfen, um an diese Frage im Innersten der weiblichen Seele heranzukommen und sie ans Licht zu befördern. Sie ist eher selten direkt an der Oberfläche zu finden, weil wir sie so weit wie möglich fortgeschoben haben und weil wir gelernt haben zu glauben, dass wir alles alleine schaffen. Ja, wir bekommen sogar Beifall, wenn wir große Schwierigkeiten alleine durchstehen. Frauen, die keine Hilfe brauchen, werden anderen als *Superfrauen* oder *Powerfrauen* zum Vorbild erhoben. Sie schreiben Bücher, sind Gäste in Talkshows und zeigen uns, wie auch wir seelisch, geistig und körperlich alles schaffen – allein.

Und vielen von uns scheint es auch einleuchtend, einfach alles alleine zu machen. Ein paar Enttäuschungen im zwischenmenschlichen Bereich können uns sehr schnell und sehr schmerzlich lehren, dass niemand kommt, um uns zu retten. Oh, es kommt vielleicht schon jemand, aber er bleibt nicht. Oder sie kommen und bleiben auch, wecken aber den Wunsch in einem, dass sie doch lieber ganz schnell wieder verschwinden mögen. Also werde taff. Rechne lieber nicht damit, dass jemand kommt und dich aus deiner Misere rettet. Helden, die das Mädchen retten, gehören in Abenteuergeschichten oder ins Kino. Hören Sie auf zu träumen und lernen Sie, sich selbst zu helfen. Ja, manchmal macht das Sinn, besonders, wenn Ihr Herz wie betäubt ist.

Erinnern Sie sich noch an den Tag, als Ihnen klar wurde, dass Sie erwachsen sein müssen? Ich ertappe mich immer noch hin und wieder dabei, dass ich denke: *Wie konnte das nur passieren?* Ich muss die Familie allein versorgen. Ich muss die Altersversorgung planen und Geld für das Studium der Kinder sparen. Ich muss daran denken, dass der Ölwechsel beim Auto fällig ist. Niemand außer mir reinigt die Dachrinnen. Ich muss erwachsen sein. Es kommt niemand, um mich zu retten.

Erwachsene Frauen mögen zwar zäh und tüchtig sein, aber ich kenne keine Frau, die sich unter diesem stählernen Brustpanzer nicht wünscht, dass jemand für und um sie kämpft, dass sie gerettet und in Sicherheit gebracht, ja einfach beschützt wird.

Und so spricht Gott die Seele der Frau direkt an, wenn er sagt:

Die Engel des Herrn lagern sich um die her,
die ihn fürchten, und er hilft ihnen heraus.
Psalm 34,8

Er streckte seine Hand aus von der Höhe und fasste mich
und zog mich aus großen Wassern.
Er errettete mich von meinen starken Feinden,
von meinen Hassern, die mir zu mächtig waren.
Sie überwältigten mich zur Zeit meines Unglücks,
aber der Herr ward meine Zuversicht.
Er führte mich hinaus ins Weite, denn er hatte Lust zu mir.
Psalm 18,17–20 (Hervorhebung der Autorin)

Immer und immer wieder erleben wir in der Bibel, wie der Gott des Universums diejenigen rettet, die zu ihm gehören. Er schickt Plagen und kommt dann selbst als Wolke und Feuer. Er verschließt die Mäuler von Löwen und öffnet das Riesenmaul eines Wales. Er zerbricht die Ketten Gefangener. Er ruft den Toten zu: »Komm heraus.« Er wälzt den Stein fort. Er rettet jeden, der ihn Herr nennt. Unser Gott ist ein rettender Gott.

Die unterschiedlichen Phasen im Leben einer Frau sind unendlich vielfältig, aber jede von uns wird mit solchen Phasen konfrontiert: einsamen Zeiten, hoffnungslosen Zeiten, Zeiten, die uns knebeln und fesseln und dann quer auf die Schienen legen. Wir können sehen, wie sich der Zug nähert. Wir spüren, wie alles vibriert, aber wir sind hilflos, gefesselt und geknebelt.

Wir können uns nicht selbst retten.

Was Gott verspricht, ist, dass er immer, immer kommt. Er taucht immer auf. Er rettet immer. Er bringt immer in Sicherheit. Sein Timing ist zwar ganz anders als unseres und seine Methoden sind fast immer ungewöhnlich, aber wir dürfen wissen und innerlich daran festhalten, dass er treu ist und kommt, wenn wir nach ihm rufen.

Liebst du mich wirklich?

Ich glaube, dies ist die Frage, die jede Sehnsucht in unserem Inneren auslöst: »Liebst du mich wirklich?« Kleine Mädchen fragen sich: *Hast du mich wirklich lieb, Papa? Siehst du, wie ich in meinem schönsten Kleid tanze, und lächelst du, einfach, weil du dich so über mich freust?*

Wenn Väter distanziert, missbrauchend, süchtig oder einfach nicht liebevoll und zugewandt sind, dann werden aus kleinen Mädchen unsichere Teenager, die beschließen, diese Frage einem anderen Mann zu stellen, nur dass jetzt die Frage lautet: »Wirst du mich lieben, wenn ...?«

»Wirst du mich lieben, wenn ich mit dir schlafe? Wirst du mich lieben, wenn ich mit dir zusammen Drogen nehme? Wirst du mich lieben, wenn ich für dich lüge? Wirst du mich lieben, wenn ich dich unterstütze?«

Solche Teenager bekommen darauf einige wenige Antworten, die ein ganz klein wenig Nass in das leere Gefäß ihrer Seele hineingeben so wie ein paar Tropfen Wasser in eine rostige Blechdose. Das Gefäß wird nie voll, aber es kommt zu einem kurzfristigen Gefühl der Befriedigung, das vortäuscht, der Durst wäre gelöscht. Und dann werden diese Teenager zu erwachsenen Frauen, die sich ausgeklügelte Methoden angeeignet haben, mit einem Herzen umzugehen, das immer wieder die Frage stellt: *»Liebst du mich wirklich?«*

Seelisch ist jeder Mensch so geschaffen, dass er sich nach verschwenderischer, bedingungsloser Liebe sehnt.

Manche Frauen leben schon jahrelang in einer Ehe und fragen immer noch: »Liebst du mich wirklich?« – will heißen: »Nimmst du mich auch an, wenn ich noch nicht fertig bin? Nimmst du auch das an, was anders geworden ist an mir, und applaudierst meinen Bemühungen, mich zu entfalten und weiterzuentwickeln? Kann ich einfach Mensch sein – stark und lebendig an manchen Tagen, schwach und zerbrechlich an anderen? Kann ich in der Beziehung zu dir ganz echt sein, ohne etwas vorzutäuschen? Kann ich ehrlich sein und auch von dir Ehrlichkeit erwarten? Ist es auch in Ordnung, wenn mein Haar morgens schrecklich aussieht, mein Atem nicht minzig-frisch ist und meine Jeans wegen ein paar Kilo mehr Gewicht spannen? Liebst du mich auch dann noch, wenn ich dich enttäusche? Wirst du mich auch in dunklen Zeiten lieben? Wirst du mich auch dann noch lieben, wenn ich an deiner Liebe zweifle?«

Manchmal erleben wir eine solche Liebe schon zu Lebzeiten. Unsere Eltern können uns mit einer sehr reinen Liebe lieben. Auch ein Ehemann kann tiefe, grundlegende Liebe geben. Eine Freundin kann ein Leben lang mit unerschütterlicher Liebe zu uns stehen. Aber jetzt kommt der Haken, und zwar liegt er in der Art, wie unsere Seele konstruiert ist: Die Liebe, die wir hier auf der Erde bekommen können, reicht einfach nicht aus. Wir sind von Gott *für* Gott geschaffen. Wenn wir nur mit der Art von Liebe leben müssen, die wir auf der Erde bekommen, bleiben wir immer unvollständig und merken das auch. Irgendetwas fehlt uns, so sind wir nun mal geschaffen. Unser Herz ist so geschaffen, dass es nach einer Art von Liebe schreit, die wir nur von unserem Schöpfer bekommen können. Das Gefäß unserer Seele wird nie ganz voll, es sei denn, die Liebe Gottes kommt hinein.

Seelisch ist jeder Mensch so geschaffen, dass er sich nach verschwenderischer, bedingungsloser Liebe sehnt. Erinnern Sie sich an den Abschnitt über die Liebe im 1. Korintherbrief?

Schauen Sie doch einmal nach, ob die Verse dort die Liebe beschreiben, nach der Sie sich zutiefst und von ganzem Herzen sehnen.

Die Liebe ist
geduldig
und freundlich.
Sie kennt keinen Neid,
keine Selbstsucht,
sie prahlt nicht
und ist nicht überheblich.
Liebe ist weder verletzend
noch auf sich selbst bedacht,
weder reizbar
noch nachtragend.
Sie freut sich nicht am Unrecht,
sondern freut sich, wenn die Wahrheit siegt.
Diese Liebe erträgt alles,
sie glaubt alles,
sie hofft alles.
Die Liebe treibt nicht Mutwillen
und hält allem stand.
Korinther 13,4–8

Gottes Liebe ist die Liebe, die nie versagt. Die unerschöpfliche Liebe, nach der wir uns sehnen, kann nur von ihm kommen. Seine Liebe kommt mir entgegengerannt, auch wenn ich nicht liebens-wert bin. Seine Liebe sucht mich, wenn ich mich verstecke. Seine Liebe lässt mich nicht los. Seine Liebe hört nie auf. Seine Liebe versagt nie.

Haben Sie in letzter Zeit einmal Gottes Liebesbriefe an Sie gelesen? Tun Sie das doch einmal und denken Sie dann daran, dass es Worte des Einen sind, der Sie auf der anderen Seite des Saales stehen sieht. Der allmächtige Gott ist entzückt von Ihrer Schönheit. Er hat Ihnen in die Augen geschaut, Sie beim Namen genannt und bittet Sie, in seinen Armen mit ihm zu tanzen.

Ins Weinhaus hat er mich geführt,
dort zeigt er mir, dass er mich liebt.
Hohelied 2,4

Unüberwindlich wie der Tod ist die Liebe
und ihre Leidenschaft so unentrinnbar wie das Totenreich!
Wen die Liebe erfasst hat, der kennt ihr Feuer:
Sie ist eine Flamme Gottes!
Mächtige Fluten können sie nicht auslöschen,
gewaltige Ströme sie nicht fortreißen.
Hohelied 8,6–7

Berge mögen einstürzen und Hügel wanken,
aber meine Liebe zu dir wird nie erschüttert
und mein Friedensbund mit dir wird niemals wanken.
Das verspreche ich, der Herr, der dich liebt.
Jesaja 54,10

Darum knie ich nieder vor Gott, dem Vater,
und bete ihn an,
ihn, dem alle Geschöpfe im Himmel und auf der Erde ihr Leben verdanken.
Ich bitte Gott, dass er euch aus seinem unerschöpflichen Reichtum
Kraft schenkt,
damit ihr durch seinen Geist innerlich stark werdet
und Christus durch den Glauben in euch lebt.
In seiner Liebe sollt ihr fest verwurzelt sein;
auf sie sollt ihr bauen,
denn nur so könnt ihr mit allen anderen Christen das ganze Ausmaß dieser Liebe erfahren,
die wir doch mit unserem Verstand niemals fassen können.
Dann wird diese göttliche Liebe euch immer mehr erfüllen.
Epheser 3,14–19 (Hervorhebung der Autorin)

Gibt es in Ihrem Inneren solche Löcher, die sich durch nichts und niemanden stopfen lassen? Enttäuschung, Verlust, Kummer und Leiden fangen an, diese Löcher in uns zu offenbaren. Wir kommen allem Anschein nach ganz gut zurecht, so lange das Leben ungehindert vor sich hin schnurrt, aber zeigt es sich von seiner willkürlichen und ungerechten Seite, dann geht in unserer Seele das Flutlicht an. Da drinnen gibt es regelrechte Schlaglöcher, die wir jetzt erkennen. Tiefe, dunkle Löcher der Verzweiflung. Alle Liebe, die wir bisher erfahren haben, hat diese Löcher nicht ausfüllen können. Mit *der ganzen Fülle erfüllt* zu sein, also echte Erfüllung zu erleben, erfordert immer die verschwenderische, unerschöpfliche Liebe Gottes.

Der Herr hört, wie Sie von diesen Löchern aus schreien: »Liebst du mich wirklich?« Und immer wieder, die gesamte Bibel hindurch, redet er zärtlich zu uns:

Wenn du doch bloß fassen könntest, wie breit und wie tief und wie hoch,
dann wüsstest du, ja, ich liebe dich.
Fragst du dich, ob du zu weit weg bist von mir?
Meine Liebe ist von einer viel größeren Weite.
Glaubst du, dass du zu lange weg warst?
Meine Liebe wartet noch länger.
Glaubst du, dass keiner jemanden wie dich wollen kann?
Meine Liebe ist höher als die all der anderen.
Bist du sicher, dass du schon zu weit weg bist?
Meine Liebe ist tief genug, um sogar dich zu erreichen.
Du kannst nicht aus meiner Liebe herausfallen.
Du kannst nicht vor meiner Liebe weglaufen.
Du kannst nicht das Ende meiner Liebe erreichen.
Sie ist lang und breit und hoch und tief genug für dich.

Tanzen Sie doch einfach

Ich weiß, Sie würden jetzt vielleicht gern zögern. Ich jedenfalls habe so reagiert. Viel zu oft habe ich gezögert. Aber an diesem Punkt müssen Sie mir glauben. Der Gott des Himmels sieht Sie. Er möchte, dass Sie die Seine sind. Er ist die Beziehung, nach der Sie sich so sehr sehnen. Sie brauchen nur Ja zu sagen. Schieben Sie Ihre Angst beiseite. Vergessen Sie Ihre zwei linken Füße. Machen Sie sich keine Gedanken darüber, wer alles zuschauen könnte. Fangen Sie an – tanzen Sie mit ihm.

Wenn Sie mit Gott tanzen, dann werden Sie in den Armen unerschöpflicher Liebe gehalten. Da gibt es innige Vertrautheit und Nähe, die Freiheit, Wahrheiten zu flüstern, bisher unausgesprochene Fragen zu stellen, die Sicherheit, dass Sie über Ihre Wünsche und Sehnsüchte sprechen dürfen, eine Beziehung des Gebens und Nehmens, die zu tieferem Verständnis, tieferer Liebe und mehr Kraft führt.

Wenn ein Mauerblümchen zum Tanzen aufgefordert wird, dann fühlt sich das für es so an, als ob die Erde bebt und die Zeit stehen bleibt, während ein Traum in Erfüllung geht. Das bis dahin beherrschende Gefühl der Leere weicht. In diesem Augenblick fühlt sich das Mauerblümchen, als ob endlich jemand zu ihm sagt: »Ich sehe dich da drüben. Ich finde dich schön. Komm mit mir in die Mitte des Saales auf die Tanzfläche. Lauf nicht weg. Lass uns weitertanzen.«

Und genau das tut Gott. Er ruft Sie bei Ihrem Namen. Er hat Ihre Lieblingsmusik ausgesucht. Er sieht Sie voller Hingabe und Zuneigung an. Er nimmt Sie in seine starken Arme und führt Sie auf der Tanzfläche. Das ist Romanze, rein und einfach. Das ist dauerhafte, unerschöpfliche Liebe – die Liebe, die Sie heil macht und nach der sich Ihr Herz sehnt.

Haben Sie Gott Ihren Namen rufen hören? Haben Sie gespürt, dass er sagt: »Ich halte noch viel mehr für dich bereit«? Wovor haben Sie dann noch Angst? Manchmal haben wir Angst zu tanzen, wenn wir die Schritte nicht kennen. Denken Sie daran, dass Sie Tango und Rumba nicht zu kennen brauchen. Es wird Spaß machen, sich einfach von ihm führen zu lassen. Stellen Sie sich auf seine Füße. Spüren Sie die Musik. Passen Sie auf, wie er Sie dreht, und lernen Sie.

Möchten Sie in der Umarmung Ihres Herrn ruhen? Dieser Augenblick mit ihm wird nicht verblassen. Es ist Zeit anzufangen, den Tanz Ihres Lebens zu tanzen. Er findet Sie außergewöhnlich schön. Haben Sie das gehört? Sie. Und jetzt fangen Sie an, bewegen Sie sich nach der Musik und genießen Sie sein Entzücken.

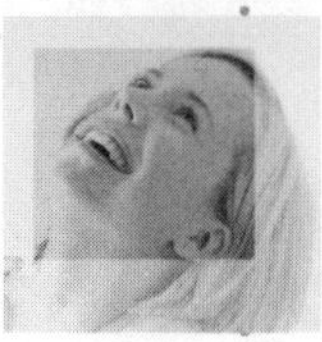

Wenn es in Verbindung mit der Seele
der Frau eine typische Frage gibt,
dann vielleicht die Frage:
»Findest du mich schön?«
Wenn Gott aus der Tiefe seiner großen Liebe
heraus darauf antwortet,
dann fühlen sich viele Frauen
dabei wie das Mauerblümchen,
das zum Tanzen aufgefordert wird.

Aber wir werden durch andere
geliebte Menschen von seiner Einladung
abgelenkt.

Andere geliebte Menschen

Der Abend, an dem Kerry Gibson mich zum Tanzen aufforderte, hat bei mir einen so tiefen Eindruck hinterlassen, dass ich mich noch heute, also dreiundzwanzig Jahre später, an fast jede Einzelheit erinnern kann. Ja, wenn ich etwas Zeit zum Überlegen hätte, dann könnte ich mir wahrscheinlich auch die Einzelheiten jeder Verabredung mit jedem Freund in Erinnerung rufen, den ich im Laufe der Jahre gehabt habe. Was sie gesagt haben, was ich gesagt habe und wo wir waren. Und wenn ich mich ganz doll anstrengen würde, könnte ich wahrscheinlich auch noch sagen, was ich bei den jeweiligen Verabredungen getragen habe.

Kurz nach Beginn meines letzten Schuljahres kam Kerry zu einem Fußballspiel, bei dem ich zu den Cheerleadern gehörte. Alle Mädchen tuschelten: »Rate mal, wer hier ist? Da auf der Tribüne, direkt an der Bande ... sieht aus wie Kerry Gibson. Was macht denn der hier in unserer Schule?«

Kerry begrüßte mich später und rief mich am nächsten Tag an. Ich glaube, ich habe damals damit gerechnet, dass er mich nach der Telefonnummer einer Klassenkameradin fragen würde, aber er wollte sich mit mir verabreden, um mit mir auszugehen.

An dem darauf folgenden Wochenende gingen wir zum ersten Mal miteinander aus, dann gab es faule Nachmittage mit nervösem Gekicher am Telefon, und es dauerte gar nicht lange, da »gingen« wir miteinander. Ich erinnere mich noch, dass ich mich dieses ganze Jahr wie auf Wolken fühlte. Kerry war mein erster Freund und ich war hin und weg. Wenn ich ihn auf der gegenüberliegenden Seite des Raumes sah, setzte mein Herz aus. Wenn er meinen Namen sagte, machte mich das atemlos. Ich nehme an, das war noch eine ziemlich kindliche Verliebtheit, aber ich sage Ihnen, all diese verrückten Gefühle haben damals ungeheuer Spaß gemacht.

Wahrscheinlich habe ich seitdem Trillionen von Lebenserfahrungen gemacht, so viele, dass ich mich beispielsweise an absolut gar nichts erinnere, was ich in meinem dritten Jahr Französisch gelernt habe, aber ich erinnere mich noch ganz genau an die Namen der Jungen, die ich immer auf meinen Notizblock geschrieben habe. Was ist mit mir los? Warum kann ich mir all die albernen Verrücktheiten meines Herzens so gut merken? Geht das eigentlich auch anderen so? Bin ich die schrulligste Person, der Sie je begegnet sind? Vielleicht begebe ich mich hier auf dünnes Eis, aber ich nehme an, dass Sie, wenn Sie ehrlich sind, sich auch an solche Dinge besonders gut erinnern können. Vielleicht nicht im Wortlaut, aber rein gefühlsmäßig erinnern Sie sich sehr gut. Es scheint fast so, als wären Frauen so konstruiert, dass sie für Herzensangelegenheiten eine besondere Antenne haben und sich ein Leben lang an sie erinnern.

In der Highschool habe ich die Erfahrung gemacht, dass eine Schwärmerei, die ein Jahr lang dauert, als Enttäuschung enden kann. Als ich dann aufs College kam, war ich der Überzeugung, dass man sein Herz immer kaputt zurückbekommt, wenn man es verschenkt. Und jetzt und hier in meiner Lebensmitte erlebe ich Frauen, die schwer angeschlagen sind und gebrochene Herzen haben, die verloren und verletzt sind, die sich verhalten, als hätten sie ein für alle Mal mit der Liebe Schluss gemacht, nur um sich trotzdem insgeheim nach Nähe und Leidenschaft zu sehnen. Wir wollen nur nicht zugeben, dass das Verlangen immer noch da ist, ganz tief in uns, und dass es auch bleibt. Dasselbe gilt auch für die Frage nach der Schönheit. Wir haben nie aufgehört, uns zu wünschen, dass jemand uns schön findet, aber wir haben schon vor langer Zeit aufgehört, diese Frage zu stellen. Reife Frauen sollten eigentlich über so etwas erhaben sein, »über so etwas hinweg sein«, wie man so schön sagt.

Ich habe wahrscheinlich den größten Teil meines Erwachsenenlebens damit verbracht zu versuchen, darüber hinwegzukommen. Ich habe versucht, mich nicht wie ein richtig mädchenhaftes Mädchen zu benehmen, all den Unsinn über Verliebtheit und Schönheit abzuhaken, wegzupacken und mit dem Etikett »kindisch« zu versehen. Ich habe versucht, mich nicht nach etwas zu sehnen, das auch nur entfernte Ähnlichkeit mit Verliebtheit, Romantik oder gar Leidenschaft hat, weil nach einer Weile die Enttäuschungen relativ schmerzhaft werden, so als würde man immer wieder die gerade neu gebildete Haut von einer alten Wunde reißen. Es scheint wie ein verlorener Fall. Es wird mit Sicherheit nur noch mehr Frust geben und noch mehr Erwartungen werden enttäuscht werden.

Ich habe eine Familie. Ich liebe Gott. Ich bin eine Mutter, die an einer Mütterfahrgemeinschaft beteiligt ist, und ich gehe zu Baseballspielen. Ich mähe den Rasen und leere Töpfchen aus. Ich denke mir jeden Tag ein Gericht aus und bereite es zu. Mein Leben ist ausgefüllt und das sollte eigentlich wirklich genü-gen. Außerdem bin ich reif, gebildet und geistlich, sodass es doch eigentlich nicht so sehr darauf ankommen sollte, ob ich von jemandem zutiefst gekannt werde. Es sollte mir wirklich nicht so wichtig sein, ob jemand mich schön findet. All das Zeugs mit Romantik und Leidenschaft sollte eigentlich keine besondere Rolle spielen.

Erinnern Sie sich noch an Ihren ersten Kuss?

Was um alles in der Welt sage ich da eigentlich? Es kommt sehr wohl darauf an!

Und das war auch schon immer so.

Ich habe einfach nur so getan, als ob es mir nicht darauf ankäme.

Erinnern Sie sich noch an Ihren ersten Kuss? Nicht an einen wie diesen blöden Kuss, den ich in der zweiten Klasse bekommen habe, als ein Junge aus dem Schulbus Tommy Sands einen Dollar versprochen hatte, wenn er mich küsste und dann wegrannte. Das hat damals beinahe mein Leben ruiniert. Der ganze Bus lachte. Ich weinte und rannte nach Hause. Tommy bekam seinen Dollar und mir war die ganze Sache so peinlich, dass ich nie mehr mit dem Schulbus fahren wollte.

Nein, so einen Kuss meine ich nicht. Ich meine den Wummm-Kuss, den, bei dem Ihre Knie weich wurden, der Kuss, bei dem Sie die Augen schlossen und sich ganz sicher waren, im siebenten Himmel zu schweben. Es war der Augenblick, in dem Sie endlich wussten, wie es sich anfühlt, von jemandem begehrt zu werden, den Sie auch begehrten. Es war der Kuss, von dem Sie sich wünschten, dass er nie aufhören möge. Und dieser Kuss ist der Kuss, dem Sie seither hinterherjagen. Sie brauchen mir gar nicht zu erzählen, dass es nicht so ist; ich würde Ihnen nämlich nicht glauben. Erwachsene Frauen dürfen sich nicht mehr so albern aufführen, aber sie können diesen Kuss und das innere Feuerwerk, von dem er begleitet war, nie wieder vergessen. Und wenn sie dann mit ihren Freundinnen zusammenhocken und ihnen die Wahrheit sagen, dann wünschen sie sich immer noch dieses Gefühl, das von der unglaublichen Leidenschaft eines »Wummm« ausgelöst wurde.

Woran liegt es, dass Frauen so reagieren? Wir möchten große Gefühle, Gefühle, die aus dem tiefsten Inneren kommen und alles mit Beschlag belegen. Gefühle, die bewirken, dass wir nicht mehr essen, nicht schlafen und uns auf nichts mehr konzentrieren können, weil wir nur immer an das eine denken. Wir wollen schwindelig vor Glück sein wie Scarlett O'Hara nach einem Abend mit Rhett Butler. Wir möchten ewige Leidenschaft, begnügen uns jedoch mit Leidenschaft aus zweiter Hand in Form von Filmen und Romanen, wenn wir sie in Wirklichkeit nicht haben können. Wir haben den heftigen Wunsch nach Romantik und Beziehung, eine unglaubliche Sehnsucht gesehen, gekannt und begehrt zu werden. Und ob wir nun diese Sehnsüchte eingestehen oder wütend deren Existenz leugnen, jede von uns ist da irgendwie gleich, weiblich, auf Beziehung angelegt, gefühlsbetont, mit der Sehnsucht nach den Armen eines Geliebten.

Die anderen geliebten Menschen

Wenn ich so gedacht bin, dass ich in den Armen Gottes tanzen und mir das genügen soll, warum haben wir dann dieses heftige Bedürfnis danach, von anderen Menschen geliebt zu werden? Welche Rolle spielen dann die anderen Menschen, die mich lieben, die anderen geliebten Menschen in meinem Herzen und in meinem Leben? Warum verbringen Frauen ihr gesamtes Leben damit, nach der Zuneigung von Männern zu schmachten? Warum halten wir an Erinnerungen fest, an Dingen, die wir erlebt haben, oder befassen uns ausgiebig mit Fantasien darüber, was alles sein könnte? Warum ist es für uns so wichtig, ob sie uns wahrnehmen und schön finden? Warum glauben wir, dass ein Mann die Antwort sein kann, und wenn nicht der erste Mann, dann vielleicht der zweite oder vielleicht sogar erst der dritte?

Denken Sie noch einmal daran, wie wir geschaffen sind – Gott hat uns *für* sich gemacht. Eugene Peterson hat die Worte von Paulus in Epheser 1,4–5 folgendermaßen formuliert:

Lange bevor er das Fundament für die Erde legte, hatte er uns im Sinn, hatte sich auf uns als Ziel und Fokus seiner Liebe festgelegt, dass wir ganz und heilig gemacht würden durch seine Liebe. Vor langer, langer Zeit hat er beschlossen, uns durch Jesus Christus in seine Familie hineinzuadoptieren. (Und was für ein Vergnügen es ihm bereitet hat, das zu planen!) Er wollte uns bei der Feier seines verschwenderischen Schenkens durch die Hand seines geliebten Sohnes dabeihaben.
(Übersetzt aus *The Message*, Hervorhebung der Autorin)

Sie und ich sind von Gott für Gott geschaffen worden. Der Teil von uns, der sich nach Erfüllung sehnt, ist die Seele, und Ihre Seele ist für die Gegenwart Gottes geschaffen. In dem zitierten Abschnitt sagt Paulus, dass wir keine Erfüllung erleben können – wir können nicht vollständig, nicht ganz, nicht heil sein –, wenn wir getrennt von der Liebe Gottes leben.

> Wir sind von Gott für Gott geschaffen und getrennt von ihm herrscht in unserer Seele immer eine Leere.

Wir sind so geschaffen, dass wir die Erfüllung, nach der wir uns sehnen, nie haben können, wenn Gott nicht in unserem Leben ist. Und damit meine ich nicht nur seine wohlwollend nickende Anwesenheit, oh nein, sondern ich rede von einer engen persönlichen Beziehung. Ich meine damit einen lebendigen Austausch von Liebe und Vergnügen. Das ist nicht nur ein unverbindlicher Blick in Richtung Spiritualität. Nein, wovon ich hier rede, ist ein Sehnen, das weit über schale Religiosität hinausgeht, in die Tiefen des Strebens nach dem Gott der ganzen Schöpfung, dem Heiligen, dem, der unsere Seele liebt.

Gott wollte nicht, dass dieses Vakuum, dieses Loch in unserem Inneren bleibt, es ist die Stelle in unserem Leben, die er selbst ausfüllen möchte, die er ganz machen, heil machen will durch seine Liebe.

Aber Gott hat uns auch als Beziehungswesen geschaffen. Es gehört zu unserem Wesen, dass wir uns nach anderen sehnen, dass wir Liebe und Nähe geben können und auch selbst brauchen. Aber häufig verstehen wir diese ganz besondere Art, wie wir nun einmal geschaffen sind, falsch oder gar nicht. Ganzsein und Erfüllung kommen von Gott, nicht von irgendeiner anderen Beziehung oder einer Sache oder einem Gefühl. Verstehen Sie mich nicht falsch. Beziehungen, Dinge und Gefühle können etwas wirklich Wunderbares sein, aber sie können einen nicht vervollständigen oder unsere Erfüllung sein, dazu reichen sie niemals aus.

Der Mann

Ein gut aussehender Mann betritt einen Raum und wir können machen, was wir wollen, die meisten Frauen sind sofort abgelenkt. Dieses Herumstolzieren, dieses männliche Lächeln, diese Kraft. Das Geheimnisvolle, das den Wunsch in uns weckt, herauszufinden, wie er ist. Ich bin absolut sicher, dass Gott das so geplant hat. An Männern ist einfach etwas, das uns nicht loslässt. Wir sollen ihnen Hals über Kopf erliegen. Wir sollen im Vertrauen unser Herz verschenken. Wir sind so gedacht, dass wir ihre Stärke brauchen. Und seien wir doch ehrlich, manchmal kann es einfach nett und lustig und auch praktisch sein, sie um sich zu haben.

In dem Café, in das ich manchmal mit meinen Mädchen fahre, hängt ein Schild, auf dem steht:

Was wäre die Welt ohne Männer?
Ein Haufen dicker, glücklicher Frauen.

Das ist doch verrückt, oder? Wir witzeln ständig, dass wir ohne sie eigentlich besser dran wären, aber in Wirklichkeit sind wir Frauen nun mal so geschaffen, dass wir von Männern hingerissen sind.

Letzte Woche waren meine Schwägerin und ich anlässlich ihres Geburtstages in einem piekfeinen Restaurant essen. Ein toll aussehender Mann bediente uns. Er war wohl der charmanteste Mann, den ich jemals erlebt habe. Er zählte uns die Gerichte auf, die nicht auf der Speisekarte standen, während meine Schwägerin und ich uns über den Rand der Speisekarten hinweg bedeutungsvolle Blicke zuwarfen. Er machte für uns das Essen zu einem Fest. Unsere Gläser waren nie leer und er konzentrierte sich ganz und gar darauf, dass alle Details unseres Essens stimmten, mit dem Ergebnis, dass wir wirklich sehr beeindruckt waren.

Ich erinnere mich noch genau, dass ich dachte: *Wow, der Typ ist bestimmt Jurastudent oder ein unentdecktes musikalisches Genie oder vielleicht auch beides und das hier ist sein Job zum Geldverdienen. Jedenfalls hat er alles im Griff.*

Als er die Rechnung brachte, blieb er in der Nähe und es ergab sich eine Unterhaltung zwischen uns. Schon nach ungefähr zwei Sätzen, in denen es nicht um kulinarische Dinge wie Salatsoßen ging, sah ich in die Augen des bestaussehenden Mannes im Lokal und konnte beobachten, wie er langsam grau und hässlich wurde. Ich musste nämlich miterleben, wie so ziemlich die selbstgerechtesten und angeberischsten Sprüche aus ihm heraussprudelten, die mir je zu Ohren gekommen waren.

Nachdem wir gezahlt hatten und er weg war, sagte ich zu meiner Schwägerin: »Also der war ja wirklich süß, bis er anfing Worte aneinander zu reihen.«

Glücklicherweise ist mehr nötig als *Geblubber*, um das Herz einer Frau zu erobern. Tolles Aussehen fällt uns ins Auge, aber letztlich geben Intelligenz, Stärke und Sensibilität den Ausschlag, ob wir ihn toll finden.

Es ist schon aufregend und spannend, wenn es einen dann einmal erwischt. Und dieser innere Aufruhr, der stattfindet, wenn ein Mann und eine Frau sich ineinander verlieben, gefällt Gott ganz bestimmt. Es macht ihm ganz sicher Freude zu beobachten, wie seine Geschöpfe aneinander Gefallen und beieinander Frieden finden. Eine Frau, die von einem Mann eine gesunde Art von Liebe erfährt, ist stärker, zufriedener und auch selbstsicherer. Diese gute Art von Liebe wird zu einem Ort, an den sie sich zurückziehen kann, zu einem sicheren Hafen, wo sie ausruhen kann, zu einem Schutz vor dem Sturm. Es gibt jemanden, der kommt, um sie zu retten, jemanden, der sie nachts in den Armen hält, jemanden, der sie schön findet und es ihr auch sagt.

Es könnte alles einfach perfekt sein, wenn da nicht die Gefahr wäre, dass wir vielleicht eines Tages aufwachen und den Mann ansehen, der uns schön findet, und zu dem Schluss kommen, dass er nicht genügt. Wenn er sich nur an ein paar Stellen etwas ändern würde, dann würde er viel besser zu einem passen – nur ein paar Veränderungen, dann wäre er in Ordnung. Wenn er pünktlich wäre oder seine schmutzigen Socken aufsammeln und in den Wäschekorb tun oder mehr Geld verdienen würde oder sein Haar anders scheiteln würde – vielleicht könnte er dann wirklich alle unsere Sehnsüchte erfüllen – vielleicht würde er dann unsere Erfüllung sein.

Haben Sie schon jemals einen verträumten Blick über Ihren Gartenzaun geworfen und sind dabei zu der Überzeugung gelangt, dass der Mann Ihrer Nachbarin alles richtig macht? Er hat eine eigene Firma, ist ein Meister am Grill, lächelt viel und bringt ihr teure Geschenke mit. Sie stellen sich vor, dass er sich dafür interessiert, was sie denkt, dass er ihr abends die Füße massiert und sie fragt, welches Video er für sie aus der Videothek holen soll. Nun, er könnte zwar so sein, aber die Wahrscheinlichkeit, dass das nicht der Fall ist, ist eher groß. Er ist einfach nur ein Mann. Hinter der Person, die Sie auf der anderen Seite des Gartenzaunes sehen, steckt ein echter Mensch mit Macken und mit Verletzungen, die verhindern, dass er die tiefsten Bedürfnisse seiner Frau erfüllen kann.

In ihrem Bemühen, alles perfekt hinzubekommen, kann eine Frau ihren Mann anbetteln, so zu werden wie der andere da drüben. Sie hofft, dass sie sich endlich vollständig fühlt, wenn er sich ändert. Wenn ihr Mann diese unausgesprochene, fordernde Erwartung spürt, jemand anderer zu sein, wenn er den Druck spürt, Erwartungen zu erfüllen, die er nie erfüllen kann, wenn er ihr Erfüllung schenken will, aber nicht richtig weiß wie, dann ist es durchaus möglich, dass er sich nach jahrelangem Reden und Versuchen und wieder Reden frustriert zurückzieht.

Die Frau versucht, dieser Distanz entgegenzuwirken, indem sie verzweifelt noch mehr von ihm fordert, und er versucht das aus seiner bereits meilenweiten Entfernung auch, allerdings vergeblich. Also schaut er ebenso über den Zaun in den Nachbargarten und fragt sich, ob seine Nachbarin eigentlich auch solche Bedürfnisse hat. Womöglich nicht. Vielleicht weiß eine Frau wie sie einen Mann wie ihn zu schätzen. Und innerlich begibt er sich auf Wanderschaft. Schließlich gibt er die romantische Seite der Liebe zu der Frau, die er einmal geliebt hat, auf und die Leidenschaft zwischen den beiden stirbt. Und so stirbt das Herz der Frau, die von ihrem Mann erwartet hat, ihr alles zu sein, mit.

Die Frau ist für den Mann ein Geheimnis, das er einfach nicht entschlüsseln kann. Ihre Wünsche und Sehnsüchte kommen ihm vor wie ein bewegliches Ziel. Er macht es anscheinend nie ganz richtig. Er kriegt einfach nicht heraus, wie er sie zufrieden stellen kann, wie er sein muss, um ihr zu gefallen, sie glücklich zu machen und ihr Herz in Verzückung zu halten. Es ist ja nicht so, dass er es nicht versuchen würde, aber Sie und ich, wir müssen etwas begreifen, dass nämlich der Mann nie alles sein kann, was wir brauchen.

Eines kann ich Ihnen jedenfalls mit großer Sicherheit sagen: Der Mann, den Sie lieben, ist einfach nur ein Mann. Vielleicht ist er Ihr Seelengefährte und vielleicht auch Ihr bester Freund. Vielleicht ist er auch maskulin und lustig und stark und steckt voller Überraschungen, aber er wird nie genügen – auch nicht in einer Million Jahren, auch nicht, wenn er zweimal die Woche zur Paartherapie geht und jedes Versprechen hält, das dort jemals niedergeschrieben wurde –, um Ihre innere Erfüllung zu sein. Er wird Sie nie vervollständigen.

Er ist nicht dazu geschaffen, Ihre Lücken zu füllen. Er könnte es gar nicht, selbst wenn er es versuchen würde. Er ist nur ein Mann und er kann nur geben wie ein Mann. Er kann nur als Mann geben, sich wie ein Mann verhalten und wie ein Mann lieben.

Er ist nicht dazu gedacht und nicht so geschaffen, die tiefsten Sehnsüchte der Frau zu erfüllen, jedes Bedürfnis vorherzusehen und durch jeden Reifen zu springen, der ihm hingehalten wird.

Er kann es nicht. Diese tiefsten Tiefen in der Seele der Frau (und auch des Mannes) sind Gott vorbehalten. Sie sind für ihn reserviert.

Der Mann ist einfach ein Gefäß. Gott setzt den Mann ein, um uns Frauen einen Teil der Erfüllung durch seine heilige Liebe zu schenken. Aber der Mann ist nicht das einzige Gefäß für die Liebe Gottes, er ist nicht in der Lage, aus eigener Kraft Erfüllung zu schenken, und er ist auch nicht das Einzige, was Sie jemals brauchen werden. Und jetzt hören Sie bitte ganz genau zu: Es wird auf dieser Erde niemals einen Mann geben, der Sie vervollkommnen und Ihnen totale Erfüllung schenken kann. Erfüllung in der Tiefe Ihrer Seele kann Ihnen nur die Liebe Gottes geben, indem Sie ihn kennen lernen, seine Stimme hören, glauben, dass er verrückt nach Ihnen ist, und in seinen Armen tanzen.

Es liegt in der Verantwortung des Mannes, Gefäß zu sein und zwar ein gutes Gefäß. Er ist dazu berufen, auf Gott zu hören. Er soll sich nach der Führung des heiligen Geistes richten. Er soll so lieben, wie Gott es ihm ins Herz legt. Wenn er Sie liebt als ein Mann, der in einer Beziehung zu Gott lebt, und wenn Ihnen klar wird, dass das Gefäß einfach nur ein Mann ist, dann kann es zu einem erstaunlichen Austausch guter, gesunder Liebe kommen. Durch den Mann können Sie einen Teil der Liebe erfahren und erleben, die Gott für Sie bereithält.

Ihre Verantwortung gegenüber dem Mann besteht darin, dass Sie ihn genau das auch einfach sein lassen. Er ist nicht Ihre beste Freundin. Er ist nicht vollkommen und wird es auch nie sein. Er ist nicht

Ihr Erlöser. Er ist nicht Ihre Erfüllung und auch nicht die Antwort auf all Ihre Sehnsüchte. Sie müssen ihn sein lassen, was er ist – ein gefallener Mensch, der Vergebung erfahren hat und noch in Arbeit ist. Sie müssen lernen, den Unterschied zu erkennen zwischen Männern, die gesund und gut für Sie sind, und solchen, auf die das nicht zutrifft. Sie dürfen seine Meinungen und Überzeugungen nicht mit den Meinungen und Überzeugungen Gottes verwechseln. Vielleicht hat Ihr Mann Ihnen noch nie gesagt, dass er Sie schön findet oder klug oder geistreich, aber was auch immer er sagt beziehungsweise nicht sagt, Gott ist trotzdem verrückt nach Ihnen.

Es muss uns klar werden, dass es niemals eine gute, gesunde Liebe zwischen einem Mann und einer Frau geben kann, bevor sie zur Ruhe kommt und ihr Sein in der großen, umfassenden Liebe Gottes findet. Die Liebe Gottes schenkt die nötige Weisheit, um den Mann wahrzunehmen und ihn zu sehen, wie er ist. Die Liebe Gottes schenkt Leitung und Geduld und Hoffnung. Die Liebe Gottes lässt uns über die Macken der Männer lächeln, genauso wie Gott über unsere lächelt.

> *Ein guter Mann kann etwas ganz Wundervolles sein. Aber er kann* ***nie alles, nie genug*** *sein, und er kann Sie niemals* ***vollkommen*** *machen.*

Ich hoffe, dass Sie genau gehört haben, was ich gesagt habe. Ein guter Mann kann etwas ganz Wundervolles sein. Aber er kann *nie alles, nie genug* sein und er kann Sie niemals *vollkommen* machen. Sie und ich, wir sind für noch mehr geschaffen. Wir sind für Gott geschaffen.

Der andere Mann

Es ist unmöglich, über Männer im Leben einer Frau zu sprechen, ohne einen anderen Mann zu erwähnen, ein weiteres Gefäß der Liebe Gottes – ihren Vater. Wenn ich mit einer kleinen Gruppe von Frauen zusammen bin, kann ich ganz schnell sagen, welche von ihnen eine intakte Vaterbeziehung gehabt hat. Frauen, auf die das zutrifft, haben eine gewisse innere Sicherheit und strahlen so etwas wie inneren Frieden aus. Und Frauen, die nie die Liebe des Vaters erlebt haben, oder vielleicht schlimmer noch, verletzt worden sind durch Worte, Distanziertheit oder durch seine Hand, wirken oft ängstlich, gehemmt und unsicher.

Ich weiß nicht, wie die Liebe ausgesehen hat, die Sie von Ihrem Vater erfahren haben, aber ich weiß Folgendes: so groß und schön sie auch gewesen sein mag, sie hat nie ausgereicht, um Ihnen Erfüllung zu schenken. Und wenn es eine solche Vaterliebe nicht gegeben hat, wenn Sie vielmehr den Schmerz gekannt haben, es ihm nie recht machen zu können, nie richtig zu sein, ihm nie zu gefallen, wenn es Ihnen Ihr Leben lang peinlich gewesen ist, ihn zum Vater zu haben, wenn Sie sich in seiner Gegenwart vor Angst gewunden haben, so gibt es doch einen Vater, der jede Verletzung heilen und jede Träne abwischen will.

Kein Mann kann jemals ausfüllen, was Sie von Ihrem Vater nie bekommen haben, genauso wenig wie das Karriere, Leistung und Status können. Die einzige Person, die Ihnen geben kann, was Ihnen vom Vater vorenthalten wurde, ist Gott. Er ist der Einzige, der Sie fest genug halten kann. Er ist der Einzige, der die Leere in Ihnen füllen kann.

Wenn Ihr Vater Sie nie schön genannt hat, Sie nie zum Tanzen aufgefordert oder Sie nie in seinen Armen herumgewirbelt hat, dann fällt es Ihnen vielleicht schwerer mir zu glauben, wenn ich Ihnen erzähle, dass Gott in seiner Liebe Sie wirklich meint. Es ist völlig in Ordnung, dass Sie da eher zögerlich sind, aber genau an dieser Stelle ist es wichtig, über Ihre Zweifel und Ihr Zögern hinauszudrängen, hinein in die Liebe, die Sie erwartet. Glauben Sie, dass Gott im Himmel nicht fern und distanziert ist. Er weist nicht zurück und er verletzt nicht. Ich weiß sehr genau, dass der Weg dorthin steinig sein kann, und vielleicht sollten Sie ihn deshalb auch lieber nicht alleine gehen. Gibt es einen Menschen, der Sie bei der Hand nehmen und begleiten – einen Therapeuten, einen Seelsorger oder eine Freundin – und Sie sicher in die Arme Gottes leiten kann?

Ihr Vater hatte die Aufgabe, ein Gefäß zu sein, und das ist er auch gewesen. Vielleicht haben Sie durch diesen anderen Mann in Ihrem Leben einen Geschmack von der Liebe Gottes bekommen. Wenn das so ist, sind Sie wirklich gesegnet und können dankbar sein. Aber vielleicht haben Sie so etwas nie auch nur annähernd erlebt. Verlieren Sie nicht den Mut, sondern machen Sie sich bewusst, dass er nur ein Gefäß sein sollte, und zwar eines von vielen. Auch er hatte nicht die Aufgabe und nicht die Fähigkeiten zu genügen und Ihnen alles zu sein. Sie sind so geschaffen, dass Sie wirkliche Erfüllung nur durch Gott und bei ihm erfahren können.

Die Kinder

Vor ein paar Jahren kam ich zum ersten Mal in das Haus einer Bekannten und war ziemlich geschockt, als mir bewusst wurde, dass ich einen *Schrein* betreten hatte. Es war ein Schrein, den sie für ihre vier Kinder errichtet hatte. Der Kühlschrank war quasi tapeziert mit Zeitungsausschnitten und Erinnerungsstücken aus dem Leben ihrer vier Kinder. Wie Sie sich sicher vorstellen können, war dieses Schrein-Ambiente schon seltsam genug, aber als wir uns näher kennen lernten und miteinander sprachen, wurde es noch heftiger: Es gab für sie nur ein einziges Thema und das waren ihre Kinder. Deren Stundenpläne, Leistungen und Probleme, so als erlebte sie jeden Atemzug der Ihren hautnah mit. Der Nachwuchs war ihr ganzer Lebensinhalt und Lebenssinn und es war ganz offensichtlich, dass sie an ihre Kinder die Erwartung hatte, ihre Erfüllung zu sein.

Ihr Mann, der unter einer Persönlichkeitsstörung litt und sich entzog und der auch nicht bereit war, sich in therapeutische Behandlung zu begeben, war deshalb eigentlich nicht anwesend. Sie hatte entschieden, dass persönliche Pläne oder Leidenschaft etwas Hochmütiges waren, und fand, dass Selbstentsagung eine angemessene Grundhaltung sei für die Lebenssituation und den Lebensabschnitt, in dem sie sich befand. Auch zu Gott hatte sie eher eine lockere, unverbindliche Beziehung, weil ihr Ein und Alles die Kinder waren.

Ihre Entscheidung, die Erfüllung in ihren Kindern zu suchen und zu sehen, hatte zwanzig Jahre lang ganz gut funktioniert, aber dann zogen sie eines nach dem anderen aus und weiter weg und brauchten sie immer weniger. Dadurch hatte sie nicht mehr so starken Anteil an deren Alltag und ich hatte ehrlich gesagt den Eindruck, dass die Kinder ziemlich erleichtert waren, flügge zu werden und langsam der Kontrolle der Mutter zu entkommen. Mutter war jedoch alles andere als erleichtert. Sie war völlig verzweifelt und leer. Ihr ganzes Leben schien in sich zusammenzufallen. Sie freute sich immer noch über ihre Kinder, aber sie trauerte geradezu untröstlich über deren Abwesenheit.

Das Problem bestand darin, dass sie von ihren Kindern erwartet hatte, etwas zu sein, das kein Kind je sein kann oder auch sein sollte – ihr Ein und Alles. Sie hatten alles getan, was in der Macht von Kindern steht, ihr zu gefallen und es ihr recht zu machen, aber am Ende reichte das eben doch nicht. Sie konnten nicht ihre Erfüllung sein.

Also noch einmal: Kinder können Gefäße der Liebe Gottes zu Ihnen sein. Aber selbst sie, diese kostbaren Geschöpfe, die uns so sehr am Herzen liegen, können nicht den Platz einnehmen oder gar ausfüllen, der eigentlich Gott zugedacht ist. Wussten Sie, dass Sie so geschaffen sind, dass Sie sich ohne ihn und eine Beziehung zu ihm immer leer fühlen? Sie sind so geschaffen, dass Sie ohne seine Kraft in Ihrem Innern zerbrechlich und fix und fertig sind. Spüren Sie eine Leere in sich? Fragen Sie sich, ob Sie jemals irgendetwas schaffen werden? Sind Sie schnell am Ende und glauben Sie, dass Sie es einfach nicht schaffen?

Unsere Kinder können diese Leere unmöglich ausfüllen. Bitte lassen Sie sie los. Wonach Ihre Seele wirklich schreit, ist Gott.

Freunde

Ich habe eine beste Freundin, die leider ziemlich weit von mir entfernt lebt. Wenn wir zusammen sind, genügt ein Blick, und wir wissen, was die andere denkt.

Ich erkenne es, wenn sie mit einem einzigen Blick sagt: »Komm sofort hierher und rette mich vor diesen Leuten.«

Sie weiß, wann ich ohne eine Miene zu verziehen frage: »Ist das hier nicht das Dümmste, was du jemals gesehen hast?«

Es kann sein, dass wir uns ein halbes Jahr lang nicht sehen und dann mit dem gleichen Haarschnitt bei derselben Veranstaltung auftauchen. Wir lachen uns über bestimmte Dinge kaputt, während andere keinen blassen Schimmer haben, was daran so lustig sein soll. Es ist so unkompliziert, mit ihr zusammen zu sein. Ich glaube, wir sind jetzt schon seit zehn Jahren Freundinnen, ohne dass jemals ein böses Wort zwischen uns gefallen wäre und auch ohne Zorn und große Enttäuschungen. Wir wollen uns auf eine lebenslange Freundschaft einlassen; außerdem haben wir jetzt schon gemeinsam eine so lange Strecke zurückgelegt, dass wir manchmal denken, ohne die andere schaffen wir es gar nicht. Ich kann wirklich sagen, dass diese Freundschaft eine der beständigsten, liebevollsten Beziehungen ist, die ich je gehabt habe. Sie ist ein Gefäß der Liebe Gottes zu mir, aber sie allein reicht nicht aus. Der Einzige, der allein genügt, ist Gott. Diese Position ist ihm vorbehalten.

Dinge

Weil wir wissen, dass es dieses Vakuum in uns gibt und es so scheint, als ob Füllen die Antwort darauf wäre, greifen wir gerne nach allen möglichen Dingen, immer in der Hoffnung, dass sie dieses Vakuum in uns ausfüllen. Ein neues Paar Schuhe, ein Schmuckstück, ein größerer Wagen, Hartholzparkett statt des Teppichbodens, noch ein weiteres Zimmer, eine Garage für drei Autos.

Ich weiß auch nicht, wieso wir uns so verhalten. Anscheinend glauben wir, dass wir uns durch die neuen Sachen besser fühlen. Und das ist ja meistens auch wirklich der Fall, allerdings in der Regel nur für ungefähr drei Sekunden, oder im Fall des Autos, bis die erste Rate fällig ist oder der Benzinpreis wieder einmal steigt.

Zu erwarten, dass uns Dinge Erfüllung bringen können, ist so, als würde man die staubige Tasse unserer Seele hinhalten, um den letzten Tropfen Wasser aus einem kaputten Wasserhahn aufzufangen. Es fühlt sich vielleicht ein bisschen feucht an, aber es kommt nicht genug kühles Nass, um den Staub abzuspülen und die Tasse zu füllen.

An dieser Stelle müssen wir unser Verhaltensmuster durchbrechen. Dinge sind nicht dazu gedacht, Erfüllung zu bringen. Eine Ferienwohnung am Strand, drei Karat an einer Halskette, ein tolles Auto in der Garage – das alles war nie dazu gedacht, Ihrer Seele Erfüllung zu schenken, es kann Ihnen nicht vermitteln, wie die Liebe Gottes ist.

Dinge sind notwendig und es gibt auch Dinge, die ein Geschenk sind, an denen wir Freude haben, aber die Liebe, die uns vollkommen macht, kommt allein von Gott. Meine Güte, wie bringen wir doch Dinge durcheinander. Das Bedürfnis nach Liebe kann nie durch die Anhäufung von materiellen Dingen erfüllt werden und der Gott der Liebe hat versprochen, uns alles zu geben, was wir zum Leben brauchen.

Unser Vergnügen

Die Anziehungskraft von Menschen, die wir lieben, kann etwas Gutes sein, etwas sehr Gutes, von dem wir profitieren können. Wenn wir das richtig verstehen, dann begreifen wir auch, wozu sie da sind. Wir haben all die anderen Menschen, die wir lieben, als Gefäße kennen gelernt, durch die Gottes Liebe zu uns gelangt. Wir können geduldig und freundlich zu ihnen sein und ihre Grenzen zur Kenntnis nehmen und im Blick behalten, ebenso wie ihren Zweck und unsere Verantwortung.

Wenn wir aber diesen Zusammenhang auf den Kopf stellen, entwinden wir uns nur zu leicht den starken Armen Gottes auf der Suche nach einer anderen Liebe. Frauen kann es mit derselben Intensität nach Beziehung gelüsten wie Männer nach Sex. Manchmal nehmen wir das, was eigentlich als etwas Gutes gedacht war, und machen daraus einen Götzen. Wir können ständig von Beziehung zu Beziehung rennen und versuchen jemanden zu finden, der uns beim Küssen dieses »Wummm-Gefühl« gibt oder der uns an einen Ort bringt, wo wir noch nie waren, oder der die leere, staubige Tasse unserer Seele füllen kann.

Die anderen Menschen, die wir lieben, haben ganz sicher ihren Platz. Manchmal benutzt Gott die Arme eines Mannes, um Sie zu halten. Manchmal setzt er die Stärke eines Vaters ein, um Sie zu formen. Manchmal richtet er Sie auf durch die Fingermalerei eines kleinen Kindes und manchmal erreicht er Sie am Telefon in Form der Stimme Ihrer Freundin, um Ihnen zu sagen, dass er Sie liebt. All diese Menschen sind Gefäße, wunderschöne Gefäße, in denen sein Segen zu Ihnen kommt, ein jedes dazu gedacht, Sie zu erfreuen und Ihnen Vergnügen zu bereiten.

Frauen kann es mit derselben Intensität nach Beziehung gelüsten wie Männer nach Sex. Manchmal nehmen wir das, was eigentlich als etwas Gutes gedacht war, und machen daraus einen Götzen.

Gefallen Ihnen die unterschiedlichen Ausprägungen der Liebe Gottes, die Sie durch andere geliebte Menschen erfahren? Wenn ja, dann betrachten Sie sie als kleine Appetitanreger, die Ihnen Lust auf mehr machen sollen. Sie haben eine Einladung zum Fest der Liebe Gottes bekommen und sollen es genießen. Geben Sie sich nicht mit weniger zufrieden. Hören Sie nicht bei den Antipasti auf, wenn auch noch gefüllte Ravioli und Tiramisu kommen. Geben Sie sich nicht mit einem Cracker zufrieden und tun so, als wäre das genug, wenn im Nebenraum gerade ein Fünf-Gänge-Menü serviert wird. Gott hält so viel für Sie bereit! Seine Liebe ist verschwenderisch. Seine Gnade ist überreich. Der Eintritt kostenlos.

Denken Sie daran, dass Sie sich bei Gott nicht am Rande des Saales herumdrücken können. Er sieht Sie dort stehen und sehnt sich danach, den Blick Ihres Herzens zu erwidern. Er findet Sie atemberaubend. Haben Sie schon einmal beobachtet, wie eine Mutter ihr Neugeborenes anschaut und sich dabei völlig in ungeheurer Freude und Liebe verliert? Gottes Empfinden Ihnen gegenüber ist sogar noch intensiver, noch begeisterter als das. Er nennt Sie beim Namen und lädt Sie ein, mitten hinein in seinen phantastischen Plan für Ihr Leben. Er ist hingerissen von Ihrer Schönheit. Er hat Ihnen auch andere Menschen geschenkt, die Sie lieben, aber er ist der Einzige, der Sie liebt und Ihnen Erfüllung schenken kann. Er ist der Einzige, der je genug sein kann. Seine Liebe verspricht, Sie zu vervollkommnen, und wer würde schon eine solche Liebe versäumen oder gar ausschlagen?

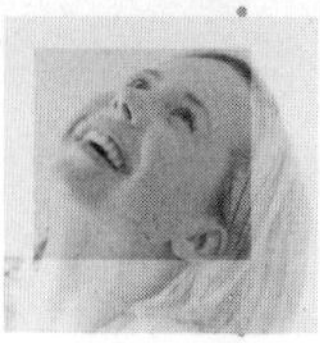

Wenn es in Verbindung mit der Seele
der Frau eine typische Frage gibt,
dann vielleicht die Frage:
»Findest du mich schön?«
Wenn Gott aus der Tiefe seiner großen Liebe
heraus darauf antwortet,
dann fühlen sich viele Frauen dabei
wie das Mauerblümchen,
das zum Tanzen aufgefordert wird.
Aber wir werden durch andere
geliebte Menschen von seiner Einladung
abgelenkt und durch

Einflüsterungen des Unglaubens.

Einflüsterungen des Unglaubens

Schön.

Gott, das hier ist wirklich mühsam.

Ich glaube, dass du das gesagt hast, aber gilt das wirklich auch für mich?

Ach du liebe Güte, du siehst mich sogar unter der Dusche, oh je.

Also schön ist nicht gerade das erste Wort, das mir dabei in den Sinn kommt.

Vielleicht wäre eher »durchschnittlich« der Begriff, für den ich mich entscheiden würde. Normal. Gewöhnlich. Aber ganz bestimmt nicht schön.

Wenn jemand die Wahrheit über meinen Körper kennt, dann bist du es. Jede Falte und Runzel. Jedes Röllchen und jedes Polster. Du bis doch Zeuge, wie ich versuche alles zu stützen und zu straffen. Du siehst mich doch gleich nach dem Aufstehen morgens, und zwar tagtäglich.

Und dann ist da, abgesehen von meinem Körper, ja auch noch mein Herz. Und auch hier gilt, dass schön nicht der Begriff ist, der mir dafür spontan einfällt. Mit Makeln behaftet. Unstet. Engstirnig. Unsicher. All diese Worte drücken viel eher das aus, was wirklich in mir ist.

Wie kannst du mich da schön finden?

Bist du ganz sicher? Ich weiß, du bist Gott, natürlich bist du sicher, aber vielleicht wolltest du ja auch einfach nur ein poetisches Bild benutzen. Vielleicht hast du nur ganz allgemein die Schönheit deiner Schöpfung gemeint. Hast du wirklich an mich gedacht, als du gesagt hast: »Der König ist hingerissen von deiner Schönheit«?

Ich höre ständig dieses Flüstern in meinem Kopf: »Glaub das doch bloß nicht. Glaub doch nicht alles. Das klingt doch zu schön, um wahr zu sein.« Es könnte doch wie mit dem Typen sein, der sagte, dass ich schön sei, aber dann doch vergaß, mich anzurufen. Er hat es nur in diesem einen Augenblick gemeint. Nicht in Wirklichkeit.

Glauben. Das scheint der Schlüssel für diese ganze Geschichte mit dir zu sein. Ich möchte so schrecklich gern glauben, aber der Unglaube unterbricht meine Bemühungen immer wieder. Zweifel überfallen mich. Skepsis ergreift das Wort. Manchmal höre ich, was andere sehr viel lauter zu mir gesagt haben als das, was du jetzt zu mir sagst. Ich glaube dir nun schon fast mein ganzes Leben lang, warum also flüstert mir dann der Unglaube immer noch Dinge ein und warum bin ich so anfällig dafür, hinzuhören?

Vor kurzem saß ich ein paar Stunden bei meinem Seelsorger. Ich muss ziemlich starke Selbstzweifel signalisiert und sehr zögerlich gewirkt haben.

Jedenfalls sah er mich an und sagte: »Ich glaube nicht, dass Sie besonders viel über die Liebe Gottes wissen.«

Stille. Schluck! Ich hatte irgendwie gedacht, dass ich sehr viel über die Liebe Gottes wüsste.

Ich hatte ausschweifend und zusammenhangslos über mein Leben geredet und es hatte sich angehört, als sei ich der Meinung, Gott würde zu mir sage: »Also Angela, vielleicht sollten wir diesen Tanz mal auslassen. Vielleicht tanzen wir wieder, wenn du dich ein bisschen mehr zusammenreißt.«

Ich hatte mich verhalten, als könnte Gott mich unmöglich schön finden. Die Folge meines Unglaubens war Empfindlichkeit, Schwäche, Schmerz und Einsamkeit. Wenn Sie vorhaben, sich innerlich aufzulösen, dann hören Sie einfach auf die Einflüsterungen des Unglaubens.

Wenn Sie vorhaben, sich innerlich aufzulösen, dann hören Sie einfach auf die Einflüsterungen des Unglaubens.

Die Einflüsterungen

Vielleicht ist Unglaube der größte Stolperstein, der uns vom Tanzen abhält, und Unglauben führt eigentlich meist auch zu mehr als nur einem leichten Stolpern. Unglaube flüstert in unsere Seele hinein wie eine schleichende Krankheit und lässt uns verkrüppelt und gelähmt zurück. Wenn Sie dieses Buch lesen, gehe ich einmal davon aus, dass Sie Jesus Christus für den Sohn Gottes halten. Sie glauben, dass er der ist, der er behauptet zu sein. Sie haben ihn gebeten, Ihnen Ihre Sünden zu vergeben und Sie haben ihm Ihr Leben anvertraut bis in alle Ewigkeit. Aber glauben Sie wirklich, dass Gott, der Einzige, der die Macht hat zu retten, Sie schön nennt? Glauben Sie, dass seine Liebe zu Ihnen innig und romantisch ist? Glauben Sie, dass er Ihnen zur Rettung eilt, wenn Sie ihn rufen? Glauben Sie, dass er sich niemals von Ihnen abwenden würde? Glauben Sie, dass er Erstaunliches mit Ihrem Leben vorhat?

Vielleicht hat auf dieser Welt noch nie jemand Sie als schön bezeichnet. Vielleicht haben Sie 15 Kilo oder auch 150 Kilo Übergewicht. Vielleicht sind Sie birnenförmig oder tomatenförmig oder bohnenstangenförmig. Vielleicht ist Ihre Nase wirklich krumm und ist es auch schon immer gewesen. Vielleicht haben Sie keine harmonischen Gesichtszüge geerbt, keine hohen Wangenknochen, vollen Lippen, großen Kulleraugen oder seidiges Haar. Und das haben ja die meisten von uns nicht. Vielleicht humpeln Sie, haben eine fortschreitende chronische Krankheit oder durch Brustkrebs eine Brust verloren. Vielleicht schauen Sie in den Spiegel und wissen, dass aus diesem hässlichen Entlein niemals ein Schwan werden wird. Aber wir schauen mit *unseren* Augen in den Spiegel. Das ist das Problem. Gott sieht anders als wir.

Das war schon immer so. Wir versuchen zwar ständig uns weiszumachen, dass er so denkt und handelt wie wir, aber das tut er nicht, denn er ist Gott.

Unser Denken ist geprägt von Hänseleien in der Schule, abwertenden Bemerkungen durch Menschen, die wir lieben, von Zeitschriften in Wartezimmern, Kosmetikabteilungen in Kaufhäusern, von kleinen und großen Bildschirmen – die uns alle lehren, so zu denken, wie die Welt denkt. Wie soll man dem auch nicht erliegen? Nachdem wir uns das zwanzig, dreißig oder vierzig Jahre lang angeschaut und angehört haben, glauben wir all dieses Zeugs wirklich. Im Grunde haben wir eine Gehirnwäsche hinter uns. Falten sollten unterspritzt werden, Brüste vergrößert und Muskeln gestrafft.

Ich jedenfalls bin diesen Lügen aufgesessen. Ich reibe mir jeden Abend pinkfarbene Creme unter die Augen, in dem Versuch, so viele Falten wie möglich zu verhindern oder zu bekämpfen. Ich trage keine Faltenröcke, weil sie eine dicke Taille machen. Ich habe vierzig Jahre lang nur geschlossene Schuhe getragen, weil sich meine Freunde in der Grundschule über meine Füße lustig gemacht haben. Und ich weiß zwar, dass ich daran keinen einzigen Gedanken verschwenden sollte, aber hin und wieder frage ich mich doch, ob ich mich nicht in die Praxis eines Schönheitschirurgen schleichen und ein paar Dinge korrigieren lassen sollte, ohne dass es jemand merkt. Aber ist das nicht genau der springende Punkt, dass die anderen Leute es merken sollen? Ich weiß nicht so genau, worum es eigentlich geht, mich selbst toll zu finden oder andere dazu zu bringen, mich toll zu finden. Ich weiß nur, dass solche Gedanken wie aus dem Nichts kommen und mich dann mit Beschlag belegen.

Um Himmels willen, wo steht so etwas geschrieben? Wo steht geschrieben, dass das, was die Welt als schön bezeichnet, auch wirklich schön ist? Wo in der Bibel steht geschrieben, dass Gott von uns Anweisungen entgegennimmt? Wo steht geschrieben, dass der Mensch das Herz und den Sinn Gottes verstehen kann. Nirgends. Ja, Gott bringt sogar sehr klar zum Ausdruck, dass er nicht so denkt wie wir. Er sagt:

Meine Gedanken sind nicht eure Gedanken und meine Wege sind nicht eure Wege.

Denn wie der Himmel die Erde überragt, so sind auch meine Wege viel höher als eure Wege und meine Gedanken als eure Gedanken.
Jesaja 55,8–9

Warum fällt es uns so schwer zu glauben, dass Gott eine ganz normale oder in unseren Augen auch entstellte Frau ansieht, sie schön nennt und sich nach einer engen, innigen Beziehung mit ihr sehnt? Vielleicht können wir das gerade noch so für jemand anderen glauben, aber für uns selbst? Warum fällt es uns so schwer, die unerschöpfliche Liebe Gottes, die Hässlichkeit unserer Makel und Verzweiflung über unsere Sünde umarmen zu lassen? Warum glauben wir, dass wir dieses Mal endgültig zu weit gegangen sind, dass wir zu lange weg waren, einen zu hohen Preis gezahlt haben, um überhaupt einmal von jemandem zum Tanzen aufgefordert zu werden?

Die Welt flüstert: »Glaube es nicht«, und wir hören auf sie. Wir mühen uns ab mit dem Unglauben, weil wir hartnäckig darauf bestehen, Gott wie einen Menschen zu sehen. Wir sind zu dem Schluss gekommen, dass Gott so denken muss wie wir. Im Wesentlichen sind wir zu dem Schluss gekommen, dass Gott unfähig ist, und dabei sind in Wirklichkeit wir es, auf die das zutrifft.

Sich an die Einflüsterungen klammern

Warum eigentlich leben manche Frauen ihr Leben lieber unter dem Gewicht einer großen Last, als diese Last abzulegen und zu glauben, dass Gott fähig ist, so viel fähiger? Warum klammern wir uns an die Einflüsterungen des Unglaubens? Ich will mich bei diesem Punkt ein wenig aufhalten, weil ich das Gefühl habe, dass es sich hier um zentrale Gedanken handelt. Wenn wir nicht über unseren Unglauben hinausgelangen, werden wir absolut niemals die Freude des Tanzes erleben.

Wenn wir nicht über unseren Unglauben hinausgelangen, werden wir absolut niemals die Freude des Tanzens erleben.

Wir leben weiter immer am Rande des Lebens, treten aber eigentlich nie richtig hinein.

Es gibt mehrere Gründe, aus denen wir uns weigern zu glauben.

Wir sind noch nie nahe genug bei Gott gewesen, um ihn wirken zu sehen

Es ist unglaublich schwierig, jemandem zu vertrauen, den man nicht kennt. Und wenn die Beziehung zu Gott so ist wie die zu einem Bekannten, dann weiß man vielleicht nicht, wie glaubwürdig er ist.

Denken Sie daran: »Vertrauen lässt sich fallen«. Sie stehen auf einem Tisch, eine Horde quirliger Teens aus der Jugendgruppe steht hinter Ihnen und alle versprechen, Sie aufzufangen, wenn Sie sich einfach nach hinten fallen lassen. Es gibt diesen Augenblick zwischen dem Fallen und dem Gefangenwerden, in dem Sie sich fragen, ob die anderen nicht vielleicht doch zum Pizzaessen gegangen sein könnten. Aber wenn sie einen dann gefangen haben – was für ein Glücksgefühl ist es dann, festgehalten zu werden und in ihren Armen zu lachen! Danach ist es einfacher, ein zweites Mal auf den Tisch zu steigen und es noch einmal zu wagen, denn jetzt hat sich Vertrauen entwickelt.

Wenn Sie sich noch nie in die Arme Gottes haben fallen lassen, dann kennen Sie auch nicht die Freude, aufgefangen und getragen zu werden. Sie haben noch nicht erlebt, was er mit den Lasten Ihres Lebens machen kann, weil Sie ihn noch nicht nah genug an sich herangelassen haben, um es zuzulassen. Vielleicht wehren Sie ihn noch ab und kämpfen mit den Einflüsterungen des Unglaubens, weil

Sie ihn einfach nicht kennen und noch nicht angefangen haben zu erkennen, wie mächtig er ist.

Wir haben Angst vor dem, was wir nicht sehen

Tagesordnungen. Terminplaner. Palm-Pilots. Dreijahresstrategien. Fünfjahrespläne. Wir haben beim Fahren gern eine Karte vor uns. Aber Gott verteilt keine Karten und Pläne, auf denen die kommenden Abläufe umrissen sind. Manchmal ist das ziemlich frustrierend, aber wenn wir jemals herausfinden wollen, wie das Leben aussieht, das Gott für uns vorgesehen hat, dann ist es eher ein Abenteuer, das gelebt sein will, als etwas Unbekanntes, vor dem man Angst haben muss. Henry Blackaby sagt, dass man nicht zu glauben braucht, wenn man sehen kann. Bei Gott brauchen Sie keine Angst zu haben vor dem, was Sie nicht sehen. Vielleicht müssen wir dazu ein bisschen umlernen, aber Gott ist geduldig. Halten Sie sich nah an ihn, und wenn der Unglaube Ihnen etwas einflüstern will, dann rücken Sie noch näher an ihn heran. Sich anlehnen bedeutet, Glauben zu lernen. Gott ist treu. Das Dunkle ist nur für uns unbekannt – für ihn nicht.

Die Sache mit dem Stolz

Ich bringe das gar nicht gern zur Sprache, weil wir es schon so oft gehört haben, aber es lässt sich nicht vermeiden. Unser Stolz hält uns in unserem Unglauben gefangen. Es ist demütigend aufzugeben, alles hinzuwerfen und sich dann in die Gegenwart Gottes zu stürzen. Wir hatten doch gedacht, dass wir das schon irgendwie selbst hinbekommen. Wir sind Frauen, starke Frauen, die gelernt haben, mit einer Vielfalt und Vielzahl von Situationen und Umständen fertig zu werden.

Wir mögen nicht gern sagen, dass wir etwas nicht können oder nicht schaffen. Wir möchten nicht glauben, dass es möglich ist, an die Grenzen unserer eigenen Fähigkeiten und Möglichkeiten zu gelangen. Gib mir doch nur ein bisschen mehr Zeit und ein paar Mittel und Möglichkeiten mehr und dann fällt mir schon noch etwas ein. Da ist das Flüstern des Unglaubens: »Du schaffst es auch allein.« Die Bibel bietet hier jedoch eine ganz andere Sicht. Jesus hat zu seinen Jüngern gesagt: »Ohne mich könnt ihr nichts tun« (Johannes 15,5), und Petrus lehrt: »Beugt euch in Demut unter Gottes mächtige Hand. Gott wird euch aufrichten, wenn seine Zeit da ist« (1. Petrus 5,6).

Ein riesiger Schritt in Richtung Glauben besteht darin zu erkennen, dass man unfähig ist und dann alles ablegt, besonders den eigenen Stolz, damit Gott einen wieder aufrichten kann.

Wir wachsen geistlich nicht

Sind Sie Jesus dieses Jahr ähnlicher als im vergangenen Jahr? Und wie war es vor zehn Jahren? Folgendes weiß ich über Ihr geistliches Leben: Wenn Ihr geistliches Leben jetzt genau so aussieht wie schon seit langem, dann hat sich das, was Sie über Gott glauben, nicht vertieft. Ihr Vertrauen hat nicht zugenommen und Ihr Glaube hat sich nicht weiterentwickelt. Ich sage nicht, dass Sie seicht sind und oberflächlich, sondern nur, dass Sie festsitzen – Sie entwickeln sich nicht weiter. Zu Jesus zu gehören bedeutet, immer weniger so auszusehen wie früher und ihm immer ähnlicher zu werden.

Wenn Sie eine geistliche Bestandsaufnahme vornehmen und beschließen würden, wirklich ganz ehrlich zu sein, wie würde dann das Ergebnis aussehen? Wie würden Sie sich selbst einschätzen in Bezug auf Ihre innere persönliche Entwicklung? Manchmal bleiben wir im Unglauben stecken, weil wir aufgehört haben, uns weiterzuentwickeln.

Glauben lernen

Eines ist Tatsache: Sie können an Jesus Christus als Ihren Retter glauben, in den Himmel kommen und der Hölle entgehen, aber nie die Macht und Kraft kennen lernen, von der Gott möchte, dass Sie sie persönlich erleben. Diese Kraft wird nur der Frau geschenkt, deren gesamtes Leben von der Liebe Gottes bestimmt ist, der Frau, die glaubt.

So lange wir lieber nicht an die innige Nähe und Treue der Liebe Gottes zu uns glauben, leben wir getrennt von seiner Fülle, ohne Zugang zu dem Sinn, den er unserem Leben geben kann. Wir laufen vielleicht herum und atmen, aber wir leben nicht in seiner Kraft. Sind Sie schon einmal eine Zeit lang ziellos herumgelaufen und haben nichts anderes getan, als zu atmen, Raum einzunehmen und Listen abzuhaken? Wie haben Sie sich dabei gefühlt? Ich sage Ihnen, wie es mir dabei gegangen ist. Elend. Wie taub. Zerbrechlich. Wertlos. Unglaube macht uns letztlich leer, ohnmächtig, rastlos und wertlos. Unglaube führt dazu, dass wir hinter den Möglichkeiten zurückbleiben, die sich Gott für unser Leben erträumt.

Haben Sie sich auf einem Flughafen schon einmal mit Hilfe eines Laufbandes fortbewegt? Diese Laufbänder sehen aus wie riesige Fließbänder und sind dazu gedacht, müde Reisende in den riesigen Flughafengängen von Punkt A nach Punkt B zu bringen. Manchmal sehe ich dort Leute, die darauf stehen, aber immer noch ihr gesamtes Gepäck tragen. Ich möchte diesen Leuten manchmal am liebsten auf die Schulter tippen und sagen: »Stellen Sie das doch einfach ab und lassen Sie die Sachen durch das Band weitertransportieren. Ruhen Sie sich aus.«

Unglaube ist wie die Weigerung, unser Gepäck abzustellen. Wir sind zwar in Beziehung zu Gott getreten, aber wir halten immer noch unsere Taschen und Rucksäcke fest und tragen alles alleine. Mich erinnert das an die Geschichte über einen Reisenden, die ich einmal gelesen habe:

Ein Reisender ging eine Straße entlang und plagte sich mit einer schweren Last, die er auf dem Rücken trug. Da kam ein Mann auf einem Pferdekarren vorbei.

Er hielt neben dem Reisenden an und sagte: »Ich sehe, dass Sie eine schwere Last tragen und Sie davon müde geworden sind. Wollen Sie nicht lieber auf meinem Karren mitfahren, als die schwere Last selbst zu tragen?«

»Ja gern«, sagte der Reisende und stieg zu dem Mann auf den Karren. »Jetzt brauche ich nicht mehr mit der schweren Last zu gehen.«

Als sie ein Weilchen gefahren waren, schaute der Karrenbesitzer nach hinten und war ziemlich erstaunt, als er bemerkte, dass der Reisende immer noch sein schweres Gepäck auf dem Rücken trug.

»Warum haben Sie denn immer noch Ihr Gepäck auf dem Rücken, wenn Sie es doch auch einfach ablegen könnten?«, fragte er.

Worauf der Reisende antwortete: »Sie haben mir doch bereits so viel geholfen. Ich möchte Sie nicht über Gebühr bemühen.«

»Aber das verstehe ich nicht«, entgegnete daraufhin der Lenker des Karrens. »Es ist doch für mich keine Mühe, wenn Sie Ihre Last ablegen. Sehen Sie doch mein Pferd. Es ist stark und willig. Es ist dazu geschaffen, schwere Lasten zu tragen. Und außerdem tragen Sie und das Pferd jetzt beide Ihre Last und mein Pferd wird sie auf jeden Fall tragen, egal, ob Sie sich auch daran beteiligen oder nicht! Also legen Sie doch bitte Ihre Last ab, sonst werden Sie müde und überanstrengen sich und mein Pferd fühlt sich nicht gewürdigt.«

Glaube fordert von uns, dass wir auf den Karren steigen und alles Gepäck ablegen. Wenn wir das ganze Gewicht unseres Lebens Gott übertragen, dann geben wir ihm die Vollmacht, für uns das Kommando zu übernehmen. Warum tun wir Frauen das so oft nicht? Warum halten wir uns zurück und reißen uns zusammen, statt zu kapitulieren, loszulassen und uns fallen zu lassen? Ich stelle mir vor, wie ich mit all meinem Zeugs in die Gegenwart Gottes gestolpert komme. Ich keuche und schnaufe, um alles auseinander gepackt und entwirrt zu bekommen, lege ihm endlich alles vor die Füße, plumpse dann platt auf den großen Haufen und sage zu ihm: »Hier ist meine Last und hier bin ich. Bitte trage mich, damit ich lerne zu glauben.«

Gott, hilf meinem Unglauben

Vielleicht ist es ein Trost für Sie zu erfahren, dass wir nicht die Ersten sind, die mit Unglauben zu kämpfen haben. Denken Sie nur an den Vater aus dem Markusevangelium. Er brachte seinen Sohn zu Jesus, damit dieser ihn heilte, einen Sohn, der schon seit seiner Kindheit von einem bösen Geist gequält wurde. Dieser Geist hatte den Jungen stumm gemacht und ihn in Feuer und Wasser geworfen, um ihn zu töten. Der Geist hatte bewirkt, dass der Junge immer wieder Krämpfe bekam, bei denen es ihn regelrecht schüttelte und ihm Schaum vor dem Mund stand. Als Mutter mag ich mir gar nicht vorstellen, welche Qualen und wie viel Schmerz diese Familie bereits durchgemacht hatte. Ich bin mir sicher, dass sie für ihren Sohn schon alles Menschenmögliche getan hatten. Sie hatten es mit jeder nur denkbaren Behandlung probiert und ihn zu jedem gebracht, der ihnen nur irgendwie raten oder weiterhelfen konnte. Sie waren wütend, traurig und verzweifelt. Ich stelle mir vor, dass sie inzwischen alle Hoffnung verloren hatten.

Und nun sagt Jesus zu diesem Vater:

Alles ist möglich dem, der glaubt.
Markus 9,23

Und sofort sagt der Vater des besessenen Jungen:

Ich glaube, hilf meinem Unglauben.
Markus 9,24 (Hervorhebung der Autorin)

Hier sagt dieser Vater die Wahrheit sowohl über sein Menschsein als auch über sein Gefallensein. Er gesteht mit Nachdruck ein, wie schwer es ihm fällt zu glauben. Und dann heilt Jesus den Jungen. Er sagte nicht zum Vater: »Du kannst wieder kommen, wenn du aufhörst zu schwafeln«, sondern Jesus treibt den Geist einfach aus und stellt den Jungen auf die Füße.

Mitfühlender, zärtlicher Jesus. Er ist der Erlöser, der uns sogar in unserem ganzen Menschsein liebt. Dasselbe Mitgefühl erwartet auch Sie und mich. Jesus sagt, dass wir in unserem Glauben schwanken, aber genau wie der Vater aus dem Markusevangelium dürfen wir zu ihm kommen in schamloser Ehrlichkeit, glaubend und dennoch merkend, dass da mehr ist.

Vielleicht haben Sie immer noch Zweifel. Vielleicht zögern Sie auch noch. Das ist in Ordnung. Gehen Sie diesen Zweifeln nach, gehen Sie ihnen auf den Grund und beobachten Sie, was Gott tut. Statt vor den Zweifeln davonzulaufen, nehmen Sie sie zur Kenntnis, greifen Sie sie auf und legen Sie sie ihm dann vor die Füße. Meine intensivsten Gebetszeiten mit Gott habe ich oft in Zeiten, wenn ich mit den Einflüsterungen des Unglaubens zu ihm komme. Dann hören sich meine Gebete ungefähr so an:

Gott, ich weiß, du hast gesagt, dass du immer genug sein willst, aber im Augenblick fühlt es sich nicht so an. Ich merke, dass ich überall auf der Suche bin, um genug zu bekommen. Ich bin innerlich in Panik. Zweifel quälen mich. Mir geht die Kraft aus. Wo ist deine Kraft in meiner Schwäche? Wo ist deine Heilung? Mein Mangel an Glauben ist mir peinlich. Ich weiß nicht, was ich tun soll, außer trotz allem zu glauben. Gott, hilf meinem Unglauben. Ich lege meine Last ganz und gar ab. Halte mich fest. Verändere mich. Zeige mir deine Herrlichkeit.

Das Erstaunliche an Gott ist, dass er uns wirklich festhält. Er lässt sich durch unsere Plackerei nicht abschrecken. Er droht nicht mit dem Zeigefinger, wenn wir ihm ehrlich sagen, wie es in uns aussieht. Wir können uns mit dem Gewicht unseres ganzen Lebens auf ihn stützen. Und vielleicht werden zum ersten Mal nach langer Zeit, wenn Sie das Gefühl haben, Jesus hält sie wirklich fest, Zweifel und Unglaube in seiner Gegenwart zu schwinden beginnen. Aus Unglaube wird Glaube. Und aus Glaube wird nach einer Weile Vertrauen. Aus dem Vertrauen entwickeln sich schließlich Stärke und Freude.

Markus berichtet nicht, wie es dem Vater und dem geheilten Sohn weiter erging, aber wir wissen aus anderen Erzählungen, was passiert ist, wenn Jesus Leute geheilt hat. Sie lobten Gott und rannten dann los, um überall weiterzuerzählen, was er getan hatte. Können Sie sich diesen Vater vorstellen? Sein Sohn wurde von einem bösen Geist befreit, der sein ganzes Leben lang versucht hatte, ihn umzubringen. Glauben Sie, dass der Vater in diesem Augenblick mit Unglauben zu kämpfen hatte? Niemals. Er hat sich ganz auf Jesus verlassen, gleichzeitig glaubend *und* nicht glaubend, und er hat miterlebt, wie Gott sich in seiner ganzen Herrlichkeit gezeigt hat. Er ist ganz bestimmt weinend und singend und tanzend seiner Wege gegangen, immer wieder staunend und fassungslos seinem Sohn das Gesicht streichelnd, und er hat jedem, dem er begegnete, von der Macht und dem Mitgefühl Jesu erzählt.

Als der Vater dann das nächste Mal Einflüsterungen des Unglaubens erlebte, erinnerte er sich mit Sicherheit an das, was er mit eigenen Augen gesehen hatte, erinnerte er sich an den Tag, als Gott sich in seiner Herrlichkeit gezeigt hatte. Er schaute durch das Fenster seinem Sohn beim Spielen zu und sagte den Lügen und Zweifeln des Unglaubens, dass sie abhauen sollten.

Die Welt mag flüstern: »*Glaube es nicht. Gott findet dich in Wirklichkeit gar nicht schön*«, und vielleicht stimmen ja Ihre Lebenserfahrungen sogar mit diesen Einflüsterungen überein und verstärken sie noch. Aber das macht sie nicht wahrer. Es sind und bleiben Lügen.

Sind Sie jahrelang von Einflüsterungen des Unglaubens in Schach gehalten worden? Wenn ja, dann wäre es für Sie von großer Tragweite, endlich zu glauben. Alles würde anders werden. Was wäre, wenn Sie anfangen würden so zu leben, als würden Sie den Worten Gottes glauben – und zwar jedem einzelnen? Was, wenn Sie einfach loslegen würden – alles auf Jesus setzten, sich ganz und gar auf ihn stützten, ihm die Last überlassen würden, die Sie die ganze Zeit allein geschleppt haben, und sich dann einfach darauf fallen lassen? Im Tausch gegen das, was Sie als die Wahrheit seines Wortes empfinden? Haben Sie denn etwas zu verlieren? Nein, rein gar nichts.

Und gibt es für Sie etwas zu gewinnen? Ja, den Rest Ihres Lebens in den Armen Gottes zu tanzen.

Ich höre solche Einflüsterungen immer wieder und tanze dennoch in den Armen Gottes. Vielleicht enger als je zuvor in meinem Leben. Ich kann die Musik hören, die starken Arme des Geliebten spüren, seine sanfte Führung bei jeder Drehung, und ich weiß, dass meine Seele in der Gewissheit seiner Gegenwart Ruhe findet.

Ich bin zu diesem romantischen Tanz mit Gott nicht deshalb gekommen, weil ich das Hohelied auswendig gelernt, im vergangenen Jahr an drei weiteren Bibelkursen teilgenommen oder endlich die Disziplin aufgebracht habe, jeden Morgen um vier Uhr aufzustehen und Stille Zeit zu halten. Nein, ich bin zu diesem Tanz gekommen, weil meine Welt zusammengebrochen ist, weil ich nichts mehr vortäuschen konnte, weil alles, worauf ich mich gestützt hatte, zerbrochen und mir am Ende nichts geblieben war.

Nichts außer Gott, seiner Musik, seiner unerschöpflichen Liebe zu mir und dem Tanz, diesem wunderschönen, engen Tanz des Vertrauens, der Gnade und der Barmherzigkeit. Ich bin überwältigt, in seinen Armen gehalten zu werden und zu wissen, dass er mir in die Augen schaut und mich trotzdem schön nennt. Es ist eine traurige Erkenntnis, dass ich die ganze Zeit eingeladen war, aber seine Nähe verpasst habe, weil ich manchmal eher auf die Stimmen des Unglaubens gehört und mich von ihm abgewandt habe.

Mit Gott zu tanzen heißt, dass Sie beschlossen haben, seine Aufforderung anzunehmen. Er hat gesagt: »Willst du?«

Und Sie haben gesagt: »Aber natürlich, schrecklich gern.«

Es ist ein Willensakt. Es ist eine bewusste Entscheidung zu glauben und in seiner Stärke zur Ruhe zu kommen. Diese bewusste Entscheidung ist wirklich das Einzige, wofür Sie ganz allein verantwortlich sind.

Die Voraussetzung zum Tanzen ist das Annehmen seiner Einladung – die Entscheidung für Gott. Nur machen wir uns nichts vor, anschließend an diese erste Entscheidung geht es im Leben mit anderen Entscheidungen weiter. Die Welt versucht ständig, sich mit ihrem Unglauben erneut in unser Leben hineinzudrängen, und wir müssen immer wieder neu entscheiden, ob wir bei Gott bleiben wollen. Wollen wir weiter glauben?

Wenn die Welt sich dazwischen drängt und wir auf ihre Einflüsterungen hören, dann wird die Nähe und Innigkeit zwischen Gott und mir zerstört. Die Musik spielt zwar immer noch, die Einladung Gottes bleibt auch weiterhin bestehen, aber wir haben uns aus seinen starken Armen entfernt. Es herrscht Abstand und Ablenkung, und dann wird aus dem Tanzen ein einziges Gestolper. Denken Sie daran, dass Sie und ich dazu geschaffen sind, mit Gott zu tanzen. Ein anderer Tanzpartner als er kann uns niemals zufrieden stellen. Mit jemand anderem zu tanzen fühlt sich nur unbeholfen und peinlich an. Wir fühlen uns unsicher und ängstlich und wir geraten ganz schnell aus dem Takt.

Der Weg der Einflüsterungen

Ich habe die vergangenen paar Tage mit einigen Frauen verbracht, die alle schrecklich gern mit Gott tanzen möchten, denen aber die Entscheidung, beim Glauben zu bleiben, sehr schwer fällt. Manche von ihnen sind gebildet, andere nicht. Manche sind verheiratet, andere geschieden. Manche haben Kinder, andere nicht. Manche waren suchtkrank, manche missbraucht und misshandelt. Gemeinsam haben sie alle, dass sie kein Zuhause haben. Ich habe ein ganzes Wochenende lang die Geschichten dieser Frauen angehört und mitgelitten, wie sie sich abmühen und welche Kämpfe sie durchzustehen haben.

June beispielsweise ist Mitte fünfzig und hat drei erwachsene Söhne, von denen jeder in einem anderen Gefängnis einsitzt. Sie ist in verschiedenen Heimen aufgewachsen und hat nie Eltern oder ein Zuhause erlebt. Sie weinte, als sie mir erzählte, dass sie einfach nicht wisse, wie sie diesen Jungen eine Mutter sein solle. Sie war zu diesem Zeitpunkt gerade seit 37 Tagen trocken. Sie glaubt an Jesus und bezeichnet ihn als ihre einzige Hoffnung, aber sie hört immer noch die Einflüsterungen, die sie von ihm wegholen wollen.

Sandy ist Krankenschwester. Sie hat am College studiert und ist blitzgescheit, geschieden und seit 27 Tagen clean. Als sie im siebenten Monat mit Drillingen schwanger war, wurde sie geschlagen. Die Babys starben und wurden tot geboren, zwei Jungen und ein Mädchen. Sandy hat schon mehrfach im Gefängnis gesessen. Sie könnte zwar zu ihrer Mutter ziehen, aber sie sagt, dass sie noch nicht so weit sei. Sie weiß, dass sie keine klugen Entscheidungen treffen kann. Sie ist noch nicht stark genug, um an manchen Tagen das Frauenhaus zu verlassen. Also liegt sie meistens auf ihrem Bett, betet zu Gott und versucht, den Einflüsterungen nicht nachzugeben.

Das sind die Erlebnisse von nur zwei dieser Frauen, aber ihre leidvollen Geschichten stehen stellvertretend auch für die der anderen Frauen, die ich an jenem Wochenende kennen gelernt habe. Es sind unterschiedliche Wege, unterschiedliche Entscheidungen, aber der gleiche Kummer und dieselbe Leere. Dieselben verzweifelten Seelen, die nach jemandem schreien, der sie schön nennt.

Zuerst dachte ich: *Ich glaube nicht, dass ich schon einmal Freundinnen gehabt habe wie diese Frauen.* Aber Tatsache ist, dass ich sehr wohl solche Freundinnen habe. Da brauche ich mir doch gar nichts vorzumachen. Wenn Gott nicht so gnädig wäre, wie er es ist, wäre auch ich eine heimatlose Frau, die durch die Straßen irrt, durch beständige Ablehnung völlig leer, falsche Entscheidungen treffend, süchtig nach Bestätigung. Ich war eine, die um jeden Preis versucht, Schmerz zu vermeiden, weil sie ihn hinlänglich kennt. Diese Frauen leben von einer Mahlzeit zur nächsten, von einem Bett zum nächsten, von einer Spritze oder Flasche zur nächsten. Ihr Leben ist gekennzeichnet durch Tage, an denen sie nüchtern sind, und solche hinter einem Nebel aus Drogen und Alkohol.

Es gibt aber auch Frauen, die durchaus in warmen Häusern leben, genug zu essen haben, zwei Autos in der Garage und dennoch – könnten Sie in deren Seelen hineinschauen, würden Sie heimatlose Waisenkinder vorfinden. Es sind Frauen, die einen Tag nach dem anderen vom Kalender abstreichen, die die Musik nicht wahrnehmen, die darauf warten zu leben, nur noch bis das letzte Kind mit dem College fertig ist, der Teppichboden erneuert wurde, die Hypothek abbezahlt ist oder sie in Rente gehen. Oder sie finden sich wieder als Gefangene der nervtötenden Eintönigkeit und dem Stress ihrer Rolle als Hausfrauen, Mütter, Karrierefrauen, Freundin und Tochter und bemerken eines Morgens beim Aufwachen, dass zehn oder zwölf Jahre vergangen sind, seit sie es sich selbst gestattet haben, irgendetwas tief zu empfinden, oder seit sie sich dafür entschieden haben, mit allem, was sie sind, an den Gott des Himmels zu glauben.

Ich habe Freundinnen, die auf die Einflüsterungen des Unglaubens hören und mit Süchten, Misshandlung und zwanghafter Sünde zu kämpfen haben, nur dass meine Freundinnen die Gesichter, den Lebensstil und die Verhaltensmechanismen der gehobenen Mittelschicht aufweisen. Zwei Tage mit meinen heimatlosen Freundinnen haben mich gelehrt, dass tief im Innern alle Frauen gleich sind, egal, ob sie zur gehobenen Mittelschicht gehören oder obdachlos sind. Unsere Kämpfe ähneln sich so sehr. Unsere Verletzungen sind durch dieselben Worte und Verhaltensweisen hervorgerufen worden. Und wir haben exakt dieselben Sehnsüchte. Jede von uns sehnt sich danach, schön gefunden zu werden, möchte herausgerufen, ausgewählt werden und in den Armen des geliebten Mannes tanzen.

Egal, ob Frauen aus der Obdachlosenunterkunft oder dem Frauenhaus, ob Frauen aus gehobenen Kreisen oder Frauen, die voll in der »Familienphase« stecken und Fahrgemeinschaften für ihre Kinder bilden – wir finden uns alle in demselben Dilemma wieder: Immer dann, wenn wir gerade anfangen, die Musik zu hören, flüstert uns die Welt ein: »Glaub es doch nicht! Er meint dich eigentlich gar nicht.«

Der Ausruf

Was werden Sie also tun? Werden Sie sich dafür entscheiden, auf diese Einflüsterungen zu hören? Oder beschließen Sie, zu kapitulieren und sich auf den Glauben einzulassen? Halten Sie doch an Ihrer Entscheidung fest, an Gott zu glauben. Legen Sie Ihre ganze Last ab. Lassen Sie sich einfach vor ihm fallen und warten Sie darauf, dass er Sie trägt.

Die Liebe Gottes ist wie ein vollmächtiger Ausruf, wie ein letztes Wort sozusagen, das gesprochen wird, um den Einflüsterungen und Gerüchten ein Ende zu machen. Werden Sie noch heute sagen: »Ich glaube. Herr, hilf meinem Unglauben«?

Lassen Sie die Tatsache, dass Gott Sie liebt, die Aussage sein, die das Gemurmel in Ihrem Kopf endlich zum Schweigen bringt.

Er findet Sie wirklich schön.
Sie alle.
Innerlich und äußerlich.
Von Kopf bis Fuß.
Ja, und sogar von hinten.
Schön, *sagt* er.

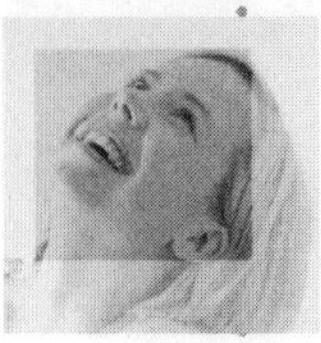

*Wenn es in Verbindung mit der Seele der Frau eine typische Frage gibt, dann vielleicht die Frage: »Findest du mich schön?«
Wenn Gott aus der Tiefe seiner großen Liebe heraus darauf antwortet, dann fühlen sich viele Frauen dabei wie das Mauerblümchen, das zum Tanzen aufgefordert wird.
Aber wir werden durch andere geliebte Menschen von seiner Einladung abgelenkt, durch Einflüsterungen des Unglaubens*

und all den Lärm und die Unordnung.

Lärm und Unordnung

Vor ungefähr einem Jahr stand mir eine Laser-Operation am Auge bevor. Mein Arzt sagte mir, ich müsse für einige Monate eine Brille statt Kontaktlinsen tragen, um meine Augen zu schonen. Bis zu diesem Zeitpunkt war ich eine schwere Kontaktlinsenmissbraucherin gewesen, indem ich sie so ziemlich jede wache Minute des Tages trug, und das seit ungefähr zwanzig Jahren. Zum Teil lag dieses missbräuchliche Verhalten an den Stimmen in meinem Kopf, die immer noch riefen: »Vierauge« oder »Glasbausteine« oder »Vergrößerungsgläser«.

Und ein Teil meines missbräuchlichen Verhaltens hatte definitiv mit Eitelkeit und Unsicherheit zu tun. Als ich noch Brillenträgerin war, hatte mir nie jemand einen zweiten Blick geschenkt, und ich war zu der Überzeugung gelangt, dass ich mit Brille einfach nicht annehmbar war, geschweige denn anziehend. Kontaktlinsen zu tragen bedeutete deshalb für mich, »das Beste aus mir zu machen«.

Ich erinnere mich noch, wie ich in meinem letzten Jahr an der Highschool einer Optikerin gegenübersaß, die mir zeigte und erklärte, wie man Kontaktlinsen richtig pflegt und einsetzt. Wir mühten uns eine Zeit lang ziemlich ab, aber schließlich bekam ich die Dinger hinein.

Mir tränten die Augen, aber ich blickte stolz zu ihr auf, und da sagte sie: »So, und jetzt kann jeder deine wunderschönen Augen sehen, die du bisher versteckt hast.«

Das genügte mir schon. Die Frau in dem Optikerladen fand meine Augen schön und deshalb habe ich sie seitdem nie wieder versteckt. Von da an ließ ich fast nie mehr jemanden meine glasbausteindicken Brillengläser sehen.

Als ich nach dem Collegeabschluss in Europa war, riss mir schon am ersten Tag der Reise eine der Linsen ein, aber weil ich so unsicher war, setzte ich nicht die Brille auf, sondern sah eine Woche lang alles ziemlich verschwommen, weil ich im einen Auge eine Linse trug und im anderen nicht. Ach, zu welcher Torheit doch Eitelkeit verführt! Selbst jetzt ist mir diese Beichte noch peinlich. In Wien bekam ich dann eine neue Linse und habe meine Brille während der Reise wirklich kein einziges Mal aufgesetzt. Ich brauche wohl nicht extra zu erwähnen, dass ich mich an den ersten Teil der Reise – Amsterdam, Brüssel, München – nur noch verschwommen erinnere.

Also dachte ich im doch schon etwas reiferen Alter von 38 Jahren, als mein Augenarzt anordnete: »Drei Monate keine Kontaktlinsen«: *Moment mal! Wie könnte ich das vielleicht doch noch umgehen? Muss das wirklich sein? Wo könnte ich mich ein Vierteljahr lang verstecken?*

Dann erinnerte ich mich an meine Brille, die zu Hause in der Schublade lag – völlig verbogen vom Lesen im Bett, unmöglich altmodisch, mit einem fehlenden Ohrenbügel, der bei einem der zahllosen Versuche, ihn gerade zu biegen, abgebrochen war. Die Eitelkeit erhob wieder einmal ihr hässliches Haupt und ich zog nicht einmal in Betracht, diese Brille zu tragen. Dr. Smith verschrieb mir eine neue und ich ging mit dem Rezept direkt zum Optiker.

Ich glaube, ich habe mehrere Stunden lang die unterschiedlichsten Gestelle aufprobiert, bis schließlich nur noch zwei in der engeren Wahl blieben. Ich setzte mich hin und probierte erst die eine auf und dann wieder die andere und dann wieder die eine und jedes Mal versuchte ich mir vorzustellen, wie sie mit dicken, dicken Gläsern aussehen würde.

Schließlich fragte ich den Optiker, der mich beriet: »Also gut, welche soll ich nehmen? Diese hier oder diese?«

Er schaute sich beide Modelle noch einmal geduldig an und sagte dann mit der Begeisterung eines müden Mannes, der darauf wartet, dass sich eine Kundin eeendlich für ein Brillengestell entscheidet: »Sie sehen beide gut aus.«

Echt hilfreich. Gut? Ich dachte: *»Gut« reicht mir nicht. Ich will »toll« hören.*

Ich versuchte, etwas mehr aus ihm herauszukitzeln, indem ich sagte: »Also diese finde ich irgendwie flippig.«

»Ja, die ist flippig«, stimmte er zu.

Wieder steckten wir fest. Er war mir beharrlich keine Ermutigung. Was dachte ich mir denn eigentlich? Wieso kam ich nicht mit einer Horde von Freundinnen, wenn ich mir eine Brille aussuchen musste? Das Ganze hatte wirklich das Potenzial, sich für mich zu einer traumatischen Erfahrung zu entwickeln, also nahm ich alle Entschlusskraft zusammen, sah dem Mann direkt in die Augen und sagte: »Das Leben ist einfach zu kurz. Ich entscheide mich für flippig.«

Offenbar bewegt durch meinen Entschluss, abenteuerlich zu leben, sagte er: »In Ordnung, dann ist die Brille in einer Stunde fertig.«

Als ich später zurückkam, um meine flippige Brille abzuholen, dachte ich: *Also vielleicht kann ich es damit drei Monate lang aushalten. So schlimm ist sie ja nun auch wieder nicht. Vielleicht sehe ich sogar ganz witzig damit aus.*

Mein erster Halt auf meiner Flippige-Brillen-Tournee war zu Hause und die Kinder.

»Na, wie findet ihr sie, Leute?«

»Was denn, Mama?«

»Na, meine neue Brille natürlich. Gefällt sie euch?«

»Ja. Kann Haley rüberkommen?«

»Ja. Aber was ist mit meiner Brille?«

»Die ist ganz okay, aber ohne finde ich dich besser.«

Hmmm ... vielleicht sind Kinder ja nicht unbedingt der Maßstab, um zu beurteilen, was toll aussieht.

Und was wissen denn die auch schon?

Meine nächste Station war bei einer Frau, die in meinem Leben eine große Rolle spielt und die mich sowohl ermutigen als auch verletzen konnte. Ich hatte keine Ahnung, was sie sagen würde.

»Sie gefällt mir nicht.«

»Was? Wie meinst du das? Sie ist lustig. Sie ist flippig.«

»Sie sieht so aus, als ob du eine ganz bestimmte Einstellung hast. Nimm sie ab.«

»Ich kann sie aber nicht abnehmen, weil ich dann blind wie ein Maulwurf bin. Und außerdem ist es ja nur für drei Monate.«

»Ich kann einfach nicht mit dir reden, wenn du diese Brille trägst. Du wirst sie also abnehmen müssen. Ich finde sie schrecklich.«

Zum Schweigen gebracht.

Benommen.

Abgelehnt.

Ich fühlte mich so dumm, so allein mit diesem Brillengestell und hinter den dicken Brillengläsern.

Ich fühlte mich, als hätte mich jemand genau zwischen meine vier Augen getroffen. *Sie findet sie schrecklich.* Ich hätte es wissen müssen.

Ich habe mit Brille schon immer bescheuert ausgesehen. Ich kann nicht atmen. Das hier ist wirklich schrecklich.

An dem besagten Tag bin ich nach Hause gekommen und habe aus vollem Herzen gerufen: »Findet ihr mich schön?«

Die Stimmen in meinem Kopf und die Menschen, die ich gehört hatte, hatten darauf klar und eindeutig geantwortet: »Nein, Angela. Erinnerst du dich denn nicht mehr? Du bist schon so nicht schön und mit Brille erst recht nicht.«

Die Lügen, denen ich mein ganzes Leben lang aufgesessen war, wurden mit einem Schlag und mit Macht wieder auferweckt.

Es hat dann mindestens zwei Wochen gedauert, bis mir klar wurde, dass ich diese Sache Gott anvertrauen musste. Wieso dauert es eigentlich immer so lange, bis man sich an ihn wendet? Tagelang war ich mit hängenden Schultern herumgeschlichen, hatte über den Rand meiner Brille gelinst in der Hoffnung, die drei Monate würden einfach so verpuffen. Und schließlich fing ich an zu fragen: *Was ist hier eigentlich los? Worum geht es? Warum tut es so weh? Warum werde ich nicht einfach damit fertig? Warum ist es mir so wichtig?*

Gott antwortete mir zwar nicht sofort, es war sogar so, dass ich eine ganze Weile gar nicht merkte, dass er schon längst dabei war, mir zu antworten. Aber es passierte etwas Merkwürdiges. Immer wieder sagten mir Leute, dass ihnen meine Brille gefiel. Als es langsam lächerlich wurde, dämmerte mir, dass Gott versuchte, meine Aufmerksamkeit zu gewinnen.

Dann kam ein Tag, an dem mir, wo ich auch ging und stand, irgendjemand wegen meiner Brille ein Kompliment machte. »Ihre Brille gefällt mir«, die Dame in der Reinigung, die Frau an der Kasse im Supermarkt, der Kassierer in meiner Bank, der Mann am Postschalter, ja sogar Freunde meiner Kinder. Es war total verrückt. Leute gingen an den Kühlregalen im Supermarkt vorbei und sagten mir, dass ihnen meine Brille gefiel. Völlig fremde Leute, die wirklich keinen Grund hatten, mir Nettigkeiten zu sagen, kamen auf mich zu und sagten: »Die steht Ihnen echt gut.« Manche sagten sogar, sie sähe sexy aus. Ich wurde rot wegen all dieser Komplimente und überlegte mir diese ganze Laser-Geschichte noch einmal gründlich. Und dann wurde mir plötzlich klar, was da los war – Gott antwortete auf mein Schreien. Er war dabei, eine Wunde zu heilen. Er sang mir zärtliche Liebeslieder.

Ich begann jedes Mal, wenn mir jemand ein Kompliment wegen meiner Brille machte, darin die Stimme Gottes zu hören. Es war, als ob er zu mir sagte: »Du bist belogen worden und du hast die Lügen geglaubt. Du hast auf all diese anderen Stimmen gehört, aber meine Stimme ausgeblendet. Ich finde dich schön. Lass mich meine Wahrheit gegen all die Lügen auswechseln. Lass mich den Lärm zur Ruhe bringen und lass mich all das Durcheinander in deinem Herzen aufräumen. Höre die Wahrheit meiner Bewunderung. Du kannst selbstbewusst weitergehen, weil ich dich liebe.«

Lärm in Ihrem Kopf und Unordnung in Ihrem Herzen und Ablenkung für Ihre Seele – das alles gehört zu der Taktik der Welt und sogar des Teufels, um uns innerlich auszuschalten und am Tanzen mit Gott zu hindern. Sie sind bereit, wirklich alles zu tun, um dafür zu sorgen, dass Sie von Gott wegschauen oder sich von ihm abwenden. Sie erzählen Ihnen so lange Lügen, bis Sie ihnen glauben. Diese Lügen laufen dann so lange pausenlos wie ein Endlostonband in Ihrem Kopf ab, bis Sie zustimmen. Sie rufen Sie so lange beim Namen, bis Sie schließlich antworten. Sie flüstern so lange: »Glaube Gott nicht«, bis Sie nichts anderes mehr hören.

Lärm und Unordnung. Sie infiltrieren das Denken einer Frau, belegen sie innerlich mit Beschlag und halten sie auf diese Weise ein Leben lang als Geisel.

Drehen Sie die Lautstärke herunter

»Ich weiß nicht, wie ich es beschreiben soll.«

»Kannst du es versuchen?«

»Es ist, als ob da viele Stimmen in meinem Kopf sind. Es ist laut da drin. Ich wünschte, ich könnte es leiser stellen.«

»Da bist du nicht die Einzige. Viele Leute erzählen mir, dass es in ihrem Kopf sehr laut ist.«

»Wirklich? Ist das normal?«

»Ja, total normal, aber es lenkt unglaublich ab.«

Ist es in Ihrem Kopf auch laut? Bei mir war es so. Bei vier Kindern habe ich mich an den permanenten Tumult und hohen Lärmpegel gewöhnt:

Musik dröhnt.
Kinder singen – laut.

Kinder schreien – noch lauter.
Das Nintendo-Spiel piepst.
Das Telefon klingelt.
Alle reden gleichzeitig.
Der Wäschetrockner summt.
»Maaama, weißt du, wo mein Gürtel ist?«

Und der innere Lärm, den niemand hört:

Bügeleisen abstellen nicht vergessen.
Arzttermin morgen Mittag gegen elf.
Nächste Woche zwei Geburtstage.
Ruf Lisa und Carla und Beth an.
Bis Montag müssen die Bücher bestellt sein.
Essensgeld für die Schule mitgeben.
Geld einzahlen. Nicht vergessen, Briefmarken zu kaufen.
Wir brauchen Eier.
Was soll ich heute kochen?

Und so geht das pausenlos. Viele Aufgaben und Gefühle werden in uns verarbeitet – das ganz normale Alltagschaos. Aber das ist nicht der Lärm, den ich meine.

Der Lärm, der uns vom Tanzen abhält, hört sich so an:

Hab ich da vielleicht irgendwas nicht mitgekriegt?
Willst du etwa sagen, dass das schon alles sein soll im Leben?
Ich hab so viel Zeit vertan.
Wozu bin ich eigentlich da?
Es ist alles meine Schuld.
Wer bin ich geworden und wie ist eigentlich mein wahres Selbst?
Mein Leben zählt nicht viel. Ich weiß nicht, ob es das alles wert ist.
Meine Sünde ist einfach zu groß.
Meine Narben sind zu schmerzhaft.
Ich bin einfach nur peinlich.
Ich werde nie schön sein.
Irgendjemand soll mich hier rausholen.
Die Zeit rennt mir davon. Los beeil dich und mach was.

Der Lärm in unserem Kopf kommt aus hundert verschiedenen Quellen – von unerfüllten Sehnsüchten, Lügen, die wir glauben, Ängsten, auf die wir uns eingelassen haben, und von Dingen, die wir uns selbst so ausgesucht haben. Der Lärm wird im Laufe der Jahre immer lauter und dann können wir eines Tages nicht mehr hören, wie Gott uns beim Namen ruft. Wir hören dann nur noch all die Anschuldigungen und die Fragen und Sehnsüchte.

Wir können sie nicht vermeiden. Wir gehen ins Bett und sie heulen die ganze Nacht hindurch. Wir sitzen auf der Tribüne und hören ihren Gesprächen über uns zu. Der Lärm lässt sich nicht abstellen. Wir finden keinen Schalter, um ihn abzustellen, und das Problem ist, dass wir das auch gar nicht können. Nur Jesus kann unserer Seele Ruhe schenken. Nur Jesus kann dem Lärm ein Ende machen.

Die Lügen über meine Brille hatten mich mein ganzes Leben lang verfolgt und mich im Laufe der Jahre mit immer lauteren Stimmen verfolgt. Aber viele andere Stimmen hatten mit eingestimmt und schließlich war daraus tonnenweise Müll in meinem Kopf geworden.

Es war eine Frau bei mir, als ich begann, das alles laut auszusprechen und zu verarbeiten:

»Was soll ich also mit all dem Zeugs in meinem Kopf machen?«

»Ich weiß es auch nicht. Lass uns Jesus fragen.«

»Wie meinst du das?«

»Lass uns ihn jetzt gleich fragen. Nimm mal die lauteste Stimme heraus. Was sagt sie zu dir?«

»Ich weiß nicht so genau, aber vielleicht ist es die Stimme, die sagt: ›Das hat doch alles keinen Sinn.‹«

»Kannst du dich noch erinnern, wann du diese Stimme zum ersten Mal gehört hast?«

»Das ist jetzt vielleicht zehn Jahre her.«

»Hast du davor auch schon mal gehört: ›Das hat doch alles keinen Sinn‹?«

»Ja, einmal, als ich 14 war. An dem Tag, als meine Schwester ertrunken ist.«

»Sprich mit Jesus darüber. Sage ihm, woran du dich erinnerst.«

»Das soll ich ihm jetzt sagen?«

»Ja. Erzähl ihm, woran du dich erinnerst.«

Ich fing an drauflos zureden und die Tränen schienen mich zu überwältigen. Aus dem Weinen wurde Schluchzen. Mich zu erinnern, bereitete den Weg, es noch einmal zu durchleben. Aus Minuten wurden Stunden, in denen wir zurückverfolgten, wie dieser eine Gedanke in meinem Denken und Handeln Gestalt angenommen hatte.

»Was sagt Jesus, Angela?«

»Ich weiß es nicht. Wie meinst du die Frage?«

»Was, glaubst du, versucht Jesus dir jetzt gerade zu sagen?«

»Ich glaube nicht, dass ich ihn hören kann.«

»Sei ganz still und hör hin. Schau dir noch einmal die Szene in deinem Kopf an. Was sagt er?«

Wieder Tränen. Mein Herz und mein Kopf pochten vor Anspannung und Aufregung.

»Ich glaube, er sagt, dass er bei mir gewesen ist. Aber woher weiß ich denn, dass das wirklich Jesus ist? Wie kann ich denn sicher sein, dass er es ist und dass ich mir nicht nur selbst das einbilde, was ich gern hören möchte?«

»Für mich hört sich das ganz nach ihm an. Hör weiter zu.«

Mit Hilfe einer Frau, die ebenfalls in einer Beziehung zu Gott lebt und die mich in meinem Gebet zu Gott leitete, begann ich den Lärm in meinem Kopf zu entwirren. Ich hörte eine Stimme oder Worte, die ich schon eine Million Mal gehört habe, und meine Begleiterin sagte mir dann, ich solle es Jesus sagen.

Ich redete also mit Jesus und sie hörte mir zu und dann fragte sie: »Was sagt er dir?«

Ich hörte hin und weinte. Ich stellte mir selbst Fragen und dann stellte ich dieselben Fragen Jesus. Ich lachte und erinnerte mich. Und so ging das immer weiter. Alles brachten wir vor Jesus. Jede Stimme, eine nach der anderen, ein hässliches Stück Unordnung nach dem anderen.

Im Hören auf die Wahrheit Gottes war Stille eingekehrt und hatte sich wie eine Decke über mich gelegt und mich zugedeckt.

Als wir dieses ausgedehnte Gespräch beendeten, war ich körperlich völlig erschöpft, aber in meiner Seele war es ganz still. Direkt nach dem Gebet begab ich mich in eine dreitägige persönliche Stille, während der ich einfach allein sein und wandern wollte. Und ich verbrachte Stunde um Stunde damit, darüber nachzusinnen, wie ein Nachmittag intensiven Gespräches mit Jesus den Lärm beendet hatte. Ich alleine hatte den Lärm nicht zum Schweigen bringen können, aber im Gebet, im Hören auf die Wahrheit Gottes war Stille eingekehrt und hatte sich wie eine Decke über mich gelegt und mich zugedeckt.

Ich weiß nicht, wie es mit dem Lärm in Ihrem Kopf steht, aber aus meiner persönlichen Erfahrung als Frau gehe ich mal davon aus, dass es ihn auch in Ihrem Kopf gibt. Der Lärm ist da, um Sie abzulenken, aber Jesus möchte Sie davon befreien. Ich glaube, dass es nur eines gibt, das dem Lärm ein Ende macht, und das ist Gebet. Vielleicht brauchen Sie auch jemanden, der Sie bei dieser Art von Gebet anleitet und begleitet. Das Gebet kann an einem Tag oder vielleicht auch in mehreren Etappen stattfinden. Rechnen Sie damit, dass Gott sich zeigt, und rechnen Sie mit Gefühlen. Erwarten Sie innere Reinigung. Erwarten Sie, dass in seiner Gegenwart der Lärm endlich aufhört.

Aufräumen

»So jetzt machen alle fünf Minuten Pause und räumen ihren Kram auf.«

Das sage ich zu meinen vier Kindern wahrscheinlich viermal am Tag. Ein paar von ihnen sind wie ich. Ihnen liegt nicht so viel an Dingen und daran, dass sie an dem Platz sind, wo sie hingehören. Ein paar der Kinder sind aber auch hoch motiviert und sehr organisiert. Eines von ihnen, das namentlich nicht erwähnt werden möchte, macht seine Hausaufgaben jeden Tag bereits auf dem Heimweg von der Schule, bittet mich, seine Arbeiten zu unterschreiben, sobald es mich sieht, und legt sich die Schulsachen für den nächsten Tag (auch die Kleidung) schon am Vorabend zurecht – und dann ist der Gürtel bereits durch die Schlaufen in der Hose gezogen! Sein Rucksack steht schon an der Haustür. Es weiß, wo seine Schuhe sind. Die Pausenbrote liegen vorbereitet und verpackt im Kühlschrank. Dieses Kind geht jeden Abend rechtzeitig ins Bett, nachdem es zwanzig Minuten gelesen und dann für die Missionare in China und für den Präsidenten gebetet hat. Es ist diszipliniert und stetig. Er würde in Klamotten schlafen, wenn ich es erlaubte, um bereits beim Aufwachen startklar zu sein. Ich liebe diesen wohl geordneten kleinen Kerl, aber ich habe absolut keine Ahnung, woher er das hat. Es ist wohl unnötig zu erwähnen, dass die anderen drei ein bisschen weniger organisiert, dafür mehr frei schwebend und anfällig für wesentlich mehr Unordnung sind.

Kennen Sie so etwas auch? Beispielsweise den Gegenstand, den ich auf der untersten Treppenstufe deponiert habe, um ihn beim nächsten Mal, wenn ich nach oben gehe, mitzunehmen? Ich habe wirklich vor, ihn mitzunehmen, aber irgendwie tue ich es dann doch nicht. Es dauert nicht lange und ein zweiter Gegenstand gesellt sich zu dem ersten und so gehe ich bei meinem nächsten Weg nach oben an noch mehr Kram vorbei. Ein paar Gänge mehr ins Obergeschoss, ohne irgendetwas aus der Kramsammlung mitzunehmen, und ehe ich mich´s versehe, liegt dort alles Mögliche herum – viel! Und das Schlimme daran ist, dass ich mich an den Anblick gewöhnen kann. Ich weiß, dass ein Stapel Handtücher, zwei Puzzles und eine frische Flasche Shampoo nicht auf die Treppe gehören, aber ich schaffe es trotzdem mühelos, einen ganzen Tag lang daran vorbeizulaufen.

Ganz ähnlich sammelt sich auch einiges in unserer Seele an. Es ist all der Kram, über den wir hinübergestiegen sind, den wir ignoriert haben und von dem wir gedacht haben, dass wir uns bei Gelegenheit einmal damit befassen. Inneres Gerümpel ist eine Ansammlung seelischer, geistlicher und Beziehungsthemen, über die wir hinweggestiegen sind oder die wir unter den Teppich gekehrt haben. Jedes einzelne Thema muss jetzt aufgesammelt, zugeordnet und dann einsortiert werden.

Gerümpel und Durcheinander in der Seele einer Frau hat alle möglichen Formen und Größen. Ich nenne mal einige, wobei mein Durcheinander wahrscheinlich ganz anders aussieht als Ihres: ein rebellischer Gedanke, Kritiksucht, die Weigerung zu vergeben. Das alles gehört zu dem Leben in einem Körper, der noch nicht verherrlicht ist. Deshalb gehören wir zu Jesus. Darum geht es. Ich kann es nicht. Ich bin nicht rein. Ich bin nicht heilig. Aber er ist es.

Unordnung und Durcheinander sind dann vorhanden, wenn ein bestimmtes Thema anfängt, Sie zu stören, Ihnen im Weg zu sein, wenn die Stufen Ihrer Seele voll gestellt sind mit Stapeln von Gefühlen, Gedanken und Beziehungen, die Aufmerksamkeit fordern. Vielleicht stolpern Sie nun schon seit Jahren darüber. Schauen Sie sich diesen Auslöser einmal an und beten Sie darüber. Erkennen Sie etwas, über das Sie schon zu lange hinwegsteigen? Wo verweilt Ihr Herz? Wo sagt der Heilige Geist: »Mit diesen Methoden unterbricht die Welt unseren Tanz mit Gott«?

- Vielfältige Techniken, die wir benutzen, um uns selbst zu betäuben
- Sich selbst und die Familie mit viel zu vielen Terminen zupflastern, um Leerlauf zu vermeiden
- Klatsch
- Isolation
- Flucht in Filme, Romane, Fernsehen oder das Internet
- Sich selbst und andere belügen
- Lügen glauben, die einem erzählt werden
- Rebellion
- Zurückweisung
- Getriebensein und Perfektionismus
- Ängste
- Neid
- Gesetzlichkeit
- Unsicherheit
- Co-Abhängigkeit
- Depression
- Zorn
- Bitterkeit
- Kritiksucht
- Zwänge
- Einkaufen
- Körperkult
- Beziehungen
- Gelüste – körperliche wie seelische
- Selbstverletzung
- Hungern
- Schlechter Umgang mit der eigenen Gesundheit
- Süchte
- Weigerung zu vergeben
- Weigerung, Buße zu tun – bewusst ein sündhaftes Verhalten beibehalten

Fühlen Sie sich an irgendeinem der Punkte angesprochen? Fühlen Sie sich an einem der Punkte aufgefordert, einmal etwas genauer hinzusehen? Unordnung und zu viel Kram kann so viel Platz in unserem Haus einnehmen, dass wir ganz vergessen, wie es sauber und ordentlich aussieht. Haben Sie schon vergessen, wie es sich ohne Durcheinander lebt? Wissen Sie überhaupt, wie es ist, ohne Durcheinander zu leben? Seelenunordnung und -müll verhindern Nähe zu Gott.

Ich weiß auch nicht, wieso das bei uns Frauen oft so ist, aber wir steigen lieber über das Durcheinander hinweg, als ein Teil nach dem anderen aufzusammeln, zu überlegen, woher es kommt, wem es gehört und wohin es gehört. Vielleicht sind Sie in der Gegenwart Gottes einfach eingeschlafen, es sind Jahre verstrichen, und jetzt merken Sie, dass der Herr Ihre Seele wachruft.

Vielleicht sind Sie in der Gegenwart Gottes einfach eingeschlafen, es sind Jahre verstrichen, und jetzt merken Sie, dass der Herr Ihre Seele wachruft.

Manchmal haben wir geistlich geschlafen und befinden uns beim Aufwachen in einem gewaltigen Durcheinander. Manchmal, wenn wir vom Zuhause unserer Seele weglaufen, finden wir bei der Rückkehr eine Katastrophe vor. Wo auch immer Sie inzwischen gewesen sind, wie lange Sie auch fort waren, können Sie sich jetzt darauf einlassen, sich mit all dem Kram zu befassen, der so viel Platz in Ihrer Seele einnimmt?

Lassen Sie uns mit winzigen Schrittchen anfangen.

Gestehen Sie sich ein, dass völliges Durcheinander herrscht

Manche von Ihnen sind Ordnungsfreaks und andere schieben den Müll von einer Stelle auf die andere. Sie kennen sicher diese Art von Hausputz, die ich meine – oberflächlich betrachtet sieht alles gut aus, aber wehe man macht eine Schublade auf, öffnet einen Schrank oder schaut unters Bett. Ich bezichtige meine Familie des Öfteren, einfach nur das Durcheinander zu verlagern. Das Zimmer von einem meiner Kinder sieht ganz toll aus und ich reagiere darauf mit einem: »Suuuper! Toll gemacht!«

Und dann merke ich ein paar Tage später, dass alles, was im Zimmer verstreut war, einfach in den Korb für die Schmutzwäsche gestopft worden ist: Arbeitsblätter, Gürtel, saubere Wäsche, die jetzt natürlich wieder gewaschen werden muss (wobei ich sie dann zwinge, sie trotzdem zu tragen) sowie ein Sortiment bestehend aus

Spielzeug, Teilen von Gesellschaftsspielen und Büchern aus der Bibliothek. Niemand hat wirklich etwas aufgeräumt geschweige denn sauber gemacht. Sie haben den Müll nur von einer Stelle an eine andere geräumt, weil sie es eilig hatten.

Wenn Sie sich das Durcheinander in Ihrer Seele eingestehen, dann muss Ihnen auch klar werden, dass Sie sich schmutzig machen müssen, um sauber zu werden, und außerdem könnte es eine Weile dauern, bis alles aufgeräumt ist.

Machen Sie sich klar, dass Sie vielleicht um Hilfe bitten müssen

Darin bin ich wirklich grottenschlecht. Ich verrenke mir beim Umdrehen meiner zwei mal zwei Meter großen Matratze lieber den Rücken und mache es allein, als dass ich jemanden um Hilfe bitte. Ich will niemandem zur Last fallen, möchte nicht die Erfahrung machen, dass jemand zögert oder gar Nein sagt, wenn ich um Hilfe bitte. Ich möchte nicht bedürftig, hilflos oder schwach sein.

Vor ein paar Monaten hat eine Freundin von mir allen Mut zusammengenommen und ein schwieriges Telefonat mit mir geführt. Sie rief mich an, um mich wieder auf Kurs zu bringen: »Angela, ich weiß, dass du dich für stark hältst, und wahrscheinlich bist du es auch wirklich. Aber wenn es jemals einen Zeitpunkt in deinem Leben gegeben hat, an dem du jemanden neben dir gebraucht hast, dann ist das jetzt. Das ist jetzt keine ›Ich-werde-es-allen-zeigen-und-ich-schaffe-es-allein-Phase‹, sondern eine ›Einer-trage-des-anderen-Last-Phase‹. Es ist eine Zeit, in der Leute mit dir ins Flugzeug steigen sollten, damit du jemanden bei dir hast, wenn du unterwegs bist. Es ist eine Zeit, um Freunde zu bitten, bei dir zu sein.«

Als es Zeit war, mein Gerümpel und Durcheinander zu sichten und zu sortieren, ging ich fälschlich von der Annahme aus, dass Gott meine einzige Stärke wäre und ich das demonstrieren könnte, indem ich alles allein durchstand. Es war ein fehlgeleiteter Versuch, geistlich zu sein und mich ganz auf Gott zu verlassen. An dem Abend, als meine Freundin anrief, war mir so, als ob meine Seele erleichtert durchatmete: »Ich muss das gar nicht allein durchstehen. Oh, danke Gott. Ich brauche nicht alleine weiterzugehen.«

Bei der Zugehörigkeit zu einer Gemeinde von Glaubenden geht es um Beziehungen. Wir sind nicht dazu geschaffen, es allein zu schaffen. Gott hat für keinen Mann und auch für keine Frau vorgesehen, solo durchs Leben zu fliegen. Und wenn es um das Durcheinander in unserer Seele geht, müssen wir vielleicht um ein wenig Hilfe bitten.

Um Hilfe zu bitten heißt, sich verletzlich zu machen. Es ist riskant, denn es kann peinlich werden. Wir entscheiden uns dafür, jemanden an uns heranzulassen und ihm Dinge zu offenbaren, die wir bisher lieber für uns behalten haben. Ich weiß nicht, ob Sie eine gute Freundin brauchen, einen Pastor oder einen ausgebildeten Therapeuten. Ich kann Ihnen allerdings versichern, dass es ratsam ist, diesen Weg in Begleitung zu beschreiten. Mose hatte Menschen bei sich, die seine Arme stützten, als sie schwächer wurden. Die Briefe des Paulus spiegeln eine Stärke wider, die daraus resultierte, dass andere Gläubige auf demselben Weg unterwegs waren wie er. Sie und ich haben den Leib Christi, damit er uns mit den Armen Gottes halten, mit den Füßen Gottes leiten und begleiten und mit dem Herzen Gottes lieben kann.

Beten Sie und suchen Sie sich Gebetsunterstützung

Ich glaube wirklich, dass es in unserem Leben außer dem Gebet keine Kraft gibt.

Wir können das Durcheinander aufdecken und anfangen, darin herumzulaufen. Wir können darüber reden und die einzelnen Punkte und Themen noch einmal durchleben. Wir können ringen, weinen, uns abquälen und uns innerlich ganz fest vornehmen, anders zu leben, aber wir werden nichts schaffen ohne die Kraft Christi, die durch intensives Gebet zu uns kommt.

Vielleicht fällt Ihnen das Beten schwer. Sagen Sie das Gott. Vielleicht fühlen Sie sich einfach nur unbehaglich und Sie wissen nicht, was Sie sagen sollen. Sagen Sie ihm auch dies. Der Gedanke dahinter ist, dass Sie Ihren inneren Blick, den Blick Ihres Herzens, nach oben richten. Nehmen Sie all das Durcheinander, das Sie bei sich entdecken, und legen Sie es Jesus vor die Füße. Hören Sie auf, selbst nach Lösungen zu suchen. Lassen Sie sich Lösungen von Gott zeigen, und zwar durch Gebet.

> *In unserem Leben gibt es keine andere Kraft als das Gebet.*

Suchen Sie sich ein paar Freunde, die mit Ihnen und für Sie beten. Beten Sie am Telefon miteinander. Beten Sie konkret und stetig und halten Sie auch dann durch, wenn es sich so anfühlt, als würde Gott nur schweigen. Er wirkt still und im Verborgenen. Denken Sie daran, dass er immer zuhört. Er hat

Sie immer im Blick. Er kommt Ihnen zur Rettung, wenn Sie ihn rufen. Er liebt Sie mit einer unerschöpflichen, unerschütterlichen Liebe.

Geistliche Unordnung kann zu einer Festung in Ihrem Leben werden, zu einem Ort, an dem der Satan Sie auf den Boden genagelt hält. Wenn Sie glauben, dass nun der Zeitpunkt gekommen ist und Sie lange genug über die Unordnung gestolpert sind, dann muss Ihnen dabei klar sein, dass durch die Entscheidung, Ihr Leben zu ordnen, ein geistlicher Kampf ausgelöst wird. Satan hat Ihre Distanz zu Gott gefallen, denn sie erleichtert ihm die Arbeit. Er will nicht, dass Sie die Freiheit bekommen zu tanzen. Die Schlacht wird im Himmel und auf der Erde und auch direkt bei Ihnen zu Hause geschlagen. Ihre Kraft für diesen Kampf und Ihren Schutz dabei beziehen Sie aus dem Gebet.

Rechnen Sie damit, dass diese Phase des Ordnens länger dauert, als Sie gedacht haben

Manchmal bewirkt Gott Spontanheilungen, manchmal aber auch nicht. Erinnern Sie sich an den Frühjahrsputz? Sie ziehen eine Schublade auf, um etwas wegzuräumen, aber es passt absolut nichts mehr hinein. Auch diese Schublade muss also entrümpelt und sauber gemacht werden. Genau so ist es auch mit Ihrer Seele. Sich endlich mit der Unordnung zu befassen kann auch bedeuten, dass man mehr davon entdeckt, als man ursprünglich angenommen hatte.

Führen Sie Tagebuch

Worte, Sätze, Skizzen, Bilder – alles. Schreiben Sie einfach auf, wo Sie gerade sind. Schreiben Sie über die Führung Gottes, über Ihre Fragen und die Antworten, die Sie darauf bekommen. Schreiben Sie auf, an welchen Stellen Sie das Gefühl haben, reifer geworden zu sein. Der Weg ist es wert, dass man sich auch später noch an ihn erinnert. Er ist lebensverändernd und verwandelt innerlich. Sie können ein anderer Mensch werden, wenn dies geschafft ist, und Ihr Tagebuch wird so etwas sein wie die Vorher–nachher-Fotos. Sie möchten sich doch bestimmt daran erinnern, was Gott getan hat.

Erlauben Sie es Gott, Sie mit seiner Gnade zu überschütten

Wenn Sie damit anfangen, sich mit der Unordnung in Ihrem Leben zu befassen, dann sollte eigentlich jemand aufstehen und »Halleluja!« rufen. Stattdessen gibt es in unserem Umfeld scheinbar doch mehr Leute, die uns umringen und murmeln: »Bei dem Durcheinander, das du angerichtet hast, könnte das aber sehr unangenehm werden. Vielleicht solltest du es doch lieber lassen. Befass dich lieber nicht damit.«

Lassen Sie sich von Gott dabei helfen zu antworten: »Es ist wirklich ein einziges Durcheinander und ich begebe mich hinein. Und trotzdem Halleluja.«

Es wird unweigerlich immer mal wieder drei Schritte vorwärts und zwei zurück geben, das geht allen so. Ich habe nicht jeden Tag gleich viel Ausdauer und manchmal schwinden auch mein Mut und meine Entschlossenheit. Eine meiner Lieblingsstellen über die Gnade Gottes, die mich durch solche Zeiten trägt, lautet:

Barmherzig und gnädig ist der Herr, groß ist seine Geduld und grenzenlos seine Liebe!

Er beschuldigt uns nicht endlos und bleibt nicht immer zornig.

Er bestraft uns nicht, wie wir es verdienen; unsere Sünden und Verfehlungen zahlt er uns nicht heim.

Denn so hoch, wie der Himmel über der Erde ist, so groß ist seine Liebe zu allen, die ihm mit Ehrfurcht begegnen.

So fern, wie der Osten vom Westen liegt, so weit wirft Gott unsere Schuld von uns fort!

Wie ein Vater seine Kinder liebt, so liebt der Herr alle, die ihn ehren.

Denn er weiß, wie vergänglich wir sind; er vergisst nicht, dass wir nur Staub sind.

Psalm 103,8–14

Erinnern Sie sich noch an Pig-pen von den Peanuts? Pig-pen ist der kleine Junge, der, wo er geht und steht, immer von einer Staubwolke eingehüllt ist. Das bin ich – nichts als Staub. So staubig bin ich, dass ich die Staubwolke überallhin mitnehme. So menschlich, so anfällig dafür, vorwärts zu gehen und dann umzukehren und rückwärts zu gehen. An manchen Tagen schaffe ich es, an anderen absolut nicht. Gut, dass Gott weiß, dass ich nur Staub bin. Meine Unzulänglichkeit wird von seiner Gnade bedeckt. Weil er Mitgefühl hat, wartet er geduldig. Seine Vergebung nimmt meine Übertretungen von mir weg. Er behandelt mich nicht so, wie ich es eigentlich verdient hätte.

Wenn Sie anfangen, sich mit den Punkten auseinander zu setzen, die zur Unordnung in Ihrer Seele geführt haben, dann lassen Sie sich von Gott mit seiner Gnade überschütten. Hören Sie auf, sich selbst fertig zu machen. Kommen Sie in seiner wunderbaren Barmherzigkeit zur Ruhe.

Das Auge des Betrachters

Als meine Tochter Taylor ungefähr vier Jahre alt war, holten wir uns einmal im McDonald's Drive In eine Happy Meal. Als wir an das Bestell-Fenster kamen, beugte sich die Frau, die dort saß, vor, um das Geld in Empfang zu nehmen. Taylor hatte sich abgeschnallt, saß praktisch auf mir und starrte die Frau, die uns bediente, fasziniert an. Als auch ich zu ihr aufblickte, hatte ich eine der am stärksten geschminkten Frauen vor mir, die ich je gesehen hatte. Ihre Grundierung war millimeterdick aufgetragen und hatte überdies noch den falschen Farbton. Ihre Lippen waren mit einem Konturenstift dick umrandet und dann mit dem knalligsten Rot ausgemalt worden, das man sich vorstellen kann. Ihre Lider waren mit schimmernd blauem Lidschatten bedeckt und durch falsche Wimpern noch betont. Ihr Haar war platinblond gefärbt, toupiert und zu einer Hochfrisur drapiert. Sie trug falschen Schmuck, falsche Fingernägel und zu viel billiges Parfüm. Ich war, ehrlich gesagt, ein wenig abgestoßen, fand sie jedenfalls nicht attraktiv. Ja, in meinen Augen wirkte sie aufgetakelt und aufdringlich.

Es kommt allein auf das Auge des Betrachters an.

Nachdem wir unser Essen bekommen hatten und weiterfuhren, wandte Taylor sich fast atemlos mir zu und sagte: »Oh Mama, das war die schönste Frau, die ich in meinem ganzen Leben gesehen habe. Findest du nicht auch?«

Ich weiß nicht mehr, was ich darauf geantwortet habe, aber ich erinnere mich noch genau, dass ich dachte: *Ich bin gerade von einer Vierjährigen entlarvt worden. Es kommt allein auf das Auge des Betrachters an.*

Erinnern Sie sich noch, was der Betrachter über Sie sagt?

Lärm und Unordnung werden sich zwischen uns und die Umarmung Gottes drängen. *Du siehst blöd aus mit Brille. Du bist zweite Wahl.*

Deine Vergangenheit ist einfach zu hässlich. Dein Leben ist kaputt. Da hast du ja wirklich ein gewaltiges Durcheinander zu bereinigen. Gott könnte dich niemals als schön bezeichnen. Wir laufen Tag für Tag herum und hören auf diesen Lärm.

Ist es in Ihrem Kopf ebenfalls laut? Sind Sie auch schon über die Unordnung in Ihrem Leben gestolpert? Vielleicht ist es Zeit, das zu tun, was nötig ist, um frei zu werden, frei von den Stimmen und frei von dem Durcheinander.

Wäre es nicht spannend, Gott zu glauben, statt dem Lärm? Wäre es nicht unglaublich entlastend, dass es einzig und allein auf das Auge des Betrachters ankommt?

Und nebenbei bemerkt ist der Betrachter in Bezug auf Sie leidenschaftlich positiv.

Der eine, der Sie beim Namen nennt, ist hingerissen von Ihnen. Der eine, der Sie schon vor der Erschaffung der Welt gekannt hat, ist in Sie verliebt. Wenn man anfängt, sich mit dem Lärm und dem Durcheinander im eigenen Leben zu befassen, sagt man damit: »Hallo, mach es leiser, damit ich die Musik hören kann. Schaff mir den Kram aus dem Weg – meine Füße sind für den Dreivierteltakt geschaffen und ich bin hier, um zu tanzen.«

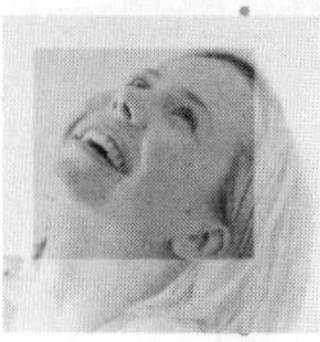

Wenn es in Verbindung mit der Seele
der Frau eine typische Frage gibt,
dann vielleicht die Frage:
»Findest du mich schön?«
Wenn Gott aus der Tiefe seiner großen Liebe
heraus darauf antwortet,
dann fühlen sich viele Frauen dabei
wie das Mauerblümchen,
das zum Tanzen aufgefordert wird.
Aber wir werden durch andere
geliebte Menschen von seiner Einladung
abgelenkt, durch Einflüsterungen
des Unglaubens, durch all den Lärm
und die Unordnung

und weil wir manchmal der verlorene Sohn
sind und manchmal der daheim gebliebene
Bruder.

Manchmal der verlorene Sohn, manchmal der daheim gebliebene Bruder

Ich komme gerade von der Beerdigung eines verlorenen Sohnes.

Rob hatte alles: musikalisches Talent, eine einnehmende Persönlichkeit und eine Familie, von der er geliebt und bewundert wurde. Er hatte eine Beziehung zu Gott, ein wunderbares Zuhause und viele Freunde. Aber Rob hatte auch eine Sucht – nach Drogen und Alkohol. Als er 34 Jahre alt war, lagen bereits 18 Jahre hinter ihm, in denen er sich alles genommen hatte, was ihm zustand, in denen er sich dem fernen Land zugewandt hatte, in denen er seinen Wünschen und Sehnsüchten nachgegeben hatte, und dann war er mit Bedauern, Reue, Gebeten und Entschlossenheit zurückgekehrt. Immer wieder suchte Rob in Therapien, Gefängniszellen und den mitfühlenden Armen seiner Mutter nach Vergebung und bekämpfte die Dämonen, von denen seine Seele heimgesucht wurde. Er hatte es bereits geschafft, nüchtern von Partys mit seinem geliebten mexikanischen Essen und Jazzmusik nach Hause zu kommen, nur um dann doch wieder in die finsteren Tiefen seiner Sucht abzustürzen.

Es wurden so viele Tränen geweint, so viele Worte gesagt und geschrieben, so viele Gebete gesprochen. Achtzehn Jahre Weinen und Flehen und Schreien und Betteln. Achtzehn Jahre Schmerz, Enttäuschung und Misstrauen. Achtzehn Jahre lang die Frage, wann dieser Albtraum endlich ein Ende haben würde. Und dann am Valentinstag kam der verlorene Sohn endlich wieder zu Hause an. Er starb nach einem weiteren Rückfall im Schlaf auf dem Sofa eines Freundes.

Während seiner Beerdigung wusste jeder eines ganz sicher: Obwohl er zu viele Jahre im fernen Land gelebt hatte, hin und her gerissen zwischen der Kraft der Wahrheit und der Verlockung durch die Drogen, war Rob ohne Frage ein Kind Gottes, und er war nun endlich zu Hause. Er war jetzt frei von der Versklavung an die Drogen. Der Vater war ihm entgegengelaufen und hatte ihm die schönsten Kleider angezogen, die Musik spielte, es gab reichlich Tortillas und

Guacamole. Bei dem Fest im Himmel wurden Liebe und Gnade und Erbarmen gefeiert.

Ich bin eine verlorene Tochter

Ich habe zwar nicht die gleichen Entscheidungen getroffen wie Rob, aber manchmal bin auch ich eine verlorene Tochter und ich könnte mir vorstellen, dass auch Sie manchmal eine sind. Rob kannte Gott. Er hatte die Musik gehört und mit ihm getanzt. Aber es gab Zeiten, in denen er sich bewusst dafür entschieden hatte, die Stärke und Sicherheit der Arme Gottes zu verlassen. Wenn die Welt versucht sich zwischen uns und Gott zu drängen, dann ist es immer noch möglich, sich ganz bewusst für die Ablenkungen der Welt und gegen die Umarmung des Vaters zu entscheiden.

Hören Sie, wie Jesus die Geschichte vom verlorenen Sohn erzählt:

Ein Mann hatte zwei Söhne. Eines Tages sagte der Jüngere zu ihm: »Vater, ich will jetzt schon meinen Anteil am Erbe ausbezahlt haben.« Da teilte der Vater sein Vermögen unter ihnen auf.

Nur wenige Tage später packte der jüngere Sohn alles zusammen, verließ seinen Vater und reiste ins Ausland. Endlich konnte er sein Leben in vollen Zügen genießen. Er leistete sich, was er wollte, bis er schließlich keinen Pfennig mehr besaß.
Lukas 15,11–14

Und nun sagen Sie mir doch einmal, wer von uns den Reichtum, den wir von Gott geschenkt bekommen, nicht verprasst? Wer von uns hat nicht schon schlechte Entscheidungen getroffen, obwohl er es eigentlich besser wusste? Wie oft haben wir uns schon darauf eingelassen, spontane Launen zu leben statt weise Entscheidungen zu treffen? Es ist mir peinlich, Ihnen von all meinen Umwegen zu erzählen, aber immer wenn ich bewusst die Entscheidung treffe, mich von Gott zu entfernen, obwohl ich es eigentlich besser weiß, bin ich eine verlorene Tochter.

Was hat der Vater uns denn eigentlich mitgegeben? Was ist unser Erbteil von seinem Besitz? Es ist der Reichtum seiner Gnade, Barmherzigkeit, Weisheit und seines Friedens. Unser Reichtum entspringt der großen Liebe, Geduld, Vergebung und Kraft Gottes, die er über uns ausschüttet. Es hat Zeiten gegeben, in denen ich seinen Reichtum genommen und für egoistische Interessen verprasst habe. Das waren bewusste Entscheidungen wider besseres Wissen. Und genau wie Sie weiß auch ich sehr wohl, was eigentlich besser wäre. Die bessere Entscheidung wäre natürlich, in den Armen Gottes zu bleiben und mit ihm zu tanzen.

Wenn ich mich an einige meiner Entscheidungen von früher erinnere, dann ist das so, als würde ich ein Video anschauen, auf dem zu sehen ist, wie ich packe, den Tanzsaal verlasse und zu einem Ort fahre, an dem ich von Gott getrennt bin. Wenn ich das Video heute anschaue, kann ich zwar denken, *wie dumm ich doch war.* Aber das Mädchen auf dem Video sieht durchaus glücklich aus. Sie ist gespannt und neugierig. Sie pfeift eine Melodie, dic sie beim Tanz gehört hat. Sie ist zu klug, um so naiv zu sein. Sie glaubt, dass ihr Leben in dem fernen Land noch besser sein wird oder dass ein kleines Abenteuer bestimmt viel Spaß machen und schon nicht schaden wird.

Haben Sie schon jemals wissentlich den Tanz verlassen, um dem fernen Land einen Besuch abzustatten? Haben Sie schon einmal alles genommen, was Gott Ihnen geschenkt und für Sie getan hat, und sind einfach gegangen?

Das Leben im fernen Land

Jesus fährt mit der Geschichte vom verlorenen Sohn fort:

Zu allem Unglück brach in dieser Zeit eine große Hungersnot aus. Es ging ihm sehr schlecht.

In seiner Verzweiflung bettelte er so lange bei einem Bauern, bis der ihn zum Schweinehüten auf die Felder schickte.

Oft quälte ihn der Hunger so, dass er froh gewesen wäre, etwas vom Schweinefutter zu bekommen. Aber selbst davon erhielt er nichts.
Lukas 15,14–16

Wenn wir in der Gegenwart Gottes sind, erleben wir, wie seine Reichtümer vor unseren Augen ständig neu aufgefüllt werden. In seinen Armen lernen wir das Geschenk seiner verschwenderischen Liebe kennen. Gott schenkt uns ständig seine Güte, unseren Anteil an dem, was er hat, wenn wir in seiner Nähe sind und auch bleiben. Wenn Sie allerdings schon jemals Ihr Erbe genommen haben und ins ferne Land gefahren sind, dann wissen Sie, was passiert. Der Reichtum ist irgendwann verprasst und alles ist weg. Wir geben alles aus, was wir mitgebracht haben, und geraten langsam in Not. Wenn wir nicht in der Gegenwart Gottes sind, werden wir leer, ohne noch weitere Reserven zu haben. Statt weiter in dem Reichtum zu schwelgen, den Gott uns geschenkt hat, rutschen wir in ein Leid ab, für das wir uns selbst entschieden haben. Wir sind schon beim Tanz gewesen, aber wenn wir nicht bleiben, finden wir uns sehr schnell hungrig und verzweifelt im morastigen Schweinepferch wieder.

Wie kann es dazu kommen, dass eine Frau geistlich verarmt und dann bei den Schweinen landet? Vielleicht locken Sie Süchte, wie die von Rob oder auch weniger gefährliche wie Einkaufen oder Essen, in die Ferne. Vielleicht sind es die Verlockungen durch Sinnesfreuden oder Zwänge, Neugier auf das ferne Land oder auch Rebellion gegen die Grenzen, die bisher für Sicherheit gesorgt haben. Vielleicht haben sich in diesem heiligen Ringkampf die Verführer inzwischen einen Vorteil verschafft. Aber so etwas passiert eben, und deshalb ist die Tochter des Vaters, die einmal reich war, jetzt beim Schweinefüttern gelandet, während ihr Magen knurrt und sie vor Heimweh fast umkommt.

Lesen Sie weiter, was Jesus erzählt:

Da kam er zur Besinnung: *»Bei meinem Vater hat jeder Arbeiter mehr als genug zu essen und ich sterbe hier vor Hunger.*

Ich will zu meinem Vater gehen und ihm sagen: Vater, ich bin schuldig geworden an Gott und an dir.

Sieh mich nicht länger als deinen Sohn an, ich bin es nicht mehr wert. Aber kann ich nicht als Arbeiter bei dir bleiben?«

Er stand auf und ging zurück zu seinem Vater.

Lukas 15,17–20 (Hervorhebung der Autorin)

Mir gefällt es, dass die verlorene Tochter zur Besinnung kommen kann.

Vielleicht sind wir eine Zeit lang ohne Besinnung gewesen, aber unser barmherziger Gott gibt sie uns zurück. Vielleicht waren wir gefangen in Dummheit oder geblendet durch Launenhaftigkeit und Rebellion. Was richtig schien, war es dennoch nicht. Was uns wie

Spaß vorkam, fühlt sich jetzt an wie kalter, klebriger Morast. Doch selbst im Schweinestall kann eine Wende vollzogen werden. Es kann der Tag kommen, an dem die verlorene Tochter von dem Mist im Schweinestall aufblickt und sich innerlich wieder ihrem Zuhause zuwendet. In ihrer großen Not hat sie nur an sich selbst und ihre widrigen Lebensumstände gedacht, aber eines Tages vollzieht sie eine innere Wende und wünscht sich zurück an den Ort, wo sie immer getanzt hat. Ihre Gedanken kehren zum Vater und zu seiner Güte zurück. Das ist der Tag, an dem sie zur Besinnung kommt.

Sind Sie schon einmal zur Besinnung gekommen? Es fühlt sich so an, als ob ein Schleier gelüftet oder ein Licht angeknipst wird. Es ist, als ob man aus einem langen, tiefen Schlaf erwacht oder als ob sich während einer Autofahrt im Nebel die Schwaden plötzlich auflösen und man wieder freie Sicht hat. Wenn Sie wieder zur Besinnung kommen, dann fragen Sie sich, wo um alles in der Welt Sie eigentlich gewesen sind und warum es so lange gedauert hat, wieder zurückzukommen. Wenn Sie schon jemals eine verlorene Tochter gewesen sind, die wieder zur Besinnung gekommen ist, dann wissen Sie genau, wovon ich rede. Die Entscheidungen, die dazu führen, dass wir den Reichtum des Vaters verprassen, sind immer dumme Entscheidungen. Niemand, der den Weg der Weisheit wählt, endet im Schweinestall.

Mir gefällt es, dass die verlorene Tochter zur Besinnung kommen kann.

Verlorene Töchter wie Sie und ich

Die modernen verlorenen Töchter wie Sie und ich und die Frauen, mit denen wir in der Gemeinde zusammen sind, tun alles, um nicht einzugestehen, dass sie mit dem Erbe ihres Vaters auf und davon gelaufen sind. Wir mögen vielleicht in einem geistlichen Schweinekoben leben, aber Sie können sicher sein, dass wir versuchen, ihn gut zu tarnen. Es ist peinlich, verlorene Söhne und Töchter zu kennen, und noch peinlicher ist es natürlich, selbst dazuzugehören. Brave Mädchen treffen keine Entscheidungen, durch die sie zu verlorenen Töchtern werden könnten. Die Wahrscheinlichkeit ist sehr groß, dass es zu noch mehr Beschämung, Schuldgefühlen und Aburteilung führt, wenn man einer anderen Frau gegenüber zugibt, eine verlorene Tochter zu sein. Also verlegen wir uns aufs Vortäuschen und strengen uns noch mehr an, als wir es ohnehin schon tun, möglichst viel zu leisten, alles alleine zu schaffen und ganz, ganz tüchtig zu sein. Das kann dann durchaus so aussehen, als wären wir brav zu Hause, obwohl wir innerlich schon längst über alle Berge sind, unterwegs ins fremde Land. Wir wissen, wie man geistlich redet und sich fromm benimmt. Manche von uns tun sowieso schon seit langem nur noch fromm und geistlich.

Frauen können lernen, funktionierende Süchtige zu werden, indem sie anderen Menschen nur ausgewählte Bereiche von sich preisgeben. Ein Glas Wein zum Abendessen, den Rest der Flasche, wenn die Gäste gegangen sind. Gemäßigtes Shoppen mit den Freundinnen, aber unkontrollierter Konsum per Katalog und Internet. Verantwortlicher Umgang mit dem Internet vor den Augen der Kinder, aber spätabends Stammgast in Chaträumen bei Gesprächen mit höchst fragwürdigen Inhalten. Wir versuchen, das, wofür wir uns entschieden haben, so lange wie möglich vor anderen (und oft auch vor uns selbst) zu verbergen. Wir legen uns alle möglichen Erklärungen zurecht. *Nur noch dieses eine Mal. Es wird schon keiner erfahren. Ich bin so einsam. Warum soll ich denn nicht auch ein bisschen Spaß haben?*

Und so wird die Entfernung zu unserem Zuhause immer größer, innerlich verhärten wir mehr und mehr, und all unser Reichtum wird verprasst. Irgendwann ist es dann unvermeidlich – jeder Verschwender trifft schlechte Entscheidungen und verprasst alles rücksichtslos, bis es fort ist. Der Spaß ist weg. Der Kick ist weg. Das Verlangen ist weg. Der Reichtum ist weg. Die verlorene Tochter stellt irgendwann fest, dass sie innerlich leer ist, völlig abgebrannt und hungrig, und sie wünscht, sie könnte wieder nach Hause gehen und dort als ungelernte Hilfskraft arbeiten.

Ausschau halten, ob wir zurückkommen

Wenn der Sumpf der Verzweiflung unweigerlich das Schicksal jedes Verschwenders, jeder verlorenen Tochter ist, dann ist ebenso erstaunlich wie gewiss, dass der Vater beständig nach uns Ausschau hält. Wir können immer nach Hause kommen. Wir können immer zu Gott umkehren.

Er stand auf und ging zurück zu seinem Vater. Der erkannte ihn schon von weitem. Voller Mitleid lief er ihm entgegen, fiel ihm um den Hals und küsste ihn.
Lukas 15,20

Für mich ist das eines der prägnantesten Bilder der gesamten Bibel. Wenn ich mich selbst wie den verlorenen Sohn sehe, dann habe ich ein Bild davon vor mir, wie ich wohl geistlich aussehe, wenn ich mich von Gott abwende – mit tränenüberströmtem Gesicht, offensichtlich hungrig und erschöpft, heruntergekommen und durch meine Gefühle und die Qual der Rebellion körperlich erledigt. Das brave Mädchen, das ein paar wirklich schlechte Entscheidungen getroffen hat. Das brave Mädchen, das sich schämt, weil es eigentlich die Folgen seiner Entscheidungen hätte besser einschätzen können. Die verlorene Tochter, die erwartet, verurteilt und wieder weggeschickt zu werden. Und haben Verschwenderinnen wie sie das nicht auch verdient?

Wenn Jesus diese Geschichte erzählt, weine ich. Wenn ich mich bewusst entschieden habe, meinem Vater den Rücken zu kehren und den Reichtum seiner Liebe zu mir zu verprassen, dann kann ich mir einfach nicht vorstellen, dass eine andere Reaktion als Verdammung möglich ist, wenn ich wieder zurückkomme. Warum sollte er wohl noch immer nach mir Ausschau halten? Warum sollte er mich denn zu Hause willkommen heißen? Ich begreife es zwar nicht, aber Gott passt auf die verlorenen Töchter auf und wartet darauf, dass sie zur Besinnung kommen.

Er überbrückt die Entfernung zwischen uns mit seiner Kraft.

Und dann ist da dieses Bild von Gott, wie er läuft. Er hält nicht nur erwartungsvoll Ausschau nach uns und wartet, sondern er läuft uns entgegen. Er sieht das Herz, das bereut und bereit ist umzukehren, und er sieht die leeren Hände. Er sieht sein Kind, das sich für den verprassten Reichtum und die schlechten Entscheidungen schämt. Er sieht die Narben, die das alles hinterlassen hat. Und er läuft uns trotzdem entgegen. Er überbrückt die Entfernung zwischen uns mit seiner Kraft.

Sicher und willkommen in Gottes Armen. Können Sie sich das vorstellen? Vor Erschöpfung zusammengeklappt. Starke Arme, die uns auffangen. An seiner Schulter weinen. Das schamvolle Schluchzen, die Klage über unsere falschen Entscheidungen und Tränen der

Erleichterung. Gestreichelt, geküsst und beruhigt in den Armen des Vaters. Er streicht uns das Haar aus dem Gesicht und nimmt unser Gesicht in seine Hände. Er beruhigt unser Weinen und spricht sanfte, freundliche Worte zu uns:

Vergeben

Erlöst

Angenommen

Geliebt

Schön

Nach Hause kommen

Haben Sie Entscheidungen getroffen, durch die Sie zu einer verlorenen Tochter geworden sind? Möchten Sie zurück nach Hause? Dann fassen Sie jetzt den Entschluss und wenden Sie sich in die entsprechende Richtung. Verlorene Töchter kommen völlig abgebrannt, mit leeren Taschen und leerem Magen nach Hause zurück. Das ist schon in Ordnung. Verlorene Töchter gehen nach Hause, ohne eine Alternative oder irgendwelche Reserven in der Hinterhand zu haben. Das ist ebenfalls in Ordnung. Verlorene Töchter kommen beschämt nach Hause. Und auch das ist in Ordnung. Bei Ihrer Umkehr werden Sie erleben, welchen Segen es mit sich bringt, wenn Gott auf Sie zugelaufen kommt, sein Mitgefühl zu spüren und von ihm geküsst zu werden. Es ist eine unfassbare Gnade, eine verlorene Tochter zu sein, die erneut von Gott in den Armen gehalten wird. Aber lesen Sie weiter, denn es kommt noch besser.

Doch der Sohn bekannte: »Vater, ich bin schuldig geworden an Gott und an dir. Sieh mich nicht länger als deinen Sohn an, ich bin es nicht mehr wert.«

Sein Vater aber befahl den Knechten: »Beeilt euch! Holt den schönsten Anzug, den wir im Hause haben, und gebt ihn meinem Sohn. Bringt auch einen kostbaren Ring und Schuhe für ihn! Schlachtet das Kalb, das wir gemästet haben! Wir wollen feiern!

Mein Sohn war tot, jetzt lebt er wieder. Er war verloren, jetzt hat er zurückgefunden.«

Und sie begannen ein fröhliches Fest.

Lukas 15,21–24 (Hervorhebung der Autorin)

Nichts mehr wert. Weil das hier ein Buch für Frauen ist, könnten wir uns bei diesen drei Worten wahrscheinlich hundert Jahre lang aufhalten. Ich habe diese Worte laut gesagt, habe mehr Frauen ihren Wert beklagen hören, als ich zählen kann, und miterlebt, wie Leben gelähmt blieb in dem Land des »*nichts mehr wert*«.

Lassen Sie uns hier und jetzt eines klarstellen: Wir sind es wirklich nicht wert. Das könnten wir nie sein, selbst wenn wir es gern hätten. Aus eigener Kraft sind wir dazu nicht fähig. Wir sind nicht gut genug und werden es auch nie sein. Wir sind nicht würdig, sind es nie gewesen und haben nie auch nur einen Versuch gehabt, es zu sein. Darum geht es. Das ist der Grund, weshalb wir zu Jesus gehören – weil wir nichts wert sind. Vielleicht nicken Sie jetzt zustimmend, aber lassen Sie uns ein paar Fragen dazu stellen:*

Fühlen Sie sich schuldig?

- Sind Sie nicht in der Lage, reinen Tisch zu machen?
- Haben Sie das Gefühl, von Gott verletzt worden zu sein?
- Haben Sie andere schlecht behandelt?
- Haben Sie mit Zorn und Hochmut zu kämpfen?
- Weigern Sie sich, bestimmten Menschen bestimmte Dinge zu vergeben?
- Suchen Sie an den falschen Stellen nach Nähe und Intimität?

Schämen Sie sich?

- Sind Sie missbraucht oder misshandelt worden?
- Entwürdigt?
- Entehrt?
- Gedemütigt?
- Bloßgestellt?
- Beschuldigt?
- Bespuckt?

---

* Vielen Dank an Karen Ellison für ihr Referat über Hindernisse zur Intimität, das sie bei unserer Rüstzeit für Frauen im Frühjahr 2002 gehalten hat.

Wenn sich bei Ihnen Schuld und Beschämung angesammelt haben und Sie beides horten, dann ist die Wahrscheinlichkeit sehr groß, dass *Sie sich wertlos fühlen*. Wir empfinden uns dann selbst als unwürdig, in der Gegenwart Gottes zu sein. Wir haben das Gefühl, es nicht zu verdienen, in seinen liebenden Armen geborgen zu sein. Wir meinen, dass wir dort nicht bleiben und uns in seiner Freude an uns aalen dürfen. Wir können höchstens einen kurzen Moment lang glauben, dass er uns schön findet. Wir bleiben nur einen kurzen Moment lang bei ihm und laufen dann schnell wieder von ihm weg, um unsere Schuld und die Beschämung weiter mit uns herumzuschleppen. Wir möchten nicht, dass Gott Einblicke in unser Innerstes bekommt. Das ist so schwer und lähmend, so peinlich, dass wir es nicht ertragen können (und auch nicht wollen).

Die Frage nach Ihrem Wert ist damit geklärt. Ist Ihnen aufgefallen, wie der Vater auf den Ausruf seines Sohnes, er sei nichts mehr wert, reagiert?

Beeilt euch! Holt den schönsten Anzug, den wir im Haus haben, und bringt ihn meinem Sohn.

Wie bitte? Sind Sie ganz sicher? Lesen Sie es noch einmal.

Holt den schönsten Anzug, den wir im Hause haben, und gebt ihn meinem Sohn. Bringt auch einen kostbaren Ring und Schuhe für ihn! Schlachtet das Kalb, das wir gemästet haben! Wir wollen feiern!

Ist Ihnen klar, dass Gott genau das auch zu Ihnen sagt?

Statt über Ihre inneren Störungen eine Diskussion zu führen oder eine theologische Hetzrede zu halten, sagt Gott: »Ich möchte dir zeigen, wie ich für dich empfinde. Die Frage nach deinem Wert ist geklärt, weil du zu mir gehörst.«

Der Sohn gehörte zum Vater. Ihr Wert und meiner rühren daher, dass wir zu dem Gott gehören, der zu seinem verlorenen Kind sagt: »Alles, worauf es ankommt, ist, dass du jetzt wieder bei mir bist. Du bist zu Hause. Es gibt keine Scham mehr und keine Schuld. Alles ist vergeben. Lass uns feiern!«

Feiern. Ich kenne nur sehr wenige Christen, die das wirklich können. Wir kommen zusammen, um zu feiern, aber irgendwie wissen wir nicht so recht, wie wir es praktisch anstellen sollen. Ist es in Ordnung, vor lauter Freude wirklich laut zu lachen, die Musik aufzudrehen und zu tanzen? Was, wenn wir dabei total blöd aussehen? Ich bin mir nicht so sicher, ob wir auch nur das Mindeste vom Feiern verstehen. Wo sind denn all die »Rückkehr-der-verlorenen-Kinder-Partys«? Wo sind die »Ich-war-verloren,-aber-jetzt-bin-ich-wiedergefunden-Feste«? Wir wollen doch um Himmels willen nicht so aussehen und uns so anhören wie die Heiden, die wirklich Ahnung davon haben, wie man Partys schmeißt. Wie kommt es eigentlich, dass die oft so viel mehr Spaß haben als wir? Läuft da nicht irgendetwas schief? Sind nicht eigentlich wir es, die allen Grund hätten, eine Band zu engagieren, die Diskobeleuchtung einzuschalten und Snacks und Getränke zu spendieren?

Der verlorene Sohn rief: »Ich bin nichts wert!«

Und weil Wert gar kein Thema war, rief der Vater den Helfern zu: »Seht doch, wer nach Hause gekommen ist! Jetzt gibt es kein Halten mehr! Holt von allem das Beste. Der eine, der zu mir gehört, ist zurückgekommen.«

Nicht Wert, sondern Zugehörigkeit war das Thema. Zugehörigkeit war der Grund für die Party. Zum Vater zu gehören ist der Grund, weshalb wir als verlorene Söhne und Töchter zurückkommen dürfen und seine große Freude über uns annehmen.

Glauben Sie, dass auch Sie eine Party erwarten könnten? Es ist Ihre Entscheidung, das zu glauben. Ihr himmlischer Vater wartet auf jeden Fall auf Ihre Rückkehr und hält Ausschau nach Ihnen. Er überwindet die Entfernung, die ihn und Sie trennt, indem er Ihnen entgegenläuft und Sie in seine liebenden, vergebenden Arme schließt. Er feiert es, Sie wieder in den Armen zu halten. Er feiert es mit Musik und Tanz.

Hört sich das für Sie nach Liebe an? Für mich hört es sich ganz und gar danach an. Weil wir vom Blut Christi zugedeckt sind, ist er blind für unsere Vergangenheit, blind für unsere Verirrungen, blind für unseren Wert.

Seine Liebe ist eine innige, enge Liebe. Romantische Liebe. Verrückt-nach-dir-Liebe. Wenn eine verlorene Tochter heimkehrt, dann läuft Gottes wilde Liebe ihr entgegen, um sie zu umarmen und zu halten.

Auch ich bin wie der ältere Bruder

Manchmal bin ich der verlorene Sohn, aber häufiger noch bin ich dessen älterer Bruder. Ob Sie es glauben oder nicht, der ältere Bruder zu sein, kann uns manchmal noch mehr vom Herzen Gottes entfernen, als der verlorene Sohn selbst zu sein.

Sehen Sie sich doch einmal den an, der zu Hause geblieben ist, den, der nicht rebelliert oder den Reichtum seines Vaters verprasst hat, den »braven« Sohn:

Inzwischen kam der ältere Sohn nach Hause. Er hatte auf dem Feld gearbeitet und hörte schon von weitem die Tanzmusik.

Erstaunt fragte er einen Knecht: »Was wird denn hier gefeiert?«

»Dein Bruder ist wieder da«, antwortete er ihm. »Dein Vater hat sich darüber so gefreut, dass er das Mastkalb schlachten ließ. Jetzt feiern sie ein großes Fest.«

Der ältere Bruder wurde wütend und wollte nicht ins Haus gehen. Da kam sein Vater zu ihm und bat: »Komm und freu dich mit uns!«

Doch er entgegnete ihm bitter: »Wie ein Arbeiter habe ich mich all diese Jahre für dich geschunden. Alles habe ich getan, was du von mir verlangt hast. Aber nie hast du mir auch nur eine junge Ziege gegeben, damit ich mit meinen Freunden einmal hätte richtig feiern können.

Und jetzt, wo dein Sohn zurückkommt, der dein Geld mit Huren durchgebracht und alles verprasst hat, jetzt gibt es gleich ein Fest, und du lässt sogar das Mastkalb schlachten!«

Sein Vater redete ihm zu: »Mein Sohn, du bist immer bei mir gewesen. Was ich habe, gehört auch dir.

Darum komm, wir haben allen Grund zu feiern. Denn dein Bruder war für uns tot, jetzt hat für ihn ein neues Leben begonnen. Er war verloren, jetzt hat er zurückgefunden!«
Lukas 15,25–32

Sind Sie schon einmal »die Brave« gewesen? Ich schon. Ich habe den größten Teil meines Lebens damit verbracht, immer das Richtige zu tun. Offenbar ist das – zumindest teilweise – typisch für erstgeborene Kinder und ich bin eine Erstgeborene par excellence. Eine Überverantwortliche, Überleistungsorientierte, Übervorsichtige. Schwer schuftend, um Eindruck zu machen. Einfach mit dem Wunsch, dass alle glücklich sind, und bereit, fast alles zu opfern, damit dies auch geschieht. Sie kennen diesen Menschentyp bestimmt. Wenn Sie kein ältestes Kind sind, gehen Ihnen Leute wie ich auf die Nerven. Wenn Sie ein ältestes Kind sind, dann verspüren Sie jetzt ein wenig Neid.

Ich bin ganz sicher, dass meine beiden kleinen Brüder von mir und meinem Erstgeborensein schon die Nase voll hatten, bevor sie auf die weiterführende Schule kamen. Craig und J.T. vermieden es tunlichst, bekannt werden zu lassen, dass sie mit mir verwandt waren und zwar mit der Begründung: »Die Lehrer hätten einfach zu viel von uns erwartet, wenn sie gewusst hätten, dass du unsere Schwester bist, also haben wir das eben nicht an die große Glocke gehängt.«

Ich bin ziemlich sicher, dass der verlorene Sohn seinem großen Bruder gegenüber ähnlich empfunden hat.

All mein Versuchen und So-tun, als ob ich gut wäre, sorgen dafür, dass mir die innere Einstellung des älteren Bruders wohl bekannt ist. In uns Älterer-Bruder-Typen hält sich offenbar hartnäckig die Überzeugung, dass wir es geschafft haben, wenn wir alle Regeln einhalten, gute Entscheidungen treffen und aufopferungsvoll leben. Wir glauben, dass es das ist, was Gott von uns will, und zack – schon gehören wir dazu. Ihm müssen unsere Anstrengungen doch bestimmt gefallen. Wir gefallen ihm doch bestimmt besser als diese Taugenichtse, die kommen und gehen. Wir sind so loyal wie der Tag lang ist, stolz auf unsere Demut und unsere Bereitschaft zu dienen, und irgendwie verstehen wir gar nicht so richtig, warum nicht alle so gute Entscheidungen treffen können wie wir.

Ekelhaft. Schon bei der Beschreibung meiner »Älterer-Bruder-Züge« wird mir übel. Es ist unangenehm, wenn einem solche Wahrheiten persönlich so nahe kommen.

Hier ein paar Dinge, die ich gerade darüber lerne, eine Frau mit dem Hang zum älteren Bruder zu sein:

Der verlorene Sohn wusste, dass er ein Sünder war

Der ältere Bruder konnte seine Sündhaftigkeit nicht erkennen. Dem verlorenen Sohn war bewusst, was er getan hatte. Er hatte sich konkret für die Rebellion entschieden, war allerdings darüber auch wieder zur Besinnung gekommen. Als der ältere Bruder verurteilend und wütend gegen ihn austeilte, wurde dadurch nur noch deutlicher, wie blind er für seine eigene Sünde war. Gehorsam um der Sache des äußeren Scheins willen führt zu religiösem Moralismus und so war der ältere Bruder extrem religiös. Ich vermute, er gehörte zu denen, die gerne Aufgaben von Listen abhaken und sich immer an die Regeln halten. Seine ganze Rechtschaffenheit jedoch änderte nichts daran, dass er genauso verloren war wie sein jüngerer Bruder. Wenn wir unsere eigene Sünde nicht sehen und dann feststellen, dass sich unsere Regeln als völlig irrelevant erweisen, dann fühlen wir uns bloßgestellt und betrogen, sind erschrocken und unsicher und müssen erneut die Kontrolle gewinnen, damit wir uns wieder rechtschaffen und damit richtig fühlen.

Kennen Sie solche Frauen, die stets die Regeln einhalten und schnell urteilen? Dann kennen Sie einen »älteren Bruder«. Vielleicht wird Ihnen jetzt doch ein bisschen mulmig, weil Sie sich wieder erkennen, oder?

Der ältere Bruder dachte, der Vater liebe ihn, weil er so tüchtig und treu war

Natürlich liebte der Vater den älteren Bruder, aber nicht für das, was er tat. Er liebte den älteren Sohn aus demselben Grund, wie er den anderen, den verlorenen Sohn liebte, nämlich, weil er zu ihm gehörte. Es ist unmöglich, sich eigener Schuld und verborgener Sünde zu stellen, wenn man sich nicht mit leeren Händen nach der Wahrheit der Liebe Gottes ausstreckt. Der ältere Bruder hatte nie lange genug aufgehört, schwer zu arbeiten, um zu merken, was in seinem Leben fehlte – nämlich das freudige Annehmen der Liebe seines Vaters.

Fällt Ihnen das auch schwer? Also gut – dann noch einmal ganz langsam und deutlich: Ihr Vater im Himmel ist verrückt nach Ihnen. Egal, ob Sie eine verlorene Tochter sind oder eine zu Hause gebliebene ältere Schwester, der Grund, weshalb er Sie liebt, ist derselbe: Er liebt Sie, weil Sie zu ihm gehören, und das ist völlig unabhängig davon, was Sie tun, getan haben oder noch tun werden. Ich weiß, das macht in unserem kleinen Hirn keinen Sinn. Wir verstehen es einfach nicht, aber es ist trotzdem so.

Weil der ältere Bruder keine Gnade in Anspruch genommen hatte, konnte er selbst auch nicht gnädig sein

Der ältere Bruder konnte dem verlorenen Sohn gegenüber nicht gnädig sein, weil er die Gnade, die sein Vater anbot, nie in Anspruch genommen hatte. Wenn man sein ganzes Leben lang davon überzeugt ist, dass man sich Liebe durch Leistung verdienen muss, dann ist das auch die Grundlage, auf der man selbst Liebe gibt. Wenn man noch nie geglaubt hat, dass der Vater einen sieht und einen schön findet, einfach, weil man zu ihm gehört, dann ist man auch nicht fähig, anderen freizügige Freundlichkeit, Annahme und Barmherzigkeit zu geben. Dann ist man an Werke und einen moralischen Lebensstil gebunden. Es ist wirklich eine Ironie, dass der ältere Bruder meint, so viel zu wissen, denn in Wirklichkeit hat er keine Ahnung von dem Leben in Freiheit, das man mit der Liebe des Vaters erlangt.

Wenn ich Frauen begegne, die etwas über Gnade wissen, dann halte ich an und versuche, näher mit ihnen in Kontakt zu kommen. Solche Frauen sind nämlich selten und es lohnt sich, sie kennen zu lernen. Mittlerweile habe ich festgestellt, dass Frauen, die freundlich und weich sind, ausnahmslos so geworden sind, weil sie Gottes überwältigende Gnade erfahren haben. Man kann nicht geben, was man nicht selbst zuvor schon bekommen hat. Man kann nicht teilen, was man nicht hat.

Der ältere Bruder war gebunden, weil er nicht vergeben wollte

Vergebung bewirkt erneute Vergebung. Der ältere Bruder konnte nicht vergeben, weil ihm nicht klar war, wie viel ihm bereits von seinem Vater vergeben worden war.

Von Ihnen und mir wird niemals verlangt werden, mehr zu vergeben, als uns selbst bereits von Gott vergeben wurde. Das rückt doch alles in ein ganz anderes Licht, oder?

Der ältere Bruder wusste nicht, dass ihm der Besitz seines Vaters schon immer gehört hatte

Es ist interessant, dass der ältere Bruder die ganze Zeit beim Vater lebte, ihn aber nie richtig kennen gelernt hat. Wenn man an der Seite des Vaters lebt, hat man auch Anteil an dessen Besitz. Der ältere Bruder ist die ganze Zeit beim Vater gewesen, aber ihm ist nie klar gewesen, dass er auch alles genießen durfte.

Wie oft sind wir in der Gegenwart Gottes und verpassen dabei das, was er uns schenken will.

Der ältere Bruder hörte die Musik nicht mit dem Herzen

Er wusste nicht, dass er zum Tanz aufgefordert war. Er hörte zwar die einzelnen Töne, aber für ihn waren sie ein Missklang. Wie konnte es für den verlorenen Sohn Musik und Tanz geben? Der ältere Bruder war arrogant und egozentrisch. Verglichen mit der Weichheit des Vaters, war er innerlich verhärtet, und weil er aufgrund seiner Wut geistlich verschlossen war, konnte er auch die Musik nicht hören, folglich nicht mittanzen, und so verpasste er völlig das Fest der Gnade seines Vaters. Er verachtete ihre Freude über die Freiheit. Er wies die Großartigkeit der Liebe seines Vaters zurück.

Wie oft habe ich schon die Musik und den Tanz verpasst, weil ich selbstgerecht und moralisierend über andere geurteilt habe. Wie oft habe ich jemandem Gnade verweigert und beschlossen, dass er vielmehr Verurteilung braucht? Wie oft habe ich mich geweigert zu vergeben, obwohl mein Vater mir schon so viel vergeben hat? »Wie oft?« ist eine Frage, die Angst macht. Ich glaube nicht, dass ich es aushalten könnte, darauf wirklich eine Antwort zu bekommen.

Die Art des älteren Bruders

Wie sieht es bei Ihnen aus? Wann sind Sie schon einmal der ältere Bruder gewesen? Wann haben Sie an einer selbstgerechten Einstellung und an Gesetzlichkeit festgehalten? Wann haben Sie den Geist und das Herz des Vaters verlassen und sich stattdessen für die Buchstaben des Gesetzes entschieden? Wann haben Sie gejammert und insgeheim Ablehnung gehortet, wenn jemand anderer mit der Gnade Gottes überschüttet wurde? Haben Sie schon jemals bei sich selbst gedacht: *»Hey, mal langsam, kommt die so nicht ein bisschen zu einfach davon?«*

Der ältere Bruder ist eigentlich ein unsicherer Typ. Er ist beleidigt und täuscht etwas vor. Er ist von Ängsten geplagt und schleppt wahrscheinlich eine große Last von innerem Schmerz mit sich herum. Er fühlt sich als Opfer und fragt sich, warum der verlorene Sohn offenbar den Durchbruch schafft, während er selbst zu Hause geblieben ist und es offensichtlich noch immer zu nichts bringt.

Wenn ich der ältere Bruder bin, wird meine enge Beziehung zu Gott durch meine Einstellung und meine be- und verurteilende innere Haltung gestört. Aber wenn ich einmal eine Schicht nach der anderen abblättere, dann finde ich hinter meiner selbstgerechten

Fassade eine Frau, die angetrieben wird durch Angst, Schmerz und Kummer.* Die Frau, die sich wie der ältere Bruder verhält, müht sich so ab und macht es sich damit dermaßen schwer, weil sie eine ungeheure Angst hat: Vor

- Zurückweisung
- Verrat
- Bloßstellung
- Verlassenwerden
- noch mehr Schmerz
- Unsicherheit
- Folgen der Sünde

Wenn wir unser Leben um unsere Ängste herum ordnen, dann trauen wir den Motiven des Vaters nicht. Wie kann man seine Last ablegen und sich ganz auf Gott stützen, wenn man ihm nicht vertraut? Wenn er Sie bittet zu warten, dann haben Sie Angst. Wenn er zulässt, dass Sie leiden, dann zweifeln Sie an seinem Mitgefühl.

Die Frau, die sich verhält und handelt wie der ältere Bruder, schleppt ebenfalls Kummer und Schmerz mit sich herum, unter anderem, weil sie ...

- ... mit Verlusten und Enttäuschungen fertig werden muss.
- ... Leid aushalten muss.
- ... Opfer bringen muss.
- ... mit körperlichen Beschwerden leben muss.
- ... zulässt, dass sich Bitterkeit in ihr aufbaut.
- ... Narben durch Scheidung oder zerbrochene Beziehungen davongetragen hat.
- ... einsam ist.

Schmerz und Kummer beginnen in unserem Inneren Ärger aufzurühren und dann empfinden wir Gott gegenüber eine Art Anspruch, so als ob er uns etwas schuldig wäre für all den Schmerz und das Leid, das er uns zumutet. Statt zuzulassen, dass der Schmerz auch unseren Charakter formt, indem er uns durch die Flüsse der Demut und Gebrochenheit führt, lassen wir uns manchmal vom Kummer

* Ebenda.

überwältigen und damit unser Leben abwürgen und uns stattdessen mit Bitterkeit und Ablehnung erfüllen.

Der ältere Bruder hat eine bestimmte innere Haltung. Er ist wütend. Diese innere Haltung, in der er nur noch verurteilt, erhält Nahrung durch Schmerz und Unsicherheit. Wenn ich der ältere Bruder bin, ach, dann leide ich innerlich unter der Last meiner eigenen Feindseligkeit.

Was soll eine Frau tun, die verlorene Tochter/ältere Schwester ist?

Als ich eine verlorene Tochter war, habe ich durch meine eigene Entscheidung das Tanzen mit Gott verpasst. Ich bin weggelaufen oder habe mich im Schatten verkrochen, mich an meiner Schuld und Scham festgeklammert.

Als ich die ältere Schwester war, habe ich nicht einmal die Musik gehört. Belastet von Angst, Schmerz und Kummer habe ich mich für meine eigene Überheblichkeit entschieden statt für die Gnade.

Was soll eine Frau tun, der es so geht? Wie kommt sie zurück in die Arme Gottes? Ich möchte nicht mehr ohne Tanz sein. Es ist so einsam dort im fernen Land. Mein Leben ist leer und elend, wenn ich in Regeln und Forderungen völlig eingeschnürt bin. Wenn die Welt versucht, sich hereinzudrängen, dann brauche ich den direktesten Weg zurück zu Gott.

> *Als ich eine verlorene Tochter war, habe ich durch meine eigene Entscheidung das Tanzen mit Gott verpasst.*

Immer wieder ist dann die Gnade Gottes und das bereits vollendete Wirken Jesu am Kreuz die Antwort. Erinnern Sie sich noch, was Jesaja über Jesus gesagt hat? Lassen Sie uns diese Worte noch einmal gemeinsam lesen und fragen Sie sich dann: »Versteht Jesus meine Angst und Scham? Denkt Jesus auch in meinem Kummer an mich?«

Er wurde verachtet, von allen gemieden. Von Krankheit und Schmerzen war er gezeichnet. Man konnte seinen Anblick kaum ertragen. Wir wollten nichts von ihm wissen, ja, wir haben ihn sogar verachtet.

Dabei war es unsere Krankheit, die er auf sich nahm; er erlitt die Schmerzen, die wir hätten ertragen müssen. Wir aber dachten, diese Leiden seien

Gottes gerechte Strafe für ihn. Wir glaubten, dass Gott ihn schlug und leiden ließ, weil er es verdient hatte.

Doch er wurde blutig geschlagen, weil wir Gott die Treue gebrochen hatten; wegen unserer Sünden wurde er durchbohrt. Er wurde für uns bestraft – und wir? Wir haben nun Frieden mit Gott! Durch seine Wunden sind wir geheilt.

Wir alle irrten umher wie Schafe, die sich verlaufen haben; jeder ging seinen eigenen Weg. Der Herr aber lud alle unsere Schuld auf ihn.

Er wurde misshandelt, aber er duldete es ohne ein Wort [...] doch er hat viele von ihren Sünden erlöst, denn er ließ sich für ihre Verbrechen bestrafen.

Jesaja 53,3–7.12

Schuld und Scham. Angst und Kummer. Unsere Sünden sind ein Teil von uns, aber Jesus hat sie an unserer Stelle auf sich genommen und getragen. Ob wir gesündigt haben oder an uns gesündigt wurde, Gott hat für alles bezahlt. Der Tod Jesu am Kreuz hat für meine Sünde und meinen inneren Schmerz gezahlt. Sein Wirken am Kreuz ist Grund zum Feiern. Wir gehören zu ihm, und weil das so ist, werden Schulden erlassen und wird der Besitz geteilt.

Egal, ob Sie sich als verlorene Tochter oder die ältere Schwester fühlen, die Antwort ist dieselbe. Nehmen Sie alles, was Sie von seinen Armen fern hält, und lassen Sie es bei ihm. Legen Sie es bei ihm ab. Überlegen Sie, wo Sie sich abmühen und welche Themen für Sie ausgesprochen schmerzlich oder bedrohlich sind. Bringen Sie das alles im Gebet zu Gott und bringen Sie es ihm immer wieder, bis es wirklich weg ist und nicht mehr zu Ihnen gehört. Es ist für alles vollständig bezahlt. Nur das Blut Christi genügt, um Schmerz, Hässliches und Leiden ganz und gar zu bedecken. Die Kraft, endlich frei zu werden von Ihrer Versklavung, ist da.

Paulus sagt: »Durch Christus sind wir frei geworden, damit wir als Befreite leben« (Galater 5,1). Man kann nicht in Gottes Armen tanzen und immer noch in den Ketten von Sünde und Schmerz gehen.

Christus ist für unsere Sünde gestorben, er hat Sie *freigesetzt*, damit Sie den Tanz, den Gott Ihnen anbietet, genießen können – *die Freiheit*.

Denken Sie daran, dass dieses Befreitwerden nicht Ihr Verdienst ist, und Sie können es sich auch nicht erarbeiten. Befreit zu werden ist Gnade. Rose Marie Miller veranschaulicht in ihrem Buch *From*

Fear to Freedom (Von der Angst in die Freiheit) ganz wunderbar, was Gnade ist:

Zwei Theologen des siebzehnten Jahrhunderts diskutierten einmal über das Wesen der Gnade. Der eine sagte, dass Gnade so sei wie ein Elternteil, das ein Kind, das gerade laufen lernt, quer durch den Raum zu dem anderen Elternteil führt. Der Elternteil in der Nähe beobachtet das Kleine; und wenn es beinahe fällt, hält er es für einen Moment fest, sodass es immer noch aus eigener Kraft einmal den Raum durchqueren kann.

*Der andere Theologe hatte jedoch eine ganz andere Sicht von der Gnade. Für ihn erleben wir Gnade nur in Augenblicken absoluter Hilflosigkeit und Ohnmacht. Dieser Vorstellung zufolge sind wir wie eine Raupe in einem Feuerring. Die Erlösung kann nur von oben kommen.**

Rose Marie Miller fügt noch hinzu:

*Die einzige Hoffnung auf Befreiung für eine hilflose, zappelnde Raupe in einem Feuerring ist Erlösung von oben. Jemand muss nach unten in den Ring greifen und uns herausheben. Diese Rettung versetzt uns vom Status des Waisenkindes in den eines Sohnes oder einer Tochter. Das ist nicht nur erhaltende Gnade, sondern verwandelnde Gnade.***

Wir alle kennen solche Feuerringe. Es sind die Einflüsterungen des Unglaubens, der Lärm in unseren Köpfen, das Durcheinander in unserer Seele, es sind die Entscheidungen und Vorlieben des verlorenen Sohnes und die Sünden des älteren Bruders. Die Welt versucht sich hereinzudrängen und uns den Armen Gottes zu entreißen. Eingekreist vom Feuer unserer eigenen Entscheidungen sind wir hilflos. Wenn wir auf unsere eigenen Mittel beschränkt bleiben, verbrennen wir mit Sicherheit, denn wir können uns nicht selbst retten.

Gnade ist die Hand Gottes, die heruntergreift ins Feuer und uns von oben aus rettet. Gnade ist Vergebung und Barmherzigkeit, die wir erfahren, weil wir zu Jesus gehören. Gnade fordert uns immer wieder zum Tanzen auf. Gnade ist der Grund dafür, dass eine Frau

---

* Rose Marie Miller, From Fear to Freedom: Living as Sons and Daughters of God (Shaw Books, 1994), S. 4–5.

** Ebenda.

wie ich und eine Frau wie Sie mit aufrechtem Gang zum Vater zurückkehren kann.

Gnade bedeutet, der verlorene Sohn oder der ältere Bruder gewesen zu sein, der mit leeren Händen nach Hause kommt und überrascht ist darüber, dass Gott ihm entgegengelaufen kommt, ihn in seine Arme schließt, ihm in die Augen schaut und ihn immer noch schön nennt.

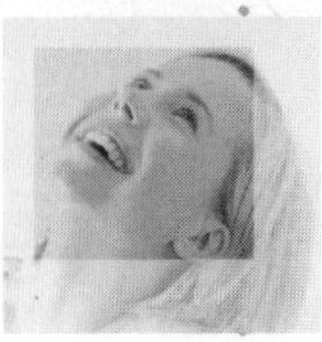

Wenn es in Verbindung mit der Seele
der Frau eine typische Frage gibt,
dann vielleicht die Frage:
»Findest du mich schön?«
Wenn Gott aus der Tiefe seiner großen Liebe
heraus darauf antwortet,
dann fühlen sich viele Frauen dabei
wie das Mauerblümchen,
das zum Tanzen aufgefordert wird.
Aber wir werden durch andere
geliebte Menschen von seiner Einladung
abgelenkt, durch Einflüsterungen
des Unglaubens, durch all den Lärm und
die Unordnung und weil wir manchmal
der verlorene Sohn sind und manchmal
der daheim gebliebene Bruder.

Die Voraussetzung, um zur Musik und in
die starke Umarmung Gottes zurückzukehren,
ist ein verzweifeltes Herz, das ihn will.

Ihn verzweifelt wollen

Ich bin mir nicht sicher, ob ich schon jemals wirklich verzweifelt war. Ich habe schon Hunger gehabt, aber noch nie in meinem Leben so sehr, dass ich Angst vorm Verhungern hatte. Ich war auch schon arm, aber noch nie so arm, dass ich nicht eine Chance gehabt hätte, irgendwie Geld zu verdienen. Ich bin schon müde gewesen und vielleicht bin ich darin dem Gefühl hoffnungsloser Verzweiflung am nächsten gewesen. Nach der Geburt von Grayson mussten wir die ersten vierzehn Monate seines Lebens mindestens sieben- bis achtmal nachts aufstehen und damit war meine Belastungsgrenze in puncto Schlafentzug definitiv erreicht, so sehr, dass ich Verzweiflung empfand. Aber ich habe irgendwie doch durchgehalten und deshalb weiß ich nicht so genau, ob dieses Beispiel zählt.

Allem Anschein nach hat Verzweiflung etwas mit Extremen zu tun. Mit extremer Bedürftigkeit, extremen Maßstäben oder extremem Verlangen. Verzweiflung stellt sich ein, wenn man weit über das normale Maß dessen hinausgehen muss, was man normalerweise zu bewältigen hat oder sich wünscht. Und ich für meinen Teil habe mein Leben lang Extreme gemieden. Ich gehe immer gern den Mittelweg. Sicher. Beobachtend. Abwartend. Wenn ich in den Pool steige, dann zentimeterweise ... in eiskaltes Wasser zu springen ist meine Sache nicht.

Ich glaube eher nicht, dass ich weiß, was es bedeutet, hinter etwas her zu sein, als hinge mein Leben davon ab. Wenn ich so darüber nachdenke, bin ich mir noch nicht einmal sicher, ob ich überhaupt etwas vom leidenschaftlichen Verfolgen eines bestimmten Zieles weiß – ich arbeite hart und versuche mich auf meine einmal gewählte Richtung zu konzentrieren, aber *leidenschaftliches Streben* – bin ich vielleicht zu einem Leben verzweifelter Leidenschaft berufen und habe es gar nicht bemerkt? Habe ich mich stattdessen mit mittelmäßiger Leidenschaft begnügt?

Wenn ich mir anschaue, wie sich mein Leben in den vergangenen paar Jahren entwickelt hat, dann stelle ich jetzt fest, dass ich verzweifelt bin. Ich bin verzweifelt bereit, mehr über Gott und die Tiefe und das ganze Ausmaß seiner Liebe zu erfahren. Ich habe verzweifelte Sehnsucht danach, im Zentrum seiner Gnade und Barmherzigkeit zu leben, zu lernen, hinter ihm herzurennen, als hinge mein Leben davon ab.

Wenn es eine Frage gibt, die ich immer und immer wieder im Rahmen meiner Vorträge für Frauen höre, dann diese: »Wie komme ich zu Gott?«

Diese Frage kommt in Hunderten von unterschiedlichen Versionen daher, aber im Innersten jeder Frau lautet sie gleich: »Ich möchte eine leidenschaftliche Beziehung zu Gott. Ich möchte diese Romanze. Ich möchte tanzen. Ich möchte glauben, dass er von mir hingerissen ist. Aber wie komme ich dahin? Und wenn ich da bin, wie kann ich dort auch bleiben?«

Viele von uns nicken zustimmend. Natürlich wollen wir Gott. Wir glauben an die Wahrheiten der Bibel und an das, was Jesus sagt und über sich behauptet, aber scheinbar finden wir irgendwie nicht zu diesem leidenschaftlichen Leben mit ihm. Wir geben uns mit Mittelmäßigkeit zufrieden. Aber wir sind es jetzt leid, am Rande unseres Lebens herumzustehen und zuzuschauen. Wir würden gern mitten in den Raum springen, aber irgendetwas hält uns zurück.

Vielleicht sagen Sie sich inzwischen: »Ich glaube, dass Gott mich schön findet und mir das auch sagt. Ich weiß, dass er mich sieht und zum Tanzen auffordert. Ich erkenne, wo die Welt versucht, sich dazwischenzudrängen. Aber ich weiß immer noch nicht, wie man wirklich ganz und gar dorthin gelangt. Ich möchte wirklich tanzen. Ich möchte zutiefst Nähe und Innigkeit in meiner Beziehung zu Gott erleben. Ich möchte nicht mehr so tun, als hätte ich eine Liebesbeziehung mit ihm, oder nur in Büchern darüber lesen. Ich möchte es selbst erleben. Ich möchte diese Art der Stärke selbst kennen lernen und aus Gewissheit leben. Ich bin bereit, verzweifelt und extrem zu sein. Sagen Sie mir doch nur, wie.«

Die typische Gemeindefrau

Die meiste Zeit meines Lebens als Christin bin ich eine typische Gemeindefrau gewesen. Kennen Sie Frauen wie mich? Es gibt sie überall und massenhaft. Wir lächeln viel und wir dienen viel. Wir melden uns freiwillig zum Kuchenbacken und zu Gebetstreffen. Es macht Spaß, dort mitzumachen, weil es wie in einem Verein ist. Es gibt eine eigene Insidersprache und Eintrittsrituale, und wer weiß, vielleicht gibt es irgendwo vielleicht sogar einen geheimen Händedruck.

Wenn man diese Geschichte mit der Gemeindefrau erst einmal richtig kapiert hat, dann fühlt es sich so an, als ob man damit auch herausgefunden hat, wie Gott funktioniert. Man weiß, welches Thema in der Bibelstunde oder im Gebetstreffen am Mittwoch dran ist und wie der Gemeindekaffee funktioniert. Man kann alle Bücher der Bibel auswendig und man findet Habakuk auf Anhieb, ohne mit der Wimper zu zucken. Man weiß den Unterschied zwischen Ältestenentscheidungen und Gemeindeentscheidungen und kennt sich einigermaßen in der Kirchengeschichte aus. Und es ist einem in Fleisch und Blut übergegangen, wann man lächeln, zustimmend nicken, ein Amen murmeln oder die Arme bei der Anbetung heben muss.

Man kriegt diesen ganzen Gemeindekram ganz gut geregelt und es fängt an sich anzufühlen, als hätte man es jetzt irgendwie geschafft. Einmal im Monat Dienst in der Krabbelgruppe. Einmal im Vierteljahr Essen mitbringen zum gemeinsamen Mittagessen nach dem Gottesdienst. Einmal in der Woche Frauenbibelkreis. Mitarbeit im missionarischen Arbeitskreis. Beteiligung an der Organisation von Evangelisationsprojekten vor Ort. Sammeln für das Mutter-Kind-Haus ... und lassen Sie uns nur nicht die Highlights des Jahres für alle Gemeindefrauen vergessen: Sommerfest und Adventsbasar. Puuh – die Gemeindefrau hat wirklich viel um die Ohren, aber das bedeutet doch auch, dass sie Gott ganz nahe ist, oder?

Die Gemeindefrau arbeitet und gibt und lächelt immer weiter, bis eines Tages der selbst genähte Patchworkbezug ihrer Bibel zerreißt, und da reicht es ihr. Die Gemeindefrau nimmt die Krabbelkinder im Babyraum als Geiseln und droht damit, diese erst wieder freizulassen, sobald sie die verbindliche Zusage bekommt, dass ihr Name unverzüglich von der »Ruf-sie-an-sie-macht-alles-Liste« gestrichen wird.

Kennen Sie das, haben Sie es selbst erlebt und vielleicht sogar schon einmal zwölf T-Shirts für die Versteigerung beim Sommerfest mit Kartoffeldruck verziert? Ich habe das alles gemacht, außer der Krabbelkindergeiselnahme, und ich glaube, dass selbst das möglich gewesen wäre, wenn ich nur genügend Saftpackungen und Gummibärchen zur Verfügung gehabt hätte.

Wo um Himmels willen ist die Leidenschaft? Wo ist der Tanz?

Vielleicht haben Sie schon so viele Gabentests mitgemacht, dass Gaben Sie nur noch anöden. Trotzdem gehen Sie einfach weiter zu Kursen, Seminaren und Schulungen und hören sich immer dasselbe langweilige Zeugs an in der Hoffnung, dass womöglich doch irgendwann mal etwas wirklich Neues dabei ist. Vielleicht haben Sie schon an so vielen Bibelstunden teilgenommen und so viele Predigtkassetten gehört, dass Sie beinahe schon zu dem Schluss gekommen sind: Es gibt nichts Neues unter der Sonne. Vielleicht sind Sie das Dienen leid. Vielleicht haben Sie es satt zu lächeln. Und vielleicht gehen Ihnen Gebetsanliegen wie beispielsweise die entzündeten Fußballen der Frau von Tante Margas Cousin nur noch auf die Nerven. Vielleicht sind Sie zum Prototyp einer funktionierenden Gemeindefrau geworden. Theologisch geschult, gastfreundlich, still und sanft. Aber aus irgendeinem Grund auch unendlich leer.

Wo um Himmels willen ist die Leidenschaft? Wo ist der Tanz? Könnte bitte mal jemand die Musik lauter drehen? Vielleicht verpassen wir etwas. Wir treiben uns in der Gemeinde herum, sind somit quasi-treu im Beten und Bibellesen, im Schuldbekennen und Bußetun, aber warum ist unser Tun dann nicht kraftvoller und warum sind wir nicht mit mehr Begeisterung dabei? Wieso sind Seelsorger, Therapeuten und Lebensberater ausgebucht mit Christinnen, die innerlich sterben, die sich danach sehnen, schön genannt zu werden, und die unter der Last von Schuld und Schmerz fast zusammenbrechen? Warum sind wir so traurig und zögerlich und haben solche Angst?

Aber mit wem soll man denn darüber reden? Versuchen Sie doch nur einmal auch nur ein winzig kleines bisschen von den Dingen, die Ihnen persönlich Mühe machen und Ihnen so zusetzen, in einer schon etwas vertrauteren Frauengruppe oder Ihrem Hauskreis anzusprechen – Sie bekommen als Antwort nur diese distanziert mitleidigen Blicke. Ganz plötzlich wirkt das, was eigentlich Ehrlichkeit hatte werden sollen um der gegenseitigen Rechenschaft willen, nur noch dumm. Man wünscht, man könnte alles auf der Stelle wieder zurücknehmen. Es fühlt sich an, als hätte man Läuse. Und noch schlimmer wird es, wenn dann noch jemand glaubt, er könnte Ihre innere Leere oder Traurigkeit oder Sünde mit irgendeinem geistlichen Patentrezept ruck, zuck wieder in Ordnung bringen – selbstverständlich alles im Namen Jesu. Dann wird gebetet und es folgen Umarmungen, aber kaum jemand ist bereit zuzugeben, dass seine Seele ebenso staubtrocken ist oder dass ihm auch eine bestimmte Sünde besonders zu schaffen macht oder dass er sich unsicher und einsam fühlt.

Zum Teil verstehe ich das gut und kann es nachempfinden. Wir haben uns doch alle schon die Finger verbrannt. Wir haben sensible Bereiche unseres Lebens offenbart, nur um später festzustellen, dass unser ganz persönlicher Kummer per E-Mail an 46 andere Personen im ganzen Land verschickt worden ist – als Gebetsanliegen, versteht sich. Irgendjemand spricht Sie in der Schule Ihrer Kinder an und da wird Ihnen ganz plötzlich klar, dass diese Person etwas weiß, von dem Sie der Meinung waren, es würde vertraulich behandelt. Und so nehmen wir uns immer mehr zurück. Wir sind entschlossen, uns nicht mehr verletzlich zu machen. Wir möchten dem Leib Christi gern vertrauen, aber wir riechen immer noch den Rauch vom letzten Mal. Die meisten von uns kennen diesen Schmerz nur zu gut.

Also reden wir nicht darüber. Wir lächeln einfach immer weiter und dienen und fragen uns, wann wir endlich so geistlich sein werden wie die Frauen, mit denen wir uns vergleichen. Wir glauben, dass wir, wenn wir uns nur aus dieser Bindung befreien können, wenn wir doch nur ein bisschen disziplinierter sind, wenn wir doch nur unsere Zerbrechlichkeit und Menschlichkeit überwinden, endlich zum Tanzen kommen. Dann bekommen wir vielleicht auch einen Geschmack von der Leidenschaft für Gott. Wir machen uns selbst fertig und bleiben allein und isoliert in der schmerzlichen Überzeugung, dass niemand denselben oder auch nur einen ähnlichen Weg geht wie wir.

Aber so sollte es nicht sein. Und irgendwie muss es auch anders werden. Vielleicht können Sie und ich hier einen Anfang machen. Vielleicht kann es mit ein paar wenigen von uns anfangen, die in Bezug auf ihre Kämpfe ehrlich sind und bereit, die Konsequenzen dafür zu tragen, dass sie die Wahrheit sagen. Vielleicht gibt es ein paar Frauen, die bereit sind, für mehr Leidenschaft und tiefere Gnade etwas zu riskieren. Vielleicht gibt es einige, die bereit sind, ihre Seele zu offenbaren und frei heraus um die Gnade und Barmherzigkeit Jesu zu bitten. Es wäre ein lebensverändernder Dienst, wenn wir anfangen würden, mit einem solchen Sehnen und solcher Aufrichtigkeit Christus zu suchen. Wirklicher Dienst geschieht in Transparenz und Verletzlichkeit.

Ich sage gar nicht, dass alle Frauen etwas vortäuschen. Ich habe nur sehr stark den Eindruck, dass viele Frauen in den christlichen Gemeinden sich für das Leben als Prototyp der Gemeindefrau mit einem ganz bestimmten, dort üblichen Gebaren entschieden haben statt für ein authentisches, dynamisches, leidenschaftliches, verletzliches, verzweifeltes Trachten nach Jesus Christus.

Und dennoch fühlt es sich bisweilen so an, als wäre ich die Einzige, der es so geht, und als würde außer mir keine mit Einsamkeit und den Angriffen von Verführung und Sünde konfrontiert. Manchmal fühlt es sich so an, als ob alle anderen alles ganz gut auf die Reihe bekämen und ich einfach in den Wind rede. Es fühlt sich an, als wären alle anderen ganz selbstsicher und Gewinnertypen. Alle sind scheinbar total zufrieden damit, welche Wendungen ihr Leben nimmt.

Ich nehme an, das ist jetzt die Stelle, an der ich etwas über meine eigene erbärmlich schlechte Tarnung sagen muss. Ich bin ein solcher Prototyp einer Gemeindefrau gewesen und *es hat mir gefallen.* Genau zu wissen, was ich wann zu sagen oder zu beten hatte, hat mir ein Gefühl von Sicherheit gegeben. Ein höfliches Lächeln hat mir alle Menschen dort auf Armeslänge vom Hals gehalten. Ich bin aus der Gemeinde nach Hause gekommen, erfüllt mit frischen Worten Gottes, und war dennoch fest davon überzeugt, ihn doch nur wieder elend zu enttäuschen. Ich habe mich immer wieder für meinen Mangel an Disziplin selbst fertig gemacht. Ich habe viele Male gemerkt, wie ich etwas vorgetäuscht habe, und es hat mich wirklich krank gemacht zu wissen, dass ganz tief in meinem Inneren ein panisches kleines Mädchen steckt, das sich verlaufen hat und versucht, nach Hause zurückzufinden.

Es war vor Jahren auf einem Seminar über geistliches Leben. Der Referent sprach über die Versuchung und Verlockung der Sünde. Zur Veranschaulichung benutzte er als Bild einen Schokoladenkuchen. Er beschrieb, wie er um die Schlafenszeit, kurz vorm Zubettgehen,

Heißhunger auf den Kuchen bekam und in Versuchung geriet, noch einmal in die Küche zu schleichen und sich ein Stück Kuchen zu holen, obwohl er wusste, dass es ihm nicht bekommen würde.

Nachdem der Mann mit seiner Illustration fertig war, stand in der hintersten Reihe jemand auf und sagte: »Ist das alles? Ich meine, Sie haben vielleicht Ihre Mühe mit Schokoladenkuchen, aber ich schlage mich mit ganz anderen Dingen herum. Meine Kämpfe sind da viel heftiger. Meine Sünde ist finsterer. Meine Motive können absolut unsauber sein.«

Ich erinnere mich nicht mehr an die Antwort des Dozenten, aber an meine eigene Erleichterung erinnere ich mich gut, und zwar die Erleichterung darüber, wie verletzlich dieser Teilnehmer sich machte. Er war so mutig, die Wahrheit zu sagen.

Manchmal erlebe ich, wie Leute über ihre Schokoladenkuchenkämpfe sprechen und ich dasitze und mit Wollust oder Stolz oder heftigen Ängsten zu tun habe. Und das, was diese Leute miteinander austauschen, verstärkt nur noch meine vorhandenen Schuldgefühle und fügt ihnen ein paar neue hinzu. Es sind Schuldgefühle, die auf der törichten Vorstellung beruhen, dass innere Reife für Christen bedeutet, weniger Mühe zu haben, weniger Versuchungen zu erleben, weniger zerbrechlich und einfach nicht so sehr Mensch zu sein.

Tatsache aber ist, dass Reife in Christus eher damit zu tun hat, dass man immer besser und tiefer das Ausmaß der Gnade und Vergebung Gottes begreift. Bei der Reife in Christus geht es um beharrliches Suchen und Trachten und Verfolgen eines Zieles trotz aller Angriffe und Rückschläge. Reifsein in Christus bedeutet nicht, endlich eine bestimmte Stufe einer Pseudovollkommenheit zu erreichen, sondern es geht dabei vielmehr darum, in den Armen Gottes zu bleiben. Es geht ums Bleiben, auch in meiner Schwäche und auch im Scheitern.

Der Antityp einer Gemeindefrau

Das gilt für fast alles: Ich begreife meist erst dann etwas, wenn ich es sehe, fühle oder anfasse. Vor ungefähr sechzehn Jahren schenkte Gott mir die Begegnung mit einer Frau, die Gnade und Barmherzigkeit und eine Transparenz ohnegleichen lebt. Sie war schon damals eher der Antityp einer typischen Gemeindefrau und ich habe mich regelrecht in sie verliebt.

Erinnern Sie sich noch an den verlorenen Sohn namens Rob, von dem vor ein paar Kapiteln die Rede war? Mein Antityp einer Gemeindefrau ist seine Mutter, Carlye Arnold, und folgendermaßen hat Gott uns miteinander bekannt gemacht:

Ich studierte gerade am theologischen Seminar in Dallas und machte ein Praktikum in der Jugendarbeit in einer Gemeinde in Arlington. Carlyes anderer Sohn, Dace, der damals in der achten Klasse war, nahm an dieser Jugendgruppe teil, und er erzählte seiner Mutter von diesem Mädchen, das in der Gemeinde arbeitete. Er meinte, seine Familie müsste mich kennen lernen und mich mal zu sich nach Hause einladen. Wenn Carlye die Geschichte erzählt, sagt sie, dass sie eigentlich gar nicht so erpicht darauf war, mich kennen zu lernen. Ihr Leben war bereits voller Menschen und sie hatte reichlich zu tun, aber sie gab ihrem Sohn nach und kam in meinem Büro vorbei. Sie lud mich ein, sie doch mal zu Hause zu besuchen, ich dürfe auch gern bei ihnen übernachten, damit ich nicht bei Nacht den weiten Weg nach Dallas zurückfahren müsse. Im Laufe des folgenden Jahres fingen Carlye und ihr Mann Jerry an, mich als ihre Tochter zu bezeichnen. Ihr Gästezimmer war mein Zimmer und unsere Liebe zueinander nahm zu.

Als ich die Arnolds kennen lernte, nahm ihr ältester Sohn Rob schon seit einigen Jahren Drogen. Das für mich Überraschende war, dass daraus kein Geheimnis gemacht wurde. Die gesamte Gemeinde wusste Bescheid und betete ständig für die Familie. Auch die Nachbarn waren im Bilde und die Jugendgruppe ebenfalls. Es gab andere Familien in der Gemeinde, die genau dieselben Probleme mit süchtigen Kindern hatten, die aber lieber nicht darüber reden und alleine leiden wollten. Carlye sagte, dass sie das nicht könne. Die Kraft, immer wieder aufs Neue in den Kampf zu gehen und Schlachten zu schlagen, bezog sie daraus, dass sie die Wahrheit sagte und im Gebet von anderen getragen wurde. Sie versuchte nicht, allein zu leiden und dadurch zu beweisen, dass sie besonders geistlich oder fromm war. Sie und Jerry litten ganz offen und versuchten nicht, die Wahrheit zu verschleiern.

Ich erinnere mich noch gut, wie ich einmal mit Carlye zusammen einkaufen war. Ich probierte gerade in einer Umkleidekabine einen Pulli an, während Carlye davor auf mich wartete. Ich hörte, wie sie ein paar Verkäuferinnen erzählte, dass Rob drogenabhängig sei. Ich zog mir meinen Pulli über den Kopf und dachte: *Mit wem um Himmels willen redest du denn da? Kennst du denn die Leute überhaupt? Erzähl denen das doch nicht.*

Angezogen von Carlyes Ehrlichkeit wurde daraufhin auch eine der beiden Verkäuferinnen sehr offen und erzählte von einem ganz ähnlichen Problem. Bevor wir das Geschäft verließen, hatten wir uns gegenseitig versprochen, füreinander zu beten. Gott war mitten unter uns und es war etwas wirklich Wichtiges passiert. Und was war mit mir? Mit derjenigen, die ständig Angst davor hatte, echt zu sein? Neuer Pulli, aber innerlich immer noch derselbe alte Prototyp einer typischen Gemeindefrau.

Sie müssen verstehen, wie fremd mir diese Art von Transparenz war. Ich gab mir unglaubliche Mühe und achtete sorgfältig darauf, den Anschein einer überlegenen Gemeindefrau aufrechtzuerhalten. Ich hatte noch nie zuvor eine Christin kennen gelernt, die so ohne geistliche Maske und ohne Vortäuschung geistlicher Überlegenheit auftrat. Carlye war in Jesus verliebt, aber sie war im besten Sinne völlig unfromm. Erfrischend war das, irgendwie auch entwaffnend und Gott sei Dank sehr echt, auch durch eine natürliche unfromme Sprache und das Fehlen frommer Äußerlichkeiten. Sie war ehrlich, was die Bereiche in ihrem Leben anging, die ihr Mühe machten, und sie war auch offen in Bezug auf ihre eigenen Unzulänglichkeiten. Durch ihre Probleme mit Rob war Carlye kein bisschen verurteilend und sie ordnete Menschen auch nicht ein. Dafür hatte sie viel Mitgefühl mit Menschen, die immer wieder mit Sünde zu kämpfen hatten und mit Familien, die mit gebrochenen Herzen leben mussten.

Ich habe mehr über Jesu echte Gnade durch meinen alltäglichen Umgang mit Carlye gelernt als jemals durch Bücher, Vorträge oder Predigten. Seit damals sind zwar viele Jahre vergangen, aber ich bin immer noch ihre Tochter und wir telefonieren ungefähr zweimal in der Woche miteinander. Carlye und ihr Mann sagen, dass man nicht weiß, wie ausgetrocknet man ist, bis man mit jemandem in Berührung kommt, der richtig mit Nässe durchdrungen ist. Ich bin wie ein völlig ausgetrockneter Schwamm, eine Pharisäerin, eine gesetzliche Frau, eine Vortäuscherin, aber Carlye lässt die Freizügigkeit der Gnade über mich und jeden anderen Menschen schwappen, der ihr über den Weg läuft.

Zu den Geschenken unserer Freundschaft gehören unter anderem die lebensverändernden Lektionen über Ehrlichkeit und Transparenz sowie die lebensspendenden über Gnade und Liebe. Und dabei stammte kein einziges Wort aus einem Lehrbuch oder sonstigen Hilfsmitteln. Carlye lebt mir diese Lektionen vor, damit ich die Gnade und Liebe Gottes unter den Lebenden sehen und schmecken kann.

> *Für mich war es oft ein Weg, der mir Angst machte, aber mir ist endlich klar geworden, dass ich niemals zum Herzen Gottes gelange, wenn ich in den Grenzen bleibe, die ich mir für mein Leben selbst gesteckt habe.*

Vom Prototyp einer typischen Gemeindefrau zu Ehrlichkeit und unbändigem Trachten nach Gott. Für mich war es oft ein Weg, der mir Angst machte, aber mir ist endlich klar geworden, dass ich niemals zum Herzen Gottes gelange, wenn ich in den Grenzen bleibe, die ich mir für mein Leben selbst gesteckt habe. Das Leben, nach dem ich mich sehnte, war jenseits dieser Grenze, die mir vermeintlich Sicherheit gab. Ich wollte in Gottes Armen sein und mich nicht mehr im vermeintlich sicheren Schatten herumdrücken. Die Frage, die sich mir jetzt stellte, war, wie ich dort hingelangen sollte.

Geistlich arm

Manche von uns müssen vielleicht erst das typische Gebaren der Gemeindefrau ablegen, um als ganz normale Frau vor Gott zu stehen, so wie wir sind, ohne Entschuldigungen und Ausflüchte. Mit Gott zu tanzen setzt voraus, dass wir verletzlich sind und eine echte Bestandsaufnahme davon vornehmen, wo wir uns im Augenblick befinden, welche Mittel und Reserven uns zur Verfügung stehen und mit welchen Kämpfen und Mühen wir uns herumschlagen. Wir müssen in der Lage sein, unser Leben ehrlich anzuschauen und uns das vorhandene Durcheinander anzusehen. Wir müssen bereit sein zuzugeben, wo wir uns von Gott abgewandt haben oder auch von ihm weggelockt worden sind. Wir müssen unser Leben anschauen und zu den Punkten stehen, an denen wir versagt haben oder auch völlig gescheitert sind.

Ich gehe einmal davon aus, dass Sie glauben, was in der Bibel steht. Ich persönlich baue darauf jedenfalls mein gesamtes Leben auf. Also müssen wir auch genau dort nach Antworten suchen. Wenn wir immer wieder auf die Worte zurückkommen, die Gott für uns geschrieben hat, wenn wir unser Leben immer wieder vor die

Wahrheit dieser Worte bringen, dann werden wir alle Führung bekommen, die wir benötigen, um in seinen Armen zu bleiben und weiterzutanzen.

In den Armen Gottes zu sein bedeutet, das Reich Gottes zu erleben, den Himmel mitten in unserem realen, irdischen Leben. Und deshalb lautet die Frage, die es zu beantworten gilt: »Wie gelange ich in die Gegenwart Gottes und bleibe dort mein ganzes Leben lang?«

In Matthäus 10,7 sagt Jesus zu seinen Jüngern, dass »das Himmelreich nahe herbeigekommen ist«. Das bedeutet, dass ganz normale Menschen wie Sie und ich die Gegenwart Gottes in ihrem ganz normalen Alltag durch seinen Sohn Jesus Christus kennen lernen und erfahren können. Durch Jesus können Menschen Heilung und Befreiung von Sünde und Kummer erleben. Er hat gesagt, dass uns alle Reichtümer Gottes zur Verfügung stehen, wenn wir in seiner Gegenwart sind, und das bedeutet, dass das Reich Gottes, das Himmelreich sehr viel näher ist, als uns klar ist.

Kurz vor dieser Stelle spricht Jesus zu ein paar Leuten, die ihm auf einen Berg gefolgt sind. Hier ist die erste Seligpreisung, die er ihnen an jenem Tag zuspricht:

Selig sind, die da geistlich arm sind,
denn ihrer ist das Himmelreich.
Matthäus 5,3 (Luther)

Das Himmelreich

Das ist der Ort, an dem der Vater seinen Reichtum und seine Schätze aufbewahrt. Das Himmelreich ist der Ort, wo wir Gnade und Barmherzigkeit finden, wo Seele und Körper geheilt werden und wo wir in den Armen des Geliebten tanzen. Meine Seele sehnt sich nach dem Frieden und der Stille des nahen Himmelreiches. Ich möchte, dass Jesus mich bei der Hand nimmt und mit mir direkt in die Gegenwart Gottes geht ... ins Himmelreich. Ich möchte auf dieser Erde Gott so nahe wie möglich kommen. Jesus sagt, dass der Ort – die Arme Gottes, die Gegenwart Gottes, seine Nähe zu uns, das *Himmelreich* – eine Segnung ist, die den Menschen zuteil wird, welche geistlich arm sind.

Gesegnet heißt, dass Sie und ich von Gott bejaht sind. Wir gefallen ihm. Wir verhalten uns so, dass es ihm Ehre macht. Wir haben wirklich sein Herz gefunden. Ich sehne mich zutiefst nach diesem Segen Gottes.

Manchmal bedeutet *arm* in der Bibel »ohne finanzielle Mittel« zu sein oder »ohne die Möglichkeit, Güter zu erwerben«. Manchmal bedeutet es »vorübergehend arm« wie beispielsweise »diese Woche bin ich arm, aber es ist alles wieder im Lot, wenn ich mein Gehalt bekomme«. In diesem Fall aber meinte Jesus, als er den Begriff *arm* verwendete, völlig mittellos, von Armut geschlagen, hilflos, ohnmächtig zu sein. Und deshalb sagte er:

Gott bejaht diejenigen, die geistliche Armut kennen, und er schenkt ihnen die ganze Fülle seiner Gegenwart.

Aber was ist eigentlich »geistliche Armut«? Was bedeutet es, vollkommen verarmt zu sein? Was bedeutet es, völlig bedürftige, absolut abgebrannte Bettler ohne irgendwelche Reserven zu sein? Es bedeutet, dass Sie und ich mit Gott ehrlich sind und uns klar wird, dass wir ohne einen Funken Hoffnung sind wenn wir unseren eigenen Plänen und Vorstellungen überlassen bleiben. Das ist verzweifelte Armut.

Wenn wir versucht haben, selbst herauszufinden, wie das Leben funktioniert. Wenn wir im Stockdunkeln mit den schwierigsten Fragen des Lebens gerungen haben. Wenn wir gefragt haben: »Und das soll alles sein? Mehr gibt es nicht und wird es auch niemals geben?« Wenn wir einen Blick in unser Inneres geworfen und festgestellt haben, dass es dort wirklich nichts Gutes gibt. Wenn wir uns unserer Sünde gestellt haben und unseren Motiven auf den Grund gegangen sind. Wenn wir zum hundertsten Mal über die Angewohnheit oder das Verhaltensmuster gestolpert sind, von dem wir eigentlich gedacht hatten, es endlich hinter uns zu haben. Wenn wir geschimpft und geschrien und geflucht haben wie ungezogene kleine Kinder. Wenn wir endlich die Wahrheit aus unserem Inneren herausgelassen haben ins Licht, dann befinden wir uns im Zustand der Armut.

Wenn wir uns vor Gott völlig verletzlich gemacht haben, dann können wir zugeben, dass wir keine Aktivposten aufzuweisen haben, an die wir uns noch klammern könnten. Wir haben auch kein geheimes Depot, das uns weiterhelfen würde. Es gibt niemanden, der uns einen Gefallen schuldig ist. Wir haben weder Macht noch Status noch Einfluss. Wir werden ganz bestimmt verhungern, wenn wir uns selbst und unseren Möglichkeiten überlassen bleiben. Wenn in unserer Seele wirkliche Armut herrscht, dann herrscht dort auch Verzweiflung.

Stellen Sie sich einmal verhungernde Menschen in einem Land der Dritten Welt bildlich vor. Kinder mit aufgeblähten Bäuchen sterben an Unterernährung. Seuchen wüten. Tag für Tag besteht die einzige Aufgabe darin, das einzig Wichtige, etwas zu essen oder zu trinken zu ergattern. Die Menschen sind verzweifelt und ohne jegliche eigenen Mittel oder gar Reserven.

Eines Tages kommen Lastwagen einer humanitären Hilfsorganisation mit frischem Trinkwasser und Getreide. Wie reagieren da wohl die Menschen? Stellen Sie sich mit ihrem Wasserbecher und einem Eimer für das Getreide höflich am Ende der Schlange an? Fragen sie höflich: »Dürfte ich vielleicht auch ein bisschen Wasser haben? Aber nur wenn es Ihnen keine Umstände macht?« Wohl kaum. Diese Leute sind verzweifelt. Sie sind kurz vorm Verhungern und Verdursten. Ohne diese Lebensmittel gibt es für sie keine Hoffnung. Und so stürmen sie den Lastwagen. Sie klettern übereinander, drängeln und stoßen sich gegenseitig weg, um an die lebensrettende Nahrung zu gelangen. Niemand, der kurz vorm Verhungern ist, ist ordentlich und höflich. Wenn man kurz vorm Verhungern ist, dann ist man verzweifelt.*

Wie gelangen wir zu Gott? Jesus sagt: Stürmt den Getreidelaster.

Echte Armut ist nicht höflich. Sie ist entschlossen, sich auf jeden Fall und mit allen erforderlichen Mitteln das so dringend Gebrauchte zu beschaffen. Wo echte Armut herrscht, ist immer auch Verzweiflung im Spiel, und wir schreien nach Nahrung oder der Hungertod ist uns gewiss.

Das meint Gott mit geistlicher Armut. So verzweifelt zu sein, dass wir den Getreidelaster stürmen. So hungrig nach ihm, dass wir bereit sind, alles zu tun, um zu ihm zu gelangen. Gott sagt, dass er die Menschen, die in dieser Art von Verzweiflung leben, bejaht und gutheißt. Er schenkt ihnen das Himmelreich, die Fülle seines Reichtums, den Frieden seiner Gegenwart und Hoffnung auf eine Zukunft.

---

* Ich danke meinem Pastor Brad Brinson ganz herzlich für diese wunderschöne Veranschaulichung mit dem Getreidelaster. Sie stammt aus einer Predigt über diese Bibelstelle, die er im Frühjahr 2002 gehalten hat.

Und wie gelangen wir nun zu Gott? Jesus sagt: Stürmt den Getreidelaster. Werft einen ehrlichen Blick auf euren Hungerbauch und macht euch klar, dass ihr euch nicht selbst ernähren könnt. Steht nicht höflich in der Schlange an und wartet darauf, dass hin und wieder ein Körnchen auf den Boden fällt. Setzt jedes erforderliche Mittel ein, um das zu bekommen, was euch rettet. Lasst euch durch den Schmerz eures Hungers und die Wahrheit eurer Lebensumstände dazu bringen, jedes Hindernis zu überwinden, das zwischen euch und dem Getreide steht, das euch in Gott erwartet.

Essen, schlafen, trinken, atmen

Ich weiß, dass sich dies alles wahrscheinlich sehr radikal anhört, aber ich glaube nicht, dass dieses Stürmen des Getreidelasters ein einmaliges Ereignis in Ihrem Leben sein soll. Ich glaube, wir sollen ständig in dieser geistlichen Armut leben, in extremer Sehnsucht, bis es ein Leben in unbändiger Sehnsucht nach Gott wird. Unbändig genug, dass wir zu ihm hinrennen, als hinge unser Leben davon ab.

Uns verzweifelt nach Gott zu sehnen führt dazu, dass wir in seinen Armen und im Tanz bleiben. Für mich persönlich bedeutet dieses verzweifelte Sehnen nach Gott, dass ich lerne, Jesus zu essen, zu schlafen, zu trinken und zu atmen und alles zu überwinden, was mich von ihm abhalten will. Mir ist klar, dass sich das extrem anhört. Es klingt anders als alles, was ich jemals in meinem Leben getan habe, aber ich weiß keinen anderen Weg.

Jesus zu essen, zu schlafen, zu trinken und zu atmen bedeutet, dass ich lerne, ihm oberste Priorität einzuräumen. Es bedeutet nicht, dass ich irgendwie supergeistlich oder auch nur annähernd am Ziel wäre. Es bedeutet lediglich, dass ich mich in seine Gegenwart schleppe und dort liegen bleibe. Es bedeutet, dass ich mich dafür entscheide, nicht vor Gott davonzulaufen, nicht einmal angesichts der Scham über meine Sünde. Ich weine an seiner Schulter, statt den Schmerz meines Lebens irgendwie zu betäuben. Ich habe aufgehört, irgendwo anders Erfüllung zu suchen, und mir wird klar, dass er der Einzige ist, der in der Lage ist, sie mir zu schenken. Ich denke an sein Wort, auch wenn ich leer oder nutzlos oder wütend bin. Ich lege das Gemeindefrauen-Prototyp-Getue ab und werde ein verzweifelt sehnsüchtiger Gemeindefrauen-Antityp.

Die Welt versucht immer wieder, mich von dem Getreidelaster wegzuscheuchen, auch mit Hilfe von Schlägen, aber Jesus zu essen, zu schlafen, zu trinken und zu atmen bedeutet, weiterzukämpfen, weiterzurennen und zu drängeln und weiterhin das Einzige zu bestürmen, was meine Seele satt machen kann.

Verzweiflung ist der innere Zustand, der nach Gott strebt, um am Leben zu bleiben. Die geistlichen Disziplinen sind Mittel, durch die wir uns selbst in die Gegenwart Gottes bringen können.

Dies bedeutet, auch dann immer wieder zum Gebet zurückzukehren, wenn man keine Antwort erkennen kann. So lange in der Bibel zu lesen, bis der Heilige Geist zeigt, was die Worte dort bedeuten. Mit anderen Christen zusammen zu sein, auch wenn sie einen enttäuscht und einem Kummer und Schmerz bereitet haben. Auch weiterhin jeden hässlichen Gedanken durch Jesus gefangen nehmen zu lassen. Auch dann noch Buße zu tun, wenn man das Büßen wirklich leid ist. Und auch dann weiterzusingen und anzubeten, wenn es sich anfühlt, als ob wir innerlich im Sterben liegen.

Verzweifelt bleiben.

Daran denken, dass wir es nicht selbst machen können.

Sie und ich sind völlig ohnmächtig und ohne Gott verhungern wir.

Seine übergroße Freude

Was tut Gott mit einer verzweifelten Frau? Ich stelle mir vor, dass er lächelt, während er sie zu sich in seine Gegenwart emporhebt.

Der Prophet Zefanja sagt:

Der Herr, euer Gott, ist in eurer Mitte; er ist stark und hilft euch! Von ganzem Herzen freut er sich über euch. Weil er euch liebt, redet er nicht länger über eure Schuld. Ja, er jubelt, wenn er an euch denkt!
Zefanja 3,17

Gott freut sich über das ohnmächtige, das verzweifelte Herz, das immer wieder den Getreidelaster stürmt, um Nahrung zu ergattern. Er freut sich über die Verletzlichkeit, die uns ans Ende unserer eigenen Möglichkeiten bringt. Aber warum sollte sich Gott über eine

Frau freuen, die ohne eigene Mittel ist und auch ohne Hoffnung auf sich selbst?

Einzig und allein wegen Jesus.

Wegen seiner Liebe zu uns hat Gott seinen einzigen Sohn gesandt, damit dieser für jede leichtsinnige Wahl, die wir getroffen haben, und jede krasse Sünde, die wir begangen haben, jede Sackgasse, in die wir uns begeben haben, bezahlt. Im Römerbrief heißt es, dass Gott Jesus wie einen Sünder behandelte, damit er uns jetzt als Gerechtfertigte behandeln kann. Es ist fast nicht zu glauben, dass wir durch die Bestrafung Jesu Zugang zur großen Zuneigung und Zuwendung Gottes bekommen. Weil Jesus gehorsam war, sind wir die Gegenstände der großen Freude Gottes.

Mein Freund Scotty Smith sagt:

*Dies ist der Kern der Guten Nachricht, des Evangeliums: Jesus ist für unsere Sünden bestraft worden, sodass die Schleusen der Zuneigung Gottes geöffnet werden können und sie uns wie ein heilender Strom überflutet! Er ist gestorben, damit wir tanzen können.**

Und tanzen, das werden wir!

Wenn eine Frau sich verzweifelt nach der Gegenwart Gottes sehnt, dann kommt er in seiner großen Liebe, um diese eine zu retten, die er liebt. Er nimmt sie in die Arme und stillt all ihre Angst. Er gibt ihr Nahrung, stillt ihren Hunger und füllt ihre Leere. Er legt ihr seine Hand auf den Mund, wenn sie anfängt einzuwenden, dass sie seiner doch gar nicht würdig sei. Er beruhigt sie.

Und dann singt er.

Ich stelle mir das Tanzen und Gehaltenwerden bildlich vor und Gott singt mir leise seine Liebeslieder ins Ohr.

Und was singt Gott über mich?

Ich glaube, er singt etwas aus dem Hohenlied:

Wie schön du bist, meine Freundin, wie wunderschön! Deine Augen hinter dem Schleier glänzen wie das Gefieder der Tauben. Dein Haar fließt über deine Schultern wie eine Herde Ziegen, die vom Gebirge Gilead ins Tal zieht.

---

* Scotty Smith, Objects of His Affection: Coming Alive to the Compelling Love of God (Howard Publishing, 2001), S. 34.

Deine Zähne sind weiß wie geschorene Schafe, wenn sie aus der Schwemme kommen. Keiner von ihnen fehlt.

Wie ein scharlachrotes Band leuchten deine Lippen, sie sind schön geschwungen. Hinter dem Schleier schimmern deine Wangen wie eine Scheibe vom Granatapfel.

Dein Hals ist rund und hoch wie der Turm Davids, dein Schmuck wie tausend Schilde, die daran hängen.

Deine Brüste sind wie junge Zwillinge einer Gazelle, die auf Blumenwiesen weiden.

Abends, wenn es kühl wird und die Nacht ihre Schatten über das Land breitet, will ich zu dem Hügel kommen, der nach Myrrhe und Weihrauch duftet.

Deine Schönheit ist vollkommen, meine Freundin, kein Makel ist an dir ...

Mit einem einzigen Blick hast du mein Herz geraubt. Schon eine Kette deines Halsschmucks zog mich in deinen Bann!

Wie glücklich macht mich deine Liebe, mein Mädchen, meine Braut!
Ich genieße deine Liebe mehr als den besten Wein.
Dein Duft ist bezaubernder als jedes Parfüm.
Hoheslied 4,1–7.9–10

Wow! Mir wird ganz schwummrig.

Wenn ich zu ihm komme in völligem Vertrauen, laut schreiend, verzweifelt und leer, dann hebt Gott mich zu sich empor, hält mich und singt sanfte Liebeslieder für mich. Er schaut mir in die Seele und sieht meine bohrende Frage. Bevor ich sie auch nur stellen kann, sagt er mir, dass er mich schön findet. Er füttert meine verhungernde Seele mit der Nahrung seiner Liebe. Lesen Sie, wie Eugene Peterson die Stelle aus Psalm 45 formuliert:

Höre, meine Tochter, und versäume kein Wort:
Vergiss dein Land, lasse dein Zuhause hinter dir.
Sei hier – der König ist verrückt nach dir.
Weil er dein Herr ist, bete ihn an.
Psalm 45,10–11 (aus The Message, Hervorhebung der Autorin)

Ich verspreche Ihnen, dass ich das alles hier nicht erfinde. Vielleicht haben Sie die Bücher Zefanja, Hoheslied und diese Stelle in den Psalmen überlesen, aber lassen Sie sie jetzt nicht aus, denn dann verpassen Sie etwas. Es ist so erstaunlich gut und auch noch wahr:

Der König ist verrückt nach Ihnen!

Ja, ich weiß, es ist immer noch kaum zu glauben, aber er meint wirklich Sie und mich und spricht uns an.

Dem Himmelreich nah

Haben Sie jetzt in all der Aufregung die Antwort auf die Frage: *Wie komme ich zu Gott?*, gehört?

Vielleicht sind Sie ja ein wenig so wie ich und ein erster Schritt in Richtung einer Antwort könnte für Sie darin bestehen, das Verhalten der Prototyp-Gemeindefrau abzulegen. Es wird Sie um Tonnenlasten erleichtern und vermutlich dazu führen, dass Sie zehn Jahre jünger aussehen. Schade – ich wünschte, ich hätte das schon vor zwanzig Jahren gewusst. Und hier noch eine Anmerkung am Rande: Nehmen Sie Aufgaben und Ämter erst dann wieder auf, wenn Gott es Ihnen sagt. Gott wird direkt zu Ihrem Herzen sprechen und es Sie wissen lassen – er spricht uns nur sehr selten über Ausschüsse oder andere Gremien innerhalb der Gemeinde an.

Lassen Sie sich von ihm bei jedem Schritt leiten, wie er Ihr Herz wieder neu in Besitz nehmen kann. Nun, da Sie all Ihren Ballast abgelegt haben, machen Sie weiter, indem Sie sich Ihre Seele etwas genauer anschauen. Gibt es dort drinnen etwas Kraftvolles? Etwas Heiliges? Etwas Gutes? Ich hatte bei mir nicht den Eindruck. Es gibt den Wunsch danach, eine Sehnsucht, aber es ist nichts in mir, das mich heil machen könnte.

Also machen Sie weiter und geben es zu. Sie sind leer, ja, eigentlich kurz vorm Verhungern, verzweifelt hungrig und beinahe bereit, dafür zu sterben, eine Nahrung zu bekommen, die dauerhaft sättigt. Ich habe es versucht und ich kann mich nicht selbst ernähren. Ich habe keine Mittel und Vorräte. Ich bin unglaublich arm.

Da – wir sind fast bei der Antwort. Die Frau, der klar wird, dass sie nicht für die eigene innere Erfüllung sorgen kann, und die verzweifelt herbeisehnt, dass Gott sie rettet – die Frau, die beschließt, alles zu tun, um zu Gott zu gelangen: den Getreidelaster zu stürmen, jedes emotionale und körperliche Hindernis zu überwinden, die anfängt, Jesus zu essen, zu schlafen, zu trinken und zu atmen – die Frau, die ganz nah am Himmelreich kniet – diese Frau ist in seinen Armen, gehalten, sicher und geliebt.

Diese Frau tanzt, während Gott ihr sanfte Liebeslieder singt.

Oh Gott, bitte mach doch einen Gemeindefrauen-Antityp aus mir.

Mach mich ohnmächtig.

Mach mich zu deinem Eigentum.

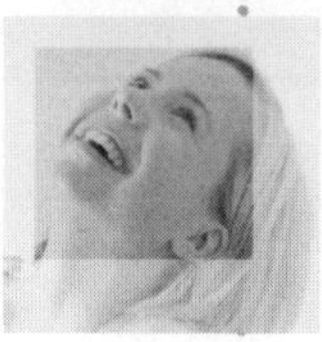

Wenn es in Verbindung mit der Seele der Frau
eine typische Frage gibt, dann vielleicht die Frage:
»Findest du mich schön?«
Wenn Gott aus der Tiefe seiner großen Liebe
heraus darauf antwortet, dann fühlen sich
viele Frauen dabei wie das Mauerblümchen,
das zum Tanzen aufgefordert wird.
Aber wir werden durch andere geliebte
Menschen von seiner Einladung abgelenkt,
durch Einflüsterungen des Unglaubens,
durch all den Lärm und die Unordnung
und weil wir manchmal der verlorene Sohn
sind und manchmal der daheim gebliebene Bruder.
Die Voraussetzung, um zur Musik und in
die starke Umarmung Gottes zurückzukehren,
ist ein verzweifeltes Herz, das ihn will.

Und wenn eine Frau sich dafür entscheidet,
in seinen hingebungsvollen Armen zu bleiben,
dann schenkt Gott die einzige Hoffnung,
die wir haben.

Unsere einzige Hoffnung

Blauer Himmel. Ein heißer Tag. Kein Windhauch über dem See hinter unserem neuen Haus. Es war Samstagnachmittag, der 31. Juli 1976, ich war damals fast 14 Jahre alt. Ich hatte bei einer Freundin übernachtet und meine Mutter war gekommen, um mich dort abzuholen.

Meine kleine Schwester Amanda, die gerade laufen konnte und die ersten Worte sagte, war mitgekommen und quietschte: »Hallo Sester«, als ich ins Auto stieg.

Das war lange vor der Zeit der Kindersitze in Autos und der Vorschrift, dass Kinder unter zwölf hinten sitzen müssen. Amanda saß auf der Rückfahrt nach Hause zwischen meiner Mutter und mir auf dem Vordersitz, spielte an den Knöpfen und Schaltern und wühlte sich erst auf meinen Schoß, dann wieder weg von mir, dann wieder auf meinen Schoß.

Als wir zu Hause ankamen, beschloss ich, noch draußen zu bleiben und das Auto zu waschen, während meine Mutter schon ins Haus ging. Ich war der Meinung, Amanda wäre mit ihr hineingegangen, während meine Mutter dachte, Amanda wäre draußen bei mir geblieben, Letzteres traf zu.

Es waren nur wenige Minuten vergangen, als meine Mutter mir zurief: »Wo ist denn Amanda?«

»Ich dachte, sie wäre drinnen bei dir.«

»Nein, hier ist sie nicht. Schau doch bitte mal nach, wo sie ist.«

Und im nächsten Augenblick sah ich Amanda. Sie trieb mit dem Gesicht nach unten im Wasser am Bootssteg hinter unserem Haus. Ich schrie nach Mama und rannte hinunter ans Ufer, um Amanda herauszuziehen. Ich kann mich immer noch haargenau an jede Einzelheit erinnern, wie ich ins Wasser stieg, zuerst auf einen Stein und dann in den weichen Morast am Ufer, wie meine Schuhe mit Wasser voll liefen, in pfirsichfarben gesäumten Jeans-Shorts und einem passenden pfirsichfarbenen Shirt, meine Mutter mit ausgestreckten Armen am Ufer stehend.

Alles lief wie in Zeitlupe ab, als ich ihr Amanda in die Arme legte. Meine Mutter ist Krankenschwester und sie begann sofort mit Wiederbelebungsmaßnahmen, während ich losrannte, um Hilfe zu holen.

Ich rief erst den Rettungswagen und dann meinen Vater an. Ich mag mir gar nicht vorstellen, wie es sich wohl für ihn angehört haben mag, als ich sagte: »Papa, komm schnell nach Hause, Amanda ist ertrunken.«

Die meisten unserer Nachbarn waren nicht zu Hause und die Boote auf dem See schienen das panische Winken und Rufen einfach zu ignorieren. Schließlich hörte mich eine Frau, die auf der anderen Seite der Straße wohnte, und schrie zu mir herüber: »Ist alles in Ordnung, Herzchen?«

»Nein, beeilen Sie sich, wir brauchen Hilfe! Schnell!«

Sie kam zu mir an den Steg gerannt und wir sahen völlig hilflos mit an, wie meine Mutter tatkräftig alle Lebensrettungsmaßnahmen einsetzte, die sie kannte, um das Leben ihrer kleinen Tochter zu retten. Amanda hustete etwas Wasser aus und ich hatte Hoffnung. Mama leistete Schwerstarbeit bei der Wiederbelebung und flehte die Kleine an, doch bitte, bitte durchzuhalten.

Und dann war unser Garten von einem Augenblick auf den anderen voller Autos, Rettungsfahrzeuge, Sanitäter, mein Vater und meine Brüder waren ebenfalls plötzlich da, Freunde und Menschen, die ich noch nie im Leben gesehen hatte. Wir mussten zurücktreten und vom Rasen aus alles mit ansehen und in diesem Augenblick, dort auf dem Hügel direkt am Bootssteg, löste sich meine junge Teenagerseele einfach auf. Ich heulte und schrie zu Gott, aber das Kind, das schon so lange ich denken konnte zu seiner Gemeinde gehörte, wusste nicht, wie man betet. Und so betete ich das Einzige, was ich kannte. Ich schrie immer wieder das Vaterunser – immer wieder:

Vater unser im Himmel,
geheiligt werde dein Name.
Dein Reich komme. Dein Wille geschehe, wie im Himmel
so auf Erden.
Unser tägliches Brot gib uns heute.

Und vergib uns unsere Schuld, wie auch wir vergeben unseren Schuldigern.
Und führe uns nicht in Versuchung,
sondern erlöse uns von dem Bösen,
denn dein ist das Reich und die Kraft und die Herrlichkeit
in Ewigkeit.
Amen.

Vater unser im Himmel,
geheiligt werde dein Name ...

Immer wieder schluchzte ich diese Worte aus der Bibel vor mich hin und erwartete dabei, dass Gott das eigentliche Gebet in meinem Herzen hörte, das Gebet, von dem ich nicht wusste, wie ich es beten sollte: »Gott, bitte rette meine Schwester!«

Gott hat Amanda an jenem Tag damals nicht gerettet.

Meine Mutter hatte alles richtig gemacht. Die Rettungssanitäter lösten sie ab und setzten die Wiederbelebungsmaßnahmen professionell und mit allen zur Verfügung stehenden technischen Hilfsmitteln fort, aber auch sie schafften es nicht, das kleine Mädchen ins Leben zurückzuholen. Mein Vater versammelte irgendwann die Rettungsleute um Amanda und bat sie, mit ihm zu beten. Wir erlebten mit, wie der stärkste Mann, den ich kenne, seine Tochter dem Vater zurückgab.

Wie betäubt. Unter Schock. Mit heftigem Schmerz.

Ich erinnere mich nicht, dass ich damals Gott die Schuld gegeben hätte.

Obwohl mein Vater mir gesagt hatte, dass ich das nicht tun solle, gab ich dennoch tief in meinem Inneren mir selbst die Schuld.

Der Rest meiner Erinnerung ist wie hinter einem Schleier. Ich bewegte mich wie ein Zombie zwischen all den Menschen und dem Essen, das sie mitgebracht hatten, und dem Schmerz.

Ich weinte und sah meine Mutter weinen. Mein ganzer Körper schmerzte unter der Last des tiefsten Kummers, den ich in meinem noch jungen Leben bisher erfahren hatte.

An jenem Tag brach meine Welt zusammen und die Berge meines Herzens rutschten ins Meer. Ich wusste nicht, was ich beten sollte. Wo war Gott? War er wütend auf mich? Meine Schwester war in unserem eigenen Garten ertrunken und vielleicht – nur vielleicht – war es meine Schuld. Amanda war fort und die unschuldige Hoffnung, dass das Leben jemals wieder in Ordnung kommen würde, war mit ihr gegangen.

Zwei Jahre später brach das Leben wieder mit Gewalt über uns herein. Diesmal war es Dezember und ich saß gerade in der Küche über meinen Chemie-Hausaufgaben, als das Telefon klingelte. Ein paar Minuten später schrie meine Mutter und fiel nach hinten gegen die Wand. Tante Bonnie war während einer Flugstunde gemeinsam mit ihrem Fluglehrer bei einer Routinelandung am Flughafen vor Ort ums Leben gekommen. Ihr kleines Flugzeug war in eine Luftverwirbelung geraten, wie sie von großen Flugzeugen beim Start hervorgerufen werden. Sie hatten vom Tower zu früh Landeerlaubnis bekommen und der starke Luftstrom, der von dem Düsenjet kam, hatte die Nase ihres kleinen Fliegers auf die Landebahn gedrückt.

Tante Bonnie war 38, als sie starb, so alt wie ich jetzt, wo ich es aufschreibe. Sie und Onkel Donald hatten zwei Kinder, Donald Jr. und Cindy, meine beste Freundin, die damals fast 16 war. Wir wohnten in Häusern mit aneinander grenzenden Gärten und unternahmen als Familien oft etwas gemeinsam, sodass es manchmal schien, als wären wir eine einzige große Familie.

Ich erinnere mich noch, dass meine Seele damals instinktiv nach Gott schrie, aber wieder war es so, dass dieser Teenager, der bei jeder Veranstaltung in der Gemeinde dabei war, nicht wusste, wo Gott war oder wie man mit ihm in Verbindung trat. Ich glaubte an die Existenz Gottes, aber ich wusste nicht, was ich über ihn glauben sollte. Wieder war mir ein Mensch, den ich lieb hatte, von einem Augenblick auf den andern genommen worden. Meine beste Freundin hatte ihre Mutter verloren. Konnte es etwas Schlimmeres geben? Was machte Gott da eigentlich? Wie konnte ich ihm mit meiner ohnehin schon brüchigen Hoffnung noch vertrauen?

In dieser Zeit als Jugendliche habe ich gelernt, dass das Leben sich jederzeit an einen heranschleichen und einem so harte Schläge versetzen kann, dass man meint, nie wieder aufstehen zu können. Hingestreckt durch diesen neuerlichen Schlag bebte wieder die Erde unter mir und die Berge, die in meinem Herzen erneut aufgerichtet worden waren, rutschten abermals ins Meer zurück.

Ein paar Jahre später starb mein Großvater nach jahrelanger Krankheit ganz friedlich im Schlaf. Ich stand neben meiner Großmutter bei einer weiteren Beerdigung, als ein Mann kam, um ihr sein Beileid zu bekunden:

»Ima, es tut mir so Leid, dass deine Familie so viele Probleme durchstehen muss.«

Ohne zu zögern entgegnete meine Großmutter freundlich: »Ach, das sind doch keine Probleme. Probleme sind etwas, das man sich selbst zufügt. Dies hier ist einfach das Leben.«

Ich habe mich innerlich an diesen Worten festgehalten und sie schienen mir eine Wahrheit zu eröffnen. Ich hatte geglaubt, dass unsere Familie mit Problemen geschlagen war, aber was, *wenn das alles wirklich nur das Leben war?* Was, wenn tragische Verluste, Krankheit, tiefe Enttäuschungen und Trauer jeden Menschen treffen, der auf dieser Erde lebt? Was, wenn Leben bedeutet, dass Leiden schlichtweg unvermeidbar ist?

Ich verstand den Gott nicht, an den ich glaubte. Ich verstand auch nichts von Theologie, aber in diesen Augenblicken glaubte ich zu spüren, dass ich vielleicht doch nicht die Verursacherin und damit verantwortlich für diese Lebenstragödien war. Ich fühlte mich schuldig, weil ich nicht besser auf Amanda aufgepasst hatte. Ich fühlte mich schuldig, weil ich noch eine Mutter hatte und Cindy nicht. Wenn all dies einfach zum Leben dazugehörte und keine Strafe für schlimme Vergehen war, die ich nicht erkennen konnte, dann gab es womöglich doch Freiheit von der Schuld. Und vielleicht gab es dann auch Grund zur Hoffnung. Gott sprach mich damals an und meine Seele dürstete nach seiner Wahrheit.

Ihn kennen lernen

Seit damals habe ich den Gott, den ich nicht finden konnte, besser kennen gelernt. Ich habe den Einen kennen gelernt, der mich gehört hat, als ich nicht beten konnte. Die geistliche Reise, die mit einer trockenen, durstigen Seele begann, hat mich zu meinem souveränen, allmächtigen Herrn geführt. Ich lernte nach und nach andere Menschen kennen, die diesen Gott wirklich kannten. Ich begann die Briefe zu lesen, die er an mich geschrieben hat. Ich fing an, um Augen zu beten, die sein Wirken sehen, und Ohren, die seine Führung hören können.

Jetzt nenne ich diesen Gott Allmächtiger, Erlöser, Versorger und Erhalter, und mich selbst nenne ich seine Jüngerin. Er ist mein Geliebter und ich gehöre ihm. Ich möchte wie Jesus sein, versuchen, sein Wesen in meinem nachzuahmen. Ich folge Gott schon seit vielen Jahren nach und bin in dieser Zeit im Bibellesen und in theologischen Fragen geschult worden. Ich möchte, dass mein Leben auf der Grundlage der Wahrheit Gottes aufgebaut ist. Ich bete mit meinen Kindern und versuche ihnen den Weg der Gerechtigkeit zu vermitteln und nahe zu bringen. Ich schreibe über die Realität der Gegenwart Gottes und das Geschenk der Errettung aus Gnade. Ich spreche mit Frauen über ihr geistliches Leben und bete mit Freundinnen und Freunden um die Führung, die Versorgung und die Wunder Gottes. Ich habe beschlossen, mein ganzes Leben auf die Wahrheit zu setzen, dass Gott derjenige ist, der er behauptet zu sein, und Jesus Christus sein Sohn.

Ich tanze mit Gott, aber das Leben geht immer weiter. Ich stelle mir vor, dass es Ihnen da nicht anders geht. Auch wenn die Einzelheiten unterschiedlich sind, gehe ich davon aus, dass auch Ihr Leben weitergeht und Sie ereilt.

Als ich ein Teenager war und die Erde unter meinen Füßen bebte, schrie meine Seele instinktiv nach ihrem Schöpfer, aber ich kannte ihn nur aus der Theorie von Worten, die ich gehört hatte, oder aus Bildern in einem Buch. Tief in meinem Inneren, mit meinem Herzen, kannte ich den Schöpfer nicht.

Heute folge ich Jesus nach, und wenn die Erde zu beben beginnt und die Berge meines Herzens ins Meer bröseln, dann tut meine Seele, wozu sie geschaffen ist – sie schreit nach dem Einen, der Trost und Ruhe schenken kann. Der Schmerz ist immer noch heftig, die Überraschungsangriffe verschlagen mir immer noch den Atem, aber inzwischen gibt es einen Unterschied, und zwar den, dass ich inzwischen den Einen kenne, der meine Seele geschaffen hat. Weil wir miteinander tanzen, weil er auf wunderbare Weise für mich sorgt und weil er mir treu ist, ist er mehr als Worte in einem Buch. Er ist mein Vater. Er ist mein Versorger. Er ist Barmherzigkeit und er ist Hoffnung.

Ich tanze mit Gott, aber das Leben geht immer weiter. Ich stelle mir vor, dass es Ihnen da nicht anders geht.

Regen und Stürme

Jesus sagt, dass er es für Fromme und Böse gleichermaßen regnen lässt (Matthäus 5,45), und kein Mensch ist davon ausgenommen. Hier ein Tagebucheintrag aus einer Zeit, als leichter Regen fiel:

Ich weiß, dass jede Familie Phasen des Zerbruchs durchlebt, aber ich habe Hoffnung, dass wir am Ende einer solchen Phase sind. Es ist eine schwierige Zeit. Ein Auto ist in der Werkstatt und wir haben über drei Wochen lang die Terminpläne von sechs Personen um unseren Kleinbus herum koordiniert. Ich bin inzwischen fast so weit, Powerwalking als meine neue Fortbewegungsart in Erwägung zu ziehen. Der Abfallzerkleinerer in der Spüle ist kaputt, und wussten Sie, dass wenn der Geschirrspüler läuft, das Spülwasser aus einem kaputten Abfluss des Zerkleinerers herausläuft, zuerst in alle Unterschränke hinein und dann auf den Fußboden? Das ist zweimal passiert, einmal den Kindern und einmal mir. Am vergangenen Wochenende mussten wir ein paar harte Worte von einem Elternteil aus der Fußballjugend anhören und am Tag darauf erfuhren wir etwas sehr Enttäuschendes über einen Mann, den wir sehr achten. An jenem Abend stellten die Kinder und ich fest, dass wir uns ausgeschlossen hatten, und zwar aus dem Haus und dem Auto. Deshalb standen wir drei Stunden draußen, während die Abschlussfeier der Vorschule ohne meinen Sohn stattfand. Und als wir am nächsten Morgen alle im Auto saßen, um in die Schule zu fahren, war der Kleinbus müde und beschloss, nicht anzuspringen.

Wie gesagt, leichter Regen.

Solche schwierigen Phasen können außerordentlich frustrierend sein. Der Schmerz über meine Verluste im Teenageralter war schon qualvoll, aber in jüngster Zeit ist mehr Regen gefallen als nur ein wenig. Ja, während ich das hier schreibe, fühlt es sich so an, als stünde ich am Meeresufer, während alle anderen Menschen bereits evakuiert worden sind, und es tobt ein Orkan. Ich gehe durch eine der schwierigsten Phasen in meinem Leben. Ich habe schon oft starken Gegenwind erlebt, aber es ist lange her, dass die Erde unter mir gebebt hat und ich beobachtet habe, wie die Berge meines Herzens ins Meer sinken.

Was als ein wiederkehrendes Muster aus Enttäuschung und Trauer begann, ist zum Orkan einer zerbrochenen Beziehung geworden. Ich bin für Konflikte nicht geschaffen. Tatsache ist, dass Konflikte mich schläfrig machen. Das ist meine bevorzugte Technik im Umgang mit Konflikten. Normalerweise ziehe ich mich dann zurück und warte, bis es sich wieder aufgeklart hat, aber dieses Mal kann ich mich nicht verstecken. Ich stehe mitten in der heftigsten Phase meines Lebens. Es hat in diesen Monaten Augenblicke gegeben, in denen ich keine Luft mehr bekam. Durch den Schmerz habe ich ständig einen großen Klumpen im Bauch. Mein Kopf und mein Herz tun mir weh vor Traurigkeit. Mein eines Auge zuckt nervös und ich habe Haarausfall. Der Stress legt sich auf mich wie dichter Nebel über dem Fluss. Ich bin vom Leben in einen Hinterhalt gelockt worden, es hat mir in den Bauch geboxt und jetzt ringe ich nach Luft. Ich versuche dennoch auf den Beinen zu bleiben, nicht hinzufallen und einfach nur durchzuhalten.

Ein Leben in Isolation und absoluter Zurückgezogenheit kann für uns Christen kein Vorbild sein. Auch die Apostel wurden vor den Stürmen und Prüfungen der Verfolgung nicht verschont. Wir sind gefallene Menschen, die in einer gefallenen Welt unterwegs sind, in der alle vom Widersacher versucht werden und viele ihm in die Falle gehen. Es sollte mich daher eigentlich nicht wundern, dass ein heftiger Sturm durch mein Leben tost, aber irgendwie tut es das trotzdem.

Zärtliche Barmherzigkeit

Vor ein paar Wochen telefonierte ich mit einer Freundin und erzählte ihr, dass ich wegen meiner Enttäuschung Magenschmerzen hätte und aus Angst vor dem Unbekannten, das auf mich zukomme.

Sie sagte: »Angela, das ist doch unmöglich. Du bist schließlich diejenige, die anderen von Gottes zärtlicher Barmherzigkeit erzählt. Darum musst du jetzt auch ein Vorbild darin sein, das zu leben.«

Sie meinte es zwar gut, hatte aber etwas Grundlegendes nicht begriffen. Gottes Barmherzigkeit zeigt sich nicht darin, dass wir keinen Schmerz mehr spüren, sondern darin, dass wir wissen, dass wir auch im Schmerz vom Vater weiterhin festgehalten werden.

Wenn eines meiner Kinder in einer Schlacht, die sich im Garten zwischen dem Trampolin und dem Baumhaus abspielt, verwundet wird, dann sage ich nicht zu ihm: »Tapferer Soldat, fühle den Schmerz nicht. Ich hab dich lieb und ich bin stark für dich. Nun sei du stark wie ich.« Das sage ich auf gar keinen Fall.

Ich bin die Mutter und ich kenne das Schreien meiner Kinder. Beim ersten Kreischen renne ich zu meinem Kind, während es noch am Boden liegt, dann hebe ich es auf und trage es ins Haus. Wir schauen die Verletzung an, versorgen sie mit einem Pflaster oder Verband, und dann trage ich das Kind zum Schaukelstuhl, setze es mir auf den Schoß und schaukele und singe ganz leise, bis mein kleiner Krieger sich beruhigt hat. Ich schicke ihn nie fort, sondern warte immer, bis er selbst so weit ist und von sich aus bereit, sich wieder davonzumachen, mit neuer Kraft für den nächsten Kampf im Garten.

Mein himmlischer Vater tut zur Zeit genau das Gleiche mit mir. Ich habe Schmerzen, aber ich werde von seinen tröstenden und schützenden Armen gehalten. Er versorgt meine Wunden und beruhigt meine Seele mit seinen sanften Liebesliedern. Genau hier von meinem Erlöser gehalten zu werden, das ist Gottes zärtliche Barmherzigkeit für meine Seele.

Wenn der Vater Sie in seinen Armen hält

Manchmal versucht die Welt sich dazwischenzudrängen und wir lassen uns durch alles Mögliche ablenken. Manchmal hören wir die Musik des fernen Landes oder gehen in die Falle eines unwürdigen Liebhabers. Manchmal glauben wir nicht, dass der Herr des Tanzes wirklich in uns verliebt ist oder dass er sich danach sehnt, uns ein Leben lang zu lieben. Und manchmal fühlt es sich so an, als versuchten wir zu tanzen, aber die Wände kommen immer näher und der Boden unter unseren Füßen gibt nach, und wir wissen nicht so genau, was los ist. Der Wind bläst und ein Sturm tost und Sie bekommen vielleicht Sätze wie folgende zu hören:

Ich habe dich nie wirklich geliebt.
Es tut mir Leid, aber Ihr Sohn hat Leukämie.
Sie haben Zeit bis heute Abend, um Ihren Schreibtisch zu räumen.
Der Tumor ist bösartig.
Die einzige Alternative ist der Konkurs.
Ich habe die Scheidung beantragt.
Mama, ich bin schwanger.

Was ich Ihnen versprechen kann für den Fall, dass ein Orkan bläst, ist, dass der Vater Sie wirklich ganz fest hält. Sie sind fest verankert und gehalten in seiner großen Liebe. An einem der finstersten Punkte in meinem Leben, die ich jemals kennen gelernt habe, hält der Herr auf erstaunliche, gnädige Weise zu mir.

Vor ein paar Tagen waren meine Gefühle nach Monaten heftiger innerer Kämpfe so strapaziert, dass jede Träne, die sich in meinem Körper befand, herausfließen und vergossen werden wollte. Ich weiß nicht, ob ich schon jemals so viel, so laut und so lange geweint habe. Ich konnte keine einzige Information mehr aufnehmen und keine Sekunde länger so tun, als wäre ich stark. Ich musste alles hinschmeißen. Der Prozess, in dem ich Gott mein gebrochenes Herz aushändigte, sah am Ende so aus, dass ich wie eine zerrupfte Stoffpuppe auf dem Boden lag.

Was ich Ihnen versprechen kann für den Fall, dass ein Orkan bläst, ist, dass der Vater Sie wirklich ganz fest hält.

Meine liebe Freundin rief mich abends an und hielt mich, obwohl sie weit weg war, mit der Kraft Gottes fest. Sie weinte mit mir und betete sanfte Gebete. Und bevor wir uns verabschiedeten, sagte sie: »Angela, ich möchte, dass du deine Seele von Gott beruhigen lässt, indem du dich auf seine Aufforderung konzentrierst, still zu sein. Wenn das Telefon noch einmal klingelt, dann bete ›sei still‹. Wenn die Kinder zur Tür hereingestürmt kommen, bete ›sei still‹. Was auch immer als Nächstes auf dich zukommt, bete ›sei still‹, damit du erkennst und spürst, dass Gott da und bei dir ist.«

Die sanfte Erinnerung meiner Freundin, Worte aus der Bibel zu beten, war die Heilsalbe meines himmlischen Vaters gegen meinen Schmerz. Körperlich war ich völlig ausgelaugt und ich hatte das Gefühl, mich nicht mehr bewegen zu können, aber die Stille Gottes ließ mich aufstehen und den Abend bewältigen, bis die Stille der Nacht seinen Frieden brachte.

Am nächsten Tag schickte Gott mir eine Freundin, die mich tröstete, indem sie mich umarmte und mein Inneres ansprach: »Du bist stärker, als du weißt. Gott lässt dich nicht im Stich. Ich verspreche dir, dass diese Phase vorübergehen wird. Ich werde mit dir zusammen jeden Schritt dieses Weges gehen. Ich werde im Gebet vor Gott für dich eintreten.«

Gestern war ein Tag der Ablenkung. Eine Autofahrt in die Berge. Die Fenster heruntergekurbelt, ein paar Mal verfahren, wunderschöne Aussichtspunkte und viel Gelächter. Mein Kopf musste ein wenig vergessen, damit mein Herz anfangen konnte, sich zu erholen.

Eine meiner Lieblingsstellen in der Bibel ist Psalm 46, 2–4:

Gott ist unsere Zuflucht und Stärke, ein bewährter Helfer in Zeiten der Not. Darum fürchten wir uns nicht, selbst wenn die Erde erbebt, wenn die Berge wanken und in den Tiefen des Meeres versinken, wenn die Wogen tosen und schäumen und die Berge erschüttert werden.

Gott spricht diese Worte immer wieder in meinem Innern. Er lehrt mich ganz neu, dass ich keine Angst zu haben brauche vor dem Neuen und Unbekannten, das mir so dunkel vorkommt. Ich kann kein einziges Anzeichen erkennen, aus dem sich ablesen ließe, wie Gott wirken wird. Ich habe nicht die Macht zu manipulieren und ich habe auch keine Gefälligkeiten einzufordern. Meine Hände sind gebunden und meine Kämpfe werden sich bestimmt so lange steigern und verschlimmern, bis Gott sich zeigt und eingreift. Ich bin verzweifelt. Obwohl meine Welt eingestürzt ist und der Boden unter mir nachgibt, wird mir durch diese Stelle bestätigt, dass die starken Arme der Barmherzigkeit mich halten.

Bebt die Erde auch unter Ihren Füßen? Hat sich das Leben auch an Sie angeschlichen und Ihnen einen solchen Schlag versetzt, dass Sie keine Luft mehr bekommen? Wandern Sie auch im finsteren Tal, können nichts sehen und tasten nach einer Tür, die vielleicht nach draußen führt? Haben Sie Angst vor Ihren Lebensumständen? Vor Anklägern? Vor Gerüchten? Fürchten Sie, dass die heftigen Sturmböen des Lebens Sie ganz bestimmt wegpusten? Dann hören Sie folgende Worte der Bestätigung und Zuflucht:

Die einzige Hoffnung, die wir haben, ist die einzige Hoffnung, die wir jemals gehabt haben.

Mein Befreier

Unsere einzige Hoffnung ist unsere beste Hoffnung, und das ist der Herr, der allmächtige Gott. Unbesiegbarer Krieger. Furchtloser Beschützer. Barmherziger Vater.

Wir werden gehalten und beschützt von demselben Gott, der das Volk Israel aus der Sklaverei in Ägypten herausführte, unter der Verfolgung des Pharao und seiner Truppen. Das ist unser wilder und unermüdlicher Gott, der für jene kämpft, die zu ihm gehören. Das ist der Gott, der nichts und niemanden fürchtet, nicht den Pharao und ganz bestimmt nicht Orkane, die durch unser Leben tosen.

Erinnern Sie sich noch, dass die Israeliten Angst hatten bis unter die Achseln, bevor Gott das Meer teilte? Die Ägypter kamen von hinten näher und vor den Israeliten war das Meer. Sie konnten nirgendwohin ausweichen und es gab auch keinen Ausweg. Der unmittelbar bevorstehende Tod schien sicher und in ihrer Ungläubigkeit riefen sie: »Wo ist denn nun der Gott, der uns retten soll? Er hat uns bestimmt hierher gebracht, damit wir sterben.« Im 2. Buch Mose wird darüber berichtet:

Als die Israeliten den Pharao und seine Truppen heranziehen sahen, packte sie das Entsetzen und sie schrien zum Herrn um Hilfe.

Zugleich machten sie Mose bittere Vorwürfe: »Gibt es etwa in Ägypten nicht genug Gräber für uns? Warum führst du uns hierher? Wir sollen wohl hier in der Wüste sterben! Was hast du uns nur angetan! Warum hast du uns aus Ägypten herausgeholt?«
2. Mose 14,10–11

Nachdem sie ihre Hoffnung auf Gott verloren hatten, gaben sie dann völlig auf, wie in Vers 12 geschildert wird:

Haben wir dir nicht schon dort gesagt, du solltest uns in Ruhe lassen? Wir hätten bleiben und den Ägyptern dienen sollen. Lieber wären wir ihre Sklaven geblieben, als hier in der Wüste umzukommen!

Wieder zurückzugehen erschien ihnen besser als keine Hoffnung zu haben. Sie wollten in die Leibeigenschaft des Pharao zurück und in den Sklavenquartieren leben – alles, aber nicht vor einem tosenden

Meer der Hoffnungslosigkeit stehen und den Atem der Feinde bereits im Nacken spüren.

Und das waren Leute, die gerade erst miterlebt und mit eigenen Augen gesehen haben, wie Gott den Ägyptern zehn Plagen geschickt hatte, um sein Anliegen deutlich zu machen und auch durchzusetzen. Es waren dieselben Leute, die aus der Sklaverei befreit worden waren, und zwar nicht nur einfach mit dem, was sie am Leib trugen. Sie hatten Ägypten vielmehr als Sieger verlassen, mit den Viehherden der Ägypter und all deren Gold und Silber. In 2. Mose 12,36 heißt es, dass durch die Vorsehung Gottes »die Israeliten von den Ägyptern reiche Beute« mitnahmen.

Gott hielt Wache, bis alle seine Leute befreit waren (12,42), und führte sie dann sichtbar Schritt für Schritt mit Hilfe einer Wolkensäule bei Tag und eine Feuersäule in der Nacht, um den Weg zu beleuchten (13,21). Gott befreite sein Volk also nicht nur, sondern zeigte sich in seiner ganzen Pracht und Herrlichkeit, um für die Seinen, die er liebte, zu kämpfen.

Sei still und schau hin

Ich muss Ihnen gestehen, dass ich oft eher wie ein ungläubiger Israelit aussehe als wie die typisch fromme Frau, wie wir sie bereits beschrieben haben. Ich habe die Hand Gottes in meinem Leben beobachtet und ich habe Tagebücher, in denen dokumentiert ist, wie er mich täglich versorgt und schützt. Das weiß ich eher als alles andere. Aber in meinem Menschsein, in meiner Schwäche und meiner Sündhaftigkeit, kann ich auch am Meeresufer stehen, die Erde unter meinen Füßen bebend, Zorn von hinten kommend, und zu Gott schreien: »Wo bist du? Was tust du eigentlich? Ich glaube, das hier schaffe ich nicht. Lass mich zurück. Alles, aber nicht das hier.«

Und dann sagt Mose zu den Israeliten und zu mir in Kapitel 14,13–14:

Fürchtet euch nicht, stehet fest und sehet zu, was für ein Heil der Herr heute an euch tun wird. *Denn wie ihr die Ägypter heute seht, werdet ihr sie niemals wieder sehen. Der Herr wird für euch streiten und ihr werdet stille sein.*
(Hervorhebung der Autorin)

Im Grunde sagt Mose zum Volk Gottes: »Die einzige Hoffnung, die ihr habt, ist die einzige Hoffnung, die ihr jemals gehabt habt. Es gibt keinen anderen Weg. Jetzt bleibt stehen und seht, wie er kämpft.«

Unser Gott lässt sich von seinem Ziel nicht abbringen. Unser Mangel an Glauben löst nicht seine Liebe zu uns auf. Unsere Schwächen sind nicht seine. Er steht bereit. Er schaut niemals weg. Er ist immer und in Ewigkeit zuständig und da.

Hören Sie, was Gott zu uns sagt? »Hab keine Angst vor den Umständen, die Schmerz bereiten und dir die Luft zum Atmen nehmen. Fürchte nicht diejenigen, die dich überwältigen wollen oder das Meer, das deinen Weg blockiert. Renne nicht zurück und laufe auch nicht weg, um dich irgendwo zu verstecken. Steh einfach still und sieh zu, wie Gott in all seiner Herrlichkeit auftaucht und zur Hilfe kommt.«

Und genau das ist unsere Berufung. Es war die Weisheit meiner Freundin, der Befehl des Mose und das Wort Gottes aus den Psalmen:

Seid still und erkennt, dass ich Gott bin.
Psalm 46,10

Wenn unsere Welt zusammenbricht, wenn die Lichter ausgehen, wenn verheerende Nachrichten uns erreichen. Wenn Dummköpfe einem übel mitspielen. Wenn man alles getan hat, was man kann und feststellt, dass man unter der Last des Richtigmachens zermalmt wird, dann möchte Gott, dass wir genau an diesen Stellen anhalten und still sind. Stehen Sie vor der einzigen Hoffnung, die Sie haben, still da und warten Sie.

Ohne Hoffnung im Dunkeln zu stehen, kann überwältigend sein. Wir brauchen nur Zeugen der ganzen Depression um uns her zu sein, die Süchte, die Leben verzehren, und die weltweit steigende Selbstmordrate. Menschen, die ohne Hoffnung im Dunkeln stehen, zerstören sich selbst. Aber Hoffnung kommt in der Stille. An stillen Orten flüstert Gott: »Weißt du, wer ich bin? Für mich ist nichts zu schwer. Ich tue das hier gern. Ich kämpfe gern für die, die ich liebe. Hör jetzt auf, die Hände zu ringen, und sieh mir zu.«

Gott zeigt uns, dass seine Herrlichkeit es immer wert ist, darauf zu warten. Erinnern Sie sich noch an das Ende dieser Geschichte?

Die Israeliten aber waren trockenen Fußes durchs Meer gezogen, während das Wasser wie eine Mauer zu beiden Seiten stand.

So rettete der Herr die Israeliten an diesem Tag vor den Ägyptern; sie sahen, wie die Leichen ihrer Feinde ans Ufer geschwemmt wurden.
2. Mose 14,29–30

Erstaunlich.

Ein ganzes Volk schreitet trockenen Fußes durch ein Meer. Eine komplette Armee ertrinkt in dem Wasser hinter ihnen. Glauben Sie, dass zuvor am Ufer auch nur eine Person gestanden hat, die dachte: Wenn Gott doch nur dieses Wasser teilen würde, dann könnten wir hinübergehen und wären vor den Ägyptern gerettet. Ganz bestimmt nicht. Es gab niemanden, der sich hätte vorstellen können, was der Herr tun würde. Aber Gott tat eines seiner besten Gott-Dinge. Unser Erlöser tat das, was er auch versprochen hat, für Sie und mich zu tun. Er griff ein, als alle Möglichkeiten erschöpft waren, damit er verherrlich würde.

Aber was wollte Gott überhaupt tun? Warum wartete er bis zur letzten Minute? Warum schrieb er seinen Plan nicht auf eine Tafel und reichte diese dann herum, damit es allen besser ging? Der nächste Vers gibt darüber ein wenig Aufschluss:

Als die Israeliten erkannten, dass der Herr die Ägypter mit großer Macht besiegt hatte, wurden sie von Ehrfurcht ergriffen. Sie vertrauten ihm.
2. Mose 14,31 (Hervorhebung der Autorin)

Möchte Gott, dass wir ihm vertrauen? Da können Sie aber sicher sein. Vertrauen Sie ausnahms- und vorbehaltlos? Ich nicht. Ich bin da eher sehr zögerlich. Ich möchte Beweise dafür sehen, ob jemand vertrauenswürdig ist. Gott wusste, dass wenn sein Volk seine großartige Macht sehen würde, es ihn als vertrauenswürdig erachten würde – und zwar eines Vertrauens würdig, das sie auch für die kommenden Generationen noch dringend nötig haben würden.

Vertrauen Sie Gott? Ich meine, vertrauen Sie ihm wirklich? Ich habe zur Zeit fast jeden Augenblick meines Lebens meine liebe Mühe damit. Meine Theologie besagt, dass ich Gott vertraue. Ich höre meinen Mund sagen, dass ich Gott vertraue. Ich bete und sage Gott, dass ich ihm vertraue. Aber mehr als alles andere möchte ich an die Kraft dieser Wahrheit glauben. Den einen Tag glaube ich, dass ich stark bin, nur um schon bald zu merken, dass mein Vertrauen sofort einknickt unter dem heftigen Wind, der mir im nächsten Augenblick um die Ohren bläst.

Gott weiß, dass das Leben uns an die Wand drücken kann, sodass wir keine Möglichkeiten mehr haben und der Schmerz wirklich heftig ist. Aber er hält Wache bei uns wie eine Wolken- und Feuersäule. Wir sind schön für ihn und sein Blick ruht ständig auf uns. Er ist unsere Stärke und Zuflucht, während wir im Dunkeln warten. Er hält uns wie ein Vater sein verletztes Kind hält. Er freut sich darüber, unsere Schlachten zu schlagen. Er will uns retten vor den Feuerringen, von denen wir umgeben sind. Er möchte das tun, was wir uns nicht einmal vorstellen können.

Er möchte, dass wir wissen, dass er die einzige Hoffnung ist, die wir jemals haben.

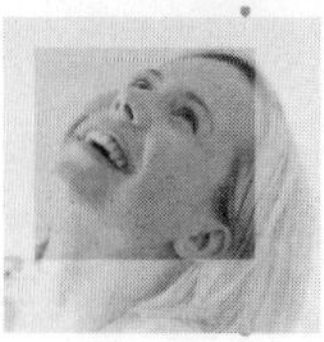

Wenn es in Verbindung mit der Seele der Frau
eine typische Frage gibt, dann vielleicht die Frage:
»Findest du mich schön?«
Wenn Gott aus der Tiefe seiner großen Liebe heraus
darauf antwortet, dann fühlen sich viele Frauen
dabei wie das Mauerblümchen,
das zum Tanzen aufgefordert wird.
Aber wir werden durch andere geliebte Menschen
von seiner Einladung abgelenkt,
durch Einflüsterungen des Unglaubens,
durch all den Lärm und die Unordnung
und weil wir manchmal der verlorene Sohn sind
und manchmal der daheim gebliebene Bruder.
Die Voraussetzung, um zur Musik und in
die starke Umarmung Gottes zurückzukehren,
ist ein verzweifeltes Herz, das ihn will.
Und wenn eine Frau sich dafür entscheidet,
in seinen hingebungsvollen Armen zu bleiben,
dann schenkt Gott die einzige Hoffnung,
die wir haben:

seine vollkommene Liebe.

Seine vollkommene Liebe

Es gibt die Geschichte von einem Mann, der an einer Bungeejumping-Anlage arbeitet. Viele Meter hoch steht er auf einem Kran und wird dafür bezahlt, Menschen sorgfältig anzugurten und für den Sprung ins Nichts zu sichern. Menschen, die vor Angst schreien, nicht atmen können, kopfüber auf und ab schwingen und dann nur noch zwischen Himmel und Erde pendeln. Der Mann trägt ein T-Shirt mit der Aufschrift: »Halt den Mund und spring«.

Ich habe meinem Freund Dennis diese Geschichte erzählt und dann noch hinzugefügt: »Ich brauche für das Leben, das ich zur Zeit führe, auch so ein T-Shirt, denn ich stehe gerade auch ganz oben auf einer Plattform und habe Todesangst, habe Angst zu springen und möchte einfach plaudern. Ich rede und rede und springe nicht. Tatsache ist, dass ich wirklich lieber über alles reden möchte, als zu springen. Mir fallen Themen ein, wie: über fünfzig Arten zu springen, fünfzig Arten nicht zu springen, Fallgeschwindigkeit, Windgeschwindigkeit, richtige Ausrüstung oder über Leute, die vor mir schon gesprungen sind. Ich würde alles tun, um meine Ängste zu meiden.«

Wir lachten darüber und dann sagte Dennis: »Sag mir, warum du solche Angst hast.«

»Das weiß ich nicht genau. Vielleicht habe ich Angst, dass ich nicht richtig festgebunden bin.«

»Wie meinst du festgebunden?«

»Fest an Gott gebunden.«

Es folgte ein geduldiges Seufzen meines Mentors und dann sagte Dennis: »Angela, du bist viel fester gebunden, als du weißt. Na ja, vielleicht ist dir das da oben im Kopf klar, aber dein Herz hat es offenbar vergessen.«

»Was ist, wenn ich einen Fehler mache, Dennis?«

»Verstehst du denn nicht? Selbst wenn du einen Fehler machst, hält Gott dich weiter fest.«

»Und meine Kinder?«

»Die auch. Er hält auch sie fest. Du bist mit ihm verbunden durch eine Verbindung, die nicht kaputtgehen kann. Und wenn du an Gott gebunden bist, Angela, dann brauchst du keine Angst zu haben.«

Springen

Ich habe bisher weder einen Bungee- noch einen Fallschirmsprung gewagt, aber ich gehe mit Gott und stelle mir vor, dass sich das manchmal ganz ähnlich anfühlt. Es muss eine Phase geben zwischen dem Springen und dem Gefangenwerden, in der man Todesangst hat, sich die Seele aus dem Leib betet, wider alle Hoffnung hoffend, dass irgendetwas einen greift und einem das Leben rettet.

Manchmal verlangt das Leben von uns, ins Unbekannte zu springen.

Manchmal lässt uns das Leben im Dunkeln stehen.

Manchmal schubst uns das Leben aus dem Zug und schreit uns noch hinterher: »Finde allein wieder nach Hause.«

Die Augenblicke zwischen dem Springen und Gefangenwerden, die Tage, in denen man im Dunkeln sitzt und ganz alleine wartet, die Phasen, in denen man taumelt, weil man zur Seite geschleudert worden ist – das alles können heilige Orte sein – heilige Orte namens Vertrauen.

Ich will ganz ehrlich zu Ihnen sein: Wenn das Leben mit uns einen dieser Riesenloopings veranstaltet, so als säßen wir in der Achterbahn, dann ist meine spontane Reaktion darauf nicht unbedingt immer Vertrauen. Viel häufiger stellt sich auf der Stelle Angst ein: Ich habe Angst zu fallen, Angst vorm Dunkeln, Angst, mich zu verirren und nie mehr nach Hause zu finden. Ja, eigentlich habe ich in solchen Momenten Angst vor allem.

Und wie vielen Frauen geht es genau so! Wie viele lieben Gott und lassen dennoch den Feind namens Furcht in ihr Haus. Dabei öffnen wir ihm nicht nur die Tür, sondern wir laden ihn auch noch zum Essen ein und dann später mit uns zusammen ins Bett zu kriechen. Da liegen wir dann, eingekuschelt in unsere weichen Decken, und die Angst hat es sich direkt neben uns gemütlich gemacht.

Die meisten Frauen, die ich kenne, sind angstgesteuert. Die Angst lauert im Schatten, wo andere sie nicht sehen können, und setzt uns mit pausenloser Einschüchterung zu. Angst tritt uns unter dem Tisch gegen das Schienbein, stößt uns den Ellenbogen in die Rippen und kneift uns, wenn keiner hinschaut, an Stellen, wo es richtig wehtut. Angst sagt uns, dass wir Strafe verdient haben, und hält uns dann im Schwitzkasten, bis wir schreien: »Okay, okay, ich glaube es.«

Wenn das Leben mit uns einen dieser Riesenloopings dreht, so als säßen wir in der Achterbahn, dann ist meine Reaktion darauf nicht unbedingt immer Vertrauen.

Die Angst schreit: »Das kannst du doch nicht machen!«, um uns aufzuhalten.

Die Angst schreit: »Du könntest dir wehtun«, um uns zum Aufgeben zu bewegen.

Die Angst fragt: »Was, wenn sie alle von deinen Sünden wissen?«, um uns unsere Vergebung zu stehlen.

Die Angst tönt: »Du hast das alles gar nicht verdient«, um uns unsere Träume zu vermiesen.

Angst spielt mit unserem Kopf, reißt uns das Herz aus dem Leib und nimmt der Seele alle Kraft, Entschlossenheit und den Willen. Ich habe angefangen, gegen den Tyrannen der Angst zu kämpfen. Ich beginne mich selbst als Sieger über ihn zu sehen, und wenn ich so weit bin, taucht eine neue Gruppe von Ängsten auf, um die Schlacht noch zu verlängern, die ich doch eigentlich schon glaubte, gewonnen zu haben.

Gerade zur Zeit habe ich Angst zu schreiben. Tolles Timing, was? Warum kann ich nicht dann Angst vorm Schreiben haben, wenn kein Abgabetermin für ein Buchmanuskript naht? Ich weiß, dass ich die Berufung habe, diese Botschaft zu vermitteln. Ich finde das wirklich spannend und ich habe auch das Gefühl, dass ich dazu einige Geschichten zu erzählen habe und ein paar Bibelstellen diesbezüglich auslegen kann, die uns helfen könnten, nach dem Herzen Gottes zu trachten. Es würde einen ganzen Nachmittag dauern zu erzählen, wie Gott diesen Prozess inszeniert hat. Immer wieder hat er bestätigt, dass ich diese Arbeit tun soll. Warum um alles in der Welt habe ich dann ausgerechnet jetzt Angst vorm Schreiben?

Vielleicht habe ich Angst davor, nicht zu genügen.

Vielleicht vergleiche ich mich mit einer endlosen Liste von Autoren in meinem Kopf.

Vielleicht mache ich mir Sorgen darüber, dass ich die Führung Gottes nicht richtig verstehe.

ihren Ehrgeiz und ihre Leidenschaft verloren, aber sie hat den Wunsch, das Leben anderer Menschen zu kontrollieren. Sie ist nicht so sicher, ob G ott sie wirklich so liebt, wie sie ist, und sie hat nie auch nur entfernt d ran gedacht, dass er sie schön finden könnte. Ihre hungrige Seel ersucht, bei anderen Erfüllung zu finden, und wenn diese ihr davo icht genug geben, dann zieht sie sich in Selbstmitleid und schli ich Depressionen zurück.

Sie kann G oll hegen, mit Klatsch und Tratsch taktieren und im Verborgenen ren Zwängen nachgehen. Sie ist leicht verletzt oder beleidigt. Au eistlichem Gebiet weiß sie zwar viel, ist im Wesentlichen aber zdem verwirrt. Sie geht zur Bibelstunde, aber in ihrem Lebe ändert sich dadurch nichts, weil in ihr nichts ist, worin sich Wahrheit manifestieren könnte – ihr Wille, sich weiterzuen eln, ist nur sehr schwach ausgeprägt. Habe ich schon erw dass sie grundsätzlich allem und jedem gegenüber kritisch ist d es ist schmerzlich, sie ständig so erledigt und meist am Ende hen.

Soll ich weitermachen oder haben Sie jetzt eine Vorstellung? Eine leic ge Frau ist eine labile Person mit einem schwachen Willen u adurch leichte Beute für die Angriffe des Feindes. Sie ist o gung und leicht zu kontrollieren durch die Gottlosigkei n Weg in ihr Heim erschleichen kann. Wenn das Böse di nd dort die kauernde Frau vorfindet, dann wird ihre Sc echlichkeit und aus ihrer Labilität wird seelisches utliche Spirale geht weiter abwärts.

Erk che für dieses ganze Durcheinander? Was führt u mit einem schwachen Willen auch so bleib ben aus ihr heraus und lässt sie zappelnd zurü n Geist bitter und die Seele leer? Es ist Ang liche Tyrann, der sich im Schatten versteckt hält

W vir alle solche Angst? Ich habe das bereits kurz an ssen Sie uns an dieser Stelle noch ein bissch

W ung

D ass Veränderung auch bedeuten kann, das F mmen. Wir klammern uns trotzdem an un- rzeugungen, Ideen und Verhaltensweisen.

W
Tre
Ir
Stanl
durch e
nehmen
blick, in de
Dieses Bild i
Vertrauen a
Denn ware
Furcht nie

Die leicht

Im 2. Timot
Frömmigkeit
wird. In den
Menschen
und diese Besch

Wenn ich Geschrei von der Rückbank in unserem Auto hören will, brauche ich nur einen anderen als den gewohnten Weg nach Hause zu fahren. »Wieso fahren wir denn so? Wohin fahren wir denn? Warum können wir denn nicht fahren wie immer?«

Meine Kinder mögen keine Abweichungen von unseren normalen, ausgetretenen Pfaden und sie sind völlig außer sich, wenn ich die Spaghettisoße mal anders zubereite als sonst. Keine Veränderungen bitte. Das ist verwirrend und bringt nur alles durcheinander. Erwachsene Frauen sind da gar nicht so viel anders. Wir mögen es, wenn alles wie immer ist, und dann wundern wir uns, wenn uns langweilig wird.

Es hat einmal jemand gesagt, dass nur eines im Leben sicher ist, dass sich nämlich alles verändert. Jedes Mal, wenn ich meine Bücher gerade in frisch gestrichene Regale einräume, alphabetisch nach Autorennamen geordnet und noch einmal nach Inhalten sortiert, dann ist es schon wieder Zeit, sie einzupacken und in andere Regale umzuräumen, die an einem weit entfernten Ort stehen. Ich lerne meine Bücher auf diese Weise ziemlich gut kennen und ich lerne es, bei jedem Umzug ein paar Kisten voller Bücher wegzugeben. Zur Zeit sind einige meiner Bücher auf provisorischen Regalen untergebracht und manche sind vom letzten Mal noch nicht einmal ausgepackt. Ich nehme an, dass ich die letzten meiner Bücherkisten noch gar nicht gesehen habe, und aus irgendeinem Grund ist das für mich auch in Ordnung so. Ich glaube, ich habe mich dem Tyrannen der Veränderung oft genug gestellt, sodass er mir nicht mehr solche Angst macht. Früher hat er jedes Mal mein Mittagessen gegessen.

Voller Zuversicht damit zu rechnen, dass es in unserem Leben immer wieder zu Veränderungen kommt, bedeutet, dass wir aus dem Schatten der großen Angst treten und uns so in das Licht der Erwartung stellen.

Wir haben Angst vor noch mehr Schmerz und Leid

Frauen können in heftige Tiefs geraten. Wir sind so geschaffen, dass wir tief empfinden und Gefühle uns sehr bewegen. Diese empfindsame Art hat viel Gutes. Wir haben zum Beispiel schöne Erinnerungen, die lange anhalten. Wir sorgen für unsere Seele und unseren Körper. Unser Zuhause wird durch diese Eigenschaft erhellt und bereichert. Aber diese Gabe des tiefen Empfindens kann auch dazu führen, dass eine Frau von Kummer und Schmerz völlig zerrissen wird.

Missverständnisse, das Ende einer Liebe, heftige Trauer, absichtlich zugefügte Verletzungen – jede Beziehung im Leben einer Frau birgt auch das Risiko, tiefen Kummer hervorzurufen. Wir haben schon genug Schmerz erlebt und deshalb ziehen wir uns zurück. Wir schrecken zurück und lehnen dankend ab. Wir beschließen, still und unauffällig zu leben, auf Abenteuer lieber zu verzichten und uns von Rampenlicht jedweder Art fern zu halten. Auf diese Weise könnte es vielleicht gelingen, dass der Tyrann des Kummers und des Schmerzes uns nicht aufspürt.

Wenn wir irgendwie begreifen könnten, dass kein Mensch auf dieser Welt von Leid verschont bleibt, vielleicht würden wir dann nicht in solch tiefe Sorgen und Ängste abstürzen. Kummer gehört zu den Symptomen einer gefallenen Welt, kaputter Beziehungen und des Wirkens Satans. Er lässt sich einfach nicht vermeiden. So etwas wie ein isoliertes Leben gibt es nicht. Sogar die Frau, von der Sie glauben, dass sie alles ganz prima auf die Reihe bekommt und materiell alles hat, geht denselben Weg wie Sie – einen mit Kurven und Windungen, die Schmerz bedeuten, und auf dem man aus dem Hinterhalt vom Tyrannen des Leidens überfallen werden kann.

Wir fürchten uns vor Einsamkeit

Ich glaube, dass ich gerne allein bin, und ich bin es auch täglich – ungefähr sechs Stunden lang. Dann reicht es mir. Dann möchte ich, dass alle wieder nach Hause kommen, das Telefon soll klingeln und es soll etwas Lustiges passieren. Aus Alleinsein kann leicht Einsamkeit werden, anscheinend besonders bei Frauen. Und noch schlimmer ist es, wenn man mitten in einer Familie steht oder beruflich viel zu tun hat und trotzdem feststellt, dass einen die Einsamkeit aus dem Schatten heraus verfolgt.

Wir sind zur Beziehung geschaffen und diese Angst vor Einsamkeit redet uns ein, dass wir uns eines Tages umdrehen werden und es ist niemand mehr da. Niemand, der uns kennt. Niemand, der uns zum Lachen bringt. Niemand, mit dem wir weinen können. Niemand, der uns festhält. Ich bin versucht, Sie daran zu erinnern, dass Jesus versprochen hat, immer bei uns zu sein. Mich persönlich trösten diese Worte sehr, aber ich höre förmlich, wie einige von Ihnen jetzt sagen: »Vielen Dank für den netten Bibelvers, aber mich quält die Einsamkeit trotzdem und außerdem die Angst davor, dass es noch schlimmer werden könnte.«

Ich höre Sie. Ich verstehe Ihr Sehnen nach Berührung und nach Worten, die Sie tatsächlich hören, nach gemeinsamem Essengehen und Tanzen. Es gibt einige Aspekte in Beziehungen, die wir mit Jesus erst haben werden, wenn wir bei ihm im Himmel sind, aber er kann trotzdem für Sie sorgen.

Ich höre Sie. Ich verstehe Ihr Sehnen nach Berührung und nach Worten, die Sie tatsächlich hören.

Erzählen Sie ihm von Ihrer Angst und bitten Sie ihn, für Sie dagegen zu kämpfen. Vertrauen Sie ihm Ihr Herz an. Seien Sie ehrlich darüber, wie tief Ihre Sehnsucht ist, aber verstecken Sie sich nicht. Sich zu verstecken nährt nur die Angst vor der Einsamkeit. Treten Sie hinaus ans Licht und beobachten Sie, wie er kommt und für Sie sorgt. Er schickt Küsse und Umarmungen auf die wunderbarste und schönste Art und Weise. Er schickt Engel, die Sie anrufen oder Ihnen herzerwärmende Briefchen schreiben. Und er kann Sie sogar mit einem Candlelight-Dinner überraschen, mit den seidigen Balladen von Etta James und langsamem Tanz. Sie brauchen dafür nichts anderes zu tun, als zu warten. Warten Sie direkt hier in seiner Gegenwart und sehen Sie selbst, wie er kommt, um für Sie zu sorgen.

Wir fürchten uns vorm Versagen oder gar Scheitern

Was ist, wenn ich die Bühne des Abenteuers betrete und über meine eigenen Schnürsenkel stolpere? Was ist, wenn jemand mich ausbuht oder mir der Vorhang auf den Kopf fällt? Was, wenn der Regisseur schreit: »Und Cut. Die Nächste bitte«? Was, wenn die Leute vom Ensemble wegen mir kichern? Was, wenn das Stück ein Flop ist? Was, wenn ich schlechte Kritiken bekomme? Was, wenn ... was, wenn ... was, wenn ...? Versagen und Scheitern zu fürchten bedeutet, unter dem Gewicht der unzähligen Was-wäre-wenns zu leben. Es bedeutet, in der Garderobe zu bleiben, wenn Sie auf die Bühne gerufen werden, sich mit Ihren Mätzchen und Grimassen vor dem Badezimmerspiegel zufrieden zu geben, obwohl Sie wissen, dass Sie für die große Bühne geboren sind.

In meinem vorletzten Jahr am College war ich in einem Buchhaltungskurs sehr schlecht. Die schlechten Noten belasteten mich sehr und ich fühlte mich, als sei mein gesamtes Berufsleben zum Scheitern verurteilt.

Ein Freund, der denselben Kurs belegt hatte, rief mich eines Abends an und sagte: »Weißt du was, Angela, deine Note in diesem

Schein ist kein Indikator dafür, wie erfolgreich du im Leben sein wirst.«

Ich beschloss ihm zu glauben und dieser Grundsatz hat bis heute Auswirkung auf mein Denken. Versagen bedeutet nicht Sterben. Versagen und Scheitern sind nicht das Ende, es sei denn, es hält einen davon ab, es noch einmal zu versuchen. Vielleicht sollten wir viel mehr Angst vor dem Sterben unserer Träume haben als vor dem Versagen.

Wir haben Angst vor Enttäuschungen

Der Erzfeind aller Hoffnung ist die Angst vor Enttäuschung. Sie behindert uns beim Feiern. Sie dämpft unseren Lobpreis. Wir halten durch und halten uns zurück, aus Angst, wir könnten uns zu sehr auf etwas freuen. Manchmal denke ich: »*Meine Güte, ich weiß wirklich, wie sich Enttäuschung anfühlt. Ich kenne den Schmerz, einfach hängen gelassen zu werden. Ich kenne die Qualen zerschmetterter Sehnsucht, den Kummer über verlorene Schätze und die Demütigung eines demontierten Rufes. Ich weiß, wie es sich anfühlt, absolut verwirrt zu sein über bestimmte Umstände, die sich nicht von heute auf morgen ändern lassen. Ich weiß, wie sich Enttäuschung anfühlt, aber über die große Freude der Hoffnung weiß ich nicht besonders viel. Es wird Zeit für mich, es zu riskieren, damit ich diese Hoffnung kennen lerne. Und deshalb entscheide ich mich für: unbändige Hoffnung, rückhaltlose Erwartung, Singen auf dem Berggipfel und glückliches Tanzen.*«

Sie können mich ruhig für verrückt erklären, aber ich bin es leid, mich von der Angst vor Enttäuschung bremsen zu lassen. Ich lerne zu sagen: »Tretet zurück, all ihr Händeringer. Aus dem Weg, ihr Ja-aber-Sager!«

Ein Fest der Hoffnung, die sich Bahn bricht.

Wir fürchten Zurückweisung

Es ist uns allen schon passiert. Aussortiert und übersehen, einfach weggeschickt zu werden. Oh dieser große, verheerende Schmerz der Zurückweisung. Countrymusic-Texter hätten wenig zu schreiben, wenn es das schwere Leid unerwiderter Liebe und Zurückweisung nicht gäbe. Und ihre Musik wäre nicht halb so beliebt, wenn dieser Kummer nicht universal wäre.

Ob man bei einer Beförderung übergangen wurde, die Nachbarn einen nicht zum Grillen eingeladen haben oder irgendein Mann einem gesagt hat, dass er einen nicht mehr liebt – übergangen, vergessen oder stehen gelassen zu werden, ist immer etwas Kummervolles.

Der Tyrann der Angst flüstert: »Siehst du, ich habe ja versucht, dir zu sagen, dass dich nie jemand gewollt hat. Du hast nichts zu geben. Gib doch einfach auf und stell dich wieder zurück an den Start.«

Seine Worte tun weh, aber wir glauben sie. Wir treten zurück, sind isoliert und werden zögerlich. Wir halten unsere Liebe zurück und verschließen uns innerlich. Wir sitzen im Schatten und weinen nach der Freiheit, die dem Angenommensein entspringt.

Um etwas in unserem Leben zu werden oder etwas mit unserem Leben anzufangen, müssen wir die Angst vor Zurückweisung überwinden. Der Tyrann wird bluffen und uns davor warnen, die Grenzen zu überschreiten, die er in unseren Träumen gezogen hat. Er macht höhnische Bemerkungen und verspottet uns bei jedem winzigen Schritt, den wir in Richtung Mut wagen. Er jagt uns vielleicht sogar davon, aber er ist nur ein Tyrann, und Tyrannen haben immer dann verloren, wenn man ihnen nicht mehr glaubt.

Die leichtgläubige Frau mit einem schwachen Willen lässt sich durch den Tyrannen der Angst leicht irritieren. Sie schreckt zurück, und das gefällt der Angst. Sie schreit vor Angst und die Angst springt ihr ins Gesicht. Die Angst drängelt und macht lächerlich und provoziert sie zur Wut, dann dreht sie ihr das Wort im Mund um und schleudert es als Speer des Zweifels und der Verwirrung gegen sie zurück. Schließlich zerbricht die Frau in Millionen von Teilchen und die Angst lehnt sich zurück, um über ihre Tränen zu lachen.

Aber die leichtgläubige Frau mit dem schwachen Willen hat auch einen Freund, der ihr zur Rettung kommt. Er tritt in die Allee des Schmerzes und steht haushoch überlegen über der Angst. Er erscheint im Nu, um die Frau aus dem Griff des Schreckens zu befreien. Und allein der Anblick dieses Freundes sorgt dafür, dass die Angst davonrennt. Der Freund ist mutig und stark. Er ist unerschrocken und kräftig. Er ist ein Held und Eroberer. Der Freund, der die leichtgläubige Frau mit dem schwachen Willen rettet, ist der eine, der vollkommene Liebe heißt.

In demselben Raum wie die Liebe

Die vollkommene Liebe kommt von Gott und seine vollkommene Liebe vertreibt alle Tyrannen der Angst. Lesen Sie, was Johannes dazu sagt:

Das haben wir erkannt und wir vertrauen fest auf Gottes Liebe. Gott ist Liebe und wer in dieser Liebe bleibt, der bleibt in Gott und Gott in ihm.

Das ganze Ausmaß der göttlichen Liebe zeigt sich darin, dass wir dem Tag des Gerichts ohne Angst entgegengehen können. Denn wir leben in dieser Welt so, wie Christus es will.

Wirkliche Liebe ist frei von Angst. Ja, die Liebe vertreibt sogar die Angst. Wer sich also fürchtet und vor der Strafe zittert, der beweist damit nur, dass er wirkliche Liebe noch nicht kennt.

1. Johannes 4,16–18

Ich hoffe, der Herr hat nichts dagegen und Sie haben nichts dagegen, wenn ich diesen Abschnitt sehr frei umformuliere und zwar entsprechend der Themen, über die wir bereits gesprochen haben.

Gott ist Liebe.

Die Frau, die in den Armen Gottes tanzt, trägt die Liebe Gottes in sich.

Gottes Liebe erfüllt den ganzen Raum, sodass nirgends mehr Schatten sind, in denen sich Tyrannen versteckt halten können.

Gottes Liebe gibt einer Frau berechtigte Zuversicht.

Er liebt sie so sehr, wie er Christus liebt, und das sollte ihr alle Sorge über das Jüngste Gericht nehmen.

In dem Raum, in dem die vollkommene Liebe sich aufhält, ist kein Platz für Angst.

Vollkommene Liebe vertreibt die Tyrannen der Angst, weil sie nichts anderes wollen, als uns weiszumachen, dass wir Strafe verdient haben.

Die Frau, die keine Angst hat, tanzt in den Armen der vollkommenen Liebe.

Wenn Sie und ich uns in den Armen Gottes befinden, dann werden wir von seiner vollkommenen Liebe gehalten. Johannes schreibt, dass die vollkommene Liebe die Furcht austreibt. Frei zu sein von der Angst, die nach unserer Seele greift, bedeutet, verzweifelt sehnsüchtig zu sein nach der Nähe und Vertrautheit Gottes. Wenn wir zusammen mit dieser großen Liebe in einem Raum sind, dann leben wir im Licht seiner Barmherzigkeit und Gnade und Freiheit. Im Licht gibt es keine Schatten und ohne Schatten gibt es keinen Ort, an dem die Angst sich verstecken und uns auflauern könnte. Angst kann Sie nicht vom Licht fern halten.

Ich habe so lange Angst gehabt, aber ich will keine Angst mehr haben. Einige meiner schwersten geistlichen Kämpfe haben mit dem Überwinden von Angst zu tun. Diese Kämpfe sind heftig und sie können die Seele förmlich verbrennen. Ihre Schlacke entzündet sich immer wieder, auch noch lange nachdem man gedacht hat, dass sie endgültig erloschen wäre. Und es kann sein, dass ich wieder auf den Tyrannen höre, von dem ich eigentlich schon geglaubt hatte ihn vergessen zu haben. Wenn ich spüre, dass der Tyrann mir an den Haaren reißt, oder wenn ich höre, wie er mich aus der ersten Reihe piesackt, dann lerne ich, mit allem, was ich habe und bin, in die Gegenwart Gottes zu rennen.

Ich falle auf mein Angesicht und bete verzweifelte Gebete:

Gott, rette mich vor dem Tyrannen. Gott, komm schnell; ich möchte heute nicht verhöhnt und verspottet werden. Gott, bitte schicke tausend Engel, um mich zu beschützen. Gott, ich glaube an deine Wahrheit und nicht an seine Lügen. Richte mich auf mit Stärke, neuem Mut und Kraft. Geh vor mir her. Halte mich. Verteidige mich.

Die Macht des Tyrannen wird neutralisiert, wenn Sie aufhören, ihm zu glauben. Ich will nicht mehr Tage im Griff seiner Lügen und seiner Verwirrung verbringen.

Manchmal bedeutet in die Gegenwart Gottes zu rennen, jemanden anzurufen und zu erzählen, dass sich die Angst wieder eingeschlichen hat, jemanden, der Sie versteht, eine freundliche Person, jemanden, der für Sie betet. Mein Freund Dennis mailte mir beispielsweise einmal in einer solchen Situation: »Ich stärke dir diese Woche den Rücken.« Das bedeutet, dass er mit mir zusammen in den Kampf geht. Aus Tausenden von Kilometern Entfernung beten er und seine Frau Karen in meine Ängste hinein und bitten Gott, mich in Sicherheit zu bringen und festzuhalten.

In dem zitierten Abschnitt sagt Johannes, dass der Tyrann der Angst Sie glauben machen möchte, Sie hätten Strafe verdient. Der Tyrann gibt nie auf. Er hält Ihnen ständig wieder neu Ihre Vergangenheit vor. Immer wieder erinnert er Sie an Ihre Fehler. Er hält Ihnen unzählige Was-wenns vor Augen. Er ruft Verletzungen in Erinnerung und reißt alte Wunden auf.

Sehen Sie es mir nach, wenn ich Ihnen nun eine kleine theologische Lektion über unsere Stellung vor Gott erteile. Wir haben eigentlich Strafe verdient, wenn da nicht Jesus wäre. Jesus hat bereits für alles bezahlt. Wirklich für alles. Gott sagt, dass der Tod Jesu am Kreuz genügt, genügt als Bezahlung für die Strafe, die eigentlich wir verdient hätten. Er sagt, dass, wenn wir die Bezahlung Jesu für unsere Sünden für uns in Anspruch nehmen, unsere Stellung vor ihm dieselbe ist wie die seines Sohnes. Wir werden Söhne und Töchter Gottes. Wir werden in den Augen Gottes genau so wie Jesus. Wir haben vor Gott dieselbe Stellung wie Jesus.

Das ist eine echte Herausforderung an unser Denken, weil wir ein solches Maß an Vergebung nicht begreifen können. Eine solche Gnade ist für uns schlicht unvorstellbar. Aber die Wahrheit über unsere Stellung ist jetzt, dass Sie und ich keine Strafe mehr verdienen. Sie müssen alles verlernen, was Sie bisher geglaubt haben. Wo vollkommene Liebe ist, da kann keine Angst herrschen, und Angst hat damit zu tun, dass wir immer noch glauben, wir verdienten Strafe. Der Tyrann und seine Lügen können mit Gott nicht zusammen in einem Raum sein. Gottes vollkommene Liebe zu Ihnen vertreibt all diese Lügen.

Die Wahrheit über unsere Stellung ist, dass Sie und ich keine Strafe mehr verdienen.

Angst ist der Feind von allem, was Gott durch Ihr Leben hervorbringen und weiterentwickeln will. Angst hält Frauen in ihren eingefahrenen Bahnen fest, und das jahre-, manchmal sogar jahrzehntelang. Angst hält Sie von den Träumen und Plänen ab, die Gott Ihnen geschenkt hat. Angst bringt Sie dazu, Ihre Ängste zu verleugnen und Ihre Ohren für Ihre Berufung zu verschließen. Wenn Sie weiterkommen wollen, wenn Sie an dem Leben teilhaben wollen, das Gott sich für Sie vorgestellt hat, als er Sie schuf, wenn Sie in tiefen Zügen aus der Quelle der Leidenschaft trinken wollen, dann müssen Sie mit allem, was Sie haben, in die starken Arme Gottes laufen und Ihre Angst von seiner vollkommenen Liebe austreiben lassen.

Ich bin zur Plattform meiner Wünsche und Ambitionen hinaufgestiegen. Die Treppen führen zu meinen Träumen und Sehnsüchten. Ich bin ganz sicher, dass dies der Platz ist, an den Gott mich berufen hat. Jeder Weg hat in diese Richtung geführt. Jede Beratung hat seinen Plan bestätigt. Freunde haben mit mir zusammen einzelne Stufen erklommen. Andere haben mich durch ihr Gebet wieder aufgerichtet, wenn ich am Ende war und nicht mehr konnte.

Und jetzt bin ich endlich oben und kann von hier aus sehen, wie sich das Gesamtbild des Planes Gottes vor mir ein bisschen mehr entfaltet. Das hier ist nicht das Ende, sondern die erste von vielen Plattformen, die noch kommen werden. Es hat lange gedauert, bis ich es zu dieser Ebene geschafft habe, und ich bin mit schmerzenden Muskeln und ein bisschen außer Atem angekommen. Aber die Angst ist mit mir hinaufgestiegen. Sie lacht über meine Schmerzen. Sie sagt, dass ich schon ein bisschen fitter sein muss, wenn ich auch die nächste Plattform noch erreichen will. Sie gibt mir das Gefühl, wertlos zu sein. Sie verbeißt sich in meiner Schwäche und zieht dort alle Register.

Ich stehe an der Spitze meiner Berufung und höre auf die Zweifel, die mich umgeben. Ich beschließe, meine Pläne lieber noch einmal durchzusprechen, noch ein paar Leute mehr zu fragen, jede Angst abzuwägen und über deren Folgen zu diskutieren. Vielleicht sollte ich mich besser informieren. Vielleicht habe ich das hier ja gar nicht verdient. Vielleicht sollte ich wieder die Treppe hinuntergehen und die ganze Sache noch einmal überdenken. Die Angst hat ein paar gute Themen zur Sprache gebracht.

Aber da ist auch eine leise Stimme, die mich ruft. Es ist die zuversichtlichste Stimme, die ich jemals gehört habe. Sie ist nicht ungeduldig und sie ist nicht nervös. Die Stimme hört sich an, als ob sie mit einem Lächeln zu mir spricht. Sie ist ruhig und sicher. Sie ist stark und überzeugend.

Die vollkommene Liebe ruft mir zu: »Angela, du bist gesichert. Ich verspreche es. Das hier ist der Punkt, an den ich dich geführt habe. Das ist genau der richtige Zeitpunkt. Du bist keine leichtgläubige Frau mit einem schwachen Willen mehr, weil du nach mir verzweifelt bist. Sage der Angst, dass sie beiseite gehen soll. Vertraue mir. Ich halte dich fest. Und jetzt halt den Mund und spring!«

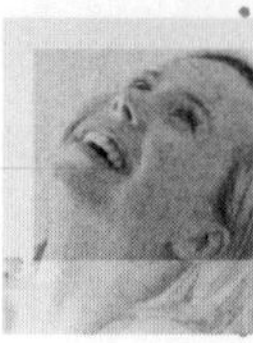

Wenn es in Verbindung mit der Seele der Frau
eine typische Frage gibt, dann vielleicht die Frage:
»Findest du mich schön?«
Wenn Gott aus der Tiefe seiner großen Liebe heraus
darauf antwortet, dann fühlen sich viele Frauen
dabei wie das Mauerblümchen,
das zum Tanzen aufgefordert wird.
Aber wir werden durch andere geliebte Menschen
von seiner Einladung abgelenkt,
durch Einflüsterungen des Unglaubens,
durch all den Lärm und die Unordnung
und weil wir manchmal der verlorene Sohn sind
und manchmal der daheim gebliebene Bruder.
Die Voraussetzung, um zur Musik und
in die starke Umarmung Gottes zurückzukehren,
ist ein verzweifeltes Herz, das ihn will.
Und wenn eine Frau sich dafür entscheidet,
in seinen hingebungsvollen Armen zu bleiben,
dann schenkt Gott die einzige Hoffnung,
die wir haben: seine vollkommene Liebe

und wunderschönen Schmuck.

Wunderschöner Schmuck

Ungefähr jedes zweite Wochenende bin ich mit dem Flieger unterwegs zu einem mir völlig unbekannten Ort und steige dort zu einer Frau ins Auto, die ich noch nie gesehen habe. Wenn ich am Zielflughafen angekommen bin, halte ich normalerweise nach einer lächelnden Frau Ausschau, die sich so benimmt, als würde sie mich kennen oder als hielte sie ein Schild mit meinem Namen in der Hand.

Außer dem einen Mal, als ich die letzte Person war, die an den Gepäckbändern wartete. Eine eher ernst dreinblickende Frau hatte die ganze Zeit am anderen Ende der Halle gestanden und mich beobachtet, seit ich vom Gate gekommen war. Nachdem ich mein Gepäck zusammengesucht hatte, ging ich zu ihr hinüber, um sie zu fragen, ob sie vielleicht da sei, um mich abzuholen. Sie entfaltete ein Blatt Papier, auf dem mein Name stand, und sagte: »Ja, das bin ich. Schön, Sie kennen zu lernen.«

Sie schien ein bisschen zögerlich und nervös, brachte aber schließlich stammelnd heraus: »Na ja, es ist nur, dass Sie so gar nicht aussehen wie jemand, der schon jemals in einer Gemeinde einen Vortrag gehalten hat.«

Ich bedachte sie mit einem »Mein-Selbstvertrauen-ist-zwar-hinüber-aber-ich-lächele-trotzdem–Strahlen« und mit einer »Sie-werden-mich-mögen-und–wenn-es-das-Letzte-ist-was-ich-zustandebringe-Umarmung« und bat Gott im Stillen, die Barrieren zwischen uns zu beseitigen und eine innere Verbindung herzustellen. Das tat er auch, weil er es immer tut, und ich habe eigentlich nie richtig herausbekommen, was eigentlich das Problem zwischen mir und dieser Frau gewesen war. Vielleicht waren es meine langen schwarzen Stiefel mit Plateausohlen, die dazu führten, dass sie mich innerlich abschrieb. Ach ja, und ich war an dem gesamten Wochenende die einzige Frau, die Hosen trug. Aber davon einmal abgesehen, weiß ich nicht so genau, wie ihre Bemerkung gemeint war.

Normalerweise steige ich also mit einer Frau, die ich gerade erst kennen gelernt habe, in ein Auto und sie bringt mich an einen Ort, an dem ich noch nie zuvor gewesen bin. Wenn wir schließlich am Ziel ankommen, habe ich meistens das Gefühl, als würden wir uns schon ewig kennen, und dann reicht sie mich an die nächste Person weiter. Die Fremde Nr. 2 wird zur nächsten schnellen Freundin. Sie führt mich herum, zeigt mir alles und verschafft mir einen groben Überblick über den geplanten Ablauf des Wochenendes, um mich daraufhin irgendwohin zum Abendessen auszuführen und mir später ein fremdes Bett zum Schlafen zuzuweisen.

Ich bin wieder auf einer Frauenkonferenz und ich liebe es! Es haben sich dort überaus kreative Frauen zusammengefunden, Frauen, die monatelang daran gearbeitet haben, die Themen, den Ort, das Ambiente, die Versorgung und unendlich viele kleine Details zu planen und umzusetzen. Sie haben gebetet und bei jeder anstehenden Entscheidung nach dem Willen Gottes gefragt. Dann kommen noch ein paar Hundert Frauen dazu, die ziemlich angebunden sind und selten von zu Hause wegkommen, und es besteht die Aussicht auf eine tolle Party.

Für mich beginnt diese Party mit einem Flug und lauter fremden Menschen und endet meist in einem Saal voller neuer Freundinnen und unzähligen Umarmungen, aber was dazwischen passiert, ist eigentlich kaum zu beschreiben.

Einmal beispielsweise hatte mein Flug an einem Freitag Verspätung und ich erreichte das Konferenzzentrum gerade noch rechtzeitig, um mein eigenes Referat zu halten. Ich drückte nur kurz der Koordinatorin der Veranstaltung die Hand, steckte mir das schnurlose Mikrofon an und eilte auf das Podium. Als ich mich dort ein wenig eingerichtet hatte, warf ich den ersten Blick ins Publikum und stellte fest, dass jede einzelne Frau eine Plastikduschhaube aufhatte, die sich in den Konferenzunterlagen befunden hatte. Jemand warf auch zu mir eine hinauf und zum ersten und einzigen Mal in meinem Leben habe ich so überzeugend, wie es mir möglich war, mit einer Duschhaube auf dem Kopf referiert.

Ein anderes Mal betrat ich den Versammlungssaal für die erste Veranstaltung einer mehrtägigen Frauenkonferenz und sofort kam eine andere Frau auf mich zu und sagte: »Ich würde mich sehr viel wohler fühlen, wenn Sie zwanzig Jahre alter wären und graues Haar hätten.«

Ich dachte: *Und ich würde mich sehr viel besser fühlen, wenn Sie das jetzt gerade nicht gesagt hätten,* murmelte aber sinngemäß so etwas wie: »Lassen Sie uns einfach sehen, ob Gott trotzdem kommt.«

Ungefähr eine Stunde später kam sie während einer Pause mit Tränen in den Augen auf mich zu. »Es tut mir so Leid, was ich gesagt habe«, flüsterte sie. »Mir ist inzwischen klar geworden, dass meine Seele tief geschlafen hat.«

»Das klingt ja, als wäre Gott tatsächlich gekommen.«

»Ja, er ist hier.«

Ich umarmte sie lange und dankte Gott im Stillen dafür, dass er eine Frau wie mich, die zwanzig Jahre jünger war und in fünf verschiedenen Blondtönen gefärbtes Haar hatte, gebrauchen konnte. Was für ein Vorrecht, ihn handeln und wirken zu sehen!

Im Laufe der Jahre habe ich alle möglichen Komplimente bekommen, die mich zum Schmunzeln gebracht haben, und es waren Aussagen wie die folgenden dabei:

Ich dachte schon, Sie wären auch wieder so eine abgehobene Überfliegerin.

Mir wird ganz schlecht, wenn Sie gleich morgens so forsch loslegen.

Was Sie da gesagt haben, war so simpel – das hätte auch von mir sein können.

Wissen Sie, Sie sollten sich nicht so sehr von diesem Kram über die Gnade begeistern lassen; die Leute könnten da auf ganz falsche Gedanken über Sie kommen.

Hat Ihnen schon mal jemand gesagt, dass Sie aussehen wie Jan Brady von der Brady-Family?

Hat Ihnen schon mal jemand gesagt, dass Sie aussehen wie Hillary Clinton?

Mein Hund heißt auch Angela.

Wir sitzen in der ersten Reihe und haben Ihnen das ganze Wochenende zugehört und was wir jetzt noch unbedingt wissen müssen, ist, was für einen Lippenstift Sie benutzen. Er ist kein einziges Mal verschmiert und hat die ganze Zeit gehalten.

Solche Sprüche bringen mich zum Lachen, aber sie halten mich auch innerlich in Schach und rufen mich zur Wahrheit zurück.

Wochenenden mit Frauen

Bei diesen Wochenenden geht es nicht um mich. Das war nie so und wird auch nie so sein. Im Herzen oder der Seele einer Frau geschieht nichts, es sei denn durch die erstaunliche Gegenwart Jesu. Ich bin dazu berufen, aufzustehen und vorzutreten und Gott um seine Worte zu bitten, und das obwohl ich ich bin. Du meine Güte, wenn jemand weiß, dass ich wirklich nur ich bin, dann er. Er kennt mich durch und durch. Mich, die Sünderin, die Gefallene. Mich, die ich mich abmühe und zu kämpfen habe. Und weil er gnädig ist, ist er weiterhin so treu, dieses »Nur-Ich« zu benutzen. Es ist eine Ehre, mit anderen Frauen zusammen zu sein und ihnen von der Tiefe der unvergleichlichen Liebe Gottes zu erzählen. Es ist eine Erleichterung, darauf zu vertrauen, dass alles Gute und alles Mächtige, Kraftvolle direkt aus der Hand Gottes in das Herz jeder einzelnen Frau hineinkommt.

Kürzlich, an einem Sonntagmorgen, stand nur noch die Schlussveranstaltung eines solchen Wochenendes auf dem Programm. Ich brauchte nicht zu sprechen, weil diese letzte Stunde für einen letzten Austausch vorgesehen war. Frauen konnten aufstehen, und wenn sie wollten, den anderen erzählen, wie Gott in ihrem Leben gewirkt hatte. Zuerst sangen wir eine Weile gemeinsam und dann setzten wir uns und wurden still, um zu warten, ob jemand etwas sagen wollte.

Zuerst herrschte ein unbehagliches Schweigen, aber dann kam eine mutige Frau von ganz hinten nach vorne und begann zu spreche: »Ich bin jetzt seit zwei Jahren in dieser Gemeinde.« Sie sprach unter Tränen. »Einige meiner tiefsten Verletzungen haben ihre Ursache in Beziehungen innerhalb dieser Gemeinde, und deshalb habe ich, als ich hierher gekommen bin, einfach im Hintergrund gestanden und gewartet, wer von euch mir wohl dieses Mal wehtun würde. Es ist nicht passiert. Gott tut etwas ganz anderes in meinem Innern. Ich spüre, wie ich weicher werde. Ich möchte eure Freundin sein. Ich habe nicht mehr solche Angst wie zuvor.«

Die nächste Frau kam nach vorne und sagte: »Manche von euch wissen, dass ich gerade eine Scheidung durchmache. Ich habe das Gefühl, dass meine ganze Welt zerbricht. Ich hatte erwartet, dass ihr mir ein großes G für ›geschieden‹ auf den Rücken heften und mich so weit wie möglich meiden würdet, und ich glaube, ich habe erwartet, dass auch Gott sich mir gegenüber so verhalten würde. Er hat das nicht getan und ihr auch nicht. Danke, dass ihr mich immer noch lieb habt.«

Noch eine Frau stand auf und bekannte, dass sie vor langer Zeit abgetrieben hatte. Sie dankte Gott für ihre Kinder im Teenageralter und den mitfühlenden Mann, der ihr vergeben hatte.

Eine andere Frau weinte ganz offen über den Tod ihres Kindes und erzählte, dass sie jeden Tag neue Kraft von Gott bekomme.

Aber die Geschichte, die mich innerlich förmlich zerriss, kam von der letzten Frau, die sich zu Wort meldete. Sie war klein und still. Sie hatte das ganze Wochenende im Hintergrund gearbeitet und schien sich hinter Kleinigkeiten, die zu regeln waren, auch ein Stück weit zu verstecken. Als sie nach vorne ging, brachte sie vor Schluchzen kaum ein Wort heraus: »Ich habe Gott mein Leben lang gefragt, warum er mich klein und hässlich geschaffen hat. Mein ganzes Leben habe ich mir gewünscht, alles andere zu sein, nur nicht ich selbst. Heute Morgen hat mir eine Frau übers Gesicht gestreichelt und gesagt: ›Gott findet dich schön.‹ Das habe ich noch nie zuvor gehört. Ich kann euch gar nicht sagen, was für ein Gefühl das in mir auslöst, dieser Gedanke, dass es stimmen könnte. Gott findet mich schön.«

In dem Saal war keine einzige Frau, die nicht ein Knäuel durchweichter Taschentücher in der Hand hatte und Wimperntuschenflecke im Gesicht.

Der Austausch hatte zurückhaltend, ja fast schüchtern begonnen, dauerte dann aber einige Stunden. Immer wieder standen Frauen auf und sprachen kraftvoll, sehr persönlich und mit unglaublicher Offenheit. Schon nach kurzer Zeit wurden die Themen offensichtlich: Abtreibung, Unsicherheit, Sucht, sexueller Missbrauch, psychische Misshandlung, Tod, Zurückweisung, Scheitern, Scheidung, Verlust – nur sehr wenige Frauen waren ohne Narben davongekommen, Narben irgendeines Kummers oder eines Schmerzes. Aber als die Frauen so nacheinander aufstanden, da erfuhren wir alle auch von dem Gott, der die Scherben eines zerstörten Lebens, die Altlasten, die uns immer noch belasten, durch seinen Schmuck, die Krone der Schönheit, ersetzt.

Ich habe Gott mein Leben lang gefragt, warum er mich klein und hässlich geschaffen hat. Mein ganzes Leben habe ich mir gewünscht, alles andere zu sein, nur nicht ich selbst.

Schönheit statt Scherben und Asche. Was für ein Tausch! Nur ein Gott, der vor Liebe ganz verrückt ist, tut so etwas.

Der Scherbenhaufen

Haben Sie schon jemals in Ihrem Scherbenhaufen gesessen und sich gefragt, wie um alles in der Welt Gott daraus noch etwas machen will? Haben Sie sich schon jemals aufgegeben und von Gott erwartet, dass er eigentlich dasselbe tun müsste? Sind Sie schon so müde und mit Schmerzen und belastet aufgewacht, dass sie das Gefühl hatten, keinen weiteren Tag mehr durchhalten zu können? Haben Sie sich selbst jemals glauben gemacht, dass die Wunden, die Ihnen zugefügt wurden, und die Fehler, die Sie selber begangen haben, Ihr Leben ein für allemal ruiniert haben?

Ich habe eine Freundin, die in den Scherben eines leidenschaftslosen Lebens hockt. Sie steht morgens auf, um Frühstück zu machen und die Wäsche zu erledigen für Menschen, die sie nur brauchen, wenn es ihnen gerade in den Kram passt. Meistens fühlt sie sich übersehen und übergangen, allein und im Weg. Sie ist ziellos, bewegt sich grob in Richtung Himmel, kann sich aber beim besten Willen nicht erklären, warum Gott sie ausgerechnet an diesen Platz gestellt hat.

Ich kenne zu viele Frauen, die auf dem Scherbenhaufen von Verlust und Trauer sitzen. Sie haben einen geliebten Menschen verloren durch Krebs, andere Tragödien oder Scheidung. Noch Jahre später spüren sie, dass sich ihr Körper bewegt und ihr Mund Worte hervorbringt, aber das alles hat auch nicht die entfernteste Ähnlichkeit mit Leben. Der Begriff Einsamkeit beschreibt diesen Zustand nicht einmal ansatzweise. Es gibt zwar noch Regungen, aber es gibt nichts wirklich Großartiges mehr.

Andere Frauen sitzen auf den Scherben tiefer Verletztheit, der Sucht eines Elternteils, der Distanziertheit des Vaters, dem Zorn der Mutter, Verlassenwerden, Vergewaltigung, Inzest, seelischer und körperlicher Misshandlung. Solche Frauen betrauern ihre schmerzvollen Erinnerungen, sie verfluchen die Hässlichkeit ihrer Narben, die sie davongetragen haben, und weinen um das Leben, dessen sie beraubt wurden.

Und dann gibt es manche, die von Gott weggedriftet sind, die sich entschieden haben, in den Armen eines anderen weiterzutanzen, um dann die schmerzlichen Folgen einer solchen Wahl zu durchleben.

Die meisten Frauen, die ich kenne, tragen einen ganzen Sack voll davon mit sich herum. Scherben, die sie aus freiem Willen auf sich geladen haben, oder solche, die sie gezwungen werden, mit sich herumzuschleppen. Manchmal zerren wir einen solchen Sack hinter uns her und manchmal schütten wir auch den Inhalt einfach aus und setzen uns hinein – manchmal nur für eine Weile, aber manchmal auch für den Rest unseres Lebens.

Wenn Sie aber nicht zu den Frauen gehören, die sich so verhalten, dann denken Sie vielleicht etwa Folgendes bei sich:

Angela, ich habe eigentlich gar keinen Scherbenhaufen. Ich kann in meinem Leben nicht den Finger auf etwas legen, das mir großen Schmerz bereitet oder mich seelisch sehr verletzt hat. Ja, ich bin mir noch nicht einmal so sicher, ob ich das Buch hier überhaupt brauche. Das Leben ist doch eigentlich ganz in Ordnung. Irgendwie glaube ich schon, dass ich schön bin. Ich weiß, dass Gott mich liebt. Meine Familie liebt mich ebenfalls. Meine Arbeit macht mir Spaß. Ich habe zwar auch schon Enttäuschungen erlebt, aber nichts wirklich Ernstes. Ich fühle mich ziemlich stark und tüchtig. Das Leben ist gut und überwiegend sogar richtig toll.

Wenn das jetzt so klingt, als wüsste ich, was Sie denken, dann deshalb, weil ich genau so gedacht habe. Der größte Teil meines Lebens ist glücklich und harmonisch verlaufen. Keine besonderen Säcke mit Scherben, die ich zu tragen hatte. Keine großen Narben, die ich mit Schmerzen oder Bedauern vorzuweisen hätte. Ich wusste bereits früh, dass ich nicht wirklich schön war, aber auch nicht wirklich hässlich. Und außerdem lernt man damit auch zu leben. Ich hatte in meinem Leben oft etwas zu lachen, hatte das Gefühl von Sinn, Freunde und eine unglaubliche Familie. Ich wusste, dass Gott mich liebt, und jede Entscheidung und jeder neue Weg schien immer zu seinem noch größeren Guten zu führen. Das Leben kann ein Spaß-Marathon sein, wenn man läuft, ohne einen Sack Scherben hinter sich herzuzerren. Man hat den Wind im Rücken, Freunde, die einen vom Straßenrand aus anfeuern, und die Freiheit, jeden Weg einzuschlagen, der sich am Horizont abzeichnet. Ich habe ein solches Leben geführt. Und ich erinnere mich, dass Bücher wie dieses, das vor Ihnen liegt, mit mir nichts zu tun haben schienen – damals jedenfalls nicht.

Nun möchte ich keinesfalls eine Überbringerin schlechter Nachrichten sein. Ich kann negative Menschen nicht leiden. Bitte nennen Sie mich nicht eine alte Unke, aber wenn Sie aus irgendeinem Grund bis hierher gekommen sind ohne die Scherben irgendeines Zerbruchs, dann danken Sie Gott auf Knien dafür. Und dann heben Sie demütig Ihr Haupt, stehen ganz langsam auf und seien Sie ganz sicher, dass eines Tages das Leben auch Sie sehr schwer in Bedrängnis bringen wird. Der Feuerreifen wird entzündet werden und die Flammen werden sich ihren Weg zu Ihnen bahnen und zu allem, wovon Sie geglaubt haben, es mache Sie stark.

Mit Mitte dreißig war ich irgendwie der Überzeugung, dass ich einfach gemütlich in den Himmel gondeln würde. Ich wusste zwar, dass ich geliebte Menschen durch Tod oder Krankheit verlieren könnte, aber ich für mich persönlich ging davon aus, dass ich sozusagen über den Berg war. Ich glaubte, ich würde in der Lage sein, gereift und weise mit den Anfechtungen und Prüfungen des Lebens fertig zu werden, dass von jetzt an geistlich gesehen alles ein Kinderspiel sein würde. Was ich inzwischen allerdings weiß, ist, wie dumm man mit Mitte dreißig doch noch sein kann. Ich werde absolut nicht in den Himmel gondeln, sondern ich werde hineinstolpern. Völlig außer Atem und abgerissen und erledigt von der Reise. Einfach nur dankbar, dass ich überhaupt angekommen bin, auf die zerschrammten Knie fallend, direkt vor das Angesicht Gottes.

Ich werde absolut nicht in den Himmel gondeln, sondern ich werde hineinstolpern. Völlig außer Atem und abgerissen und erledigt von der Reise.

Nur für den Fall, dass Sie es noch nicht mitbekommen haben sollten, es ist ein Kampf im Gange und in diesem Kampf geht es um Ihre Seele. Und wenn Ihre Seele Gott gehört, dann ist der Satan hinter Ihrem Herzen, Ihrem Denken und Ihrer Leidenschaft her. Sie werden es trotzdem in den Himmel schaffen, aber er wird schließlich das Feuer andrehen und versuchen, Ihre Träume, Ihre Begeisterung und Ihr Leben in Flammen aufgehen zu lassen. Er wird das Fundament anzünden, das Sie errichtet haben, und er wird lachen, wenn Ihre Hoffnung in Rauch aufgeht. Er wird noch Asche zu den Scherben hinzufügen, die Sie ohnehin schon jeden Tag Ihres Lebens mit sich herumschleppen müssen. So lange Sie und ich dieses Zeugs mit uns herumschleppen, hat der Satan gewonnen. Und ich habe es so satt, dass er gewinnt.

Altlasten wie diese Scherben und die Asche lähmen uns. Sie machen uns dumpf, betäuben uns. Die Last macht uns müde und an manchen Tagen ist sie unbeschreiblich schwer. Wir fangen an, emotional, geistig und besonders auch geistlich schlappzumachen. Jahr um Jahr vergeht und dann eines Morgens können wir nichts mehr fühlen. Wir sind völlig leer und völlig ohne Freude oder Wünsche oder Pläne.

Ich saß eines Nachmittags im Sprechzimmer meiner Therapeutin und hörte zu, wie sie mir mitten ins Herz sprach: »Angela, Sie haben gelernt, sich innerlich taub zu machen, um mit Schwierigkeiten fertig zu werden. Sie haben einen Weg gefunden, der nicht sehr wehtut. Sie bringen sich selbst bei, nichts zu fühlen, und indem Sie das tun, verpassen Sie alles.«

Sie hatte Recht. Das Leben machte unglaublich starken Druck. Die Feuerreifen waren entzündet worden. Meine Träume und Leidenschaften begannen niederzubrennen und ich stand einfach nur da und schaute zu. Ich merkte, wie ich auf fast alle Lebensumstände mit einem stereotypen: »Na gut, wie du willst ...«, reagierte. Ich schleppte meinen Sack mit Altlasten mit mir herum und versuchte so gut es ging, so zu tun, als gehörten sie jemand anderem. Mein Selbstvertrauen war völlig hinüber und mein Widerstand kaum noch der Rede wert.

Ich weiß nicht, woher Ihre Altlasten, die Scherben und die Asche, stammen – von Missbrauch, Sucht, Versagen oder Reue –, aber eines weiß ich, dass Sie und ich sie nicht für immer herumzuschleppen brauchen. Vielleicht sind auch Sie gefühllos geworden, innerlich abgestumpft. Vielleicht sind Sie gequält von Schmerz. Vielleicht haben Sie gerade aufgegeben, es weiterzuversuchen. Vielleicht verstecken Sie sich unter diesem ganzen Haufen und fragen sich, ob wohl jemals jemand kommen und Sie finden wird.

Wenn ich Sie erinnern darf, der Eine, der Sie schön nennt, eilt Ihnen zur Rettung entgegen.

Verbinden, die ein zerbrochenes Herz haben

Manchmal fühlt es sich so an, als ob jeder alle meine Sünden sehen könnte. Manchmal habe ich das Gefühl, die Person, mit der ich gerade rede, hat mich als Ausgestoßene einsortiert. Manchmal mache ich mich mit meinen Schuldgefühlen selbst fertig, überzeuge mich auch noch selbst davon, dass mir das ganz recht geschieht, weil ich es ja eigentlich nicht anders verdient habe. Manchmal fühlt es sich so an, als wäre ich dazu verurteilt, mein Leben lang mit hängendem Kopf herumzulaufen. Kein Lachen mehr. Keinen Frieden mehr. Ich bin ein gebrochener Mensch. Ich habe seelische Narben von Verletzungen, die andere mir zugefügt haben, und ich habe blaue Flecken durch mein eigenes unbeholfenes Herumstolpern. Und außerdem sind da all diese Altlasten, wollen Sie sie sehen? Ich kann es beweisen. Ich habe so viele davon.

Aber unser Gott – der Gott der Vergebung, der Gott der Heilung, der Gott der Herrlichkeit – ist davon nicht beeindruckt oder gar abgestoßen. Er wendet sich nicht angewidert ab. Sein Herz sehnt sich danach, diejenigen mit einem gebrochenen Herzen festzuhalten. Er möchte Sie und mich in die Arme schließen und uns mit seiner Gnade und seinem Schutz bedecken. Erinnern Sie sich, was der Prophet Micha über Gott sagt?

Du … liebst *es, gnädig zu sein.*
Micha 7,18 (Hervorhebung der Autorin)

Wussten Sie, dass es Gott Freude macht, gnädig zu sein? Es gefällt ihm, das, was wir eigentlich verdient hätten oder was andere als gerechte Strafe für uns erachten, zurückzuhalten.

Wenn ich an Barmherzigkeit denke, dann habe ich dabei immer folgendes Bild im Kopf: Ich bin in einer alten Hütte, einem kleinen Holzhäuschen mitten im Wald. Es ist ein dunkler Wintertag und ich halte mich in der Hütte auf, als ein Schneesturm an den Wänden zu rütteln beginnt, die mein einziger Schutz sind. Wind und Schnee pfeifen um das Haus und blasen zwischen den Holzstämmen durch die Ritzen. Die Tür wird mit einem Ruck von einer Boe aufgerissen. Der Schnee ist so dicht, dass man die Hand vor Augen nicht sieht, und er ist stärker als ich. Ich versuche, die Tür wieder zu schließen, aber ich schaffe es nicht. Als ich gerade aufgeben will, tritt ein Mann aus dem Dunkel in die Hütte und drückt die Tür zu. Dann steht er dort, bis es wieder hell wird, und hält mit seiner großen Kraft den Schneesturm und die Elemente zurück, die mein Leben bedroht haben. Er ist Barmherzigkeit und er hat mich vor dem Sturm gerettet, der mich vernichtet hätte. Er hat das von mir fern gehalten, was mich umgebracht hätte.

Sein Erbarmen ist nicht für irgendjemand anderen. Es gilt Ihnen und mir.

Vielleicht sollten uns die Narben der Vergangenheit zu einem Leben verurteilen, in dem wir nur noch humpeln können. Vielleicht sollten die Folgen der Sünde uns als Ausgestoßene abstempeln. Vielleicht haben Sie geglaubt, dass Sie nichts anderes verdient haben als ein Leben mit Altlasten, dass Sie dieses Kreuz eben auf sich nehmen müssen, dass es der Stachel ist, mit dem Sie nun einmal leben müssen. Aber es macht Gott Freude, Ihnen Barmherzigkeit zu erweisen. Sein Erbarmen ist nicht für irgendjemand anderen. Es gilt Ihnen und mir. Er möchte in Ihre finsterste Nacht hineinkommen und den Sturm aufhalten, der Ihr Leben bedroht. Er möchte dort Ihre Stärke sein, wo Sie keine Kraft mehr haben. Er möchte dafür sorgen, dass das Leben anders ausgeht, als es eigentlich hätte der Fall sein müssen für eine Frau, die durch großen Schmerz Schaden genommen hat.

Im Buch Jesaja spricht der Prophet im Auftrag und mit der Stimme Gottes, wenn er sagt:

Er hat mich gesandt, den Elenden gute Botschaft zu bringen,
die zerbrochenen Herzen zu verbinden,
zu verkünden den Gefangenen die Freiheit,
den Gebundenen, dass sie frei und ledig sein sollen;
zu verkündigen ein gnädiges Jahr des Herrn
und einen Tag der Vergeltung unseres Gottes,
zu trösten alle Trauernden,
zu schaffen den Trauernden zu Zion,
dass ihnen Schmuck *statt Asche,*
Freudenöl statt Trauerkleid,
Lobgesang statt eines betrübten Geistes gegeben werden,
dass sie genannt werden Bäume der Gerechtigkeit,
Pflanzung des Herrn
ihm zum Preise.
Jesaja 61,1–3 (Luther – Hervorhebung der Autorin)

Hören Sie, was Gott sagt? Er möchte, dass Sie Ihren Griff um den Sack, den Sie hinter sich herschleppen, lockern und ihn schließlich ganz loslassen. Hören Sie, was er stattdessen für Sie hat?

Er hat Freiheit dort, wo Sie gefangen gehalten wurden.
Er hat Licht, wo es für Sie dunkel war.

Er hat Trost und Freude für jede Stelle, an der Sie geklagt und getrauert haben.

Er hat Lobpreis statt Verzweiflung.

Und erstaunlicherweise – oh du meine Güte – wie wundervoll ...

... er hat Schmuck und Schönheit an Stelle der Scherben und Altlasten Ihres Lebens.

Wenn Gott kommt, um die zerbrochenen Herzen zu verbinden, dann umfasst das mehr als das Verbinden von Wunden. Er heilt sie. Er sorgt nicht nur für Licht, sondern zeigt Ihnen Dinge, von denen Sie sich nicht erträumt hätten, sie jemals zu sehen zu bekommen. Er tut mehr, als Ihnen den Kopf zu tätscheln und Ihnen zu sagen, dass Sie jetzt wieder spielen gehen sollen, sondern er fordert Sie zum Tanzen auf. Wenn Gott kommt, um seine Geliebten zu retten, dann ist daran nichts höflich Routiniertes. Er kommt in Herrlichkeit und Kraft mit erstaunlicher, atemberaubender Liebe und Hingabe.

Mehr, als wir verdienen

Ich bin vor kurzem umgezogen und ein paar Tage nach meinem Einzug in das neue Haus kam eine Frau von einem Werbedienst, um mir ein Willkommenspaket zu bringen mit allen möglichen Proben und Gutscheinen. Die Gutscheine waren für verschiedenste Waren und Dienstleistungen: für die Reinigung, für ein Brot, einzulösen bei einer Bäckereikette, für eine Videothek und vieles mehr. Am besten gefiel mir der Gutschein für ein kleines Blumengesteck. Das kleine Stück Papier an sich hatte keinen Wert und würde unbeachtet in den Müll wandern, es sei denn ich ging damit zu einem Blumenladen.

Für die Floristin dort hatte mein Gutschein nämlich einen Wert. Ich war eine potenzielle neue Kundin und im Tausch gegen mein Stück Papier gab sie mir ein wunderschönes, kleines Gesteck aus Frühlingsblumen. Mein Gutschein wurde eingelöst. Ich betrat den Laden mit einem kleinen Stück Papier in der Hand und verließ ihn mit etwas Kleinem, Schönem. Ich hatte dieses Geschenk bestimmt nicht verdient, aber ich war für diesen Tausch dennoch sehr dankbar.

Genau das ist Erlösung. Wenn Gott etwas scheinbar Wertloses nimmt, das ja nicht einmal eine Art Sicherheitsleistung darstellt, und es gegen etwas Schönes eintauscht, dann sagen wir, dass er es eingelöst oder erlöst hat.

Vielleicht winden Sie sich innerlich bei dem Gedanken an Ihre Vergangenheit, besonders, wenn Begriffe wie *Romantik, Intimität* oder *Leidenschaft* ins Spiel kommen. Würden Sie Gott Ihren Schmerz erlösen und sich von ihm zeigen lassen, dass Liebe auch schön sein kann?

Vielleicht erinnern Sie sich jedes Mal, wenn vom Tanzen die Rede ist, an irgendeinen alten Zausel, der ständig etwas über die Sünde faselt, die dadurch provoziert wird, dass man seine Füße rhythmisch zur Musik bewegt. Würden Sie zulassen, dass Gott für Sie den Tanz von diesem Image erlöst und wieder schön macht? Vielleicht ist Ihr Leben so belastet, dass Gedanken an Träume und Hoffnungen Ihnen als ein Vorrecht anderer Leute erscheint, das Ihnen persönlich nicht zusteht. Würden Sie zulassen, dass Gott Ihre Enttäuschung gegen Hoffnung austauscht?

Vielleicht ist Ihre Sünde hässlich und Sie glauben, dass Sie eigentlich Sträflingsketten verdient hätten. Würden Sie Ihre falschen Entscheidungen von der Vergebung Gottes einlösen und sich von ihm auf den Weg zur Freiheit bringen lassen?

Wenn wir mit unserem Sack voller Scherben und Asche in die Gegenwart Gottes gestolpert kommen, dann sind wir nicht dazu verurteilt, dass es so bleibt. Weil Gott uns so sehr liebt, ist er ein Gott der Erlösung. Er nimmt bereitwillig all unsere schweren Altlasten und ersetzt sie durch seinen Schmuck, indem er uns mit Schönheit krönt. Das ist mehr, als wir verdient, mehr als das, worum wir gebeten haben. Es ist ein Geschenk und unverdiente Geschenke bezeichnet man auch als Gnade.

Ich ganz und gar

Ich stand eines Tages in meinem Arbeitszimmer, brauchte Gott verzweifelt dringend, hatte keinerlei Kraft mehr und suhlte mich in meinen Altlasten. Ich war auf dem Fliesenboden hin und her gewandert, hatte aus dem Fenster geschaut, irgendetwas in der dunklen Nacht da draußen suchend, das mich von meinem Schmerz erlösen könnte. Ich hatte schon alles versucht: Musik gehört, laut gesungen, mich hingekniet und gebetet. Ich hätte gerne jemanden angerufen, aber es gab niemanden mehr, den ich hätte anrufen können. Keine E-Mail konnte mir eine Lösung zeigen, kein Mensch war in der Lage, die Umstände zu ändern. Es waren nur noch ich und Gott da und ich fühlte mich in seiner Gegenwart unendlich allein.

In diesem Augenblick zerbrach ich endlich. Endlich gab ich auf. Endlich streckte ich Gott weinend die Arme entgegen und bat ihn, zu kommen und zu tun, was auch immer nötig sei. Ich glaube, dass ich etwa Folgendes herausweinte:

Also gut, Gott, ich gebe auf. Ich schaffe es nicht. Ich kann nicht mehr. Bitte nimm mich ganz; bitte nimm alles, jetzt gleich. Schalte dein Flutlicht in meiner Seele an und lass bitte nichts im Schatten bleiben. Bitte lege alles offen und hole es hervor. Du siehst das Hässliche; lass es uns angehen. Du siehst die Makel, du kennst meine Gedanken, du kennst mich besser, als ich mich selbst kenne, und ich bin jetzt bereit, dir wirklich alles zu zeigen.

Gott, ich lasse meine eigenen Träume los, weil ich deine will. Ich lasse meinen Ruf los, denn ich möchte deine Zustimmung und Anerkennung. Auch meine Sehnsüchte lasse ich los. Du musst genug sein. Ich sterbe einfach, Gott. Ich sterbe diesem Leben, das ich bisher gekannt habe. Wenn die Wahrheit mich wirklich freimacht, dann lass bitte alles auf den Tisch kommen. Was auch immer nötig ist, lass es uns jetzt tun. Halte nichts zurück. Bitte halte mich nicht mehr hin. Bringe es bitte ans Licht.

Und Gott, bitte Gott, sei mir gnädig.

Wieso dauert es so lange, bis man Gott die Wahrheit sagt? Warum warten wir so lange damit, Gott um sein Erbarmen zu bitten? Warum halten wir uns zurück, wenn doch Freiheit durch innere Kapitulation entsteht? Warum verstecken wir das Durcheinander in unserem Innern, obwohl Gott es doch die ganze Zeit sehen kann? Ich weiß es nicht, aber ich tue es trotzdem. Ich weiß es sogar besser. Ich habe schließlich Theologie studiert. Ich kenne das Wesen und den Charakter Gottes ebenso wie seine Gnade und Barmherzigkeit. Ich möchte zusammen mit dem Apostel Paulus laut rufen: »Wieso um alles in der Welt tue ich die Dinge, die ich nicht tun sollte, obwohl ich ganz genau weiß, was ich eigentlich tun sollte?«

Das Richtige ist zu vertrauen. Das Richtige ist, stets die Wahrheit zu sagen. Das Richtige ist, in völliger Abhängigkeit von Gott zu leben.

Die einzige Chance besteht darin, ihm das, was uns wie ein einziges Durcheinander vorkommt, hinzuhalten – und zwar alles – und Gott zu bitten, es zu ersetzen, durch das, was er für uns vorgesehen hat.

Die Krone

Wenn eine Frau am Ende einer Frauenfreizeit aufsteht und erzählt, wie sie früher gelebt und wie Gott ihr ein ganz neues Leben geschenkt hat, dann sagt sie damit auch: »Ich bin mit einem wertlosen Gutschein zu Gott gekommen und er hat ihn eingelöst. Er hat meine Altlasten, meinen Sack voller Scherben und Asche gegen die Krone der Schönheit eingetauscht. Er hat meine Verzweiflung gegen unerschütterliche Hoffnung getauscht. Er wischt meine Tränen ab und gibt mir neu Grund, froh zu sein.«

Kennen Sie Frauen, die eine Krone der Schönheit tragen? Sie sind nicht hochmütig. Sie täuschen auch nichts vor. Sie sind dankbar und freundlich und friedevoll. Von Gott gefunden und umarmt zu werden, während man selbst noch wie eine Feuerstelle riecht, macht sehr demütig. Solche Frauen gehen aufrecht, aber dennoch mit respektvoll geneigtem Kopf. Sie sprechen mit Weisheit wie Menschen, die an der Barmherzigkeit Gottes Anteil haben, statt mit ausschweifenden Worten, die von solchen kommen, die bisher nur über ihn gelesen haben.

Es schmerzt sie, Verlorene zu sehen, und sie freuen sich mit jeder Gefundenen. Sie weinen mit den Sündern und feiern mit denen, die Vergebung erfahren haben. Sie gehen ihren Weg nicht fehlerlos und perfekt, aber sie gehen ihn zuversichtlich und selbstbewusst. Sie haben selbst im Dunkeln gestanden, bis Gott kam und sie gerettet hat. Sie sind von den Plattformen ihrer Träume gesprungen und haben starke Arme unter sich gespürt. Sie wissen, dass Gott da ist. Sie wissen, dass er fähig ist. Sie erfahren immer mehr von seiner großen Liebe. Sie wissen, dass er sie zum Tanzen auffordert.

Indem sie die Krone der Schönheit empfangen, werden solche Menschen Gefäße der Gnade und Barmherzigkeit Gottes. Wenn ihnen viel vergeben wurde, dann richten und urteilen sie nicht mehr so schnell. Wenn ihnen ihre Schulden erlassen wurden, dann möchten sie auch andere aus ihrer Versklavung befreien. Wenn Sie aus einem Sumpf der Sünde herausgehoben wurden, dann bekommen sie auch einen Blick für andere, die ebenfalls herauswollen. Wenn sie wirklich ihre eigenen Schwächen kennen, dann sind Sie von den Schwächen anderer nicht abgestoßen. Eine Frau, die die Krone der Schönheit trägt, fängt an, so zu denken, zu fühlen und zu geben wie der König des Himmels. Sie ist wirklich ein Baum der Gerechtigkeit geworden, ein strahlendes Zeichen seiner Pracht.

Wahrscheinlich das Beeindruckendste an einer Frau, die diese Krone trägt, ist die Tatsache, dass sie nie vergisst, woher und wie sie diesen Schmuck bekommen hat. Sie trägt ihn völlig unverdient. Der Schmuck ist an die Stelle getreten, an der sich zuvor nur Scherben und Asche, Zerbrochenheit und Schmerz befunden haben. Und diese Frau legt ihre Krone zu Füßen des Gebers, dankbar für seine Liebe, Barmherzigkeit und Erlösung, dankbar – so dankbar – für die Schönheit, die sie von ihm geschenkt bekommen hat.

Schönheit oder Asche

Dasselbe Angebot gilt auch Ihnen und mir. Das ist erstaunlich, das weiß ich sehr wohl. Aber klingt das nicht genau nach dem Gott, von dem jetzt die ganze Zeit die Rede war? Sein Wesen wird deutlich. Er tut und gibt immer mehr. Seine Geschenke sind verschwenderisch und unverdient. Er umwirbt die Frau, die er liebt, mit Romantik und Leidenschaft.

Haben Sie vielleicht Altlasten, die Sie gerne eintauschen würden?

Der Gott des Himmels wartet nur darauf zu sehen, wie Sie mit der Krone der Schönheit aussehen.

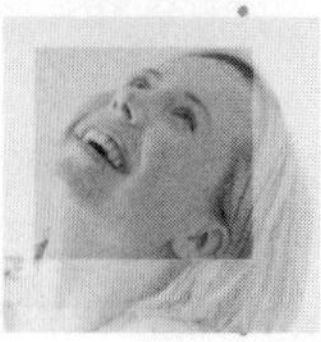

Wenn es in Verbindung mit der Seele der Frau
eine typische Frage gibt, dann vielleicht die Frage:
»Findest du mich schön?«
Wenn Gott aus der Tiefe seiner großen Liebe heraus
darauf antwortet, dann fühlen sich viele Frauen
dabei wie das Mauerblümchen,
das zum Tanzen aufgefordert wird.
Aber wir werden durch andere geliebte Menschen
von seiner Einladung abgelenkt,
durch Einflüsterungen des Unglaubens,
durch all den Lärm und die Unordnung
und weil wir manchmal der verlorene Sohn sind und
manchmal der daheim gebliebene Bruder.
Die Voraussetzung, um zur Musik und
in die starke Umarmung Gottes zurückzukehren,
ist ein verzweifeltes Herz, das ihn will.
Und wenn eine Frau sich dafür entscheidet,
in seinen hingebungsvollen Armen zu bleiben, dann
schenkt Gott die einzige Hoffnung, die wir haben:
seine vollkommene Liebe
und wunderschönen Schmuck.

Gott ist hingerissen von der Schönheit einer Frau,
die ihn ihren Geliebten nennt. Er wirbt heftig um ihr
Herz mit Romantik und Nähe, um sie zu seiner
wunderschönen Braut zu machen.

Seine wunderschöne Braut

Es ist ein früher Samstagabend im Mai. Kerzen flackern in den Fenstern. Der Duft von Gardenien hängt in der Luft. Ein paar Hundert Menschen sind still und friedlich. Leise Geigen wirken beruhigend und bereiten die Menschen innerlich auf das Kommende vor. Erwartungsvolle Spannung breitet sich in dem Raum aus. Der Bräutigam tritt hervor. Lächelnd, gespannt, beherzt. Einige wunderhübsche Frauen kommen durch den Mittelgang und nehmen ganz vorn vor den gespannten Gästen Platz. Und dann werden die Türen geschlossen.

Eine kurze Pause in dem prächtigen Schauspiel soll die Neugier noch ein wenig mehr steigern, unseren Wunsch, endlich zu schauen. Die Minuten kommen einem länger vor als man glaubt aushalten zu können. Glocken sind vom Turm her zu hören. Sie schlagen die volle Stunde. Eine Orgel erklingt und Streicher stimmen ein. Wir stehen auf und drehen uns nach hinten um, während die Musik anschwillt und unser Herz schneller schlägt. Wir wollen sie sehen.

Zwei Männer öffnen beide Seiten der zweiflügeligen Tür, sodass wir endlich einen Blick auf ihre strahlende Erscheinung erhaschen. Augen füllen sich mit Tränen und von allen Seiten ist entzücktes Flüstern zu hören. Alles andere verblasst. Nichts anderes zählt mehr. Denn vor uns steht im Portal der Kirche die schönste Frau der Welt.

Verhüllt und verschleiert in einem traumhaften Kleid. Ernst und gleichzeitig heiter. Es scheint so, als ob alles in ihrem Leben zu diesem einen Punkt, diesem Mann und diesen Zeugen hingeführt hat. Körperlich, geistig, seelisch und geistlich, denn diese paar Augenblicke lang ist die Welt und auch ihre Seele völlig in Ordnung.

Ihr Strahlen erfüllt den Raum. Ihre Eleganz zieht alle Aufmerksamkeit auf sie. Sie ist es, auf die wir gewartet haben. Sie ist der Gegenstand unserer Bewunderung.

Sie ist die strahlende Braut.

Die Braut ist atemberaubend schön. Sie ist anmutig und elegant. Sie ist exquisit. Sie ist die herrlichste Frau in dem Raum. Alle Blicke ruhen auf ihr. Alle sehen sie an. Endlich hat jemand sie wirklich wahrgenommen. Der Mann ist gekommen, um sie zu retten. Die Zukunft kommt ihr vor wie ein spannendes Abenteuer. Das Leben könnte nicht vollkommener sein.

Vielleicht sind Sie schon einmal eine Braut gewesen oder Sie träumen davon, es zu sein. Ich war *vierzehn* Mal Brautjungfer, bevor ich selbst an der Reihe war. Wenn man so viele Taftkleider mit dazu passend gefärbten Schuhen getragen hat, dann hat man reichlich Zeit gehabt, sich zu überlegen, wie es wohl wäre.

Meine Freundin Amy hat immer davon geträumt, eine Braut zu sein, schon seit wir ganz kleine Mädchen waren. In unserer Oberstufenzeit schlenderte sie manchmal samstagmorgens einfach in Brautmodengeschäfte hinein, tat so, als stünde die Hochzeit unmittelbar bevor, und probierte dann den ganzen Tag perlenbestickte Brautkleider an. Sie wurde von vorne bis hinten bedient und fühlte sich dabei wie Cinderella. Was ich dabei tat? Ich probierte Brautjungfernkleider an, aus Angst, dass ich, wenn ich das richtige Brautkleid anzöge, irgendetwas verderben könnte. Und ich vergaß dabei nie, dass ich nur eines der vielen heiratsfähigen Mädchen des Königreiches war, die alle am Rande des Saales im Schatten stehen und rhythmisch zur Musik wippen, eben eines der Mauerblümchen, die nie zum Tanzen aufgefordert werden. Ich war mir nicht so sicher, ob ich überhaupt jemals an der Reihe sein würde.

Endlich kam auch meine Hochzeit und ich genoss jeden Augenblick und jede Einzelheit des Ereignisses. Das Kleid, den Kuchen, die Partys, die Entscheidungen und die unglaubliche Schönheit des Augenblicks – jede Einzelheit war etwas ganz Besonderes und hat mir großen Spaß gemacht. In gewisser Weise war mein Erleben als Braut großartiger, als ich es mir jemals vorgestellt hatte. Eine Hochzeit ist ein aufregender und anstrengender Tag, der kommt und geht. Aber die Sehnsucht, die schöne Braut zu sein, bleibt im Herzen einer Frau für immer bestehen.

Ich glaube nicht, dass es Zufall ist, dass Gott die gesamte Bibel hindurch das Bild der Braut und der Hochzeit verwendet, wenn er im Zusammenhang von sich und den Menschen, die er liebt, spricht. Er bezeichnet uns als seine Braut und sagt, dass er unser Bräutigam ist. Wenn wir schließlich vor ihm stehen, wird es im Himmel ein Fest geben, das auch als Hochzeitsmahl des Lammes bezeichnet wird.

Die Sehnsucht, die schöne Braut zu sein, bleibt im Herzen einer Frau für immer bestehen.

Wie er doch durch und durch meine Seele kennt. Wie gut er doch weiß, dass ich mich danach sehne, die Braut zu sein. Wie wundervoll er doch ist, dass er es genau so macht, und zwar jetzt bis in alle Ewigkeit.

Ich weiß nicht, ob Männer die Tiefe dieses Bildes genauso erfassen können wie Frauen. Wir Frauen begreifen es. Gott hat uns mit einem inneren Sehnen nach Schönheit und Romantik geschaffen. Und als Braut bezeichnet zu werden bedeutet, dass wir uns vorstellen, schließlich alles geworden zu sein, wozu wir geschaffen sind.

Jetzt überlegen Sie einmal Folgendes: Was wäre, wenn wir anfangen könnten, so zu leben und jeden Tag zu gestalten, als ob das wirklich wahr wäre? Was, wenn wir wirklich glaubten, dass, wenn Gott uns seine Braut nennt, dies auch unmissverständlich, unfraglich und unwiderruflich so ist? Können Sie sich vorstellen, wie sich Ihr Leben verändern würde, wenn Sie all das tatsächlich glauben würden? Wenn ich die Braut bin und Gott der Bräutigam und Leben bedeuten kann, tagtäglich in seinen leidenschaftlichen, liebenden Armen zu tanzen, dann bin ich angekommen. Genau das ist es, was ich möchte.

Es hat in meinem Leben eine Zeit gegeben, als ich nur zu gern vor diesem Wunsch davongelaufen wäre. Ich hätte niemals zugegeben, mich überhaupt nach irgendetwas zu sehnen, das auch nur annähernd so seicht und maßlos war wie der Wunsch, eine Braut zu sein. Aber daran ist nichts Seichtes oder Maßloses. Die Braut zu sein, nach der Gott sich sehnt, ist eine Wahrheit, die von denkenden Frauen bejaht werden sollte. Der Gott des Himmels hat für Sie gesprochen. Er ist Ihre einzige Hoffnung, er bedeckt Sie mit seiner vollkommenen Liebe und Sie tragen seinen wunderschönen Schmuck, seine Krone der Schönheit.

Und Gott sagt, dass, wenn Sie zu ihm gehören, dies gleichzeitig bedeutet, dass er Sie zu seiner wunderschönen Braut gemacht hat.

Mit den Augen einer Braut

Was ist an einer Braut eigentlich so Besonderes? Wieso stockt uns bei ihrem Anblick der Atem und es schießen uns Tränen in die Augen? Wieso warten wir so gespannt auf ihr Erscheinen, beobachten das Strahlen auf ihrem Gesicht, halten uns in ihrer Nähe auf, während sie die Nacht durchtanzt, und stehen und winken, bis sie wirklich nicht mehr zu sehen ist? Was ist eigentlich an einer Braut so faszinierend? Eigentlich alles.

Sie ist schön

Ach du meine Güte, ist sie schön! Dies ist der Tag, auf den sie gewartet hat. Es ist alles geplant und vorbereitet. Ihr Kleid ist traumhaft und die Frisur sitzt perfekt. Schleier, Schmuck und Make-up sind mit großer Sorgfalt gewählt. Exquisite Dessous, manikürte Fingernägel – einfach bezaubernd. Diese Frau ist gestylt und besprayt und gestrafft und geglättet worden. Sie ist wirklich schön, und das weiß sie auch. Vielleicht zieht sie zum ersten Mal in ihrem Leben beim Betreten eines Raumes alle Blicke auf sich.

Zu wissen, dass man schön ist, macht etwas mit einem. Man fängt an, sich auch schön zu verhalten und schön zu denken. Man lächelt viel und bewegt sich anmutig. Die Frau, die schön ist, ist anziehend und fesselnd.

Sie ist selbstsicher

Wenn eine Frau weiß, dass sie eine schöne Braut ist, dann kann man das in ihren Augen erkennen; sie ist sich ihrer selbst sicher. Bräute gehen den Mittelgang der Kirche entlang in der Überzeugung, dass sie geliebt, angenommen und begehrt sind. Und wenn eine Frau sich in einer solchen Gewissheit bewegt, dann macht sie das sicher. Sie steht ein bisschen aufrechter. Ihre Augen strahlen ein bisschen mehr. Was sie sagt, klingt gewiss.

Sie braucht nicht zweimal zu überlegen. Sie kann entschlossen und stark sein. Sie gibt sich ganz in den Augenblick hinein und erlaubt es sich, an ihre Fähigkeiten, Leidenschaften und Gaben zu glauben. Sie ist nicht überheblich. Sie ist einfach friedvoll und sicher. Jemand ist verrückt nach ihr. Jemand findet sie schön und sagt das auch.

Sie besitzt unerschütterliche Hoffnung
Vielleicht mehr als zu jedem anderen Zeitpunkt in ihrem Leben besitzt eine Braut, die weiß, dass sie schön ist, die exquisit und selbstsicher auftritt, unerschütterliche Hoffnung. Sie wendet sich von dem ab, was war, und blickt in die Zukunft, um sich vorzustellen, was alles sein kann.

In ihrer Selbstsicherheit und Schönheit hört die Braut nur verheißungsvolle Worte statt den Einflüsterungen des Unglaubens. Sie wehrt den Tyrannen der Angst ab und vertraut auf die Hingabe, die sie gefunden hat. Die Hoffnung einer Braut ist beharrlich. Sie kann endlich glauben, dass sie gerettet und gehalten wird. Sie wird bewundert und tanzt in liebenden Armen.

Wenn wir doch nur mit den Augen einer Braut sehen könnten! Sie weiß, dass sie schön ist. Sie agiert und reagiert auf der Grundlage ihrer Selbstgewissheit. Sie lächelt angesichts der Zukunft in unerschütterlicher Hoffnung.

Der Prinzessinnenkomplex

Vor ein paar Monaten sagte ein Bekannter zu mir: »Weißt du, Angela, du hast nicht so einen Prinzessinnenkomplex wie viele andere Frauen in meinem Umfeld. Meine Assistentin hat so einen Prinzessinnenkomplex. Sie glaubt, dass sich die ganze Welt nur um sie dreht. Sie täuscht Schwäche vor, nur um Aufmerksamkeit zu bekommen, und sie erwartet von uns allen, dass wir sie retten. Ihr ist kalt und sie bittet alle im Büro, doch bitte für höhere Temperaturen zu sorgen. Sie macht sich ständig Gedanken über ihre Kleider, die Frisur und ihren Schmuck. Alles muss für sie genau richtig sein. Du bist nicht so.«

Ich lächelte höflich und sagte: »Da sollte ich wohl danke sagen, oder?«

Ich weiß, dass er es als Kompliment gemeint hatte, aber bei mir hinterließ es das schmerzliche, leere Gefühl, nicht gekannt zu sein.

Es fühlte sich so an, als ob er sagte: »Weißt du, um dich mache ich mir keine Sorgen. Du bist ein großes Mädchen und kannst schon allein auf dich aufpassen. Dich braucht niemand abends zu deinem Auto zu begleiten, damit dir nichts passiert. Du bist stark und selbständig. Du wirst schon mit allem allein fertig. Du gehörst praktisch zu uns Jungs, alter Kumpel.«

Ziemlich derb. Ich bin zwar stark, aber so stark nun auch wieder nicht. Ich bekomme vieles zwar alleine hin, aber ich wünschte auch, dass ab und an jemand vorbeikäme, um mich zu retten. Ich mag Jungs. Ich rede gern mit ihnen und hab auch gern mit ihnen zu tun. Aber ich möchte nicht einer von ihnen sein. Ich möchte ein Mädchen sein und bleiben und ich möchte auch so behandelt werden. Insgeheim möchte ich wahrscheinlich obendrein noch gerne eine Prinzessin sein.

Ich habe mich immer zur großen Masse der heiratsfähigen Mädels im Königreich gezählt, weil das die sicherste Alternative war. Auf diese Weise wurde ich nie enttäuscht. Wenn ich keine Wünsche und Erwartungen hatte, konnte mir auch nichts und niemand das Herz brechen. Aber, wie ich ja bereits erwähnt habe, besteht die Wahrheit darin, dass ich eigentlich Aschenputtel sein möchte. Ich möchte das Mauerblümchen nach Benutzung des Zauberstabes sein. Ich möchte, dass jemand verrückt nach mir ist. Ich möchte zum Tanzen aufgefordert werden.

Haben Sie den Film »*Plötzlich Prinzessin*« gesehen? Das einfachste und unscheinbarste Mädchen an einer x-beliebigen High School erfährt, dass es als Prinzessin und Alleinerbin des Thrones geboren wurde. Ihre Großmutter, die Königin, kommt, um sie in ihre neue Rolle und Aufgabe einzuweisen, sie äußerlich auszustatten und herzurichten für ihre neue Stellung und sie dann zurückzuholen in ihr Land und sie dort als Herrscherin einzusetzen.

Ich fühle mich vielleicht nicht würdig oder befugt, aber ach, wie gern möchte ich doch als etwas ganz Besonderes behandelt werden, zutiefst gekannt, vollkommen geliebt.

Anfänglich schreckt sie vor dem Gedanken zurück. Ich glaube, wörtlich sagte sie: »Halt doch den Mund. Ich und eine Prinzessin?« Sie hätte meine Gefühle hinsichtlich des Prinzessinnendenkens kaum passender zum Ausdruck bringen können. Ich schreie aus denselben Gründen wie sie. Ich spüre den Drang, mitten in dieser Diskussion zu erklären, dass ich weiß, ich bin keine Prinzessin, und deshalb auch nicht erwarte, wie eine behandelt zu werden. Mir ist klar, dass wir einfach nur in poetischer Sprache sprechen. Um Himmels willen das bin doch nur ich. Ich gehe nicht richtig und spreche nicht richtig und sehe auch nicht richtig aus. Wenn Sie einen Augenblick warten wollen, dann zeige ich Ihnen Leute, die das Zeug zur Prinzessin haben, aber das bin auf gar keinen Fall ich.

Und dann passiert plötzlich etwas in meinem Innern. Während ich richtig damit beschäftigt bin, Sie davon zu überzeugen, dass ich keinen Prinzessinnenkomplex habe, spüre ich, dass dieses Verlangen in mir sehr real ist. Vielleicht habe ich ja gar keinen Komplex. Ich fühle mich vielleicht nicht würdig oder befugt, aber ach, wie gern möchte ich doch als etwas ganz Besonderes behandelt werden, zutiefst gekannt, vollkommen geliebt. Wenn das eine Prinzessin ist, ja, dann wäre ich wirklich gern eine.

Erinnern Sie sich noch an den Abschnitt aus Psalm 45, in dem Gott sagt, dass er hingerissen ist von unserer Schönheit? In den darauf folgenden Versen beschreibt er, wie er uns Frauen, die er schön findet, behandelt:

Die Königstochter ist mit Perlen geschmückt;
sie ist mit goldenen Gewändern bekleidet.
Man führt sie in gestickten Kleidern zum König;
Jungfrauen folgen ihr,
ihre Gespielinnen führt man zu ihr.
Man führt sie hin mit Freude und Jubel;
sie ziehen ein in des Königs Palast.
Psalm 45,13–15

Ja, Gott behandelt die Frau, nach der er verrückt ist, wie eine Prinzessin. Er schenkt ihr die Kleider und den Schmuck einer Braut und sie wohnt im Königspalast. Das ist kein Komplex. Das ist die Reaktion des Königs auf die Frau, die er schön nennt. Und sie schreckt nicht zurück und läuft auch nicht davon. Hier wird die Prinzessin – die möglicherweise auch die Braut war – mit Freude und Jubel zum König geführt. Sie nimmt seine Bewunderung und seine tiefe Liebe zu ihr entgegen.

Können Sie dieses Bild mit derselben Freude annehmen? Wenn Gott Sie als seine Prinzessin oder als seine Braut bezeichnet, können Sie das dann einfach so stehen lassen? Können Sie in seinem Entzücken und seiner Begeisterung über Sie ruhen? Können Sie es zulassen, dass seine Sehnsucht nach Ihnen Sie mit Frieden, Barmherzigkeit und Güte bedeckt?

Ich weiß, dass dieses Buch für manche von Ihnen eine echte Zumutung ist – die Sache mit der Schönheit, zu glauben, dass Gott verrückt nach Ihnen ist, sich innerlich auf die Aufforderung zum Tanz einzulassen, uns verzweifelt nach ihm auszustrecken – für manche reicht das völlig aus, dass sie sich innerlich überwältigt fühlen, aber folgen Sie mir doch noch ein Stückchen weiter und geben Sie bitte nicht an dieser Stelle auf.

Ich habe Freundinnen, die besitzen Socken mit dem eingestickten Schriftzug »Prinzessin« oder Bilderrahmen mit Kronen und Zeptern und Prinzessinnenservierplatten. Ich habe so etwas nicht. Die Unsichere in mir denkt, dass es hochmütig wäre, Prinzessinnenstatus in Anspruch zu nehmen, wo ich doch genau weiß, dass ich keine bin. Aber das hier ist etwas anderes, hören Sie? Glauben Sie den Worten der Bibel? Wenn ich diesen Berg besteigen muss, dann möchte ich, dass Sie mitkommen. Gott nennt Sie und mich seine Braut. Wirklich! Sie sind für ihn eine Prinzessin. Wirklich! Er ist verrückt nach Ihnen. Bitte glauben Sie es. Seine Liebe zu Ihnen ist grenzenlos. Sie brauchen nicht mehr zu zweifeln.

Bevor Sie auf diese Welt kamen – in dem Augenblick, als Sie zum ersten Mal ein Gedanke Gottes waren, als er lächelnd einen Plan und Zweck für Ihr Leben ersann –, genau in diesem Augenblick formte er eine Frau, in die er sich verliebte. Eine Frau mit Schönheit und Stärke, eine Frau, die würdig war, seine Prinzessin genannt zu werden. Eine Frau, dazu geschaffen, sich nach ihrem Platz zu sehnen, dem Platz der schönen Braut.

Mit allen Fasern, die uns noch geblieben sind, müssen Sie und ich beschließen zu glauben, dass das, was Gott über uns sagt, wahr ist. Was wäre die Alternative? Weiterhin zu zweifeln und in Unglauben zu verharren, bis wir im Himmel vor ihm stehen. Und wenn Sie und ich in den Himmel kommen und herausfinden, dass alles, was Gott zu uns gesagt hat, wirklich wahr ist, was dann? Werden wir dann wünschen, wir hätten ihm schon eher geglaubt? Werden wir all die Jahre bedauern, die wir schwach und voller Zweifel verbracht haben?

Ich glaube, wenn ich eine große Angst habe, dann diese. Mehr als fast alles andere fürchte ich, dass wenn ich in den Himmel komme, Gott zu mir sagt: »Hallo du, komm doch rein. Ich habe schon auf dich gewartet. Aber weißt du was, Angela, das Leben, das mir vorschwebte, als ich dich ersann – alles, was ich für dich geplant hatte, den Zweck, das Ziel, von dem ich geträumt hatte, die Wünsche und Sehnsüchte, die ich in dich hineingelegt habe –, das meiste davon hast du verpasst. Du hast in Angst und Zweifeln gelebt. Du hast dich in Schmerz und Einsamkeit gesuhlt, während ich die ganze Zeit nach dir gerufen habe. Ich habe immer wieder zu dir gesagt: ›Du bist meine Prinzessin. Du bist meine Braut. In meinen Augen bist du wunderschön und liebenswert. Du schaffst es. Glaube einfach an mich. Ich bin da. Alles, was ich gesagt habe, ist wahr. Spring in meine Arme und tanze mit mir‹, aber du hast es verpasst. So viele Jahre vergeudet.«

Wenn ich vor etwas wirklich Angst habe, dann davor, die Wahrheit Gottes und seinen Weg für mein Leben zu verpassen.

Und ich möchte auch nicht, dass Sie all das Gute verpassen, das Gott Ihnen zugedacht hat. Ich möchte, dass Sie die Freiheit und die Kraft kennen lernen, die entsteht, wenn man so tief glaubt, dass man gar keine andere Alternative mehr hat, einem gar nichts anderes in den Sinn kommt. Ich möchte, dass Sie in Gottes Armen tanzen, egal, wohin Sie das Leben gerade geführt hat. In Ihrem Schmerz. In Ihrer Verzweiflung. In Ihrer Erschöpfung. In dem Trubel und der Hektik von kleinen Kindern, Terminplänen und Aktivitäten. Wo auch immer Sie gerade stehen, so einsam Sie sich auch fühlen mögen, verpassen Sie nicht die Worte, die Gott zu Ihnen sagen möchte:

Du bist schön.
Du bist ersehnt.
Du bist gekannt.
Du bist gehalten.
Du bist beschützt.
Du bist gerettet.
Dir ist vergeben.
Du bist umworben.
Du bist gesehen.
Du bist kostbar.
Du bist meine Prinzessin.
Du bist meine wunderschöne Braut.

Das ist das Herz Gottes für Sie. Das sind die Wahrheiten der Bibel, die über Sie und mich geschrieben stehen, und deshalb, meine Freundin, ist es so.

Der Tanz

Wissen Sie, was passiert, wenn Sie die Schritte eines Tanzes gelernt haben? Wenn Sie endlich die Schritte beherrschen, dann können Sie aufhören, sich auf sich selbst zu konzentrieren, und Ihrem Geliebten in die Augen blicken. Sie stolpern und taumeln und versuchen es immer wieder, bis Sie aufsehen und seinen Blick erwidern können. Wenn Ihre Schritte sicher werden und Sie sich seiner Führung anvertrauen, dann schweben Sie in seinen Armen durch den Saal, gefesselt von der Musik und sich seiner Liebe gewiss. Sie können ausruhen und genießen.

Genießen.

Haben Sie in letzter Zeit viel genossen?

Gott hat Sie nicht zu dem Tanz gebracht, damit Sie nur am Rande des Saales herumstehen. Es gibt ein Leben, das er Ihnen zugedacht hat. Dass es Sie gibt, hat einen Zweck. Es gibt eine Leidenschaft, die es zu genießen gilt.

Denken Sie daran, dass Sie befreit worden sind, um wirklich Freiheit zu genießen.

Gott hat Sie nicht zum Tanz gebracht, damit Sie sich zu den anderen Mauerblümchen am Rande gesellen. Es ist Zeit, dass Ihr schlechtes Selbstwertgefühl ein Ende hat! Es ist Zeit zum Tanzen!

Denken Sie einmal an die Braut beim Hochzeitsempfang. Sie ist die schönste Frau, sie steht im Mittelpunkt und ist diejenige, die am meisten Spaß hat. Sie ist diejenige mit dem strahlendsten Lächeln. Sie ist das Mädchen, mit dem jeder anwesende Mann tanzen möchte. Aber sie hat nur für einen Augen. Sie möchte ihrem Bräutigam in die Augen sehen. Sie ist höflich und freundlich zu jedem anderen, aber tanzen möchte sie nur mit ihm.

Wenn Sie und ich in den Armen Gottes tanzen, dann sind wir ihm so nah, dass wir ihn flüstern hören können. Wir fangen an zu tanzen, wenn er tanzt, bewegen uns mit ihm zusammen und gehen dorthin, wohin er uns führt. Es geht nicht mehr so sehr nur um uns selbst, sondern es geht um uns und unseren Bräutigam. Gott mit uns. Nie mehr allein. Ganz nah.

Wenn Ihre Schritte sicher werden und Sie sich seiner Führung anvertrauen, dann schweben Sie in seinen Armen durch den Saal, gefesselt von der Musik und sich seiner Liebe gewiss.

Ich habe das vergangene Wochenende mit ein paar wirklich coolen Frauen in Colorado verbracht. Unser Thema war das Tanzen mit

Gott. Wir haben darüber gesprochen, wie es wohl aussieht und sich anfühlt, in seinen Armen zu leben. Ich kann Ihnen sagen, die Begeisterung über ein solches Thema ist ansteckend. Wenn Sie in die Nähe von jemandem geraten, der tanzt, dann möchten Sie auch tanzen. Wenn Sie Ihr Leben lang geglaubt haben, dass Sie auf den Mauerblümchenstatus beschränkt sind, dann bete ich, dass Sie das inzwischen als Lüge entlarvt haben, von der der Teufel sich wünscht, dass Sie sie glauben. Ihm gefällt es, wenn Sie möglichst wenig von sich selbst halten. Er möchte, dass Sie von sich glauben, Sie wären nicht gut genug. Er will Sie zögerlich und ängstlich. Er möchte, dass Sie immer wieder sagen: »Ich könnte niemals auf diese Weise tanzen.« Er weiß, dass sich Ihr ganzes Leben ändern würde, wenn Sie die Entscheidung träfen, in Gottes Armen zu bleiben.

Wenn wir von Gott festgehalten werden, dann können wir uns unerschütterliches Vertrauen leisten.

Gestern Abend brauchte ich drei Flüge kreuz und quer durch das ganze Land, um nach Hause zurückzukommen. Es war vermutlich eine der schlimmsten Flugnächte in meinem Leben. Offenbar schafften es die Piloten nicht, über die Stürme zu gelangen, die unser Flugzeug schüttelten, oder darum herumzulenken. Wir gerieten auf dem Weg von der einen Küste zur anderen in Luftlöcher und Turbulenzen. Getränkebecher schwappten über, Freunde hielten sich bei der Hand. Kinder schrien. Ich war allein und das Einzige, was mir zu tun einfiel, war, mich an Gott zu halten. Eine andere Alternative hatte ich nicht.

Ich schloss die Augen und betete: *Also gut, Gott. Ich weiß, dass du mich festhältst. Ich weiß, dass ich gesichert bin. Ich glaube nicht, dass mir etwas zustoßen kann, das nicht erst an deinem wachsamen Blick vorbeimuss. Ich werde keine Angst haben. Du hältst jeden einzelnen meiner Tage in deiner Hand. Ich werde erst in den Himmel kommen, wenn du mich rufst. Gott, bitte halte mich ganz fest.*

Nachdem ich gegen Mitternacht zu Hause angekommen war und schließlich im Bett lag, spürte ich in meinen Händen immer noch die Verkrampfung vom Festkrallen an den Armlehnen. Und dennoch empfand ich einen tiefen inneren Frieden. Gott hatte mich den ganzen Abend über festgehalten und mich sicher nach Hause und ins Bett gebracht. Ich war so dankbar und flüsterte ihm meinen Dank zu, bevor ich einschlief.

Ist Ihr Alltag etwa anders? An manchen Tagen schweben wir bei einem lauen Lüftchen und blauem Himmel pünktlich an unserem

Ziel ein, dann wieder ist die Nacht stockdunkel, der Regen heftig und Blitz und Donner toben. Wir sitzen auf der Startbahn fest und fragen uns, ob es wirklich so besonders klug ist, in einer Nacht wie dieser zu starten. Und natürlich ist es in der Luft nicht viel besser – genau wie wir es uns gedacht hatten. Das Flugzeug schlingert und macht abenteuerliche Sprünge. Die Hände krallen sich an der Armlehne fest. Der ganze Körper ist angespannt. Das ist mehr als ein holpriger Flug. Es ist schrecklich und macht Angst.

Ob blauer Himmel oder finstere Nacht, eine Wahrheit gilt dennoch immer: Gott hält Sie fest. Und dies ist die Verheißung, die er Ihnen gegeben hat: Er wird Sie niemals loslassen. Werden Sie Ihren Kopf an seine Schulter legen und ihm vertrauen? Werden Sie ihn Gott sein lassen, damit für Sie gesorgt, sich um Sie gekümmert werden kann? Werden Sie aufhören, sich abzuwenden, und einfach nur in seinen Armen tanzen?

Die Frau in seinen Armen

Gott nennt Sie schön.
Ich glaube, Sie haben ihn inzwischen gehört.
Gott sieht Sie auf der anderen Seite des Saales und fordert Sie zum Tanzen auf.
Ich glaube, Sie haben schon immer tanzen wollen.
Gott flüstert Ihnen zu, wie leidenschaftlich er Sie liebt.
Ich glaube, Sie sehnen sich nach seinem wilden und hartnäckigen Werben.
Gott verspricht: »Ich werde dir vergeben.«
Sie haben es nötig, genau das zu hören.
Gott sagt: »Ich kann die Unordnung wegschaffen und den Lärm stillen.«
Ich glaube, Sie brauchen seine Hilfe.
Gott zeigt Ihnen, dass er die einzige Hoffnung ist, die Ihnen bleibt.
Sind Sie nicht erleichtert darüber, dass nicht alles nur an Ihnen liegt?
Gott kümmert sich um den Tyrannen der Angst.
Wie fühlt es sich an, von der vollkommenen Liebe gerettet zu werden?
Gott schenkt Ihnen Schmuck, die Krone der Schönheit.
Tragen Sie sie doch einfach.
Gott nennt Sie seine wunderschöne Braut.
Jetzt strahlen Sie.

Vielleicht ist es Zeit für Sie und mich, Zeit, endlich anzufangen, auch so zu leben, als würden wir zu Gott gehören. Es ist Zeit, die Frau zu werden, die den Saal betritt, schön, selbstsicher und voller Hoffnung auf die Herrlichkeit. Lassen Sie sich von ihm faszinierend machen. Wie viel von Ihrem Leben wollen Sie denn noch verstreichen lassen?

Ich weiß ja nicht, wie es Ihnen geht, aber ich kann für mich sagen, dass schon zu viele Jahre verstrichen sind. Ich habe genug von der leichtgläubigen Frau mit dem schwachen Willen. Ich bin fertig mit den Entscheidungen des fernen Landes. Ich habe schon viel zu oft und zu lange herumgestanden. Ich habe mich schon zu lange durch Lügen und Täuschung lähmen lassen.

Vielleicht bleiben mir noch einmal vierzig Jahre. Vielleicht habe ich auch nur noch drei Tage.

Aber wie auch immer, ich entscheide mich dafür, dass ich jeden Augenblick in den Armen Gottes verbringen will.

Das ist die Liebe, für die ich geschaffen bin. Das ist der Ort, an dem ich sein soll. Das Leben wird nirgends sonst stattfinden. Was auch immer ich anders mache, ich werde immer zu kurz kommen.

Sie können die Musik hören und Sie spüren Ihre Füße, die tanzen wollen, schon Ihr ganzes Leben lang. Also kommen Sie schon. Sie sind dazu geschaffen. Die ganze Zeit hat Gott Sie schön gefunden. Schon von Anfang an ist er von Ihnen hingerissen gewesen.

Schon genug zugeschaut.
Es reicht.
Ein Fuß vor den anderen.
Immer einen Schritt nach dem andern.
Den Rhythmus finden.
Ja, so ist es gut.
Das ist doch gar nicht schlecht, oder?
Ich wusste, dass du es in dir hast.
Moment mal, du lächelst ja.
Nein, das ist mehr als ein Lächeln.
Es ist etwas Tieferes.
Etwas Strahlenderes.
Siehst du es?
Spürst du es?
Du bist schön. Ja, du.
Atemberaubend.

Nachwort
Die Geheimwaffe und andere Gedanken

»Brauchen Sie noch irgendwas?«

»Nein danke, alles in Ordnung.«

»Das klingt ja, als hätten Sie viel Spaß miteinander.«

»Ja, wir sind gute Freundinnen und haben ein wenig Spaß beim Schoppen.«

»Welche BH-Größe haben Sie denn, meine Liebe?«

»Wie bitte?«

»Welche BH-Größe Sie tragen? Sie müssen unbedingt die neuen Sachen aus der Dessous-Abteilung sehen.«

»Aber ich probiere gerade Shorts an.«

»Das weiß ich, aber Sie müssen doch auch ein bisschen leben. Ein bisschen Spaß haben. Ich bringe Ihnen mal ein paar von den Sachen, okay?«

»Na gut, dann machen Sie mal.«

Meine Freundin und ich kicherten uns gegenseitig durch die Türen der Umkleidekabinen an und fragten uns, was um alles in der Welt die Frau wohl vorhatte. Wir sollten es schon bald erfahren.

»Da wären wir schon, Schätzchen. Ich habe mal alle Farben mitgebracht. Probieren Sie sie doch mal einfach so an und schauen Sie, wie Sie sich darin fühlen.«

Über die Schwingtür der Kabine hinweg reichte mir die Verkäuferin, die ich bis dahin noch gar nicht von Angesicht zu Angesicht gesehen hatte, fünf BHs. Nicht ein einziger davon war weiß oder auch nur cremefarben. Es waren die verrücktesten Dinger, die ich jemals gesehen hatte. Grelles Pink, knallgelb, limonengrün und einige mit den absolut verrücktesten Farbkombinationen, die man sich vorstellen kann. Diese BHs waren so geschnitten, dass sie alles, was man zu bieten hatte, hoch- und zusammendrückten und dadurch nach oben pressten. An jedem der Modelle hing ein Etikett mit der Aufschrift: »Die Geheimwaffe«.

Ich kicherte, zeigte sie meiner Freundin und ließ sie dann in der Umkleidekabine liegen, um meine Shorts zu bezahlen.

Später am selben Abend dachte ich noch einmal darüber nach. Warum hatte ich eigentlich nicht wenigstens einen der BHs anprobiert? Warum hatte ich sie einfach liegen gelassen, als ob mir jemand illegale Schmuggelware angeboten hätte? Und sofort begann die Diskussion in meinem Kopf: »*Weil ich nicht der Typ Frau für Geheimwaffen bin.*«

»*Aber wieso bist du nicht der Typ Frau für Geheimwaffen? Was ist gegen einen knallpinkfarbenen Push-up-BH einzuwenden? Nicht dass irgendjemand das Ding sehen wird außer dir und Gott. Würdest du dich denn in einem von diesen Dingern hübsch fühlen?*«

»*Keine Ahnung. Ich hatte noch nie so einen. Aber, ja, ich könnte mir vorstellen, dass ich mir darin gefallen würde.*«

»*Und warum willst du dann keinen tragen?*«

»*Keine Ahnung, kommt mir vor wie Sünde.*«

»*Ein psychedelischer Push-up-BH soll Sünde sein?*«

»*Nein, aber ich meine, es ist doch irgendwie sexy, oder?*«

»*Ein sexy BH unter deinem Hosenanzug ist Sünde?*«

»*Nein, das auch nicht.*«

»*Na was denn dann, du Riesenhasenfuß? Warum kannst du nichts tragen, worin du dich hübsch und vielleicht sogar sexy fühlst?*«

»*Weil ich Gott liebe.*«

»*Okay, langsam kommen wir der Sache näher. Du wolltest nicht einmal eine der Geheimwaffen anprobieren, weil du Gott liebst, und du willst mir erzählen, dass Gott das missbilligen würde?*«

»*Nein. Ich glaube nicht, dass er es missbilligen würde. Aber was ist, wenn das Ding mich irgendwie zum Sündigen bringt. Was, wenn es mir irgendwann gefällt, eine Geheimwaffe zu tragen? Was, wenn ich den Verstand verliere und anfange Power-BHs und Stringtangas zu tragen? Was dann? Wohin soll das denn führen?*«

»*Du wirst einfach ein bisschen Spaß haben und nette Unterwäsche tragen.*«

»*Und du glaubst, Gott würde das in Ordnung finden?*«

»*Willst du damit fragen, ob man errettet und gleichzeitig sexy sein kann?*«

»*Hmmm, also diese beiden Worte habe ich bisher noch nie in einem und demselben Satz verwendet.*«

»*Das klingt, als müsstest du Gott fragen, ob er etwas gegen grellbunte Push-ups mit passenden Slips hat.*«

»Also langsam könnte ich mir sogar vorstellen, dass er nichts dagegen hätte.«

»Ich glaube, es würde ihm gefallen, wenn du dich schön fändest.«

Ich weiß, dass ich mit diesen Gedanken das Risiko eingehe, die gesamte Botschaft dieses Buches zu unterminieren, aber ich habe das Gefühl, dass ich genau das jetzt sagen musste. Wenn Sie das gesamte Buch gelesen haben, dann wissen Sie auch, dass ich die Sache mit der körperlichen Schönheit so oft wie möglich umgangen habe. Ich bin nie direkt darauf eingegangen. Ich habe versucht, es zu umschreiben statt direkt zu benennen. Das hat damit zu tun, dass ich mich völlig unqualifiziert fühle, die Themen anzusprechen, die wir im Zusammenhang mit dem körperlichen Äußeren angesprochen haben.

Aber weil wir jetzt an diesem Punkt angekommen sind, es gemeinsam so weit geschafft haben, gibt es eine bohrende Frage, die mich nicht mehr loslässt. Solange wir gefragt haben: »Findest du mich schön?«, und uns selbst die Erlaubnis geben, diese Frage zu bejahen, gibt es noch eine weitere Frage, die jetzt herausmuss. Und die ist ein bisschen kontrovers. Sie könnte dazu führen, dass ich gefeuert werde.

Ist es in Ordnung, wenn eine Frau, die Jesus liebt, körperliche Schönheit anstrebt?

Ich komme auf diese Frage durch eigene Überlegungen und durch die Worte eines ehrlichen Mannes. Er sagt: »Ich möchte eine Frau, die gerettet und sexy ist.« Lächeln.

So, und hier ist der Deal. Diejenigen von uns, die in der Gemeinde groß geworden sind mit Gebetsversammlungen und Zeltevangelisationen und allem drum und dran, wissen nicht, was um alles in der Welt sie mit dem Wort *sexy* anfangen sollen. Ich persönlich kann es nicht einmal richtig aussprechen. Es kommt so heraus, dass es klingt, als ob ich versuche krampfhaft so zu tun, als wüsste ich, wovon ich rede. Offensichtlich bin ich an dieser Stelle aber absolut unbedarft. Wie in den meisten anderen Bereichen meines Denkens auch. Ich habe immer versucht meinen Wunsch, körperlich schön, insbesondere sexy zu sein, zu leugnen.

Ich verwende das Wort sexy, weil ich glaube, in der Gemeinde ist hübsch in Ordnung. Ein bisschen Make-up, ultrakonservative Mode, eine nette Frisur und ein bisschen dezenter Schmuck sind in Ordnung. Und weil wir schon auf der Unterwäsche-Schiene sind, glaube ich, dass wir auch alle weiße Feinripp-Oma-Unterhosen und einen passenden Zauberkreuz-BH in Ordnung finden. Das ist sicher und so weit von sexy entfernt wie möglich.

Ich wünschte, das wäre nicht nötig, aber ich glaube, ich werde das erklären müssen. Ich meine nicht die Tabledance-Art von sexy. Ich meine auch nicht die Art von sexy, die Gott ungehorsam ist. Ich meine ganz einfach ultrafeminin. Eine Frau, die physische Schönheit anstrebt. Hat Gott dagegen etwas einzuwenden?

Habe ich die Erlaubnis, eine Frau zu sein, mich schön zu fühlen, zu versuchen, das Beste aus dem zu machen, was ich mitbekommen habe? Darf ich die »Geheimwaffe« tragen, wenn ich es möchte?

Haben Sie sich mit solchen Fragen auch schon herumgeschlagen? Warten Sie auf jemanden, der Ihnen die Absolution erteilt, Schönheit anzustreben? Toll auszusehen? Sich wie eine Frau zu fühlen?

Wer bin ich? Eigentlich niemand; einfach eine Frau, die wie Sie auch unterwegs ist und die gleichen Fragen stellt wie Sie. Und deshalb: Kann ich das tun? Ich weiß es nicht. Mir hat niemand eine besondere Vollmacht verliehen. Niemand hat gesagt, dass ich das erlauben dürfe. Aber ich habe darüber gebetet. Und ich habe damit gerungen. Und deshalb hier und jetzt Folgendes:

Sie haben gesagt, Sie warten auf die Erlaubnis, eine Frau zu sein?

Ich auch.

Wahrscheinlich werde ich jetzt Probleme bekommen, aber was soll's.

Die Genehmigung, ganz und gar Frau zu sein, ist hiermit erteilt.

Und darüber hinaus glaube ich, dass wir darin auch noch den Segen Gottes haben. Ist es in Ordnung, wenn eine Frau körperliche Schönheit anstrebt und sogar etwas dafür tut? Da können Sie aber ganz sicher sein. Warum sollte uns Gott mit der Sehnsucht nach Schönheit ausstatten und dann von uns verlangen, möglichst unscheinbar zu sein?

Das tut er auch nicht.

Gott sei Dank, das tut er nicht.

Und jetzt gehen Sie und kaufen einen von diesen Geheimwaffe-Dingern, wenn Sie möchten, und lächeln Sie, wenn Sie ihn tragen. Machen Sie einen Termin beim Friseur und sagen Sie dort, dass Sie nicht mehr aussehen möchten wie die Mutti von der Kindergarten-Fahrgemeinschaft. Ziehen Sie unter Ihren Jeans einen String-Tanga an. Lassen Sie die flachen Treter stehen und lackieren Sie sich die Fußnägel. Kaufen Sie sich eine top-modische Klamotte und tragen Sie sie so oft wie möglich. Tun Sie, was Sie können, wo Sie gerade sind mit dem, was Sie haben.

Sie sind zu jung, um sich so alt zu verhalten.

Sie sind zu schön, um Ihre Sehnsucht zu leugnen.

Es ist in Ordnung, das verspreche ich Ihnen.

Übrigens bin ich noch einmal in das Geschäft gegangen. Wissen Sie, die haben die »Geheimwaffe« auch im Leopardenlook – mit passendem Slip.

Dank

Ich kann Ihnen gar nicht sagen, wie oft ich in der Zeit, in der ich dieses Buch schrieb, Gottes Timing hinterfragt habe. Warum ausgerechnet jetzt? Warum nicht später, wenn ich wieder stärker bin? Bist du sicher, dass ich ausgerechnet in dieser Phase schreiben soll, in der ich solch großen Schmerz erlebe? Aber jedes Mal, wenn ich wieder fragte, schien Gott zu antworten: »Mach weiter. Ich halte dich. Mein Timing ist perfekt. Ich möchte, dass du genau jetzt redest.«

Ich blicke auf dieses vergangene Jahr zurück und sehe ganz klar, dass der einzige Grund, weshalb ich hier bin und das Buch abgeschlossen ist, der ist, dass ich getragen wurde.

Meine Kinder Anna Grace, William, Grayson und Taylor haben mich mit ihrer Liebe getragen. Ihr seid ein wahrer Segen. Eure Mom dankt euch. Hey, ihr wisst doch, dass ich euch über alles liebe, oder?

Einige Leute haben sich dabei abgewechselt, mich von Tag zu Tag zu tragen und manchmal einfach von einem Augenblick zum nächsten. Meine Last war schwer und jeder von ihnen muss unter dem Gewicht meiner überwältigenden Last vor Erschöpfung gestöhnt haben. Sie haben unzählige Stunden am Telefon mit mir verbracht, um zu verhindern, dass ich durchdrehe. Sie haben mit mir geweint und gebetet und geschrien. Sie sind weite Strecken geflogen an ferne Orte, um mich zu halten. Sie alle sind Gefäße der großartigen Liebe Gottes.

Meine Eltern Joe und Novie Thomas. Ich bin wirklich die gesegnetste Tochter auf der Welt. Ich weiß das jeden Tag und lobe Gott für eure Liebe und unglaubliche Treue. Ich liebe euch wirklich.

Mein Bruder Craig Thomas und seine Frau Kim sowie meine Nichten April und Amanda. Mein Bruder Jonathan Thomas und seine Frau Jodi. Es hat Tage gegeben, an denen ich das Gefühl hatte, meinen Kopf an eure Schultern zu legen und ihn dort einfach eine

Weile zu lassen. Ich danke euch, dass ihr starke Brüder seid, wie sie sich jedes Mädchen wünscht.

Meine Eltern in Texas, Jerry und Carlye Arnold und ihr Sohn Dace, der mir wie ein Bruder ist. Ich liebe euch, als würdet ihr zu mir gehören. Gott ist gut zu uns.

Mein Mentor an der Uni, Dennis Larkin, und seine Frau Karen. Ich werde von euch angeleitet und geliebt. Durch euer Mitgefühl, eure Weisheit und Freundschaft werde ich getragen. Ihr seid ein wahrer Schatz.

Meiner liebsten Freundin Nicole Johnson. Worte werden nie genügen. Ich liebe dich.

Mein Berater Brian Irwin und seine Frau Sherry. Danke für das Licht, das ihr mir in meiner Dunkelheit angeboten habt.

Meine Mittwochsvormittag-Bibelgruppe: Cathy Angel, Beth Brinson, Jamie Hahn, Carla Martin, Sandy Presley, Mary Sneed, Lisa Stridde und Ginny Wendel. Danke für jedes Gebet und alle Zartheit.

Meine Freundin Jill Schaefer. Danke für Stärke und Lachen.

Meine Gemeindefamilie: Pastor Brad Brinson, Arthur und Karen Ellison, Kenny und Andrea Morgan, den Ältesten und der Gemeinde der *Two Rivers Church*. Ihr seid für mich der Leib Christi. Danke dafür.

Es ist ein solcher Segen für mich, mit Menschen zusammenzuarbeiten, die ich sehr mag und die auch noch in dem, was sie tun, die Besten sind. Ihr inspiriert mich. Ihr musstet es nicht, aber ihr habt mich mit eurem Mitgefühl und eurer Liebe festgehalten. Ihr habt viel getan, um mir zu helfen, meine Last zu tragen. Ich bin wirklich gesegnet, meine Güte, so gesegnet, dass ich mit euch zusammen unterwegs sein darf.

Meine Partner und Manager bei Creative Trust: David Huffman, Jonathan »JT« Thomas, Jim Houser, Jeanie Kaserman, Dan Raines, Renee Grace, Terria Sanders, Alicia Ferguson, Amy Fogleman, Marianne Marty und Mary Brown. Ist es in Ordnung, euer Team zu lieben? Ich hoffe es doch, weil ich einfach hingerissen bin.

Meine neuen Freunde bei Thomas Nelson Publishers: Mike Hyatt, Jonathan Merkh, Brian Hampton, Pamela Clements, Laurie Dasher, Blythe McIntosh und Kyle Olund. Vielen Dank für den Spaß, den wir hatten und noch haben werden.

Meine Freunde bei *Focus on the Family*, ich trage eure Freundschaft in meinem Herzen. Danke für all die Kraft und Ermutigung, die ich von euch bekommen habe.

Und meinen liebsten Jesus. Ich war der Meinung, dich zu kennen, aber ich habe dich noch nie zuvor auf diese Weise kennen gelernt. Ich hatte bisher nur an der Oberfläche gekratzt. Deine Gnade und Barmherzigkeit sind größer, als ich je geglaubt hätte. Du hast mich aufgesammelt und meine Füße auf festen Grund gestellt. Du hast mich gerettet aus dem finsteren Loch der Verzweiflung. Du hast vergeben und mir grenzenlose Liebe geschenkt. Du hast mir bestätigt, dass du mich in deinen ewigen Armen hältst. Ich tanze den Tanz meines Lebens mit dir, und das ist wunderschön. Absolut wunderschön. Ich liebe dich. Ich preise dich. Ich bete dich an.

Bitte nimm das Opfer dieser Worte an. Ohne dich bedeuten sie nichts. Lass sie dich ehren. Lass mich beiseite treten und nimm sie an zu deiner Verherrlichung. In deinem Namen und um deines Namens willen. Amen.